किसान

उपन्यास

विश्व क्लासिक शृंखला की पुस्तकें

देनी दिदेरो	*रामो का भतीजा*
ओनोरे द बाल्ज़ाक	*किसान*
अप्टन सिंक्लेयर	*जंगल*
स्तान्धाल	*सुर्ख और स्याह*
सिंक्लेयर लुइस	*ऐरोस्मिथ*
जैक लंडन	*जिंदगी से प्यार तथा अन्य कहानियाँ*
मोपासां	*मोपासां की संकलित कहानियाँ*
मेरी वोल्स्टनक्राफ्ट	*स्त्री अधिकारों का औचित्य साधन*
गिओर्गी प्लेखानोव	*कला के सामाजिक उद्गम*
वी. एन. वोलोशिनोव	*मार्क्सवाद और भाषा का दर्शन*
जॉन स्टुअर्ट मिल	*स्त्रियों की पराधीनता*
लेव तोल्सतोय	*क्रूजर सोनाटा*
लेव तोलस्तोय	*अन्ना कारेनिना (दो भाग)*
अलेक्सान्द्र फ़देयेव	*पराजय*
शराफ़ रशीदोव	*विजेता*
कोन्स्तान्तिन फ़ेदिन	*पहली उमंगें*
कोन्स्तांतीन फेदिन	*आग्नेय वर्ष*
मिखाइल शोलोख़ोव	*धीरे बहे दोन रे... (दो भाग)*

किसान

ओनोरे द बाल्ज़ाक

अनुवाद

सत्यम

राजकमल
विश्व क्लासिक

ISBN : 978-81-267-0416-3

मूल्य : ₹ 299

पहला संस्करण : 2002
तीसरा संस्करण : 2025

प्रकाशक : राजकमल प्रकाशन प्रा. लि.
1-बी, नेताजी सुभाष मार्ग, दरियागंज
नई दिल्ली-110 002
शाखाएँ : अशोक राजपथ, साइंस कॉलेज के सामने, पटना-800 006
पहली मंजिल, दरबारी बिल्डिंग, महात्मा गांधी मार्ग, प्रयागराज-211 001
1, अनमोल सोराबजी संतुक लेन, धोबी तलाव, मरीन लाइंस, मुम्बई-44002
वेबसाइट : www.rajkamalprakashan.com
ई-मेल : info@rajkamalprakashan.com

चयन : रामबाबू
संयोजन : हरीश आनन्द

मुद्रक : बी.के. ऑफसेट
नवीन शाहदरा, दिल्ली-110 032

KISAN
Novel by Honore de Balzac
Translated from English by Satyam

प्रकाशकीय

नयी शताब्दी के प्रवेश-वर्ष में हिन्दी पाठकों के लिए विशेष उपहार के तौर पर हम आधुनिक विश्व-क्लासिकी की तीन शृंखलाएँ प्रस्तुत कर रहे हैं--**धरोहर, परम्परा** और **विरासत**।

'धरोहर' के अन्तर्गत हम पुनर्जागरण (रेनेसाँ) और प्रबोधनकाल (एज ऑफ एनलाइटेनमेण्ट) के लगभग साढ़े तीन सौ वर्षों के दौरान की उन महानतम साहित्यिक क्लासिकी कृतियों का अनुवाद हिन्दी पाठकों के समक्ष प्रस्तुत करेंगे जो किसी एक देश या राष्ट्र की नहीं बल्कि पूरी मानव-सभ्यता की धरोहर हैं। आधुनिक विश्व साहित्य के ये प्रारम्भिक कीर्ति-शिखर, वैज्ञानिक तर्कणा और मानव-मुक्ति के भविष्य-स्वप्नों के जन्म और विकास के साक्षी दस्तावेज हैं।

'परम्परा' के अन्तर्गत उन्नीसवीं शताब्दी की स्वच्छन्दतावादी और महान यथार्थवादी कृतियों का प्रतिनिधि चयन प्रस्तुत किया जायेगा जिसमें मुख्यतः, "बूढ़े यूरोप" और दीर्घ निद्रा से जागते रूस से लेकर अमेरिका की "नई दुनिया" तक के सभी महत्त्वपूर्ण लेखकों की कृतियाँ शामिल होंगी। इस युगान्तरकारी शताब्दी के साहित्य में उस समय का सजीव चित्र मिलेगा जब मुक्ति-स्वप्नों को पैर टिकाने के लिए यथार्थ की ठोस खुरदरी जमीन मिल रही थी और उड़ान भरने के लिए स्वच्छन्द कल्पना का अनन्त आकाश।

'विरासत' बीसवीं शताब्दी की श्रेष्ठतम क्लासिकी रचनाओं की शृंखला है। राष्ट्रीय मुक्ति-संघर्षों और सर्वहारा क्रान्तियों के पहले चक्र के जय-पराजय की महागाथा अपने भीतर समेटे हुए, इस शताब्दी ने मानव-सभ्यता की कलात्मक सम्पदा को अतुलनीय रूप से समृद्ध किया है। नये यथार्थ की जटिलता, मानव-चेतना के उन्नत धरातल और उन्नत सामाजिक प्रयोगों ने इस शताब्दी के साहित्य को नई व्यापकता, नई ऊँचाई और अपूर्व वैविध्य प्रदान किया। औपनिवेशिक दासता से लड़ते हुए और मुक्त होते हुए लातिनी अमेरिका, एशिया और अफ्रीका के देशों में बीसवीं शताब्दी में जो साहित्य रचा गया, उसने विश्व साहित्य को नई ऊष्मा-ऊर्जा देकर नई ऊँचाइयों तक पहुँचाया।

हिन्दी में विश्व-क्लासिकी कृतियों के अनुवाद पहले भी प्रकाशित होते रहे हैं, पर इस दिशा में अब भी बहुत कम काम हुआ है और जो हुआ है, वह भी काफी

अव्यवस्थित ढंग से। **'राजकमल'** से विश्व की प्रसिद्ध कृतियों के अनुवाद पहले भी लगातार छपते रहे हैं। अब हमने इस काम को व्यवस्थित ढंग से, संकल्पपूर्वक, नये सिरे से हाथ में लिया है। हमारी यह महत्वाकांक्षी परियोजना इसके सम्पादकों के एक वर्ष से भी अधिक समय के श्रमसाध्य शोध-अध्ययन का सुफल है और हिन्दी के योग्य-अध्यवसायी अनुवादकों की सहायता से हम इसे कार्यान्वित कर रहे हैं।

हिन्दी में स्तरीय-गम्भीर साहित्य की प्रस्तुति और विचार की संस्कृति के विकास के लक्ष्य से **'राजकमल'** की प्रतिबद्धता का लगभग आधी सदी पुराना इतिहास रहा है। इन शृंखलाओं का प्रकाशन इसी क्रम में हमारा एक और प्रयास है। हमें हिन्दी पाठकों से विशेष समर्थन-प्रोत्साहन पाने की आशा है। हमारा अनुरोध है कि इस परियोजना के बारे में अपनी राय और सुझाव हमें अवश्य भेजें।

इस श्रृंखला के बारे में

'परम्परा' श्रृंखला के अन्तर्गत उन्नीसवीं शताब्दी की महान क्लासिकी कृतियों का एक प्रतिनिधि चयन हिन्दी पाठकों के समक्ष प्रस्तुत करने की हमारी महत्वाकांक्षी योजना है।

उन्नीसवीं शताब्दी की वैचारिक-कलात्मक समृद्धि को यदि थोड़े में बताना हो तो इतना कहकर भी काम चलाया जा सकता है कि वह **बाल्ज़ाक** और **तोल्स्तोय** की शताब्दी थी। इतना यदि अपर्याप्त लगे तो कहा जा सकता है कि वह **बाल्ज़ाक, स्टेण्ढाल, गोंकूर बन्धुओं, ह्यूगो, द्यूमा, फ्लाबेयर, जोला, मोपासां, डिकेन्स, थैकरे, ब्राण्टे बहनों, ऑस्टेन, हार्डी** और **मार्क ट्वेन** की शताब्दी थी; **पुश्किन, गोगोल, बेलिंस्की, चेर्निशेव्स्की, हर्ज़ेन, तुर्गनेव, तोल्स्तोय, दोस्तोयेव्स्की** और **चेखव** की शताब्दी थी; तथा **शेली, वर्ड्सवर्थ, बायरन, कीट्स** और **वाल्ट व्हिटमैन** की शताब्दी थी। मानवीय सारतत्व की यह महान सम्पदा समूचे विश्व की जनता की साझी विरासत है। इससे अपरिचित या वंचित होना किसी भी राष्ट्र या किसी भी भाषा के लिए एक विकट दुर्भाग्य ही होगा। भारतीय राष्ट्रीय जागरण के सांस्कृतिक सूत्रधारों ने बीसवीं शताब्दी के पूर्वार्द्ध में उन्नीसवीं शताब्दी की महान कृतियों को हिन्दी में प्रस्तुत करने का महत्त्वपूर्ण उपक्रम शुरू किया, जो छठे दशक तक जारी रहने के बाद धीरे-धीरे क्षीण पड़ता गया। यह राष्ट्रीय जीवन में क्रमशः चतुर्दिक फैलते गये गतिरोध, निराशा और मोहभंग का ही परिणाम था और द्योतक भी। बाजार की अन्धशक्तियों की सर्वग्रासी जकड़बन्दी ने उत्कृष्ट-गम्भीर साहित्य को उन्नत चेतना वाले आम पाठकों से दूर करने में महत्त्वपूर्ण भूमिका निभाई है। जो अभिजन समाज विश्व-क्लासिकी साहित्य अपने ड्राइंग रूम और स्टडी में सजाकर गौरवान्वित होता है, उसे हिन्दी अनुवादों की जरूरत नहीं है। लेकिन आज समय की इस माँग को जागरूक-प्रबुद्ध हिन्दी समाज शिद्दत के साथ महसूस कर रहा है कि गतिरोध और विपर्यय के वर्तमान दौर में जड़ हो जाने से बचने के लिए हमें जड़ों तक की यात्रा करनी होगी, नये कार्यभारों को पूरा करने के लिए अतीत से प्रेरणा लेनी होगी और अनुभवों की मंजूषा टटोलनी होगी, तथा नये भविष्य-स्वप्नों और जीवन के नवनिर्माण की परियोजनाओं के लिए अपने देश और समूची मानवता की सांस्कृतिक वैचारिक सम्पदा को अपनाना होगा। यह

आज के नये क्रान्तिकारी पुनर्जागरण और प्रबोधन के कार्यभारों का एक महत्त्वपूर्ण अंग है।

जिनका आशावाद महज कुछ शुभंकर भविष्यवाणियों से जन्मा था और महज कुछ महान सामाजिक क्रान्तियों के मॉडलों से ईंधन पाकर जीवित था; जो इतिहास को सीधी रेखा में केवल आगे ही बढ़ना देखना चाहते थे; वे आज संशयग्रस्त हैं, संतप्त हैं, किंकर्तव्यविमूढ़ हैं, या "अंत" के बारे में सोच रहे हैं। जो इतिहास की गतिकी को समझते थे या समझने के लिए सचेष्ट थे, वे वर्तमान समय की अराजकता और गतिरोध में उस उर्वर कोख की शिनाख्त कर रहे हैं जहाँ भविष्य-बीज अँकुरा रहे हैं। उन्हें इतिहास से बहुत कुछ लेना है—वह कलात्मक-सांस्कृतिक सम्पदा भी जो अतीत के महान संघर्षों की धमन-भट्ठी में तपी-ढली थी और जिसे नये मानव के निर्माण में एक संघटक अवयव की भूमिका निभानी थी। **माओ** ने यह अनायास नहीं कहा था कि क्रान्तिकारी परिवर्तन की योजनाओं-परियोजनाओं पर सोचते समय हमारे चिन्तन के केन्द्र में हमेशा इंसान होना चाहिए। **लेनिन** ने युवा सर्वहारा क्रान्तिकारियों को यह राय यूँ ही नहीं दी थी कि उन्हें मानव जाति की समस्त सांस्कृतिक सम्पदा को आत्मसात करना होगा।

नई शताब्दी के निर्माण का काम अपने हाथ में लेने के लिए संकल्पबद्ध अभियंताओं-शिल्पियों को शताब्दी-समीक्षा करनी होगी, आलोचनात्मक विवेक के साथ सिंहावलोकन करना होगा। और इस दृष्टि से उन्नीसवीं शताब्दी भी उतनी ही महत्त्वपूर्ण है जितनी बीसवीं शताब्दी।

आज हम जिस दुनिया को जान रहे हैं और जिसमें जी रहे हैं, उसकी उत्पत्ति अठारहवीं शताब्दी के अन्त और उन्नीसवीं शताब्दी के प्रारम्भ की उन औद्योगिक-राजनीतिक क्रान्तियों से जुड़ी हुई है, जिनकी बदौलत मानव इतिहास के उस समय तक के महानतम रूपान्तरण का सूत्रपात हुआ। इन क्रान्तियों ने पूँजीवादी उद्योगों के प्रसार पर आधारित जिस विशिष्ट सामाजिक-आर्थिक संरचना और सांस्कृतिक-राजनीतिक अधिरचना को जन्म दिया, वही अपने चरम विकसित रूप में आज हमारे सामने मौजूद है। बीसवीं शताब्दी में सर्वहारा क्रान्तियों ने वैकल्पिक ढाँचा खड़ा करने के महान प्रयोग भी किये। सर्वहारा क्रान्तियों की वैचारिक-सांस्कृतिक सम्पदा अक्षुण्ण है और इस विषय पर चर्चा के पर्याप्त आधार हैं कि नई शताब्दी की नई सर्वहारा क्रान्तियों का स्वरूप क्या होगा, पर आज के समय का सच यह है कि असाध्य ढाँचागत संकट का शिकार, घोर मानवद्रोही विश्व-पूँजीवाद हमारे समक्ष खड़ा है और सर्वहारा क्रान्तियों के प्रथम संस्करण पराजित-विघटित हो चुके हैं। पूँजी और श्रम की शक्तियाँ एक बार फिर आमने-सामने खड़ी हैं। आज जो चीज भूमण्डलीय परिघटना के रूप में दीख रही है और विशेषकर भारत और अन्य उत्तर-औपनिवेशिक समाजों में पूँजीवादी रूपान्तरण

जो परिदृश्य निर्मित कर रहा है, वह उन्नीसवीं शताब्दी के यूरोप से सादृश्य-निरूपण के लिए काफी आधार उपलब्ध कराता है। समकालीन भारतीय जीवन में डिकेन्स के उपन्यासों के परिवेश तथा बाल्ज़ाक, स्टेण्ढाल और तोल्स्तोय के पात्रों की अनुकृतियों-प्रतिच्छायाओं को ढूँढ़ और पा लेना काफी आसान है, भले ही इतिहास की मार ने इन अनुकृतियों-प्रतिच्छवियों को विकृत-विरूपित कर दिया हो।

विश्व-इतिहास के युगान्तरकारी परिवर्तन पूरे भूमण्डल पर एक साथ घटित नहीं होते। परिवर्तन की धाराएँ अनगिन दृश्य-अदृश्य सूत्रों से परस्पर गुँथी-बुनी होती हैं, पर भविष्य की दिशा निर्धारित करने वाली क्रान्तिकारी घटनाओं के रंचमंच प्रायः यहाँ से वहाँ स्थानान्तरित होते रहते हैं। इसके सुनिश्चित ऐतिहासिक कारण थे (जिनकी चर्चा यहाँ सम्भव नहीं है) कि पुनर्जागरण, प्रबोधन, बूर्ज्वा जनवादी क्रान्तियों और उन्नीसवीं शताब्दी के पूँजीवादी विकास का मुख्य रंगमंच यूरोप बना रहा। लेकिन ये ऐतिहासिक परिघटनाएँ यूरोपीय नहीं, बल्कि विश्व-ऐतिहासिक परिघटनाएँ थीं। क्रान्तिकारी रूपान्तरण की इस पूरी प्रक्रिया में मानववाद, वैज्ञानिक तर्कणा, भौतिकवाद और जनवाद के जिन मूल्यों का जन्म हुआ, वे उन्नीसवीं शताब्दी के उत्तरार्द्ध तक पिछड़े हुए रूस में भी पहुँच चुके थे और उपनिवेशों में जब राष्ट्रीय मुक्ति के संघर्ष संगठित होने लगे तो उनके झण्डों पर भी मानववाद और जनवाद के नारे अंकित थे।

उन्नीसवीं शताब्दी वह शताब्दी थी जिसने क्रान्ति के अग्रदूत, प्रबोधनकाल के दार्शनिकों के "तर्कबुद्धि के राज्य" और "शाश्वत न्याय" के आदर्शों को बूर्ज्वा राज्य और बूर्ज्वा न्याय की नग्न निर्लज्जताओं में रूपान्तरित होते देखा। इसकी पहली प्रतिक्रिया, कला-साहित्य की दुनिया में, स्वच्छन्दतावाद के रूप में सामने आई। प्रतिक्रियावादी स्वच्छन्दतावाद की धारा बूर्ज्वा-पूर्व सामाजिक प्रणाली का प्रशस्ति-गान करती थी, जबकि **बायरन** और **शेली** जैसे क्रान्तिकारी स्वच्छन्दतावादी कवि पूँजीवाद को ठुकराकर भविष्य की ओर देखते थे। स्वच्छन्दतावाद की यह धारा अठारहवीं शताब्दी के प्रबोधनकालीन यथार्थवाद की तुलना में अत्यधिक गहन-गम्भीर थी। इसने मनुष्य के आन्तरिक जगत का चित्रण करने तथा व्यक्तित्वों के अन्तरविरोधों-विसंगतियों और उनकी "मनोगत अनन्तता" को उद्घाटित करने के साथ ही कला में इतिहासपरतावाद (हिस्टॉरिसिज्म) के सिद्धान्तों को समाविष्ट करने और समान्यजन के जीवन से निकट सम्बन्ध स्थापित करने का भी काम किया।

1830 के दशक में क्रान्तिकारी बूर्ज्वा यथार्थवाद का उत्कर्ष बाल्ज़ाक, स्टेण्ढाल, डिकेन्स आदि की जिस आलोचनात्मक यथार्थवादी धारा के रूप में सामने आया, वह स्वच्छन्दतावाद के साथ जैविक रूप से जुड़ी हुई थी। बूर्ज्वा क्रान्ति की परिणतियों से मोहभंग और पूँजीवादी व्यवस्था का नकार–ये प्रवृत्तियाँ दोनों ही धाराओं के मूल में थीं। कविता की विधा में स्वच्छन्दतावाद की धारा आगे तीन रूपों में विकसित हुई–

(i) **पुश्किन, लर्मन्तोव** आदि रूसी कवियों और विभिन्न पूर्वी यूरोपीय कवियों की धारा (ii) **वाल्ट व्हिटमैन** की धारा तथा (iii) **हाइने, वेयेर्थ, फ्रैलिगराथ** आदि प्रारम्भिक सर्वहारा कवियों की धारा।

आलोचनात्मक यथार्थवाद मुख्यतः उपन्यास विधा को अपनाकर आगे बढ़ा। अपनी अलग-अलग विशिष्टताओं के साथ महान यथार्थवादी उपन्यासकारों ने सम्पत्ति-स्वामित्व की दुनिया में संघर्षरत व्यक्तित्वों के बहिर्जगत एवं अन्तर्जगत को, व्यापारियों की धूर्तताओं एवं तिकड़मों को, गरीबों के दुर्भाग्य एवं उजरती गुलामी के नर्क को तथा आने-पाई के ठण्डे पानी में डूबते रागात्मक सम्बन्धों को जीवन्त रूप से और निर्मम वस्तुपरकता के साथ चित्रित किया। उन्नीसवीं शताब्दी के उत्तरार्द्ध में जब पश्चिमी यूरोप के पूँजीवादी समाज में इजारेदारी के लक्षण उत्पन्न हो रहे थे और क्रान्तियों के तूफानों का केन्द्र पश्चिम से पूरब की ओर खिसक रहा था, तब आलोचनात्मक यथार्थवाद भी प्रकृतवाद के रूप में स्खलित-विघटित होने लगा था। इस समय भी वहाँ **जार्ज इलियट** और **मोपासां** जैसे लेखकों के यथार्थवादी लेखन में उदात्त मानववादी आदर्श उपस्थित थे, पर आलोचनात्मक यथार्थवाद की क्रान्तिकारी ऊष्मा और व्यापकता अब मुख्यतः स्थानान्तरित होकर रूस पहुँच चुकी थी जहाँ **तुर्गनेव, चेर्निशेव्स्की, तोल्स्तोय** आदि से लेकर **चेखव** तक क्रान्तिकारी गद्य साहित्य की महान परम्परा विकसित हुई। उधर अमेरिका में **मार्क ट्वेन** माल-मुद्रा की दुनिया की संस्कृति एवं पूर्वाग्रहों पर हर पहलू से मारक चोट करते हुए उन्नीसवीं शताब्दी के यथार्थवादी गद्य का एक नया शिखर निर्मित कर रहे थे।

यही वह समृद्ध परम्परा थी जिसे बीसवीं शताब्दी में **गोर्की, जैक लण्डन, अप्टन सिंक्लेयर** आदि सर्वहारा लेखकों की पहली पीढ़ी ने अर्जित किया और विकसित किया। **रोलां, गाल्सवर्दी, मान** आदि से लेकर **फॉकनर** और **हेमिंग्वे** आदि तक का कृतित्व भी इसी परम्परा का विस्तार है।

आज, इक्कीसवीं सदी की दहलीज पर, समकालीन जीवन के नये यथार्थ और उसमें से फूटती भविष्य की सम्भावित दिशाओं को समझने में तथा सही-सटीक ढंग से रचनाओं में प्रस्तुत करके एक नया यथार्थवाद विकसित करने में, उन्नीसवीं शताब्दी का महान यथार्थवादी साहित्य भी उतना ही सहायक होगा जितना कि बीसवीं शताब्दी का।

कार्ल मार्क्स का विचार था कि *"पूँजीवादी उत्पादन आत्मिक उत्पादन के कुछ रूपों से, उदाहरण के लिए, कला तथा काव्य से शत्रुता रखता है।"* फिर भी यदि उन्नीसवीं शताब्दी के पूँजीवादी समाज में कला-साहित्य का प्रचण्ड विकास हुआ तो इसका कारण यह था कि शोषण का पूँजीवादी स्वरूप उन मानवतावादी आदर्शों के गहन अन्तरविरोध में साथ था, जो सच्चे कलाकारों को प्रेरणा देते थे। कला के प्रति

बूर्ज्वा समाज की शत्रुता ने ही साहित्य में पूँजीवाद की आलोचना को जन्म दिया तथा नाटकीय त्रासदीपूर्ण टकरावों से भरे कलात्मक यथार्थ के सृजन का आधार प्रस्तुत किया।

आज पूँजी के दीप्तिमान वैभव की दुनिया की पार्श्वभूमि में जितना गहरा अँधेरा है और घोर मानवद्रोही पूँजीवादी संस्कृति जिस आक्रामकता के साथ समस्त मानवतावादी आदर्शों पर प्रहार कर रही है, उसे देखते हुए यह आशा की जानी चाहिए कि हमारे समय में भी कलेजे के मजबूत और प्रतिभा के धनी कुछ सर्जक व्यक्तित्व आगे आयेंगे जो अपनी लेखनी से पूँजीवादी समाज पर प्रचण्ड प्रहार करेंगे, उसकी प्रखर अन्तर्भेदी आलोचना प्रस्तुत करेंगे और जन समुदाय को अपना नया भविष्य स्वयं रचने का विधान समझायेंगे।

एक नये क्रान्तिकारी पुनर्जागरण और प्रबोधन के समस्त उपक्रम आज इसी दिशा में निर्देशित होने चाहिए। इसके लिए इतिहास को खंगालते हुए, हमें उन्नीसवीं शताब्दी की महान यथार्थवादी रचनाओं से काफी कुछ हासिल करना होगा, यह तय है।

–सम्पादक

"बाल्ज़ाक और तोल्स्तोय जैसे यथार्थवादी लेखक अपनी कृतियों में असली प्रश्न उठाते समय जन समुदाय की सबसे महत्त्वपूर्ण जीवन्त समस्याओं को आधार बनाते हैं। उस युग में जनता द्वारा सही जाने वाली सबसे तीव्र पीड़ाओं से ही उनकी लेखकीय करुणा जागृत होती है। इन पीड़ाओं से उनके राग अथवा विराग की भावनाओं की दिशा निर्धारित होती है और उन्हें लक्ष्य मिलता है। अपनी रचनानुभूति के दौरान वे क्या कुछ देखते हैं, किस ढंग से देखते हैं, यह भी इन्हीं पीड़ाओं से निश्चित होता है। इस प्रकार यदि सृजन-प्रक्रिया के दौरान उनके सुपरिचित और स्पष्ट विचार उनकी रचनानुभूति के संसार के विरुद्ध पड़ते हैं तो यह स्पष्ट हो जाता है कि जीवन की उनकी सच्ची परिकल्पना इन विचारों की पकड़ में पूर्णतया नहीं आ पाई थी और उनकी अनुभूति की गहराई, तत्कालीन अहम मसलों से उनके गहरे सम्बन्ध की और जनता की पीड़ाओं से उनकी गहरी सहानुभूति की यथेष्ट अभिव्यक्ति हमें केवल उनके पात्रों के अस्तित्व और उनकी नियति में ही देखनी चाहिए।

—जॉर्ज लूकाच

"ऐसा लगता है मानो बाल्ज़ाक की रचनाएँ तेल-रंगों में लिखी गई हैं और जब मैंने पहली बार रूबेंस की चित्रकारी देखी तो मुझे फौरन बाल्ज़ाक का ख्याल आया।"

—मक्सिम गोर्की

इक्कीसवीं सदी में बाल्ज़ाक

बीसवीं शताब्दी के प्रारम्भ में, साहित्य के जागरूक यूरोपीय पाठकों के बीच यह मान्यता काफी लोकप्रिय हुआ करती थी कि विश्व का महानतम उपन्यास 'युद्ध और शान्ति' है और महानतम उपन्यासकार बाल्ज़ाक हैं।

आज, एक शताब्दी बाद भी, विश्व-साहित्य के अध्येताओं का बहुलांश उपरोक्त धारणा से सहमत मिलेगा। पिछले डेढ़ सौ वर्षों के दौरान दुनिया के पाँच सार्वकालिक महानतम उपन्यासकारों की सूची जब कभी भी बनाई जाती तो उसमें बाल्ज़ाक का नाम शायद सबसे निर्विवाद और सुरक्षित होता। पिछले चार सौ वर्षों के विस्तृत विश्व-ऐतिहासिक काल-खण्ड को सामने रखकर यदि उपन्यास-विधा पर केन्द्रित करें तो **राबेले, सर्वान्तेस, डेफ़ो, फ़ील्डिंग, स्टर्न, दिदेरो, वाल्टर स्कॉट, स्टेण्ढाल, तुर्गनेव, तोल्स्तोय, दोस्तोयेव्स्की, डिकेन्स, थैकरे, थामस हार्डी, फ्लॉबेयर, ज़ोला, थामस मान, अनातोल फ्रांस, अप्टन सिंक्लेयर, जैक लण्डन, गोर्की, फ़देयेव, शोलोखोव, हेमिंग्वे, फ़ॉकनर, ग्राहम ग्रीन, गैब्रिएल गार्सिया मारखेज़** आदि-आदि से निर्मित विविध आलोकमय तारापुंजों के बीच बाल्ज़ाक का नाम ध्रुवतारे की तरह अलग चमकता हुआ नजर आता है।

उन्नीसवीं शताब्दी के फ्रांस में यथार्थवाद के जन्म और विकास के इतिहास का प्रथम अध्याय वस्तुतः बाल्ज़ाक के रचनात्मक लेखन का पूरा कालखण्ड है। उन्नीसवीं शताब्दी में यूरोप के यथार्थवादी लेखकों की उत्तरवर्ती पीढ़ियों के प्रायः सभी पुरोधाओं पर बाल्ज़ाक ने गहरा प्रभाव छोड़ा। इनमें फ्लॉबेयर से लेकर तोल्स्तोय तक शामिल थे। बीसवीं शताब्दी में गोर्की और शोलोखोव से लेकर **लू शुन** और **प्रेमचन्द** तक—अधिकांश महान लेखकों ने उपन्यासकार के रूप में बाल्ज़ाक की सार्वकालिक महानता को स्वीकार किया है और उन्हें यथार्थवाद का आला उस्ताद बताया है। मार्क्सवादी सिद्धान्तकार समालोचक **जार्ज लूकाच बाल्ज़ाक, स्टेण्ढाल** और तोल्स्तोय की रचनाओं में ही आलोचनात्मक यथार्थवाद की व्यापकता और गहराई सर्वाधिक मानते थे।

यह बहुज्ञात तथ्य अनायास या अप्रत्याशित जरा भी नहीं लगता कि वैज्ञानिक समाजवाद के प्रणेता **कार्ल मार्क्स** सर्वान्तेस और बाल्ज़ाक को तमाम अन्य उपन्यासकारों के ऊपर रखते थे और उनके अनन्य मित्र और सहचिन्तक **फ्रेडरिक एंगेल्स** भी उनके इन विचारों से पूरी तरह सहमत थे।

फ्रांसीसी मजदूर आन्दोलन के प्रसिद्ध नेता तथा मार्क्स के शिष्य एवं दामाद पॉल **लफार्ग** ने अपने एक संस्मरण में लिखा है : *"वह (मार्क्स) बाल्ज़ाक के इतने प्रशंसक थे कि राजनीतिक अर्थशास्त्र पर अपनी पुस्तक का लेखन-कार्य समाप्त करते ही वह उनकी महान रचना 'ह्यूमन कामेडी' (La Comedie humaine) की समीक्षा लिखना चाहते थे। वह बाल्ज़ाक को अपने युग का इतिहासकार ही नहीं मानते थे, अपितु ऐसे पूर्वकल्पित पात्रों का स्रष्टा भी मानते थे जो अभी लुई फिलिप के जमाने में भ्रूणावस्था में थे तथा जो बाल्ज़ाक के देहावसान के बाद, नेपोलियन तृतीय के काल में ही पूर्णतया विकसित हुए थे।"*

बाल्ज़ाक ने छोटे-बड़े निन्यानबे उपन्यास और कहानियाँ लिखीं और इसे हिन्दी जगत की कंगाली और हिन्दी पाठकों का दुर्भाग्य ही माना जायेगा कि इनमें से हमारी जानकारी के मुताबिक सिर्फ दो उपन्यासों (*'ओल्ड गोरियो'* और *यूज़ेन ग्रांदे'*) के अनुवाद ही हिन्दी में उपलब्ध हैं। बाल्ज़ाक की कम से कम प्रतिनिधि रचनाओं को हिन्दी में लाना हमारी समझ से एक बेहद, बेहद जरूरी काम है। हर दृष्टि से यह हिन्दी को समृद्ध करेगा। हिन्दी साहित्य को नई सदी के नये यथार्थ, नये स्वप्नों और नई चुनौतियों से जूझने के लिए अपनी जातीय परम्पराओं के अतिरिक्त विश्व-साहित्य की जिस अनश्वर विरासत को आत्मसात करना है, उसमें बाल्ज़ाक के कृतित्व का अनन्य स्थान है।

बाल्ज़ाक ने अपने उपन्यासों-उपन्यासिकाओं की श्रृंखला 'ह्यूमन कामेडी' को *"उन्नीसवीं सदी की जीवन-चर्या का अध्ययन"* बताया था। यह पूँजीवादी सामाजिक- आर्थिक संरचना और उसकी राजनीतिक-सांस्कृतिक अधिरचना के निर्माण का प्रारम्भिक दौर था। मार्क्स और एंगेल्स अपने मित्रों को प्रायः सलाह दिया करते थे कि वे फ्रांस में पूँजीवाद के उदय को जानने-समझने के लिए आर्थिक इतिहासकारों के उबाऊ ब्यौरों के बजाय बाल्ज़ाक के उपन्यास पढ़ें। कभी-कभी यह देखकर आश्चर्य होता है कि पिछली आधी सदी की क्रमिक पूँजीवादी संक्रमण प्रक्रिया ने हमारे देश में भी चरित्रों-संस्थाओं के जिन 'टाइपों' का तथा बाज़ार-अर्थव्यवस्था की जिस मानवद्वेषी संस्कृति का विकास किया है, उन्हें समझने में बाल्ज़ाक से कितनी अधिक मदद मिलती है। हालाँकि उत्तर-औपनिवेशिक समाज, साम्राज्यवादी विश्व-ऐतिहासिक पृष्ठभूमि तथा भारतीय पूँजीवादी संक्रमण की अपनी कई विशिष्टताएँ और भिन्नताएँ हैं (और इस रूप में हर ऐतिहासिक तुलना या सादृश्यता आंशिक-अधूरी ही होती है), फिर भी अर्थशास्त्री **गिरीश मिश्र** (**'बाल्ज़ाक : मिरर ऑफ इमर्जिंग माडर्न कैपिटलिज्म' के लेखक**) के इस विचार से सहमति के पर्याप्त आधार हैं कि : *"आज भारत में जो कुछ हो रहा है उसको समझने-बूझने में बाल्ज़ाक जितने सहायक हो सकते हैं उतने हमारे यहाँ के बड़े-बड़े विद्वानों और चिन्तकों के ग्रन्थ और शोध-निबन्ध नहीं, क्योंकि बाल्ज़ाक के पास जो समग्र विश्व दृष्टि, विश्लेषणात्मक दक्षता तथा तथ्यों को परखने और विभिन्न शक्तियों एवं पक्षों के अन्तर्सम्बन्धों के तह तक जाने की जो कला है वह अन्यत्र नहीं दीखती।"*

'ह्यूमन कामेडी' और उसके सर्जक के जीवन की महाकाव्यात्मक त्रासदी

बाल्ज़ाक के जन्म से दस वर्षों पहले, 1789 में महान फ्रान्सीसी क्रान्ति सामन्ती सत्ता और सामाजिक-आर्थिक व्यवस्था को धूल में मिला चुकी थी। "अभिजातों को इंसानों के दर्जे तक ऊँचा उठाया जा चुका था।" लेकिन पुरानी व्यवस्था की स्थानापन्न नई पूँजीवादी व्यवस्था अभी सुनिश्चित शक्ल नहीं ले पाई थी। नया सत्ताधारी बूर्ज्वा वर्ग दस वर्षों तक सामन्ती पुनर्स्थापना की कोशिशों से, और उससे अधिक जनक्रान्ति की मुख्य ताकत--आम मेहनतकश जनता की प्रतिनिधि शक्तियों से निपटता रहा जो क्रान्ति को आगे ले जाना चाहते थे और प्रबोधनकालीन दार्शनिकों के आदर्शों को वास्तव में, यथार्थ में रूपान्तरित करना चाहते थे। यह जटिल वर्ग-संघर्ष और भीषण सामाजिक उथल-पुथल का तरल परिदृश्य था। कहा जा सकता है कि 1799 में नेपोलियन के सत्तासीन होने के बाद ही, नई, पूँजीवादी सामाजिक-आर्थिक संरचना और राजनीतिक व्यवस्था के निर्माण का काम विधिवत एजेण्डे पर आया। यह एक संयोग ही था कि इसी वर्ष मई में, तूर में ओनोरे द बाल्ज़ाक का जन्म हुआ।

फ्रान्सीसी क्रान्ति और उत्तरवर्ती दशक के उथल-पुथल के दौरान बाल्ज़ाक का परिवार किसान से शहरी मध्य वर्ग बन गया। बाल्ज़ाक की शिक्षा-दीक्षा पेरिस में कालेज द वान्दोम में और पेरिस लॉ स्कूल में हुई। इसके साथ ही वे नोटरी ऑफिस में प्रैक्टिस भी करते रहे। आगे चलकर पेरिस के शहरी-जीवन के अपने इन अनुभवों का इस्तेमाल बाल्ज़ाक ने अपने प्रसिद्ध उपन्यास *'ओल्ड गोरियो'* में किया। युवावस्था में बाल्ज़ाक की रुझान दर्शन की ओर थी। फ्रांसीसी प्रबोधनकालीन दार्शनिकों के प्रभाव में वे 'दार्शनिक' और 'कलाकार' की अवधारणाओं को अभिन्न मानते थे और इसी नाते उन्होंने अपने लिए लेखक का कैरियर चुना।

1822-25 के दौरान बाल्ज़ाक ने जां-लुई और अन्य विभिन्न छद्म नामों से अपने आठ उपन्यास प्रकाशित कराये, पर ये सभी असफल रहे। निराश बाल्ज़ाक एक टाइप फाउण्ड्री और प्रेस में हिस्सेदार बन गये, पर व्यवसाय-कुशलता के अभाव के कारण यहाँ भी वे विफल रहे। तीस वर्ष की उम्र में व्यवसाय से अलग होते समय वे कर्ज के भारी बोझ से लदे हुए थे, जिसे उतार पाना कभी सम्भव नहीं हो पाया। बहरहाल, इन अनुभवों ने उद्योग, वाणिज्य और वित्त की दुनिया की जिन तफसीलों से बाल्ज़ाक का परिचय कराया, उसका इस्तेमाल आगे चलकर उन्होंने अपनी रचनाओं में किया। इन अनुभवों ने बूर्ज्वा समाज की संरचना, कार्य-प्रणाली और विभिन्न वर्गों की प्रकृति एवं व्यवहार को समझने में बाल्ज़ाक की काफी मदद की।

युवा बाल्ज़ाक पर फ्रांसीसी प्रबोधन काल ('एज ऑफ एजलाइटेनमेण्ट') की भौतिकवादी विचारधारा का गहरा प्रभाव था। समाज में प्रभावी बूर्ज्वा सम्बन्धों के वे निर्मम आलोचक थे और उनके प्रति इस हद तक घृणा से भरे हुए थे कि 1832 के आसपास 'लेजिटिमिस्ट' (राजतंत्रवादी) राजनीतिक विचारों के पक्षधर हो गये। राजतंत्र को वे राज्यसत्ता का स्थायित्वपूर्ण रूप मानते थे जो बूर्ज्वा वर्ग के स्वार्थ पर अंकुश लगा सकता था तथा आर्थिक एवं नैतिक

प्रगति को सम्भव बना सकता था। इसी तरह कैथोलिक धर्म को भी वे बूर्ज्वा स्वार्थपरता का तोड़ ('एण्टीडोट') मानते थे। तोल्स्तोय की ही तरह, बाल्ज़ाक के भी ये अन्तर्निहित अन्तरविरोध उनकी मनोवैज्ञानिक स्थिति के विशुद्ध व्यक्तिगत लक्षणों के ही नहीं, बल्कि समाज के जीवन में वास्तविक अन्तरविरोधों के भी विचारधारात्मक प्रतिबिम्ब थे। बाल्ज़ाक के प्रतिगामी राजनीतिक विचारों के बावजूद, उनके आलोचनात्मक यथार्थवाद की महान क्रान्तिकारी भूमिका की तर्कसंगत व्याख्या फ्रेडरिक एंगेल्स ने इन शब्दों में प्रस्तुत की है : *"यह सच है कि बाल्ज़ाक अपने राजनीतिक दृष्टिकोण के मामले में लेजिटिमिस्ट थे; उनका महान कृतित्व उच्च समाज के असाध्य क्षय के बारे में सतत शोकगीत है; उनकी सारी सहानुभूति उस वर्ग के साथ है, जिसके नसीब में विलोप होना लिखा हुआ है। परन्तु यह सब होते हुए भी उनकी व्यंग्योक्तियाँ उतनी अधिक तीक्ष्ण, उतनी अधिक कटु और कभी नहीं होतीं, जितनी उस समय, जब वह ठीक उन पुरुषों और नारियों की, अभिजातों की तस्वीर खींचते हैं, जिनके साथ उनकी सबसे गहरी सहानुभूति है। और सिर्फ जिन लोगों की चर्चा वह सदैव अप्रच्छन्न प्रशंसा के साथ करते हैं, वे उनके कटुतम राजनीतिक विरोधी, जनतंत्रवादी–सेंट मेरी मठ के नायक (जनतंत्रवादी पार्टी के वामपक्ष के वे विद्रोही जिन्होंने 1832 में सेंट मेरी मठ के पास लूई फिलिप के सैनिकों से बैरीकेडी युद्ध लड़ा था–सं.) हैं, जो उस समय (1830-1836) सचमुच जनसाधारण के नायक थे। इस चीज़ को कि बाल्ज़ाक इस तरह स्वयं अपनी वर्ग-सहानुभूतियों तथा राजनीतिक पूर्वाग्रहों के विरुद्ध खड़े होने के लिए विवश हुए, कि उन्होंने अपने प्रिय अभिजातों के पतन की आवश्यकता देखी और उनका ऐसे लोगों के रूप में वर्णन किया, जो बेहतर नसीब के पात्र नहीं हैं, कि उन्होंने भविष्य के वास्तविक लोगों को वहाँ देखा, जहाँ और केवल जहाँ वे उस समय मिल सकते थे–इस चीज को मैं यथार्थवाद की सबसे महती विजयों में से एक, अनुभवी बाल्ज़ाक के भव्यतम गुणों में से एक मानता हूँ।"* (मार्गरेट हार्कनेस को चिट्ठी, अप्रैल, 1888)

व्यवसाय में हाथ आजमाने के विफल दौर के बाद बाल्ज़ाक ने एक बार फिर जब लेखन की दुनिया में प्रवेश किया तो पूरी तैयारी के साथ। राबेले, मोलिएर और वाल्टर स्कॉट को अपना मुख्य साहित्यिक गुरु मानते हुए उन्होंने अपनी साधना की नये सिरे से शुरुआत की। *'दि वाइल्ड ऐस'ज़ स्किन'* (1830-31) को स्वयं बाल्ज़ाक ने अपने कृतित्व का प्रस्थान-बिन्दु बताया है। इस उपन्यास की कहानी सूक्ष्म विस्तारों के साथ इस घटना-क्रम का ब्योरा पेश करती है कि किस तरह एक हत्यारा-बैंकर भ्रष्टाचारी प्रेस के जरिए जनमत को मनमुआफिक प्रभावित करता है और बढ़ती हुई बूर्ज्वा स्वार्थपरता विश्वासों और उसूलों को तबाह कर डालती है। युवा रफाएल द वालेन्तीन, स्वयं से विश्वासघात करने के बावजूद, उन लोगों के प्रति तिरस्कार का रुख अपनाये रहता है जो जिन्दगी के मालिक बन बैठे थे। इस उपन्यास में बाल्ज़ाक ने स्वच्छन्दतावादी बिम्ब-विधान, प्रतीकवाद और सजीव चित्रात्मकता-युक्त गम्भीर विश्लेषण के साथ 1830 की क्रान्ति के बाद पेरिस के माहौल को उपस्थित किया है तथा उस दौर के लोगों की जटिल प्रकृति, भावाकुलता की त्रासदी, विज्ञान की दुनिया

और जीवन के लगातार बढ़ते उथलेपन का चित्र खींचा है।

1834 में, जिस वर्ष बाल्ज़ाक का शाहकार उपन्यास 'ओल्ड गोरियो' प्रकाशित हुआ, उनके दिमाग में यह अनूठा विचार आया कि 1829 से लिखे गये उपन्यासों उपन्यासिकाओं के साथ ही पिरोते हुए आगे उपन्यासों-कहानियों की एक पूरी शृंखला प्रस्तुत की जाये। इस शृंखला को पहले उन्होंने *'उन्नीसवीं शताब्दी की जीवन-चर्या का अध्ययन'* (*स्टडीज़ ऑफ नाइण्टीथ सेंचुरी मैनर्स)* का नाम दिया, लेकिन 1842 तक जब यह महाकाव्यात्मक परियोजना कुछ और परिपक्व और विकसित हो गई तो इसका नाम बदलकर उन्होंने **'ह्यूमन कामेडी'** रख दिया। बाल्ज़ाक इस शृंखला में तत्कालीन फ्रांसीसी समाज के सभी वर्गों, संस्तरों, पेशों और विचारधाराओं के लगभग तीन-चार हजार पात्रों के माध्यम से उन्नीसवीं शताब्दी के सामाजिक-सांस्कृतिक इतिहास का और उस दिक्-काल के मनुष्य की चेतना एवं चरित्र का एक अध्ययन प्रस्तुत करना चाहते थे। उन्नीसवीं शताब्दी के फ्रांसीसी समाज और विश्व में सार्वभौमिक अन्तरनिर्भरता के विचार के मूर्त मानव-रूप के कलात्मक अध्ययन-विश्लेषण की इस महत्वाकांक्षी परियोजना का दार्शनिक फ्रेमवर्क अठारहवीं शताब्दी के भौतिकवाद, प्रकृति-विज्ञान के तत्कालीन सिद्धान्तों और विविध रहस्यवादी धर्म-सिद्धान्तों के तत्वों के संयोजन से निर्मित हुआ था। 'ह्यूमन कामेडी' के कुल तीन प्रखण्ड थे : (1) निजी जीवन, प्रान्तीय जीवन, पेरिस के नगरीय जीवन, राजनीतिक जीवन, फौजी जीवन और ग्रामीण जीवन के दृश्यों को उपस्थित करते हुए नैतिकता और तौर-तरीकों का अध्ययन; (2) दार्शनिक अध्ययन; और (3) विश्लेषणात्मक अध्ययन। इन तीनों प्रखण्डों की प्राक्कल्पना एक ऐसी कुण्डलाकार संरचना के तीन वृत्तों के रूप में की गई थी जो तथ्यों को कारणों और सिद्धान्तों से जोड़ता हो।

अपनी इस योजना को अमल की प्रक्रिया में ज्यादा से ज्यादा ठोस रूप देते हुए बाल्ज़ाक ने 1945 में 144 उपन्यासों की एक पूरी सूची भी प्रकाशित की और इसे क्रियान्वित करने में जी-जान से जुट गये। कभी-कभी तो हफ्तों और महीनों वे घर से बाहर तक नहीं निकलते थे। आर्थिक तंगी जबर्दस्त थी। किराये का मकान पेरिस की एक गरीब-गन्दी बस्ती में था जहाँ दिन भर लड़ाई-झगड़े का शोर रहता था। इस हो-हल्ले से बचने के लिए, दिन में सोना और रात में काली कॉफी पी-पीकर जागना और धुआँधार, चमत्कारी रफ्तार से लिखना—बस यही बाल्ज़ाक का जीवन था। नतीजतन शरीर छीजता चला गया। 1850 में मात्र इक्यावन साल की उम्र में बाल्ज़ाक की मृत्यु हो गई। 144 उपन्यासों का सपना पूरा नहीं हो सका, 'ह्यूमन कामेडी' शृंखला के अन्तर्गत कुल नब्बे उपन्यास-उपन्यासिकाएँ और कहानियाँ ही लिखी जा सकीं। अपनी जिन्दगी के महत्वाकांक्षी मिशन को पूरा क्रने में बाल्ज़ाक ने अपने को इस कदर झोंक दिया था कि जैसे जीना तक भूल चुके थे। 1832 में रूस में रहने वाली, पोलिश अभिजात समाज की एक महिला एवलिन हाँस्का से बाल्ज़ाक का पत्र-व्यवहार शुरू हुआ था। उससे मिलने के लिए उन्होंने 1843 में सेण्ट पीटर्सबर्ग की और 1847-48 में उक्रेन तक की यात्रा भी की। मृत्यु से ठीक पाँच माह पहले ही हाँस्का

से उनका विवाह हो सका। लेखन-कर्म के अतिरिक्त बाल्ज़ाक ने यदि कुछ और किया तो यह कि 1832 और 1848 में, दो बार 'चैम्बर ऑफ डेपुटीज' की सदस्यता के लिए चुनाव लड़ा और दोनों ही बार विफल रहे। दो बार 'अकादेमी फ्रांकेस' के चुनाव में भी (1849) हिस्सा लिया और इसमें भी पराजय ही हाथ लगी।

'ह्यूमन कामेडी' शृंखला के पहले की रचनाओं को लेकर बाल्ज़ाक ने कुल निन्यानबे छोटे-बड़े उपन्यास और कहानियाँ लिखीं। इसके अतिरिक्त उन्होंने पाँच नाटक भी लिखे जिनमें 'दि स्टेपमदर' (1848) और 'ड्रोल स्टोरीज़' (1831-37) को काफी ख्याति मिली। राबेले और फ्रांसीसी लोक-साहित्य की स्पिरिट में लिखे गये ये नाटक बाल्ज़ाक के मानवतावादी चिन्तन और फ्रांसीसी साहित्य-कला की राष्ट्रीय परम्परा के महत्त्वपूर्ण स्मारक माने जाते हैं।

अपने समय का इतिहासकार, अपने समाज का सचिव

बाल्ज़ाक स्वयं को उन्नीसवीं शताब्दी के पूर्वार्द्ध का इतिहासकार कहा करते थे। यह दौर फ्रांसीसी इतिहास का, बहुसंस्तरीय वर्ग-संघर्ष से भरपूर, उथल-पुथलकारी दौर था। बाल्ज़ाक ने कई जगह कहा है कि वे जिस समाज के 'स्वनियुक्त सचिव' और इतिहासकार हैं उसमें आर्थिक सत्ता सामन्ती अभिजनों के हाथों से निकलकर सेठों, बैंकरों और व्यापारियों के हाथों में चली गई है। उनके विचार से 1830 की क्रान्ति के बाद यह तथ्य और अधिक स्पष्ट हो गया था जब गद्दी पर तो लूई फिलिप बैठा था लेकिन सत्ता वस्तुतः पूँजीपतियों के पास थी। बाल्ज़ाक की अन्तर्भेदी दृष्टि ने प्रतीति को भेदकर सार को पहचाना। इस तरह उनका कृतित्व उन्नीसवीं शताब्दी के पहले पाँच दशकों के दौरान सामन्तवाद की पुनर्स्थापना के प्रयासों से लेकर पूँजीवादी व्यवस्था, संस्कृति एवं सामाजिक मनोविज्ञान के विकास के विविध पक्षों का प्रामाणिक दस्तावेज बन गया।

मार्क्स की पुत्री **लौरा लफ़ार्ग** के नाम अपने एक पत्र में फ्रेडरिक एंगेल्स ने लिखा है : *''प्रसंगतः, जब मैं बिस्तर पर लेटा था, तो बाल्ज़ाक को छोड़कर प्रायः कुछ और नहीं पढ़ा, और इस विलक्षण इंसान की रचनाओं को पढ़कर अत्यन्त आनन्द प्राप्त किया। यहाँ 1818 से लेकर 1848 तक का फ्रांस का इतिहास उससे कहीं ज्यादा मात्रा में है, जितना सारे वोलाबेलेओं, काफ्फिगों, लूई ब्लांओं के पास मिलाकर मिलता है। कैसा साहस है! उनके काव्यमय न्याय में कैसी क्रान्तिकारी द्वंद्वात्मकता है!'' (13 दिसम्बर, 1883)*

उन्नीसवीं शताब्दी के नवें दशक की अंग्रेज समाजवादी लेखिका **मार्गरेट हार्कनेस** के नाम पत्र में यथार्थवाद के बारे में अपने विचारों को स्पष्ट करते हुए एंगेल्स ने बाल्ज़ाक के बारे में लिखा है : *''बाल्ज़ाक, जिन्हें मैं अतीत, वर्तमान और भविष्य के तमाम ज़ोलाओं की तुलना में यथार्थवाद का कहीं बड़ा आचार्य मानता हूँ, 'ह्यूमन कामेडी' में फ्रांसीसी ''समाज'' का, खासतौर पर ''पेरिस की दुनिया'' का सबसे अद्‌भुत यथार्थवादी इतिहास हमारे सामने पेश करते हैं। उन्होंने उभरते बूर्ज्वा वर्ग द्वारा अभिजातों के समाज में, जिसने*

1815 के बाद अपना पुनर्गठन किया था और जिसने, जहाँ तक सम्भव हो सकता था, पुरानी फ्रांसीसी नफासत के प्रतिमान फिर से स्थापित किये थे, 1816 से 1848 तक बराबर घुसपैठ का लगभग साल दर साल का ब्योरा वृतान्त के रूप में किया है। वह यह बताते हैं कि उनके लिए इस आदर्श समाज के अन्तिम अवशेष किस प्रकार बाजारू किस्म के नये रईस के आगे धीरे-धीरे धराशायी होते गये या उस द्वारा भ्रष्ट होते गये; ऊँचे समाज की महिला के स्थान पर, जिसके दाम्पत्य जीवन में गैरवफादारी अपने को ठीक उसी ढंग के अनुसार, जिस ढंग से उसका विवाह कर उसे चलता कर दिया गया था, प्रतिष्ठित करने का उपाय मात्र थी, किस तरह बूर्ज्वा महिला आयी, जो नकदी या ठाठदार वेशभूषा के लिए अपने पति को दगा देती थी। इस केन्द्रीय चित्र के चारों ओर बाल्ज़ाक ने फ्रांसीसी समाज का पूरा इतिहास समेटा है, जिससे मुझे आर्थिक तफसीलों तक के मामले में (उदाहरण के लिए, क्रान्ति के बाद चल तथा अचल सम्पत्ति की पुनर्व्यवस्था के बारे में) इस अवधि के सारे के सारे विशेषज्ञों--इतिहासकारों, अर्थशास्त्रियों तथा सांख्यिकीविदों--की पुस्तकों से कहीं अधिक जानकारी मिली।" (अप्रैल, 1888)

बाल्ज़ाक पूँजीवादी व्यवस्था की स्थापना के विश्व-ऐतिहासिक युग के साक्षी बने, जब सत्तासीन होते ही बूर्ज्वा वर्ग 'स्वतंत्रता-समानता-भ्रातृत्व' के लाल झण्डे को धूल में फेंककर मुद्रा की रक्तपिपासु देवी के चरणों में तांत्रिक साधना करने लगा और चर्च से "पवित्र गठबन्धन" करके सिर पर राजशाही का मुकुट झाड़-पोंछकर रखने के बाद आम जनता को राजदण्ड से हाँकने लगा। प्रबोधनकालीन आदर्शों के अनुरूप तर्कबुद्धिसंगत राज्य और समाज की स्थापना के बजाय चारों ओर मुनाफाखोरी, महाजनी, धोखाधड़ी, जालसाजी, जमाखोरी, सट्टेबाजी, अपराध और नैतिक पतन का जो घटाटोप बाल्ज़ाक ने देखा, उसका सटीक वस्तुपरक विवरण एंगेल्स ने इन शब्दों में प्रस्तुत किया है :

"...वे (प्रबोधनकाल के दार्शनिक--सं.) एक बुद्धिसंगत राज्य तथा बुद्धिसंगत समाज की स्थापना करना चाहते थे। वे ऐसी प्रत्येक वस्तु को निर्ममतापूर्वक हटा देना चाहते थे, जो शाश्वत बुद्धि के खिलाफ जाती थी। हमने यह भी देखा था कि वह शाश्वत बुद्धि वास्तव में अठारहवीं शताब्दी के उस नागरिक की समझ के आदर्श रूप के सिवा और कुछ नहीं थी, जिसका ठीक उसी समय पूँजीपति के रूप में विकास हो रहा था। इस बुद्धिसंगत समाज तथा बुद्धिसंगत राज्य को फ्राँसीसी क्रान्ति ने मूर्त रूप दिया था। नई व्यवस्था पुरानी परिस्थितियों की तुलना में तो काफी बुद्धिसंगत थी, परन्तु पता चला कि वह सर्वथा बुद्धिसंगत कदापि नहीं है। बुद्धि पर आधारित राज्य पूर्णतया ध्वस्त हो गया। रूसो के सामाजिक संविदा ने आतंक के शासन में मूर्त रूप प्राप्त किया था, जिससे घबराकर पूँजीपति वर्ग ने, जिसका स्वयं अपनी राजनीतिक क्षमता में विश्वास समाप्त हो गया था, पहले डायरेक्टरेट की भ्रष्टता की शरण ली, और अन्त में वह नेपोलियन की निरंकुशता की गोद में जाकर बैठ गया। वायदा किया गया था कि अब सदा शान्ति रहेगी। पर वह शाश्वत शान्ति दूसरे देशों को जीतने के एक अन्तहीन युद्ध में बदल गयी। बुद्धि पर आधारित समाज का

हाल इससे बेहतर नहीं था। अमीर और गरीब का विरोध मिटाकर सामान्य समृद्धि नहीं आयी, बल्कि शिल्पी संघों के तथा अन्य प्रकार के उन विशेषाधिकारों के समाप्त कर दिये जाने के फलस्वरूप, जिनसे कुछ हद तक यह विरोध कम हो जाता था, और चर्च की दानशील संस्थाओं के खत्म कर दिये जाने जाने के फलस्वरूप यह विरोध और तीव्र हो गया। पूँजीवादी आधार पर उद्योग का जो विकास हुआ, उसने श्रमिक जनता की दरिद्रता और कष्टों को समाज के अस्तित्व की आवश्यक शर्त बना दिया। अपराधों की संख्या वर्ष प्रतिवर्ष बढ़ती गयी। पहले, सामन्ती दुराचार दिन-दहाड़े होता था; अब वह एकदम समाप्त तो नहीं हो गया था, पर कम से कम पृष्ठभूमि में जरूर चला गा था। उसके स्थान पर पूँजीवादी अनाचार, जो इसके पहले पर्दे के पीछे हुआ करता था, अब प्रचुर रूप में बढ़ने लगा था। व्यापार अधिकाधिक धोखेबाजी बनता गया। क्रान्तिकारी आदर्श सूत्र के "बन्धुत्व" ने होड़ के मैदान की ठगी तथा प्रतिस्पर्धा में मूर्त रूप प्राप्त कि। बलपूर्वक उत्पीड़न का स्थान भ्रष्टाचार ने ले लिया। समाज में ऊपर उठने के प्रथम साधन के रूप में तलवार का स्थान सोने ने ग्रहण कर लिया। लड़कियों के साथ पहली रात को सोने का अधिकार सामन्ती प्रभुओं के बजाय पूँजीवादी कारखानेदारों को मिल गया। वेश्यावृत्ति में इतनी अधिक वृद्धि हो गयी, जो पहले कभी सुनी नहीं गयी थी। विवाह प्रथा पहले की तरह अब भी वेश्यावृत्ति का कानूनी मान्यता प्राप्त रूप तथा उसकी सरकारी रामनामी बनी हुई थी, और इसके अलावा व्यापक परस्त्रीगमन उसके अनुपूरक का काम कर रहा था। संक्षेप में दार्शनिकों ने जो सुन्दर वायदे किये थे, उनकी तुलना में "बुद्धि की विजय" से उत्पन्न सामाजिक तथा राजनीतिक संस्थाएँ घोर निराशाजनक व्यंग्यचित्र प्रतीत होती थीं।" ('ड्यूहरिंग मत खण्डन')

यह एक दिलचस्प बात है कि उन्नीसवीं शताब्दी के मध्य में, जब बाल्ज़ाक मुद्रा की सर्वशक्तिमान सत्ता को जीवन की धुरी बनते और मुनाफे को समस्त मानवीय भावनाओं की उत्तोलक शक्ति बनते देख रहे थे, लगभग उसी समय वैज्ञानिक समाजवाद के आविष्कारक मार्क्स और एंगेल्स भी यह देख रहे थे कि पूँजीपति वर्ग ने पारिवारिक सम्बन्धों के ऊपर से भावुकता का आवरण उतारकर उन्हें मात्र द्रव्य के सम्बन्धों में बदल डाला है। मार्क्स-एंगेल्स का यह पर्यवेक्षण पहली बार *'1844 की आर्थिक-दार्शनिक पाण्डुलिपियाँ'* में सामने आया और सर्वाधिक सान्द्र-सटीक और काव्यात्मक शब्दों में 1848 में प्रकाशित *'कम्युनिस्ट पार्टी का घोषणापत्र'* ने सूत्रबद्ध किया : *"पूँजीपति वर्ग ने, जहाँ भी उसका पलड़ा भारी हुआ, वहाँ सभी सामन्ती, पितृसत्तात्मक और काव्यात्मक सम्बन्धों का अन्त कर दिया। उसने मनुष्य को अपने "स्वाभाविक बड़ों" के साथ बाँध रखने वाले नाना प्रकार के सामन्ती सम्बन्धों को निर्ममता से तोड़ डाला; और नग्न स्वार्थ के, "नकद पैसे-कौड़ी" के हृदयशून्य व्यवहार के सिवा मनुष्यों के बीच और कोई दूसरा सम्बन्ध बाकी नहीं रहने दिया। धार्मिक श्रद्धा के स्वर्गोपम आनन्दातिरेक को, वीरोचित उत्साह और कूपमण्डूकतापूर्ण भावुकता को उसने आना-पाई के स्वार्थी हिसाब-किताब के बर्फीले पानी में डुबो दिया है। मनुष्य के वैयक्तिक*

मूल्य को उसने विनिमय-मूल्य बना दिया है, और पहले के अनगिनत अनपहरणीय अधिकारपत्र द्वारा प्रदत्त स्वातंत्र्यों की जगह अब उसने एक ऐसे अंतःकरणशून्य स्वातंत्र्य की स्थापना की है जिसे मुक्त व्यापार कहते हैं। संक्षेप में, धार्मिक और राजनीतिक भ्रमजाल के पीछे छिपे शोषण के स्थान पर उसने नग्न, निर्लज्ज, प्रत्यक्ष और पाशविक शोषण की स्थापना की है।" (कम्युनिस्ट पार्टी का घोषणा-पत्र)

'ह्यूमन कामेडी' शृंखला के उपन्यासों की अनेकशः घटनाओं और सैकड़ों पात्रों के चिन्तन और व्यवहार के जरिए पूँजीवादी समाज के इस सारतत्व को बाल्ज़ाक ने सटीक अभिव्यक्ति दी और कहीं-कहीं तो यह देखकर आश्चर्य होता है कि न केवल पूँजीवादी समाज की आत्मिक रिक्तता के बारे में, बल्कि इतिहास की कूड़ेदानी में धकेल दिये गये सामन्ती अभिजातों की नियति के बारे में भी, अपने 'लेजिटिमिस्ट' विचारों के बावजूद, बाल्ज़ाक मार्क्स जैसी ही शब्दावली का प्रयोग करते हैं। हाँ, बाल्ज़ाक की कलात्मक दृष्टि की ऐतिहासिक-वैज्ञानिक सीमा यह थी कि वे उन्नीसवीं शताब्दी के चौथे-पाँचवे दशक में फ्रांस में मजदूर आन्दोलन की सरगर्मियाँ शुरू हो जाने के बावजूद सर्वहारा वर्ग की ऐतिहासिक भूमिका नहीं समझ सके। वे यह नहीं समझ सके कि, जैसा कि मार्क्स-एंगेल्स ने *'पवित्र-परिवार'* में लिखा था, *"निजी सम्पत्ति सर्वहारा को पैदा करके अपने को जो सज़ा सुनाती है, उसकी सर्वहारा ठीक उसी तरह तामील करता है, जिस प्रकार सर्वहारा उस सजा की तामील करता है जो उजरती श्रम ने दूसरों के लिए दौलत और अपने लिए गरीबी पैदा कर अपने को दी थी।"*

बावजूद इसके, बाल्ज़ाक की कालजयी महानता इस बात में निहित है कि उन्होंने मनुष्य को सामाजिक रूप से सक्रिय प्राणी के रूप में और अपने भाग्य के नियन्ता के रूप में, और अपने नैतिक आग्रहों और आदर्शों के लिए जूझते हुए दिखलाया। अपने अनगढ़-अधूरे वैज्ञानिक विचारों तथा अपने विचारों और आस्था के बीच के अन्तरविरोध के बावजूद, बाल्ज़ाक के सामाजिक मानव के प्रकृत इतिहास-सम्बन्धी सिद्धान्त और फ्लॉबेयर के इस सिद्धान्त में कि कलाकार को देवता के समान तटस्थ होना चाहिए, भारी अन्तर है। राल्फ फॉक्स के शब्दों में, *"...उनका जीवन को देखने का दृष्टिकोण सच्चे अर्थ में यथार्थवादी था। वह मानव समाज को उसकी ऐतिहासिक पृष्ठभूमि में, एक ऐसी वस्तु के रूप में देखते थे, जो संघर्ष करती है और संघर्ष के दौरान विकसित होती है। फ्लॉबेयर में जीवन जैसे आम और स्थिर हो गया है। 1848 के बाद जीवन को उसके विकास-क्रम में देखना और चित्रित करना सम्भव न रहा, कारण कि वह विकास-क्रम अत्यन्त पीड़ामय था। सो, जीवन उनके लिए एक जमी हुई झील बन गया।"* ('उपन्यास और लोकजीवन')

1848 के बाद बूर्ज्वा उदारवाद और जनतंत्रवाद की सभी धाराएँ निःसत्व हो चुकी थीं। बूर्ज्वा वर्ग का मुख्य काम अब मानवाधिकारों के नाम पर सामन्ती अभिजनों से लड़ना नहीं बल्कि नये उभरते सर्वहारा आन्दोलन से निपटना हो गया था। इस इतिहास-प्रक्रिया की गति-दिशा और 'पैटर्न' को समझ और पकड़ पाने में अक्षमता के चलते, बाल्ज़ाक के लेखन में शिखर-बिन्दु तक पहुँचने के बाद बूर्ज्वा क्रान्तिकारी यथार्थवाद का विघटन उन्नीसवीं

शताब्दी के उत्तरार्द्ध में मुख्यतः फ्लाबेयर और ज़ोला के लेखन में प्रकृतवाद के रूप में परिलक्षित होता है। वस्तुगत यथार्थ की सारभूत, गहन, द्वंद्वात्मक गत्यात्मकता में पैठने के बजाय प्रकृतवाद ने कलात्मक सृजन को सांयोगिक, अलग-थलग वस्तुओं तथा परिघटनाओं की निष्क्रिय प्रतिछवि आँकने तक सीमित कर दिया।

स्टेण्ढाल, बाल्ज़ाक और डिकेन्स के लेखन में जहाँ मनुष्य विपरीत स्थितियों के विरुद्ध संघर्ष में सक्षम दीखता था वहीं उन्नीसवीं शताब्दी के उत्तरार्द्ध में पश्चिमी साहित्यिक यथार्थवाद बुनियादी तौर पर व्यक्तित्व के अलगाव (एलियनेशन), विघटन और अवमूल्यन का तथा चरित्र, इच्छाशक्ति और परिवेश के विरुद्ध संघर्ष-क्षमता में ह्रास का चित्रण करने में संलग्न दीखता है। पश्चिमी यूरोप में पूँजीवाद की निर्णायक जीत और पूँजीवादी व्यवस्था के सुदृढ़ीकरण के बाद, ऐसा प्रतीत होता है मानो आलोचनात्मक यथार्थवाद की ऊर्जस्वी, आवेगमय धारा वहाँ से विस्थापित होकर रूस में (तुर्गनेव, तोल्सतोय से चेखव तक के लेखन में) और अमेरिका में (मुख्यतः मार्क ट्वेन के लेखन में) प्रवाहित होने लगी थी। कहा जा सकता है कि जॉर्ज इलियट (ब्रिटेन) जैसे कुछ अपवाद भी थे, जिनके लेखन में उन्नीसवीं सदी के उत्तरार्द्ध में भी उदात्त मानवतावाद और मानवीय आदर्शों के लिए संघर्ष की सक्रिय चेतना मौजूद दीखती थी।

मुद्रा की सत्ता के विरुद्ध एक सर्जक का घनघोर युद्ध

नवजात बूर्ज्वा समाज की कुरूपता और अमानवीयता की प्रथम प्रतिक्रिया कला-साहित्य की दुनिया में, उन्नीसवीं शताब्दी के प्रारम्भिक दशकों में स्वच्छन्दतावाद (रोमाण्टिसिज़्म) के रूप में सामने आई। स्वच्छन्दतावाद की एक धारा बूर्ज्वा वर्ग की विजय की रूढ़िवादी, अतीतोन्मुख प्रतिक्रिया थी जो जनता के प्रति अविश्वास और भय से भरी हुई थी और भ्रामक आदर्शों की रचना करती थी। स्वच्छन्दतावाद की दूसरी धारा प्रकृति से प्रगतिशील थी, इसके द्वारा प्रस्तुत यूटोपिया में "भविष्य की कविता" की अनुगूँजें थीं, फिर भी इस धारा के कलाकारों-रचनाकारों में बूर्ज्वा समाज के व्याघातों के प्रति समझदारी, जनसमुदाय के जीवन में दिलचस्पी तथा उसकी सक्रियता में और भविष्य में विश्वास जैसी अभिलाक्षणिकताएँ स्पष्ट दीखती थीं।

उन्नीसवीं सदी के प्रारम्भ में उभरे स्वच्छन्दतावाद की उपरोक्त दूसरी धारा अठारहवीं शताब्दी के प्रबोधनकालीन यथार्थवाद की तुलना में अधिक गहन-गहरी थी। इसने मनुष्य के आन्तरिक जगत को चित्रित करते हुए व्यक्तित्व के भीतर के द्वंद्वों-व्याघातों को तथा इसकी "मनोगत अनन्तता" को उद्घाटित करने का काम किया। साथ ही, स्वच्छन्दतावाद की क्रान्तिकारी धारा ने कला में इतिहासवाद (हिस्टॉरिसिज़्म) और जनसमुदाय से प्रगाढ़ सम्बन्धों के सिद्धान्त प्रस्तुत किये।

1830 के दशक में आलोचनात्मक यथार्थवाद की जो धारा विकसित हुई, जिसके शिखर-पुरुष बाल्ज़ाक थे, उसके स्वच्छन्दतावाद के साथ आनुवंशिक सम्बन्ध थे। दोनों ही

कलात्मक विचार-सरणियों की ज़मीन था--बुर्जुआ क्रान्ति से मोहभंग और पूँजीवादी व्यवस्था का अस्वीकार। स्वच्छन्दतावाद ने यथार्थवाद की इस नई प्रवृत्ति को वस्तुगत यथार्थ की जटिलताओं के साथ ही मनोगत जगत की गहराइयों में भी उतरने की क्षमता दी थी, जिसके सहारे बाल्ज़ाक, स्टेण्ढाल और डिकेन्स बूर्ज्वा समाज का विस्तृत-वैविध्यपूर्ण चित्र औपन्यासिक कैनवास पर उकेरने में, "घटनाओं और मनोभावों के वृहद भण्डार के छुपे हुए अर्थ" (बाल्ज़ाक) को उद्‌घाटित करने में तथा उनके सामाजिक आधार को स्पष्ट कर पाने में सफल रहे। इस दौर में आलोचनात्मक यथार्थवादी साहित्य मुख्यतः उपन्यास-विधा में उभरकर सामने आया। इन उपन्यासों में सम्पत्ति की दुनिया के खिलाफ व्यक्तियों की अस्मिता एवं आजादी के संघर्ष, व्यापारियों की कुटिल साजिशों और गरीबों के दुर्भाग्य के चित्रण के साथ ही प्रायः यह तस्वीर भी प्रस्तुत की जाती थी कि भौतिक समृद्धि किस तरह नैतिक पतन को जन्म दे रही है, किस तरह जन समुदाय के प्राकृतिक पारस्परिक बन्धन छीज और टूट रहे हैं और किस प्रकार शादी महज एक 'बिजनेस-डील' होकर रह गई है। लेकिन उन्नीसवीं शताब्दी के पूर्वार्द्ध का यथार्थवाद अपनी आलोचनात्मक स्पिरिट के बावजूद सर्वनिषेधवादी नहीं था। मानवतावाद और प्रगति में विश्वास इसके बुनियादी सकारात्मक आदर्श थे। बाल्ज़ाक के उपन्यासों के सकारात्मक आदर्श और उनके वैज्ञानिक तर्कणायुक्त निरूपण के बारे में राल्फ फॉक्स ने लिखा है :

"ह्यूमन कामेडी की भूमिका में खुद बाल्ज़ाक ने बताया है कि वह मानव को समाज की देन के रूप में देखते थे, उसे उसके प्राकृतिक वातावरण के बीच देखते थे, और यह कि वैज्ञानिक ढंग से उसका अध्ययन करने की वैसी ही आकांक्षा वह भी अनुभव करते थे जैसी कि पशुजगत का अध्ययन करने वाले महान प्रकृति-वैज्ञानिक अनुभव करते हैं। उनके राजनीतिक और धार्मिक विचार वही थे जो पुराने सामन्ती फ्रांस के थे, किन्तु मानव के प्रति उनका यह रवैया, मानवीय जीवन के सुखान्त नाटक की उनकी धारणा, क्रान्ति की, उन जैकोबिनों की, जिन्होंने फ्रांसीसी समाज की सामाजिक बेड़ियों को पूरी निर्ममता से चकनाचूर कर दिया था, अभियान करते उन सैनिकों की देन थी, जिन्होंने यूरोप की बादशाहतों को नेपोलियन के नेतृत्व के आगे घुटने टेकने के लिए बाध्य कर दिया था। बाल्ज़ाक, इसमें सन्देह नहीं, फ्रांस के साहित्यिक नेपोलियन थे। उन्होंने साहित्य के क्षेत्र में सामन्ती विचारों को उतनी ही पूर्णता के साथ नष्ट किया, जितनी पूर्णता के साथ राजनीतिक क्षेत्र में उस महान सैनिक ने सामन्ती व्यवस्था को नष्ट किया था। पुनर्स्थापना काल के फ्रांस में पूँजीवादी समाज की, नये पूँजीवादी सामाजिक सम्बन्धों की आलोचना रोमाण्टिसिज्म के मध्यकालीन चोले में प्रकट होती थी। अपने व्यक्तिगत जीवन में और इसी प्रकार कला के क्षेत्र में भी, रोमाण्टिकों की स्वच्छन्दताएँ वर्तमान के विरुद्ध उनके विद्रोह को तथा वर्तमान से उनके पलायन को व्यक्त करती थीं। बाल्ज़ाक ने न तो विद्रोह किया न पलायन। रोमाण्टिकों की सारी कल्पना-प्रवीणता, उनकी कविता और यहाँ तक कि उनकी रहस्यवादिता बाल्ज़ाक में मौजूद थी, किन्तु वह उनसे ऊपर उठे और वर्तमान पर अपने यथार्थवादी

आक्रमण द्वारा एक नये साहित्य का उन्होंने रास्ता दिखाया। समसामयिक जीवन की वास्तविकता को कल्पनात्मक रूप से धारण करने में वह करीब-करीब उसी पैमाने पर समर्थ हुए, जिस पर कि राबेले और सर्वांतेस। किन्तु यह बाल्ज़ाक का सौभाग्य था कि उन्होंने शताब्दी के शुरू के भाग में जीवन बिताया, जबकि राष्ट्रीय शक्ति के उस भीमाकार उभार—जिसने क्रान्ति और नैपोलियनी महाकाव्य की सृष्टि की—की ताकत और तपिश का असर चौथे और पाँचवे दशक के प्रारम्भ के साहित्यिक आन्दोलन में अभी मौजूद था।'' (उपन्यास और लोक जीवन)

'ह्यूमन कामेडी' की नाटकीय महाकाव्यात्मकता के मूल स्रोत उन्नीसवीं सदी के पूर्वार्द्ध के युग की नाटकीयता के साथ ही स्वयं मानव अस्तित्व की नाटकीयता में निहित हैं। एक ओर, समाज और इतिहास पर व्यक्ति की निर्भरता को बाल्ज़ाक से पहले किसी भी अन्य लेखक ने इतने व्यापक और गहरे अर्थों में नहीं समझा था। दूसरी ओर, ''मुद्रा की सर्वशक्तिमत्ता, सर्वज्ञता और सर्वहितैषिता'' (बाल्ज़ाक) से पैदा होने वाले प्रातिनिधिक द्वंद्वों को भी समझने और अभिव्यक्ति देने में बाल्ज़ाक की क्षमता अचूक और बेजोड़ थी। ''फूहड़ धनिक नौबढ़ों'' के प्रभाव में अपना मान-सम्मान खो देने वाले अभिजातों (मक्सीम द त्राई, रास्तीनाक व अन्य); चतुर-चालाक डीलरों व अन्य महत्वाकांक्षी लोगों और साथ ही उनके शिकार बनने वालों; लूट के वैधीकरण, विश्वासघात और महान सौभाग्यों को जन्म देने वाले घृणित षड्यंत्रों ('गोबसेक', 1930, *'यूज़ीन ग्रांदे'*, 1833 'दि नुसिंजेन हाउस' 1838, दि पींजेण्ट्स,' 1844 कज़िन पोंस, 1846-47 और अन्य) मृत्यु और निष्क्रिय जीवन में से विकल्प चुनते युवा और नैतिक अधःपतन (रास्तीनाक, लूसियां द रूबम्प्रे और मार्कस); कला की वेश्यावृत्ति ('लॉस्ट इल्यूजन्स', 1837-43 और 'ए डॉटर ऑफ ईव, 1838); एक विद्वान और आविष्कारक की त्रासदी; तथा पारिवारिक और निजी सम्बन्धों में खरीदने-बेचने के सिद्धान्तों के वर्चस्व से पैदा होने वाली अनन्त त्रासदियों को बाल्ज़ाक ने पटुता के साथ कथाबन्धों में बाँधकर न केवल उस युग का ''प्रकृत इतिहास'' लिख दिया, बल्कि मुनाफा, माल-उत्पादन और मुद्रा के वर्चस्व की दुनिया के सारतत्व को उद्घाटित करने में अद्वितीय सफलता हासिल की।

कृषि, व्यापार, वित्तीय संस्थाओं, नौकरशाही, शिक्षा, संस्कृति और राजनीति के क्षेत्रों के साथ ही पारिवारिक और आत्मिक जीवन तक में पूँजीवादीकरण के परिणामस्वरूप जो परिवर्तन हो रहे थे और जिस तरह पैसा-परमेश्वर की सत्ता ने धोखाधड़ी, जालसाजी, व्यभिचार आदि के साथ अनेक किस्म के सफेदपोश अपराधों से समाज को भर दिया था, यह देखते हुए बाल्ज़ाक पूँजीवादी समाज के इस सत्व को समझ चुके थे कि *''हर सम्पत्ति-साम्राज्य अपराध की बुनियाद पर खड़ा होता है।''* मोंतेस्क्यू के इस कथन को वे विशेष तौर पर रेखांकित करते हैं कि *''कानून एक ऐसा मकड़जाल है, जिसमें से बड़ी मक्खियाँ तो निकल जाती हैं परन्तु छोटी फँस जाती हैं।''* उन्होंने जिस तरह भविष्य में युवा और प्रौढ़ होने वाले पूँजीवादी समाज के पात्रों को उनकी शैशवावस्था में ही पहचान लिया

था और उनके भावी विकास को अपने उपन्यासों में प्रस्तुत किया था, उसी तरह पूँजीवाद के तमाम अपविकासों-विकृतियों को भी उन्होंने उन्नीसवीं सदी के पूर्वार्द्ध के फ्रांसीसी जीवन में प्रवृत्ति-रूप में पहचानने के बाद उपन्यासों में यूँ उपस्थित किया था कि वे आज के जीवन के चित्र प्रतीत होते हैं।

लालफीताशाही, घूसखोरी, 'अण्डरवर्ल्ड' ('ओल्ड गोरियो', 'लॉस्ट इल्यूज़न', 'ए हारलोट हाई एण्ड लो', 'हिस्ट्री ऑफ दि थर्टीन') और स्टॉक एक्सचेंज की नियामक शक्ति ('द वाइल्ड ऐस'ज़ स्किन') की उन्होंने डेढ़ सौ वर्ष पहले इतनी जीवन्त तस्वीर उकेरी थी कि वह आज की प्रतीत होती है। बाल्ज़ाक ने पहली बार राजनीति, राज्यसत्ता और कानून की दुनिया के पीछे के भौतिक हितों-स्वार्थों का साहित्य में इतनी वस्तुगत सटीकता और तफ़सीलों के साथ उजागर किया। वे दो टूक शब्दों में कहते हैं : *"हमसे सुन्दर चित्रों की माँग की जाती है, किन्तु उनके नमूने इस समाज-व्यवस्था में हैं कहाँ? आपके घिनौने वस्त्र, आपकी अपरिपक्व क्रान्तियाँ, आपका बातूनी बूर्ज्वा, आपका मृत धर्म, आपकी निकृष्ट शक्ति, बिना सिंहासन के आपके बादशाह, ये सब क्या इतने काव्यात्मक हैं कि इनका चित्रण किया जाये? हम अधिक से अधिक इनका मखौल उड़ा सकते हैं।"* अन्तस्तल में गहरे पैठी इस तिक्तता के बावजूद बाल्ज़ाक प्रकृतवादी नियतिवाद का शिकार होने के बजाय सहकार ('लॉस्ट इल्यूजंस), दयालुता ('मास फॉर ऐन एथीस्ट' आदि), चरित्र की न्यायनिष्ठा ('कर्नल शाबेर' शाबेर) शौर्य ('दि कण्ट्री डॉक्टर गोग्यूल में'), दोटूकपन ('दि पीजेण्ट्स' में निसेरों), आपसी विश्वास एवं समर्पण ('कज़िनपोंस' में पोंस और श्मूक) आदि उच्च मानवीय आदर्शों के प्रति अपनी अटल आस्था कायम रखते हैं।

बाल्ज़ाक की रचनाओं में प्रस्तुत मानवीय सारतत्व की व्यापकता और गहराई निस्सन्देह उनमें से अधिकांश को सार्वकालिक महत्व वाली क्लासिकी कृतियों की श्रेणी में स्थापित कर देती है। पूँजीवादी समाज के सारतत्व को तथा सामाजिक सम्बन्धों और नैतिक मूल्यों को बाल्ज़ाक ने महान कलाकार की अन्तर्दृष्टि के साथ ही एक समाज वैज्ञानिक की वस्तुपरकता के साथ इतनी कुशलता से प्रस्तुत किया है कि हम आज के पूँजीवाद की छायाएँ-छवियाँ भी उनमें देख सकते हैं। विशेषकर भारत में, जहाँ उपनिवेशोत्तरकालीन अर्द्धशती की लम्बी अवधि में रुग्ण-विकलाँग पूँजीवाद पीड़ादायी मंथर गति से भौतिक-आत्मिक जीवन के रग-रेशे को बेधता रहा है, वहाँ इक्कीसवीं सदी के प्रारम्भ में भी बाल्ज़ाक मानो हमारे आसपास की सच्चाई पर रोशनी डालते और उसे समझने में मदद करते प्रतीत होते हैं।

ऐसा लगता है कि बाल्ज़ाक ने पूँजीवादी समाज की शैशवावस्था में जिन कुरूपताओं-विकृतियों को देखा था, उनके ही और स्पष्ट विकसित रूपों को हम उसके वार्धक्य की अवस्था में देख रहे हैं। कहा भी जाता है कि बुढ़ापा बचपन की वापसी होता है। जो भी हो, इतना तय है कि जब तक निजी सम्पत्ति की दुनिया रहेगी, तब तक बाल्ज़ाक प्रासंगिक बने रहेंगे।

यही बाल्ज़ाक की महानता है।

ग्रामीण जीवन में पूँजी का प्रवेश : बाल्ज़ाक के पर्यवेक्षण और 'किसान'

बाल्ज़ाक का प्रस्तुत उपन्यास 'दि पीज़ेण्ट्री, ('संस ऑफ दि सॉयल' नाम से भी अंग्रेजी में प्रकाशित) 1844 में प्रकाशित हुआ। यानी यह 'ह्यूमन कामेडी' शृंखला के अन्तिम चरण की रचना है। इसकी गणना बाल्ज़ाक की सर्वाधिक महत्त्वपूर्ण और परिपक्व कृतियों में की जाती है।

बाल्ज़ाक की अगली पीढ़ी के प्रसिद्ध लेखक गोंकूर बन्धुओं (जूल और एडमण्ड गोंकूर) की डायरी में 'किसान' की चर्चा करते हुए बाल्ज़ाक की ऐतिहासिक महत्ता और मर्मभेदी अर्थवत्ता को इन शब्दों में प्रस्तुत किया गया है :

"मैंने बाल्ज़ाक की कृति 'किसान' अभी-अभी दुबारा पढ़कर खत्म की है। बाल्ज़ाक को अभी तक किसी ने राजनेता नहीं कहा है, फिर भी वे शायद हमारे समय के महानतम राजनेता थे, ऐसे एकमात्र व्यक्ति थे जो हमारी बीमारी की जड़ को समझ सका। अकेले वही थे, जिसने एक ऊँचाई से, 1789 के उपरान्त फ्रांस के विशृंखलन को, कानून के पीछे के तौर-तरीकों को, शब्दों के पीछे के तथ्यों को, प्रत्यक्ष व्यवस्था की सतह के नीचे व्याप्त निरंकुश स्वार्थों की अव्यवस्था को, दुरुपयोगों का स्थान लेने वाले प्रभावों को, न्यायाधीश के सामने असमानता के द्वारा कानून के सामने समानता के विनाश को देखा। संक्षेप में यह कि उन्होंने 1789 के कार्यक्रम में निहित उस झूठ को उजागर किया जिसने बड़े नामों की जगह बड़े सिक्कों की स्थापना की और पदवीधारी कुलीनों (मार्क्विसों) को बैंकरों में तब्दील कर दिया। और यह एक उपन्यासकार था जिसने इस सब कुछ के मर्म को समझा।"

बाल्ज़ाक ने 'ह्यूमन कामेडी' की पूरी परियोजना के अन्तर्गत, अपने चार उपन्यासों में फ्रांसीसी ग्रामीण जीवन के अन्तरंग और बहिरंग को चित्रित करते हुए, सामन्ती भूमि-सम्बन्धों के पूँजीवादी रूपान्तरण तथा आधुनिक पूँजीवाद के विकास में कृषि की भूमिका को, पूँजीवाद के अन्तर्गत गाँव और शहर के बीच लगातार बढ़ती खाई को, छोटे मालिक किसानों पर सूदखोर महाजनों की जकड़बन्दी को, शहरी और ग्रामीण महाजनी के फर्क को, कृषि में माल-उत्पादन के बढ़ते वर्चस्व और किसानी जीवन पर मुद्रा के आच्छादनकारी प्रभाव को तथा किसान आबादी के विभेदीकरण (डिफरेंसिएशन) और कंगालीकरण को जिस अन्तर्भेदी गहराई और चहुँमुखी व्यापकता के साथ प्रस्तुत किया है, वह आर्थिक इतिहास या समाज-विज्ञान की किसी पुस्तक में भी देखने को नहीं मिलता। कृषि के पूँजीवादी विकास और गाँवों में पूँजीवादी भूमि-सम्बन्धों तथा उनकी परिणतियों को सामग्रिक रूप में जानने-समझने के लिए मार्क्स और लेनिन के तद्विषयक लेखन के साथ ही बाल्ज़ाक के इन चार उपन्यासों को और इनमें भी खासकर 'किसान' को पढ़ने की सिफारिश पुरजोर शब्दों में की जा सकती है।

बाल्ज़ाक शहरी मध्यवर्गीय रोमानी नजरिए से न तो कहीं 'अहा, ग्राम्य-जीवन भी क्या है' की आहें भरते नजर आते हैं, न ही उन "काव्यात्मक सम्बन्धों" और पुरानी संस्थाओं-सम्बन्धों-चीजों के लिए बिसूरते दीखते हैं जिन्हें पूँजी या तो लील जाती है, या पुनःसंस्कारित करके अपना लेती है या फिर अजायबघरों में सुरक्षित कर देती है। इसके

विपरीत वह ठहरे हुए ग्रामीण जीवन की कूपमंडूकतापूर्ण तुष्टि के प्रति वितृष्णा प्रकट करते हैं और उस मध्यवर्गीय शहरी नजरिए की खिल्ली उड़ाते हैं जिसे ग्राम्य जीवन एक खूबसूरत लैण्डस्केप नजर आता है।

एक ठण्डी वस्तुपरकता के साथ बाल्ज़ाक गाँवों में व्याप्त पिछड़ेपन, अज्ञानता, विपन्नता, कूपमण्डूकता, निर्ममता और उस अमानवीकरण की चर्चा करते हैं जो मंथर गति वाले अलग-थलग पड़े "स्वायत्तप्राय" ग्रामीण परिवेश के अपरिहार्य गुण हैं और गाँवों में पूँजी का प्रवेश इन्हें और निर्मम-निरंकुश बनाने का काम ही करता है।

पश्चिमी दुनिया में कृषि में पूँजीवाद का प्रवेश सबसे क्रान्तिकारी ढंग से फ्रांस और अमेरिका में हुआ। वहाँ के बूर्ज्वा जनवादी क्रान्ति के उत्तरकालीन परिदृश्य को चित्रित करते हुए बाल्ज़ाक ने दिखलाया है कि ग्रामीण जीवन वहाँ भी लगभग ठहरा हुआ सा है, भविष्य को लेकर कहीं कोई उत्साह नहीं है, बाहरी दुनिया से नाम-मात्र का सम्पर्क है, नये विचारों का प्रभाव नगण्य है। खेतिहर मजदूर, छोटा मालिक किसान, रिटायर्ड फौजी–सभी आत्मविश्वास से रिक्त, रामभरोसे जी रहे हैं। खेतों में भरपूर हाड़ गलाने के बावजूद कुछ भी हासिल नहीं होता। गरीबी, भूमिहीनता, ऋणग्रस्तता, कुपोषण, बीमारी, गरीबी के चलते ऊँची जन्म दर और ऊँची मृत्यु दर–विशेषकर शिशु मृत्यु दर तथा अंधविश्वास और भाग्यवाद का चतुर्दिक बोलबाला है।

पिछली आधी सदी के दौरान, भारत के गाँवों का दुःसह पीड़ादायी मंथर गति से जो पूँजीवादीकरण हुआ है, उसकी बाल्ज़ाक द्वारा प्रस्तुत फ्रांस के ग्रामीण परिदृश्य से काफी समानता है। भारत में ऐसे विलायतपलट शहरी समाजशास्त्रियों-अर्थशास्त्रियों, कठमुल्लावादी वामपंथियों और कल्पना एवं अधकचरी सैद्धान्तिकता के सहारे "यथार्थ" का चित्र रचने वाले लेखकों की बहुतायत है जो महज पिछड़ेपन, प्राक्-पूँजीवादी सामाजिक-आर्थिक अवशेषों, पुराने विचारों-संस्थाओं और बाह्य रूपों के आधार पर आज भी भारत के ग्रामीण जीवन को सामन्तवाद से जकड़ा हुआ मानते हैं और पूँजी की निर्णायक पकड़ को देख ही नहीं पाते। वे पूँजीवाद को उस हद तक आमूल परिवर्तनकारी, क्रान्तिकारी, जनवादी रूप में देखना चाहते हैं जितना वह उस फ्रांस तक में नहीं था जहाँ कि क्लासिकी पूँजीवादी जनवादी क्रान्ति "सर्वाधिक क्रान्तिकारी" ढंग से सम्पन्न हुई थी। ऐसे लोगों को बाल्ज़ाक द्वारा चित्रित फ्रांसीसी ग्रामीण जीवन में पूँजीवादी संक्रमण का अध्ययन करना चाहिए।

किसी कुशल अर्थशास्त्री से भी अधिक कुशलता से बाल्ज़ाक ने इस चीज को दिखलाया है कि असमान विनिमय के चलते पूँजीवाद के अन्तर्गत गाँव और शहर का अन्तर बढ़ता ही चला जाता है। भूस्वामी, व्यापारी, सूदखोर महाजन और सरकारी अमले–सबकी निगाह किसान द्वारा उत्पादित अधिशेष (सरप्लस) पर रहती है। नकदी की जरूरत तथा विपणन एवं भण्डारण की मजबूरी के चलते किसान सटोरियों, दलालों, आढ़तियों के चंगुल में फँसता चला जाता है और जिस बड़े भूस्वामी के पास पूँजी की ताकत होती है, वह छोटे मालिक किसानों को उजाड़कर खेतिहर मजदूरों की कतारों में धकेलता चला जाता है। स्वयं बाल्ज़ाक

के ही शब्दों में, *''छोटे किसान की त्रासदी यह है कि सामन्ती शोषण से मुक्त होकर वह पूंजीवादी शोषण के जाल में फँस गया है।''*

ग्रामीण अर्थव्यवस्था और किसानों की स्थिति के हर पहलू को तफसील से देखते हुए बाल्ज़ाक **'किसान'** में समस्या के सारतत्व को पकड़ते हैं और बताते हैं कि सवाल भूस्वामित्व की सामन्ती व्यवस्था का नहीं है, बल्कि अपनेआप में भू-स्वामित्व की पूरी व्यवस्था का ही है। सामन्ती भूस्वामी की जगह पूँजीवादी फौजी जनरल या ऑपेरा गायिका के आ जाने से आम किसान की स्थिति में कोई फर्क नहीं पड़ता। किसान की खून-पसीने की कमाई के मुख्य अपहर्ता प्रायः सामने नहीं होते। वे बदलते रहते हैं, पर किसानों का रोजमर्रे के जीवन में जिन बिचौलियों से साबका पड़ता है, उनकी स्थिति अपरिवर्तित रहती है। 'किसान' उपन्यास में बाल्ज़ाक रिगू-गोबर्ते गँठजोड़ के रूप में व्यापारी-भूस्वामी-सूदखोर गँठजोड़ की किसानों पर चतुर्दिक जकड़बन्दी की तस्वीर उपस्थित करते हैं और दिखलाते हैं कि किस तरह प्रशासन, न्याय, ऋण और व्यापार के पूरे तंत्र पर इस गिरोह का ऑक्टोपसी नियंत्रण कायम है।

रिगू पादरी से स्थानीय महाजन बना है जो न सिर्फ एक हद तक प्रेमचन्द की कहानी 'सवा सेर गेहूँ' के विप्र महाराज की याद दिलाता है बल्कि उन्हीं का उन्नत, ज्यादा धूर्त संस्करण प्रतीत होता है। बाल्ज़ाक ने रिगू के चरित्र-चित्रण पर एक पूरा अध्याय खर्च किया है। बड़ी तफ़सील से वे गोबसेक, ग्राँदे, रूगे आदि शहरी महाजनों से रिगू की तुलना करते हुए शहर और गाँव में महाजनों की और ऋण की भूमिका की भिन्नताओं-समानताओं को निरूपित करते हैं।

गौरतलब है कि 'पूँजी' खण्ड--तीन के पहले भाग के पहले अध्याय में लागत कीमत तथा लाभ की विवेचना करते हुए गाँवों में पूँजीवादी उत्पादन प्रणाली के अंतर्गत सूदखोरी द्वारा किसानों को दोहरे स्तर पर निचोड़ने की प्रक्रिया को स्पष्ट करने के लिए बाल्ज़ाक के 'किसान' उपन्यास को ही कार्ल मार्क्स ने प्रातिनिधिक साक्ष्य के रूप में चुना है। वे लिखते हैं :

''पूँजीवादी उत्पादन द्वारा अभिभूत सामाजिक व्यवस्था में गैर पूँजीपति उत्पादक भी पूँजीवादी अवधारणाओं से ग्रस्त हो जाता है। बाल्ज़ाक, जो सामान्यतः यथार्थ की अपनी गहरी समझ के लिए उल्लेखनीय हैं, अपने अन्तिम उपन्यास, 'किसान' में इसका बड़ा ही सटीक वर्णन करते हैं कि किस तरह एक छोटा किसान अपने महाजन के लिए बहुत से काम मुफ्त करता है, जिसकी सद्भावना को वह बनाये रखने का इच्छुक है, और किस तरह यह सोचता है कि वह महाजन को मुफ्त कुछ नहीं देता, क्योंकि स्वयं अपने श्रम पर उसे नक़द कुछ नहीं खर्च करना पड़ता। जहाँ तक महाजन की बात है, वह इस तरह एक तीर से दो शिकार कर लेता है। वह मजदूरी पर नकद खर्चा बचाता है और किसान को, जो अपने खेत को श्रम से वंचित करते जाने के कारण धीरे-धीरे कंगाल होता जाता है, सूदखोरी के मकड़जाल में अधिकाधिक गहरे फँसाता चला जाता है।''

विचारों से 'लेजिटिमिस्ट' होने के बावजूद एक महान कलाकार की युगदर्शी दृष्टि के चलते बाल्ज़ाक इस बात को बखूबी समझ रहे थे कि पूँजीवाद की धारा को वापस नहीं पलटा जा सकता। सामन्तवाद के दिन ऐतिहासिक तौर पर पूरे होने के बाद पूँजीपति वर्ग के हितों के अनुरूप ही सामाजिक-आर्थिक क्रिया-व्यापार संचालित होने हैं तथा मूल्य-विचार पुनःसंस्कारित होने हैं। जैसे ऋण के प्रश्न को लें। चूँकि ऋण पूँजीवादी कारोबार के लिए अनिवार्य है, अतः न सिर्फ इसे मध्ययुगीन पाबन्दियों से मुक्त कर दिया गया, बल्कि सूद को घृण्य, त्याज्य और पाप की श्रेणी से भी बाहर कर दिया गया।

बाल्ज़ाक को यह विश्वास था कि संचार-परिवहन के विस्तार और बाजार की शक्तियों के आगमन से गाँव की स्थिति बदलेगी। वे यह भी देख रहे थे कि चूँकि पिछड़ी खेती पूँजीवाद के विकास का आधार नहीं हो सकती, इसलिए एक बार राज्यसत्ता पूँजीपति वर्ग के हाथों में आने के बाद भूमि-सम्बन्धों में बदलाव तथा कृषि-अर्थव्यवस्था का पुनर्गठन अवश्यम्भावी है, लेकिन वे यह भी देख रहे थे कि इस परिवर्तन से गाँव के गरीबों—मजदूर कमाने वालों और छोटे मालिक तबकों को कोई लाभ नहीं होने वाला।

बाल्ज़ाक भूमि-प्रश्न का कोई तोल्स्तोयपंथी, गाँधीवादी, नरोदवादी या "सर्वोदयवादी" समाधान नहीं प्रस्तुत करते। यही उनके यथार्थवाद की महानता है जो देशकाल का अतिक्रमण करता प्रतीत होता है। 'किसान' उपन्यास में पाठक की मुलाकात जां फ्रांस्वा निसेरों नामक व्यक्ति से होती है जिसने क्रान्ति में अपना सर्वस्व झोंककर वीरोचित भूमिका निभाई थी। उसे क्रान्ति से बड़ी अपेक्षाएँ थीं। उसने क्रान्ति से कोई लाभ नहीं उठाया और सुख-सुविधाएँ त्यागकर सादा जीवन बिताने का रास्ता चुना। धनिक वर्गों से उसे घृणा थी। किसानों से उसका आपसी प्यार-विश्वास का रिश्ता था। लेकिन वह भीषण द्वन्द्व का शिकार था। उसकी इच्छा-सदिच्छा से स्वतंत्र जो पूँजीवाद तेजी से पनप रहा था, उसकी कुरूपताओं व दुर्गुणों को वह निरुपाय देख रहा था और किंकर्तव्यविमूढ़ था। बाल्ज़ाक ने उसे "क्रान्ति से उपजे कवि" की संज्ञा दी है, जो शायद उसके अंतर्द्वन्द्व की सर्वाधिक सटीक अभिव्यक्ति है।

हमारा विचार है कि पूँजीवादी संक्रमण से गुजर रहे गाँवों के सामान्य जन-जीवन के यथार्थ को समझने की दृष्टि से 'किसान' उपन्यास आज इक्कीसवीं सदी के भारत में भी अत्यधिक प्रासंगिक है। यही नहीं, भूमि-प्रश्न और उत्पादन-सम्बन्धों को लेकर विमर्शरत अर्थशास्त्रियों और वामपंथी सामाजिक-राजनीतिक कर्मियों को भी यह उपन्यास अवश्य पढ़ना चाहिए।

...अक्षुण्ण है बाल्ज़ाक की अद्वितीयता, और उनकी प्रासंगिकता भी!

कार्ल मार्क्स के अनुसार, पुनर्जागरण काल में शेक्सपियर ने इस बात को भली भाँति समझा था कि सोने की, मुद्रा की सत्ता कितनी सर्वशक्तिमान और सर्वव्यापी है।

उसके बाद सम्पूर्ण जीवन पर मुद्रा की सूक्ष्म पैठ और व्यापक प्रभाव को यदि किसी ने सबसे

सांगोपांग-व्यवस्थित ढंग से समझा तो निस्सन्देह वह बाल्ज़ाक ही थे।

आगे चलकर, मार्क ट्वेन से लेकर गोर्की, जैक लण्डन, अप्टन सिंक्लेयर और फ़ेदिन आदि ने मुद्रा के मानवद्रोही, आत्मा-संहारक और सभ्यता-विनाशक चरित्र के विविध पक्षों को उद्घाटित करते हुए बाल्ज़ाक की परम्परा को ही आगे विस्तार दिया, पर विस्तार और गहराई की दृष्टि से, व्यापकता और सूक्ष्मता की दृष्टि से बाल्ज़ाक की अद्वितीयता आज भी कायम है।

पूँजीवाद की कार्य-प्रणाली में चाहे जितने भी बदलाव आयें, चाहे पूँजीवादी सभ्यता जितने भी रूप बदले, प्रौद्योगिक प्रगति के नये-नये कीर्तिमानों के सहारे चाहे जितने भी भौतिक-आत्मिक ऐन्द्रजालिक दृष्टिभ्रम-मतिभ्रम रचे जायें; जब तक सभी मानवीय सम्बन्धों-भावनाओं-मूल्यों को आने-पाई के ठण्डे पानी में डुबोया जाता रहेगा, जब तक श्रमशक्ति बेचने, उजरत कमाने और अधिशेष निचोड़ने का सिलसिला जारी रहेगा, जब तक मुद्रा जीवन, उत्पादन, सर्जना और प्रगति की उत्तोलक-नियामक शक्ति बनी रहेगी, तब तक बाल्ज़ाक एकदम प्रासंगिक बने रहेंगे और इतने सजीव कि लगभग समकालीन प्रतीत होंगे।

किसान

समर्पण

मोस्यू* पी. एस. बी. गावोल के लिये।

अपनी 'नुवंज हेलुआस' के आरम्भ में जां-ज़ाक रूसो ने ये शब्द लिखे थे : "मैंने अपने समय की नैतिकताओं को देखा है और इसलिए मैं ये पत्र प्रकाशित कर रहा हूँ।" उस महान लेखक की नकल करते हुए क्या मैं आपसे नहीं कह सकता, "मैंने अपने युग के बढ़ते हुए कदमों का अध्ययन किया है और इसलिए मैं यह कृति प्रकाशित कर रहा हूँ"?

इस अध्ययन–जिसकी सच्चाई तब तक लोगों को चौंकाती रहेगी जब तक समाज लोकोपकार को एक दुर्घटना के रूप में लेने के बजाय इसे एक सिद्धान्त मानता रहेगा–का उद्देश्य उस वर्ग के प्रमुख चरित्रों को प्रकाश में लाना है जो लम्बे समय से उन लेखकों के कलमों से अनछुआ रहा है जो अपने विषय के रूप में बस नयेपन की तलाश करते रहते हैं। राजतंत्र के चाटुकारों के उत्तराधिकारियों से भरे इस समय में संभवतः यह विस्मरणशीलता बुद्धिमानी ही हो। हम अपराधियों पर कविताएं रचते हैं, हम जल्लाद के प्रति सहानुभूति प्रकट करते हैं, हमने सर्वहारा को लगभग देवता ही बना दिया है। अनेक पंथ पैदा हो गये हैं और अपनी हर कलम से आवाज लगा रहे हैं, "उठो, मेहनतकशो!" ठीक वैसे ही जैसे पहले वे "तियेर एता" से "उठो!" की गुहार लगाते थे। लेकिन इन बिना चोंच के पंछियों ने कभी यह हिम्मत नहीं जुटायी कि देहात का अकेलापन झेलकर वहाँ रहें और वहाँ जारी अनवरत षड्यंत्र का अध्ययन करें। हम जिन्हें कमजोर समझते हैं, उनका षड्यंत्र, उन लोगों के विरुद्ध जो खुद को मजबूत माने बैठे हैं–यानी मालिक के विरुद्ध किसान का षड्यंत्र। यह जरूरी है कि सिर्फ आज के ही नहीं बल्कि कल के विधि-निर्माता की भी आँखें खोली जायें। वर्तमान लोकतांत्रिक उफान, जिसमें हमारे बहुत से लेखक अंधाधुंध पिल पड़े हैं, के बीच यह एक आवश्यक कर्तव्य बन जाता है कि उस किसान को दर्शाया जाये जिसने कानून को लागू होने लायक नहीं छोड़ा है, और जिसने भूस्वामित्व को एक ऐसी चीज बना दिया है, जो है भी और नहीं भी है।

आप अब उस कभी न थकने वाले छछूँदर के दर्शन करने वाले हैं, उस चूहे के, जो भीतर ही भीतर धरती को खोदकर खण्ड-खण्ड कर डालता है, उसके हिस्से करता है और

---

* मोस्यू–श्रीमान।–अनु.

एक एकड़ को सौ टुकड़ों में बांट देता है—और इस उत्सव के लिए उसे लगातार उकसाता रहता है वह मध्यवर्ग जो एक ही साथ उसे अपना सहायक और अपना शिकार दोनों बना रहा है। यह मूलतः असामाजिक तत्व, जो क्रान्ति की पैदावार है, एक दिन मध्यवर्गों को हजम कर जायेगा, उसी तरह जैसे मध्यवर्गों ने सामन्तों को तबाह किया है। अपनी महत्वहीनता के चलते कानून से ऊपर उठ चुका, एक सिर और दो करोड़ हाथों वाला यह रोब्सपिएर अविरत अपने काम में जुटा है; वह देहाती जिलों में घात लगाये है, नगरपालिका परिषदों में घुसा है, फ्रांस की हर छावनी के नेशनल गार्ड में हथियार बांधे खड़ा है। यह उसी सन् 1830 का एक परिणाम है जो इस बात को याद नहीं रख सका कि नेपोलियन जनसाधारण को हथियारबन्द करने के खतरे के बजाय हार का खतरा उठाना बेहतर समझता था।

पिछले आठ वर्षों के दौरान अगर मैंने बार-बार इस पुस्तक (अब तक की मेरी सबसे महत्त्वपूर्ण पुस्तक) को लिखने का इरादा छोड़ा है, और उतनी ही बार मैं इस पर वापस लौटा हूँ, तो जैसा कि आप और दूसरे मित्र अनुमान लगा ही सकते हैं, इसका कारण यह था कि इस कदर भयावह और इतने क्रूर, रक्तरंजित ड्रामा की तमाम कठिनाइयों, तमाम जरूरी ब्योरों को देखकर मेरी हिम्मत जवाब दे जाती रही है। जिन कारणों से मैंने यह दुस्साहस किया है, उनमें से एक यह भी है कि मैं इस कृति को जल्दी पूरा करना चाहता था ताकि मैं इसे दुर्भाग्य के दिनों के अपने सबसे बड़े सहारों में से एक, आपकी दोस्ती के लिए अपनी गहरी और स्थायी कृतज्ञता के प्रमाण के रूप में आपको समर्पित कर सकूं।

—द बाल्ज़ाक

भाग एक

जिसके पास जमीन है, उसके पास कलह भी है।

अध्याय एक

गढ़ी*

लेस ऐग्यू, 6 अगस्त, 1823

मोस्यू नथान के लिए,

मेरे प्रिय नथान--तुम, जो अपनी कल्पना के जादू से जनता को ऐसे आनन्ददायी स्वप्न उपलब्ध कराते हो, अब देखोगे कि कैसे मैं तुम्हारे स्वप्न को एक सच्चा स्वप्न बनाता हूँ। फिर तुम मुझे बताना कि क्या वर्तमान शताब्दी वर्ष 1923 के नाथनों और ब्लोंदेओं के लिए ऐसे ही स्वप्नों की वसीयत छोड़ जायेगी; तुम इस बात का भी अनुमान लगाना कि हम उन दिनों से कितनी दूर हैं जब अठारहवीं शताब्दी की फ्लोरिनों ने जागने पर पाया था कि उनके सौदे के तहत उन्हें लेस ऐग्यू जैसी एक गढ़ी मिली है।

मेरे प्यारे, अगर तुम्हें यह पत्र सुबह मिलता है, तो बिस्तर में लेटे-लेटे ही अपने मन को पेरिस से करीब पचास लीग दूर की यात्रा पर ले जाओ, उस शानदार डाक सड़क से होते हुए जो बर्गण्डी की सीमा तक जाती है। वहाँ तुम्हें लाल ईंटों से बने दो देहाती बंगले दिखाई देंगे जिन्हें हरे पेंट से रंगी हुई एक बाड़ जोड़ती है, या अलग करती है। यही वह जगह थी जहाँ कर्तव्यपरायणता ने तुम्हारे दोस्त और पत्रलेखक को ला पटका।

मण्डपों के इस जोड़े के दोनों ओर घनी झाड़ी की बाड़ है जिसमें जगह-जगह कँटीली लताओं के गुच्छे आवारा बालों की लटों की तरह झूल रहे हैं। यहाँ-वहाँ कोई पेड़ दिलेरी से सिर उठाये खड़ा है; किनारे की खाई की ढलान पर खिले फूल इसके हरे-से, ठहरे हुए पानी में अपने पाँव पखारते हैं। झाड़ी के दोनों सिरे जंगल की दो पट्टियों को जोड़ते हैं और इस तरह से घिर कर बना दोहरा मैदान निस्सन्देह जंगल काटकर जमीन साफ किये जाने का नतीजा है।

ये धूलभरे और उजाड़ मण्डप सौ-सौ साल पुराने एल्म वृक्षों के बीच से गुजरती एक

---

* शैतो--फ्रांस में जागीरदार की गढ़ी या हवेली। मध्ययुगों में विद्रोहों किसानों और लुटेरों के हमलों से बचने के लिए इसके चारों ओर मजबूत किलेबन्दी की जाती थी। लुई चौदहवें के शासनकाल में शैतो बनवाने का सिलसिला कम हो गया क्योंकि कुलीन ज्यादा समय पेरिस में बिताने लगे।--अनु.

भव्य वीथिका का प्रवेशद्वार है। इन वृक्षों के छतनार सिरे एक-दूसरे की ओर झुके हुए हैं जिससे एक लम्बा और शानदार छायादार मार्ग बन गया है। इस वीथिका पर घास उगी हुई है और दोहरे रास्ते भर की इसकी चौड़ाई में कुछ ही गाड़ियों के पहियों की लीक दिखती है। इन पेड़ों की पुरानी उम्र, वीथिका की चौड़ाई, मण्डपों का ठाठदार स्थापत्य, उनके पथरीले रास्तों की भूरी रंगत, ये सब जैसे बता रहे हों कि आप किसी अर्द्ध-राजसी आवास की ओर जा रहे हैं।

मैं इस अहाते तक एक ऐसी ऊँची जगह से होकर पहुँचा जिसे हम फ्रांसीसी लोग किंचित घमण्ड के साथ शायद पहाड़ का नाम दे दें। इसकी तलहटी में कोंशे गाँव (इस मार्ग की आखिरी डाकचौकी) बसा है। इससे पहले मैंने ऊँचाई से ऐग्यू की लम्बी घाटी को देखा था जिसके दूर वाले सिरे पर डाक सड़क मुड़कर सीधी ला विल-ओ-फाये के छोटे-से सब-प्रीफेक्चर में चली जाती है, जहाँ पर, जैसा कि तुम जानते ही हो हमारे मित्र दे ल्यूपोल के भतीजे का राज चलता है। दूर क्षितिज पर, एक नदी के किनारे फैले विस्तृत ढलानों पर पसरे हुए ऊँचे जंगल इस समृद्ध घाटी की पहरेदारी करते हैं। और दूर, निचले स्विट्जरलैण्ड की मोर्वन पर्वतमाला इस दृश्यावली के एक भव्य चौखटे का काम कर रही है। ये जंगल लेस ऐग्यू के और मार्क्यू द रोंकेरोल और कोम्त द सुलांश के हैं। इस ऊँचाई से दूरी पर दिखाई दे रहे उनके किले और बागीचे और गाँव इस पूरे दृश्य को वेल्वेत ब्रुग़ेल की काल्पनिक लैण्डस्केप पेण्टिंगों जैसा बना रहे हैं।

अगर ये ब्योरे तुम्हें उन तमाम हवाई किलों की याद नहीं दिलाते जिन्हें फ्रांस में हासिल करने की तुम इच्छा रखते हो, तो तुम एक भौचक्के पेरिसवासी का यह वृतान्त सुनने के हकदार नहीं हो सकते। आखिरकार मैंने एक ऐसा भूदृश्य देखा है जिसमें कला प्रकृति के साथ इस तरह घुली-मिली है कि दोनों में से कोई भी एक-दूसरे को बिगाड़ता नहीं है; यहाँ कला प्राकृतिक है, और प्रकृति कलात्मक। उपन्यासों को पढ़ते हुए तुम और मैं जिस नखलिस्तान का सपना देखते थे, वह मुझे मिल गया है—हरी-भरी, सजी-धजी प्रकृति, लहरदार उठती-गिरती रेखाएँ जो कहीं टूटती नहीं हैं, सबकुछ किसी बेलगाम, अनछुई, रहस्यमय चीज का अहसास कराता हुआ, जो सामान्य तो कतई नहीं है। बस अब वह हरी बाड़ फाँदो और चले आओ!

इस वीथिका की घनी छत को सूरज भेद नहीं पाता सिवाय सूर्योदय और सूर्यास्त के समय के, जब पेड़ों के तनों के बीच से आती इसकी तिरछी किरणों से सड़क पर ज़ेब्रा जैसी धारियाँ बन जाती हैं। जब मैंने इस वीथिका पर दूर तक देखने की कोशिश की तो बीच में जमीन के एक उभरे हुए हिस्से ने मेरी नजर का रास्ता रोक लिया। उसे पार करने के बाद इस लम्बी वीथिका के रास्ते में पेड़ों का एक झुरमुट आ जाता है जिसके भीतर दो सड़कें एक-दूसरे को काटती हैं और बीचोबीच खड़ा है पत्थर का एक सूच्याकार स्तम्भ, एक शाश्वत विस्मयादिबोधक चिन्ह की तरह। इस स्तम्भ के ऊपर पत्थर की एक कीलदार गेंद बनी है (क्या कल्पना है!), और इसकी बुनियाद के पत्थरों की दरारों से नीले-पीले मौसमी फूलों

के पौधे लटक रहे हैं। लेस ऐग्यू को जरूर किसी स्त्री ने बनवाया होगा या यह किसी स्त्री के लिए बनवायी गयी होगी; किसी पुरुष के दिमाग में ऐसे नज़ाकत भरे ख्याल नहीं आ सकते। बिला शक, आर्किटेक्ट को स्पष्ट निर्देश दिये गये थे।

संतरी के बतौर वहाँ मौजूद छोटे से वन को पार करके मैं एक मनमोहक ढलान पर पहुँचा जिसके नीचे छोटा सा सोता झाग उठाते हुए बह रहा था। मैंने काई से ढँके पत्थरों की एक पुलिया से इसे पार किया जिसके अद्भुत रंग समय के हाथों से रची लाजवाब पच्चीकारी का नमूना पेश कर रहे थे। वीथिका सोते के किनारे-किनारे एक सुतवाँ उभार पर चढ़ती जाती है। दूर, पहली झाँकी अब दिखाई देने लगी है—एक पनचक्की और उसका छोटा सा बाँध, नहर के किनारे बनी सड़क और पेड़, सूखने के लिए फैलाये कपड़े, चक्कीवाले की फूस की झोपड़ी, उसके मछली पकड़ने के जाल और मछलियाँ पालने के लिए छोटी सी पोखरी—और चक्कीवाले का लड़का, जो मुझे ध्यान से देख रहा है। देहात में तुम चाहे जहाँ जाओ, तुम चाहे खुद को कितना भी एकाकी महसूस करो, यह पक्का है कि किसी गँवार की दो आँखें तुम पर लगी होंगी; कोई मजदूर अपने फावड़े की टेक लगाकर खड़ा हो जायेगा, कोई अंगूर की बेलें छाँटने वाला अपनी झुकी कमर सीधी करेगा, कोई बकरियाँ चराने वाली लड़की, या गड़ेरिन या ग्वालिन तुम्हें घूरने के लिए विलो के पेड़ पर चढ़ जायेगी।

यह वीथिका जाकर अकासिया की झाड़ियों के बीच से गुजरते गलियारे नें मिल जाती है जो लोहे के एक जंगले तक जाता है। यह जंगला उन दिनों में बना हुआ लगता है जब लोहार ऐसी नाजुक नक्काशी करते थे जो बचपन में हमें सुलेख शिक्षक द्वारा दिये गये काम जैसी लगती है। जंगले के दोनों तरफ पानी में डूबी हुई एक बाड़ है जिसके ऊपर तनी डरावनी छोटी-छोटी बर्छियाँ पानी से निकली धातु की साहियों की कतार जैसी लग रही हैं। जंगले के दोनों सिरों पर वर्साई के महल की तरह द्वारपालों की दो कोठरियाँ हैं और बड़े से फाटक के दोनों ओर दो विराटकाय कलश बने हैं। अरबी शैली के बेलबूटों का सुनहरा रंग जंग लगने से ललछौंह हो गया है लेकिन इसके बावजूद इस प्रवेशद्वार की खूबसूरती में मुझे कोई कमी नजर नहीं आती। इसे बस "वीथिका का द्वार" कहा जाता है जो महान दोफें वंश के प्रभाव का सूचक है (वास्तव में उन्हीं की बदौलत तो लेस ऐग्यू बना है)। पानी में डूबी बाड़ के दोनों सिरों पर खुरदुरे कटे पत्थरों से बनी बागीचे की दीवारें शुरू हो जाती हैं। लाल मिट्टी के गारे से जुड़े ये पत्थर तरह-तरह के आकार और रंगों के हैं—कहीं पीले चकमक पत्थर, कहीं सफेद चूना पत्थर, तो कहीं भूरे बलुआ पत्थर। भीतर प्रवेश करने पर बागीचा कुछ मनहूस सा लगता है। दीवारें लताओं से और ऐसे पेड़ों से ढंकी हैं जिन्होंने पचास साल से कुल्हाड़े की आवाज भी नहीं सुनी। कोई सोच सकता है कि यह एक अछूता जंगल है जो किसी रहस्यमय परिघटना के चलते फिर से आदिम युग का जंगल बन गया है। पेड़ों के तने लाइकेन से ढंके हैं जो एक से दूसरे पेड़ के बीच भी लटकी हुई है। लसीली पत्तियों वाले परजीवी मिसलटो पौधे पेड़ों की शाखाओं के ऐसे हर जोड़ से लटक रहे हैं

जहाँ नमी इकट्ठा हो सकती है। मैंने ऐसी दैत्याकार आइवी लताएँ और जंगली बेलें देखी हैं जो सिर्फ यहाँ, पेरिस से पचास लीग दूर ही, पनप सकती हैं जहाँ जमीन की कीमत इतनी नहीं कि उसका किफायतशारी से इस्तेमाल किया जाये। ऐसी मुक्त रेखाओं से बनी लैण्डस्केप पेंटिंग बहुत दूर तक पसरी है। यहाँ कुछ भी सुघड़-सुनिश्चित नहीं है; ढलानें अचानक सामने आ जाती हैं, गड्ढे और खाइयाँ पानी से भरी हैं, मेंढक बड़ी शान्ति से बच्चे दे रहे हैं, जंगली फूल चारों ओर खिले हुए हैं और हीदर के चटख लाल फूल उतने ही सुन्दर हैं जितने मैंने जनवरी में तुम्हारे मेंटलशेल्फ पर फ्लोरीन द्वारा भेजे दिलकश गुलदस्ते में देखे थे। यह रहस्यमयता मादक है, यह मन में अबूझ सी इच्छाएँ जगाती है। जंगल की गन्धें, काव्यविलासियों की आत्माओं की प्रिय गन्धें—शैवाल के नन्हे गुच्छे, जहरीले कुकुरमुत्ते, नम हरी फफूँद, पानी में झुके विलो वृक्ष, गुलमेंहदी, जंगली अजवायन, पोखर का हरा पानी, पीली जल-लिली का सुनहरा तारक—इन सबसे उठती ऊर्जस्वी साँसें मेरे नथुनों तक आती हैं और मेरे मन में बस एक ही ख्याल छा जाता है; क्या उन काव्यविलासियों की आत्मा अभी यहाँ थी? ऐसा लगा कि मैंने अभी गुलाब की रंगत वाला एक गाउन बल खाते गलियारे में लहराता देखा है।

रास्ता एक और झुरमुट में पहुँचकर अचानक खत्म हो गया जहाँ बर्च और पोपलर और तमाम लहराते हुए पेड़ स्पन्दित हो रहे थे—यह सुघड़ शाखाओं वाले गरिमापूर्ण वृक्षों का कुनबा था जिसके हर सदस्य की बड़ी प्यार से देखभाल की गयी लगती थी। यही वह जगह थी मेरे प्यारे, जहाँ से मैंने एक तालाब देखा जिसकी सतह सफेद जल-लिली और चौड़े-चपटे या फिर पतले-नाजुक पत्तों वाले दूसरे पौधों से ढंकी थी। उसमें काले और सफेद रंग से रंगी एक नाव, हौले-हौले डोल रही है। यह नाव बादाम के छिलके-सी हल्की और पेरिस के नाववाले की नौका जैसी सजीली है। उसके आगे दिखती है 1560 में निर्मित भव्य गढ़ी, बढ़िया लाल ईंटों से बनी हुई जिसमें पत्थर के रद्दे और मुंडेरें हैं और खिड़कियों के चौखटों में छोटे-छोटे शीशों वाले पल्ले हैं (ओ वर्साई!)। पत्थर हीरे की आकृति की तरह तराशे गये हैं और उन्हें गहरा कर दिया गया है, ठीक वैसे ही जैसे वेनिस में ड्यूकल पैलेस के ब्रिज ऑफ साइस की ओर वाले हिस्से में किया गया है। इस किले में कहीं भी सीधी-सादी रेखाएँ नहीं हैं, सिवाय बीच की इमारत के, जहाँ से एक राजसी-सा पोर्टिको बाहर निकला हुआ है। घुमावदार सीढ़ियाँ दो ओर से ऊपर जाती हैं और पोर्टिको टिका है गोल खम्भों पर, जो नीचे तो पतले हैं पर बीच में चौड़े हो गये हैं। मुख्य इमारत के इर्द-गिर्द घण्टाघर की मीनारें और आधुनिक किस्म के बुर्ज हैं जिनमें कई दीर्घाएँ बनी हैं और जगह-जगह यूनानी किस्म के बड़े-बड़े गुलदान रखे हैं। यहाँ कोई सामंजस्य नहीं है, मेरे प्यारे नथान! इन ऊँची-नीची इमारतों को अनेक सदाबहार पेड़ों ने एक तरह से लपेट रखा है जिनकी टहनियाँ अपनी भूरी सुइयाँ छतों पर गिराती रहती हैं, लाइकेन को पोषण देती हैं और उन दरारों और गड्ढों को एक रंगत देती हैं जहाँ आँखें बार-बार खुद ही पहुँच जाती हैं। देखो, इधर लाल छाल और शानदार छतरी वाला इतालवी पाइन या स्टोन पाइन है; उधर दो सौ साल

पुराना देवदार है, बेद-मजनूं के पेड़ हैं, नार्वे का एक फर है और उन सबसे ऊँचा उठा हुआ बीच वृक्ष है; और वहाँ, मुख्य मीनार के सामने कुछ बेजोड़ झाड़ियाँ हैं—यू की ऊँची झाड़ी इस तरह से तराशी गई है कि वह पुराने फ्रांस के किसी उजड़े बाग की याद दिलाती है और उसके नीचे मैग्नोलिया और होर्तेन्सिया के बेहद खूबसूरत फूल खिले हैं। संक्षेप में, यह जगह बागबानी के नायकों की प्रतिभा का नमूना है, जो एक समय फैशन में थे और अब सभी दूसरे नायकों की तरह भुला दिये गये हैं।

विचित्र से कंगूरों वाली एक चिमनी से ढेर सारा धुआँ निकलता देख मैं आश्वस्त हुआ कि यह आनन्ददायी दृश्य किसी आपेरा का सेट नहीं है। रसोई इंसानों के होने का गवाह होती है। अब जरा कल्पना करो कि मैं, जो पेरिस में इस तरह ठिठुरता हूँ जैसे सैं-क्लू के ध्रुवीय प्रदेश में हूँ, यहाँ बर्गण्डी के इस गर्म, धूपभरे माहौल में कैसा महसूस कर रहा होउंगा। सूरज अपनी सबसे गर्म किरणें फेंक रहा है, किंगफिशर तालाब के किनारे चौकन्ना खड़ा है, टिड्डे टिरटिरा रहे हैं, अनाज की बालियाँ पककर फटने को हैं, पोस्ते के फूलों से उनका मादक रस मोटे-मोटे आँसुओं की तरह बह रहा है, और यह सब गहरे नीले आसमान की पृष्ठभूमि में साफ चटख दिख रहा है। सीढ़ीदार खेतों की लाल मिट्टी के ऊपर उस आह्लादपूर्ण प्राकृतिक मदिरा के भभूके उठ रहे हैं जिनसे तितलियाँ और फूल मदमस्त हो रहे हैं और हमारी आँखें चुँधिया जा रही हैं। अंगूर की लताओं में मोतियों से दाने आने लगे हैं और इनकी पतली-पतली लतरों से ऐसा हरा पर्दा बन गया है जिसकी नजाकत देखकर पेरिस के लेस बुनने वाले भी शर्मा जायें। मकान के बगल में नीले लार्कस्पर, नेस्टरशियम और स्वीटपी के फूल खिले हैं। थोड़ी दूर से संतरे के पेड़ और ट्यूबरोज अपनी खुशबू हवा में बिखेर रहे हैं। जंगल के काव्यात्मक उच्छवास के बाद इस वनस्पतिशास्त्रीय खजाने की सुखद सुगन्धियों ने मेरा मन ताजा कर दिया।

पोर्टिको की छत पर फूलों की रानी की तरह श्वेत वस्त्रधारी एक स्त्री खड़ी है, खुले बालों वाली। वह सफेद रेशम की एक छतरी लिये हुए है और वह खुद रेशम से भी ज्यादा सफेद है, नीचे खिले लिली के फूलों से भी ज्यादा सफेद, पोर्टिको के खम्भों पर लिपटी चमेली के फूलों से भी ज्यादा साफ रंग की है। वह एक फ्रांसीसी स्त्री है जिसका जन्म रूस में हुआ। पास पहुँचने पर वह मुझसे कहती है, "मैंने तो तुम्हारे आने की आशा छोड़ ही दी थी।" पेड़ों के झुरमुट से निकलते समय ही उसने मुझे देख लिया था। सरल से सरल स्त्री भी कितनी खूबी से इस बात को समझ लेती है कि एक प्रभावित करने वाला दृश्य कैसे तैयार किया जाये। नाश्ता लगाने की तैयारी कर रहे नौकर-चाकरों के हाव-भाव मुझे बता रहे थे कि कर्तव्यनिष्ठ पत्रकार के आगमन तक नाश्ते को जानबूझकर टाला गया था। मैं रास्ते के दृश्यों को भरपूर देख सकूं, इसलिए वह गेट पर मुझसे मिलने नहीं आयी थी।

क्या यह हमारा स्वप्न नहीं है—सौन्दर्य के हर रूप के सभी प्रेमियों का स्वप्न; वह दिव्य सौन्दर्य जिसे लुइनी ने सरोनों के अपने उस भव्य भित्ति चित्र 'मैरिज ऑफ दि वर्जिन' में प्रस्तुंत किया है; वह सौन्दर्य जिसे रूबेन्स ने "बैटल ऑफ दि थर्मोदोन" के कोलाहल में

भी ढूँढ़ निकाला है; वह सौन्दर्य जो पिछली पाँच शताब्दियों से सेविल और मिलान के कैथेड्रल की शोभा बढ़ा रहा है; ग्रेनाडा में सारासेंस का सौन्दर्य, वर्साई में लुई चौदहवें का सौन्दर्य, आल्प्स का सौन्दर्य और इस नन्दनकानन का सौन्दर्य जहाँ मैं इस वक्त खड़ा हूँ?

इस जागीर में न तो अत्यधिक राजसीपन है और न ही अत्यधिक कारोबारीपन। यहाँ राजकुमार और फार्मर-जनरल दोनों रह चुके हैं (यही इसकी वजह है)। इस जागीर में चार हजार एकड़ वन्यभूमि है, करीब नौ सौ एकड़ में फैला बाग है, एक चक्की है, पट्टे पर दिये हुए तीन फार्म हैं, कोंशे में एक और बहुत बड़ा फार्म है और काफी जमीन में फैले अंगूर के खेत हैं–कुल मिलाकर इनसे करीब सत्तर हजार फ्रैंक सालाना आमदनी होती है। मेरे प्यारे, अब तुम लेस ऐग्यू को जान चुके हो, जहाँ पिछले दो हफ्तों से मेरा इंतजार हो रहा था, और जहाँ मैं इस क्षण मौजूद हूँ, सबसे खास दोस्तों के लिए रखे गये छींटदार वालपेपर से सजे इस कमरे में।

बाग के ऊपर, कोंशे की दिशा में, मोर्वन पहाड़ों से आने वाले दर्जन भर सोतों की निर्मल पारदर्शी धाराएँ बाग की घाटियों और गढ़ी के चारों ओर के खूबसूरत बगीचों को अपने रुपहले रिबनों से सजाने के बाद तालाब में आकर गिरती हैं। इस जगह का नाम लेस ऐग्यू इन्हीं मोहक जलधाराओं से निकला है। मालिकाने के पुराने कागजात में मूलतः इस जागीर का नाम "लेस ऐग्यू-वीव्स" लिखा है ताकि इसे "ऐग्यू-मोर्ते" से अलग किया जा सके, लेकिन "वीव्स" अब शब्द हटा दिया गया है। तालाब से दूसरी तरफ एक जलधारा निकलती है जो वीथिका के समान्तर बहती है। इस चौड़ी और सीधी नहर के दोनों तरफ इसकी पूरी लम्बाई में बेदमजनूं के पेड़ लगे हुए हैं। इन हरी-भरी मेहराबों के बीच से बहती नहर अत्यन्त सुखद प्रभाव छोड़ती है। उस छोटी सी नाव के पटरे पर बैठ कर नहर की काँच जैसी स्थिर सतह पर फिसलते हुए कोई यह कल्पना कर सकता है कि वह एक विशाल कैथेड्रल के बीच वाले गलियारे में है। नहर के सिरे पर दिखाई देने वाली मुख्य इमारत कैथेड्रल के मंच जैसी लगती है। ढलता हुआ सूरज जब अपनी नारंगी, लाल और सुनहरी रोशनी गढ़ी के चौखटों पर डालता है तो गिरजे की रंग-बिरंगे शीशों वाली खिड़कियों से आती रोशनी जैसा ही प्रभाव उत्पन्न होता है। नहर के दूसरे सिरे पर हम इस काउण्टी के मुख्य कस्बे ब्लांगी को देख सकते हैं जिसमें करीब साठ घर हैं। गाँव का गिरजा भी दिखाई देता है जो एक टूटी-फूटी सी इमारत है जिसके लकड़ी के घण्टाघर की छत की खपरैल टूटी हुई है। उससे लगा हुआ एक आरामदेह घर और पुरोहिताश्रम भी पहचाने जा सकते हैं। वैसे पूरी बस्ती काफी बड़ी है–इधर-उधर छितरे हुए करीब दो सौ घर हैं और बीच के साठ घर जैसे उसकी राजधानी हों। सड़कों के किनारे फलदार पेड़ हैं और अनेक छोटे बगीचे यहाँ-वहाँ फैले हुए हैं। ये असली देहाती बगीचे हैं जिनमें तुम्हें हर चीज मिलेगी; फूल, प्याज, बन्दगोभी, अंगूर की लताएँ, कई किस्म की झरबेरियाँ और ढेर सारी गोबर की खाद। गाँव कुछ आदिम सा लगता है। सब कुछ बिल्कुल गंवारू-अपरिष्कृत सा है और इसमें कुछ ऐसी सजावटी सरलता है जिसकी तलाश हम कलाकारों को हमेशा ही रहती है। काफी दूरी पर नदी के

चौड़े पाट पर झुका हुआ-सा सुलांश का छोटा सा कस्बा है।

बाग के चार गेट हैं और हरेक शानदार शैली में बना है। इस बाग में टहलते हुए तुम महसूस करोगे कि ग्रीक पुराण कथाओं में वर्णित आर्केडिया के अद्‌भुत उद्यान इसके आगे सपाट और बासी से हैं, कि आर्केडिया बर्गण्डी में है, ग्रीस में नहीं; आर्केडिया और कहीं नहीं लेस ऐग्यू में है। बीसियों छोटे-छोटे सोतों से मिलकर बनी एक नदी बल खाती हुई बाग के निचले तल से गुजरती है। यह पूरी दृश्यावली को सुबह की ओस जैसी ताजगी और शान्ति प्रदान करती है—एक अजीब एकान्तता का भाव पैदा करती है जिससे कार्थूसियनों के एक मठ की याद आती है; नदी के बीच में बनाये गये एक टापू पर दिखते एक आश्रम के अवशेषों से इस भाव को और बल मिलता है। इसकी भीतरी सुन्दरता से साफ है कि पेरिस के विलासप्रिय फाइनेंसियर ने बड़े चाव से इसे बनवाया था। मेरे प्रिय नथान, लेस ऐग्यू एक समय बूरे नाम के उस व्यापारी का था जिसने सिर्फ एक बार अपने घर पर लुई चौदहवें की अगवानी करने पर बीस लाख फ्रैंक फूँक दिये थे। देखा, कितनी तरह के आवेगों, कितने तरह-तरह के दिमागों, कितनी सौभाग्यपूर्ण परिस्थितियों ने इस खूबसूरत जगह को ऐसा बनाने में योगदान किया है! इस समय गढ़ी जहाँ पर है, वहाँ उसका पुनर्निर्माण हेनरी चतुर्थ की एक मिस्ट्रेस ने कराया था। महान दोफें की प्रिय मदमोज़ाल* श्वां (जिसे लेस ऐग्यू उपहार में दिया गया था) ने इसमें कई नये फार्म जोड़े। बूरे ने अपनी प्रेमिका, ऑपेरा की एक गायिका के लिए गढ़ी को पेरिस के घरों में पायी जाने वाली हर किस्म की खूबसूरत चीजों से भर दिया था। और उसने ही लेस ऐग्यू की गढ़ी की पहली मंजिल को लुई पन्द्रहवें की शैली में फिर से बनवाया था।

भोजनकक्ष की खूबसूरती को सराहते हुए मैं अकसर मुग्ध होकर खड़ा रह जाता हूँ। सबसे पहले अपनी ओर नजर खींचते हैं छत पर बने इतालवी शैली के भित्तिचित्र जिनके चारों ओर चमकीले बेलबूटे मानो अठखेलियाँ कर रहे हैं। थोड़ी-थोड़ी दूरी पर हाथों में फलों से भरी डलिया लिये सुन्दर स्त्रियों की उभरी हुई आकृतियाँ गचकारी से बनी हुई हैं। इन सारी डलियों को फूलों की एक माला आपस में जोड़ती है। स्त्रियों की तस्वीरों के बीच के पैनलों पर अज्ञात चित्रकारों की मनमोहक पेण्टिंग बनी हुई हैं जिनमें दावत के लिए सजी हुई मेज पर रखे तरह-तरह के व्यंजनों को दिखाया गया है। यह सब चीनियों की नायाब कल्पना को टक्कर देता है जो कम से कम मेरी समझ में सजावट की कला के सबसे अच्छे जानकार हैं। नौकरों को बुलाने वाली घण्टी की डोरी घर की मालकिन के पैरों के पास रहती है, और नौकर सिर्फ तभी प्रवेश करते हैं जब उनकी जरूरत होती है, वे न तो बातचीत में कोई खलल डालते हैं और न ही कान लगाकर बातें सुनते हैं। दरवाजों के ऊपर के पैनलों में शोखी और खुशमिजाजी से भरे दृश्य हैं। दरवाजों और खिड़कियों, दोनों के चौखटों के बाहर संगमरमर के रंगबिरंगे टुकड़ों से बनी पट्टी का घेरा है। कमरे को नीचे से गर्म करने का इंतजाम है। हर खिड़की से कोई मन प्रफुल्लित करने वाला दृश्य दिखाई देता है।

मदमोज़ाल—कुमारी।—अनु.

इस कमरे के एक ओर बाथरूम है और दूसरी ओर स्त्रियों का शृंगारकक्ष, जिसका द्वार आगन्तुक कक्ष में खुलता है। बाथरूम में सेव्रे की मशहूर टाइल्स लगी हैं, फर्श मोज़ेक का है और बाथटब उम्दा संगमरमर से बना है। एक तरफ ताँबे की बड़ी सी प्लेट पर बनी तस्वीर लगी है। यह अपनी धुरी पर घूम जाती है और इसके पीछे एक कोष्ठ है जिसमें असली पोम्पिदू शैली का मुलम्मेदार लकड़ी का कोच बिछा है। बाथरूम की छत नीलोपल से बनी है जिसमें सुनहले सितारे जड़े हुए हैं। टाइलों पर बुशेर के डिजाइनों की चित्रकारी है।

आगन्तुक कक्ष लुई चौदहवें के जमाने की शानोशौकत प्रदर्शित करता है। इसे पारकर आप एक ऐसे बढ़िया बिलियर्ड रूम में प्रवेश करते हैं जिसकी टक्कर की जगह मैंने अब तक पेरिस में नहीं देखी है। निचली मंजिल के इन कमरों में प्रवेश एक अर्द्ध चन्द्राकार बरामदे से होकर है जिसके एक सिरे पर सीढ़ियाँ बनी हुई हैं। ऊपर से आती रोशनी के कारण परिकथाओं की याद दिलाने वाली ये सीढ़ियाँ मकान के दूसरे हिस्सों में ले जाती हैं, जो अलग-अलग दौरों में बने हैं—और जरा सोचो कि उन्होंने 1793 में धनवानों के सिर उड़ा दिये थे! हे भगवान! लोग यह क्यों नहीं समझते कि जिस देश में अथाह समृद्धि नहीं है, सुरक्षित, विलासपूर्ण जीवन नहीं है, वहाँ कला के चमत्कार भी असम्भव हैं? अगर वामपक्ष राजाओं को मारने पर आमादा ही है तो कम से कम हमारे लिए कुछ छोटे रजवाड़े ही छोड़ दे जिनकी जेबों में पैसे हों।

फिलहाल इस खजाने की स्वामिनी कलात्मक हृदय वाली एक मोहक स्त्री है जो इसकी शानोशौकत को बहाल करके ही सन्तुष्ट नहीं है बल्कि इस जगह की बड़े प्यार से देखभाल करती है। छद्‌म दार्शनिक, जो मानवता का अध्ययन करने का दावा करते हुए दरअसल खुद के ही अध्ययन में लगे रहते हैं, इन गौरवशाली चीजों को फिजूलखर्ची बताते हैं। वे आधुनिक उद्योग के छींटदार सूती कपड़ों और सुरुचिहीन डिजाइनों के आगे नाक रगड़ते हैं मानो हम हेनरी चतुर्थ, लुई चौदहवें और लुई सोलहवें के दिनों की तुलना में आज ज्यादा महान और ज्यादा प्रसन्न हैं। इन तीनों बादशाहों ने लेस ऐग्यू पर अपने शासनकाल की छाप छोड़ी है। आज कौन सा महल, कौन सा शाही किला, कौन सी हवेली, कौन सी भव्य कलाकृतियाँ और सुनहले जरी के काम से सजी कौन सी ऐसी चीजें हैं जो पवित्र रह गयी हैं? इस पतनशील समय में हमारी दादियों के शानदार लहँगों का हश्र यही है कि उनसे कुर्सियों के कवर बना दिये जाते हैं। हम हर चीज को तोड़ और गिरा रहे हैं और जहाँ एक समय शानदार इमारतें खड़ी थीं वहाँ पत्तागोभियाँ बोयी जा रही हैं। कल ही की तो बात है जब पर्सां के उस शानदार इलाके को हलों ने चौरस कर दिया जो पुरानी पार्लियामेण्ट के सबसे समृद्ध परिवारों में से एक की जागीर थी। मोंतमोरेंसी, जिसे नेपोलियन के एक इतालवी अनुयायी ने अकूत दौलत खर्च कर बनवाया था, रेनाल्ट द सैं-जां देंजली द्वारा निर्मित वॉल, और प्रिंस द कोंती की एक मिस्ट्रेस द्वारा निर्मित कैसन को हथौड़ों ने ढहा दिया है—कुल मिलाकर अकेले वास घाटी में ही चार शाही महल लुप्त हो चुके हैं। पेरिस के चारों ओर

एक किस्म का रोमन अभियान जारी है और कभी भी वह दिन आ सकता है जब उत्तर से एक जबर्दस्त तूफान आयेगा और हमारे प्लास्टर के महलों और सजावटी इमारतों को उलट-पलट कर रख देगा।

तुम देख रहे हो न प्यारे, कि अखबारों में शब्दाडम्बर रचने की आदत का क्या अंजाम होता है? तुम्हें पत्र लिखते-लिखते मैं अखबारी लेख लिखने लगा। क्या सड़कों की तरह दिमाग में भी लीक बन जाती है? यहाँ मैं रुकता हूँ क्योंकि मैं डाक विभाग पर काफी बोझ बढ़ा रहा हूँ और तुम भी जम्हाई ले रहे होगे--बाकी बातें अगले पत्र में लिखूंगा। दूसरी घण्टी की आवाज सुनाई दे रही है जो मुझे ऐसे भरपूर नाश्ते के लिए आमंत्रित कर रही है जिसका चलन पेरिस के भोजनकक्षों में काफी पहले खत्म हो चुका है।

मेरे इस अर्कािडया का इतिहास इस प्रकार है। 1815 में पिछली शताब्दी के प्रसिद्ध विलासियों में से एक की लेस ऐग्यू में मृत्यु हुई। वह एक गायिका थी जो सरकारी खजाने, साहित्यकारों और कुलीन वर्गों को चूस कर ऐश करती रही और फाँसी के तख्ते के करीब पहुँचते-पहुँचते रह गई; पर सामन्तशाही ने उसे भुला दिया और इसीलिए गिलोतीन भी उसे भूल गई वह उन तमाम अद्‌भुत बूढ़ी औरतों की तरह भुला दी गयी थी जो अपने स्वर्णिम यौवन का प्रायश्चित देहात के एकाकीपन में करती हैं और अपने अनगिनत पुरुष प्रेमियों के खोये हुए प्यार की भरपाई प्रकृति से प्रेम करके करती हैं। ऐसी स्त्रियाँ फूलों के साथ, जंगल की खुशबुओं के साथ, खुले आसमान के साथ, चमकती धूप के साथ, गाती और उछलती और चमकती और अंखुआती हर चीज के साथ–चिड़ियों, गिलहरियों, फूलों और घास के साथ जीती हैं; वे इन चीजों के बारे में कुछ नहीं जानती हैं, वे इनकी व्याख्या नहीं कर सकतीं, लेकिन वे इनसे प्यार करती हैं; वे इनसे इतना प्यार करती हैं कि वे ड्यूकों, मार्शलों, प्रतिद्वंद्विताओं, फाइनेन्सियरों, मूर्खताओं, विलासिताओं, अपने नकली जवाहरात और असली हीरों को, अपनी ऊँची एड़ी की चप्पलों और अपने गालों के रूज को भूल जाती हैं। ग्राम्य जीवन की मिठास के लिए वे सब कुछ छोड़ देती हैं।

मेरे प्यारे, मैंने मदाम लागुएर के बुढ़ापे के दिनों बारे में काफी कीमती जानकारी इकट्ठा की है क्योंकि–तुमसे क्या छिपाना–फ्लोरीन, मैरिएत, सुज़ेन द वाल नोबल और त्यूलिया जैसी स्त्रियों के बाद के दिनों का जीवन अकसर ही मेरी उत्सुकता बढ़ाता रहा है, मानो मैं कोई छोटा बच्चा हूँ जो यह जानना चाह रहा हो कि पुराने चाँद कहाँ चले जाते हैं।

1790 में देश के घटनाक्रम से घबराकर मदमोज़ाल लागुएर आकर लेस ऐग्यू में बस गयी जो बूरे ने खरीदकर उसे भेंट की थी। बूरे ने उसके साथ गढ़ी में कई गर्मियाँ बितायीं। मदाम दु बारी के हश्र से आतंकित मदमोज़ाल लागुएर ने अपने हीरे-जवाहरात जमीन में गाड़ दिये। उस समय उसकी उम्र तिरपन साल थी और उसकी नौकरानी, जो इस समय सूद्री नाम के पुलिसवाले की बीवी है, के मुताबिक, "मदाम पहले हमेशा से अधिक सुन्दर लगती

थीं।" मेरे प्रिय नथान, निस्सन्देह प्रकृति के अपने ही कुछ कारण हैं कि वह इस किस्म की स्त्रियों को अपने बिगड़े हुए बच्चों की तरह पालती हैं; हर किस्म की अतियाँ उन्हें मारने के बजाय और सेहतमन्द बनाती हैं, उन्हें सुरक्षित रखती हैं और उन्हें नये सिरे से युवा बना देती हैं। ऊपर से वे चाहें जितनी उन्मत्त सी दिखें, उनमें ऐसी आन्तरिक शक्ति होती है जो उनके अद्‌भुत शरीर को सुन्दर बनाये रखती है; जो चीजें किसी पतिव्रता स्त्री को ढली हुई और मरियल बना डालती हैं वही चीजें उनके सौन्दर्य को सुरक्षित रखती हैं। नहीं, मेरी बात मानो, प्रकृति कतई नैतिक नहीं है!

मदमोज़ाल लागुएर ने लेस ऐग्यू में अनिंद्य जीवन बिताया, और उसके साथ हुई उस मशहूर घटना के बाद तो इस किस्म के जीवन को संत जैसा कहा जा सकता है—तुम्हें याद है उस घटना की? एक शाम हताशा भरे प्यार के आवेग में वह अपनी मंचीय पोशाक में ही ऑपेरा हाउस से भाग खड़ी हुई, भागती हुई देहाती इलाके में पहुँच गई और सारी रात रास्ते के किनारे रोते हुए बितायी। (आह! लोगों ने लुई पन्द्रहवें के काल के प्रेम को किस कदर बदनाम किया है!) बरसों बाद सूरज को उगता हुआ देखकर वह इतना चकित हुई कि उसने अपने सबसे सुन्दर गीतों में से एक से इसका स्वागत किया। उसके हाव-भाव और उसकी पोशाक की चमक-दमक किसानों को उसके पास खींच लायी। उसकी मुद्राओं, उसकी आवाज और उसके सौन्दर्य से अचम्भित उन्होंने उसे कोई फरिश्ता समझा और उसके चारों ओर नतमस्तक हो गये। अगर वोल्तेयर न हुआ होता तो हम शायद इसे एक नया चमत्कार मान बैठते। मदमोज़ाल लागुएर 1740 में जन्मी थीं और उसका जादू 1760 में अपने शिखर पर था जब मोस्यू (मैं उसका नाम भूल गया) को उसके साथ अपने चक्कर के चलते "मिनिस्टर द ला गुएर" कहा जाता था। उसने अपना पुराना नाम छोड़ दिया, जिसे यहाँ कोई जानता भी नहीं था, और खुद को मदाम द ऐग्यू कहने लगी मानो वह अपनी पहचान को इस जागीर के साथ जोड़ देना चाहती हो। अत्यन्त कलात्मक और सुरुचिपूर्ण ढंग से जागीर को सुधारने में उसे आनन्द आने लगा। जब बोनापार्ट प्रथम कौंसुल बन गया तो उसने अपने हीरे फिर निकाले और उन्हें बेचकर चर्च की जमीनें खरीद लीं। चूंकि ऑपेरा के उस जैसे कलाकार कभी नहीं जान पाते कि अपनी सम्पत्ति का ध्यान कैसे रखा जाये, इसलिए उसने जागीर के प्रबन्ध का जिम्मा एक गुमाश्ते को सौंप दिया और खुद अपने फूलों और फलदार पेड़ों और बाग को सुन्दर बनाने में मशगूल हो गयी।

मदमोज़ाल के निधन और ब्लांगी में दफनाये जाने के बाद सुलांश—विल-ओ-फाये और ब्लांगी के बीच बसा छोटा सा कस्बा—के नोटरी ने उसकी सम्पत्ति की एक विस्तृत सूची बनायी और गायिका के वारिसों को ढूँढ़ निकाला, जिसे यह नहीं पता था कि उसका कोई वारिस भी है। एमिएन्स के पास रहने वाले गरीब मजदूरों के ग्यारह परिवारों ने एक सुबह जागने पर पाया कि वे अमीर हो गये हैं। सम्पत्ति नीलाम कर दी गयी। लेस ऐग्यू को मोंतकोर्ने ने खरीदा जिसने स्पेन और पोमेरेनिया के अभियानों के दौरान खासी कमाई की थी। फर्नीचर सहित जागीर उसे एक लाख दस हजार फ्रैंक में मिली। निस्सन्देह इन भव्य

विलासितापूर्ण कक्षों का असर जनरल पर हुआ; अभी कल ही मैं काउंटेस से बहस कर रहा था कि उनकी शादी लेस ऐग्यू के खरीदे जाने का सीधा परिणाम थी।

प्रिय नथान, काउंटेस को ठीक से समझने के लिए तुम्हें यह पता होना चाहिए कि जनरल एक उग्र स्वभाव का व्यक्ति है, आग की तरह लाल, पाँच फीट नौ इंच ऊँचा कद, पत्थर की मीनार की तरह ठोस और गोल, जिसकी गर्दन मोटी और कंधे लुहारों जैसे हैं जिनसे उसके जिरहबख्तर अच्छी तरह भर जाते होंगे। मोन्तकोर्ने एसलिंग की लड़ाई में बख्तरबन्द पैदल सैनिकों का कमाण्डर था और जब डेन्यूब के पास इन बहादुर लड़ाकुओं को हार कर पीछे धकेल दिया गया तो वह मरते-मरते बचा था। वह लकड़ी के एक कुन्दे पर सवार होकर नदी पार करने में सफल रहा था। पुल को टूटा पाकर बख्तरबन्द सैनिकों ने मोन्तकोर्ने के आदेश पर पलट कर समूची आस्ट्रियाई सेना का मुकाबला करने का संकल्प किया। अगले दिन आस्ट्रियाई सेना युद्ध के मैदान से तीस गाड़ियों में भरकर मृत सैनिकों के जिरहबख्तर ले गयी थी। जर्मनों ने इस मौके पर अपने दुश्मनों को एक नाम दिया था जिसका मतलब होता है ''लोहे के इंसान''। मोन्तकोर्ने का बाहरी रंगरूप प्राचीन काल के नायकों जैसा है। उसकी बाँहें तगड़ी और ऊर्जस्वी हैं, उसका सीना उभरा हुआ और चौड़ा है; उसका सिर बबर शेर की याद दिलाता है और उसकी आवाज में उन कमाण्डरों जैसी कड़क है जो घमासान लड़ाई के बीच हमले का आदेश दे सकते हैं; लेकिन उसमें एक दुस्साहसी व्यक्ति की हिम्मत के अलावा और कुछ नहीं है, दिमाग और व्यापक दृष्टि का उसमें अभाव है। पहली मुलाकात में मोन्तकोर्ने आप पर जबर्दस्त प्रभाव छोड़ता है। ऐसा उन सभी जनरलों के साथ होता है जिन्हें सैनिक व्यवहारबुद्धि, खतरों के बीच जीने से उत्पन्न स्वाभाविक साहस और आदेश देने की आदत श्रेष्ठता का आभास देती है। देखने में वह दैत्य लगता है पर उसके भीतर एक बौना छुपा है। वह भावावेशी लेकिन नर्मदिल है, और उसमें शाही दर्प कूट-कूट कर भरा है। उसकी जुबान सिपाहियों की तरह तीखी है और वह किसी भी बात का फौरन जवाब दे सकता है लेकिन अकसर जवाब से पहले उसका हाथ चल जाता है। युद्ध के मैदान में उसकी भूमिका शानदार रही होगी लेकिन घर में वह बिल्कुल असहनीय होता है। प्रेम के नाम पर वह बस बैरकों में होने वाले प्रेम को जानता है—वैसा प्रेम जिसका देवता प्राचीन काल के समझदार मिथक रचयिताओं ने मार्स और वीनस के पुत्र इरोस को बनाया था। पुराने धर्मों का दिलचस्प वर्णन करने वाले इन लेखकों ने दर्जन भर भिन्न-भिन्न प्रकार के प्रेम का उल्लेख किया है। अपने पूर्वजों और इन 'प्रेमों' के गुणों का अध्ययन करो तो तुम्हें पता चलेगा कि इसमें एक पूरी सामाजिक नामावली छिपी हुई है—और फिर भी हम यह कल्पना करते हैं कि हम फ्रांसीसी नई चीजों के जन्मदाता हैं! जब यह दुनिया रेतधड़ी की तरह पलट जायेगी, जब सागर महाद्वीप बन जायेंगे तो फ्रांसीसी लोगों को आज के हमारे महासागर के तल में शैवाल में लिपटी हुई तोपें, भाप की नौकाएँ, अखबार और नक्शे मिलेंगे।

यहीं पर, मैं तुम्हें बता दूँ कि कोम्तेस द मोन्तकोर्ने एक तन्वंगी, शर्मीली, नाजुक सी

स्त्री है। इस तरह के विवाह के बारे में तुम क्या सोचते हो? जो लोग समाज को जानते हैं उनके लिए ऐसी चीजें आम हैं; सुसंगत जोड़ी वाला विवाह तो एक अपवाद ही है। फिर भी मैंने देखा है कि यह कोमल छोटी सी स्त्री इस भारी-भरकम, कठोर और भोंदू जनरल को चतुराई से अपने इशारों पर चलाती है, ठीक वैसे ही जैसे वह खुद अपने बख्तरधारी सैनिकों का नेतृत्व करता था।

अगर कभी अपनी वर्जीनी के सामने मोंतकोर्ने गर्जन-तर्जन शुरू करता है तो मदाम होठों पर एक उंगली रखती है और वह चुप हो जाता है। वह अपनी पाइप और सिगार गढ़ी से पचास फीट दूर एक गुमटी में बैठ कर पीता है और घर वापस लौटने से पहले हवाखोरी करके आता है। इस तरह वशीभूत होने में उसे गर्व का अनुभव होता है। जब भी कोई चीज करने की बात चलती है तो वह खूब सारे अंगूर खाकर मदमत्त हुए भालू की तरह अपनी बीवी की ओर मुड़ता है और कहता है, "अगर मदाम राजी हों तो।" अपने भारी कदमों से फर्श की टाइलों को तख्तों की तरह चरमराते हुए जब वह अपनी बीवी के कमरे के पास आता है और वह भीतर से ही आवाज लगाती है : "अन्दर मत आना!" तो वह सैनिक अन्दाज में खट से एड़ियों पर वापस घूम जाता है और विनम्रता से कहता है : "आप मुझे बता देंगी कि मैं कब आपसे मिल सकता हूँ?" हालाँकि यह बात भी वह उसी आवाज में कहता है जिस आवाज में उसने डेन्यूब के तट पर अपने सैनिकों से चिल्लाकर कहा था : "सिपाहियो, हमें अपनी जान देनी होगी और लड़ते-लड़ते जान देनी होगी क्योंकि दूसरा और कोई रास्ता नहीं है!" मैंने उसे अपनी बीवी के बारे में यह कहते सुना है, "मैं उससे प्रेम ही नहीं करता, मैं उसकी पूजा करता हूँ।" कभी-कभी जब वह आपा खो बैठता है और उसका गुस्सा संयम और मर्यादा के सभी बाँध तोड़ डालता है तो वह कोमल स्त्री चुपचाप अपने कमरे में चली जाती है और उसे चिल्लाने के लिए छोड़ देती है। लेकिन चार या पाँच घण्टे बाद वह उससे कहती है : "अपना आपा मत खोया करो मेरे प्यारे, तुम्हारी कोई नस फट सकती है; और इसके अलावा तुम मुझे भी ठेस पहुँचाते हो।" तब एसलिंग का शेर अपनी गीली आँखें पोंछने के लिए उसके सामने से हट जाता है। कभी-कभी जब मैं और काउंटेस बातें कर रहे होते हैं तो वह बैठककक्ष में आ जाता है और अगर वह कहती है : "बीच में खलल मत डालो, यह मुझे कुछ पढ़कर सुना रहा है," तो वह बिना कुछ कहे वहाँ से चला जाता है।

ऐसे मजबूत आदमी, भावावेशी और शक्तिशाली, युद्ध के सूरमा, यूनानी देवों के सदृश सिरों वाले राजनयिक या फिर महान प्रतिभाशाली व्यक्ति ही इस प्रकार का चरम आत्मविश्वास, कमजोरी के प्रति ऐसा उदारतापूर्ण समर्पण, ऐसा अनवरत संरक्षण, ऐसा ईर्ष्यारहित प्रेम और एक स्त्री के प्रति ऐसी सहज खुशमिजाजी प्रदर्शित कर सकते हैं। कसम से, काउंटेस द्वारा अपने पति के प्रबन्धन के विज्ञान को मैं तमाम तुनकमिजाज और शुष्क पतिव्रताओं के व्यवहार से ऊँचा दर्जा देता हूँ, ठीक वैसे ही जैसे कॉज़वे (पुराने दिनों की भारी गद्देदार कुर्सी—अनु.) का साटिन एक गन्दे बूर्ज्वा सोफा पर मढ़े यूट्रेख्ट के मखमल से श्रेष्ठ होता है।

मेरे प्यारे, मैंने देहात के इस खुशनुमा घर में छह दिन बिताये हैं और बाग की खूबसूरती को सराहते हुए मैं कभी थकता नहीं हूँ, जिसके चारों ओर जंगल है जिसमें सोतों के इस साथ-साथ बड़ी प्यारी पगडंडियाँ बनी हुई हैं। प्रकृति और इसका मौन, यह शान्त सुख, यह कोलाहल रहित जीवन—यह सब मुझे आकर्षित कर रहा है। आह! असली साहित्य तो यही है; विस्तृत घास के मैदानों में कहीं कोई शैलीगत त्रुटि नहीं है। भीतर से फूटने वाली खुशी यहाँ हर चीज को भुला देती है—यहाँ तक कि तमाम वाद-विवादों को भी! आज पूरी सुबह बारिश होती रही है और जिस दौरान काउंटेस सो रही थीं और मोन्तेकोर्ने अपने इलाके का चक्कर लगा रहा था, मैंने खुद को बाध्य किया है कि तुम्हें पत्र लिखने के अपने उतावले और अदूरदर्शितापूर्ण वादे को पूरा कर सकूं।

हालाँकि मैं अलांकों में एक जज और प्रीफेक्ट के घर पैदा हुआ था, और हालाँकि मैं खेती के बारे में थोड़ा-बहुत जानता हूँ, फिर भी अब तक मुझे लगता था कि हर महीने चार-पाँच हजार फ्रैंक की आमदनी लाने वाली जागीरें किस्से-कहानियों की बातें हैं। मेरे लिए पैसे का मतलब था कुछ डरावनी चीजें—काम और प्रकाशक के पीछे भागना, पत्रकारिता और राजनीति। हम जैसे गरीब लोगों को वह देश कब मिलेगा जहाँ सोना घास के साथ जमीन से उगता है? थिएटर और प्रेस और किताबें लिखने में लगे तुम्हारे और मेरे जैसे लोगों के लिए मैं ऐसी ही ख्वाहिश रखता हूँ। आमीन!

क्या फ्लोरिन दिवंगत मदमोज़ाल लागुएर के प्रति ईर्ष्यालु होगी? हमारे आधुनिक फाइनेंसियरों के पास ऐसे कोई सामन्त नहीं हैं जो उन्हें जीने का ढंग दिखा सकें; वे तीन मिलकर एक ऑपेरा बाक्स भाड़े पर लेते हैं; वे किश्तों में अपने सुख खरीदते हैं। वे अपने पुस्तकालय में अठपेजी किताबों से मैच कराने के लिए शानदार चमड़े की बाइन्डिंग वाली बड़ी किताबों को काटकर नहीं सजाते; बल्कि वे तो अब कागज की जिल्द वाली सिली हुई किताबें भी शायद ही खरीदते हैं। इस देश का क्या होगा?

विदा; अपना और अपने ब्लोंदे का ख्याल रखना।

अगर इस सदी की सबसे काहिल कलम से लिखा गया यह पत्र सौभाग्य से बचा न रह गया होता तो लेस ऐग्यू का वर्णन करना लगभग असम्भव होता और इस वर्णन के बिना वहाँ हुई भयावह घटनाओं का इतिहास निश्चित ही कम दिलचस्प लगता।

इस टिप्पणी के बाद कुछ लोग यह उम्मीद कर रहे होंगे कि अब उन्हें भूतपूर्व कर्नल की चमकती तलवार और अपनी छोटी सी बीवी पर बरसते उसके गुस्से की लपटों का वर्णन मिलेगा; और इस इतिहास का अन्त भी तमाम आधुनिक ड्रामों की तरह शयनकक्ष की त्रासदी में होगा। शायद अन्तिम दृश्य नीली दीवारों वाले उस मोहक शयनकक्ष में घटित हो जहाँ छत और किवाड़ों पर खूबसूरत पंछियों की तस्वीरें बनी हैं, जहाँ मेण्टेल शेल्फ पर चीनी दैत्य मुंह फाड़े हंसते हैं और विशाल गुलदानों के चारों ओर हरे और सुनहरे ड्रैगन लिपटे हैं, और

अनेक रंगों और डिजाइनों में जापानी कसीदाकारी के नमूने हैं; जहाँ आरामदेह सोफे और आरामकुर्सियाँ और गद्देदार शैया आपको आमंत्रित करती है कि बिना कुछ किये बस बैठे-बैठे ख्यालों में डूबे रहें।

नहीं; यहाँ विकसित होने वाला ड्रामा निजी जीवन का नहीं है; यह इससे ऊपर (या नीचे) की चीजों से सम्बन्धित है। भावावेगों से भरे दृश्यों की आशा न कीजिये; इस इतिहास की सच्चाई ही अत्यन्त नाटकीय है और याद रखिये कि इतिहासकार को हरेक के साथ न्याय करने का अपना मिशन कभी भूलना नहीं चाहिए। निर्धन और सम्पत्तिवान सब उसकी कलम के आगे बराबर हैं; उसके सामने किसान अपनी दरिद्रता की भव्यता के साथ उपस्थित होता है, और धनवान अपनी मूर्खता की क्षुद्रता के साथ। इससे भी बढ़कर, धनी आदमी के पास भावावेग होते हैं, और किसान के पास सिर्फ जरूरतें होती हैं इसलिए किसान दोहरी निर्धनता का मारा है; और भले ही, राजनीतिक रूप से उसकी आक्रामकताओं का निष्ठुरता के साथ दमन आवश्यक हो, मानवता और धर्म की नजरों में वह पवित्र है।

अध्याय दो

एक ग्राम्य कवि जो वर्जिल* से भी अनदेखा रहा

जब कोई पेरिसवासी देहात में पहुँच जाता है तो वह अपनी सभी सामान्य आदतों से कट जाता है और उसके मित्र चाहे कितना भी ख्याल रखें जल्दी ही उसे समय काटना मुश्किल लगने लगता है। इसलिए, इधर-उधर की चीजों पर बातचीत को लम्बा खींचने की तमाम कोशिशों के बावजूद विषय खत्म हो जाते हैं और तब गृहस्वामी और गृहस्वामिनी प्रायः बड़ी शान्ति से कहते हैं, "तुम यहाँ बुरी तरह ऊब जाओगे।" यह सही है कि ग्रामीण जीवन का आनन्द लेने के लिए आपके पास करने को कुछ होना चाहिए, कुछ रुचियाँ होनी चाहिए; यहाँ होने वाले कामों के बारे में थोड़ी जानकारी होनी चाहिए और मानव जीवन के शाश्वत प्रतीक—श्रम और सुख की संगति की समझ होनी चाहिए।

जब पेरिसवासी अपनी थकान दूर कर चुका हो और देहात के तौर-तरीकों से परिचित हो चुका हो तब उसके लिए दिन का सबसे मुश्किल समय सुबह का वक्त होता है (खासकर तब जब वह नफीस जूते पहनने वाला हो और न तो खिलाड़ी हो और न ही कृषि में रुचि रखता हो)। सुबह उठने और नाश्ते के बीच के घण्टों के दौरान परिवार की औरतें या तो सो रही होती हैं या तैयार हो रही होती हैं और इसलिए वे पहुँच से बाहर होती हैं; घर का

* वर्जिल—प्राचीन रोमन कवि जिसने ग्रामीण जीवन का काफी गुणगान किया है।—अनु.

मालिक अपने कामकाज से बाहर निकला होता है; इसलिए सुबह आठ से लेकर देहात में नाश्ते के प्रचलित समय (धनी घरों में—अनु.) ग्यारह बजे तक पेरिसवासी को अकेले रहना पड़ता है। पहले वह खुद बड़े ध्यान से बन-ठन कर तैयार होने में मन लगाने की कोशिश करता है पर जल्दी ही यह स्रोत भी सूख जाता है फिर शायद वह अपने साथ लाया कोई काम पूरा करने की असफल कोशिश करता है पर इसकी कठिनाइयों को देखने के बाद वह ज्यों का त्यों उसके बैग में लौट जाता है। फिर लेखक के पास और कोई चारा नहीं होता कि वह बाग में इधर-उधर फिरे और विशाल पेड़ों की गिनती करे या यूं ही किसी किसी चीज को देखकर चकित होता रहे। अगर जागीरों के स्वामियों की तरह वाकई देहात में रहना पड़े तो कोई न कोई भूविज्ञानी, धातुविज्ञानी, कीटविज्ञानी या वनस्पतिविज्ञानी शौक पाल लेना अच्छा होगा; लेकिन कोई समझदार आदमी महज एक पखवारे का समय काटने के लिए तो कोई व्यसन नहीं पालेगा। भव्यतम जागीर और सबसे खूबसूरत गढ़ी भी जल्दी ही उन लोगों को उबा देगी जिनका इसके दृश्यों के अलावा इसकी और किसी चीज पर हक नहीं है। प्रकृति का वास्तविक सौन्दर्य ऑपेरा में किये जाने वाले इसके प्रस्तुतीकरण की तुलना में धूमिल लगने लगता है। यहाँ से देखने पर पेरिस का हर पहलू रौशन और चमकदार दिखता है। आप जल्दी ही चिड़ियों के पंखों से ईर्ष्या करने लगते हैं और पेरिस के अनवरत जोशीले दृश्यों और इसके तंग करने वाले झगड़ों के बीच वापस पहुँचने के लिए ललकने लगते हैं, बशर्ते किसी खास व्यक्ति के हल्के पदचाप और रौशन आँखों ने इन दृश्यों में आपकी विशेष रुचि न पैदा कर दी हो, जैसाकि ब्लोंदे के साथ था।

युवा पत्रकार के लम्बे पत्र से ज्यादातर बुद्धिमान लोग यह अनुमान लगा लेंगे कि वह मानसिक और शारीरिक, दोनों ही रूप से तुष्ट इच्छाओं और सुखद आनन्दानुभूति की अवस्था में पहुँच चुका था। उसकी स्थिति उन अघाये हुए पेलिकन पक्षियों जैसी थी जो अपनी फूली हुई गर्दन में सिर को धँसाये हुए बढ़िया से बढ़िया खाने को भी देखना तक नहीं चाहते। इसलिए जब यह भारी-भरकम पत्र खत्म हुआ तो लेखक को इस नन्दनकानन के वर्णन से उबरकर कुछ ऐसा करने की जरूरत महसूस हुई जिससे सुबह के घंटों के असह्य शून्य को भरा जा सके। नाश्ते से लेकर रात के खाने तक का समय गृहस्वामिनी का होता था जिसे यह मालूम था कि इन घंटों को बिना बोझिल हुए कैसे बिताया जा सकता है। एक प्रतिभाशाली व्यक्ति को देहात में इस तरह रोके रखना, जैसा कि मदाम मोंतकोर्ने कर रही थी, कि उसके चेहरे पर तृप्ति की झूठी मुस्कान कभी दिखाई या न छुपायी जा सकने वाली उबासी मुँह पर आ जाये—यह एक स्त्री के ही बस की बात है। इस तरह के इम्तहान से गुजरकर भी बना रहने वाला प्रेम निश्चित ही शाश्वत होगा। यह आश्चर्य का विषय है कि अपने प्रेमियों की परीक्षा लेने के लिए स्त्रियाँ इसे अकसर क्यों नहीं इस्तेमाल करती हैं; कोई भी मूर्ख, अहम्मन्य या क्षुद्र व्यक्ति इसे कभी सहन नहीं कर पायेगा। स्वाँग भरने वालों के बेताज बादशाह फिलिप द्वितीय को भी अगर देहात में एक महीने के एकान्तवास में भेज दिया जाता तो वह सारे राज उगल देता। सम्भवतः यही कारण है कि राजा सदा ही निरन्तर

चलायमान रहना चाहते हैं और किसी से भी एक बार में पन्द्रह मिनट से ज्यादा समय तक नहीं मिलते।

पेरिस की सबसे प्यारी स्त्रियों में से एक की स्नेहभरी देखभाल के आह्लाद के बावजूद एमिल ब्लोंदे को एक बार फिर स्कूल से भागे शरारती बच्चे की तरह मटरगश्ती की इच्छा सताने लगी थी और अपना पत्र समाप्त करने के अगले दिन सुबह उसने मुख्य परिचारक फ्रांस्वा को बुला भेजा जिसे खास उसका ध्यान रखने के लिए लगाया गया था। उससे रास्तों की जानकारी लेकर ब्लोंदे एवोन की घाटी के अन्वेषण के लिए निकल पड़ा।

एवोन एक छोटी सी नदी है जिसमें कोंशे के पास कई नालों का पानी आकर मिलता है और फिर वह विल-ओ-फाये के पास सेन की एक प्रमुख सहायक नदी योन में मिल जाती है। एवोन की भौगोलिक स्थिति के चलते नदी के दोनों ओर की पहाड़ियों पर खड़े लेस ऐग्यू, सुलांश और रोंकेरोल के जंगलों में काटी जाने वाली लकड़ी का पूरा मोल मिलता है। लेस ऐग्यू का बाग नदी (जिसके दोनों ओर दे ऐग्यू कहलाने वाला जंगल स्थित है) और शाही डाक सड़क के बीच फैली घाटी के ज्यादातर हिस्से में स्थित है। एवोन पहाड़ों की ढलानों के किनारे-किनारे गुजरती इस सड़क को दूर से बूढ़े एल्म वृक्षों की कतार से पहचाना जा सकता है। ये पहाड़ दरअसल मोर्वन के भव्य एम्फीथिएटर की निचली पहाड़ियाँ ही हैं।

यह तुलना चाहे जितनी भोंड़ी क्यों न लगे, घाटी की तलहटी में पसरा बाग एक विराट मछली जैसा लगता है जिसका सिर कोंशे में और पूँछ ब्लांगी गाँव में है; क्योंकि बीच में इसकी चौड़ाई करीब 300 एकड़ हो जाती है जबकि कोंशे की तरफ यह पचास से कम और ब्लांगी में साठ एकड़ है। तीन गाँवों के बीच घिरी और सुलांश के छोटे कस्बे से तीन मील दूर इस जागीर की स्थिति भी शायद उस कलह और ज्यादतियों का कारण बनी हो जो इस जगह में लेखक की रुचि की मुख्य वजह है। डाक सड़क से या विल-ओ-फाये की ऊँचाई से देखने पर यहाँ से गुजरते हुए मुसाफिर भी लेस ऐग्यू की जन्नत से ईर्ष्या का पाप कर बैठते हैं, तो सुलांश और विल-ओ-फाये के अमीर बर्गर* उनसे ज्यादा सदाचारी क्यों होते जब कि वे रोज इसे अपनी नजरों के सामने देखते और सराहते हैं?

इस स्थान को ठीक से समझने के लिए यह अन्तिम भौगोलिक ब्यौरा देना जरूरी था। इसी से उन चार गेटों का इस्तेमाल भी समझा जा सकता है जिनसे होकर ही लेस ऐग्यू के बाग में प्रवेश हो सकता था; क्योंकि ये चारों ओर से ऊँची दीवार से घिरा हुआ है। सिर्फ उन जगहों पर दीवार नहीं है जहाँ से कोई खूबसूरत प्राकृतिक दृश्य दिखाई देता है और ऐसी जगहों पर खन्दकें खोदकर पानी में डूबी हुई नुकीली बाड़ लगायी गयी है। कोंशे का द्वार, एवोन का द्वार, ब्लांगी का द्वार और वीथिका का द्वार कहलाने वाले चारों प्रवेशद्वार अलग-अलग दौरों में बने थे और उनके निर्माण में उस दौर की खास शैली बखूबी झलकती है।

---

* बर्गर—यूरोप के सामन्ती समाज में उभरे आरम्भिक बुर्जुआ तत्व। एक ऐसा व्यक्ति जिसके पास शहरी इलाके में अपना मकान हो और जो इतना सम्पन्न हो कि औरों को भाड़े पर काम पर रख सके।—अनु.

काउंटेस के साथ आठ दिनों तक बाग में घूमने से "जूर्नाल द डिबेट्स" का यशस्वी सम्पादक अब तक चीनी शैली के मण्डप, पुलियों, नदी के कृत्रिम द्वीप, आश्रम, गोशाला, ढहे हुए मंदिर, बेबीलोनिया शैली के बर्फगृह और 900 एकड़ जमीन को सुन्दर बनाने के लिए लैण्डस्केप विशेषज्ञों द्वारा रचित तमाम अजूबों को देख चुका था। अब वह एवोन के उद्गम स्थल तक जाना चाहता था। जनरल और काउंटेस रोज शाम को उस जगह का गुणगान करते थे और वहाँ जाने की योजनाएँ बनाते थे जो हर अगली सुबह भुला दी जाती थी। लेस ऐग्यू के ऊपर एवोन वाकई आल्प्स के किसी शानदार प्रपात जैसी लगती थी। कहीं वह पत्थरों के बीच से बहती थी, कहीं वह भूमिगत हो जाती थी; इधर कई सोते ऊँचाई से उसमें गिरते थे तो उधर वे छिछले रेतीले तल पर बहते थे जहाँ बार-बार पलटती धाराओं के कारण किश्तियाँ नहीं गुजर सकती थीं। ब्लोंदे बाग की भूलभुलैयों के बीच से एक छोटा रास्ता पकड़कर कोंशे के द्वार पर पहुंचा। इस द्वार के बारे में कुछ बताना जरूरी है जिससे इस जागीर के बारे में कुछ जरूरी ऐतिहासिक ब्यौरे भी पता चलते हैं।

लेस ऐग्यू को सुलांश परिवार के छोटे बेटे ने विवाह में मिले धन से बसाया था, जिसकी मुख्य आकांक्षा अपने बड़े भाई को ईर्ष्यालु बनाने की थी। मध्य युग में लेस ऐग्यू का किला एवोन के तट पर स्थित था। प्रवेशद्वार के अलावा इस पुरानी इमारत का अब कोई अवशेष नहीं बचा है। किसी किलेबन्द शहर के सिंहद्वार जैसे लगने वाले इस फाटक के दोनों ओर मीनारें हैं। भारी पत्थरों से बनी प्रवेशद्वार की इमारत अब लताओं से ढँकी हुई है जिनके बीच से तीन बड़ी खिड़कियाँ दिखाई देती हैं। एक मीनार के भीतर कुण्डलाकार सीढ़ियाँ ऊपर की मंजिल पर बनी दो छोटी कोठरियों तक ले जाती हैं और दूसरी मीनार में रसोईघर है। मुख्य इमारत की लकड़ी की ढलवाँ छत पर लगे एक शहतीर के दोनों सिरों पर हवा का रुख बताने वाले दो मुर्गे बने हैं। इस प्रवेशद्वार के बाहर की ओर लगे पत्थर के फलक पर अब भी सुलांश का कुलचिन्ह बना हुआ है। लोहे की बड़ी-बड़ी कीलों से जड़ा हुआ पुरानी लकड़ी का भारी सा फाटक एक सुन्दर लड़की ने ब्लोंदे के लिए खोला। चूलों के चरमराने की आवाज से जग गये रक्षक ने खिड़की से अपनी नाक बाहर निकाली और फिर रात की पोशाक पहने हुए ही बाहर आ गया।

"अच्छा, तो हमारे रक्षक इस समय तक सोते हैं।" पेरिसवासी ने सोचा, जो खुद को देहात के तौर-तरीकों का काफी जानकार समझता था।

करीब पन्द्रह मिनट तक चलकर वह कोंशे के ऊपर नदी के उद्गम स्थल पर पहुँचा जहाँ उसकी मंत्रमुग्ध आँखों ने एक ऐसी दृश्यावली देखी जिसका वर्णन फ्रांस के इतिहास की तरह या तो एक हजार ग्रन्थों में किया जा सकता है या सिर्फ एक में। यहाँ हमें दो पैराग्राफ से संतोष करना होगा।

ठिगने पेड़ों से ढंकी और आगे को निकली हुई एक चट्टान सामने है जिसका निचला हिस्सा एवोन की धार से घिस गया है। नदी के बीच पड़े एक भीमकाय कछुए का सा आभास देती यह चट्टान एक मेहराब बनाती है जिसके दूसरी ओर शीशे सी साफ पानी की चादर

दिखाई दे रही है। लगता है जलधारा यहाँ पहुँचकर कुछ देर के लिए सो जाती है—उस जगह पर पहुँचने से पहले जहाँ यह विशाल चट्टानों के बीच कई प्रपातों की शृंखला बनाते हुए गिरती हैं। वहाँ, नीचे उन चट्टानों के पास बेदमजनूं के पेड़ पानी के बहाव के साथ आगे-पीछे झूल रहे हैं।

इन प्रपातों के आगे हीदर की झाड़ियों और घास से ढंकी सीधी खड़ी पहाड़ी है। इसमें बीच-बीच में परतदार चट्टानों और अभ्रक की चौड़ी पट्टियाँ हैं और जगह-जगह से छोटे-छोटे झाग उठाते झरने बह रहे हैं जिनके लिए नीचे हमेशा सिंचित और हमेशा हरा-भरा घसियाला मैदान एक प्याले का काम करता है। और आगे की ओर, इस नयनाभिराम विशृंखलता से परे और इस उन्मुक्त, एकाकी प्रकृति के बरअक्स कोंशे के बाग और गाँव की छतें, घंटाघर की मीनार और फैले हुए खेत दिखाई दे रहे हैं।

ये रहे दो पैराग्राफ, लेकिन उगता हुआ सूरज, हवा की ताजगी, ओस से ढंकी हर चीज से फूटती आभा, वनों और जलधाराओं का मधुर संगीत—इनकी बस कल्पना ही की जा सकती है।

"उतना ही मनमोहक जितना ऑपेरा में दिखाते हैं," ब्लोंदे ने सोचा और एवोन के अनौगम्य हिस्से के किनारे-किनारे चलने लगा जिसकी पत्थरों के बीच से उछलती-गिरती तेज तरंगें नीचे लेस ऐग्यू के जंगल के ऊँचे वृक्षों के बीच से बहती नदी की शान्त धारा के बिल्कुल विपरीत दृश्य उपस्थित कर रही थीं।

ब्लोंदे अपने प्रातः भ्रमण पर ज्यादा दूर नहीं जा सका क्योंकि एक किसान को देखकर वह ठिठक कर रुक गया—उन्हीं किसानों में से एक जिनकी बहुसंख्या इस ड्रामा की घटनाओं के लिए इस कदर महत्त्वपूर्ण है कि यह भी पूछा जा सकता है कि क्या वे ही दरअसल इसके प्रमुख अभिनेता नहीं हैं।

जब हमारा चतुर पत्रकार चट्टानों के एक समूह के पास पहुँचा जहाँ मुख्य धारा तोरणद्वार की तरह सीधी खड़ी दो चट्टानों के बीच से गुजरती है, तो उसने एक आदमी को इस तरह बिना हिले-डुले खड़े देखा कि उसकी उत्सुकता जाग उठी जब कि इस जीती-जागती मूरत के कपड़ों और हाव-भाव ने उसे उलझन में डाल दिया। उसके सामने स्थित विनीत व्यक्तित्व शार्ले के चित्रों में दर्शाये वृद्ध व्यक्तियों का जीता-जागता नमूना था। इन चित्रों के वृद्ध सैनिकों जैसी ही उसकी मजबूत काठी थी जो आसानी से कठिनाइयाँ झेल सकती थीं और उग्र, लाल, गठीला चेहरा था जिसे देखकर ही लगता था कि यह आसानी से हार मानने वाला नहीं है। सामने से लगभग गंजे हो चुके सिर को एक भद्दा सा नमदे का टोप ढंके हुए था जिसकी किनारी ऊपर वाले हिस्से से मोटे-मोटे टाँकों से सिली हुई थी। उसके नीचे से ऐसे घने और लम्बे सफेद बाल लहरा रहे थे जिनकी नकल करने के लिए कोई भी चित्रकार खुशी-खुशी एक घण्टे के चार फ्रैंक दे देता। उसके गाल जिस तरह धँसे हुए थे उससे यह आसानी से अनुमान लगाया जा सकता था कि यह दंतहीन बूढ़ा कठौते के बजाय बोतल का ज्यादा इस्तेमाल करता था। झाड़ू की सींकों जैसी सख्त उसकी छिदरी

सफेद दाढ़ी से उसकी मुखाकृति का भाव कुछ-कुछ डरावना सा लग रहा था। उसके बड़े से चेहरे के मुकाबले बेहद छोटी और सुअर की तरह तिरछी आँखों से चालाकी और साथ ही आलस का पता चलता था; लेकिन इस वक्त वे नदी पर टिकी उसकी तीक्ष्ण दृष्टि से चमक रही थीं। इस विचित्र प्राणी की पोशाक थी एक पुरानी कमीज जो कभी नीली रही होगी, और उस मोटे टाट की पतलून जिसका इस्तेमाल पेरिस में कपड़े की गाँठें लपेटने के लिए किया जाता है। शहरी लोग उसके टूटे हुए लकड़ी के जूतों को देखकर सिहर जाते जिनकी दरारों से हवा बेरोकटोक भीतर जा सकती थी; और यह निश्चित था कि कमीज और पतलून की शहर में कोई कीमत नहीं मिलती सिवाय कबाड़ी वाले के।

इस ग्रामीण डियोजेनिस को निरखते हुए ब्लोंदे ने खुद से स्वीकार किया कि जिस किस्म के किसानों को उसने पुरानी तस्वीरों और पुराने मूर्तिशिल्पों में देखा था और जिन्हें वह अब तक काल्पनिक मानता था, वह वास्तव में मौजूद थे। उसने निश्चय किया कि भविष्य में कभी भी कला में कुरूपता का चित्रण करने वाली शैली की भर्त्सना नहीं करेगा क्योंकि क्या पता मनुष्य में सौन्दर्य एक भरमाने वाला अपवाद ही हो, एक मरीचिका हो जिसके पीछे मानव जाति भागती रहती है।

"ऐसे प्राणी के विचार, आदर्श, आदतें क्या हो सकती हैं? वह क्या सोच रहा है?" उत्सुकता से भरा ब्लोंदे सोचने लगा। "क्या वह मेरे ही जैसा इंसान है? हममें कुछ भी एक जैसा नहीं है सिवाय हमारे शरीर के, और वह भी तो!–"

अचानक उसका ध्यान बूढ़े आदमी के हाथों और पैरों की अजीब सी कठोरता की ओर गया, जो खुली हवा में रहने वाले और मौसम की ज्यादतियों और सर्दी-गर्मी सहने के आदी लोगों की खासियत होती है। उनकी चमड़ी जानवर की खाल जैसी सख्त हो जाती है और वे रूसियों या अरबों की तरह शारीरिक कष्ट का मुकाबला कर सकते हैं।

"ये रहा (फेनीमोर–अनु.) कूपर की कहानियों का लाल चमड़ी वाला," ब्लोंदे ने सोचा, "जंगलियों का अध्ययन करने के लिए अमेरिका जाने की जरूरत नहीं।"

हालाँकि पेरिसवासी उससे दस कदम से भी कम दूरी पर था पर बूढ़े आदमी ने सिर नहीं घुमाया और टकटकी बाँधकर सामने वाले तट की ओर देखता रहा। उसकी काँच जैसी निश्चल आँखें और अविचल शरीर हिन्दुस्तानी फकीरों की याद दिला रहा था। उस खास किस्म के चुम्बकत्व के वशीभूत, जो लोगों के अनुमान से कहीं ज्यादा छुतहा होता है, ब्लोंदे को पता ही नहीं चला कि कब वह खुद नदी को एकक देखने लगा।

"क्यों जी, तुम आखिर देख रहे हो?" करीब पन्द्रह मिनट बीत जाने के बाद उसने पूछा, क्योंकि इस दौरान उसे इस एकाग्र ध्यानमग्नता का कोई कारण नजर नहीं आया।

"श्शश!" बूढ़ा फुसफुसाया और ब्लोंदे को चुप रहने का इशारा किया। "आप उसे डरा देंगे–"

"किसे?"

"ऊदबिलाव को, हुजूर। अगर उसने हमारी आवाज सुन ली तो झट से पानी में भीतर

चला जायेगा। मुझे पक्का यकीन है कि वह अभी वहाँ कूदा था; देखिये! देखिये! वहाँ, जहाँ पानी में बुलबुले उठ रहे हैं! अहा! उसने एक मछली देख ली है और उसी के पीछे लगा है! लेकिन जैसे ही वह लौटेगा, मेरा छोकरा उसे पकड़ लेगा। आप जानते नहीं, ऊदबिलाव बहुत मुश्किल से मिलता है; इसका शिकार वैज्ञानिक ढंग से करना पड़ता है और यह खाने में भी बड़ा स्वादिष्ट होता है। लेस ऐग्यू में हर ऊदबिलाव के लिए मुझे दस फ्रैंक मिलते हैं। हर शुक्रवार को मालकिन उपवास रखती हैं और कल शुक्रवार है। उपवास के बाद रात के खाने में इसका मजा ही कुछ और होता है। कई साल पहले, पुरानी मालकिन, बेचारी अब रही नहीं, वह बीस फ्रैंक देती थीं और खाल भी मुझे दे देती थीं। "मूश," उसने दबी आवाज में पुकारा, "उसे देखता रह!"

ब्लोंदे को अब नदी के दूसरी तरफ एल्डर की झाड़ी के नीचे बिल्ली जैसी दो चमकदार आँखें दिखायी दीं; फिर उसे करीब दस साल के एक लड़के का धूप में झँवाया माथा और उलझे बाल दिखायी दिये जो पेट के बल लेटा हुआ था और ऊदबिलाव की ओर इशारे करके अपने उस्ताद को बता रहा था कि वह उस पर ठीक से नजर रखे है। ब्लोंदे अब पूरी तरह उस बूढ़े और लड़के की उत्कण्ठा की गिरफ्त में आ चुका था और शिकार का जोश–आशा और उत्सुकता के दो पंजों वाला जिन्न उस पर हावी हो गया था जो अपने शिकार को कहीं भी उठाकर ले जा सकता है।

"टोप बनाने वाले इसकी खाल खरीदते हैं," बूढ़ा बोलता रहा; "यह इतना नर्म, इतना खूबसूरत होता है! वे इससे टोपियों को मढ़ते हैं।"

"क्या तुम वाकई ऐसा सोचते हो, बुढ़ऊ?" ब्लोंदे ने मुस्कुराते हुए पूछा।

"हाँ हुज़ूर, आप मुझसे ज्यादा ही जानते होंगे, हालाँकि मैं सत्तर बरस का हो गया हूँ," बूढ़े ने बड़ी विनम्रता और आदर के साथ जवाब दिया। पवित्र जल देने वाले भिक्षुकों वाली मुद्रा अपनाते हुए उसने कहा, "शायद आप मुझे बता सकते हैं कि संगीतकार और शराब के व्यापारी इसे इतना क्यों पसन्द करते हैं?"

अपने लेखन में व्यंग्योक्ति का माहिर ब्लोंदे "वैज्ञानिक" शब्द सुनकर पहले ही सतर्क हो गया था। उसने मार्शल द रिशल्यू को याद किया और सोच में पड़ गया कि कहीं बूढ़ा उससे मजाक तो नहीं कर रहा है; लेकिन उसकी सरल मुद्रा और चेहरे पर विद्यमान मूर्खता के भाव ने उसे आश्वस्त कर दिया।

"मेरी जवानी के दिनों में यहाँ खूब सारे ऊदबिलाव थे," बूढ़ा फुसफुसाया, "लेकिन लोगों ने इस कदर इनका शिकार किया कि अगर सात साल में भी एक की पूँछ दिख जाये तो समझो किस्मत अच्छी है। और विल-ओ-फाये का सब-प्रीफेक्ट–मोस्यू तो उसे जानते ही होंगे? हालाँकि वह पेरिसवासी है लेकिन वह भी आपकी ही तरह बढ़िया नौजवान है, और वह दुर्लभ चीजों का शौकीन है–हाँ, तो जैसा कि मैं कह रहा था, ऊदबिलाव पकड़ने के मेरे हुनर के बारे में सुनकर, क्योंकि उन्हें तो मैं इस तरह जानता हूँ जैसे आप लोग ककहरा जानते हैं, उसने मुझसे कहा : 'पेर* फूर्शों, जब भी तुम्हें कोई ऊदबिलाव मिले, उसे मेरे पास

लाओ और मैं तुम्हें बढ़िया पैसे दूँगा; और अगर उसकी पीठ पर सफेद धब्बा हुआ तो मैं तुम्हें तीस फ्रैंक दूँगा।' सच्ची, उसने यही कहा। यह बात उतनी ही सच है जितनी यह कि मैं परमपिता परमेश्वर, उसके पुत्र और पवित्र आत्मा में विश्वास करता हूँ। और सुलांश में एक विद्वान है मोस्यू गूर्दों, हमारा डॉक्टर, लोग बताते हैं कि वह प्राकृतिक इतिहास का ऐसा अजायबघर बना रहा है जिसकी टक्कर का दिजों में भी नहीं है। वह इस इलाके का सबसे ज्ञानी आदमी है, और वह भी मुझे अच्छे दाम चुकायेगा; वह आदमियों और जानवरों को भुस भरकर रखता है। देखो, उधर मेरा छोकरा बता रहा है कि इस ऊदबिलाव पर सफेद धब्बे हैं। 'अगर ऐसा है,' मैंने उससे कह दिया है, 'तो आज सुबह परमेश्वर हम पर मेहरबान है।' अहा! आपने पानी में बुलबुले नहीं देखे? हाँ, वहीं है वो, वहीं है! हालाँकि वह किनारे पर बिल बनाकर रहता है लेकिन कभी-कभी कई-कई दिन पानी के अन्दर ही बिता देता है। ओह, गया! उसने आपकी आवाज सुन ली हुजूर, अब वह चौकन्ना हो गया है, क्योंकि दुनिया में इससे ज्यादा शक्की जानवर कोई नहीं है; इस मामले में ये औरतों से भी बढ़कर होता है।"

"तो तुम औरतों को शक्की कहते हो, क्यों," ब्लोंदे ने कहा।

"और नहीं तो क्या, मोस्यू, अगर आप पेरिस से आये हैं तो आप इस बारे में मुझसे बेहतर जानते होंगे। लेकिन आप अगर आज बिस्तर में ही रहते और सारी सुबह सोकर गुजारते तो मुझ पर बड़ा उपकार होता; वह लहर देख रहे हैं न? उसी जगह वह नीचे चला गया है। उठ जाओ, मूश! ऊदबिलाव ने मोस्यू को बोलते हुए सुन लिया है और अब वह इतना घबरा गया है कि हमें आधी रात तक इन्तजार करायेगा। आओ, अब चलें! और अपने तीस फ्रैंक भी भूल जाओ!"

मूश हिचकिचाते हुए खड़ा हो गया; उसने उस जगह की ओर देखा जहाँ पानी में बुलबुले उठ रहे थे, उसकी ओर उँगली से इशारा किया; लग रहा था कि वह पूरी तरह उम्मीद छोड़ने के लिए तैयार नहीं था। पन्द्रहवीं शताब्दी की किसी तस्वीर में दिखाये फरिश्तों की तरह घुंघराले बालों और साँवले चेहरे वाला छोकरा बिरजिस पहने हुए लग रहा था क्योंकि उसकी पतलून घुटनों तक पहुँचकर खत्म हो गयी थी जिसके नीचे सूखी पत्तियों और कंटीले गुच्छों की झालर लटक रही थी। यह न्यूनतम आवश्यक पोशाक पटसन की रस्सी से बनी गेलिस के सहारे उस पर टिकी थी। जिस टाट की बूढ़े की पतलून थी, उसी से बनी कमीज वह पहने था, पर वह जगह-जगह लगे पैबन्दों से भारी हो गयी थी। सामने से खुली कमीज से छोकरे का धूप में झुलसा दुबला-पतला सीना झाँक रहा था। संक्षेप में, मूश नाम के प्राणी की वेशभूषा पेर फूर्शों से भी ज्यादा आश्चर्यजनक रूप से मामूली थी।

"यहाँ के लोग कितने अच्छे स्वभाव के हैं," ब्लोंदे ने सोचा; "अगर पेरिस के आसपास के इलाके में कोई व्यक्ति लोगों के शिकार को डराकर भगा दे, तो उनकी जुबानें कोड़ों की तरह उस पर बरस पड़ेंगी।"

---

* पेर—उम्रदराज व्यक्ति के लिए आदरसूचक सम्बोधन।—अनु.

चूँकि उसने कभी कोई ऊदबिलाव नहीं देखा था, अजायबघर में भी नहीं, इसलिए सुबह की सैर की इस घटना से उसका दिल खुश हो गया। कोई हर्जाना माँगे बिना बूढ़े आदमी को जाते देख वह द्रवित हो गया और कहा, "सुनो, तुम कहते हो कि तुम ऊदबिलाव पकड़ने के लिए मशहूर हो। अगर तुम्हें पक्का यकीन है कि वहाँ नीचे कोई ऊदबिलाव है–"

पानी के दूसरी ओर से मूश ने एवोन के तल से ऊपर आकर सतह पर फूट रहे कुछ बुलबुलों की ओर उँगली से इशारा किया।

"वह वापस आ गया है!" पेर फूर्शो ने कहा; "देखते नहीं, वह साँस ले रहा है, बदमाश कहीं का। आपके ख्याल से वह पानी के तल में साँस कैसे ले सकता है? अरे, ये जानवर इतना चालाक होता है कि ये विज्ञान का भी मखौल उड़ाता है?"

"ठीक है," ब्लोंदे ने कहा, जिसे लगा कि किसान लोग 'विज्ञान' शब्द को यूँही बिना समझे इस्तेमाल करते हैं, "यहीं रुको और इसे पकड़ो।"

"और हमारे, मूश और मेरे दिनभर के काम का क्या होगा?"

"दिनभर में तुम कितना कमा लेते हो?"

"हम दोनों, मेरा शार्गिद और मैं मिलकर?--पाँच फ्रैंक," बूढ़े ने कहा। ब्लोंदे की ओर देखती उसकी नजरों में हिचकिचाहट का भाव इस बात की पोल खोल रहा था कि उसने रकम बहुत बढ़ा-चढ़ाकर बतायी है।

पत्रकार ने जेब से दस फ्रैंक निकाले और कहा, "ये रहे दस, और ऊदबिलाव के लिए मैं तुम्हें दस और दूँगा।"

"और अगर उसकी पीठ पर सफेद धब्बा हुआ तो ये सौदा आपको महँगा नहीं पड़ेगा, क्योंकि सब-प्रीफेक्ट ने मुझे बताया है कि किसी भी अजायबघर में ऐसी चीज नहीं है। हर चीज जानता है वह--हमारा सब-प्रीफेक्ट--वह कोई बेवकूफ नहीं है। अगर मैं ऊदबिलाव का शिकार करता हूँ तो वह, मोस्यू द ल्यूपोल मदमोज़ाल गोबर्तें का शिकार करता है, जिसकी पीठ पर एक छोटा सा, सफेद तिल है। आइये हुजूर, हिम्मत करके एवोन में छलाँग मारिये और उस बीच वाले पत्थर तक पहुँच जाइये। अगर हम ऊदबिलाव को वहाँ से डराकर भगा दें तो थोड़ी देर में वह धारा के साथ नीचे की ओर आयेगा, क्योंकि उनका काइयाँपन तो देखिये, बदमाश कहीं के! खाने के लिए वे हमेशा अपनी माँद से उल्टी धारा में जाते हैं ताकि जब मछलियों से पेट भर जाये तो धार के साथ आराम से बहते हुए लौट आयें, बड़े घाघ होते हैं ये! अहा! अगर मैंने उनके स्कूल में पढ़ाई की होती तो आज मैं भी अच्छी आमदनी कर रहा होता; लेकिन मुझे तो यही पता लगाने में बहुत देर लग गयी कि अगर औरों से पहले शिकार पकड़ना चाहते हो तो बहुत सुबह ही धारा की उल्टी ओर चले जाना चाहिए। मुझे तो पैदा होते ही किसी की नजर लग गयी थी। कोई बात नहीं, हम तीन मिलकर तो ऊदबिलाव से ज्यादा चालाक हो सकते हैं।"

"वह कैसे, मेरे सयाने बुढ़ऊ?"

"धन्य हो! अरे, हम लोग जानवरों की तरह ही बेअकल हैं, और इसीलिए हम जानवरों

को समझ जाते हैं। अब देखिये, हम ऐसे करेंगे। जब ऊदबिलाव घर लौटेगा तो मूश और मैं उसे इस जगह पर डरायेंगे और आप वहाँ पर उसे डरायेंगे; दोनों तरफ से डरकर वह कूदकर किनारे पर भागेगा और जैसे ही वह जमीन पर आया, समझो गया काम से! वह दौड़ नहीं सकता; तैरने के लिए उसके पैर जालीदार होते हैं। हो, हो! उसे देखकर ही आपको हँसी आ जायेगी, ऐसा लदर-फदर चलता है। पानी में मछली मारने और जमीन पर शिकार खेलने, दोनों का मजा आ जायेगा! लेस ऐग्यू के जनरल साहब, ऊदबिलाव पकड़ने के लिए वह इस कदर बेताब थे कि एक बार तो वह यहाँ लगातार तीन दिन तक रुके रहे।''

बूढ़े द्वारा उसके लिए काटी टहनी से लैस होकर ब्लोंदे एक से दूसरे पत्थर पर कूदता हुआ नदी के बीच में पहुँच गया। बूढ़े का इशारा पाते ही उसे इस टहनी से पानी को पीटना था।

''हाँ, वहाँ ठीक है, हुजूर।''

ब्लोंदे उसे बतायी गयी जगह पर मुस्तैद खड़ा था। उसे समय गुजरने का पता नहीं चल रहा था क्योंकि बीच-बीच में बूढ़ा उसे इशारे से बताता था कि सब ठीक चल रहा है; और इसके अलावा इस उम्मीद के आगे समय का ध्यान कहाँ रहता है कि चुपचाप घात लगाये रहने के बाद तेजी से कार्रवाई का मौका आयेगा।

''पेर फूर्शो,'' खुद को बूढ़े के साथ अकेला पाकर छोकरे ने फुसफुसाकर कहा, ''यहाँ वाकई एक ऊदबिलाव है!''

''तूने देखा है उसे?''

''वह रहा, उधर देखो!''

पानी के नीचे असली ऊदबिलाव की लाल-भूरी बालदार खाल देखते ही बूढ़े को हक्का मार गया।

''वो मेरी तरफ आ रहा है!'' बच्चे ने कहा।

''उसके सिर पर जोर से मारो और पानी में कूदकर उसे भीतर ही कसकर पकड़े रहो, जाने मत देना!''

मूश ने घबराये हुए मेंढक की तरह पानी में छलाँग लगा दी।

''चलिये, चलिये, हुजूर,'' अपने सैबोट (लकड़ी के जूते–अनु.) किनारे पर छोड़कर पानी में कूदते हुए पेर फूर्शो ने चिल्लाकर ब्लोंदे ने कहा, ''डराइये उसे! डराइये उसे! आपको दिखता नहीं वो? वो तेजी से आप ही की ओर जा रहा है!''

बूढ़ा पानी में छपाक-छपाक करते हुए ब्लोंदे की ओर दौड़ा। वह ऐसी गंभीरता के साथ पुकार रहा था जो देहाती लोग अत्यन्त उत्तेजना के बीच भी बनाये रखते हैं–

''आपको वो दिखता नहीं क्या, वहाँ, उन पत्थरों के पास?''

ब्लोंदे को बूढ़े ने इस तरह से खड़ा किया था कि सूरज सीधा उसकी आँखों में आ रहा था और वह अपने ही सन्तोष के लिए पानी को पीटे जा रहा था।

''लगे रहिये, लगे रहिये!'' पेर फूर्शो चिल्लाया; ''उधर चट्टान के किनारे; उसकी माँद

वहीं है, आपके बायीं ओर!"

देर तक इन्तजार करने से अकड़े घुटनों और उत्तेजना के कारण ब्लोंदे पत्थरों से फिसलकर पानी में गिर पड़ा।

"अहा! आप भी बड़े बहादुर हैं हुजूर! अरे बाप रे! वो आपके पैरों के बीच है! बस, अब वह हो गया आपका! पकड़िये!–ओह! धत् तेरे की! निकल गया–निकल गया!" बूढ़ा हताशा से चीखा।

फिर वह गुस्से से उधर लपका और ब्लोंदे के सामने धारा के सबसे गहरे हिस्से में कूद पड़ा।

"आपकी गलती से हमारे हाथ से निकल गया!" ब्लोंदे का हाथ पकड़कर बाहर निकलते हुए वह कातर स्वर में चीखा। "दुष्ट कहीं का, मैं उसे देख रहा हूँ, उन चट्टानों के नीचे छुपा है! उसने अपनी मछली छोड़ दी है," सतह पर तैरती किसी चीज की ओर इशारा करते हुए पेर फूर्शों ने कहा। "चलो, ये तो हमें हर हाल में मिलेगी, टेंच मछली है, असली टेंच।"

तभी सफेद वर्दी में एक सईस कोंशे वाली सड़क पर घोड़ा दौड़ाते हुए आता दिखाई दिया। वह एक और घोड़े की लगाम थामे हुए ला रहा था।

"देखिये। गढ़ी वालों ने आपको बुला भेजा है," बूढ़े ने कहा। "अगर आप वापस आना चाहें तो मेरा हाथ पकड़कर आ जाइये। मैं पानी में भीगने की फिक्र नहीं करता; इससे नहाने-धोने की जहमत बच जाती है।"

"और गठिया हो जाये तो?"

"गठिया! आप देखते नहीं कि धूप में हमारे–मूश और मेरे पैर कैसे सख्त और भूरे हो गये हैं, तम्बाकू पीने वाले पाइपों की तरह। आइये हुजूर, मेरा सहारा लेकर आइये–आप पेरिस से हैं; हालाँकि आप बहुत कुछ जानते हैं, पर हमारे पत्थरों पर चलना नहीं जानते। अगर आप यहाँ देर तक रुकेंगे, तो आप कुदरत की किताब में लिखा बहुत कुछ सीख लेंगे–लोगों ने मुझे बताया है कि आप अखबारों में लिखते हैं।"

जब तक सईस चार्ल्स ने उसे पहचाना, तब तक ब्लोंदे तट पर पहुँच चुका था।

"आह, मोस्यू!" वह चिल्लाया, "आपको पता नहीं कि जब से मदाम ने सुना है कि आप कोंशे के गेट से बाहर गये हैं, तब से वह कितनी परेशान हैं। उन्हें डर था कि कहीं आप डूब न गये हों। तीन बार बड़ी घण्टी बजायी जा चुकी है और पादरी महोदय बाग में आपको तलाश रहे हैं।"

"समय क्या हुआ है, चार्ल्स?"

"पौने बारह बज रहे हैं।"

"घोड़े पर चढ़ने में मेरी मदद करो।"

"ओहो!" ब्लोंदे के बूटों और पतलून से टपकते पानी को देखकर सईस ने कहा, "क्या मोस्यू भी पेर फूर्शों के ऊदबिलाव के चक्कर में आ गये?"

ये शब्द सुनते ही पत्रकार की अक्ल पर पड़ा पर्दा हट गया।

"इसके बारे में किसी से कुछ न कहना, चार्ल्स," उसने अनुरोध किया, "मैं तुम्हें खुश कर दूँगा।"

"अरे, इसमें शर्म की क्या बात है?" सईस ने जवाब दिया, "मोस्यू ल कोम्त खुद इस ऊदबिलाव के झाँसे में आ चुके हैं। जब भी लेस ऐग्यू में कोई बाहरी मेहमान आता है, पेर फूर्शों घात लगा लेता है और अगर वह मेहमान एवोन का उद्गम देखने गया तो वह उसे अपना ऊदबिलाव बेच डालता है। वह इतनी मक्कारी से यह खेल खेलता है कि मोस्यू ल कोम्त यहाँ तीन बार आ चुके हैं और सिर्फ पानी को घूरने के लिए छह दिन के काम के बराबर पैसे चुका चुके हैं।"

"हे भगवान!" ब्लोंदे ने सोचा। "और मैं कल्पना कर रहा था कि मैंने अभी-अभी आज के महानतम कामेडियन को देखा है!–पोतिए, बैप्टिस्ट जूनियर, मिशो और मोंरोज़–इस बदमाश बूढ़े के आगे वे सब पानी भरेंगे।"

"वह पेर फूर्शों, अपने धन्धे में माहिर है," चार्ल्स बोलता जा रहा था; "और इसके अलावा उसके तरकश में एक और तीर भी है। वह खुद को रस्सी बनाने वाला बताता है और ब्लांगी के गेट के पास बाग की दीवार के बाहर अपनी चरखियाँ लगा रखी हैं। अगर आप बस उसकी रस्सी को छू भी लें तो वह आपको इतनी चालाकी से बातों में उलझायेगा कि आप खुद चरखी घुमाकर थोड़ी सी रस्सी बनाने के लिए बेताब हो जायेंगे, और इसके लिए आपको शागिर्दी की फीस चुकानी होगी। मदाम खुद इस चक्कर में आ गयी थीं और उसे बीस फ्रैंक दिये थे। अरे! वह बुढ़वा तिकड़मबाजों का राजा है!'

सईस की बातें सुनकर ब्लोंदे फ्रांसीसी किसान की अतिशय चालाकी और धूर्तता के बारे में सोचने लगा जिसके बारे में उसने अपने पिता, जो अलेंकों में जज थे, से काफी कुछ सुन रखा था। पेर फूर्शों की प्रकट निष्कपटता के पीछे छिपा उपहासपूर्ण अर्थ उसकी समझ में आने लगा ओर वह जान गया कि बर्गण्डी के उस बदमाश ने उसे कैसा उल्लू बनाया है।

"आप यकीन नहीं करेंगे, मोस्यू," चार्ल्स ने कहा–तब तक वे लेस ऐग्यू के पोर्टिको के पास पहुँच गये थे, "कि देहात में किस कदर हर आदमी पर और हर चीज पर शक करना पड़ता है–खासकर यहाँ, जहाँ जनरल साहब को लोग ज्यादा पसन्द नहीं करते हैं–"

"ऐसा क्यों?"

"यह तो मुझे मालूम नहीं," चार्ल्स ने चेहरे पर मूर्खता का भाव लाते हुए कहा। नौकर-चाकर जब अपने मालिकों को उत्तर नहीं देना चाहते हैं तो वे इस भाव को ढाल की तरह बखूबी इस्तेमाल करते हैं। लेकिन उसकी बात से ब्लोंदे को सोचने का काफी मसाला मिल गया।

"यह रहा हमारा भगोड़ा!" घोड़ों की टापें सुनकर बालकनी में आते हुए जनरल चिल्लाया। "वह आ गया है, परेशान मत हो!" उसने अपनी बीवी को आवाज लगायी जो

अपने छोटे-छोटे कदमों से दौड़ी आ रही थी। "अब एबे ब्रोसे गायब हैं। जाओ, उन्हें ढूँढ़कर लाओ, चार्ल्स," उसने सईस से कहा।

अध्याय तीन

मधुशाला

बूरे द्वारा निर्मित ब्लांगी का प्रवेशद्वार खुरदुरे पत्थर के दो चौड़े भित्तिस्तम्भों से बना था। दोनों स्तम्भों के ऊपर अपने पिछले पैरों पर बैठे कुत्ते की मूर्ति लगी थी जिसने अपने अगले पंजों में कुलचिन्ह थाम रखा था। पास में ही स्थित गुमाश्ते के छोटे से मकान के कारण यहाँ रक्षक के लिए कोठरियाँ बनाने की जरूरत नहीं समझी गयी थी। दोनों भित्तिस्तम्भों के बीच लगा लोहे का भव्य फाटक एक छोटे से पक्के रास्ते पर खुलता था जो कुछ दूर जाकर कोंशे, सेर्नो, ब्लांगी और सुलांश को विल-ओ-फाये से जोड़ने वाली कच्ची सड़क में मिल जाता था (पहले इस सड़क की देखभाल लेस ऐग्यू और सुलांश की जागीरें करती थीं)। पूरी सड़क के किनारे फूलदार झाड़ियों और गुलाब, हनी-सकल और दूसरी लताओं से ढंके मकानों की कतारें होने से ऊपर से देखने पर यह एक बहुत बड़ी फूलमाला जैसी लगती थी।

वहीं, घाटी की ओर जाने वाली दीवार के किनारे सड़ी हुई लकड़ी के खम्भे, पुराना चरखा और ऊपर से चिमटेनुमा खूँटे लगे हुए हैं—यही कुल मिलाकर गाँव के रस्सी-निर्माता का कारखाना है।

मध्याह्न के थोड़ी ही देर बाद, जब ब्लोंदे मेज पर एबे ब्रोसेत के सामने बैठा काउण्टेस की मीठी झिड़कियाँ सुन रहा था, पेर फूर्शो और मूश अपने इस प्रतिष्ठान पर पहुँचे। इस अनुकूल स्थान से पेर फूर्शो रस्सी बनाने के बहाने लेस ऐग्यू पर नजर रख सकता था और वहाँ आने-जाने वाले हर व्यक्ति को देख सकता था। उसकी पैनी निगाह से कुछ नहीं छुपता था; खिड़कियों की झिलमिली का खुलना-बन्द होना, एकान्त में टहलते जोड़े, छोटी से छोटी घटनाओं की वह बूढ़ा जासूसी करता था। उसने पिछले तीन साल में ही यह कारोबार शुरू किया था—यह एक अदना सा इत्तफाक था जिसकी ओर न तो लेस ऐग्यू के नये मालिकों का ध्यान गया था, न नौकरों का और न ही रक्षकों का।

"तू घूमकर एवोन के फाटक से गढ़ी में जा; तब तक मैं अपने शिकार को छुपाता हूँ," पेर फूर्शो ने अपने शार्गिद से कहा, "और जब तू अपनी बक-बक से सारे मामले की पोल-पट्टी खोल चुका होगा, तो पक्की बात है कि वे मुझे बुलाने के लिए किसी को ग्रां-इवेर में भेजेंगे। मैं थोड़ा गला तर करने के लिए वहीं जा रहा हूँ, क्योंकि इस तरह पानी में उछल-कूद करने से आदमी को प्यास तो लग ही आती है। जैसा मैंने बताया है, अगर तूने

वैसा ही किया, तो तू उनसे बढ़िया नाश्ता ऐंठ सकता है। काउण्टेस से मिलने की कोशिश करना, और मेरी खूब बुराई करना; तब उसके दिमाग में नैतिकता पर और न जाने किस-किस चीज पर भाषण पिलाने का फितूर आयेगा! देखना, उससे भी मैं कैसे अपने लिए बढ़िया दारू खींच निकालूँगा।"

इस आखिरी निर्देश की कोई जरूरत नहीं थी, यह मूश की आँखों से झाँकते काइयाँपन से साफ जाहिर था। उसे चलता करने के बाद बूढ़ा अपनी काँख में ऊदबिलाव को दबाये हुए कच्ची सड़क पर आँख से ओझल हो गया।

फाटक और गाँव के आधे रास्ते में उस तरह का एक मकान था जो फ्रांस के उन्हीं हिस्सों में दिखायी देते हैं जहाँ पत्थर मुश्किल से मिलता है। इधर-उधर से बटोरे गये ईंटों के टुकड़ों और मिट्टी के गारे में हीरों की तरह जड़े छोटे-छोटे गोल पत्थरों से बनी दीवारें काफी ठोस थीं, हालाँकि कई जगहों पर वे झरने लगी थीं। छत मोटी टहनियों की कड़ियों पर बिछे सरपत और फूस से बनी थी, जबकि फूहड़ से पल्ले और टूटा दरवाजा--बल्कि उस कुटिया की हर चीज किस्मत से मिली हुई या इधर-उधर से माँगकर जुटायी हुई थी।

अपनी रिहाइश के बारे में किसान भी वैसी सहजवृत्ति का धनी होता है जैसी किसी जानवर में अपनी माँद या घोंसले को लेकर होती है, और यह सहजवृत्ति इस कुटिया की हर व्यवस्था में झलक रही थी। पहले तो, दरवाजे और खिड़की का रुख उत्तर की ओर था। अंगूर के एक बगीचे के थोड़े उभरे हुए पथरीले हिस्से पर बना यह मकान सेहत के नजरिये से बहुत अच्छा था। उस तक पहुँचने के लिए तीन सीढ़ियाँ चढ़नी पड़ती थीं जिन्हें खूँटों पर पटरे ठोंककर और खाली जगह में टूटे पत्थर और बजरी भरकर बड़े जतन से बनाया गया था ताकि पानी तेजी से बहकर निकल जाये। चूँकि बर्गण्डी में उत्तर की ओर से बारिश शायद ही कभी आती है, इसलिए बुनियाद कमजोर ही सही, पर इसके नमी से सड़ने का कोई खतरा नहीं था। सीढ़ियों के नीचे, सड़क के किनारे-किनारे अनगढ़ लकड़ी के खम्भों की बाड़ थी जो हाथॉर्न और जंगली गुलाब की झाड़ियों से ढँकी हुई थी। कुटिया और सड़क के बीच की जगह में एक कुंज था जिसमें पड़ी कुछ बेडौल मेजें और लकड़ी की बेंचें आते-जाते लोगों को ठहरकर सुस्ताने के लिए आमंत्रित करती थीं। घर के किनारे की ऊँची जगह पर गुलाब और गेंदे अैर वॉयलेट और तमाम दूसरे फूल खिले थे जिनपर कोई खर्च नहीं आता था। चमेली और हनी-सकल की लतायें छत पर फैल रही थीं जो ज्यादा पुरानी नहीं होने के बावजूद काई से ढँकी थी।

मकान के दाहिनी ओर गृहस्वामी ने दो गायों के लिए तबेला बना रखा था। पुराने पटरे जोड़-जाड़कर खड़े किये गये इस सायबान के सामने धँसी हुई जमीन का टुकड़ा बाड़े का काम करता था जिसके एक कोने में गोबर की खाद का बड़ा सा ढेर पड़ा था। मकान और कुंज के दूसरी ओर पेड़ों के तनों पर टिके फूस के छप्पर के नीचे किसानी के काम आने वाले सामान--अंगूर बटोरने के टोकरे, खाली पीपे और औजार पड़े हुए थे। मिट्टी से बनी बड़ी अंगीठी के चारों ओर लकड़ी के कुन्दे एक-दूसरे पर जमाकर रखे हुए थे।

किसानों के सभी घरों की तरह अंगीठी का मुंह रसोई में चिमनी के नीचे खुलता था।

घर से लगी हुई करीब एक एकड़ जमीन थी। सदाबहार की झाड़ी से घिरी हुई इस जमीन में अंगूर की बेलें लगी हुई थीं जिनकी ऐसी देखभाल हुई थी जो सिर्फ किसान ही कर सकते हैं--यानी, उनमें अच्छी तरह खाद दी गयी थी और हर बेल की जड़ के पास थाला बना हुआ था जिसके चलते दस मील के घेरे में किसी भी बड़े भूस्वामी की बेलों से बहुत पहले उनमें फल आ जाते थे। इस घेरे के भीतर बादाम, आडू और खूबानी के कुछ पेड़ों की नाजुक फुनगियाँ कहीं-कहीं दिखायी देती थीं। बेलों की कतारों के बीच में आलू और सेम बोयी हुई थी। इस सबके अलावा बाड़े के आगे, गाँव की तरफ नम नीची जमीन का एक टुकड़ा था जिस पर बन्दगोभी और प्याज (कमेरे वर्गों की प्रिय सब्जियाँ) की अच्छी पैदावार होती थी। जब सब्जियाँ नहीं होती थीं तो लकड़ी का फाटक खोलकर गायों को अन्दर हाँक दिया जाता था जो अपने पैरों से नम मिट्टी खोद डालती थीं और उसे गोबर से ढँक देती थीं।

घर की निचली मंजिल पर दो कमरे थे और इसका दरवाजा अंगूर की बगिया की ओर खुलता था। इस ओर से दीवार के सहारे फूस की छत वाला जीना दुछत्ती में जाता था जहाँ रोशनी के लिए बस एक गोल रोशनदान था। इस बेडौल जीने के नीचे बर्गण्डी ईंट का बना तहखाना था जिसमें शराब से भरे लकड़ी के कई पीपे रखे थे।

हालाँकि किसानों की रसोई में दो ही बर्तन होते हैं, एक फ्राइंगपैन और एक लोहे की बटलोई, जिनसे वे अपना हर तरह का खाना पका लेते हैं, लेकिन इस नियम के अपवाद के रूप में दो बहुत बड़े सॉसपैन इस कुटिया में देखे जा सकते थे; एक बड़े चूल्हे के पास टँगा था और एक छोटी अँगीठी के ऊपर रखा था। लेकिन विलासिता के इस चिन्ह के बावजूद बाकी साज-सामान घर की बाहरी शक्ल-सूरत के मुताबिक ही था। पानी मिट्टी के कूंड़े में रखा था, चमचे लकड़ी या जस्ते के थे, बाहर से लाल और भीतर से सफेद तामचीनी की तश्तरियाँ ऊबड़-खाबड़ थीं और कई की जस्ते से मरम्मत भी की गयी थी; भारी सी मेज और कुर्सियाँ चीड़ की लकड़ी की थीं और फर्श पीट-पीटकर सख्त की गयी मिट्टी का था। हर पाँचवे साल दीवारों के साथ-साथ छत की पतली कड़ियों पर भी सफेदी पोती जाती थी जिनसे प्याज के गट्ठर, नमक लगाकर सुखाया हुआ सुअर का मांस, चर्बी की मोमबत्तियों के बण्डल और बीजों के थैले लटक रहे थे। रोटी रखने के बक्से के पास अखरोट की लकड़ी की पुरानी-सी आलमारी खड़ी थी जिसमें घर की दो-चार चादरें, एक जोड़ी अतिरिक्त कपड़े और पूरे परिवार की त्योहारों में पहने जाने वाली पोशाकें रखी जाती थीं।

चिमनी की जगह के ऊपर शिकार-चोरों वाली पुरानी बन्दूक की चमक दिख रही थी, हालाँकि उसके कोई पाँच फ्रैंक भी नहीं चुकाता--कुँदे की लकड़ी झुलसी हुई थी और नाल देखकर ही लगता था कि उसे आजतक कभी साफ नहीं किया गया। कोई बाहरी आदमी उसे देखकर सोच सकता था कि जिस झोंपड़ी में ताले के नाम पर बस एक साँकल हो और लकड़ी के दो डण्डों से बना बाहरी फाटक कभी बन्द ही न होता हो, उसकी सुरक्षा के लिए

इससे बेहतर हथियार की जरूरत भी क्या थी। वह सोच सकता था कि आखिर इसका क्या इस्तेमाल होता था। असलियत यह थी कि कुन्दे की लकड़ी भले ही मामूली किस्म की हो पर नाल बड़े ध्यान से चुनी गयी थी और पहले किसी महँगी बन्दूक का हिस्सा रह चुकी थी जो शायद जंगलात के रक्षक को दी गयी थी। इसके अलावा हथियार का मालिक कभी अपना निशाना नहीं चूकता था। उसके और उसकी बन्दूक के बीच वैसी ही अन्तरंग जान-पहचान थी जैसी कारीगर और उसके औजार के बीच होती है। निशाना साधने के लिए नाल को बाल बराबर भी ऊपर-नीचे या दायें-बायें करने की जरूरत होती है तो शिकार-चोर को इसका पता चल जाता है; वह निशानेबाजी के नियमों का पालन करता है और कभी नहीं चूकता। तोपखाने का कोई अफसर अगर इस हथियार की जाँच करता तो पाता कि ऊपर से गन्दा दिखने के बावजूद इसके सभी जरूरी कल-पुर्जे बढ़िया हालत में हैं। किसान जिस भी चीज को अपने इस्तेमाल के लिए हड़पता है, जिस चीज से भी वह काम लेता है, उसमें वह बस उतनी ही ताकत खर्च करता है जितनी जरूरी होती है, न कम न ज्यादा; वह सिर्फ बिल्कुल जरूरी चीजों पर ध्यान देता है, फालतू कुछ नहीं करता। बाहरी रूप चमकाने की उसे फिक्र नहीं होती। सभी चीजों में जरूरी पहलू को वह बिना चूके पहचान लेता है। वह समझता है कि कब, कहाँ, कितनी कम या ज्यादा ताकत लगायी जाये और किसी मालिक के लिए काम करते समय बखूबी जानता है कि कैसे कम से कम देकर ज्यादा से ज्यादा हासिल किया जाये। यह बेकार सी लगने वाली बन्दूक इस कुटिया में रहने वाले परिवार के जीवन में एक गम्भीर भूमिका निभायेगी और जल्द ही आप जान जायेंगे कि यह क्यों और कैसे होगा।

अब तो आप लेस ऐग्यू के सुन्दर प्रवेशद्वार से करीब पाँच सौ फीट की दूरी पर जमी इस कुटिया के सभी ब्योरों को दिमाग में बिठा चुके होंगे। आपको वह दिख रही है न, वहाँ, महल के पास खड़े भिखारी की तरह दुबकी हुई? मखमली काई से ढँकी इसकी छत, इसकी कुड़कुड़ाती मुर्गियाँ, इसके घुरघुराते सुअर, इसका कुलाँचे भरता बछड़ा--ग्राम्य जीवन के इसके सभी दृश्यों के पीछे एक डरावना अर्थ छुपा हुआ है।

बाड़ के फाटक के पास जमीन में गड़ी एक बल्ली में चीड़ की तीन मुरझायी हुई टहनियाँ और शाहबलूत की कुछ सूखी पत्तियों का गुच्छा एक चिथड़े से बँधा हुआ था। घर के दरवाजे के ऊपर किसी घुमन्तू चित्रकार ने, शायद नाश्ते के बदले में, दो फीट वर्गाकार सफेदी पुते हिस्से पर हरे रंग से बहुत बड़ा सा 'आई' अक्षर बना दिया था और पढ़ना जानने वालों के लाभार्थ यह मजाकिया वाक्याँश लिखा था : "Au Grand- I-Vert"। दरवाजे के बायीं ओर टँगे भद्दे-से साइनबोर्ड पर रंगीन अक्षरों में 'गुड मार्च बियर' लिखा था और बियर से उफनते पात्र की तस्वीर बनी थी जिसके एक तरफ बेहद नीचे कट का ब्लाउज पहने एक औरत और दूसरी तरफ एक हुस्सार खड़ा था। दोनों ही फूहड़ ढंग से रंगे हुए थे। और खिले हुए फूलों और देहात की ताजा हवा के बावजूद इस कुटिया से शराब और खाने की वैसी ही तेज और उबकाई लाने वाली गंध फूटती थी जो पेरिस के उपनगरों के

सस्ते ढाबों के सामने से गुजरते समय आपके नथुनों पर हमला करती है।

अब आप परिवेश से परिचित हो गये हैं। अब इसके निवासियों को देखिये और उनका इतिहास भी सुन लीजिये जिसमें परोपकारियों और समाजसेवियों के लिए कई सबक छिपे हैं।

ग्रां-इवेर के मालिक ने जिसका नाम फ्रांस्वा तोंसार है, अकर्मण्यता और कर्मशीलता की समस्या को जिस ढंग से हल किया है, उसपर दार्शनिकों को ध्यान देना चाहिए। उसने अकर्मण्यता को लाभदायक बना दिया है और कर्म को अपने जीवन से शून्य कर दिया है।

वह हरफनमौला था और खेती के काम में माहिर था, पर सिर्फ अपने लिए। दूसरों के लिए वह गड्ढे खोदता था, जलावन की लकड़ी बटोरता था, पेड़ों की छाल उतारता था या उन्हें काटने का काम करता था। ऐसे सभी कामों में मालिक मजदूर की दया पर रहता है। तोंसार को यह जमीन मदमोज़ाल लागुएर की उदारता के चलते मिली थी। तरुणाई के दिनों में वह लेस ऐग्यू के माली के लिए काम करता था और झरबेरी, चमखरक, पांगल और दूसरी झाड़ियों और पेड़ों की कटाई-छँटाई के काम में उसका कोई सानी नहीं था। उसके नाम से ही इस मामले में खानदानी प्रतिभा का पता चलता था। सुदूर देहाती इलाकों में भी रियायतें वैसी ही चतुराई से अर्जित और संरक्षित की जाती हैं जैसी शहर के व्यापारी अपने लिए रियायतें हासिल करने में प्रदर्शित करते हैं। एक दिन बगीचे में चहलकदमी करते समय मदमोज़ाल ने तोंसार को, जो उस समय एक हट्टा-कट्टा जवान था, किसी से यह कहते सुना, "बस मुझे एक एकड़ जमीन मिल जाये तो मैं खुशी से जिन्दगी बसर कर सकता हूँ।" दूसरों को खुशियाँ बाँटने की आदी भली औरत ने सौ दिनों के काम के बदले (उसकी भावनाओं का ख्याल करके, जिसे समझा ही नहीं गया) उसे ब्लांगी के फाटक के पास अंगूर के बाग की एक एकड़ जमीन दे दी और लेस ऐग्यू में रहने की इजाजत भी। वहाँ वह मदाम के नौकरों के साथ रहता था जो उसे बर्गण्डी के सबसे बढ़िया लोगों में गिनते थे।

बेचारे तोंसार (सब उसे यही कहते थे) ने सौ में से करीब तीस दिन काम किया; बाकी समय वह मटरगश्ती करने और मदमोज़ाल की नौकरानियों के साथ बतियाने और ठिठोली करने में मगन रहता था। उसका ज्यादा समय मालकिन की खास नौकरानी मदमोज़ाल कोशे के साथ बीतता था हालाँकि वह सुन्दर अभिनेत्रियों की सभी विश्वासपात्र नौकरानियों की तरह बदसूरत थी। मदमोज़ाल कोशे के साथ हँसी-ठिठोली करने के इतने अर्थ निकलते थे कि सूद्री, जिस सौभाग्यशाली पुलिसवाले का ब्लोंदे के पत्र में जिक्र है, करीब पच्चीस साल बीत जाने के बावजूद अब भी तोंसार को सन्देह की दृष्टि से देखता था। अखरोट की लकड़ी की आल्मारी, पर्दों वाला बड़ा सा पलंग और सोने के कमरे की दूसरी सजावटें निस्सन्देह उपरोक्त हँसी-ठिठोली के ही फल थे।

जमीन हाथ में आने के बाद जिस पहले आदमी ने बातों में जिक्र किया कि मदमोज़ाल लागुएर ने उसे यह दिया है, उसे तोंसार ने जवाब दिया, "मैंने बड़ी मुश्किल से इसे खरीदा है, और इसके लिए अच्छी कीमत चुकायी है। क्या अमीर लोग हमें कुछ भी ऐसे ही दे देते

हैं? सौ दिन के काम का कोई मोल ही नहीं क्या? मुझे यह जमीन तीन सौ फ्रैंक में पड़ी है और जमीन बिल्कुल पथरीली है।" लेकिन ये बातें उसके अपने वर्ग के दायरे के बाहर कभी नहीं गयीं।

तोंसार ने इधर-उधर से बटोरी गयी सामग्री से अपना मकान खुद बनाया। कभी-कभी किसी को पटाकर वह एकाध दिन काम करवा लेता, फेंके हुए कचरे में से कुछ न कुछ बीनता-बटोरता रहता और अकसर किसी से कुछ माँग लाता क्योंकि उसे इन्कार करना बड़ा मुश्किल था। एक बेकार पड़ा दरवाजा तबेले का फाटक बन गया क्योंकि उठाकर लाने के लिए उसे दो हिस्सों में काट दिया गया था। किसी पौधाघर के चौखटे से खिड़की बन गयी थी। संक्षेप में, गढ़ी के कचरे से ही वह घातक कुटिया बनी थी।

तोंसार को लेस ऐग्यू के गुमाश्ते गोबर्ते ने फौजी भरती से बचा लिया था जिसका बाप इलाके का सरकारी वकील था और जो मदमोज़ाल कोशे की कोई बात टाल नहीं सकता था। जैसे ही उसका मकान बनकर तैयार हुआ और उसकी बेलों में अंगूर के दाने आने लगे, तोंसार ने शादी कर ली। वह तेईस साल का गबरू जवान था, लेस ऐग्यू में सब उसे मानते थे, मदमोज़ाल ने अपनी एक एकड़ जमीन उसे दान में दी थी, वह मेहनती दिखता था और उसे अपनी बुराइयों का भी गुणगान करने की कला आती थी। इसलिए लेस ऐग्यू के जंगल के पार रोंकेरोल की जागीर पर बसे एक किसान ने खुशी-खुशी उसे अपनी बेटी ब्याह दी।

उस किसान के पास एक छोटे फार्म के आधे हिस्से का पट्टा था जो किसी सहायक के अभाव में बर्बाद हो रहा था। पत्नी के मरने के बाद भी वह उसे भुला नहीं पाया और, अँग्रेजों की तरह, उसके गम को शराब में डुबोने की कोशिश करने लगा; और फिर जब वह बेचारी मृतका को अपने दिमाग से निकाल देने में कामयाब हो गया तो, जैसा कि गाँववाले शरारती लहजे में कहते थे, उसने पाया कि ब्वासों नाम की एक औरत से उसकी शादी हो चुकी है। वह फार्मर से एक बार फिर मजदूर बन गया, लेकिन एक काहिल और पियक्कड़ मजदूर, झगड़ालू और प्रतिशोधी, कोई भी दुष्टतापूर्ण काम करने के लिए तैयार—अच्छी-भली जिन्दगी से अचानक गरीबी में धकेल दिये गये अपने वर्ग के ज्यादातर लोगों की तरह। उसकी व्यावहारिक जानकारी और लिखने-पढ़ने का ज्ञान उसे बाकी मजदूरों से काफी ऊपर रखते थे जबकि उसकी बुरी आदतें उसे दरिद्रता के स्तर पर बनाये रखती थीं। इस आदमी को एवोन के तट पर पेरिस के सबसे अक्लमन्द व्यक्तियों में से एक के साथ अक्ल के पेंच लड़ाते हुए आप पहले ही देख चुके हैं, एक ऐसे दृश्य में जिसे 'अहा, ग्राम्य-सुषमा' की बातें करने वाले वर्जिल ने कभी नहीं देखा होगा।

पेर फूर्शों पहले ब्लांगी में स्कूली शिक्षक था लेकिन अपनी हरकतों और सार्वजनिक शिक्षा को लेकर अपने विलक्षण विचारों के कारण उसकी नौकरी चली गयी। बच्चों को हिज्जे सिखाने से ज्यादा समय वह उन्हें अपनी किताबों के पन्नों से नावें बनाना सिखाने में खर्च करता था और बगीचों से फल चुराने के लिए वह उन्हें ऐसे अनूठे तरीके से

डाँट लगाता था कि उसके भाषणों को सुनकर भ्रम होता था कि वह दीवार फाँदने के श्रेष्ठ उपायों का पाठ पढ़ा रहा है। शिक्षक से वह डाकिया बन गया। इस पद पर, जो प्रायः बूढ़े सिपाहियों का आश्रय होता है, पेर फूर्शो को रोज झिड़कियाँ सुननी पड़ती थीं। कभी वह चिट्ठियों को शराबखाने में भूल आता था तो कभी जेब में ही रखे रह जाता था। जब वह नशे में होता था तो एक गाँव की चिट्ठियाँ दूसरे गाँव में दे आता था और जब होश में रहता था तो उन्हें खोलकर पढ़ता था। परिणामस्वरूप, उसे जल्दी ही बर्खास्त कर दिया गया।

शासन की सेवा से वंचित कर दिये जाने पर पेर फूर्चो अन्ततः एक कारखानेदार बन गया। देहात में गरीब आदमी को हमेशा ही कोई न कोई काम मिल जाता है, कम से कम वह ईमानदारी से रोजी कमाने का दिखावा तो कर ही सकता है। अड़सठ साल की उम्र में बूढ़े ने रस्सी बनने का अपना कारखाना लगाया, जिसके लिए बेहद मामूली पूँजी की दरकार थी। वर्कशॉप के नाम पर, जैसा कि हम देख ही चुके हैं, कोई भी सुविधाजनक दीवार काफी थी, और मशीनरी पर दस फ्रैंक की लागत आती थी। शागिर्द अपने उस्ताद की तरह किसी भुसौरे में सो रहता था और इधर-उधर से मिली चीजों पर गुजारा करता था। पहलेपहल रस्सी बनाने के लिए सन उधार लिया जा सकता था। लेकिन पेर फूर्शो और उसके पिछलगू मूश, उसकी एक अवैध बेटी का अवैध बेटा, की असली कमाई तो ऊदबिलावों से होती थी। इसके अलावा अनपढ़ किसान चिट्ठी-पत्री लिखवाने या पढ़वाने के लिए बूढ़े की क्षमताओं के इस्तेमाल के बदले अकसर उन्हें नाश्ता-खाना दे देते थे। इस सबके अलावा वह क्लैरिनेट बजाना जानता था और अपने दोस्त, सुलांश के चक्कीवाले वेर्मिशेल के साथ वह गाँव की शादियों और सुलांश के मेलों में होने वाली शानदार नाच-पार्टियों में जाता था।

वेर्मिशेल का नाम मिशेल वेर था लेकिन यह क्रम-परिवर्तन इतना प्रचलित हो गया था कि सुलांश की कचहरी का क्लर्क ब्रूने भी उसका नाम इस तरह लिखता था : मिशेल-जां-जेरोम वेर, उर्फ वेर्मिशिल, आमील। पुराने दिनों में बर्गण्डी रेजिमेण्ट के मशहूर वायलिनवादक वेर्मिशेल ने पेर फूर्शो की कतिपय सेवाओं के बदले में उसे भी आमील का पद दिला दिया था, जो सुदूर देहाती इलाकों में आम तौर पर ऐसे लोगों को मिल जाता है जो अपना नाम लिखना जानते हैं। इसलिए पेर फूर्शो ने अपने उपव्यवसायों में गवाही देना और सम्मन और वारण्ट तामील के काम को भी शामिल कर लिया और जब भी सेर्नो, कोंशे और ब्लांगी की जिला कचहरियों में ब्रूने को उसकी जरूरत पड़ती, वह अपनी सेवाएँ अर्पित करने पहुँच जाता था। बीस साल की पियक्कड़ी की दोस्ती से बँधे वेर्मिशेल और फूर्शो को बाकायदा एक व्यापारिक फर्म माना जा सकता था।

मूश और फूर्शो को दुर्गुणों ने एक-दूसरे से वैसे ही जोड़ रखा था जैसे मेंटर और टेलेमाकस सद्गुणों से जुड़े थे।

वे ग्रां-इवेर और गढ़ी की खुरचनें बटोर कर काम चलाते रहते थे क्योंकि अपने

व्यस्ततम और समृद्धतम वर्षों में भी उन्होंने कुल मिलाकर तीन सौ साठ फैदम (फैदम—छह फुट) से ज्यादा रस्सी नहीं बनायी थी। अव्वलन तो, पचास मील के घेरे में कोई भी व्यापारी मूश या फूर्शों के भरोसे अपना सन नहीं दे सकता था। आधुनिक रसायनशास्त्र के चमत्कारों को भी मात देते हुए बूढ़ा सन को अंगूर के सर्व-सुपाचक रस में घोलकर पी जाने की कला में माहिर था। इससे भी बढ़कर, तीन गाँवों के पत्रलेखक, एक कस्बे के आमील और इलाकेभर के क्लैरिनेट वादक के रूप में उसके तीन-तीन काम उसके कारोबार की उन्नति में बाधक थे—ऐसा उसका कहना था।

इस प्रकार, विवाह से सम्पत्ति बढ़ने और ऐशो-आराम की जो उम्मीदें तोंसार ने पाली थीं, वे शुरू में ही धूल-धूसरित हो गयीं। एक अत्यन्त सामान्य दुर्घटनावश, निकम्मे दामाद को खुद से भी बढ़कर निकम्मा ससुर मिल गया था। हालात इसलिए और बिगड़ गये क्योंकि लम्बी-तगड़ी और एक किस्म के गंवारू सौन्दर्य की धनी तोंसार की पत्नी को बाहर, खुले में काम करना पसन्द नहीं था। तोंसार अपनी पत्नी को उसके बाप की खामियों के लिए दोषी ठहराता था और उसके साथ बदसलूकी करता था; आम लोगों की प्रतिशोधी भावना के साथ, जो सिर्फ नतीजे को देखते हैं, उसके कारणों पर शायद ही कभी ध्यान देते हैं।

जब उस औरत को ये बन्धन ज्यादा ही सख्त लगने लगे तो उसने उन्हें ढीला करने का इन्तजाम कर लिया। उसने तोंसार से पार पाने के लिए उसी के दुर्गुणों का इस्तेमाल किया। उसे खुद भी आराम और बढ़िया खाना-पीना पसन्द था; इसलिए उसने तोंसार की काहिली और पेटूपने को बढ़ावा दिया। सबसे पहले, उसने गढ़ी के नौकर-चाकरों का दिल जीतने में कामयाबी पायी, और इसके फलों को देखते हुए तोंसार ने साधनों पर कोई आपत्ति नहीं की। अगर उसकी पत्नी उसकी इच्छाएँ पूरी करती रहती थी तो बाकी वह और क्या करती थी, इसकी उसे ज्यादा फिक्र नहीं थी। बहुतेरी गृहस्थियाँ इसी गुप्त समझौते पर चलती हैं। मदाम तोंसार ने ही ग्रां-इवेर का शराबखाना खोला और उसके पहले ग्राहक थे लेस ऐग्यू के नौकर-चाकर और जागीर के वनरक्षक और शिकारी।

मदमोज़ाल लागुएर के पुराने गुमाश्ते और ला तोंसार के खास ग्राहकों में से एक, गोबर्ते ने उसे ग्राहकों को आकर्षित करने के लिए गढ़ी की बढ़िया शराब के कई पीपे दिये। इन उपहारों (जो तब तक जारी रहे जब तक गोबर्ते कुँवारा रहा) और मदाम तोंसार के उच्छृंखल सौन्दर्य की प्रसिद्धि ने उसे जल्दी ही घाटी के दिलफेंक आशिकों में लोकप्रिय बना दिया और ग्रां-इवेर का शराबखाना भरा रहने लगा। बढ़िया खाने की शौकीन होने के चलते ला तोंसार स्वाभाविक रूप से पकाती भी अच्छा थी। हालाँकि उसकी प्रतिभा भुना खरगोश, माँस की चटनी, तली मछली और आमलेट जैसे आम देहाती व्यंजनों पर ही खर्च होती थी पर आसपास के पूरे इलाके में वह उस किस्म की चीजें बहुत बढ़िया बनाने के लिए मशहूर थी जो चलते-चलाते खायी जाती हैं और जिनमें ऐसा तेज मसाला होता है कि खाते ही कुछ पीने की तलब महसूस हो। दो साल बीतते-बीतते उसने पति को अपने काबू में कर लिया

था और उसे बुरे रास्तों पर मोड़ दिया था जिन पर चलने में तोंसार को भी कोई संकोच नहीं था।

वह बदमाश लगातार और बेधड़क अवैध शिकार में लगा रहता था। गोबर्ते और वनरक्षकों और देहात के कर्मचारियों के साथ अपनी पत्नी के मधुर सम्बन्धों के चलते तथा उन दिनों की ढिलाई के कारण उसे पकड़े जाने का कोई डर नहीं था। जैसे ही उसके बच्चे कुछ करने लायक हुए उसने उन्हें भी अपने आराम के लिए काम में लगा दिया। वह उनकी नैतिकता की भी उतनी ही फिक्र करता था जितनी अपनी पत्नी की। उसके दो बेटे और दो बेटियाँ थीं। तोंसार और उसकी पत्नी दोनों ही बचत की परवाह किये बगैर सारी कमाई खा-पीकर उड़ा देते थे और अगर उसने अपने परिवार में एक तरह का फौजी शासन नहीं लागू कर रखा होता तो उसकी यह आराम की जिन्दगी कब की खत्म हो चुकी होती। हमारे ड्रामें में घटी घटनाओं के समय तक उसके बच्चे बड़े हो चुके थे—उन लोगों की कीमत पर जिनसे उसकी पत्नी तोहफे ऐंठती रहती थी और इस समय ग्रां-इवेर में निम्नलिखित नियम-कानून और बजट लागू था।

तोंसार की बूढ़ी माँ और दोनों बेटियाँ, कैथेरीन और मारी खास-खास मौसम में दिन में दो बार जंगल में जाती थीं और इतनी ढेर सारी लकड़ियाँ लाद कर लाती थीं कि उनकी बहँगी की बल्ली चरमरा जाती थी। हालाँकि ढेरी के बाहर की ओर सूखी टहनियाँ होती थीं, पर भीतर हरे पेड़ों से काटी गई ताजा लकड़ी रहती थी। सीधे कहें तो तोंसार की सर्दियाँ लेस ऐग्यू के जंगल से चुरायी लकड़ी के सहारे कटती थीं। इसके अलावा बाप-बेटे लगातार शिकारचोरी में जुटे रहते थे। सितम्बर से मार्च तक खरहे, खरगोश, बनमुर्गी, काकड़, यानी वह सब शिकार जो गढ़ी में नहीं खाया जाता था, ब्लांगी और सुलांश में बिकता था जहाँ तोंसार की दोनों बेटियाँ सुबह-सुबह दूध बेचने जाती थीं। वहाँ से वे लेस ऐग्यू, सेर्नो और कोंशे के किस्सों और गप्पों के बदले दिनभर की खबरें लेकर लौटती थीं। जिन महीनों में तोंसार परिवार के तीनों पुरुष बन्दूक से शिकार नहीं कर पाते थे, उस दौरान वे जंगल में फन्दे बिछाते थे। अगर इन फन्दों में उनके खाने भर से ज्यादा शिकार फँस जाता तो ला तोंसार उसकी कचौड़ियाँ बनाकर विल-ओ-फाये के बाजार में भेज देती थी। फसल कटाई के समय सात तोंसार—बूढ़ी माँ, दोनों बेटे (सत्रह साल के होने तक), दोनों बेटियाँ और फूर्शों तथा मूश—जागीर के खेतों में सीला बटोरते* थे और आम तौर पर हर तरह के अनाज, जई, जौ और गेहूँ के सोलह बुशल** रोजाना ले आते थे।

दोनों गायें, जिन्हें छोटी लड़की सड़क किनारे तक ले जाती थी, हमेशा ही बहककर लेस ऐग्यू के चरागाह में घुस जाने की आदी हो गयी थीं। अगर कुछ ज्यादा ही खुल्लमखुल्ला

---

* सीला बटोरना—फसल काटने के दौरान खेतों में गिरा अनाज गरीबों को बटोरने दिया जाता था। फ्रांस में यह प्रथा सदियों पुरानी है और इसे लेकर भूस्वामियों तथा गरीब किसानों के बीच अकसर झगड़े होते रहते थे।—अनु.

** बुशल—आठ गैलन की माप, लगभग एक मन

अतिक्रमण रक्षकों को इस ओर ध्यान देने पर बाध्य कर देता था तो इस लापरवाही के लिए बच्चों की या तो बेंत से पिटाई होती थी या उन्हें किसी प्रिय चीज से वंचित कर दिया जाता था, इसलिए उन्होंने दुश्मन के कदमों की आहट सुनने की ऐसी विलक्षण क्षमता विकसित कर ली थी कि लेस ऐग्यू के कारिन्दे या बाग के रखवाले को कभी-कभार ही उनका पता लग पाता था। इसके अलावा इन मानिन्द अफसरों के तोंसार और उसकी पत्नी से रिश्ते उनकी आँखों पर पट्टी बाँध देते थे। लम्बी रस्सियों से बँधी गायें हल्के से झटके या धीमी आवाज में एक खास पुकार सुनते ही वापस सड़क पर चली आती थीं, क्योंकि उन्हें पता था कि खतरा टलते ही वे अपना चरना अगले खेत में पूरा कर सकती हैं। जब फूर्शों ने अपने नाती को पढ़ाने-लिखाने के बहाने उसे अपने पास रख लिया तो बुढ़िया तोंसार ने, जो दिनोंदिन जर्जर होती जा रही थी, मूश का काम सम्भाल लिया, जबकि मारी और कैथेरीन जंगल में चारे के लिए सूखी घास तैयार करती थीं। इन लड़कियों को वे सारी जगहें मालूम थीं जहाँ बढ़िया जंगली घास उगती थी और वे बेधड़क उसे काटकर, सुखाकर घर ले आती थीं जिससे सर्दियों के दौरान चारे की दो तिहाई जरूरत पूरी हो जाती थी। इसके अलावा उन्हें जंगल में वे सारे ढँके-छुपे कोने मालूम थे जहाँ सर्दियों में भी हरी घास मिल जाती थी। पर्वतों की शृंखला की ओट में रहने वाली सभी जगहों, उदाहरण के लिए पीदमोंत और लोम्बार्दी की तरह लेस ऐग्यू की घाटी के कुछ हिस्सों में ऐसी जगहें हैं जहाँ घास बारहों महीने हरी रहती है। ऐसे मैदान, जिन्हें इटली में 'मार्सिती' कहा जाता है, बहुत कीमती होते हैं, हालाँकि फ्रांस में कई बार वे बर्फबारी की चपेट में आ जाते हैं।

बछड़ों को बेचकर करीब अस्सी फ्रैंक मिल जाते थे। गायों के ब्याने या दूध सूख जाने के समय को छोड़कर दूध से परिवार की जरूरतें पूरी होने के अलावा सालाना एक सौ साठ फ्रैंक मिल जाते थे। तोंसार खुद किसी न किसी तरह के छिटपुट काम करके एक सौ साठ फ्रैंक और कमा लेता था।

शराबखाने में खाने और शराब की बिक्री से, सारे खर्चे निकालने के बाद करीब तीन सौ फ्रैंक का मुनाफा होता था क्योंकि जमकर पीने-पिलाने के दौर कुछ खास समय और खास मौसम में ही चलते थे। उनमें शामिल होने वाले नशेबाज पहले से तोंसार और उसकी पत्नी को खबर कर देते थे इसलिए वे पड़ोस के कस्बे से बस जरूरत भर का ही सामान खरीद लाते थे। तोंसार के अंगूर के बाग से पैदा होने वाली शराब सामान्य वर्षों में बीस फ्रैंक फी पीपे की दर से सुलांश के एक शराब व्यापारी को बेची जाती थी जिससे तोंसार की गहरी छनती थी। अच्छी फसल के वर्षों में वह अपनी बेलों से बारह पीपे तक पा जाता था लेकिन औसत आठ का था; और इसमें से आधा तोंसार अपने ग्राहकों के लिए रखता था। अंगूर पैदा करने वाले सभी जिलों में बड़े बागों से सीला बटोरने से अच्छी अतिरिक्त आय हो जाती थी और इससे तोंसार परिवार आम तौर पर शराब के तीन और पीपे हासिल कर लेता था। लेकिन, जैसा कि हम देख चुके हैं, रखवालों से खुली छूट और सरपरस्ती पाकर वे अपने काम में नैतिकता का रत्तीभर भी लिहाज नहीं बरतते थे और कटाई करने

वालों के निकलने से पहले ही बाग में घुस पड़ते थे, ठीक वैसे ही जैसे वे गेहूँ की पूलियाँ बाँधे जाने से पहले ही टिड्डों की तरह खेतों पर टूट पड़ते थे। इस तरह, अपने बाग और बटोरने से मिले अंगूरों से बनी शराब के सात-आठ पीपे अच्छे दाम पर बिकते थे। लेकिन ग्रां-इवेर की इस तमाम आमदनी का अच्छा-खासा तोंसार और उसकी पत्नी के निजी उपभोग के लिए हड़प लिया जाता था जो अच्छी से अच्छी चीज खाना और अपने यहाँ बिकने वाली शराब से बेहतर शराब पीना चाहते थे—इसे वह सुलांश में अपने दोस्त से अपनी शराब के भुगतान के तौर पर हासिल करते थे। संक्षेप में, यह परिवार कुल मिलाकर साल भर में करीब नौ सौ फ्रैंक कमा लेता था क्योंकि वे हर साल दो सुअर भी पालते थे, एक अपने लिए और एक बेचने के वास्ते।

तमाम निठल्लों और लालबुझक्कड़ों और साथ ही मजदूरों के बीच ग्रां-इवेर का शराबखाना खासा लोकप्रिय था, कुछ तो ला तोंसार की खूबियों के चलते और कुछ इस परिवार तथा घाटी के निम्न वर्गों के बीच मेलजोल के रिश्तों की वजह से। दोनों बेटियाँ खासी सुन्दर निकली थीं और नैतिकता के मामले में अपनी माँ के पदचिह्नों पर चलती थीं। इसके अलावा 1795 से ही चली आ रही ग्रां-इवेर की प्रसिद्धि ने इसे आम लोगों की नजरों में एक सम्मानजनक स्थान बना दिया था। कोंशे से लेकर विल-ओ-फाये तक से कारीगर और किसान मिलने-जुलने, सौदे तय करने और तोंसार औरतों या मूश और बूढ़े फूर्शों द्वारा जुटाई गई खबरें सुनने के लिए यहाँ आते थे। कई बार वेर्मिशेल और ब्रूने द्वारा मुहैया करायी गयी खबरें भी उन्हें सुनने को मिल जाती थीं, जब वह प्रसिद्ध अधिकारी अपने आमील की तलाश में शराबखाने में आता था। वहाँ पुआल और शराब के दाम तय किये जाते थे; और दिन भर के या पीस-वर्क के काम की मजदूरी भी। ऐसे मामलों में पंच की भूमिका में तोंसार ग्राहकों के साथ बैठकर पीते हुए अपनी राय और मशविरे देता था। इस इलाके में यह प्रचलित था कि सुलांश सिर्फ सोसायटीबाजी और मौज-मस्ती का शहर था जबकि ब्लांगी कारोबारी कस्बा था; हालाँकि अब वह विल-ओ-फाये के बड़े वाणिज्यिक केन्द्र के आगे दब गया था जो पिछले पच्चीस वर्षों के दौरान इस समृद्ध घाटी की राजधानी बन गया था। मवेशियों और अनाज की मण्डी ब्लांगी के मुख्य चौक में लगती थी, और वहाँ तय हुए दाम पूरे हलके में मानक दरों का काम करते थे।

घर के भीतर रहने और बाहर का कोई काम नहीं करने से ला तोंसार उन औरतों की तुलना में अब भी गोरी और ताजगीभरी थी, जो खेतों में काम करती हैं और फूलों की तरह मुरझा जाती हैं, तीस की उम्र तक पहुँचने से भी पहले बूढ़ी और मरियल दिखने लगती हैं। वह अच्छे कपड़े पहनना पसन्द करती थी। दरअसल, वह बस साफ-सुथरी रहती थी, लेकिन गाँव में सफाई भी एक विलासिता है। अपने साधनों से बढ़-चढ़कर अच्छे कपड़े पहने बेटियाँ अपनी माँ के नक्शे-कदम पर चलती थीं। अपनी बाहरी पोशाक, जो तुलनात्मक रूप से सुन्दर होती थी, के भीतर वे धनी से धनी किसान औरत से ज्यादा बारीक सूत के कपड़े पहनती थीं। मेले वाले दिनों पर वे वाकई खूबसूरत पोशाकें पहनकर

जाती थीं जो भगवान ही जानता होगा कि उन्होंने कैसे जुटायी थीं। एक तो, लेस ऐग्यू के नौकर मालकिन की खास नौकरानियों के फेंके हुए कपड़े उन्हें बेच दते थे–ऐसे दामों पर जिन्हें चुकाने में उन्हें कोई उज्र नहीं था। मारी और कैथेरीन के मुताबिक काट-छाँट दिये जाने के बाद कभी पेरिस की सड़कों को बुहारनेवाली ये पोशाकें ग्रां-इवेर के आसपास धूल भरे रास्तों पर नजर आने लगती थीं। इन लड़कियों को अपने माँ-बाप से एक छदाम भी नहीं मिलता था; वे उन्हें बस खाना देते थे और सूखी घास से भरी फटेहाल गुदड़ियाँ जिन पर वे अपनी दादी के साथ कोठार में सोती थीं। उनके भाई भी वहीं पुआल में जानवरों की तरह गुड़ी-मुड़ी होकर सोते थे। इस प्रत्यासन्नता पर न तो बाप का ध्यान जाता था न माँ का।

लौह युग और स्वर्ण युग के बीच हमारे अनुमान से कहीं ज्यादा समानता है। पहले वाले में कोई भी चीज सतर्कता की जरूरत नहीं पैदा करती थी; दूसरे में हर चीज सतर्क रहने के लिए बाध्य करती है; समाज के लिए दोनों का ही परिणाम शायद एक जैसा होता है। तोंसार की बुढ़िया अम्माँ की मौजूदगी, जो एहतियात से ज्यादा एक जरूरत थी, अपनेआप में एक और अनैतिकता ही थी। इसीलिए पादरी ब्रोसेत ने अपने धर्मक्षेत्र के निवासियों की जीवनचर्या का अध्ययन करने के बाद अपने बिशप से यह अर्थपूर्ण टिप्पणी की : "महामहिम, जब मैं किसानों को अपनी गरीबी पर इस कदर जोर देते हुए देखता हूँ, तब मेरी समझ में आता है कि वे अपनी अनैतिकता के इस बहाने को गँवा बैठने से कितना डरते हैं।"

हालाँकि हर कोई जानता था कि उस परिवार के कोई उसूल नहीं हैं और न वे धर्मभीरु हैं पर ग्रां-इवेर की जीवनचर्या के विरुद्ध कोई कुछ नहीं कहता था। इस पुस्तक की शुरुआत में ही, मध्यवर्गीय जीवन की शिष्टताओं के अभ्यस्त लोगों को यह बता देना आवश्यक है कि यहाँ के किसानों की घरेलू आदतों और तौर-तरीकों में शिष्टता की कोई जगह नहीं होती। अपनी बेटियों के फँसाये जाने पर वे नैतिकता का कोई रोना नहीं रोते, जब तक कि फँसाने वाला अमीर या दब्बू व्यक्ति न हो। बच्चे अकसर आरामदेह जिन्दगी के उपकरण या पूँजी के बतौर इस्तेमाल किये जाते हैं। खासकर 1789 के बाद से स्वार्थ जनसाधारण की एकमात्र प्रेरकशक्ति बन गया है; वे कभी यह नहीं पूछते कि कोई कार्रवाई विधिसम्मत या नैतिक है या नहीं, बस इतना जानना चाहते हैं कि इसमें फायदा है नहीं। नैतिकता, जिसका धर्म से कोई लेना-देना नहीं है, एक निश्चित स्तर की योग्यता पर ही आरम्भ होती है–ठीक वैसे ही, जैसे एक उच्चतर धरातल पर, हम देखते हैं कि आत्मा में कोमल भाव तभी पनपते हैं जब जीवन सुख-समृद्धि से परिपूर्ण हो। किसानों के बीच बिल्कुल खरा, नैतिक और ईमानदार व्यक्ति दुर्लभ ही होता है। आप पूछेंगे ऐसा क्यों? इस दशा के लिए कई कारण गिनाये जा सकते हैं जिनमें प्रमुख यह है : अपने सामाजिक कार्य की प्रकृति के चलते किसान एक विशुद्ध दैहिक जीवन जीते हैं, और निरन्तर प्राकृतिक परिवेश में रहना इसे और बढ़ाता है। जब शारीरिक श्रम शरीर को निचोड़ डालता है तो यह मन के शुद्धिकारी कार्य के लिए कोई

गुंजाइश नहीं छोड़ता, खासकर अनपढ़-अज्ञानी लोगों में। पादरी ब्रोसेत यह सही कह रहा था कि किसान की राजकीय नीति उसकी दरिद्रता ही है।

हर किसी के मामलों में दखल देते हुए तोंसार हर किसी की शिकायतें सुनता था और अकसर जरूरतमन्दों के लाभ के लिए उन्हें धोखाधड़ी के तरीके सुझाता था। भली दिखने वाली उसकी औरत गलत काम करने वालों की प्रशंसा करती थी और अमीरों के खिलाफ कुछ भी करने में अपने ग्राहकों को समर्थन या निजी मदद देने में पीछे नहीं रहती थी। यह भटियारखाना मालिकान और अमीरों के खिलाफ किसानों और मजदूरों की नफरत को सुलगाने वाला एक अड्डा था; उनके लिए यह जगह तेज, फुर्तीले, फुफकारते और जहरीले साँपों की बाँबी थी।

इसलिए, तोंसार परिवार का समृद्ध जीवन एक बुरा उदाहरण था। दूसरे किसान खुद से पूछते थे कि क्यों न वे भी तोंसार की तरह अपनी लकड़ी जंगल से बटोरें; क्यों न उन्हीं की तरह अपनी गायें चरायें और इतना शिकार करें कि खाने के बाद बेचने को भी रह जाये; और बिना बोये अनाज और अंगूर की फसल वे भी क्यों न बटोरें। धीरे-धीरे जंगल और खेतों और चरागाहों और अंगूर के बागों में होने वाली चोरियाँ इस घाटी का आम रिवाज बन गया, और जल्दी ही ब्लांगी, कोंशे और सेर्नो—लेस ऐग्यू की जागीर से लगे इन तीनों जिलों में यह एक अधिकार के रूप में स्थापित हो गया। कुछ निश्चित कारणों से इस नासूर ने रोंकेरोल या सुलांश की जागीरों के मुकाबले लेस ऐग्यू को ज्यादा नुकसान पहुँचाया जिनकी चर्चा आगे की जायेगी। लेकिन आपको कतई यह कल्पना नहीं करनी चाहिए कि तोंसार, उसकी पत्नी और बच्चे और बूढ़ी माँ कभी जानबूझकर खुद से यह कहते थे, "हम चोरी करके जियेंगे और यह काम खूब होशियारी से करेंगे।" ऐसी आदतें धीरे-धीरे बनती हैं। पहलेपहल, उन्होंने सूखी टहनियों के साथ ताजा लकड़ी का एक टुकड़ा उठाया था; फिर यह आदत सी बन गयी और पकड़े जाने से बचने के लिए बड़ी सावधानी से किये गये इन्तजामात (जो आने वाली योजनाओं के लिए आवश्यक थे) के चलते निडर होकर अन्ततः वे "अपनी लकड़ी" काटने लगे और लगभग सारी आजीविका ही चोरी से चलाने लगे। जागीर में गायों का चराना और खेतों व बागों से सीला बटोरना धीरे-धीरे करके रिवाज के बतौर स्थापित हुए।

जिस वक्त यह इतिहास शुरू होता है, तोंसार की उम्र करीब पचास साल थी। वह लम्बा और ताकतवर, दोहरे बदन का आदमी था। घुंघराले काले बाल, कहीं-कहीं बैंगनी से दागों वाली ईंट के रंग की चमड़ी, पीली आँखें, बड़े-बड़े लटके हुए कान, मजबूत काठी जिस पर माँसपेशियाँ थुलथुल हो गयी थीं, सामने से गंजा हो रहा सिर और लटका हुआ निचला होंठ—ऐसा दिखता था तोंसार। वह मूर्खता के आवरण में अपने असल चरित्र को छिपाये रखता था। बीच-बीच में वह अनुभव का प्रदर्शन करता था जो इसलिए और भी बुद्धिमत्तापूर्ण लगता था क्योंकि उसने अपने ससुर की सोहबत में बातचीत का परिहासपूर्ण लहजा विकसित कर लिया था। उसकी नाक का सिरा इस तरह चपटा था मानो ईश्वर ने लोगों का ध्यान

खींचने के लिए उस पर उँगली रख दी हो। इस वजह से वह नकियाती सी आवाज में बोलता था। उसके ऊपरी दाँत एक-दूसरे पर चढ़े हुए और कुत्ते के दाँतों जैसे सफेद थे। उन्मुक्त और काहिली भरा मजाकिया स्वभाव और गँवारू पियक्कड़ों जैसी मिलनसारी न होती तो उस आदमी का हुलिया सबसे असावधान व्यक्ति को भी चौकन्ना कर देता।

तोंसार, उसके भटियारखाने और उसके ससुर की तस्वीरें इतने ब्योरों के साथ इसलिए खींची गयी हैं क्योंकि इस इतिहास में उसकी, उसके भटियारखाने की और उसके परिवार की महत्त्वपूर्ण भूमिका है। एक तो, उनका जीवन लेस ऐग्यू की घाटी के सैकड़ों दूसरे घरों के जीवन जैसा ही है। दूसरे, तोंसार हालाँकि अनेक गहरी और सक्रिय नफरतों का एक उपकरण मात्र था, पर निचले वर्गों के सभी फरियादियों का मित्र और सलाहकार होने के चलते भावी संघर्ष पर उसका जबर्दस्त प्रभाव था। उसका भटियारखाना, जैसा कि हम अभी देखेंगे, न केवल हमलावरों के मिलने का अड्डा था, बल्कि वह उनका मुखिया बन गया था—इसका एक कारण यह भी था कि पूरी घाटी में लोग उसके नाम से घबराते थे। यह डर उसकी वास्तविक हरकतों का उतना नहीं था जितना इस बात का कि वह कभी भी, कुछ भी कर सकता था। इस आदमी की धमकी से ही लोग इतना घबराते थे कि उसे कभी इस पर अमल करने की जरूरत नहीं पड़ती थी।

हर विद्रोह, चाहे वह खुला हो या गुप्त, उसका अपना झण्डा होता है। ऐग्यू घाटी के निठल्लों, पियक्कड़ों, काहिलों का झण्डा था ग्रां-इवेर का भीषण शराबखाना। वहाँ आने वालों को अपनी थकान उतारने और दिल बहलाने का मौका मिल जाता था जो देहात में भी उतना ही दुर्लभ है जितना शहर में। इसके अलावा उस कच्ची सड़क पर बारह मील तक और कोई भटियारखाना नहीं था; इसलिए कोंशे से विल-ओ-फाये जाने वाले हमेशा ही ग्रां-इवेर पर रुकते थे, भले ही सिर्फ थोड़ा ताजादम होने लिये। लेस ऐग्यू का चक्कीवाला, जो सहायक मेयर भी था, अपने आदमियों के साथ वहाँ आता था। जनरल के सईस और घरेलू नौकरों को भी तोंसार की शराब नापसन्द नहीं थी जिसका आकर्षण उसकी बेटियों के कारण और बढ़ जाता था। इस तरह ग्रां-इवेर ने नौकरों के जरिये गढ़ी के भीतर अपना भूमिगत संचारतंत्र फैला रखा था और उसे तुरन्त ही वह सब पता चल जाता था जो वे जानते थे। किसी बड़े घर के नौकरों, और जिन लोगों से वे आते हैं उनके बीच की आपसी समझदारी और एकजुटता को चन्द फायदों या उनके निजी स्वार्थों को बढ़ावा देकर तोड़ पाना नामुमकिन है। घरेलू नौकर जनसाधारण से आते हैं और वे हमेशा जनसाधारण से जुड़े रहेंगे। ब्लोंदे के साथ गढ़ी के पास पहुँचने पर सईस चार्ल्स के आखिरी मुख्तसर जवाब का अर्थ इसी घातक बन्धुत्व में छिपा है।

अध्याय चार

एक और ग्रामगीत

"अहा!... पापा!" अपने ससुर को आता देखकर तोंसार चिल्लाया। उसे भोजन की तलाश में आया जानकर वह बोला, "सुबह से तुम्हारे पेट में चूहे कूद रहे हैं? पर हमारे पास तुम्हें देने के लिए कुछ नहीं है। उस रस्सी का क्या हुआ—अरे, वही रस्सी जो तुम हमारे लिए बनाने वाले थे? तुम्हारा कमाल भी मानना पड़ेगा, रात भर तुम लगे रहते हो और सुबह हाथ में कुछ नहीं आता! तुम्हें तो बहुत पहले वह रस्सी बटनी चाहिए थी जो तुम्हारी गर्दन मरोड़कर तुम्हें दुनिया से चलता कर दे; तुम हमारे लिए बहुत खर्चीले होते जा रहे हो।"

किसान या मेहनतकश का हास्य जरा बारीक होता है। वह अपने मन की बात बोल देता है और जानबूझकर उसे भोंडे ढंग से अभिव्यक्त करता है। यही चीज हम पेरिस के बैठककक्षों में पाते हैं। वहाँ इस चित्रात्मक फूहड़ता का स्थान महीन वाक्विदग्धता ले लेती है, बस और कोई फर्क नहीं होता।

"अपने ससुर से बात करने का यह क्या तरीका है?" बूढ़े ने कहा। "काम की बात करो, मुझे सबसे बढ़िया वाली एक बोतल चाहिए।"

यह कहते हुए फूर्शो ने अपने हाथ में चमकते पाँच फ्रैंक के सिक्के को उस पुरानी मेज पर ठोंका जिस पर वह बैठा था। चिकनाई की कई पर्तों से ढंकी, जलने के काले निशानों, शराब के धब्बों और जगह-जगह खरोंचों से भरी यह मेज देखने लायक थी। सिक्के की आवाज सुनते ही, यात्रा पर निकलने को तैयार डोंगी की तरह मुस्तैद मारी ने अपने नाना को ऐसी लालसापूर्ण दृष्टि से देखा जो उसकी आँखों में चिन्गारी की तरह कौंध गयी। धातु की खनक से आकर्षित होकर ला तोंसार भी अपने कमरे से बाहर आ गई।

"तुम हमेशा मेरे बेचारे बाप के साथ बदसलूकी करते हो," उसने अपने पति से का, "लेकिन उसने इस साल काफी पैसे कमाये हैं; भगवान की दया से उसने ईमानदारी से कमाई की है। जरा मुझे देखने तो दो," कहते हुए वह सिक्के पर झपटी और फूर्शो की उँगलियों से उसे छीन लिया।

"मारी," तोंसार ने भारी आवाज में कहा, "पटरे के ऊपर बोतलबन्द शराब रखी है। जाओ, एक बोतल ले आओ।"

देहात में शराब सिर्फ एक क्वालिटी की होती है लेकिन यह दो किस्मों के तौर पर बिकती है—पीपे वाली शराब और बोतलबन्द शराब।

"तुम्हें यह कहाँ मिला, पापा" सिक्के को अपनी जेब में सरकाते हुए ला तोंसार ने पूछा।

"फिलिप्पाइन! तुम्हारा अन्त अच्छा नहीं होगा," बूढ़े ने सिर हिलाते हुए कहा, पर

अपना पैसा वापस लेने की कोशिश नहीं की। निस्सन्देह उसने बहुत पहले ही अपनी बेटी, अपने प्रचण्ड दामाद और खुद के बीच संघर्ष की निरर्थकता को समझ लिया था।

"तुमने फिर एक बोतल दारू के लिए मुझसे पाँच फ्रैंक झटक लिये," चिड़चिड़े स्वर में उसने कहा। "लेकिन यह आखिरी बार होगा। अब मैं कफे द ला पाइ में जाया करूँगा।"

"अरे चुप भी रहो, पापा!" उसकी गोरी और मोटी बेटी ने कहा जो किसी रोमन मेट्रन जैसी लगती थी। "तुम्हें एक कमीज और साफ पतलून और एक टोप की जरूरत है; और मैं तुम्हें वास्कट पहने देखना चाहती हूँ। मैंने इसी के लिए तो पैसे लिये हैं।"

"मैं तुम्हें बार-बार बता चुका हूँ कि ये सब चीजें मुझे बरबाद कर डालेंगी," बूढ़े ने कहा। "लोग सोचेंगे कि मैं पैसे वाला हूँ और मुझे कुछ भी देना बन्द कर देंगे।"

मारी द्वारा लायी गयी बोतल ने बूढ़े की वाचालता पर रोक लगा दी जो उन लोगों में से था जिनकी जुबान सबकुछ उगल देने को तैयार रहती है और जो अपने किसी भी विचार को प्रकट करने में हिचकते नहीं हैं, चाहे वह कितना भी बेहूदा क्यों न हो।

"तो तुम नहीं बताओगे कि तुम ये पैसे कहाँ से मूस के लाये हो?" तोंसार ने कहा। "हम जाकर वहीं से और भी ला सकते हैं—हम सब जायेंगे।"

वह खरगोश पकड़ने का एक फन्दा बना रहा था और जैसे ही उसने यह काम पूरा किया, उस निर्दय भटियारे की निगाह अपने ससुर की पतलून पर पड़ी और उसने वहाँ एक उभरे हुए गोल हिस्से को ताड़ लिया जो पाँच फ्रैंक के एक और सिक्के का स्पष्ट संकेत था।

"पूँजीपति बन जाने की खुशी में मैं तुम्हारी सेहत का जाम पीता हूँ," पेर फूर्शों ने कहा।

"तुम पूँजीपति बनाना चाहो तो बन सकते हो," तोंसार ने कहा; "तुम्हारे पास साधन हैं, जरूर हैं! लेकिन शैतान ने तुम्हारी खोपड़ी के पीछे एक छेद कर दिया है जिसमें से सब बहकर निकल जाता है।"

"अरे! मैंने तो बस उस नये लौण्डे के साथ ऊदबिलाव वाली चाल चली थी जो लेस ऐग्यू में आया हुआ है। वह पेरिस का है। बस इतनी सी बात है।"

"अगर लोगों की भीड़ एवोन के स्रोतों को देखने आने लगे तो तुम तो रईस हो जाओगे नाना," मारी ने कहा।

"हाँ," बोतल खाली करते हुए उसने कहा, "और मैं नकली ऊदबिलाव का खेल इतने दिनों से खेल रहा हूँ कि असली ऊदबिलाव नाराज हो गये हैं और उनमें से एक आज सीधे मेरी टाँगों के बीच आ गया; मूश ने उसे पकड़ लिया और मुझे उसके लिए बीस फ्रैंक मिलने वाले हैं।

"मैं शर्त बद सकता हूँ कि तुम्हारा ऊदबिलाव सन से बना हुआ है," तोंसार ने अपने ससुर की ओर काइयाँपन से देखते हुए कहा।

"अगर तुम मुझे एक पतलून, वास्कट और गेलिस दे दो ताकि मेले के संगीत मंच

पर वेर्मिशेल को शर्मिन्दा न होना पड़े (वह सोकार का बच्चा हमेशा मेरे कपड़ों के लिए डाँटता रहता है), तो मैं तुम्हें वो पैसे रखने दे सकता हूँ मेरी बिटिया; तुम्हारा ख्याल अच्छा है। मैं लेस ऐग्यू के उस रईस लौण्डे को निचोड़ सकता हूँ; हो सकता है उसे ऊदबिलावों का शौक लग जाये।''

''जाकर एक और बोतल ले आओ,'' तोंसार ने अपनी बेटी से कहा। ''अगर तुम्हारे बाप के पास सचमुच कोई ऊदबिलाव है तो वह हमें दिखायेगा जरूर,'' फूर्शो को चढ़ाने की कोशिश करते हुए उसने अपनी पत्नी से कहा।

''मुझे डर है कि वह तुम्हारी कड़ाही में पहुँच जायेगा,'' अपनी छोटी-छोटी हरी आँखों से बेटी की ओर आँख मारते हुए उसने कहा। ''फिलिप्पाइन पहले ही मेरा पाँच फ्रैंक का सिक्का झटक चुकी है; और मुझे कपड़े-लत्ते देने और खिलाने के नाम पर तुम लोगों ने मुझसे कितने पैसे हड़पे हैं, इसका कोई हिसाब है? और अब तुम कहते हो कि मेरा पेट कभी भरता ही नहीं और मैं अधनंगा घूमता हूँ।''

''तुमने कफे द ला पाइ में उबली वाइन पीने के लिए अपने पिछले कपड़े बेच दिये थे--पापा,'' उसकी बेटी ने कहा, ''हालाँकि वेर्मिशेल ने तुम्हें रोकने की कोशिश की थी।''

''वेर्मिशेल! जिसकी मैंने खातिरदारी की थी! वेर्मिशेल मेरी दोस्ती से दगाबाजी नहीं कर सकता। यह जरूर उसकी औरत, उस दो टाँगों वाले चर्बी के लोंदे का काम होगा।''

''वह या उसकी औरत,'' तोंसार ने जवाब दिया, ''या फिर बोनबाल।''

''अगर ये बोनबाल होगा,'' फूर्शो चीखा, ''जो खुद वहाँ हर वक्त पड़ा रहता है, तो मैं--मैं--बस बहुत हो चुका!''

''अरे बूढ़े बेवड़े, इस सबका तुम्हारे कपड़े बेचने से क्या मतलब? तुमने उन्हें बेचा है क्योंकि तुमने वाकई उन्हें बेचा है; तुम सठिया गये हो!'' तोंसार ने बूढ़े के घुटने पर चपत लगाते हुए कहा। ''चलो, मेरी शराब को इज्जत बख्शो और गला तर कर लो! मदाम तोंसार के बाप को ऐसा करने का हक है; और क्या यह सोकार के यहाँ जाकर अपनी चाँदी खर्च करने से बेहतर नहीं है।?''

''कितनी शर्म की बात है कि तुम्हें तिवोली में लोगों के नाच के लिए बाजा बजाते पन्द्रह साल हो गये और तुम आज तक ये पता नहीं लगा सके कि सोकार अपनी शराब कैसे पकाता है--और तुम बड़े चालाक बनते हो!'' उसकी बेटी ने कहा; ''जबकि तुम अच्छी तरह जानते हो कि अगर हमें यह राज पता चल जाये तो हम जल्दी ही रिगू की तरह अमीर बन जायेंगे।''

पूरे मोर्वन और उसकी तलहटी में बसे बर्गण्डी के पेरिस की तरफ वाले क्षेत्र में यह उबली वाइन, जिसे लेकर मदाम तोंसार अपने बाप को झिड़क रही थी, जरा महँगे किस्म का मादक पेय होता है। यह किसानों के जीवन में एक बड़ी भूमिका निभाता है और सभी दुकानदार, शराब व्यापारी और भटियारे इसे बनाते हैं। चुनिन्दा वाइन, चीनी और दालचीनी तथा दूसरे मसालों से बनी यह शराब अर्क-बादाम, एक-सौ-सात, मुनक्के की शराब, वेस्पेत्रो,

स्पिरिट-ऑफ-सन जैसे तरह-तरह के नामों से बिकनेवाली उस मदिरा से बेहतर होती है जो वास्तव में ब्राण्डी के ही अलग-अलग मिश्रण होते हैं। उबली वाइन पूरे फ्रांस और स्विट्ज़रलैण्ड में पायी जाती है। जूरा की पहाड़ियों और उन दूर-दराज के इलाकों में जहाँ कुछ खास सैलानी ही पहुँच पाते हैं, सरायवाले इसे गर्व से साइराक्यूस की मदिरा कहते हैं। बेशक यह बहुत उम्दा चीज होती है और ऊँची पहाड़ियाँ पार करके पहुँचे उनके प्यासे मेहमान खुशी-खुशी इसकी एक बोतल के तीन-चार फ्रैंक दे देते हैं। मोर्वन और बर्गण्डी के घरों में मामूली सी बीमारी या बेचैनी उबली वाइन पीने का बहाना बन जाती है। जच्चगी के पहले और बाद में औरतें खाण्ड के साथ इसे लेती हैं। बहुत से किसानों की सम्पत्ति उबली वाइन में डूब चुकी है और अनेक घरों में यह मादक द्रव वैवाहिक कलह का कारण बन चुका है।

"ना! वह राज़ चुराने की कोई गुंजाइश नहीं है," फूर्शो ने जवाब दिया, "शराब उबालते समय सोकार हमेशा कमरा भीतर से बन्द कर लेता है; उसकी बीवी बेचारी यह जाने बिना ही मर गयी। वह अपनी सामग्रियाँ भी पेरिस से मँगवाता है।"

"अपने बाप की जान मत खाओ," तोंसार चिल्लाया; "उसे मालूम नहीं? तो ठीक है, उसे नहीं मालूम! लोग हर चीज तो नहीं जान सकते!"

अपने दामाद के शब्दों के साथ ही उसकी मुखमुद्रा भी नरम पड़ते देख फूर्शो को एकदम से घबराहट होने लगी।

"अब तुम मुझसे क्या लूटना चाहते हो?" उसने सीधे पूछ लिया।

"मैं?" तोंसार ने कहा, "मैं अपने कानूनी हक के अलावा किसी से कुछ नहीं लेता हूँ। अगर तुमसे मैं कुछ लेता हूँ तो वह तुम्हारी बेटी के हिस्से के बदले होता है जो तुमने मुझे देने का वादा किया था और कभी नहीं चुकाया।"

इस जवाब के तीखेपन से आश्वस्त होकर फूर्शो ने अपना सिर अपने सीने पर गिरा दिया मानो उसकी बात का कायल होकर घुटने टेक दिये हों।

"देखो कितनी बढ़िया फाँस बनायी है," तोंसार ने फिर बोलना शुरू किया और अपने ससुर के पास खिसककर फन्दा उसके घुटने पर रख दिया। "जल्दी ही किसी दिन लेस ऐग्यू में उन्हें शिकार की जरूरत पड़ेगी और हम उन्हीं के जंगल का शिकार उनको बेचेंगे, वरना समझो कि गरीबों का कोई पालनहार नहीं है।"

"बढ़िया चीज बनायी है," उस धूर्ततापूर्ण यंत्र को परखते हुए बूढ़े ने कहा।

"अभी थोड़ी बहुत कमाई कर लेने के लिए तो यह बहुत अच्छा है, पापा," मदाम तोंसार ने कहा, "लेकिन तुम्हें पता है कि लेस ऐग्यू के बँटवारे में हमें भी हिस्सा मिलने वाला है?"

"अरे, ये औरतें कितनी बकबकिया होती हैं!" तोंसार चीखा। "अगर मुझे फाँसी हुई तो मेरी बन्दूक की गोली के कारण नहीं, तेरी जुबान की बकबक के कारण होगी।"

"क्या तुम वाकई मानते हो कि लेस ऐग्यू के टुकड़े कर दिये जायेंगे और उन्हें तुम जैसों के लिए बेचा जायेगा?" फूर्शो ने पूछा। "बकवास है! पिछले तीस सालों में वह दुष्ट

रिगू तुम्हारी हड्डियाँ निचोड़ता रहा है फिर भी क्या तुम्हारी समझ में नहीं आया है कि ये मध्यवर्ग के लोग सामन्तों से भी बदतर हैं? मेरी बात गाँठ बाँध लो, मेरे बच्चो, जब ऐसा होगा भी तो ये सूद्री, ये गोबर्ते, ये रिगू सब हड़प जायेंगे और तुम धूल चाटते नजर आओगे। 'सबसे बढ़िया तम्बाकू मेरे पास है, तुझे यह कभी नहीं मिलेगा,' यह अमीर आदमी का राष्ट्रगान है, समझे? किसान हमेशा किसान ही रहेगा। तुम्हें दिखाई नहीं देता (लेकिन तुम्हें तो राजनीति की कोई समझ है नहीं!) कि सरकार शराब पर इतने भारी टैक्स इसीलिए लगाती है ताकि हमारा मुनाफा कम रहे और हम हमेशा गरीब रहें? ये मध्यवर्ग और सरकार, सब एक हैं। अगर हर कोई अमीर हो गया तो उनका क्या होगा? क्या वे अपने खेत खुद जोतेंगे? क्या वे अपनी फसल खुद काटेंगे? नहीं, उन्हें गरीबों की **जरूरत** है! मैं भी दस साल तक अमीर था और मैं जानता हूँ कि मैं कंगालों के बारे में क्या सोचता था।''

''लेकिन फिर भी हमें शिकार में उनके साथ लगे रहना चाहिए,'' तोंसार ने जवाब दिया, ''क्योंकि वे बड़ी जागीरों के टुकड़े करवाना चाहते हैं; और एक बार जब यह काम हो जायेगा तो हम पैंतरा पलटकर उनके खिलाफ हो सकते हैं। अगर मैं कुर्तेक्विस की जगह होता, जिसे वह हरामी रिगू बरबाद कर रहा है, तो मैंने बहुत पहले उसका हिसाब अपनी गोलियों से चुका दिया होता।''

''ठीक ही कह रहे हो,'' फूर्शों ने जवाब दिया। जैसा कि पेर निसेरों कहता है (और वह बाकी सबके काफी बाद तक रिपब्लिकन बना रहा), 'जनता बड़ी चीमड़ होती है; वह मरती नहीं है; उसके पास बहुत समय होता है।'''

फूर्शों जैसे किसी दिवास्वप्न में डूब गया; उसका ध्यान कहीं और होने का फायदा उठाकर तोंसार ने अपना फन्दा वापस उठा लिया, और ऐसा करते हुए उसने अपने ससुर की जेब में दिख रहे सिक्के के नीचे हल्का-सा चीरा लगा दिया; यह ठीक उसी समय हुआ जब बूढ़ा गिलास उठाकर होंठों से लगा रहा था और पाँच फ्रैंक का सिक्का नीचे गिरते ही तोंसार ने उस पर अपना पैर रख दिया। सिक्का मिट्टी के फर्श पर गिरा था जो ग्राहकों द्वारा अपने गिलास में बची तलछट फेंके जाने से हमेशा गीला रहता था। हालाँकि यह काम फुर्ती और सफाई से किया गया था फिर भी बूढ़े को शायद इस चोरी का पता चल जाता, अगर ठीक उसी समय वेर्मिशेल वहाँ न पहुँचा होता।

''तोंसार, तुम्हें पता है तुम्हारा बाप कहाँ है?'' कचहरी के उस कर्मचारी ने सीढ़ियों के नीचे से आवाज लगायी।

वेर्मिशेल का चिल्लाना, पैसे की चोरी और बूढ़े फूर्शों का गिलास खाली होना, ये सब एक साथ हुआ।

''हाजिर हूँ, कप्तान!'' सीढ़ियों पर वेर्मिशेल को सहारा देने के लिए उसकी ओर हाथ बढ़ाते हुए फूर्शों चिल्लाया।

तमाम बर्गण्डीवासियों में वेर्मिशेल आपको सबसे ज्यादा बर्गण्डियन लगता। वह लाल नहीं था, उसका रंग सिन्दूरी था। उसका चेहरा, धरती के कई कटिबन्धीय इलाकों की तरह

विदरों से भरा था, उस पर यहाँ-वहाँ छोटे-छोटे सुषुप्त ज्वालामुखी थे जिनके इर्दगिर्द चपटे और हरे-से धब्बे थे जिन्हें फूर्शो "मदिरा के फूल" कहता था। यह आग्नेय चेहरा, जिसके नाक-नक्श लगातार पियक्कड़ी के चलते बेतरह सूजे रहते थे, एक आँख वाले दैत्य की तरह दिखता था, क्योंकि इसका दाहिना हिस्सा एक चमकती आँख से रोशन था और दूसरा हिस्सा बाँयी पुतली के ऊपर एक पीले धब्बे के चलते मुरझाया हुआ था। हमेशा अस्त-व्यस्त रहने वाले लाल बाल और जूडस जैसी दाढ़ी वेर्मिशेल को देखने में उतना ही डरावना बनाते थे जितना वह वास्तव में कायर था। उसकी उभरी हुई नाक एक प्रश्नचिह्न की तरह लगती थी और उसका चौड़ा फटा हुआ-सा मुँह जैसे हमेशा इस प्रश्न का जवाब देता रहता था, उस समय भी जब वह खुला नहीं होता था। वेर्मिशेल एक छोटे कद का आदमी था और तली में घुण्डीदार कीलों वाले जूते, गहरे हरे रंग की मखमली पतलून, मोटे नीले कपड़े की जैकट और चौड़ी किनारी का धूसर रंग का टोप पहने रहता था। उसकी पुरानी वास्कट पर विभिन्न कपड़ों के पैबन्द लगे हुए थे जो शायद मूलतः किसी पलंगपोश के हिस्से थे। यह सारा तामझाम सुलांश शहर के लिए जरूरी था जहाँ वेर्मिशेल टाउनहाल के दरबान, ड्रमवादक, जेलर, संगीतकार और कचहरी के कारकुन के मिलेजुले काम करता था। इस सबकी देखभाल मदाम वेर्मिशेल करती थी, करीब एक गज चौड़ी और एक सौ बीस किलो वजनी (लेकिन बेहद सक्रिय), मूँछोंवाली यह चण्डिका वेर्मिशेल पर सख्ती से राज करती थी। पिये होने पर तो वह उससे पिटता ही था, होश में रहने पर भी वह उसे खुद को पीटने देता था, जिस पर पेर फूर्शो वेर्मिशेल के कपड़ों को हिकारत से देखते हुए कहता था, "यह एक गुलाम की वर्दी है।"

"सूरज का नाम लो और तुम्हें उसकी किरणें दिख जायेंगी," फूर्शो चिल्लाया। वह वेर्मिशेल के चमकदार चेहरे को लेकर प्रचलित जुमला दोहरा रहा था जो वाकई छोटे कस्बों में शराबखानों के साइनबोर्डों पर बने ताँबे के सूरज से मेल खाता था। "क्या मदाम वेर्मिशेल ने तुम्हारी पीठ से कुछ ज्यादा ही धूल झाड़ दी है कि तुम इस तरह अपने चार बटा पाँच से भागे फिर रहे हो—उसे मैं तुम्हारी अर्द्धांगिनी तो कह नहीं सकता, बाप रे क्या औरत है! इस घड़ी तुम यहाँ कैसे आ पहुँचे, ड्रम-मेजर?"

"राजनीति, हमेशा की तरह राजनीति," वेर्मिशेल ने जवाब दिया, जो शायद ऐसी प्रशस्तियों का आदी था।

"ओह! ब्लांगी में कारोबार की हालत अच्छी नहीं है, और इसलिए विरोधपत्र लिखे जा रहे होंगे और आदेश जारी हो रहे होंगे," अपने दोस्त के लिए गिलास भरते हुए पेर फूर्शो ने टिप्पणी की।

"हमारा वह बन्दर मेरे ठीक पीछे है," पीछे की ओर इशारा करते हुए वेर्मिशेल ने जवाब दिया।

कामगारों की बोलचाल की जुबान में "बन्दर" का मतलब होता है मालिक। हमारी इस सम्मान्य जोड़ी के शब्दकोश में भी इसका यही मतलब था।

"मोस्यू ब्रूने यहाँ आने की जहमत क्यों उठा रहे हैं?" तोंसार ने पूछा।

"अरे, शैतान की औलादो, तुम लोगों की वजह से!" वेर्मिशेल ने कहा, "पिछले तीन साल में तुम उसे अपनी औकात से ज्यादा फायदा पहुँचा चुके हो। अहा! लेस ऐग्यू के उस मालिक की नजर तुम पर है; वह तुम्हारी ढिबरी टाइट कर देगा; वह बनिया तुम्हारे पीछे पड़ गया है! ब्रूने कहता है कि अगर घाटी में ऐसे तीन जमींदार भी होते तो वह अमीर हो जाता।"

"अब वे गरीबों को और क्या नया नुकसान पहुँचाने जा रहे हैं?" मारी ने पूछा।

"वे अपने लिए बड़ी होशियारी का काम कर रहे हैं," वेर्मिशेल ने जवाब दिया। "कसम से! आखिरकार तुम्हें हार माननी ही पड़ेगी। और कोई चारा नहीं। उनके पास ताकत है। पिछले दो साल से क्या उनके पास तीन वनरक्षक और एक घुड़सवार गश्तीदल नहीं है जो चींटियों की तरह हर वक्त सक्रिय रहते हैं, और वह फील्डकीपर, वह अपनेआप में आतंक है। इसके अलावा, पुलिसवाले अपना गन्दा काम करने के लिए हर समय तैयार हैं। वे तुम्हें कुचल डालेंगे—"

"अरे छोड़ो!" तोंसार ने कहा, "हम बिल्कुल चपटे हैं। पेड़ों को कुचला जा सकता है, जमीन को नहीं।"

"इसके भरोसे अपनी सम्पत्ति मत छोड़ना," फूर्शों ने अपने दामाद से कहा।

"ये अमीर लोग जरूर तुमसे प्यार करते होंगे," वेर्मिशेल बोलता रहा, "क्योंकि वे दिनो-रात बस तुम्हारे बारे में सोचते हैं! आजकल वे खुद से कह रहे हैं : 'उनके मवेशी हमारे चरागाह चर जाते हैं; हम उनके मवेशियों को जब्त कर लेंगे; फिर वे खुद तो घास खा नहीं सकते।' तुम सबका फैसला हो चुका है, वारण्ट जारी हो चुके हैं, और उन्होंने हमारे लंगूर को तुम्हारी गायें पकड़ने के लिए कहा है। हमें आज सुबह कोंशे से शुरू करना है जहाँ हमें बुढ़िया बोनबाल की गाय और गोदाएं की गाय और मितां की गाय पकड़नी हैं।"

बोनबाल का नाम आते ही, मारी, जो बुढ़िया के पोते से प्रेम करती थी, अपने बाप और माँ की ओर सिर से इशारा करके अंगूर के बाग में कूद पड़ी। झाड़ियों की बाड़ के बीच छूटी संकरी-सी जगह से वह ईल मछली की तरह सरककर निकली और पिछुआये जाते हुए खरगोश की रफ्तार से कोंशे की ओर रवाना हो गयी।

"वे बस इतना ही कर पायेंगे," तोंसार ने शान्ति के साथ टिप्पणी की, "कि वे अपनी हड्डिया तुड़वा लेंगे; और यह बड़े दुख की बात होगी क्योंकि उनकी माँएँ उनके लिए नई हड्डियाँ नहीं बना सकतीं।"

"हाँ, शायद ऐसा ही होगा," बूढ़े फूर्शों ने कहा, "लेकिन देखो, वेर्मिशेल, मैं करीब एक घण्टे या उससे ज्यादा तक तुम्हारे साथ नहीं जा सकता, क्योंकि मुझे गढ़ी में कुछ जरूरी काम है।"

"पाँच-पाँच सू के बदले तीन वारण्ट तामील कराने से भी ज्यादा जरूरी काम है? घर आयी लक्ष्मी को क्यों लौटाते हो?"

"मैंने तुम्हें बताया न, वेर्मिशेल, कि मुझे कारोबार के सिलसिले में ऐग्यू की गढ़ी में जाना जरूरी है," बूढ़े ने महत्त्वपूर्ण दिखने की हास्यास्पद कोशिश करते हुए कहा।

"और वैसे भी मेरा बापू इस मामले से अलग ही रहे तो अच्छा," मदाम तोंसार ने कहा। "क्या तुम वाकई गायों को ढूँढ़ने वाले हो?"

"मोस्यू ब्रूने बहुत बढ़िया आदमी है, और वह तो शायद उनके गोबर के सिवा कुछ भी न ढूँढ़े," वेर्मिशेल ने जवाब दिया। "जिस आदमी को दिन-रात बाहर ही रहना होता है उसे इतना ध्यान तो रखना ही चाहिए।"

"अगर वह ध्यान रखता है तो इसके वाजिब कारण हैं," तोंसार ने अर्थपूर्ण ढंग से कहा।

"इसलिए," वेर्मिशेल बोलता रहा, "उसने मोस्यू मिशॉ से कहा, 'कचहरी लगते ही मैं चल पड़ूँगा।' अगर वह वाकई गायों को पकड़ना चाहता तो वह सुबह सात बजे निकल पड़ता। लेकिन मिशॉ को यह बात जँची नहीं, और ब्रूने को अभी चल देना पड़ा है। तुम मिशॉ को चकमा नहीं दे सकते, वह शिकारी कुत्ते जैसा चालाक है! साला, डाकू कहीं का!"

"उसके जैसे शेखीबाज को फौज में ही रहना चाहिए था," तोंसार ने कहा। "वह बस दुश्मनों से ही निपटने लायक है। मैं तो मनाता हूँ कि वह जरा आकर मेरा नाम तो पूछे। वह अपने को बड़ा सूरमा समझता होगा, लेकिन मैं जानता हूँ कि अगर मुझसे दो-दो हाथ हो जायें तो आखिर तक मैं ही खड़ा रहूँगा।"

"अरे सुनो!" मदाम तोंसार ने वेर्मिशेल से कहा, "सुलांश की नाच पार्टी की नोटिस कब निकलने वाली है? आज आठ अगस्त हो गयी।"

"मैं कल उसे छपाने के लिए विल-ओ-फाये में मोस्यू बूर्निए के पास ले गया था," वेर्मिशेल ने जवाब दिया; "इस बार झील पर आतिशबाजी की भी चर्चा है।"

"वाह, क्या भीड़ होगी यहाँ!" फूर्शों चीख पड़ा।

"सोकार पैसे बटोरेगा!" तोंसार ने ईर्ष्या के साथ कहा।

"अगर बारिश न हुई तो," उसकी बीवी ने सांत्वना देते हुए कहा।

ठीक इसी समय सुलांश की दिशा से दुलकी चाल से आते घोड़े की टापें सुनाई पड़ीं और पाँच मिनट बाद शेरिफ के अफसर ने गायों को बाहर निकालने के लिए बने लकड़ी के फाटक के पास लगे खम्भे में अपना घोड़ा बाँधा। फिर ग्रां-इवेर के दरवाजे में उसका सिर नजर आया।

"चलो, लड़को, हमें बिल्कुल समय बरबाद नहीं करना चाहिए," हड़बड़ी में होने का दिखावा करते हुए उसने कहा।

"अरे रुकिये!" वेर्मिशेल ने कहा। "एक अड़चन है मोस्यू ब्रूने, पेर फूर्शों इससे हटना चाहता है।"

"वह पहले ही कई बार हट चुका है," शेरिफ ने कहा; "लेकिन इस मामले में कानूनन यह जरूरी नहीं है कि वह पिये हुए न हो।"

"मुझे माफ करिए मोस्यू ब्रूने," फूर्शों ने कहा, "मेरा कारोबार के सिलसिले में लेस ऐग्यू में इंतजार हो रहा है; उनका मेरे साथ एक ऊदबिलाव के लिए करार हुआ है।"

ब्रूने एक मुरझाया हुआ सा छोटा-सा आदमी था जो सर से पाँव तक काले कपड़े पहनता था। पित्त की बीमारी उसकी चमड़ी से झलकती थी, उसकी आँखें चोरों की तरह चकर-पकर करती रहती थीं, उसके बाल घुँघराले थे, होंठ कसकर खिंचे रहते, नाक चपटी थी, चेहरे पर उद्विग्नता का भाव रहता और बोलने में वह बिल्कुल अक्खड़ था। उसका चरित्र और हुलिया पूरी तरह उसके पेशे से मेल खाता था। उसे कानून की, बल्कि ठीक-ठीक कहें तो कानून की बाल की खाल निकालने की इतनी बढ़िया जानकारी थी कि वह पूरे इलाके के लोगों का कानूनी सलाहकार भी था और उनके लिए आतंक भी। किसानों के बीच भी उसे थोड़ी लोकप्रियता हासिल थी जिनसे वह आमतौर पर जिन्सों में अपनी फीस वसूलता था। उसके सक्रिय और नकारात्मक गुणों के योग और मामलों को हल करने की उसकी महारत के चलते इलाके के सारे मुवक्किल उसी के पास जाते थे जिससे उसके प्रतिद्वन्द्वी प्लिसू का धंधा चौपट हो रहा था। उसके बारे में हम आगे कुछ कहेंगे। शेरिफ का एक अफसर जो सब कुछ करता है, और शेरिफ का एक अफसर जो कुछ नहीं करता है, ऐसी जोड़ियाँ देश की कचहरियों में कतई दुर्लभ नहीं हैं।

"तो मामला गरमा रहा है, क्यों?" तोंसार ने ब्रूने से कहा।

"तुम और क्या उम्मीद करते हो? तुम लोगों ने उस आदमी को लूटने की हद पार कर दी है और अब वह अपना बचाव करने जा रहा है," अफसर ने जवाब दिया। "तुम्हारे लिए इसका नतीजा बुरा होगा; सरकार को दखल देना पड़ेगा।"

"तब तो हम जैसे बेचारे गरीबों को मर ही जाना चाहिए!" मदाम तोंसार ने एक तश्तरी पर रखकर ब्राण्डी का गिलास उसकी ओर बढ़ाते हुए कहा।

"सारे अभागे मर जायेंगे, फिर भी इस देश में उनकी कमी नहीं होगी," फूर्शों ने अर्थपूर्ण ढंग से कहा।

"तुम लोग जंगल को भारी नुकसान पहुँचाते हो," शेरिफ ने खीझकर जवाब दिया।

"इस बात पर यकीन मत करिये, मोस्यू ब्रूने," मदाम तोंसार ने कहा; "वे चन्द मामूली सूखी टहनियों को लेकर ऐसा शोर मचाते हैं!"

"हमने क्रान्ति के दौरान अमीरों को पर्याप्त नीचे नहीं दबाया, यही सारी गड़बड़ की जड़ है," तोंसार बोला।

तभी एक भयानक, और बिल्कुल अबूझ सा शोर सुनाई पड़ा। लगता था कि यह जल्दी-जल्दी भागते कदमों की आवाज है, जिसके साथ हथियारों के खड़कने, पत्तों के सरसराने, टहनियों के खींचे जाने और किसी और के भागते कदमों की आहट सुनाई दे रही थी। दोनों अलग-अलग पदचापों जितनी ही भिन्न दो आवाजों की चीख-चिल्लाहट भी कानों तक पहुँच रही थी। सराय के भीतर बैठे हर किसी ने तुरन्त अनुमान लगा लिया कि कोई आदमी किसी औरत का पीछा कर रहा है; पर क्यों? अनिश्चितता ज्यादा देर तक नहीं रही।

"यह तो अम्मा है!" उछलकर खड़े होते हुए तोंसार ने कहा; "मैं उसकी चीख पहचानता हूँ।"

तभी अचानक तोंसार की बुढ़िया माँ ग्रां-इवेर की टूटी सीढ़ियों पर झपटती हुई ऊपर आयी, अपना सारा जोर लगाकर, जैसा सिर्फ तस्करों की मांसपेशियाँ ही कर सकती हैं; और कमरे के बीचोबीच फर्श पर मुँह के बल गिर पड़ी। वह अपने सिर पर लकड़ी का जो बड़ा सा ढेर लादे हुए थी वह दरवाजे की चौखट से टकराया और जोर की आवाज करते हुए जमीन पर गिर पड़ा। हर कोई कूदकर किनारे हट गया। मेज, बोतलें और कुर्सियाँ पलट गयीं और इधर-उधर बिखर गईं। शोर इतना जबर्दस्त था मानो पूरी कुटिया ही भहराकर गिर पड़ी हो।

"हाय दइया! मर गई! उस बदमाश ने मुझे मार डाला!"

बुढ़िया के शब्दों और उसके भागने का कारण तुरन्त ही समझ में आ गया क्योंकि दहलीज पर एक वनरक्षक प्रकट हुआ; वह हरी वर्दी में था, सिर पर रुपहली किनारी वाला टोप पहने और बगल में तलवार लटकाये; उसके सीने पर चमड़े की तिरछी पट्टी पर मोंतकोर्ने का कुलचिह्न बना हुआ था, वह वनरक्षकों की लाल वास्कट पहने था और हिरन की खाल के गेटर उसके घुटनों के ऊपर तक आ रहे थे।

एक पल हिचकिचाने के बाद वनरक्षक ने ब्रूने और वेर्मिशेल की ओर देखते हुए कहा, "ये रहे गवाह।"

"काहे के गवाह?" तोंसार ने कहा।

"उस औरत ने उन सूखी टहनियों के बीच सिर्फ दस साल के एक ओक के कुन्दे छुपा रखे हैं; यह सरासर जुर्म है!"

जैसे ही "गवाह" शब्द बोला गया वेर्मिशेल अंगूर के खेतों की ताजा हवा खाने बाहर निकल गया।

"काहे के? काहे के गवाह?" तोंसार वनरक्षक के सामने खड़ा होकर चिल्लाया जबकि उसकी बीवी ने बुढ़िया को उठकर खड़ा होने में मदद की। "तुम हमें अपने पंजे दिखाना चाहते हो, वातेल? लोगों पर कोई भी इल्जाम ठोंक दो और उन्हें उठाकर बन्द कर दो, डाकू कहीं के—ये सब तुम अपने इलाके में करना; लेकिन अभी यहाँ से निकलो! हर आदमी का घर उसका किला होता है।"

"मैंने उसे रंगे हाथ पकड़ा है, और तुम्हारी माँ को मेरे साथ चलना पड़ेगा।"

"मेरी माँ को मेरे घर में गिरफ्तार करोगे? तुम्हें ऐसा करने का कोई हक नहीं है। मेरा घर अभेद्य है—सारी दुनिया कम से कम इस बात को जानती है। क्या तुमने मोस्यू गुएर्बे, मजिस्ट्रेट से वारण्ट लिया है? यहाँ आने से पहले तुम्हारे पीछे कानून होना चाहिए। तुम खुद कानून नहीं हो, भले ही तुमने हम लोगों को भूखा मारने की कसम खा रखी है।"

वनरक्षक इस कदर आगबबूला था कि वह झपटकर लकड़ियों का गट्ठर अपने कब्जे में लेने ही वाला था लेकिन तभी बुढ़िया उस पर चिल्लायी, "उसे हाथ मत लगाना, वरना

मैं तेरी आँखें निकाल लूँगी!''

''ठीक है, तो इस गट्ठर को मोस्यू ब्रूने की मौजूदगी में खोला जाये,'' वनरक्षक ने कहा।

हालाँकि शेरिफ के अफसर ने ऐसा उदासीन रुख अपना लिया था जो रोजमर्रा के कामकाज से उसके दर्जे के अफसरों में आ ही जाता है, पर उसने तोंसार और उसकी पत्नी की ओर कनखी से ऐसी नजर से देखा जो साफ कहती थी, ''बुरे फँसे!'' बूढ़े फूर्शों ने अपनी बेटी की ओर देखा और चुपके से चिमनी के नीचे पड़ी राख की ढेरी की ओर इशारा किया। मदाम तोंसार ने, जो इस इशारे से पल भर में अपनी सास पर आये खतरे और अपने बाप की सलाह दोनों को समझ गई, झट से मुट्ठीभर राख उठाई और वनरक्षक की आँखों में झोंक दी। वातेल दर्द से चिग्घाड़ उठा; तोंसार ने उसे टूटी हुई सीढ़ियों पर जोर से धक्का दिया और वह लड़खड़ाकर गिर पड़ा और फिर लुढ़कते हुए लगभग फाटक तक पहुँच गया; उसकी बन्दूक रास्ते में ही गिर पड़ी। पलक झपकते लकड़ियों का गट्ठर खोला गया, और ओक के कुन्दे बाहर खींचकर ऐसी फुर्ती से छुपा दिये गये जिसका शब्दों में बयान नहीं किया जा सकता। ब्रूने, जो इस कारनामे का गवाह नहीं बनना चाहता था, जिसका उसने फौरन पूर्वानुमान कर लिया था, वनरक्षक को उठने में मदद करने के लिए उसके पीछे भागा। उसने उसे किनारे बैठा दिया और अपना रूमाल पानी में भिगाकर उस बेचारे की आँखें पोंछने लगा जो दर्द के बावजूद सोते तक पहुँचने की कोशिश कर रहा था।

''तुम गलती पर हो, वातेल,'' ब्रूने ने कहा; ''तुम्हें घरों में घुसने का कोई हक नहीं है, तुम समझते नहीं?''

झुकी हुई पीठ वाली बुढ़िया दरवाजे की चौखट पर दोनों हाथ कूल्हों पर रखे खड़ी थी; उसकी आँखों से चिंगारियाँ और झाग फेंकते होंठों से गालियाँ फूट रही थीं। वह इतनी तीखी आवाज में चिल्ला रही थी जो शायद ब्लांगी तक सुनायी दे रही होगी।

''दुष्ट कहीं के, अच्छा हुआ! तू नरक में जायेगा! मुझ पर पेड़ काटने का शक करता है!—**मुझ पर**, पूरे गाँव की सबसे ईमानदार औरत पर। कीड़े-मकोड़ों की तरह मेरा पीछा करता है! अच्छा हो तेरी आँखें फूट जाये, तब हम चैन से जियेंगे। तुम सब दुष्टों की मण्डली हो; तुम लोग अपने मालिक और हमारे बीच झगड़ा पैदा करने के लिए बेहूदा कहानियाँ गढ़ते हो।''

वनरक्षक चुपचाप शेरिफ से अपनी आँखें धुलवाता रहा और ब्रूने पूरे समय उसे समझाता रहा कि वह कानूनन गलत था।

''चोर बुढ़िया! उसने हमें थका मारा है,'' आखिरकार वातेल ने कहा। ''वह सारी रात जंगल में अपना काम करती रही है।''

पूरा परिवार हरे पेड़ की लकड़ी छुपाने और कुटिया में चीजें ठीक-ठाक करने में जुटा था और तोंसार चेहरे पर उद्धत भाव लिए दरवाजे पर नमूदार हुआ। ''वातेल, कान खोलकर सुन लो, आईन्दा से अगर तुमने मेरे इलाके में जबर्दस्ती घुसने की कोशिश की तो मेरी बन्दूक

तुम्हें जवाब देगी,'' उसने कहा। ''आज तुम्हें राख मिली है, अगली बार तुम आग का मजा चखोगे। तुम अपने काम से काम रखो। उतना ही काफी है। अब अगर तुम्हें इस सबके बाद गर्मी महसूस हो रही हो तो थोड़ी वाइन ले लो, यह मेरी ओर से रहेगी। और तुम अन्दर आकर देख सकते हो कि मेरी बूढ़ी माँ के लकड़ी के गट्ठर में ताजी लकड़ी की एक छिपटी भी नहीं है, सारी की सारी सूखी टहनियाँ हैं।''

''लुच्चा कहीं का!'' वनरक्षक ने धीमी आवाज में शेरिफ से कहा। अपनी आँखों की जलन से ज्यादा तोंसार की बातों ने उसे भड़का दिया था।

ठीक उसी समय लेस ऐक्यू का सईस चार्ल्स, ग्रां-इवेर के फाटक पर पहुँचा।

''क्या बात है, वातेल?'' उसने पूछा।

''आह!'' वनरक्षक ने अपनी आँखें पोंछते हुए कहा जिन्हें ठीक से धोने के लिए उसने अपना चेहरा पानी में डुबा दिया था। ''मेरे कुछ कर्जदार वहाँ भीतर हैं जिनकी मैं वो हालत करूँगा कि वे पछतायेंगे कि पैदा क्यों हुए।''

''अगर आप इसे इस ढंग से लेंगे, मोस्यू वातेल,'' तोंसार ने ठण्डेपन से कहा, ''तो आपको पता चल जायेगा कि बर्गण्डी में भी हिम्मतवालों की कमी नहीं है।''

वातेल चला गया। चार्ल्स को यह जानने की ज्यादा उत्सुकता नहीं महसूस हुई कि गड़बड़ किस बारे में थी। वह सीढ़ियों से ऊपर गया और मकान के भीतर झाँका।

''अपने ऊदबिलाव को लेकर गढ़ी चलो—अगर तुम्हारे पास वाकई है तो,'' उसने पेर फूर्शो से कहा।

बूढ़ा झट से उठकर उसके पीछे चल दिया।

''हूँ, कहाँ है वह—तुम्हारा वह ऊदबिलाव?'' चार्ल्स ने सन्देह से मुस्कुराते हुए कहा।

''इधर आओ,'' थ्यून की ओर चलते हुए बूढ़े ने कहा।

यह पनचक्की की नहर से बहकर आये पानी और लेस ऐग्यू के बाग के कुछ सोतों से बने हुए नाले का नाम है। यह देहाती सड़क के किनारे-किनारे सुलांश की छोटी झील तक बहता है और फिर उसे पार कर सुलांश जागीर की पनचक्कियों और पोखरियों को पानी देता हुआ एवोन में गिर जाता है।

''यह रहा; मैंने इसके गले में पत्थर बाँधकर नाले में छुपा दिया था।''

जैसे ही वह झुका और फिर खड़ा हुआ, बूढ़े को अपनी जेब से गायब हुए सिक्के का पता चल गया, क्योंकि वहाँ धातु का होना इतनी असामान्य बात थी कि उसकी मौजूदगी या गैरमौजूदगी का एहसास उसे फौरन हो ही जाना था।

''आह, चोर कहीं के!'' वह चिल्लाया। ''मैं तो ऊदबिलावों का शिकार करता हूँ लेकिन वे तो अपने ससुर का शिकार कर डालते हैं! जो कुछ भी मैं कमाता हूँ वे मुझसे झटक लेते हैं और मुझे बताते हैं कि यह मेरी भलाई के लिए है! अगर बेचारा मेरा मूश न होता, जो मेरे बुढ़ापे का सहारा है तो मैं पानी में डूबकर जान दे देता। आजकल के बच्चे! अरे वे अपने बापों को बरबाद कर डालते हैं। तुमने शादी तो नहीं की है न, मोस्यू चार्ल्स?

तो कभी मत करना; कभी शादी मत करना, और तब तुम्हें कभी पछतावा नहीं होगा कि तुमने गन्दा खून क्यों फैलाया। मैं उस पैसे से सन खरीदने वाला था, और अब वह हड़पा जा चुका है, चोरी हो गया है! लेस ऐग्यू के उस मेहमान ने, कितना बढ़िया नौजवान है वह, उसने मुझे दस फ्रैंक दिये थे। ठीक है! अब मेरे ऊदबिलाव की कीमत और चढ़ जायेगी।''

चार्ल्स को इस बूढ़े पर इतना गहरा अविश्वास था कि उसने उसकी शिकायतों को (जो इस बार बिल्कुल सच्ची थीं) उस चीज की भूमिका के रूप में लिया जिसे वह नौकरों की बोलचाल की जुबान में ''वार्निश'' कहता था, और वह अपनी इस राय को एक व्यंग्यपूर्ण मुस्कान के रूप में प्रकट करने की गलती कर बैठा, जिसे बूढ़े ने ताड़ लिया।

''चलो, चलो! पेर फूर्शों, अब जरा तमीज से पेश आओ! तुम मदाम से मिलने जा रहे हो,'' चार्ल्स ने उस बूढ़े पियक्कड़ की नाक और गालों पर कौंधी गुस्से की लाली को देखते हुए कहा।

''मुझे मालूम है कि कारोबार कैसे किया जाता है, चार्ल्स; और इसका सबूत यह है कि अगर तुम मुझे रसोई से बचा हुआ नाश्ता और स्पेनी वाइन की एक-दो बोतलें निकाल दो तो मैं तुम्हें ऐसी चीज बताऊँगा जो तुम्हें मुश्किल में पड़ने से बचा सकती है।''

''मुझे बताओ, और फ्रांस्वा खुद मालिक के हुक्म से तुम्हें एक गिलास बढ़िया वाइन पिलायेगा,'' सईस ने कहा।

''वादा?''

''पक्का वादा।''

''तो सुनो, मैं जानता हूँ कि तुम मेरी नातिन कैथेरीन से एवोन के पुल के नीचे मिलते हो। गोदाएं उससे प्रेम करता है; उसने तुम्हें देख लिया और वह इतना बेवकूफ है कि तुमसे जलने लगा है—मैं बेवकूफ इसलिए कहता हूँ कि क्योंकि एक किसान में ऐसी भावनाएँ नहीं होनी चाहिए जो सिर्फ अमीरों को ही रास आती हैं। अगर तुम तिवोली में सुलांश की नाच पार्टी में जाओगे और कैथेरीन के साथ नाचोगे, तो तुम्हें ऐसा नाच नाचना पड़ेगा जो तुम्हें पसन्द नहीं आयेगा। गोदाएं पैसेवाला और खतरनाक है; वह तुम्हारा हाथ तोड़ डालेगा और तुम उसे गिरफ्तार भी नहीं करवा पाओगे।''

''यह तो ज्यादा ही महँगा सौदा होगा; कैथेरीन अच्छी लड़की है, लेकिन इतनी भी नहीं,'' चार्ल्स ने जवाब दिया। ''गोदाएं इतना नाराज क्यों होता है? दूसरे तो नहीं होते?''

''वह कैथेरीन से इतना प्यार करता है कि उससे शादी करना चाहता है।''

''अगर ऐसा हुआ, तो वह उसे पीटेगा,'' चार्ल्स ने कहा।

''मैं इसके बारे में कुछ कह नहीं सकता,'' बूढ़े ने कहा। ''वह अपनी माँ पर गई है जिसके खिलाफ तोंसार ने कभी एक उँगली भी नहीं उठाई—वह डरा रहता है कि वह सब छोड़कर चल देगी, बड़े गर्म तेवर की है वह। ऐसी औरत बड़े काम की होती है जो खुद को सँभालना जानती है। और इसके अलावा, अगर कैथेरीन के साथ हाथापाई की नौबत आ ही गयी, तो भले ही गोदाएं काफी तगड़ा है, पर आखिरी वार उसका नहीं होगा।''

"शुक्रिया पेर फूर्शो; ये लो चालीस सू, मान लो अगर मैं तुम्हें शेरी नहीं दिला सका तो मेरी सेहत के लिए इससे दो जाम पी लेना।"

पैसे जेब में डालते हुए पेर फूर्शो ने अपना सिर एक ओर घुमा लिया ताकि चार्ल्स उसके चेहरे पर आयी व्यंग्य का भाव न देख सके जिसे वह कोशिश करके भी दबा नहीं पाया था।

"कैथेरीन," उसने फिर कहना शुरू किया, "बड़ी नखरीली है; उसे शेरी बहुत पसन्द है। अच्छा होगा कि तुम उसे बता दो कि वह खुद लेस ऐग्यू में जाकर उसे ले लिया करे।"

चार्ल्स ने पेर फूर्शो को अनाड़ियों वाले प्रशंसा भाव से देखा, उसे इस बात का जरा भी भान नहीं हुआ कि जनरल के दुश्मन गढ़ी में एक और जासूस चुपके से घुसा देने में कितनी दिलचस्पी लेते हैं।

"अब तो जनरल को खुश होना चाहिए," फूर्शो बोलता रहा; "सारे किसान बिल्कुल शान्त हैं। क्या कहते हैं वह? क्या वह सिबिले से सन्तुष्ट हैं?"

"सिर्फ मोस्यू मिशो ही हैं जो सिबिले की गलतियाँ निकालते रहते हैं। कहते हैं कि वह उसे हटवा देंगे।"

"पेशेवर जलन है, और कुछ नहीं!" फूर्शो ने कहा। "मैं शर्त बद सकता हूँ कि तुम भी फ्रांस्वा की छुट्टी कर उसकी जगह लेना चाहते होगे।"

"अरे छोड़ो! उसे बारह सौ फ्रैंक तनख्वाह मिलती है," चार्ल्स ने कहा; "और वे उसे चलता नहीं कर सकते—वह जनरल की गोपनीय बातें जानता है।"

"वैसे ही जैसे मदाम मिशो काउण्टेस के बारे में जानती है," फूर्शो ने सईस को ध्यान से देखते हुए कहा। "सुनो बेटे, क्या तुम जानते हो कि मोस्यू और मदाम अलग-अलग कमरों में सोते हैं?"

"जाहिर है; अगर ऐसा नहीं होता तो मोस्यू को मदाम इतनी प्यारी न होती।"

"क्या तुम्हें बस इतना ही मालूम है?" फूर्शो ने कहा।

अब वे रसोई की खिड़कियों के पास पहुँच गये थे इसलिए और कुछ नहीं कहा गया।

अध्याय पाँच

दुश्मनों का आमना-सामना

गढ़ी में अभी नाश्ता चल ही रहा था कि मुख्य परिचर फ्रांस्वा ने ब्लोंदे से फुसफुसाकर कुछ कहा, लेकिन इतनी ऊँची आवाज में कि बात जनरल के कानों तक भी पहुँच जाये—

"मोस्यू, पेर फूर्शो का लड़का आया है; कहता है उन्होंने ऊदबिलाव को पकड़ लिया

है और वह जानना चाहता है कि क्या आप उसे लेना पसन्द करेंगे, या फिर वे इसे विल-ओ-फाये में सब-प्रीफेक्ट के पास ले जायें।"

एमिल ब्लोंदे, हालाँकि खुद झाँसापट्टी में उस्ताद था, लेकिन वह खुद को उस कुमारी कन्या की तरह शर्म से लाल होने से रोक नहीं सका जिसने कोई ऐसी अभद्र कहानी सुन ली हो जिसका मतलब वह समझती हो।

"हा! हा! तो तुम आज सुबह पेर फूर्शों के साथ ऊदबिलाव का शिकार कर रहे थे?" जोर के ठहाके के साथ जनरल चिल्लाया।

"क्या बात है?" अपने पति की हँसी से असहज महसूस करते हुए काउण्टेस ने पूछा।

"जब ऐसी सूझबूझ और बुद्धिमत्तावाला व्यक्ति बूढ़े फूर्शों से चकमा खा जाये," जनरल बोलता रहा, "तो एक रिटायर्ड बख्तरधारी सैनिक को उस ऊदबिलाव का शिकार करने के लिए झेंपने के लिए कोई जरूरत नहीं।" इसके बाद फिर उसकी हँसी के विस्फोट शुरू हो गये, जिनके बीच-बीच में उसने कहा : "अब मुझे हैरत नहीं हो रही कि तुम्हें अपने जूते—और अपनी पतलून क्यों बदलनी पड़ी; तुम जरूर पानी में घुसे थे! मेरे साथ तो मजाक इतनी दूर तक नहीं जा पाया—मैं तो किनारे पर ही रहा; लेकिन आखिर तुम मुझसे इतने ज्यादा बुद्धिमान भी तो हो—"

"लेकिन आप भूल रहे हैं," मदाम द मोंतकोर्ने ने बीच में टोकते हुए कहा, "कि मुझे पता नहीं आप किस बारे में बात कर रहे हैं।"

थोड़ी खीझ के साथ कहे गये इन शब्दों पर जनरल गम्भीर हो गया, और ब्लोंदे ने ऊदबिलाव का शिकार करने की अपनी कहानी सुनायी।

"लेकिन अगर वाकई उनके पास ऊदबिलाव है," काउण्टेस ने कहा, "तो उन बेचारों का कोई दोष नहीं है।"

"ओह, लेकिन यहाँ पिछले दस साल में कोई ऊदबिलाव नजर नहीं आया है," जनरल ने बेदर्दी से कहा।

"मोस्यू ल कोम्त, " फ्रांस्वा बोला, "लड़का हर पवित्र चीज की कसम खाकर कहता है कि उसके पास एक ऊदबिलाव है।"

"अगर उनके पास है तो मैं उसे खरीद लूँगा," जनरल ने कहा।

"मुझे नहीं लगता कि परमेश्वर ने लेस ऐग्यू को कभी भी ऊदबिलाव न पाने का अभिशाप दिया है," एबे ब्रोसेत ने टिप्पणी की।

"आह, पादरी महोदय!" ब्लोंदे ने जोर से कहा, "अगर आप ईश्वर को मेरे खिलाफ खड़ा करेंगे—"

"लेकिन यह सब है क्या? कौन आया है?" काउण्टेस ने बेताब होकर पूछा।

"मूश, मदाम—वह लड़का जो बूढ़े फूर्शों के साथ घूमता है," परिचर ने कहा।

"उसे अन्दर ले आओ—अगर मदाम की इजाजत हो तो।" जनरल ने कहा; "उसे देखकर आपको मजा आयेगा।"

मूश फौरन ही नमूदार हो गया, वह अपनी उसी सापेक्षिक नग्नता की हालत में था जिसमें वह आम तौर पर रहता था। दारिद्र्य की इस साक्षात मूर्ति को इस भव्य डायनिंग रूम के बीच खड़ा देखकर, जिसकी दीवार पर लगी एक पेण्टिंग की कीमत इस नंगे पाँव, नंगे सीने और नंगे सिर बच्चे के लिए खजाने से कम नहीं होती, दिल में परोपकार का भाव न उमड़ना असम्भव था। जलते कोयलों जैसी उस लड़के की आँखों ने पहले कमरे की शानोशौकत को देखा और फिर मेज पर सजी शानदार चीजों को।

"क्या तुम्हारी माँ नहीं है?" मदाम द मोंतकोर्ने ने पूछा; उसे बच्चे के ऐसे नंगधड़ंग घूमने की और कोई वजह समझ नहीं आयी।

"नहीं मा'म, अम्मा बापू को खोने के गम में मर गई जो उससे कानूनी तरीके से शादी किये बिना 1812 में फौज में चला गया था और वहीं ठण्ड से जम गया, बस मैं आपके सामने खड़ा हूँ। लेकिन मेरे पास दादा फूर्शों है, जो बहुत बढ़िया आदमी है—हालाँकि कभी-कभी वह मुझे बुरी तरह पीटता है।"

"मेरे प्यारे, ऐसे दुखियारे लोग तुम्हारी जागीर पर कैसे रहते हैं?" काउण्टेस ने जनरल की ओर देखते हुए कहा।

"मदाम ल कोम्तेस," पादरी ने कहा, "इस जिले में सिर्फ स्वैच्छिक कंगाल ही हैं। मोस्यू ल कोम्त अपने भरसक सब कुछ करते हैं, लेकिन हम ऐसे लोगों के वर्ग का क्या करें जो धर्म का पालन नहीं करते और जिनका बस एक ही मकसद है, और वह यह कि आपकी कीमत पर कैसे जिया जाये।"

"लेकिन, मेरे प्यारे पादरी," ब्लोंदे ने कहा, "आप यहाँ उनका नैतिक स्तर सुधारने ही तो आये हैं।"

"मोस्यू," पादरी ने जवाब दिया, "मेरे बिशप ने मुझे यहाँ इस तरह भेजा था मानो वहशियों के बीच मिशन पर जाना हो; लेकिन, जैसाकि मुझे उन्हें सूचित करने का सम्मान प्राप्त हुआ है, फ्रांस के वहशियों के दिलों तक पहुँचना मुमकिन नहीं है। उन्होंने अपने तईं यह नियम बना लिया है कि हमारी बात सुनेंगे ही नहीं, जबकि अमेरिका के वहशियों पर तो चर्च कुछ प्रभाव जमा सका है।"

"पादरी महोदय, अभी वे मेरी थोड़ी बहुत मदद करते हैं," मूश बीच में बोला; "लेकिन अगर मैं आपके चर्च में गया तो वे ऐसा **नहीं करेंगे**, और बाकी लोग तो मेरी पतलून ही नोच डालेंगे।"

"धर्म की शुरुआत उसे पतलून देने से होनी चाहिए मेरे प्यारे पादरी," ब्लोंदे ने कहा। "अपने विदेशी मिशनों में क्या आप वहशियों को बहलाने-फुसलाने से शुरुआत नहीं करते?"

"वह जल्दी ही उन्हें बेच डालेगा," पादरी ने धीमी आवाज में जवाब दिया; "इसके अलावा, मेरी तनख्वाह मुझे इस दिशा में शुरुआत करने की इजाजत नहीं देती।"

"पादरी महोदय ठीक कहते हैं," जनरल ने मूश की ओर देखते हुए कहा।

उस नन्हे बदमाश की नीति यह थी कि जब भी उसके खिलाफ कोई बात हो तो ऐसा दिखाये जैसे सुना ही न हो।

"लड़का इतना समझदार है कि भले-बुरे में फर्क कर सके," काउण्ट ने आगे कहा, "और वह काम करने लायक बड़ा हो चुका है; फिर भी उसका दिमाग बस इसी बात में लगा रहता है कि बिना पकड़े गये कोई शरारत कैसे की जाये। सारे रक्षक उसे जानते हैं। उसे अच्छी तरह मालूम है कि किसी जागीर का मालिक अपनी सम्पत्ति पर अनधिकृत घुसपैठ को देख ले फिर भी उसे घुसपैठिए को गिरफ्तार करने का अधिकार नहीं है। मैं जानता हूँ कि वह मेरे चरागाहों में बिना डरे अपनी गायें घुसा देता है, हालाँकि उसे पता होता है कि मैंने उसे देख लिया है। लेकिन अब, जब से मैं मेयर बना हूँ वह मुझे देखते ही फौरन भाग लेता है।"

"ओह, यह तो बहुत गलत है," काउण्टेस ने कहा; "तुम्हें दूसरे लोगों की चीजें नहीं लेनी चाहिए, छोटू।"

"मदाम, हमें पेट तो भरना पड़ता है। मेरा दादा मुझे खाने से ज्यादा थप्पड़ देता है, और इनसे मेरा पेट नहीं भरता; थप्पड़ों से किसी का पेट नहीं भरता। जब गायें शाम को लौटती हैं तो मैं उनका थोड़ा सा दूध निकाल लेता हूँ और उसी पर मैं जीता हूँ। महामहिम इतने गरीब नहीं हैं कि वह मुझे उस दूध की चन्द बूँदें पीने न दे सके जो गायें उनकी घास खाकर पैदा करती हैं?"

"शायद उसने आज कुछ भी खाया नहीं है," उसकी दुर्दशा से द्रवित होकर काउण्टेस ने कहा। "उसे थोड़ी ब्रेड और बचा हुआ सारा मुर्गा दे दो, उसे पहले नाश्ता कर लेने दो," उसने परिचर की ओर देखकर कहा, "तुम सोते कहाँ हो, मेरे बच्चे?"

"कहीं भी, मदाम; गर्मियों में सितारों के नीचे, और सर्दियों में जहाँ भी सिर छुपाने की जगह मिल जाये।"

"तुम्हारी उम्र क्या है?"

"बारह।"

"उसे सुधारने के लिए अब भी देर नहीं हुई है," काउण्टेस ने अपने पति से कहा।

"वह एक अच्छा सिपाही बनेगा," जनरल ने अक्खड़ ढंग से कहा; "वह खूब चीमड़ हो गया है। मैं भी इस तरह के हालात से गुजरा हूँ और देखो अब मैं कहाँ हूँ।"

"माफ कीजिए, जनरल साहब, मैं किसी का नहीं हूँ," लड़के ने कहा। "मुझे भरती नहीं किया जा सकता। मेरी बेचारी माँ की शादी नहीं हुई थी और मैं एक खेत में पैदा हुआ था। मैं हवा और धरती की सन्तान हूँ, जैसा मेरा दादा कहता है। अम्मा ने मुझे फौज से बचा लिया, इतना तो उसने कर ही दिया! मेरा नाम सिर्फ मूश है, न कुछ आगे न कुछ पीछे। दादा मुझे इसके तमाम फायदों के बारे में बताते रहते हैं। मेरा नाम रजिस्टर में नहीं है, और जब मैं भरती होने लायक उम्र का हो जाऊँगा तो मैं सारे फ्रांस का चक्कर लगा लूँगा फिर भी वे मुझे नहीं ले पायेंगे।"

''क्या तुम अपने दादा को प्यार करते हो?'' काउण्टेस ने बच्चे के दिल में झाँकने की कोशिश करते हुए पूछा।

''बाबा रे! जब भी उसका जी करता है वह कसकर मेरे कान ऐंठता है! लेकिन, फिर भी, चाहे जो हो वह बहुत मजेदार है; उसके साथ रहना बहुत अच्छा लगता है। वह कहता है कि मेरे कान ऐंठकर वह मुझे लिखना-पढ़ना सिखाने की फीस वसूलता है।''

''क्या तुझे पढ़ना आता है?'' काउण्ट ने पूछा।

''हाँ, मेरे ख्याल से, मोस्यू ल कोम्त, और लिखता भी बहुत सुन्दर हूँ—यह उतना ही सच है जितना यह कि हमारे पास ऊदबिलाव है।''

''इसे पढ़ो,'' काउण्ट ने उसे एक अखबार थमाते हुए कहा।

''दि को-ति-द-दिएन,'' मूश ने पढ़ा, वह बस तीन बार लड़खड़ाया।

हर कोई, यहाँ तक कि पादरी भी, खूब हँसा।

''आपने मुझसे यह अखबार क्यों पढ़वाया?'' मूश गुस्से से चिल्लाया। ''मेरा दादा कहता है कि यह सिर्फ अमीरों को खुश करने के लिए बनाया जाता है, और बाद में हर आदमी जान जाता है कि इसमें क्या है।''

''बच्चा ठीक कह रहा है, जनरल,'' ब्लोंदे ने कहा; ''और उसने मुझमें अपने झूठ-फरोश बूढ़े दोस्त को देखने की चाहत फिर जगा दी है।''

मूश अच्छी तरह समझ रहा था कि वह मण्डली के मनबहलाव का साधन था। खुद को पेर फूर्शों का लायक चेला साबित करते हुए उसने फौरन रोना शुरू कर दिया।

''आप लोग ऐसे बच्चे को भला कैसे चिढ़ा सकते हैं जो नंगे पाँव घूमता है?'' काउण्टेस ने कहा।

''और जो इस बात को बिल्कुल स्वाभाविक समझता हो कि उसके दादा को उसकी शिक्षा के बदले उसके कान खींचने का हक है,'' ब्लोंदे बोला।

''मुझे बताओ मेरे प्यारे छोटू, क्या तुमने वाकई कोई ऊदबिलाव पकड़ा है?''

''हाँ, मदाम; उतना ही सच जितना यह कि आप जैसी सुन्दर महिला मैंने आज तक नहीं देखी, और न देखूँगा,'' बच्चे ने अपनी आँखें पोंछते हुए कहा।

''फिर मुझे दिखाओ, वह ऊदबिलाव कहाँ' है?' जनरल ने कहा।

''ओह मोस्यू ल कोम्त, मेरे दादा ने उसे छुपा दिया है, लेकिन जब हम अपने रस्सी के कारखाने में काम कर रहे थे तब तक वह पाँव मार रहा था। कृपया मेरे दादा को बुलवा लीजिए; वह खुद आकर इसे आपको बेचना चाहता है।''

''उसे रसोई में ले जाओ,'' काउण्टेस ने फ्रांस्वा से कहा, ''और उसे नाश्ता दे दो, और चार्ल्स को पेर फूर्शों को बुलाने भेज दो। इस बेचारे के लिए एक जोड़ी जूते, पतलून और वास्कट का इंतजाम कर दो; जो भी यहाँ भूखा-नंगा आता है उसे खाना और कपड़ा मिलना चाहिए।''

''भगवान आपका भला करे, मेरी सुन्दर मालकिन,'' जाते-जाते मूश ने कहा। ''पादरी

महोदय निश्चिन्त रह सकते हैं कि मैं इन चीजों को अपने पास रखूँगा और उन्हें मेले के दिन पहनूँगा, क्योंकि आपने उन्हें मुझे दिया है।"

एमिल और मदाम मोंतकोर्ने ने एक-दूसरे को थोड़ी हैरानी के साथ देखा, और लगा कि वे पादरी से कह रहे हैं, "लड़का बेवकूफ नहीं है!"

"यह बिल्कुल सच है, मदाम," बच्चे के जाने के बाद पादरी ने कहा, "कि हम गरीबी का मुकाबला नहीं कर सकते। मैं मानता हूँ कि इसके कुछ छिपे हुए कारण हैं जिनका पता सिर्फ ईश्वर ही लगा सकता है—शारीरिक कारण, जो प्रायः जन्मजात होते हैं; नैतिक कारण, जो जन्म से ही चरित्र में होते हैं और जो प्रायः ऐसे गुणों का परिणाम होते हैं, जिन्हें समाज के दुर्भाग्यवश, प्रकट होने का कोई मौका नहीं मिलता। युद्ध क्षेत्र में किये गये बहादुरी के कारनामों से हमें यह सीख लेनी चाहिए कि छँटे हुए बदमाश भी कई बार नायक बन जाते हैं। लेकिन यहाँ इस जगह पर आप असाधारण परिस्थितियों के बीच रह रही हैं; और अगर आपकी उदारता सोच-विचार और सही निर्णय द्वारा नियंत्रित नहीं हुई तो आप अपने दुश्मनों की मदद करने का जोखिम उठायेंगी।"

"हमारे दुश्मन?" काउण्टेस ने चौंककर कहा।

"क्रूर दुश्मन," जनरल ने गम्भीर स्वर में कहा।

"पेर फूर्शो और उसका दामाद तोंसार," पादरी ने कहा, "इस घाटी के निचले वर्गों की ताकत और दिमाग हैं, जो हर मौके पर उनकी सलाह लेते हैं। इन लोगों की मैकियावेली जैसी चालबाजियों पर आप यकीन नहीं करेंगी। एक शराबखाने में दस किसानों की जुटान में कई बड़े राजनीतिक प्रश्नों का जवाब छुपा है।"

ठीक उसी समय फ्रांस्वा ने मोस्यू सिबिले के आने की घोषणा की।

"वह मेरा वित्तमंत्री है," जनरल ने मुस्कुराते हुए कहा; "उसे अन्दर आने को कहो। वह आपको बतायेगा कि स्थिति कितनी गम्भीर है," अपनी पत्नी और ब्लोंदे की ओर देखते हुए उसने कहा।

"क्योंकि इसे न छुपाने के उसके पास अपने कारण हैं," पादरी ने नीची आवाज में कहा।

और फिर ब्लोंदे को उस शख्सियत के दर्शन हुए जिसके बारे में उसने अपने आगमन के बाद से ही काफी कुछ सुना था और जिसे जानने की उसे काफी इच्छा थी, यानी लेस ऐग्यू की जागीर का गुमाश्ता। उसने दरम्याने कद के एक आदमी को देखा, जो करीब तीस साल का था; उसके असन्तुष्ट से चेहरे पर कुढ़न का भाव था जिस पर ओढ़ी हुई मुस्कान अटपटी लग रही थी। उसकी चिन्ताकुल भौंहों के नीचे हरी-सी आँखें थीं जो दूसरों से नजर मिलाने से बचती थीं और इसलिए उसकी सोच पर पर्दा डाले रहती थीं। सिबिले भूरे रंग का लम्बा कोट, काली पतलून और वास्कट पहने हुए था और उनके बालों को सिर से चिपकाकर कंघी की हुई थी जिससे वह क्लर्क जैसा दिख रहा था। उसकी ढीली पतलून से भी यह बात छिप नहीं रही थी कि उसके घुटने आपस में टकराते थे। हालाँकि उसका

पीला सा रंग और थुलथुल बदन देखकर लगता था कि वह अस्वस्थ है, पर दरअसल सिबिले बिल्कुल हट्टा-कट्टा था। उसकी जरा गाढ़ी सी आवाज का लहजा उसके इस साधारण बाहरी रूप-रंग से पूरी तरह मेल खाता था।

ब्लोंदे ने जल्दी से पादरी की ओर देखा और युवा पादरी ने जिस नजर से उसका जवाब दिया उससे पत्रकार को पता चल गया कि गुमाश्ते के बारे में उसके मन में जो सन्देह था, पादरी को उस पर पक्का यकीन था।

''क्या तुमने मुझे यह बताया नहीं था, मेरे प्यारे सिबिले,'' जनरल ने कहा, ''कि तुम्हारे अनुमान के मुताबिक किसान हमसे जो चुराते हैं उसकी कीमत पूरे राजस्व के एक चौथाई के बराबर होती है?''

''इससे भी कहीं ज्यादा, मोस्यू ल कोम्त,'' गुमाश्ते ने जवाब दिया। ''यहाँ के गरीब आपकी सम्पत्ति से जितना ले जाते हैं उतना तो राज्य भी करों के रूप में नहीं वसूलता। मूश जैसा एक नन्हा चाईं सीला बटोरने के समय एक दिन में दो बुशल इकट्ठा कर सकता है। बूढ़ी औरतें, जिन्हें देखकर आपको लगेगा कि बस अन्तिम साँस लेने वाली हैं, फसलों की कटाई और अंगूरों की तुड़ाई के समय लड़कियों की तरह सक्रिय और स्वस्थ हो जाती हैं। आप इस घटना को बहुत जल्दी ही देख सकते हैं,'' सिबिले ने ब्लोंदे से मुखातिब होकर कहा, ''क्योंकि अगले हफ्ते ही फसल कटाई शुरू होगी, जो जुलाई में बारिश के नाते टल गयी थी। अभी रई* काटी जानी है। कानूनन सीला बटोरने वालों के पास जिले के मेयर से कंगाली का प्रमाणपत्र होना चाहिए, और किसी भी जिले को कंगालों के अलावा और किसी को सीला बटोरने की इजाजत नहीं देनी चाहिए; लेकिन एक कैण्टन के जिले दूसरे कैण्टन के जिलों में बिना प्रमाणपत्र के सीला बटोरते हैं। अगर हमारे जिले में साठ असली कंगाल हैं, तो कम से कम चालीस ऐसे भी हैं जो अगर इतने काहिल न होते तो अपना खर्च उठा सकते थे। यहाँ तक कि जो लोग कोई काम करते हैं वे भी उसे छोड़कर खेतों में और अंगूर के बागों में सीला बटोरने पहुँच जाते हैं। ये सब लोग, कुल मिलाकर इस इलाके में एक दिन में लगभग तीन सौ बुशल बटोरते हैं; फसल कटाई दो हफ्ते तक चलती है यानी सिर्फ इस जिले में साढ़े चार हजार बुशल हो गये। सीला बटोरनेवाले किसी जागीर से जितना उठा ले जाते हैं उतना तो करों में भी नहीं जाता। जहाँ तक चरागाहों में घुसपैठ का सवाल है, इससे हमें घास के मैदानों की कुल उपज के पूरे एक बटा छह हिस्से का नुकसान होता है; और जहाँ तक जंगल का सवाल है, उसका तो हिसाब ही नहीं लगाया जा सकता—अब तो वे छह-छह साल के पेड़ों को काटने पर उतर आये हैं। मोस्यू ल कोम्त, आपको होने वाला नुकसान करीब बीस-एक हजार फ्रैंक प्रतिवर्ष बैठता है।''

''आपने सुना इसे, मदाम?'' जनरल ने अपनी पत्नी से कहा।

''ये जरा बढ़ा-चढ़ाकर नहीं बता रहे हैं?'' मदाम द मोंतकोर्ने ने पूछा।

''नहीं, मदाम, दुर्भाग्य से ऐसा नहीं है,'' पादरी ने कहा। ''बेचारा निसेरों, सफेद बालों

---

* मडुवे की तरह का मोटा अनाज

वाला वह बूढ़ा आदमी जो अपनी रिपब्लिकन सोच के बावजूद घण्टी बजाने वाले, चर्च के संदेशवाहक, कब्र खोदने वाले, सेक्सटन और क्लर्क सबका काम करता है—मेरा मतलब है उस नन्ही जेनवीव का दादा जिसे आपने मदाम मिशॉ के यहाँ रखवाया है—"

"ला पेचिना," सिबिले ने पादरी को बीच में काटते हुए कहा।

"पेचिना!" काउण्टेस ने कहा, "तुम किसकी बात कर रहे हो?"

"मदाम ल कोम्तेस, जब आपने नन्ही जेनवीव को सड़क पर बुरी दशा में देखा था, तो आप इतालवी में बोल पड़ी थीं, 'पिचिना!' यह शब्द उसका उपनाम बन गया है और अब बिगड़ते-बिगड़ते पेचिना नाम से जिले भर में फैल गया है," पादरी ने कहा। "बेचारी लड़की मदाम मिशॉ और मदाम सिबिले के साथ चर्च में आती है।"

"और इससे उसका जरा भी भला नहीं हुआ है," सिबिले ने कहा, "क्योंकि दूसरे लोग उसके धर्म के कारण उसके साथ बदसुलूकी करते हैं।"

"हाँ तो मैं कह रहा था, सत्तर साल का वह बूढ़ा आदमी ईमानदारी से रोज करीब डेढ़ बुशल सीला बटोरता है," पादरी ने अपनी बात आगे बढ़ाई, "लेकिन अपनी स्वाभाविक ईमानदारी के चलते वह इस बटोरे गये अनाज को दूसरों की तरह बेचता नहीं है--वह उसे खुद के खाने के लिए रखता है। मोस्यू लांगल्यूम, आपका चक्कीवाला, मेरे अनुरोध पर उसका अनाज मुफ्त पीसता है, और मेरा नौकर मेरे साथ ही उसकी रोटी भी पका देता है।"

"मैं तो अपनी नन्ही संरक्षिता के बारे में भूल ही गयी थी," सिबिले की बात से परेशान काउण्टेस ने कहा। "तुम्हारे आने से मेरा तो सिर ही घूम गया है," उसने ब्लोंदे से कहा, "लेकिन नाश्ते के बाद मैं तुम्हें एवोन के गेट तक ले चलूँगी और उन स्त्रियों की जीती-जागती तस्वीर दिखाऊँगी जिन्हें पन्द्रहवीं शताब्दी के चित्रकारों ने अपने चित्रों में सजीव कर दिया है।"

इसी समय पेर फूर्शो के टूटे सैबोटों की खटर-पटर सुनाई पड़ी; ड्योढ़ी के कमरे में उन्हें उतारने के बाद फ्रांस्वा उसे डायनिंग रूम के दरवाजे तक लेकर आया। काउण्टेस से इशारा पाकर फ्रांस्वा ने उसे भीतर आने दिया। उसके पीछे-पीछे मूश था जिसका मुँह खाने से भरा था और जो पंजों से बँधी हुई रस्सी से लटके ऊदबिलाव को उठाये हुए था। फूर्शो ने मेज पर बैठे चारों श्रेष्ठिजनों और साथ ही सिबिले पर अविश्वास और अधीनता की मिलीजुली सी वह दृष्टि डाली जो किसानों की सोच पर पर्दे का काम करती है; फिर उसने विजयी भाव से अपना शिकार पेश किया।

"यह रहा!" ब्लोंदे को सम्बोधित करते हुए उसने जोर से कहा।

"मेरा ऊदबिलाव!" पेरिसवासी ने जवाब दिया, "जिसकी मैं अच्छी कीमत दे चुका हूँ।"

"ओह, प्रिय महोदय," पेर फूर्शो ने जवाब दिया, "आप वाली तो बच निकली; वह अब अपनी माँद में-घुस गयी है और वह अब बाहर नहीं आयेगी क्योंकि वह मादा है—ये

वाला तो नर है। आप जैसे ही गये वैसे ही फूर्शों ने इसे आते हुए देखा था। यह उतना ही सच है जितना यह कि आप जिन्दा हैं, उतना ही सच जितना यह कि मोस्यू ल कोम्त ने वाटरलू में गौरव अर्जित किया था। यह ऊदबिलाव मेरा है, उतना ही जितना कि लेस ऐग्यू महामहिम जनरल का है। लेकिन यह ऊदबिलाव बीस फ्रैंक में आपका हो सकता है; अगर नहीं तो मैं इसे सब-प्रीफेक्ट के पास ले जाऊँगा। अगर मोस्यू गूर्दो को यह ज्यादा महँगा लगेगा तो मैं आपको प्राथमिकता दूँगा; ऐसा करना ही जायज होगा क्योंकि आखिर आज सुबह हम दोनों ने मिलकर शिकार किया है।"

"बीस फ्रैंक!" ब्लोंदे ने कहा। "शुद्ध फ्रांसीसी में तुम इसे **प्राथमिकता** देना नहीं कह सकते।"

"अरे, प्रिय महोदय," बूढ़ा जोर से बोला। "शायद मैं फ्रांसीसी नहीं जानता हूँ, पर मैं यही बात शुद्ध बर्गण्डियन में भी कह सकता हूँ। अगर मुझे पैसे मिल रहे हों, तो मुझे किसी बात की फिक्र नहीं है, मैं लैटिन भी बोल सकता हूँ : 'लैटिनस, लैटिना, लैटिनम'! और इसके अलावा आपने खुद आज सुबह मुझे बीस फ्रैंक का वादा किया था। आपने मुझे जो चाँदी दी थी वो मेरे बच्चे पहले ही चुरा चुके हैं; रास्ते भर मैं इसके बारे में रोता आया हूँ—यकीन न हो तो चार्ल्स से पूछ लीजिए। ऐसा नहीं कि मैं दस फ्रैंक के लिए उन्हें गिरफ्तार करवाकर जज के सामने पेश करवाऊँगा, नहीं! लेकिन क्या करूँ जैसे ही मैं चन्द सिक्के कमाता हूँ, वे मुझे पिला देते हैं और पैसे मुझसे झटक लेते हैं। आह! यह बड़ा कठिन है, यह बड़ा कठिन है कि आपकी ऐसी हालत हो जाये कि जाकर कहीं और पीना पड़े। लेकिन जरा देखिए इन दिनों के बच्चे कैसे हैं! क्रान्ति से हमें यही मिला है; आजकल सब कुछ बच्चों का है, और माँ-बाप दबे-कुचले हैं। मैं मूश को दूसरे ढंग से पाल रहा हूँ; वह मुझे प्यार करता है, नन्हा शैतान," उसने अपने नाती की पीठ में उँगली कोंचते हुए कहा।

"मुझे तो लगता है कि तुम उसे भी बाकी सबकी तरह चोर बना रहे हो," सिबिले ने कहा; "वह अपनी अन्तरात्मा पर किसी पाप का बोझ लिये बिना कभी नहीं सोता।"

"अरे वाह! मोस्यू सिबिले, उसकी अन्तरात्मा किसी भी दिन उतनी ही साफ रहती है जितनी तुम्हारी! बेचारा बच्चा! वह भला क्या चुरा सकता है? थोड़ी सी घास! यह किसी आदमी का गला घोंटने से तो बेहतर है! वह तुम्हारी तरह गणित नहीं जानता, न घटाना, न जोड़ना, न गुणा-भाग—तुम हमारे साथ बहुत अन्याय करते हो, बिल्कुल अन्याय करते हो! तुम हमें जंगली डाकुओं की जमात कहते हो, लेकिन हमारे इन भले जमींदार और हम सबके बीच गलतफहमियों की वजह तुम्हीं हो—पूरे देश में इससे बढ़कर ईमानदारी वाला कोई इलाका नहीं है। कहो, तुम्हारी बात का मतलब क्या है? क्या मेरे पास सम्पत्ति है? क्या मैं और मूश अधनंगे नहीं घूमते हैं? कितनी बढ़िया चादरों पर हम सोते हैं, जो रोज सुबह ओस से धोयी जाती हैं! और मैं जानना चाहूँगा कि हमारे पास ऐसा क्या है जो तुम हमसे छीन सकते हो, बशर्ते तुम वह हवा न लेना चाहो जिसमें हम साँस लेते हैं और उस धूप को भी जब्त न करना चाहो जिसे हम पीते हैं! अमीर लोग अपने कमरों में आग के सामने

बैठे-बैठे लूट सकते हैं—और उसमें जंगल में चन्द टहनियाँ बटोरने से ज्यादा ही मुनाफा होता है। मुझे मोस्यू गोबर्ते के पीछे जाते हुए तो कोई वनरक्षक या गश्ती टुकड़ियाँ दिखाई नहीं देतीं, जो यहाँ केचुए की तरह नंगा आया था और अब लाखों में खेल रहा है। 'लुटेरे!' यह कहना बड़ा आसान है। यहाँ पिछले पन्द्रह साल से वह बूढ़ा गुएर्बे, सुलांश का टैक्स कलेक्टर, रात में भी सड़क से होकर अपने पैसे ले जाता है, और किसी ने आज तक उससे एक छदाम भी नहीं लिया; क्या लुटेरों के इलाके में ऐसा होता है? क्या लूट-खसोट ने हमें अमीर बना दिया है? जरा मुझे बताओ कि हम दोनों में से वह कौन है, तुम्हारा वर्ग या मेरा, जो सबसे आराम की जिन्दगी जीता है और जिसके पास बिना अर्जित किये सबसे अधिक सम्पत्ति होती है?"

"अगर तुम काम करते," पादरी ने कहा, "तो तुम्हारे पास सम्पत्ति होती। ईश्वर परिश्रम पर कृपालु होता है।"

"मैं आपकी बात काटना नहीं चाहता, पादरी महोदय, क्योंकि आप मुझसे ज्यादा बुद्धिमान हैं, और शायद आप मुझे वह बात समझा सकें जो मुझे चक्कर में डाल देती है। अब देखिए, मैं यहाँ हूँ, हूँ न? पियक्कड़, आलसी, काहिल, निकम्मा बूढ़ा फूर्शों, जिसे शिक्षा मिली थी और जो कभी फार्मर भी था, और फिर कीचड़ में ऐसा धँसा कि दुबारा उठ ही नहीं सका—ठीक है, पर मुझमें और उस ईमानदार और कर्मठ बूढ़े निसेरों में क्या फर्क है, जो सत्तर साल का है (और यही मेरी भी उम्र है) और जो पिछले साठ साल से मिट्टी खोद रहा है और रोज सुबह रोशनी होने से पहले काम पर जाने के लिए उठ जाता है, और जिसने लोहे जैसा शरीर और साफ-सुथरी आत्मा बनाई है? क्या उसकी भी हालत उतनी ही बुरी नहीं है जितनी मेरी? उसकी नन्ही सी पोती, पेचिना, मदाम मिशॉ की नौकरानी है, जबकि मेरा नन्हा मूश हवा की तरह आजाद है। इस तरह उस बेचारे भले आदमी को अपने सद्गुणों के लिए ईनाम में वही सब कुछ मिलता है जो मुझे मेरी बुराइयों के लिए दण्ड के बतौर मिला है। वह नहीं जानता कि बढ़िया वाइन का एक जाम कैसा होता है, वह सन्त की तरह धीर-गम्भीर रहता है, वह मृतकों को दफनाता है, और मैं—मैं जीवितों के नृत्य के लिए बजाता हूँ। वह हमेशा परेशानियों में घिरा रहता है, जबकि मैं सबको ठेंगे पर रखकर मस्ती में घूमता हूँ। जिन्दगी ने हम दोनों के साथ बराबरी का सुलूक किया है; हमारे सिरों पर एक जैसी सफेदी है, हमारी जेबों में एक जैसा खालीपन है, और मैं उसे वह रस्सी देता हूँ जिससे वह गिरजे की घण्टी बजाता है। वह रिपब्लिकन है और मैं तो पब्लिकन भी नहीं हूँ—इसके सिवा मुझे तो और कोई अन्तर दिखाई नहीं देता। एक किसान चाहे अच्छा करे या बुरा (आपके ख्याल से) पर वह दुनिया से वैसे ही जायेगा जैसे वह आया था, चिथड़ों में; जबकि आप बढ़िया कपड़े पहनते हैं।"

किसी ने भी पेर फूर्शों को बीच में नहीं टोका, जिसका धाराप्रवाह भाषण शायद उस वाइन की उपज था जो वह चढ़ाकर आया था। शुरू में सिबिले ने उसे चुप कराने की कोशिश की लेकिन ब्लोंदे का इशारा पाकर रुक गया। पादरी, जनरल और काउण्टेस, सभी लेखक

की मुखमुद्रा से समझ गये कि वह दरिद्रता की समस्या का साक्षात अध्ययन करना चाहता था और शायद पेर फूर्शों से बदला लेना भी।

"मूश को तुम किस तरह की शिक्षा दे रहे हो?" ब्लोंदे ने पूछा। "क्या तुम उम्मीद करते हो कि उसे अपनी बेटियों से कुछ बेहतर बना सकोगे?"

"क्या तुम कभी उससे ईश्वर की बात करते हो?" पादरी ने कहा।

"अरे, नहीं, नहीं! पादरी महोदय, मैं उसे ईश्वर से भय खाने के लिए नहीं कहता, बल्कि आदमियों से डरने की सलाह देता हूँ। ईश्वर भला है; जैसाकि आप कहते हैं, उसने हम गरीबों को स्वर्ग के साम्राज्य का वादा किया है, क्योंकि अमीर लोग धरती को तो अपने लिए ही रखते हैं। मैं उससे कहता हूँ : 'मूश! जेल से डरो, और इससे दूर ही रहना—क्योंकि यह रास्ता फाँसी तक जाता है। कोई भी चीज चुराओ नहीं, ऐसा करो कि लोग खुद ही उसे तुम्हें दे दें। चोरी हत्या तक ले जाती है, और हत्या करने पर इंसान के इंसाफ से नहीं बचा जा सकता। इंसाफ की तलवार—**इसी से** तुम्हें डरना है; यह अमीरों को चैन से सोने देती है और गरीबों को जगाये रहती है। पढ़ना सीखो। शिक्षा तुम्हें कानून के पर्दे में पैसे हथियाने के तरीके सिखायेगी, मोस्यू गोबर्ते की तरह; अरे, तुम तो यहाँ मोस्यू सिबिले की तरह गुमाश्ता भी बन सकते हो जो अपना राशन मोस्यू ल कोम्त से पाता है। असल चीज यह है कि अमीरों के साथ लगे रहो, और उनकी मेजों से गिरने वाले टुकड़े उठाते रहो।' इसे मैं कहता हूँ उसके लिए बढ़िया ठोस शिक्षा; और आप इस नन्हे बदमाश को हमेशा ही कानून के पक्ष में पायेंगे—वह एक अच्छा नागरिक बनेगा और मेरा ख्याल रखेगा।"

"तुम उसे बनाना क्या चाहते हो?" ब्लोंदे ने पूछा।

"सबसे पहले तो मैं उसे नौकर बनाना चाहता हूँ," फूर्शों ने जवाब दिया, "क्योंकि तब वह अपने मालिकों को करीब से देखेगा, और कुछ सीख सकेगा; उसकी शिक्षा पूरी हो जायेगी, यह मैं पक्की गारण्टी देता हूँ। अच्छे उदाहरण उसके लिए एक खजाने से कम नहीं होंगे, और कानून उसके पक्ष में होगा, आप सबकी तरह। अगर मोस्यू ल कोम्त उसे अपने अस्तबल में रख लें और उसे घोड़ों की देखभाल सीखने की इजाजत दे दें तो लड़का बहुत खुश होगा क्योंकि मैंने उसे आदमियों से डरना जरूर सिखाया है पर वह जानवरों से बिल्कुल नहीं डरता।"

"तुम एक चतुर आदमी हो, पेर फूर्शों," ब्लोंदे ने कहा; "तुम जानते हो कि तुम क्या कह रहे हो, और तुम्हारी बातों में समझदारी है।"

"ओह समझ? नहीं; मेरी समझ तो चाँदी के उन सिक्कों के साथ ग्रां-इवेर में रह गयी।"

"ऐसा क्यों है कि तुम्हारी जैसी क्षमता वाला आदमी इतना नीचे गिर गया है? अभी जो हालात हैं, उनमें कोई किसान अपनी गरीबी के लिए सिर्फ खुद को ही दोष दे सकता है; वह एक आजाद इंसान है और वह चाहे तो अमीर बन सकता है। अब पहले जैसा नहीं रहा। अगर कोई किसान पैसे बचाये तो वह कभी भी जमीन का एक टुकड़ा खरीदकर खुद

अपना मालिक बन सकता है।"

"मैंने पुराना समय भी देखा है और नया भी, प्रिय बुद्धिमान महोदय," फूर्शो ने कहा; "दरवाजे के ऊपर का साइनबोर्ड बदल गया है, यह सही है, लेकिन भीतर मिलने वाली शराब वही है—आज, बीते हुए कल का छोटा भाई है, बस इतनी सी बात है। इसे अपने अखबार में लिख दीजिए! क्या हम गरीब लोग आजाद हैं? हम अब भी उसी पल्ली के वासी हैं, और इसका प्रभु हमेशा की तरह वही है—मैं उसे कहता हूँ, कमरतोड़ मेहनत। कुदाल-फावड़ा, हमारी एकमात्र सम्पत्ति, कभी हमारे हाथों से अलग नहीं हुई है। चाहे वे पुराने जागीरदार हों या हमारी कमाई का ज्यादा हिस्सा हड़प जाने वाले आज के ये टैक्स, इस बात में कोई फर्क नहीं आया है कि हम सारी जिन्दगी कमरतोड़ मेहनत करते और पसीना बहाते रहते हैं।"

"लेकिन तुम कोई कारोबार शुरू कर सकते हो, और दौलतमन्द बनने की कोशिश कर सकते हो," ब्लोंदे ने कहा।

"दौलतमन्द बनने की कोशिश! और भला मैं कोशिश करूँ तो कहाँ करूँ? अगर मैं खुद अपने प्रान्त से बाहर जाना चाहूँ, तो मुझे एक पासपोर्ट लेना पड़ेगा, और इसकी कीमत होती है चालीस सू। पिछले चालीस साल में मैंने अपनी जेब में चालीस सू के सिक्कों की खनक नहीं सुनी है। अगर मैं यात्रा करना चाहूँ तो मुझे रास्ते में जितने गाँव हैं उतने क्राउनों की जरूरत पड़ेगी, और कम ही ऐसे फूर्शो होंगे जिनके पास ऐसे छह क्राउन भी होंगे। बस फौजी भरती ही है जो हमें यहाँ से निकल जाने का एक मौका देती है। और सेना हमारा क्या भला करती है? सारे कर्नल सिपाही के दम पर जीते हैं, वैसे ही जैसे अमीर लोग किसान के दम पर जीते हैं; और सौ कर्नलों में आपको हमारी नस्ल का एक से ज्यादा नहीं मिलेगा। पूरी दुनिया में यह ऐसा ही है, अगर एक अमीरी में लोट-पोट हो रहा है तो सौ कीचड़ में पड़े हैं। हम कीचड़ में क्यों हैं? इसका जवाब ईश्वर और सूदखोरों से माँगिये। ज्यादा से ज्यादा हम यही कर सकते हैं कि अपने ही इलाकों में सिमटे रहें, जहाँ परिस्थितियाँ हमें भेड़ों की तरह दड़बे में बन्द रखती हैं, जैसे हमारे पिताओं को सामन्तों का कानून बन्द रखता था। जहाँ तक मेरी बात है मुझे इससे क्या फर्क पड़ता है कि कौन सी बेड़ियाँ मुझे यहाँ बाँधे रखती हैं? चाहे वह सार्वजनिक आवश्यकता का कानून हो या पुराने मालिकों की निरंकुशता हो, सब बराबर है; हम हमेशा मिट्टी खोदने के लिए अभिशप्त हैं। यहाँ, जहाँ हम जन्मे हैं, यहीं हम इसे खोदते हैं, इस धरती को! और इसे बराबर करते हैं, और इसमें खाद डालते हैं, और इसी में रहते हैं, क्योंकि जैसे आप अमीर पैदा हुए हैं, वैसे ही हम गरीब पैदा हुए हैं। जनसाधारण हमेशा ही वैसे ही रहेंगे जैसे वे हैं, और उसी हालत में रहेंगे जिसमें वे हैं। हममें में से जितने लोग ऊपर उठ पाने में कामयाब हो पाते हैं उनकी तादाद उनके आगे कुछ नहीं है जिन्हें आप नीचे धकेल देते हैं! इस बात को हम अच्छी तरह से जानते हैं, भले ही हमें शिक्षा न मिली हो! आपको हर समय अपने शेरिफ के साथ हमारे पीछे नहीं पड़े रहना चाहिए—अगर आप बुद्धिमान हैं तो ऐसा बिल्कुल नहीं करना चाहिए। हम

आपको आपके हाल पर रहने देते हैं, और आपको हमें हमारे हाल पर रहने देना चाहिए। अगर ऐसा नहीं हुआ, और हालात बिगड़े तो आपको हमें अपनी जेलों में रखकर खिलाना पड़ेगा, जहाँ हम अपने घरों के मुकाबले बहुत बेहतर हालात में होंगे। आप हमारे स्वामी बने रहना चाहते हैं, और हम हमेशा ही दुश्मन रहेंगे, ठीक वैसे ही जैसे हम तीस साल पहले थे। आपके पास सब कुछ है, हमारे पास कुछ नहीं; आपको उम्मीद नहीं करनी चाहिए कि हम कभी दोस्त बनेंगे।''

''इसे मैं कहता हूँ युद्ध की घोषणा,'' जनरल ने कहा।

''महामहिम,'' फूर्शो ने पलटकर जवाब दिया, ''जब लेस ऐग्यू बेचारी मदाम का था (ईश्वर उनकी आत्मा को शान्ति दे और उनकी जवानी के गुनाह माफ करे!) तो हम खुश थे। वह हमें अपने खेतों से भोजन-पानी और जंगल से अपना ईंधन लेने की छूट देती थीं; और क्या इससे वह कुछ गरीब हो गयीं? और आप, जो कम से कम उतने ही अमीर हैं जितनी वह थीं, आप जंगली जानवरों की तरह हमारा शिकार करते हैं, हाँ बिल्कुल ऐसे ही, और गरीब आदमी को घसीटकर अदालत के सामने ले जाते हैं। ठीक है, पर इससे बुराई ही पैदा होगी! आप किसी भारी आफत का कारण बनेंगे। अभी मैंने आपके वनरक्षक, उस कपटी वातेल को लकड़ी की चन्द छिपटियों के लिए एक बेचारी बूढ़ी औरत को अधमरा करते हुए देखा है। ऐसे ही लोग हैं जो आपको गरीबों की निगाह में दुश्मन बना देते हैं; और आपके खिलाफ बहुत कड़वाहटभरी बातें चल रही हैं। वे आपको उतने ही जोर से कोसते हैं जैसे वे स्वर्गीय मदाम की सलामती की दुआ करते थे। गरीब का श्राप, महामहिम, एक बीज है जो बढ़ता जाता है--आपके ऊँचे ओक के पेड़ों से भी ऊँचा--और ओक की लकड़ी से ही फाँसी का तख्ता बनता है। यहाँ कोई भी आपको सच्चाई नहीं बताता है; पर सच यही है! मैं शायद ज्यादा दिन नहीं जिऊँगा और आपको यह बात बताकर, जी हाँ, सच्चाई बताकर मैं कुछ खोऊँगा नहीं। मैं, जो सुलांश के बड़े मेलों में किसानों के नाच के लिए बाजा बजाता हूँ, मैं जानता हूँ कि लोग क्या कहते हैं। वे सब आपके खिलाफ हैं, और वे आपके लिए यहाँ टिकना नामुमकिन कर देंगे। अगर आपका वह नासपीटा मिशॉ नहीं बदला, तो वे आपको उसे बदलने के लिए मजबूर कर देंगे। लीजिए! इस जानकारी और इस ऊदबिलाव की कीमत है बीस फ्रैंक, बल्कि कुछ ज्यादा ही।''

बूढ़े के मुँह से ये आखिरी शब्द निकले ही थे कि एक आदमी की पदचाप सुनाई पड़ी और वह व्यक्ति बिना पूर्व घोषणा के भीतर आया जिसे अभी-अभी फूर्शो ने धमकी दी थी। उसने बूढ़े पर जो निगाह डाली उससे यह समझना आसान था कि धमकी उसके कानों तक पहुँच गयी थी और फूर्शो के गुस्ताख तेवरों की फौरन ही हवा निकल गयी। उस निगाह ने उस पर ठीक वही असर डाला जो एक पुलिसवाले की निगाह एक चोर पर डालती है। फूर्शो जानता था कि वह गलत है और मिशॉ उस पर यह इल्जाम लगा सकता था कि वह ये बातें महज लेस ऐग्यू के निवासियों को डराने के लिए कह रहा था।

''यह है हमारा युद्ध मंत्री,'' जनरल ने सिर हिलाकर मिशॉ के अभिवादन का जवाब

देते हुए ब्लोंदे से कहा।

"आपकी इजाजत लिये बगैर भीतर चले आने के लिए मुझे क्षमा करें मदाम," नवागंतुक ने काउण्टेस से कहा; "लेकिन मुझे अत्यावश्यक कारणों से जनरल से फौरन बात करनी है।"

यह कहते हुए मिशॉ का ध्यान सिबिले की ओर गया जिसके चेहरे पर फूर्शों की दुस्साहसिक बातें सुनकर आये खुशी के भाव मेज पर बैठे चारों लोगों ने नहीं देखे थे क्योंकि उनका सारा ध्यान बूढ़े पर था; जबकि मिशॉ जो किन्हीं कारणों से हमेशा सिबिले पर नजर रखता था, उसके हाव-भाव और मुद्रा को देखकर चौंक पड़ा।

"उसने अपने बीस फ्रैंक कमाये हैं, मोस्यू ल कोम्त," सिबिले ने कहा; "ऊदबिलाव के लिए यह कीमत ज्यादा नहीं है।"

"उसे बीस फ्रैंक दे दो," जनरल ने परिचर से कहा।

"क्या आप मुझसे मेरा ऊदबिलाव ले लेना चाहते हैं?" ब्लोंदे ने जनरल से पूछा।

"मैं इसे भुस भरवाकर रखूँगा," मेजबान ने जवाब दिया।

"अरे! लेकिन इन भलेमानस ने कहा था कि इसकी खाल मैं रख सकता हूँ," फूर्शों चिल्लाया।

"ठीक है," काउण्टेस ने जल्दी से कहा, "तुम्हें खाल के लिए पाँच फ्रैंक और मिल जायेंगे; लेकिन अभी तुम जाओ।"

उस जोड़ी के बदन से निकल रही तीखी गन्ध ने डायनिंग रूम का माहौल ऐसा बिगाड़ दिया था कि अगर फूर्शों और मूश वहाँ और रुकते तो मदाम द मोंतकोर्ने, जिनकी इन्द्रियाँ बड़ी नाजुक थीं, को कमरा छोड़ना पड़ जाता। बूढ़े को अपने पच्चीस फ्रैंक मिल जाने के लिए इन परिस्थितियों को शुक्रगुजार होना चाहिए था। मिशॉ को सहमी हुई नजर से देखते और उसके सामने बार-बार झुकते हुए वह कमरे से बाहर चला गया।

"मैं महामहिम से जो भी कह रहा था, मोस्यू मिशॉ," जाते-जाते उसने कहा, "वह दरअसल आपके भले के लिए ही था।"

"या उनके भले के लिए जो तुम्हें पैसे देते हैं," मिशॉ ने पैनी नजर से उसे देखते हुए जवाब दिया।

"हमें कॉफी देने के बाद कमरे से बाहर चले जाओ," जनरल ने नौकरों से कहा, "और दरवाजे बन्द कर देना।"

ब्लोंदे ने अब तक लेस ऐग्यू के कारिन्दे को देखा नहीं था, और अब उसे देखते ही उस पर जो प्रभाव पड़ा वह सिबिले द्वारा छोड़े प्रभाव से एकदम उलट था। गुमाश्ते को देखकर संशय और विकर्षण के भाव मन में आते थे लेकिन मिशॉ का व्यक्तित्व गरिमा और विश्वास जगाता था। उसके व्यक्तित्व का पहला आकर्षण था उसका बिल्कुल अण्डाकार, खुशनुमा चेहरा, तराशे हुए नाक-नक्श, खासकर नाक में ऐसा सुघड़पन जो ज्यादातर फ्रांसीसी चेहरों में नहीं पाया जाता। हालाँकि उसके नाक-नक्श बिल्कुल तराशे हुए-से थे, पर वे

भावविहीन नहीं थे, शायद ऐसा उसकी खिली हुई भूरी और गेहुँआ रंगत की वजह से था जिससे उसकी अच्छी सेहत और ताकत का पता चलता था। उसकी चमकदार और भेदती हुई सी स्वच्छ भूरी आँखें उसके विचारों को छुपाती नहीं थीं; वे सीधा सामने वाले की आँखों में देखती थीं। उसका चौड़ा गोरा माथा उसके घने काले बालों की वजह से और भी प्रशस्त दिखता था। निष्ठा, निर्णय और संतों जैसी प्रशान्ति इस प्रभावशाली चेहरे की विशेषताएँ थी जिसके माथे पर चन्द गहरी रेखाएँ उस व्यक्ति के सैन्य जीवन का परिणाम थीं। संशय और सन्देह उसके मन में प्रवेश करते ही उसके चेहरे पर पढ़े जा सकते थे। घुड़सवार सेना के खास दस्तों के लिए चुने जाने वाले सभी मर्दों की तरह उसका शरीर सुडौल और लोचदार होने के साथ ही काफी तगड़ा था। नुकीली मूँछों, गलमुच्छों और ठोड़ी पर आगे को निकली दाढ़ी की वजह से वह उस सैनिक किस्म के चेहरे की याद दिलाता था जिसे अनगिनत देशभक्तिपूर्ण चित्रों और रेखांकनों में लगभग हास्यास्पद बना दिया गया है। यह किस्म फ्रांसीसी सेना में बेहद आम है; शायद एक ही जैसे भावों की निरन्तरता, शिविरों में एक जैसे कष्ट भोगना, और खासकर रणक्षेत्र में अफसरों और सिपाहियों के एक जैसे प्रयासों ने मुखमुद्रा की यह एकरूपता पैदा करने में योगदान किया है। गहरे नीले रंग के कपड़े पहने हुए मिशॉ अब भी सैनिकों वाली काले साटन की जुराबें और ऊँचे बूट पहनता था जिससे उसकी चालढाल की हल्की-सी अकड़ और बढ़ जाती थी। उसके कंधे ढलावदार थे और सीना उभरा हुआ था मानो वह अब भी जिरहबख्तर पहने हुए हो। लीज़न आफ ऑनर का लाल फीता उसके सीने पर लगा था। संक्षेप में, इस विशुद्ध शारीरिक रूप-रंग के पीछे के नैतिक गुणों के बारे में एक शब्द में इंगित करने के लिए, यह कहना काफी होगा कि जहाँ गुमाश्ता नौकरी लगने के बाद से ही अपने मालिक को बिना चूके "मोस्यू ल कोम्त" ही कहता था, वहीं मिशॉ उसे कभी भी "जनरल" के सिवा और कुछ कहकर सम्बोधित नहीं करता था।

ब्लोंदे ने एबे ब्रोसेत की ओर एक और नजर डाली जिसका आशय था, "एक-दूसरे के कितने उलट हैं!" पादरी ने उसकी ओर इशारा किया कि दोनों व्यक्तियों को गौर से देखो। फिर, मानो यह जानने के लिए कि क्या कारिन्दे का चरित्र और मन और आवाज उसके रंगरूप और मुखमुद्रा से मेल खाते हैं, ब्लोंदे मिशॉ की ओर मुड़ा और बोला :

"मैं आज सुबह जल्दी बाहर निकला था और मैंने पाया कि आपके वनरक्षक अभी सो ही रहे थे।"

"समय क्या था?" भूतपूर्व सैनिक ने उद्विग्नता से पूछा।

"साढ़े सात बजे।"

मिशॉ ने जनरल की ओर शरारती नजर से देखा।

"मोस्यू किस फाटक से बाग के बाहर निकले थे?" उसने पूछा।

"कोंशे के फाटक से। रात की पोशाक पहने हुए वनरक्षक ने खिड़की से मुझे देखा था," ब्लोंदे ने उत्तर दिया।

"गेलार शायद उसी समय सोने गया होगा," मिशॉ ने कहा। "आपने कहा कि आप जल्दी ही निकल गये थे तो मैंने सोचा आपका मतलब भोर से होगा। अगर उस वक्त मेरा आदमी घर पर होता, तो वह जरूर बीमार रहा होता; लेकिन साढ़े सात बजे तो उसे बिस्तर में होना ही चाहिए था। हम सारी रात जागते हैं," मिशॉ ने क्षणिक विराम के बाद काउण्टेस के चेहरे पर आश्चर्य के भाव का जवाब देते हुए कहा, "लेकिन हमारा चौकन्नापन अकसर बेकार चला जाता है। आपने अभी-अभी एक ऐसे आदमी को पच्चीस फ्रैंक दिये हैं जो एक घण्टा पहले, आज सुबह ही आपकी सम्पत्ति की लूट के साक्ष्य मिटाने में मदद कर रहा था। आपके नाश्ते के बाद मैं आपसे इसी के बारे में बात करने आया हूँ जनरल, क्योंकि कुछ न कुछ तो करना ही पड़ेगा।"

"तुम हमेशा अधिकार लागू करने की कोशिश करते हो मेरे प्यारे मिशॉ, लेकिन ध्यान रखो, 'Summum jus summum injuria.* अगर तुम थोड़े और सहनशील नहीं हुए तो तुम मुश्किल में पड़ जाओगे, सिबिले ने अभी मुझे यही बताया है। काश तुमने अभी-अभी पेर फूर्शों को सुना होता; उसके पेट में जो दारू गयी है उसने उसकी जुबान खोल दी थी।"

"उसने तो मुझे डरा ही दिया," काउण्टेस ने कहा।

"उसने ऐसा कुछ नहीं कहा जो मैं बहुत पहले से नहीं जानता था," जनरल ने जवाब दिया।

"ओह! वह बदमाश नशे में नहीं था, वह नाटक कर रहा था; किसके फायदे के लिए, इसका अनुमान मैं आप पर छोड़ देता हूँ। शायद आप जानते होंगे?" मिशॉ ने तिरछी नजर से सिबिले को देखते हुए उत्तर दिया जिससे उसका चेहरा लाल हो गया।

"अरे वाह!" ब्लोंदे पादरी की ओर फिर एक बार देखते हुए चीखा।

"लेकिन ये बेचारे बहुत तकलीफ सहते हैं," काउण्टेस ने कहा, "और उन बातों में काफी सच्चाई है जो अभी पेर फूर्शों हम पर चिल्लाकर कह गया है—इसे बोलना तो नहीं कहा जा सकता।"

"मदाम," मिशॉ ने उत्तर दिया, "क्या आपको लगता है कि चौदह वर्ष तक सम्राट के सैनिक फूलों के बिस्तर पर सोते रहे? मेरे जनरल एक काउण्ट हैं, वह लीज़न आफ ऑनर के ग्रैण्ड अफसर हैं, उन्हें कई विशेषाधिकार और वजीफे मिले हुए हैं; तो क्या मैं उनसे ईर्ष्या करता हूँ, जबकि मैं भी उन्हीं की तरह लड़ा था? क्या मैं धोखे से उनसे उनका गौरव हड़पना चाहता हूँ, उनके विशेषाधिकार चुराना चाहता हूँ, उनकी पदवी के कारण उन्हें मिले सम्मान को नकारना चाहता हूँ? किसान को भी वैसे ही आज्ञापालन करना चाहिए जैसे एक सिपाही करता है; उसे एक सिपाही की वफादारी, और अर्जित अधिकारों के प्रति उसके सम्मान की भावना को अनुभव करना चाहिए और खुद एक अफसर बनने का प्रयास करना चाहिए, सम्मानजनक ढंग से, परिश्रम से न कि चोरी-चकारी से। तलवार और हल जुड़वाँ भाई हैं; हालाँकि सिपाही के पास किसान से ज्यादा कुछ होता है—उसके सिर पर हर वक्त मौत

* कानून की सख्ती उत्पीड़न की पराकाष्ठा होती है। —अनु.

मँडराती रहती है।"

"वाह, मैं यही बात प्रवचन मंच से कहना चाहूँगा," पादरी ने चहककर कहा।

"सहनशील!" मुख्य रक्षक ने सिबिले के बारे में जनरल की टिप्पणी का उत्तर देते हुए कहा, "मैं लेस ऐग्यू की कुल आमदनी के दस प्रतिशत तक का नुकसान बर्दाश्त कर सकता हूँ, लेकिन अभी जो हालात हैं, जनरल, आपको तीस प्रतिशत का नुकसान होता है और अगर मोस्यू सिबिले का खाता इसे दर्शाता है, तो मुझे उनकी सहनशीलता का कारण समझ नहीं आता क्योंकि वह उदारतापूर्वक अपने हजार या बारह सौ फ्रैंक प्रतिवर्ष गँवा रहे हैं।"

"मेरे प्रिय मोस्यू मिशॉ," सिबिले ने तुनककर जवाब दिया, "मैंने मोस्यू ल कोम्त को बता दिया है कि मैं अपनी जान गँवाने के बजाय प्रतिवर्ष बारह सौ फ्रैंक गँवाना पसन्द करूँगा। इस बात पर गम्भीरता से सोचिये; मैं कई बार आपको चेता चुका हूँ।"

"जान!" काउण्टेस ने चौंककर कहा; "आप यह तो नहीं कह रहे कि किसी की जान खतरे में है?"

"हमें यहाँ शासकीय मामलों पर बहस नहीं करनी चाहिए," जनरल ने हँसते हुए कहा। "इस सबका मतलब यही हुआ मेरी प्यारी, कि वित्त मंत्री की हैसियत से सिबिले दब्बू और कायर है, जबकि युद्ध मंत्री बहादुर है और अपने जनरल की तरह किसी चीज से नहीं डरता।"

"मुझे दूरदर्शी कहिये, मोस्यू ल कोम्त," सिबिले ने हस्तक्षेप किया।

"अच्छा, अच्छा!" ब्लोंदे ने हँसते हुए जोर से कहा, "तो हालत यह है, हम अमेरिका के जंगलों में (फेनीमोर—अनु.) कूपर के नायकों की तरह यहाँ वहशियों और साजिशों के बीच घिरे हैं।"

"देखिये, भद्रजनो, आपका काम है राजकाज इस ढंग से चलाना कि मुझे प्रशासन के घूमते चक्कों की आवाज सुनाई न पड़े," मदाम द मोंतकोर्ने ने कहा।

"आह! मदाम," पादरी ने कहा, "लेकिन यह उचित ही होगा कि आपको उस कड़ी मेहनत का पता तो चले जिससे आपकी इन खूबसूरत टोपियों का खर्च निकलता है।"

"अगर ऐसा है, तो मैं इनके बिना ही रह सकती हूँ," काउण्टेस ने हँसते हुए उत्तर दिया। "मैं बीस फ्रैंक के हर सिक्के को पूरा सम्मान दूँगी और देहाती लोगों की तरह ही कंजूस हो जाऊँगी। आइये पादरी महोदय, मुझे अपनी बाँह थमाइये। जनरल को अपने दोनों मंत्रियों के साथ रहने दीजिए, और हम मदाम मिशॉ से मिलने एवोन के गेट पर चलते हैं, क्योंकि यहाँ आने के बाद से मुझे उसके यहाँ जाने का समय नहीं मिला है और मैं अपनी नन्ही संरक्षिता के बारे में भी पता करना चाहती हूँ।"

और वह मूश और फूर्शो के शरीर के चिथड़ों और उनकी आँखों में भरी नफरत और सिबिले की चेतावनी को भूलकर खुद को तैयार कराने के लिए भीतर चली गयी।

पादरी और ब्लोंदे ने गृहस्वामिनी के आदेश का पालन किया और उसके पीछे-पीछे

डायनिंग रूम से बाहर निकल आये और गढ़ी के सामने छज्जे पर खड़े होकर उसके तैयार होने का इंतजार करने लगे।

"इस सबके बारे में आप क्या सोचते हैं?" ब्लोंदे ने पादरी से पूछा।

"मैं तो बिल्कुल अछूत हूँ; वे अपने मुश्तरका दुश्मन की तरह मेरी घात में रहते हैं। मुझे हर वक्त अपनी आँखें और कान खुले रखने पड़ते हैं ताकि उन फंदों से बच सकूँ जो वे मुझे यहाँ से भगाने के लिए लगातार बिछाते रहते हैं," पादरी ने जवाब दिया। "यह हमारे आपस की बात है, मुझे तो यह भी आशंका है कि कहीं वे मुझे गोली न मार दें।"

"फिर आप रुके क्यों हैं?" ब्लोंदे ने कहा।

"सम्राट के काम की तरह हम ईश्वर का काम भी छोड़कर भाग नहीं सकते," पादरी ने इतनी सरलता से उत्तर दिया कि उसकी बात ब्लोंदे को छू गई। उसने पादरी का हाथ पकड़कर आत्मीयता से हिलाया।

"इसलिए आप समझ सकते हैं, कि मुझे यहाँ रची जा रही चालों के बारे में बहुत कम जानकारी है," पादरी ने आगे कहा। "फिर भी, मैं इतना तो जानता ही हूँ कि मुझे यह पक्का यकीन है कि जनरल पर एक साया मँडरा रहा है जिसे आर्त्वा और बेल्जियम में 'शैतानी रंजिश' कहते हैं।"

यहाँ ब्लांगी के पल्ली-पुरोहित के बारे में कुछ शब्द कहना जरूरी है।

ओत्यूं के एक सम्मानित मध्यवर्गीय परिवार का चौथा पुत्र, यह पादरी एक बुद्धिमान और स्वाभिमानी व्यक्ति था। वह छोटा और दुबला-पतला था लेकिन बर्गण्डीवासियों के खास अन्दाज में हमेशा चुस्त-दुरुस्त रहता था। उसने चर्च के प्रति समर्पण के चलते ही ब्लांगी में नियुक्ति स्वीकार की थी जिसे दूसरे दर्जे का पद माना जाता था। उसके धार्मिक विश्वास उतने ही दृढ़ राजनीतिक मतों से जुड़े हुए थे। उसके चरित्र में पुराने जमाने के पुरोहितों वाले गुण थे; वह चर्च और पुरोहित वर्ग से उत्कट भावना के साथ जुड़ा हुआ था; वह चीजों को समझता था और किसी तरह की स्वार्थपरता उसकी एकमात्र महत्वाकांक्षा के रास्ते में नहीं आती थी, और वह थी सेवा करना। यही उसका सूत्रवाक्य था—हर उस जगह चर्च और राजतंत्र की सेवा करना जहाँ उन्हें खतरा था; सबसे निचली पैड़ी पर उस सिपाही की तरह सेवा करना जो यह अनुभव करता है कि साहस और कर्तव्यनिष्ठा के जरिये उसे एक न एक दिन नेतृत्व का अवसर प्राप्त होना ही है। वह ब्रह्मचर्य, सादगी और आज्ञापालन के व्रत के साथ कोई समझौता नहीं करता था; वह अपने पद के अन्य कर्तव्यों के साथ उनका भी उसी सरलता और प्रसन्नचित्त ढंग से पालन करता था जो एक ऐसे स्वच्छ हृदय के लक्षण होते हैं जो जितना अपने पद की शक्ति और धार्मिक विश्वासों से प्रेरित होता है उतना ही स्वाभाविक आवेगों से।

पादरी ने पहली नजर में काउण्टेस के प्रति ब्लोंदे के लगाव को देख लिया था; उसने देख लिया था कि त्रुआविल घराने की एक स्त्री और एक राजतंत्रवादी पत्रकार के बीच वह खुद को आसानी से खुले दिमाग के व्यक्ति के रूप में प्रस्तुत कर सकता है, क्योंकि उसके

पद का सम्मान होना निश्चित ही था। वह आमतौर पर हर शाम गढ़ी में आता था और ह्विस्ट के खेल में चौथे खिलाड़ी के तौर पर शामिल होता था। पत्रकार ने पादरी के असल गुणों को पहचान लिया था और उसके प्रति इतना आदर प्रकट करता था कि जल्दी ही उस जोड़ी को एक-दूसरे के साथ सहानुभूति हो गयी। जब भी बुद्धिमान व्यक्ति अपने बराबर के व्यक्तियों से मिलते हैं, या अगर आप इस तरह से कहना चाहें कि जब भी उन्हें ऐसे कान मिलते हैं जो उनकी बातें सुन सकें तो आम तौर पर ऐसा होता ही है। तलवारों को अपनी म्यानें प्यारी होती हैं।

"लेकिन पादरी महोदय, आपके विचार से इस स्थिति के कारण क्या हैं। आप तो अपनी तटस्थता के चलते दूरी लेकर चीजों को देख सकते हैं?"

"ऐसी प्रशंसापूर्ण बात के बाद मुझे घिसीपिटी बातें नहीं दोहरानी चाहिए," पादरी ने मुस्कुराते हुए कहा। "इस घाटी में जो कुछ चल रहा है वह कमोबेश पूरे फ्रांस में फैलता जा रहा है; यह उन उम्मीदों का परिणाम है जो 1789 की उथल-पुथल के कारण किसानों—या जैसा कि कहते हैं—धरती के बेटों, के दिमाग में घुस गयी थीं। क्रान्ति ने कुछ इलाकों को बाकियों से ज्यादा प्रभावित किया। बर्गण्डी का यह हिस्सा, जो पेरिस से ज्यादा करीब है, उन्हीं जगहों में से एक है जहाँ क्रान्तिकारी विचार वैसे ही फैले जैसे गॉल लोग फ्रैंकों को रौंदते चले गये थे। ऐतिहासिक रूप से किसान अब भी ज़ाकरी* के दिनों में जी रहे हैं; सदियों पहले की वह हार उनके दिमाग में खुदी हुई है। उन्हें वे तथ्य तो बहुत पहले भूल चुके हैं पर वह अब उनकी मूलवृत्ति का एक हिस्सा बन चुकी है। यह विचार किसानों के खून में समा गया है, ठीक वैसे ही जैसे एक समय उच्च कुलों के खून में श्रेष्ठता का विचार समाया हुआ था। 1789 की क्रान्ति पराजितों का प्रत्याक्रमण था। किसानों को उस जमीन का स्वामित्व मिला जिससे सामन्ती कानून ने बारह सौ से भी अधिक वर्षों से उन्हें वंचित कर रखा था। उनमें जमीन की भूख का यही कारण है जिसे वे अब आपस में इस कदर बाँट रहे हैं कि जल्दी ही उन्हें हल की एक लीक के भी दो टुकड़े करने की नौबत आ जायेगी। कुल मिलाकर यह टैक्स वसूलने में बाधक बनता है क्योंकि सम्पत्ति के इतने छोटे टुकड़ों का मूल्य इतना भी नहीं होता जिससे वसूली में आने वाले खर्च की भरपाई हो सके।"

"बिल्कुल ठीक, क्योंकि इस मुद्दे पर छोटे मालिक इतने अड़ियल—या अगर आप कहना चाहें तो, इतने आक्रामक—हैं कि फ्रांसीसी क्षेत्र के तीन हजार कैण्टनों में से कम से कम एक हजार में किसी अमीर आदमी के लिए किसी किसान से एक इंच जमीन खरीदना

---

* ज़ाकरी— 1358 में हुआ फ्रांसीसी किसानों का विद्रोह। यह विद्रोह सौ वर्षीय युद्ध के दौरान फैली भयंकर गरीबी की प्रतिक्रिया में शुरू हुआ। पेरिस के उत्तर में बोवाए से शुरू हुआ यह विद्रोह व्यापक भूभाग में फैल गया। सामन्तों के दुर्ग ढहा दिये गये, और गोदाम लूट लिये गये। उनका नेता गिलोम कार्ल पकड़ा गया और चार्ल्स द्वितीय ने उसका सिर कलम करवा दिया। विद्रोह कुचले जाने के बाद सामन्तों ने बदला लेने के लिए हजारों विद्रोही किसानों को मौत के घाट उतार दिया।—अनु.

भी नामुमकिन है," ब्लोंदे ने पादरी की बात बीच में काटते हुए कहा। "जो किसान अपनी जमीन के छोटे-छोटे टुकड़ों को आपस में और बाँटने के लिए तैयार हैं वे मध्यवर्गों को किसी हाल में या किसी कीमत पर इसका एक हिस्सा भी नहीं बेचेंगे। अमीर आदमी जितना ही ज्यादा पैसा देने की पेशकश करता है, किसान की बेचैनी और आशंका उतनी ही बढ़ती जाती है। किसान की भूसम्पत्ति को बाजार में लाने का एकमात्र कारगर तरीका कानूनी बेदखली ही है। अनेक व्यक्तियों का ध्यान इस तथ्य पर गया है, हालाँकि इसका कारण वे नहीं समझ पाते।"

"कारण यह है," पादरी ने कहा; यह मानते हुए कि ब्लोंदे की बात में विराम एक तरह से उसके लिए प्रश्न था : "बारह शताब्दियों ने उस जाति के लिए कुछ नहीं किया है जिसे सभ्यता की ऐतिहासिक यात्रा उसके दिलोदिमाग पर छाये एकमात्र विचार से भटका नहीं सकी है–वह जाति जो अब भी अपने स्वामियों के चौड़ी किनारी के उस टोप को गर्व से पहने रहती है जिसे पुराने पड़ चुके फैशन ने कभी उनके सिर पर टिका दिया था। यह सर्वव्यापी विचार, जिसकी जड़ें लोगों के पेट में हैं, और जिसने उनमें नेपोलियन के प्रति ऐसा प्रचण्ड लगाव पैदा किया था (1815 में उसकी चमत्कारिक वापसी को भी इसी से समझा जा सकता है)–यानी जमीन की यह भूख ही किसान के जीवन की एकमात्र प्रेरकशक्ति है। जनसाधारण की नजरों में नेपोलियन, जो अपने लाखों सिपाहियों के जरिये उनके साथ रहता था, अब भी क्रान्ति से जन्मा राजा है; वह व्यक्ति जिसने उन्हें जमीन के स्वामित्व का अधिकार दिया और राष्ट्रीय भूमि को उन्हें बेचा था। इसी विचार ने उसे जनता की नजरों में मसीहा बनाया।"

"एक ऐसा विचार जिस पर 1814 ने कड़ी चोट की थी, एक ऐसा विचार जिसे राजतंत्र को पवित्र मानना चाहिए," ब्लोंदे ने जल्दी से कहा, "क्योंकि किसी दिन लोग सिंहासन की पैड़ी पर एक ऐसे राजकुमार को पायेंगे जिसका पिता उसके लिए खानदानी निशानी के तौर पर लुई सोलहवें का कटा हुआ सिर छोड़ गया था।"

"मदाम आ रही हैं, अब और कुछ मत कहो," पादरी ने नीची आवाज में कहा। "फूर्शों ने उन्हें डरा दिया है और धर्म तथा राजसिंहासन के हित में, और खुद यहाँ के लोगों के हित में यह जरूरी है कि वे यहीं रहें।"

लेस ऐग्यू का कारिन्दा मिशॉ वातेल की आँखों पर हुए हमले के सिलसिले में गढ़ी में आया था। लेकिन इससे पहले कि हम उस वक्त वहाँ हुए सलाह-मशविरे का वर्णन करें, यह आवश्यक है कि संक्षेप में यह बता दिया जाये कि किन परिस्थितियों के तहत जनरल ने लेस ऐग्यू को खरीदा, किन गम्भीर कारणों के चलते सिबिले को उस शानदार जागीर का गुमाश्ता नियुक्त करना पड़ा, और किन कारणों से मिशॉ को कारिन्दा बनाया गया। साथ ही उन पूर्वकथाओं का बयान भी जरूरी है जिनके चलते हर व्यक्ति तनावग्रस्त था और सिबिले ने अपनी आशंकाएँ व्यक्त की थीं।

यह संक्षिप्त बयान इस ड्रामा के कुछ प्रमुख अभिनेताओं का भी परिचय करायेगा और

उनके व्यक्तिगत हितों को उजागर करेगा; इस तरह हम उन खतरों का चित्रण कर सकेंगे जो इस इतिहास के आरम्भ के समय जनरल कोम्त द मोंतकोर्ने को घेरे हुए थे।

अध्याय छह

चोरों की कहानी

जब मदमोज़ाल लागुएर 1791 में पहली बार अपनी जागीर पर आयीं तो उन्होंने सुलांश के भूतपूर्व कारिन्दे के बेटे गोबर्ते को अपना गुमाश्ता नियुक्त किया। सुलांश का छोटा-सा कस्बा जो इस वक्त एक कैण्टन के मुख्य शहर से ज्यादा कुछ नहीं है, एक समय खासी बड़ी काउण्टी की राजधानी था—उन दिनों में, जब बर्गण्डी की सभा ने फ्रांस के खिलाफ युद्ध की घोषणा कर दी थी। विल-ओ-फाये, जो अभी सब-प्रीफेक्चर का मुख्यालय है, तब लेस ऐग्यू, रोंकेरोल, सेर्नो, कोंशे और बीसेक दूसरी पल्लियों की तरह सुलांश पर निर्भर एक छोटी-सी जागीर थी। सुलांश परिवार शुरू से काउण्ट रहा है, जबकि रोम्के रोल अब उस शक्ति द्वारा मार्क्विस बनाये गये हैं जिसे दरबार कहा जाता है, जिसने कि कैप्टन दु प्लेसी के बेटे को कुलीन घरानों पर तवज्जों देकर ड्यूक बना दिया। यह सब यही सिद्ध करता है कि परिवारों की तरह नगरों का भाग्य भी बदलता रहता है।

युवा गोबर्ते ने, जिसके पास किसी तरह की सम्पत्ति नहीं थी, तीस साल तक जागीर के इंतजाम से रईस हुए पिछले गुमाश्ते की जगह ली जिसने लेस ऐग्यू में बने रहने के बजाय मिनोरे की एक मशहूर फर्म में साझेदार बनने को प्राथमिकता दी थी। उसने खुद अपने स्वार्थवश पाँच साल से अपने एकाउण्टेण्ट का काम कर रहे फ्रांस्वा गोबर्ते को अपनी जगह गुमाश्ता बनवाया था ताकि वह उसकी कारगुजारियों पर पर्दा डाल सके और गोबर्ते ने उसके एहसान के बदले वादा किया था कि वह उस पर मदाम लागुएर के दावों से उसे बरी करवा देगा। मदाम इस समय तक क्रान्ति से बुरी तरह आतंकित थीं। गोबर्ते का पिता, प्रान्त का एटार्नी-जनरल, अब उस डरी हुई स्त्री का संरक्षक बन गया। उसने ऑपेरा की नायिका के कुलीनों से पुराने रिश्तों के आधार पर उसके मन में क्रान्तिकारियों का झूठा डर पैदा कर दिया, ताकि उसका बेटा भी मदाम की जीवनरक्षा का झूठ-मूठ में श्रेय पा सके। इसका फायदा उठाकर युवा गोबर्ते ने बड़ी आसानी से अपने पूर्ववर्ती को मदाम के दावों से बरी करवा दिया। फिर मदाम लागुएर ने फ्रांस्वा गोबर्ते को अपना प्रधान मंत्री बना लिया; इसके पीछे कृतज्ञता तो एक कारण थी ही, आर्थिक लाभ भी एक बड़ा कारण था। पिछले गुमाश्ते ने उसकी आदत खराब नहीं की थी। वह हर वर्ष उसे करीब तीस हजार फ्रैंक भेजता था, जबकि लेस ऐग्यू की आमदनी उस समय कम से कम चालीस हजार की थी। इसलिए

सीधी-सादी ऑपेरा गायिका बहुत खुश हुई जब नये गुमाश्ते गोबर्ते ने उसे छत्तीस हजार देने का वादा किया।

लेस ऐग्यू के गुमाश्ते की वर्तमान समृद्धि की कहानी जानने के लिए उसकी शुरुआत के बारे में बताना जरूरी है। अपने पिता के प्रभाव का इस्तेमाल कर वह ब्लांगी का मेयर बन गया। इस तरह उसे गणतंत्र का भय दिखाकर कर्जदारों को, कानून के विपरीत, सिक्कों में भुगतान करने के लिए बाध्य करने का मौका मिल गया। जब तक कागजी मुद्रा की व्यवस्था चली तब तक वह खुद नागरिकों को एसिन्यात* के रूप में भुगतान करता था—इस व्यवस्था ने राष्ट्र को भले ही समृद्ध न बनाया हो, इसने कई व्यक्तियों को दौलतमन्द जरूर बना दिया। 1793 से 1795 तक, यानी तीन वर्ष में फ्रांस्वा गोबर्ते ने लेस ऐग्यू से डेढ़ लाख फ्रैंक निचोड़े जिन्हें उसने पेरिस में शेयर बाजार में सट्टेबाजी में लगा दिया। मदाम मदमोज़ाल का बटुआ एसिन्यात से भरा हुआ था इसलिए खर्च चलाने के लिए उसे अपने हीरे बेचने पड़े जो उसके लिए अब बेकार थे। उसने उन्हें गोबर्ते को दिया जिसने हीरे बेचकर उनका पूरा दाम ईमानदारी से लौटा दिया। ईमानदारी के इस प्रमाण ने मदमोज़ाल के दिल को छू लिया और इसके बाद वह गोबर्ते पर उतना ही यकीन करने लगी जितना वह पिचिनी (उस समय का प्रसिद्ध इतालवी संगीतकार—अनु.) पर करती थी।

1796 में अपने पिता के जमाने के एक पुराने 'कन्वेंशन' के मित्र की बेटी इसोर मूशों से विवाह के समय गोबर्ते के पास करीब साढ़े तीन लाख फ्रैंक नकद थे। उसे लगता था कि डायरेक्टरी का शासन टिका रहेगा, इसलिए विवाह करने से पहले उसने गुमाश्ते के रूप में अपने पाँच वर्ष के कार्यकाल का लेखा-जोखा मदमोज़ाल से प्रमाणित करवाने का निश्चय किया। उसने कहा कि वह इस तरह एक नई शुरुआत करना चाहता है।

"मैं एक परिवार का मुखिया बनने जा रहा हूँ," उसने मदमोज़ाल से कहा; "आप गुमाश्तों की ख्याति के बारे में जानती ही हैं; मेरे भावी ससुर रोमनों जैसे अनुशासनप्रिय गणतंत्रवादी हैं, और काफी प्रभावशाली व्यक्ति हैं। मैं उनके सामने सिद्ध करना चाहता हूँ कि मैं भी उन्हीं की तरह ईमानदार हूँ।"

मदमोज़ाल लागुएर ने तत्काल प्रशंसा के एक पत्र सहित उसके हिसाब को स्वीकृति दे दी।

शुरुआती दिनों में गुमाश्ते ने मदाम दे ऐग्यू (तब मदमोज़ाल इसी नाम से जानी जाती थीं) का विश्वास जीतने के लिए किसानों की लूट-खसोट को दबाने का प्रयास किया; साथ ही उसे यह भी डर था कि इससे आमदनी का काफी नुकसान होगा और इमारती लकड़ी के खरीदारों से उसे मिलने वाला नजराना भी बहुत घट जायेगा। लेकिन उन दिनों में सम्प्रभु

एसिन्यात—फ्रांसीसी क्रान्ति के समय 1789-96 के बीच सरकारी ऋण चुकाने के लिए जारी की गयी कागजी मुद्रा। शुरू में इससे मुद्रा की कमी की समस्या हल हुई लेकिन जल्दी ही मुद्रास्फीति फैल गयी। 1795 में यह चरम पर पहुँच गयी जब 4,550 करोड़ फ्रैंक के एसिन्यात प्रचलन में थे जिनका वास्तविक मूल्य नगण्य रह गया था—अनु.

जनसाधारण महसूस करते थे कि हर जगह की जमीन उनकी अपनी है; मदाम अपने चारों ओर फैले इन राजाओं से भयभीत थी और उसने अपने रिशल्यू से कहा कि उसकी पहली इच्छा शान्ति से मरने की है। भूतपूर्व गायिका की आमदनी उसके खर्चों से इतनी ज्यादा थी कि उसने तमाम रियायतें दे दीं और घातक नजीरें कायम होने दीं। मुकदमेबाजी से बचने के लिए उसने पड़ोसियों को अपनी जमीन पर अतिक्रमण करने दिया। यह जानते हुए कि बाग की दीवारें उसकी सुरक्षा के लिए पर्याप्त हैं, उसे अपने निजी सुखों में किसी तरह की बाधा पड़ने का डर नहीं था, और वह शान्ति से जीने के अलावा और किसी चीज की परवाह नहीं करती थी। किसानों द्वारा जंगल को पहुँचाये नुकसान के बदले में लकड़ी के व्यापारियों को हर साल हर्जाने के बतौर कुछ हजार कम या ज्यादा दिये जायें, इससे एक बेफिक्र और शाहखर्च ऑपेरा सुन्दरी को क्या फर्क पड़ता था जो एक समय सिर्फ आमोद-प्रमोद के जरिए एक लाख रुपये सालाना कमाती थी और जिसने अभी-अभी साठ हजार फ्रैंक की आमदनी के चालीस प्रतिशत के गबन पर पर्दा डालनेवाले हिसाब को प्रतिवाद का एक शब्द कहे बिना स्वीकार किया था?

"मेरे प्यारे!" पुराने जमाने के मनमौजियों के बेफिक्र अन्दाज में वह कहती थी, "लोगों को जीना तो चाहिए, चाहे वे रिपब्लिकन ही क्यों न हों।"

उसकी परिचारिका और वजीर, चालाक मदमोज़ाल कोशे ने अपनी स्वामिनी पर गोबर्तें के बढ़ते प्रभाव को देखकर उसे सावधान करने की कोशिश की, जो शुरू में समानता के बारे में क्रान्तिकारी कानूनों का उल्लंघन कर उसे मदाम कहता था। लेकिन गोबर्तें ने इसका पता चलते ही मदमोज़ाल कोशे को अपने पिता, सरकारी एटार्नी के पास भेजा गया एक पत्र दिखाया जिसमें उस पर पिट और कोबर्ग* के साथ पत्र व्यवहार करने का आरोप लगाया गया था। उस दिन के बाद से दोनों शक्तियों के बीच समझौता हो गया था। कोशे मदाम से गोबर्तें की प्रशंसा करती थी और गोबर्तें कोशे की प्रशंसा करता था। परिचारिका ने अपना इंतजाम पहले ही कर लिया था, और वह जानती थी कि वसीयत में उसके नाम साठ हजार फ्रैंक किये जा चुके हैं। मदाम का कोशे के बिना काम नहीं चलता था जिसकी उन्हें आदत पड़ गयी थी। वह स्त्री अपनी प्रिय स्वामिनी के सौन्दर्य प्रसाधन के सारे रहस्यों से वाकिफ थी; सिर्फ वही रात को अपनी गप्पों से प्रिय स्वामिनी को सुला सकती थी, और अपनी खुशामदी बातों से वही उसे जगाती थी। प्रिय स्वामिनी के मरने के दिन तक परिचारिका को उसमें रत्तीभर भी बदलाव दिखाई नहीं दिया, और जब प्रिय स्वामिनी ताबूत में लेटी थी तब तो निस्सन्देह उसने यही सोचा होगा कि इससे ज्यादा सुन्दर वह कभी लगी ही नहीं।

गोबर्तें और मदमोज़ाल कोशे की सालाना आमदनी, उनकी तनख्वाह और ऊपरी कमाई इतनी बढ़ गयी कि वे अपनी उदार मालकिन के प्रति ऐसे समर्पित हो गये जैसे सबसे स्नेही रिश्तेदार भी शायद नहीं हो सकता था। कोई ठग अपने शिकार से जैसे लाड़-दुलार दिखाता है उसका वर्णन नहीं किया जा सकता। कोई माँ अपनी प्यारी बिटिया के प्रति उतना कोमल

---

* पिट और कोबर्ग—फ्रांस के खिलाफ लड़ रहे ब्रिटिश प्रधानमंत्री और जनरल।—अनु.

या उदार नहीं हो सकती जितना कि तार्तूफी कला का कोई माहिर अपनी दुधारू गाय का रखता है। किसी घर के बन्द दरवाजों के पीछे तार्तूफ को कितनी कामयाबी मिली होती! मोलिएर बहुत जल्दी मर गया, वरना उसने हमें ओर्गों की दुर्दशा दिखाई होती—अपने परिवार से हैरान, बच्चों से परेशान ओर्गों तार्तूफ की लल्लो-चप्पो को पश्चाताप के साथ याद कर रहा है और मन में सोच रहा है, "आह, वे भी क्या दिन थे!"*

अपने जीवन के अन्तिम आठ वर्षों में लेस ऐग्यू की मालकिन को जागीर की कुल पचास हजार फ्रैंक की आभदनी में से सिर्फ तीस हजार ही मिलते रहे। गोबर्तें ने इसे अपने पूर्ववर्ती के स्तर पर ही पहुँचा दिया था, हालाँकि 1791 से 1815 के बीच लगान और उपज के दामों में खासी बढ़ोत्तरी हुई थी—और इसके अलावा मदाम लगातार सम्पत्ति खरीदती भी रही थी। लेकिन गोबर्तें के दिमाग में बूढ़ी महिला के मरने के बाद लेस ऐग्यू को हासिल करने का विचार जड़ जमाये हुए था और इसलिए वह उस शानदार जागीर की कीमत को लगातार कम करके दिखाता रहा। इस योजना में हिस्सेदार मदमोज़ाल कोशे को भी मुनाफे में हिस्सा मिलना था। ऑपेरा की भूतपूर्व देवी को अपने अन्तिम वर्षों में अपने निवेश से भी बीस हजार फ्रैंक सालाना ब्याज मिलता था और वह उन्हें मुश्किल से खर्च कर पाती थी, इसलिए उसे यह देखकर बड़ी हैरानी होती थी कि किस तरह उसका गुमाश्ता संचित आय का इस्तेमाल कर हर वर्ष नयी सम्पत्तियाँ खरीदता रहता था। उसे अपने पुराने दिनों की याद आती जब वह अपनी आमदनी अग्रिम रूप में ही खर्च कर देती थी। बुढ़ापे में जरूरतें और खर्चे न्यूनतम रह जाने के परिणाम को वह गोबर्तें और मदमोज़ाल कोशे की ईमानदारी और निष्ठा का प्रमाण मान बैठती थी।

"ये मेरे दो मोती हैं!" वह अपने मिलने वालों से कहती थी।

गोबर्तें अपना हिसाब-किताब इस ढंग से रखता था कि पहली नजर में वह बिल्कुल साफ-सुथरा नजर आता था। वह सारी आमदनी और खर्चों को बाकायदा दर्ज करता था। हर वह चीज जो भूतपूर्व गायिका के जोड़-घटाव में कमजोर दिमाग को खटक सकती थी, बिल्कुल सही-सही और साफ लिखी होती थी। गुमाश्ता हर किस्म के भुगतानों पर अपना कमीशन लेता था—जागीर में चलने वाले काम की लागत पर, किरायों के भुगतान पर, कचहरी के खर्चों पर, उपज की बिक्री पर, और हर किस्म की मरम्मत के काम पर। मदाम सपने में भी कभी इनकी तफसीलों की पुष्टि कराने की बात नहीं सोच सकती थी। कभी-कभी तो वह ठेकेदारों से सांठ-गांठ कर दोगुनी कीमतें लगाता था। कारोबार के इन तरीकों से जनमत गोबर्तें के पक्ष में था, और सबके होंठों पर मदाम के लिए प्रशंसा थी; क्योंकि कामों के लिए तगड़े भुगतान के अलावा दान के तौर पर भी वह अच्छी-खासी रकम दिया करती थी।

---

* यहाँ मोलिएर के नाटक 'तार्तूफ' का जिक्र है जिसका केन्द्रीय चरित्र तार्तूफ अपने मित्र ओर्गों के घरवालों के विरोध के बावजूद अपनी प्रशंसापूर्ण बातों में फँसाकर उसकी सम्पत्ति अपने नाम करा लेता है।—अनु.

"हमारी प्यारी मालकिन को ईश्वर सलामत रखे!" यह हर तरफ सुनाई देता था।

सच्चाई यह थी कि हर कोई उससे कुछ न कुछ लेता था, चाहे अप्रत्यक्ष ढंग से या फिर सीधे-सीधे भेंट के रूप में। मानो उसकी जवानी के दिनों के प्रतिशोध के तौर पर उस बूढ़ी अभिनेत्री को लूटा जाता था; लेकिन यह लूट-खसोट इतनी चतुराई से होती थी कि उसकी कीमत पर पलनेवाले लोग अपनी चोरियों को एक सीमा के भीतर ही रखते थे कि कहीं उसकी आँखें न खुल जायें और वह लेस ऐग्यू को बेचकर पेरिस लौट न जाये।

मदाम दे ऐग्यू को खो देने के डर से, जागीर पर धावा बोलने वाले नये पेड़ों को काटने से बचते थे बशर्ते ऐसी मजबूरी न हो कि लम्बे बाँसों में बँधी दराँतियों से काटने लायक टहनियाँ ही न बचे। अपनी लूट जारी रखने के हित में वे अपने भरसक कम से कम नुकसान पहुँचाते थे; हालाँकि मदाम के जीवन के अन्तिम वर्षों के दौरान अवैध कटाई ज्यादा से ज्यादा खुल्लमखुल्ला होने लगी। साफ मौसम में कभी-कभी तो रात भर में कम से कम दो सौ गट्ठर लकड़ी ले जायी जाती थी। जहाँ तक खेतों और अंगूर के बगीचों में सीला बटोरने का सवाल था, जैसाकि सिबिले ने बताया था, लेस ऐग्यू कम से कम अपनी उपज का एक चौथाई गँवा देता था।

मदाम दे ऐग्यू ने कोशे को अपने जीवनकाल में विवाह करने से मना कर दिया था। ऐसी स्वार्थपरता सभी देशों में मालकिनें अपनी नौकरानियों के प्रति अकसर दिखाती हैं; यह उतना ही अतार्किक है जितना अन्तिम साँस तक सम्पत्ति को अपने अधिकार में रखने का पागलपन जो तब तक हमारे भौतिक सुख के लिए बिल्कुल निरर्थक हो चुकी होती है, उल्टे, अधीर हो रहे उत्तराधिकारियों के हाथों जहर दिये जाने का खतरा और बढ़ जाता है। बूढ़ी महिला के दफनाये जाने के बीस दिन बाद मदमोज़ाल कोशे ने सुलांश के सशस्त्र पुलिस के ब्रिगेडियर सूद्री से शादी कर ली। वह बयालिस साल का सुन्दर व्यक्ति था जो सन 1800 (जिस वर्ष पुलिस की स्थापना हुई) से ही हर रोज परिचारिका से मिलने के लिए लेस ऐग्यू आता था और गोबर्ते के घर पर सप्ताह में कम से कम तीन बार उसके साथ खाना खाता था।

मदाम के जीवनकाल में वह अपने मेहमानों के साथ हमेशा अलग खाना खाती थी। मालकिन से अपनी गहरी घनिष्ठता के बावजूद न तो कोशे को कभी उसकी खाने की मेज पर बैठने का अवसर दिया गया और न ही गोबर्ते को। अकादेमी रोयाल की उस नायिका ने अपनी अन्तिम घड़ी तक अपनी शाइस्तगी, पोशाक की शैली, अपने सौन्दर्य प्रसाधन और ऊँची एड़ी की चप्पलें, अपने नौकरों के साथ बर्ताव और अपनी चालढाल में अपने पुराने दिनों की ठसक बरकरार रखी। वह ऑपेरा की देवी थी, पेरिस के सामाजिक जीवन के अपने दायरे में वह देवी थी और देहात के एकाकीपन में भी वह देवी बनी रही, जहाँ उसकी स्मृति को आज भी पूजा जाता है और सुलांश के "श्रेष्ठिजनों" के मन में पुराने राजतंत्र के साथ-साथ उसकी स्मृति भी अपनी जगह बनाये हुए है।

सूद्री इस इलाके में पहलेपहल आने के समय से ही मदमोज़ाल कोशे से मिलने-जुलने

लगा था। उसके पास सुलांश का सबसे अच्छा मकान था, छह हजार फ्रैंक की आमदनी थी और नौकरी छोड़ने पर उसे पेंशन मिलनी थी। जैसे ही कोशे मदाम सूद्री बनी, शहर में उसका भाव बढ़ गया। हालाँकि वह अपनी बचत की राशि को अत्यन्त गोपनीय रखती थी, लेकिन जनमत के अनुसार भूतपूर्व परिचारिका के पास बारह सौ निवासियों के उस शहर में सबसे ज्यादा दौलत थी। इस पैसे को उसने गोबर्ते की ही तरह पेरिस में लक्लर्क नाम के शराब के एक व्यापारी की फर्म में लगा रखा था।

सबको आश्चर्यचकित करते हुए मोस्यू और मदाम सूद्री ने पुलिसवाले के एक अवैध पुत्र को अपने विवाह अनुबन्ध में अपना वैध पुत्र स्वीकार किया, और उसे ही भविष्य में मदाम सूद्री की सम्पत्ति मिलनी थी। जिस समय इस पुत्र को कानूनी रूप से एक माँ की प्राप्ति हुई, उस समय उसने पेरिस में अपनी कानून की पढ़ाई पूरी ही की थी और वकालत शुरू करने वाला था; उसका इरादा मजिस्ट्रेट पद के लिए खुद को तैयार करना था।

यह बताने की शायद जरूरत न हो कि बीस वर्षों की आपसी समझदारी ने गोबर्ते और सूद्री के परिवारों के बीच गहरी घनिष्ठता को जन्म दिया। अपने अन्तिम दिनों तक दोनों एक-दूसरे को सारे फ्रांस में सबसे ईमानदार और सम्मानित व्यक्ति बताते रहे। हितों की ऐसी एकता, जो अन्तःकरण के धवल वस्त्र पर पड़े गुप्त दाग-धब्बों की पारस्परिक जानकारी पर आधारित होती है, इस दुनिया के उन बंधनों में से एक है जो सबसे कम पहचाने जाते हैं और जिन्हें खोलना सबसे कठिन होता है। आप जो इस सामाजिक ड्रामा को पढ़ रहे हैं, क्या दो लोगों की एक-दूसरे के प्रति गहरी निष्ठा को देखकर आपके मन में कभी यह ख्याल नहीं आया, "जरूर उन्होंने मिलकर कोई जुर्म किया होगा"?

पच्चीस वर्ष के प्रबन्धन के बाद गुमाश्ता गोबर्ते के पास छह लाख फ्रैंक नकद हो गये थे और कोशे ने करीब ढाई लाख इकट्ठा कर लिये थे। लक्लर्क एण्ड कम्पनी के हाथों में उनके पैसे तेजी से और लगातार बढ़ रहे थे। मदमोज़ाल लागुएर के मरने पर लक्लर्क ने गुमाश्ता की सबसे बड़ी बेटी जेनी का हाथ अपने लिए माँगा। उस समय गोबर्ते का लेस ऐग्यू का मालिक बनना तय लग रहा था। इसके लिए ल्यूपें नाम के नोटरी के दफ्तर में एक साजिश रची गयी थी। इस नोटरी को गुमाश्ते ने ही पिछले बारह वर्षों में वहाँ स्थापित किया था और उसका धंधा जमाया था। सुलांश की जागीर के भूतपूर्व गुमाश्ते का बेटा ल्यूपें आधे दाम पर निवेश, चोरी-चोरी जारी की जाने वाली नोटिसों और ऐसी तमाम तिकड़मों और छोटे-मोटे गबनों के लिए अपनी सेवाएँ उपलब्ध कराता था जो प्रान्तीय इलाकों में सम्पत्ति के गुप्त हेरफेर को ढँकने के लिए चलते रहते हैं। बताते हैं कि हाल ही में पेरिस में एक कम्पनी बनी है जो ऐसे चालबाजों को धंधे से बाहर करने का डर दिखाकर उनसे फीस वसूलती है। लेकिन 1816 में फ्रांस में आज की तरह दूर-दराज की चीजें रोशनी में नहीं आ पाती थीं। साजिश के भागीदार बिना डरे लेस ऐग्यू को आपस में, यानी कोशे, नोटरी और गोबर्ते के बीच बाँट सकते थे; गोबर्ते मन ही मन यह इरादा बनाये हुए था कि सम्पत्ति अपने नाम होते ही वह बाकियों का हिस्सा भी किसी न किसी तिकड़म से खरीद लेगा।

जागीर की बिक्री के इंतजाम के लिए नोटरी द्वारा नियुक्त वकील गोबर्तें के प्रति निजी तौर पर एहसानमन्द था, इसलिए उसने मदाम लागुएर के उत्तराधिकारियों को उनके हक से वंचित करने के लिए तैयारी कर रखी थी, बशर्ते पिकार्डी के उन ग्यारह किसानों में से किसी की खोपड़ी में यह बात आती कि उनके साथ धोखा हुआ है और वे सम्पत्ति का असल मूल्य पता करने चले आते।

यह तिकड़ी छींका टूटने का इन्तजार कर ही रही थी कि अन्तिम समझौते के एक दिन पहले पेरिस से एक वकील आया और विल-ओ-फाये के एक नोटरी को लेस ऐग्यू की जागीर खरीदने के लिए नियुक्त किया। उसने ग्यारह लाख फ्रैंक में इसे खरीद लिया। षड़यंत्रकारियों में से कोई भी ग्यारह लाख फ्रैंक से ज्यादा की बोली लगाने की जुर्रत नहीं कर पाया। गोबर्तें को सन्देह हुआ कि सूद्री ने धोखाधड़ी की है, और सूद्री और ल्यूपें ने सोचा कि गोबर्तें ने उन्हें चकमा दिया है। लेकिन खरीद एजेण्ट यानी विल-ओ-फाये के नोटरी ने इन भ्रमों का निवारण कर दिया। इस नोटरी को हालाँकि गोबर्तें, ल्युपें और सूद्री की योजना का अन्दाजा था लेकिन उसने पेरिस के वकील को यह बात नहीं बतायी। उसे डर था कि अगर नये मालिकान ने नासमझी में उसका नाम ले दिया तो वह अपने इस इलाके में बहुत से दुश्मन पैदा कर लेगा। आने वाली घटनाओं ने उसके इस वाक्-संयम को पूरी तरह सही सिद्ध किया।

जब जनरल मोंतकोर्ने ने लेस ऐग्यू को खरीदा तो गोबर्तें इतना अमीर नहीं रह गया था कि वह अपना पद छोड़ दे। एक धनी बैंकर से अपनी बेटी की शादी करने के लिए उसे दो लाख फ्रैंक का दहेज देना पड़ा था, फिर अपने बेटे की प्रैक्टिस के लिए उसे तीस हजार फ्रैंक चुकाने पड़े थे और अब उसकी बचत में से सिर्फ तीन लाख सत्तर हजार बचे थे जिनमें से उसे देर-सबेर अपनी दूसरी बेटी एलिज़े का दहेज देना था, जिसके लिए वह कम से कम उसकी बहन जितना ही अच्छा रिश्ता तय करना चाहता था। गुमाश्ते ने तय किया कि वह जनरल को नजदीक से देखेगा और पता लगाने की कोशिश करेगा कि क्या उसे इस जगह से विरक्त होकर भागने के लिए मजबूर किया जा सकता है--उसे अब भी उम्मीद थी कि वह अपनी असफल योजना को अपने हित में पूरा कर सकता है।

धूर्तता से अमीर बनने वाले सभी लोगों की तरह गोबर्तें में लोगों को पहचानने की खास प्रतिभा थी। उसे लगा कि एक बूढ़े सैनिक और एक भूतपूर्व ऑपेरा सिंगर के स्वभाव मिलते-जुलते होंगे। एक अभिनेत्री और एक शाही जनरल--निश्चित ही दोनों में एक जैसी शाहखर्ची की आदत होगी, दोनों ही में एक जैसी सनकें होंगी। दोनों ही के पास दौलत भरपूर मात्रा में और संयोगवश आती है। अगर कुछ सैनिक चालाक, घाघ और चतुर राजनीतिज्ञ होते हैं तो वे अपवाद ही होते हैं; आमतौर पर सैनिक, खासकर मोंतकोर्ने जैसा तपा-तपाया घुड़सवार अफसर, निष्कपट, आत्मविश्वासी, कारोबार के लिए अनाड़ी और जागीर के इंतजाम की तफसीलें समझने के लिए बिल्कुल अयोग्य ही होता है। गोबर्तें यह सोचकर खुश होता था कि वह जनरल को उसी जाल में फाँसकर पकड़ लेगा जिसमें मदमोज़ाल लागुएर

का अन्त हुआ था। लेकिन यह एक संयोग था कि सम्राट ने एक बार जानबूझकर, मोंतकोर्ने को पोमेरेनिया में वही खेल खेलने का मौका दिया था जो गोबर्ते लेस ऐग्यू में खेल रहा था; इसलिए जनरल लूट की उस व्यवस्था को पूरी तरह समझ गया।

राजनीतिक जीवन में अपने पराभव के बाद जनरल ने अपना ध्यान बँटाने के लिए खेती करने, या ड्यूक द बिरों के शब्दों में बन्दगोभियाँ उगाने का फैसला किया। हालाँकि उसने अपने सैनिकों सहित बूर्बों के प्रति निष्ठा प्रकट की थी, लेकिन यह कर्तव्य (जिसका पालन अन्य जनरलों ने भी किया था और जिसे ल्वायर की सेना को भंग करने की संज्ञा दी गयी थी) 'मैन आफ द हण्ड्रेड डेज़' (नेपालियन--अनु.) का साथ देने के अपराध को धो नहीं सकता था। मित्र राष्ट्रों की सेना की मौजूदगी के रहते 1815 के अभिजातों के लिए सेवा में बने रहना असम्भव था, लक्जमबर्ग में तो यह बिल्कुल नामुमकिन था। इसलिए मोंतकोर्ने एक बर्खास्त मार्शल की सलाह मानकर देहात चला आया ताकि यहाँ खुद प्रकृति को लूट सके। जनरल में पुराने घाघ सैनिक की खास चतुराई की कमी नहीं थी और अपनी नई जायदाद का कुछ दिनों तक निरीक्षण करने के बाद उसने देख लिया कि गोबर्ते पुरानी व्यवस्था का गुमाश्ता था--एक ऐसा ठग जिससे पुराने साम्राज्य के ड्यूक और मार्शल अच्छी तरह परिचित थे।

घाघ जनरल को जल्दी ही पता चल गया कि ग्रामीण प्रशासन में गोबर्ते का व्यापक अनुभव है और उसे लगा कि जब तक वह खुद इसके रहस्यों को न समझ जाये तब तक गुमाश्ते से बनाकर रखना ही समझदारी है। इसलिए उसने एक और मदमोज़ाल लागुएर होने का दिखावा किया जिससे गुमाश्ता निश्चिन्त हो गया। यह ऊपरी भोलापन उतने ही समय रहा रहा जितने में कि जनरल लेस ऐग्यू के कमजोर और मजबूत पहलुओं, आमदनी की तफसीलों और उसे वसूलने के तरीकों की जानकारी लेता रहा और यह पता लगाता रहा कि चोरियाँ कब और कैसे होती हैं और कहाँ-कहाँ बचत या सुधार करने की जरूरत है। फिर एक सुबह गोबर्ते को रँगे हाथ पकड़ने के बाद जनरल इस तरह आगबबूला हुआ जैसे सम्राट की तरफ से अनेक देशों को पदाक्रान्त करनेवाला ही हो सकता था। ऐसा करते हुए वह एक भयंकर भूल कर बैठा--एक ऐसी भूल जिसने उससे कम सम्पत्ति या कम औकात वाले किसी इंसान का पूरा जीवन तबाह कर दिया होता, और जिस भूल से वे अनेक छोटी-बड़ी दुष्टताएँ पैदा हुईं जिनसे यह कहानी भरी पड़ी है। मोंतकोर्ने शाही माहौल में पला-बढ़ा था, उसे एक अधिनायक की तरह लोगों से बर्ताव करने की आदत थी और वह "सिविलियन्स" के प्रति हिकारत से भरा हुआ था; और इसीलिए जब एक बदमाश गुमाश्ते को निकाल बाहर करने का मौका आया तो मोंतकोर्ने ने हाथों पर मखमली दस्ताने चढ़ाने की तकलीफ गवारा नहीं की। नागरिक जीवन और इसके तमाम एहतियाहत उस सैनिक के लिए अपरिचित चीजें थीं जो अपना पद छिनने के चलते पहले ही कड़वाहट से भरा था। उसने गोबर्ते को बुरी तरह जलील किया, हालाँकि गुमाश्ते ने एक चिढ़ पैदा करने वाले जवाब से खुद ही अपने साथ इस बुरे बर्ताव को न्यौता दिया था। इस जवाब ने मोंतकोर्ने

के गुस्से को और भड़का दिया।

"तुम मेरी जमीन के सहारे जी रहे हो," जनरल ने गुस्से से कहा।

"क्या आप सोचते हैं कि मैं आकाश के सहारे जी सकता हूँ?" गोबर्ते ने उपहासपूर्ण स्वर में पलटकर जवाब दिया।

"दूर हो जा मेरी नजरों से, नीच आदमी! मैं तुझे बर्खास्त करता हूँ!" जनरल चीख पड़ा और उस पर अपने चाबुक से प्रहार किया—हालाँकि गुमाश्ता अपनी पिटाई से हमेशा इंकार करता था क्योंकि यह बन्द कमरे में हुई थी।

"मैं अपना पूरा हिसाब किये बिना नहीं जाऊँगा," गोबर्ते ने बौराये सैनिक से दूरी बनाये रहते हुए शान्ति से कहा।

"हम देखेंगे कि पुलिस अदालत में तुम्हारा क्या होता है," मोंतकोर्ने ने अपने कंधे उचकाते हुए जवाब दिया।

यह धमकी सुनकर गोबर्ते ने जनरल की ओर देखा और मुस्कुराया। वह मुस्कान देखकर मोंतकोर्ने की बाँहें ऐसे ढीली पड़ गईं जैसे उसकी नसें काट दी गयी हों। हम इस मुस्कान का राज बताते हैं।

गोबर्ते का साला, जिसका नाम ज़ाद्रें था, काफी समय तक विल-ओ-फाये की म्युनिसिपल अदालत में जज था और पिछले दो वर्ष से वह कोम्त द सुलांश के प्रभाव से उस अदालत का मुख्य न्यायाधीश बन गया था। कोम्त द सुलांश को 1814 में फ्रांसीसी दरबार में शामिल किया गया था। और वह सौ दिनों* के दौरान भी बूर्बो के प्रति वफादार रहा, इसलिए कानून मंत्री ने उसके अनुरोध पर ज़ाद्रें को नियुक्ति दे दी थी। इस रिश्ते ने गोबर्ते को देहाती इलाके में काफी महत्त्वपूर्ण बना दिया था। एक छोटे शहर की अदालत का मुख्य न्यायाधीश किसी बड़े शहर की शाही अदालत के मुख्य न्यायाधीश की तुलना में ज्यादा बड़ी शख्सियत होता है। शहर में विभिन्न जनरल, बिशप और प्रीफेक्ट जैसे उसकी बराबरी के कई अधिकारी होते हैं, जबकि किसी छोटे शहर की अदालत के जज के बराबर कोई नहीं होता—अर्टानी जनरल और सब-प्रीफेक्ट तो कभी भी मर्जी से हटाये जा सकते हैं। सूद्री का बेटा जो पेरिस और लेस ऐग्यू में गोबर्ते के बेटे का साथी रहा था, कुछ दिन पहले प्रान्त की राजधानी में एटार्नी का सहायक नियुक्त हुआ था। सशस्त्र पुलिस का ब्रिगेडियर बनने से पहले सूद्री तोपखाने में क्वार्टरमास्टर था और एक लड़ाई में मोस्यू द सुलांश को, जो उस समय एडजुटेण्ट जनरल थे, बचाते हुए घायल हो गया था। सशस्त्र पुलिस के गठन के समय कोम्त द सुलांश ने, जो उस समय तक कर्नल बन गये थे, अपनी प्राणरक्षा करने वाले को ब्रिगेडिअर बनवा दिया और बाद में उसी ने सूद्री के बेटे को नियुक्ति दिलवायी थी। इन सब प्रभावशाली सम्बन्धों के अलावा मदमोज़ाल गोबर्ते के एक धनी बैंकर के साथ विवाह के चलते वह बेईमान गुमाश्ता सोचता था कि रिटायरमेण्ट के लिए बाध्य हुए एक लेफ्टीनेण्ट जनरल की तुलना में वह उस इलाके में अधिक शक्तिशाली था।

---

* नेपालियन की वापसी के सौ दिन।—अनु.

अगर यह पुस्तक महज जनरल और उसके गुमाश्ते के बीच हुए झगड़े से निकली सीख ही दे सके तो भी यह अनेक व्यक्तियों को जीवन में आचरण के लिए सबक के रूप में उपयोगी होगी। जो कोई भी मैकियावेली को ध्यान से पढ़ता है वह जानता है कि दूरदर्शिता इसी बात में है कि कभी किसी को धमकी न दी जाये; बिना कहे कर गुजरा जाये; दुश्मन को पीछे हटने के लिए बाध्य तो किया जाये पर कभी, जैसाकि कहते हैं, साँप की दुम पर कदम न रखा जाये; और अपने से नीची हैसियत के किसी भी व्यक्ति के अभिमान को चोट पहुँचाने से हमेशा बचा जाये। किसी व्यक्ति के हित को, चाहे वह उस समय कितना भी बड़ा क्यों न हो, पहुँची चोट कालान्तर में क्षमा की या भुलाई जा सकती है; लेकिन अभिमान और दम्भ को लगा घाव कभी भरता नहीं है, कभी भुलाया नहीं जाता। आत्मिक व्यक्तित्व भौतिक व्यक्तित्व से ज्यादा संवेदनशील, या यूँ कहें कि ज्यादा सजीव होता है। संक्षेप में, हम चाहे जो भी करें, हमारा आन्तरिक व्यक्तित्व ही हमें शासित करता है। आप ऐसे दो परिवारों में मेल करा सकते हैं जिन्होंने एक-दूसरे को लगभग खत्म ही कर डाला है, जैसाकि गृहयुद्ध के दौरान ब्रिटैनी और ला वेंदी में हुआ, लेकिन लांछन लगाने वाले और लांछित के बीच मेल कराना उतना ही कठिन है जितना बलात्कारी और बलात्कृत के बीच मेल होना। सिर्फ महाकाव्यों में ही लोग एक-दूसरे को मार डालने के पहले गालियों का आदान-प्रदान करते हैं। जंगली आदमी, और किसान, जो काफी कुछ जंगली जैसा ही होता है, तभी बोलते हैं जब उन्हें दुश्मन को चकमा देना होता है। 1789 के बाद से ही फ्रांस तमाम साक्ष्यों के विपरीत, लोगों को यह विश्वास दिलाने की कोशिश कर रहा है कि वे समान हैं। किसी आदमी से कहा जाये, "तुम ठग हो," तो शायद वह इसे मजाक के रूप में लेगा; लेकिन उसे ठगी करते हुए पकड़ लिया जाये और उसकी पीठ पर छड़ी लगाकर उसे यह बताया जाये, उसे पुलिस अदालत की धमकी दी जाये और फिर उस धमकी पर अमल न किया जाये तो यह उसे परिस्थितियों की असमानता की ही याद दिलायेगा। अगर जनसाधारण किसी किस्म की नस्ली श्रेष्ठता को बर्दाश्त नहीं करेंगे, तो क्या यह मुमकिन है कि कोई ठग ईमानदार आदमी की नस्ल को सहन कर लेगा?

मोंतकोर्ने किसी भूतपूर्व सैनिक को नियुक्त कर अपने गुमाश्ते को सेना में दिया कोई वचन पूरा करने के बहाने निकाल सकता था। तब गोबर्तें और जनरल दोनों मामले को समझ गये होते और गुमाश्ते के स्वाभिमान को ठेस पहुँचाये बिना जनरल ने उसे चुपचाप पीछे हट जाने का मौका दे दिया होता। वैसी स्थिति में गोबर्तें ने अपने पुराने मालिक को चैन से जीने दिया होता, और शायद वह अपनी बचत लेकर निवेश करने के लिए पेरिस चला गया होता। लेकिन उसे जिस अपमानजनक ढंग से बर्खास्त किया गया, उसने उसके मन में अपने भूतपूर्व मालिक के खिलाफ ऐसी गहरी नफरत भर दी जो ग्रामीण जीवन का एक अभिन्न अंग है। ऐसी नफरत जिसके जिद्दीपन, टिकाऊपन और षड्यंत्रों को देखकर वे कूटनीतिज्ञ भी भौचक्के रह जायेंगे जिन्हें किसी भी बात पर चकित न होने का प्रशिक्षण दिया जाता है। दिल में सुलगती प्रतिशोध की आग के चलते वह विल-ओ-फाये में बस गया

और वहाँ उसने एक ऐसी हैसियत बना ली जिससे मोंतकोर्ने को ज्यादा से ज्यादा नुकसान पहुँचा सके और उसके खिलाफ इतनी शत्रुता भड़का सके कि उसे मजबूर होकर लेस ऐग्यू को बेचना पड़े।

जनरल बाहरी रूपरंग से धोखा खा जाने वाला व्यक्ति था, और गोबर्तें का ऊपरी व्यवहार ऐसा नहीं था जिससे वह चौकन्ना हो जाये या खतरा महसूस करे। भूतपूर्व गुमाश्ता हमेशा सीमित साधनों का दिखावा करता था। वर्षों से वह अपनी पत्नी और तीन बच्चों और बड़े परिवार के भारी खर्चों की दुहाई देता आ रहा था। मदाम लागुएर को उसने बताया था कि उसके पास अपने बेटे को पेरिस में पढ़ाने लायक पैसे नहीं हैं इसलिए उसकी पढ़ाई का खर्च वही उठाती थी। क्लाद गोबर्तें के लिए वह हर साल दो हजार फ्रैंक भेजती थी।

झगड़े के अगले दिन गोबर्तें कुर्तेक्विस नाम के वनरक्षक के साथ आया और बड़ी गुस्ताखी के साथ माँग की कि उसका पूरा हिसाब कर दिया जाये। उसने जनरल को स्वर्गीय मालकिन से मिला प्रशस्तिपत्र दिखाया और व्यंग्यपूर्वक कहा कि उस सम्पत्ति की तलाश करायी जाये जिसे चुराने का उस पर इल्जाम लगाया गया है। उसने कहा कि अगर उसने लकड़ी के व्यापारियों से उनकी खरीद पर या फार्मरों से उनके पट्टों पर कोई फीस ली थी तो वह मदमोज़ाल लागुएर की अनुमति से ली थी; न सिर्फ उसके सौदों से मदमोज़ाल को फायदा होता था बल्कि उन्हें किसी परेशानी में डाले बिना सब कुछ सुगम तरीके से चलता रहता था। उसने कहा कि देहात के लोग मदमोज़ाल के लिए अपनी जान भी दे सकते थे, जबकि जनरल अपने लिए तमाम किस्म की परेशानियाँ पैदा कर रहा है।

गोबर्तें खुद को बिल्कुल ईमानदार आदमी मानता था—यह प्रवृत्ति ऐसे ज्यादातर पेशों में देखी जा सकती है जिनमें दूसरों की सम्पत्ति ऐसे तरीकों से अपने नाम की जा सकती है जिनका पूर्वानुमान कानून बनाने वाले नहीं कर पाये थे। अव्वलन तो, मदमोज़ाल लागुएर के फार्मरों को डराकर ऐंठे गये और एसिन्यात के रूप में चुकाये गये पैसे उसके पास इतने लम्बे समय से थे कि वह यह मानने लगा था कि उसने इन्हें वैध तरीके से अर्जित किया है। यह तो महज अदला-बदली का मामला था। इसके अलावा कानूनन, मदमोज़ाल को एसिन्यात के अलावा और किसी ढंग से भुगतान पाने का अधिकार नहीं था। "कानूनन" एक बेहद कारगर क्रियाविशेषण है जिसने बहुतों को अमीर बनने में मदद पहुँचायी है। सबसे बढ़कर, वह उस तर्क पर विश्वास करता था जिसे आज भी हमारे रसोइये इस्तेमाल करते हैं। जब से बड़ी जागीरों और गुमाश्तों का अस्तित्व है, यानी धरती की उत्पत्ति के समय से ही, इन कारिन्दों ने अपने इस्तेमाल के लिए यह तर्क गढ़ा है। यह सीधा-सादा तर्क इस प्रकार है :

रसोइया कहता है, "अगर मेरी मालकिन खुद बाजार जातीं तो उन्हें सामान खरीदने पर उससे ज्यादा पैसे खर्च करने पड़ते जितने मैं उनसे लेता हूँ; फायदा उन्हीं का होता है, और मुझे जो मुनाफा मिलता है वह उन व्यापारियों के बजाय मेरे हाथों में ज्यादा अच्छा

लगता है।"

गोबर्तें सोचता था, "अगर मदमोज़ाल को लेस ऐग्यू का इन्तजाम खुद देखना पड़ता, तो वह इससे सालाना तीस हजार फ्रैंक कभी नहीं निकाल पातीं; किसान, व्यापारी, और मजदूर सब लूट खाते। इससे तो बेहतर है कि यह रकम मेरे पास आये और वह चैन से जियें।"

अन्तरात्मा को इस तरह घुटने टेकने से केवल धर्म ही रोक सकता है। लेकिन 1789 के बाद से फ्रांसीसी जनता के दो-तिहाई हिस्से पर धर्म का कोई प्रभाव नहीं रहा है। किसान, जिनके दिमाग तेज होते हैं और जिनकी गरीबी उन्हें ऐसे लोगों का अनुकरण करने पर बाध्य करती है, खासकर लेस ऐग्यू की घाटी में, नैतिक पतन की भयावह स्थिति में पहुँच चुके थे। वे इतवार को प्रार्थना सभा के लिए जाते थे लेकिन चर्च के बाहर ही रहते थे, जहाँ वे आपस में मिलते-जुलते थे और अपने साप्ताहिक सौदे और खरीदारी किया करते थे।

अब हम अपनी सम्पत्ति के प्रबन्धन के प्रति उस महान गायिका की लापरवाही और उदासीनता से हुए नुकसान का अनुमान लगा सकते हैं। मदमोज़ाल लागुएर ने सिर्फ अपने स्वार्थवश सम्पत्तिवान वर्गों के हितों के साथ विश्वासघात किया, जो सम्पत्तिहीनों की सतत घृणा के निशाने पर होते हैं। 1792 के बाद से पेरिस के भूस्वामी मजबूरीवश एकजुट हो गये हैं। अगर सामन्ती घराने, जो मध्यवर्गीय घरानों से संख्या में काफी कम थे, 1400 में लुई चौदहवें के नेतृत्व में, या 1600 में रिशल्यू के नेतृत्व में एकजुट होने की जरूरत नहीं महसूस कर सके, तो क्या हम यह उम्मीद कर सकते हैं कि प्रगति की इस उन्नीसवीं शताब्दी में मध्यवर्ग पुराने सामन्तों से ज्यादा स्थायी और ठोस रूप से एकजुट हो सकेंगे? एक लाख धनी लोगों का धनिकतंत्र लोकतंत्र का कोई भी लाभ सामने लाये बिना इसके तमाम खतरों को ही उजागर करता है। "हर व्यक्ति सिर्फ अपने लिए और अपनों के लिए" का सिद्धान्त और व्यक्तिगत हित की स्वार्थपरता उस धनिकतंत्रीय स्वार्थपरता को खत्म कर देगी जो आधुनिक समाज के अस्तित्व के लिए इतनी आवश्यक है, और जो इंग्लैण्ड में पिछली तीन शताब्दियों से इतनी सफलतापूर्वक लागू है। चाहे जो भी कहा या किया जाये भूस्वामी कभी भी उस किस्म के आन्तरिक अनुशासन की अनिवार्यता को नहीं समझ सकेंगे जिसने एक समय चर्च को शासन का एक सराहनीय आदर्श बनाया था। अगर वे नहीं समझेंगे तो वे खुद को एक-दूसरे से ही खतरे में पायेंगे। समुदायवाद, लोकतंत्र का वह जीवित और सक्रिय तर्क जिस दुस्साहस के साथ समाज के नैतिक पक्ष पर हमला कर रहा है, उससे स्पष्ट है कि आज का सैमसन समझदार हो चुका है और हॉल के खम्भों को हिलाने के बजाय बुनियाद को कमजोर कर रहा है।

अध्याय सात

कुछ लुप्त सामाजिक प्रजातियाँ

लेस ऐग्यू की जागीर बिना गुमाश्ते के नहीं रह सकती थी क्योंकि जनरल का पेरिस में अपने शीतकालीन आमोद-प्रमोद के परित्याग का कोई इरादा नहीं था, जहाँ उसके पास र्‍यू नेव-दे-मातुरीन पर एक शानदार मकान था। इसलिए वह गोबर्ते के उत्तराधिकारी की तलाश कर रहा था, लेकिन यह निश्चित ही वह खुद गोबर्ते जैसी व्यग्रता से तलाश नहीं कर रहा था, जो उसके पास भेजने के लिए सही व्यक्ति ढूँढ़ रहा था।

किसी बड़ी जागीर के गुमाश्ते के लिए अपने काम की खास जानकारी और सक्रियता की जितनी जरूरत होती है उतनी शायद ही किसी और पद पर होती हो। इस काम के लिए सही आदमी मिलना कितना कठिन होता है इसे सिर्फ वे धनी जमींदार ही पूरी तरह जानते हैं जिनकी सम्पत्ति पेरिस से करीब डेढ़ सौ किलोमीटर के घेरे के बाहर है। उस बिन्दु पर पेरिस के बाजारों के लिए होने वाला कृषि उत्पादन बन्द हो जाता है, जिसके लिए लम्बे पट्टों पर जमीनें देनी पड़ती हैं (जिनका किराया प्रायः दूसरे काश्तकार वसूलते हैं जो खुद भी धनी होते हैं)। उन्हें जोतनेवाले फार्मर खुद अपनी टमटम में शहर में आकर कड़क नोटों के रूप में अपना किराया जमा करते हैं, या फिर बाजारों में अपने एजेण्टों के जरिए पैसे भिजवाते हैं। इस वजह से सेन-ए-वास, सेन-ए-मार्न, वास, यूर-ए-लुआर, लोअर सेन और ल्वारे के फार्मों की इतनी पूछ है कि कई बार वहाँ डेढ़ प्रतिशत की दर से भी पूँजी निवेश करना सम्भव नहीं होता। हालैण्ड, इंग्लैण्ड और बेल्जियम की जागीरों से होने वाली आमदनी की तुलना में यह भारी मुनाफा है। लेकिन पेरिस से सौ मील की दूरी पर किसी जागीर पर इतनी तरह के काम करने पड़ते हैं, इसके उत्पाद इतनी विविध किस्मों के होते हैं कि यह एक कारोबार बन जाता है जिसमें वे सारे जोखिम होते हैं जो मैन्युफैक्चरिंग में होते हैं। धनी भूस्वामी वाकई एक व्यापारी ही होता है जिसे लोहे की वर्कशाप या सूती मिलों के मालिक की तरह अपने उत्पादों के लिए बाजार की तलाश करनी पड़ती है। वह होड़ से भी नहीं बच पाता; किसान यानी छोटा मालिक ऐसी लोलुपता के साथ उसके पीछे लगा रहता है जिसके चलते तमाम ऐसे सौदे होते हैं जिन्हें कोई सुसंस्कृत व्यक्ति नहीं कर सकता।

एक गुमाश्ते के लिए जरूरी है कि उसे सर्वेक्षण के तरीके की जानकारी हो, वह इलाके की प्रथाओं को समझता हो, बिक्री और मजदूरी के तौर-तरीकों को जानता हो, और साथ ही अपने मालिक के हित में थोड़ा-बहुत वाक्छल भी कर सकता हो। उसे हिसाब-किताब रखने और वाणिज्यिक मामलों की भी समझ होनी चाहिए और बिल्कुल स्वस्थ होना चाहिए तथा दौड़-भाग और घुड़सवारी पसन्द होनी चाहिए। चूँकि उसका काम अपने मालिक का प्रतिनिधित्व करना और हमेशा उसके सम्पर्क में रहना होता है, इसलिए गुमाश्ता जनता का

आदमी नहीं हो सकता। चूँकि इस पद की तनख्वाह तीन हजार फ्रैंक सालाना से ज्यादा शायद ही कभी होती है, इसलिए समस्या असमाधेय सी लगती है। इतने कम दाम पर इतनी सारी योग्यताएँ हासिल करना भला कैसे सम्भव है--वह भी ऐसे इलाके में जहाँ ये योग्यताएँ रखने वाले लोगों को दूसरे अनेक रोजगार मिल सकते हैं? इस पद पर किसी अजनबी को ले आइये तो आपको उसकी अनुभवहीनता की महँगी कीमत चुकानी पड़ेगी। किसी नौजवान को यह काम सिखाइये, तो ज्यादा सम्भावना इसी बात की होगी कि आप एक अकृतज्ञ व्यक्ति को अपने साथ ढोयेंगे। इसलिए यह जरूरी हो जाता है कि अपनी अज्ञानता और जड़ता से आपकी सम्पत्ति को नुकसान पहुँचानेवाली अक्षम ईमानदारी और अपना मतलब साधने में लगी सिद्धहस्त के बीच चुनाव किया जाये। इसीलिए एक प्रसिद्ध पोलिश सामन्त ने गुमाश्तों की एक दिलचस्प व्याख्या दी है।

वह कहता है, "दो तरह के गुमाश्ते होते हैं : एक जो सिर्फ अपने बारे में सोचता है, और दूसरा जो अपने साथ हमारे बारे में भी सोचता है; खुशकिस्मत है वह जमींदार जिसके हाथ दूसरा वाला लग जाये! जहाँ तक सिर्फ हमारे बारे में सोचने वाले गुमाश्ते का सवाल है, उसका मिलना नामुमकिन है।"

और कहीं ऐसा गुमाश्ता मिलता होगा जो अपने साथ ही अपने मालिक के हितों का भी ध्यान रखता हो। (देखिए"A Start In Life," "Scenes From Private Life".) पर गोबर्तें वह गुमाश्ता है जो सिर्फ अपने बारे में सोचता है। इस प्रश्न का तीसरा व्यक्ति एक दुर्लभ शख्सियत थी, पर पुराने जमाने के सामन्त उससे अपरिचित नहीं थे, लेकिन वह उनके साथ ही लुप्त हो चुका है (देखिए, "The Collection of Antiqus," "Scenes from the Provinces") सम्पत्ति के अन्तहीन बँटवारों के जरिए कुलीनों की आदतों और तौर-तरीकों में अपरिहार्यतः बदलाव आता ही है। अगर आज फ्रांस में अधीक्षकों की देखरेख में बीस बड़ी जागीरें भी नहीं बची हैं, तो यह भी तय है कि आज से पचास साल बाद सौ जागीरें भी गुमाश्तों के हाथ में नहीं होंगी। उस समय तक हर भूस्वामी को खुद अपने हितों की देखभाल करने के लिए बाध्य होना पड़ेगा।

यह रूपान्तरण शुरू हो भी चुका है और इसी के चलते जब एक चतुर स्त्री से यह पूछा गया कि 1830 के बाद से वह गर्मियों में पेरिस में ही क्यों रहती है तो उसने जवाब दिया, "क्योंकि मैं अब किसी शैतो में नहीं जाना चाहती जो सबकी सब अब फार्मों में बदलती जा रही हैं।" इस प्रश्न का भविष्य क्या होगा, जो दिन-ब-दिन हमारी आँखों में ज्यादा पैनेपन से घूर रहा है--मनुष्य मनुष्य के बीच, गरीब मनुष्य और धनी मनुष्य के बीच सम्बन्ध क्या होंगे? यह पुस्तक इसी जटिल सामाजिक प्रश्न पर कुछ प्रकाश डालने के लिए लिखी गयी है।

गोबर्तें को बर्खास्त करने के बाद जनरल को जिन उलझनों ने घेर लिया उन्हें समझना कठिन नहीं है। "मैं उस बदमाश को बर्खास्त कर दूँगा," कुछ-कुछ अनिर्णय की स्थिति में खुद से यह कहते हुए वह अपने भीषण गुस्से के विस्फोट को भूल गया था और इसके

जोखिमों की अनदेखी कर दी थी।

पहली बार भूस्वामी बने और पेरिस के जीवन में रचे-बसे मोंतकोर्ने ने लेस ऐग्यू आने से पहले कोई गुमाश्ता नहीं रखा था; लेकिन पास-पड़ोस का ध्यान से अध्ययन करने के बाद वह समझ गया कि उसके जैसा आदमी निम्न स्तर के इतने सारे व्यक्तियों को सँभालने के लिए किसी मध्यस्थ के बिना काम नहीं चला सकता।

गोबर्ते को जिसे अपनी बर्खास्तगी के समय हुए उत्तेजनापूर्ण दृश्य (जो दो घण्टे से ज्यादा चला) के दौरान ही यह पता चल गया कि जनरल जल्दी ही किन कठिनाइयों में फँसनेवाला है। झगड़े वाले कमरे से बाहर निकलते ही वह कूदकर अपनी घोड़ी पर सवार हुआ और सूद्री दम्पति से सलाह-मशविरा करने के लिए उसे सरपट भगाता हुआ सुलांश पहुँचा। जैसे ही उसने ये शब्द कहे, "जनरल और मैं अलग हो गये हैं; उसके मन में शक पैदा किये बिना मैं अपनी जगह किसे रखवा सकता हूँ?" दोनों फौरन समझ गये कि उनका मित्र क्या चाहता है। भूलिए मत कि सूद्री पिछले सत्रह साल से कैण्टन का पुलिस प्रमुख था और अपनी पत्नी से दोगुना ज्यादा घुटा हुआ था, जो खुद चालाकी में किसी से कम नहीं थी।

मदाम सूद्री ने कहा, "इस काम के लिए अपने बेचारे सिबिले से बेहतर आदमी ढूँढ़ने के लिए हमें बहुत दूर जाना पड़ेगा।"

"वाह, उसे तो हमारे लिए ही बनाया गया है!" गोबर्ते चहककर बोला, हालाँकि वह अब भी अपमान से लाल हो रहा था। "ल्यूपें," उसने वहाँ मौजूद नोटरी की ओर मुड़कर कहा, "विल-ओ-फाये जाओ और मारेशल के कान में यह बात डाल दो; हो सकता है वह अगियाबैताल उसकी सलाह पूछे।"

मारेशल वह वकील था जिसके भूतपूर्व संरक्षक ने जनरल के लिए लेस ऐग्यू खरीदा था और मोस्यू द मोंतकोर्ने ने उसे अपना कानूनी सलाहकार बनाने की सिफारिश की थी।

विल-ओ-फाये की कचहरी के क्लर्क का सबसे बड़ा बेटा सिबिले एक नोटरी का क्लर्क था, जिसके पास अपनी सम्पत्ति के नाम पर एक कौड़ी भी नहीं थी; उसकी उम्र पच्चीस साल थी और उसे सुलांश के मुख्य मजिस्ट्रेट की बेटी से प्रेम हो गया था। सार्कस नाम के इस मजिस्ट्रेट की सालाना तनख्वाह पन्द्रह सौ फ्रैंक थी और वह सुलांश के औषध-व्यापारी मोस्यू वेर्मू की बड़ी बहन से विवाहित था जिसके पास भी अपनी कोई सम्पत्ति नहीं थी। हालाँकि मदमोज़ाल सार्कस इकलौती बेटी थी, जिसकी खूबसूरती ही उसका दहेज थी, पर वह प्रान्तीय इलाके में नोटरी के क्लर्क को मिलने वाली तनख्वाह पर मुश्किल से गुजारा कर सकती थी। युवा सिबिले पारिवारिक कड़ियों की उस जटिल शृंखला की बदौलत गोबर्ते का रिश्तेदार था जिसके तहत छोटे शहरों में मध्यवर्गों के सभी सदस्य एक-दूसरे के भाई या बहन लगते हैं। अपने पिता और गोबर्ते की मदद से ही उसे सरकारी दफ्तर में यह मामूली नौकरी मिली थी। दुर्भाग्य से उसे तीन साल के भीतर दो बच्चों का बाप बनने की दारुण प्रसन्नता भी प्राप्त हो गई थी। उसके पिता, जिन्हें विधाता ने पाँच सन्तानें दी थीं, उसकी

मदद करने में अक्षम थे। उसकी पत्नी के पिता के पास सुलांश में अपने घर और दो हजार फ्रैंक की आमदनी के सिवा और कुछ नहीं था। मदाम सिबिले अपना ज्यादातर समय अपने दोनों बच्चों के साथ अपने पिता के घर पर गुजारती थी जहाँ एडोल्फ सिबिले सरकारी ड्यूटी पर इलाके में अपने दौरों के बीच-बीच में समय निकालकर उससे मिलने आता था।

हालाँकि युवा सिबिले के जीवन के इस संक्षिप्त चित्रण से गोबर्तें की खुशी को समझना आसान है, पर इसके पीछे की चन्द और तफसीलों को बताना जरूरी है।

एडोल्फ सिबिले दुर्भाग्य का मारा तो था ही, जैसा हम ऊपर बता चुके हैं, वह उन पुरुषों में से एक था जो विवाह-वेदी और मेयर के दफ्तर के सिवा और किसी ढंग से किसी स्त्री के दिल में जगह नहीं बना सकते। उसके व्यक्तित्व में स्टील के स्प्रिंग जैसा लचीलापन था; दबाव के आगे वह झुक जाता था, लेकिन फिर अपनी पहले वाली सोच पर लौट आता था। यह दगाबाज आदत कायरता से पैदा होती है, लेकिन एक प्रान्तीय नोटरी के दफ्तर में मिले कामकाजी प्रशिक्षण ने उसे इस कमी को एक अक्खड़ अन्दाज के पीछे छुपाने की कला सिखा दी थी। इससे ऐसी मजबूती का भ्रम पैदा होता था जो उसमें थी ही नहीं। फर्जी स्वभाव वाले कई लोग अपने खोखलेपन को इसी तरीके से ढँकते हैं; पलटकर उनके साथ भी उतनी ही कड़ाई से पेश आइये तो ऐसे फुस्स हो जाते हैं जैसे किसी गुब्बारे में सुई चुभो दी गई हो। सिबिले ऐसा ही था। लेकिन चूँकि ज्यादातर लोग चीजों को ध्यान से नहीं देखते और देखने वालों में भी तीन-चौथाई तभी देखते हैं जब कोई चीज घटित हो चुकी होती है, इसलिए एडोल्फ सिबिले के मुँहफट अन्दाज को उसकी ईमानदारी और बेबाकी का लक्षण माना जाता था। उसका नोटरी उसके इस गुण की काफी सराहना करता था। कुछ लोगों को अपनी कमियों से भी उतना ही फायदा होता है जितना दूसरों को उनके अच्छे गुणों से होता है।

एदेलीन सार्कस एक रूपवती युवती थी जिसे उसकी माँ ने (जो उसकी शादी से तीन साल पहले चल बसी) उतनी अच्छी तरह पाला था जितनी अच्छी तरह कोई माँ दूर-दराज के एक देहाती कस्बे में अपनी इकलौती बेटी को शिक्षित कर सकती थी। वह सुलांश के नोटरी ल्यूपें के सुन्दर बेटे से प्रेम करती थी। इस रोमांस के पहले संकेत मिलते ही ल्यूपें ने, जो अपने बेटे की शादी मदमोज़ाल एलिज़े गोबर्तें से करना चाहता था, बिना समय गँवाए युवा एमोरी ल्यूपें को अपने मित्र और सहकर्मी क्रोता की देखरेख में पेरिस भेज दिया। वहाँ डीड और अनुबन्ध तैयार करने के बहाने एमोरी ने कई तरह की बेवकूफियाँ कीं और कर्जे में डूब गया। जिस समय तक ल्यूपें अपने बेटे को वापस लाने पेरिस गया, एदेलीन सार्कस मदाम सिबिले बन चुकी थी। दरअसल जब एडोल्फ ने शादी का प्रस्ताव किया, तो युवा ल्यूपें के बाप के कहने पर एदेलीन के पिता, बूढ़े मजिस्ट्रेट ने बिना देर किये शादी पक्की कर दी और हताशा में एदेलीन ने भी इसे स्वीकार कर लिया।

किसी सरकारी पंजीकरण कार्यालय में क्लर्क का पद कोई कैरियर नहीं होता। यह सरकारी छन्नी के तमाम छेदों में से एक है, उन तमाम पदों की तरह जिन पर उन्नति की

कोई सम्भावना नहीं होती। जो लोग इन छेदों में (भू-सर्वेक्षण, शिक्षण, सड़क एवं नहर विभाग आदि) जीवन की शुरुआत करते हैं उन्हें देर-सबेर यह पता चलता है--ज्यादातर मामलों में बहुत देर हो चुकने पर ही पता चलता है--कि उनसे भी समझदार और अनुभवी लोग वर्षों से उसी जगह बैठे हुए जनता के पसीने की कमाई खाकर जी रहे हैं। सुबह से शाम तक काम करते और बहुत थोड़ा कमाते हुए एडोल्फ को जल्दी ही अपने छेद की बंजर गहराई का पता चल गया। अपनी कमाई जूते के तल्लों और सफर के खर्चों में गँवाते हुए शहर-शहर भटकने के दौरान उसके दिमाग में बस एक ही विचार घूमता रहता था--कोई स्थायी और ज्यादा आमदनी वाला पद कैसे जुगाड़ा जाये।

अगर कोई एक आँख से भेंगा और दो वैध बच्चों का बाप हो तभी वह कल्पना कर सकता है कि तीन साल की तंगहाली और प्रेम ने इस युवक के भीतर कैसी महत्वाकांक्षाएँ जगाई थीं, जिसकी दृष्टि और दिमाग दोनों भेंगेपन का शिकार थे और जिसकी खुशियाँ मानो रास्ते में ही अटक गयी थीं। गुप्त दुष्टताओं और छुपी हुई नीचताओं का मुख्य कारण शायद खुशियों का अधूरा रह जाना ही होता है। इंसान लगातार ऐसी बदहाली को सहन कर सकता है जिससे निकलने की उसे कोई आशा न दिखाई देती हो, लेकिन सुख और दुख का धूप-छाँव का खेल उसके लिए असहनीय हो जाता है। जैसे शरीर को रोग लगते हैं दिमाग को ईर्ष्या का कोढ़ हो जाता है। क्षुद्र मस्तिष्कों में यह कोढ़ एक नीचतापूर्ण और क्रूर, कभी शान्त न होने वाली उद्धत तृष्णा का रूप धारण करता है, जबकि परिष्कृत मस्तिष्कों में यह समाजविरोधी सिद्धान्तों को जन्म देता है जो व्यक्ति के लिए अपने से श्रेष्ठ व्यक्तियों को पारकर ऊपर चढ़ने की सीढ़ी का काम करते हैं। यह अर्थपूर्ण कहावत किसी सूक्ति से कम नहीं है, "मुझे बताओ कि तुम्हारे पास क्या है, और मैं बता दूँगा कि तुम क्या सोच रहे हो"।

हालाँकि एडोल्फ अपनी पत्नी को प्यार करता था, लेकिन वह हर घड़ी बस यही सोचता रहता था : "मुझसे भूल हो गई; मेरे दो पैरों में तीन-तीन बेड़ियाँ पड़ गई हैं। मुझे दौलत कमा लेने के बाद ही शादी करनी चाहिए थी। मुझे एदेलीन जैसी लड़की कभी भी मिल सकती थी लेकिन अब एदेलीन दौलत हासिल करने की मेरी राह में बाधक है।"

एडोल्फ तीन वर्ष में तीन बार अपने सम्बन्धी गोबर्ते से मिलने गया था। उनके बीच हुई चन्द बातों से ही गोबर्ते ने उसकी आत्मा के कीचड़ को देख लिया था जो वैधानिक लूट के सुलगते लालच की आँच से सड़कर बजबजाने के लिए बिल्कुल तैयार था। उसने चतुराई से भाँप लिया था कि सिबिले के स्वभाव को किसी भी ऐसी योजना की जरूरतों के मुताबिक तोड़ा-मरोड़ा जा सकता है जो फायदेमन्द हो। तीनों मौकों पर सिबिले ने अपनी किस्मत का दुखड़ा रोया था।

"मुझे अपने साथ लगा लो, भाई," वह कहता; "मुझे क्लर्क के बतौर ले लो और अपना उत्तराधिकारी बना लो। तुम देखना मैं कैसे काम करता हूँ। अपनी एदेलीन को ऐश्वर्य न सही पर ढंग की जिन्दगी देने के लिए मैं पहाड़ भी धकेल सकता हूँ। तुमने मोस्यू लक्लर्क

को अमीर बना दिया, तुम मुझे पेरिस के किसी बैंक में क्यों नहीं लगवा देते?"

"धीरज रखो, किसी न किसी दिन मैं तुम्हारे लायक काम ढूँढ़ लूँगा," गोबर्ते कहता; "इस बीच दोस्त बनाओ और जान-पहचान बढ़ाओ; ऐसी चीजें काम आती हैं।"

इन हालात में मदाम सूद्री द्वारा फौरन भेजे गये पत्र को पढ़ते ही सिबिले हवाई किलों के बीच से गुजरता हुआ सुलांश पहुँच गया। उसका ससुर, जिसे सूद्री दम्पति ने अपने बेटी के हित में जरूरी कदम उठाने की सलाह दी थी, सुबह ही जनरल से मिलकर रिक्त पद के लिए एडोल्फ के नाम का प्रस्ताव करने गया था। कस्बे की दिव्यवक्ता मदाम सूद्री की सलाह मानकर वह अपने साथ अपनी बेटी को भी ले गया था जिसे देखकर कोम्त द मोंतकोर्ने पर पर्याप्त अनुकूल प्रभाव पड़ा।

"मैं तब तक कोई फैसला नहीं करूँगा," उसने जवाब दिया, "जब तक मैं सारे उम्मीदवारों के बारे में ठीक से पता नहीं कर लेता; लेकिन मैं तब तक और कहीं तलाश नहीं करूँगा, जब तक मैं यह नहीं देख लेता कि आपका दामाद इस पद के लिए जरूरी योग्यताएँ रखता है या नहीं। फिर मदाम सिबिले की ओर मुखातिब होकर उसने इतना और जोड़ दिया, 'और लेस ऐग्यू में इतनी मोहक शख्सियत को बसाने में मुझे जो खुशी मिलेगी–"

"दो प्यारे से बच्चों के साथ, जनरल," बूढ़े रणबाँकुरे की रसिकता से पिण्ड छुड़ाने के लिए एदेलीन ने चतुराई से कहा।

सूद्री, गोबर्ते और ल्यूपें की चालाक तिकड़ी ने पहले ही अनुमान लगा लिया था कि जनरल कहाँ-कहाँ पता लगा सकता है और अपने उम्मीदवार के पक्ष में डिपार्टमेण्ट की राजधानी के सभी बड़े वकीलों की सिफारिश का इन्तजाम कर लिया था। इनमें विल-ओ-फाये के जज का दूर का रिश्तेदार काउंसलर ज़ान्द्रें, एटार्नी जनरल बैरन बूर्लाक और उम्मीदवार का रिश्ते का भाई सार्कस नाम का एक और काउंसलर शामिल थे। जिससे भी जनरल ने पूछा सबने बेचारे क्लर्क के पक्ष में राय दी; "बड़ा दिलचस्प आदमी है"–आम तौर पर वे यही कहते थे। सिबिले की शादी ने उसे मिस एजवर्थ के किसी उपन्यास की तरह अनिंद्य बना दिया था।

अपनी जगह नये आदमी की नियुक्ति होने तक का जो समय बर्खास्त गुमाश्ते ने लेस ऐग्यू में बिताया, उसका इस्तेमाल अपने भूतपूर्व मालिक के लिए परेशानियाँ और उलझनें पैदा करने में किया गया। ऐसे एक दृश्य से बाकियों का अनुमान लगाया जा सकता है।

अपनी रवानगी वाले दिन सुबह-सुबह उसने कुर्तेक्विस से मुलाकात की जो उस समय की जागीर में तैनात अकेला वनरक्षक था जबकि वहाँ कम से कम तीन की जरूरत थी। गोबर्ते ने ऐसे दिखाया मानो उनकी भेंट अचानक हो गयी हो।

"क्यों मोस्यू गोबर्ते," कुर्तेक्विस ने कहा, "सुना काउण्ट के साथ आपकी कुछ गड़बड़ हो गयी है?"

"तुमसे यह किसने कह दिया?" गोबर्ते ने जवाब दिया। "हाँ, वह जनरल उम्मीद करता था कि हम पर अपने सिपाहियों की तरह हुक्म चलायेगा, लेकिन वह बर्गण्डी वालों

को जानता नहीं है। काउण्ट मेरे काम से सन्तुष्ट नहीं है और मैं उसके रवैये से सन्तुष्ट नहीं हूँ। हम दोनों ने एक-दूसरे को बर्खास्त कर दिया है। हमारे बीच हाथापाई होते-होते बची क्योंकि वह बौराये बवण्डर की तरह चिग्घाड़ रहा था। तुम भी सावधान रहना, कुर्तेक्विस! आह! मेरे प्यारे, मैंने सोचा था कि तुम्हें इससे बेहतर मालिक दिलवाऊँगा।''

''मैं जानता हूँ,'' रक्षक ने कहा, ''और मैंने आपकी अच्छी सेवा की है। आखिर हम बीस साल से एक-दूसरे को जानते हैं, हम दोस्त हैं, क्यों? आपने हमारी प्यारी भली मदाम के समय मुझे यहाँ रखवाया था। आह, कितनी भली औरत थीं वह! उन जैसा अब कोई नहीं है! इस जगह ने समझो अपनी माँ को खो दिया है।''

''देखो कुर्तेक्विस, अगर तुम चाहो तो हमारी बड़ी मदद कर सकते हो।''

''तो आप यहाँ रुक रहे हैं? मैंने तो सुना है कि आप पेरिस जा रहे हैं।''

''नहीं, मैं इन्तजार करूँगा और देखूँगा कि हालात क्या रुख लेते हैं। इस बीच मैं विल-ओ-फाये में कारोबार करूँगा। जनरल को मालूम नहीं कि इस इलाके में उसका किससे पाला पड़ा है। अपनी हरकतों से वह खुद को सबकी नफरत का निशाना बना रहा है, तुम्हें यह दिखाई नहीं देता? मैं मौके का इन्तजार करूँगा। यहाँ अपना काम जरा नर्मी से करो। वह तुमसे कहेगा कि लोगों के साथ कड़ाई करो क्योंकि अब उसे दिखने लगा है कि उसकी फसलों और जंगल की कमाई कहाँ जा रही है; लेकिन तुम इतने बेवकूफ तो नहीं होगे कि उसकी लकड़ियों की खातिर गाँव वालों के हाथों अपनी धज्जियाँ उड़वा डालो।''

''लेकिन वह मुझे चलता कर देगा, मोस्यू गोबर्ते, वह मेरी छुट्टी कर देगा! और आप तो जानते हैं कि मैं वहाँ एवोन के फाटक पर कितने सुकून से रह रहा हूँ।''

''जनरल जल्दी ही इस पूरी जगह से तंग आ जायेगा,'' गोबर्ते ने जवाब दिया। ''अगर उसने तुम्हें हटा भी दिया तो भी तुम ज्यादा दिन बाहर नहीं रहोगे। और फिर, तुम इस जंगल से अच्छी तरह वाकिफ हो,'' उसने पूरे भूदृश्य पर अपना हाथ लहराते हुए कहा, ''वहाँ मैं मालिकों से ज्यादा ताकतवर हूँ।''

यह वार्तालाप एक खुले खेत में चल रहा था।

''ये 'आर्मेनाक' पेरिसवाले अपने ही कीचड़ में क्यों नहीं पड़े रहते?'' वनरक्षक ने कहा।

पन्द्रहवीं शताब्दी में हुए झगड़ों के बाद से 'अर्मिनाक' शब्द (अर्मेन्याक, यानी पेरिसवासी, बर्गण्डी के ड्यूक के दुश्मन) उत्तरी बर्गण्डी के सीमावर्ती इलाकों में आज भी एक गाली की तरह इस्तेमाल होता है। अलग-अलग इलाकों में इसे अपने-अपने ढंग से बोला जाता है।

''जब उसकी पिटाई होगी तब वह वापस उसी कीचड़ में जायेगा,'' गोबर्ते ने कहा, ''और हम पूरे बाग को जोत डालेंगे, क्योंकि यह लोगों पर सरासर डाका है कि घाटी की नौ सौ एकड़ सबसे अच्छी जमीन को एक आदमी सिर्फ अपने मौज-मजे के लिए रखे रहे।''

''इससे चार सौ परिवारों की गुजर-बसर हो सकती है,'' कुर्तेक्विस ने कहा।

"अगर तुम अपने लिए दो एकड़ चाहते हो तो उस कमीने को यहाँ से खदेड़ने में हमारी मदद करो," गोबर्ते ने फौरन कहा।

जिस समय गोबर्ते कड़ककर जनरल के लिए देश निकाले की यह सजा मुकर्रर कर रहा था, ठीक उसी समय भलामानस सार्कस अपने दामाद सिबिले को कोम्त द मोंतकोर्ने से मिलवा रहा था। वे एदेलीन और बच्चों सहित एक बेंत की टमटम में सवार होकर आये थे। यह गाड़ी सार्कस के क्लर्क और सुलांश के डाक्टर मोस्यू गूर्दो के भाई की थी जो खुद मजिस्ट्रेट से ज्यादा अमीर था। जनरल न्याय के रक्षक की निष्कपटता और गरिमा से तथा एडेलीन के रूप माधुर्य से इतना प्रभावित हुआ (दोनों ही साफ दिल से सिबिले की पैरोकारी कर रहे थे क्योंकि उन्हें गोबर्ते की योजना की भनक भी नहीं थी) कि उसने तत्काल उनके सारे अनुरोध स्वीकार कर लिये और नये गुमाश्ते के परिवार को इतनी सुविधाएँ दे दीं जो पहले दर्जे के सब-प्रीफेक्ट के बराबर थीं।

ब्लांगी के फाटक के पास बूरे द्वारा बनवाया गया छोटा सा खूबसूरत मकान सिबिले दम्पत्ति को रहने के लिए दिया गया। जागीर की लम्बाई-चौड़ाई और मण्डियों की दूरी को देखते हुए मदाम लागुएर ने गोबर्ते को जो घोड़ा दिया था, वह भी जनरल ने सिबिले को दे दिया। इसके अलावा दो सौ बुशल गेहूँ, बढ़िया वाइन के तीन बड़े पीपे, पर्याप्त मात्रा में लकड़ी, ढेर सी जई और जौ और कुल आमदनी का तीन प्रतिशत देना तय हुआ। मदमोज़ाल लागुएर के जमाने में कुल आमदनी चालीस हजार फ्रैंक के लगभग थी, पर गोबर्ते द्वारा मदाम के लिए खरीदी नई जमीनों के मद्देनजर अब, 1818 में, जनरल को कम से कम साठ हजार पाने की उम्मीद थी। इस तरह जल्दी ही नये गुमाश्ते को दो हजार फ्रैंक नकद मिल सकते थे। इसके अलावा उसके रहने, खाने, गर्म रहने का इन्तजाम था, करों से छूट मिली हुई थी, घोड़ा और मुर्गीबाड़ा मुफ्त में मिला था और उसे घर के पास की जमीन में साग-सब्जी उगाने की भी छूट थी जिसमें बाग के माली से काम कराने पर कोई पूछने वाला नहीं था। ये सुविधाएँ बिला शक कम से कमम और दो हजार फ्रैंक के बराबर थीं। जो आदमी एक सरकारी दफ्तर में बारह सौ फ्रैंक की दयनीय तनख्वाह पर जूते घिस रहा था उसके लिए लेस ऐग्यू के गुमाश्ते का पद मिल जाना दरिद्रता से सीधे ऐश्वर्य में कदम रखने जैसा था।

"मेरे हितों का ईमानदारी से ख्याल रखोगे," जनरल ने कहा, "तो मैं तुम्हें और भी बहुत कुछ दूँगा। यकीनन, मैं कोंशे, ब्लांगी और सेर्नो का लगान इकट्ठा करने का काम सुलांश से हटवाकर तुम्हें दिलवा सकता हूँ। बस यह समझो कि जब तुम लेस ऐग्यू से मुझे एक साल के पूरे साठ हजार लाकर दोगे तो मैं तुम्हें और इनाम दूँगा।

दुर्भाग्य से, भलेमानस मजिस्ट्रेट और उसकी बेटी ने, खुशी के मारे, मदाम सूद्री को इस वादे के बारे में बता दिया। उन्होंने यह सोचा ही नहीं कि सुलांश का मौजूदा टैक्स कलेक्टर, कोंशे के पोस्टमास्टर का भाई गुएर्बे भी गोबर्ते और ज्ञान्दें के साथ नजदीकी से जुड़ा हुआ था, जैसा हम आगे देखेंगे।

"ऐसा करना इतना आसान नहीं होगा, मेरी प्यारी," मदाम सूद्री ने कहा, "लेकिन जनरल को कोशिश करने से मत रोकना। पेरिस में मुश्किल काम भी कितनी आसानी से हो जाते हैं, यह भी एक कमाल ही है। मैंने देखा है कि शेवालिये ग्लुक मदाम को अपने संगीत पर गाने के वास्ते राजी करने के लिए उनके पैरों पर गिर जाता था, और वह मान जाती थीं—वह, जो अपने समय के सबसे अच्छे संगीतकार पिचिनी की भक्त थीं; और वह ग्लुक मेरी कमर में हाथ डालकर प्यार से मुझे बदमाश कहे बिना मदाम के कमरे में नहीं जाता था।

"अरे वाह!" अपनी पत्नी से यह खबर सुनकर सूद्री जोर से बोल उठा, "क्या वह क्या सोचता है कि नोटरी को नाक पकड़कर चलायेगा और हर चीज अपनी मर्जी से उलट-पलट देगा, और पूरी घाटी उसके सिपाहियों की तरह कतार बाँधकर खड़ी हो जायेगी? इन फौजी लोगों को हुक्म चलाने की आदत हो जाती है! लेकिन हमें धीरज रखना चाहिए; मोस्यू द सुलांश और मोस्यू द रोंकरोल हमारी ओर होंगे। बेचारा गुएर्बे! उसे तो गुमान भी नहीं होगा कि कौन उसकी बगिया के सबसे अच्छे गुलाब चुराने की कोशिश कर रहा है।"

सुलांश का टैक्स कलेक्टर पेर गुएर्बे उस कस्बे का सबसे हँसोड़ व्यक्ति था और मदाम सूद्री के घर पर जमने वाली महफिलों का तो वह हीरो होता था। सूद्री की बातों से लेस ऐग्यू के मालिक के खिलाफ बन रही सोच का अनुमान लगाया जा सकता है। ऐसी सोच कोंशे से विल-ओ-फाये तक, और हर उस जगह पनप रही थी जहाँ गोबर्ते लोगों के दिमाग में जहर बो सकता था।

सिबिले 1817 के शिशिर में नियुक्त हुआ। वर्ष 1818 यूँ ही गुजर गया और जनरल लेस ऐग्यू में कदम नहीं रख सका, क्योंकि मदमोज़ाल द त्रुआविल से होने वाली अपनी शादी के चक्कर में उसने गर्मियों का ज्यादातर समय अलांकों के पास अपने भावी ससुर के ग्रीष्मकालीन आवास पर बिताया। लेस ऐग्यू की जागीर और पेरिस में शानदार मकान के अलावा जनरल को सरकारी बाण्डों से साठ हजार फ्रैंक सालाना की आमदनी होती थी और उसे अवकाशप्राप्त लेफ्टीनेंट-जनरल की पेंशन भी मिलती थी।

हालाँकि नेपोलियन ने उसे साम्राज्य का काउण्ट बना दिया था और उसे कुलचिह्न भी प्रदान किया था, पर मोंतकोर्ने बहुत अच्छी तरह जानता था कि वह सैं-आत्वां के उपनगर के एक आलमारी बनाने वाले का बेटा था; यह बात अलग थी कि वह इसे भूलने के लिए बिल्कुल तैयार था। फ्रांस के कुलीनों में शामिल होने की इच्छा उसे खाये जा रही थी और वह हर समय लीज़न आफ ऑनर के सम्मान फीते, अपने सेंट-लुई क्रास और एक लाख चालीस हजार फ्रैंक की आमदनी के सपनों में खोया रहता था। कुलीनता का नशा उस पर इस कदम छाया था कि नीला फीता देखते ही वह सुधबुध खो बैठता था। एसलिंग का शूरवीर सेनापति किसी नवारें, लेनांकूर, ग्रांदल्यू, मोफ्रिन्यू, दस्पार, वांदेनीस, वेर्नोयल, एरोविल या शोल्यू* के घर पर आमंत्रित होने के लिए पों-रोयाल सड़क का कीचड़ भी चाट सकता था।

---

* प्रसिद्ध कुलीन घरानों के नाम—अनु.

जब 1818 में उसे समझा दिया कि बोनापार्त परिवार के पक्ष में बदलाव असम्भव है तो मोंतकोर्ने ने अपने कुछ दोस्तों की बीवियों से पेरिस के उपनगर सैं-जर्मेन* में अपनी चर्चा करवानी शुरू कर दी कि वह किसी बड़े घराने से रिश्ता जोड़ने के लिए अपने दिल, अपनी हवेली और अपनी सम्पति के साथ प्रस्तुत है।

कई कोशिशों के बाद डचेस द कैरिगलिआनो ने त्रुआविल घराने की तीन शाखाओं में से एक में जनरल के लिए एक रिश्ता ढूँढ़ निकाला। यह एक विस्काउण्ट का परिवार था जो 1789 से रूस की सेवा में था और 1815 में फ्रांस वापस लौट आया था। छोटा बेटा होने के चलते उसे परिवार की सम्पति में सबसे कम हिस्सा मिला था लेकिन उसने किसी राजकुमारी शेरबेलॉफ से शादी कर ली थी जिसके पास दस लाख फ्रैंक की सम्पति थी, पर दो बेटों और तीन बेटियों के आगमन ने उसे गरीब बनाये रखा। उसके परिवार की जड़ें काफी पुरानी थीं और एक समय वह काफी शक्तिशाली था। लेकिन इस समय उस परिवार में मार्क्विस द त्रुआविल, जो राजदरबारी थे, के अलावा असेम्बली में दो प्रतिनिधि और उनकी ढेर सारी संततियाँ थीं जो रोटी के टुकड़ों के इर्दगिर्द बुरी तरह सक्रिय मछलियों की तरह बजट, मंत्रालयों और अदालतों में लगे रहते थे। इसलिए जब मदाम द कैरिगलिआनो ने मोंतकोर्ने को उनसे मिलवाया तो उसका काफी स्वागत किया गया। जनरल ने अपनी सम्पति और पत्नी के प्रति आसक्तिपूर्ण प्रेम के बदले माँग की कि उसे रॉयल गार्ड में नियुक्त कराया जाये और मार्क्विस की पदवी दिलायी जाये; लेकिन त्रुआविल परिवार की शाखाएँ उसे अपने समर्थन का आश्वासन देने के सिवाय और कुछ नहीं कर सकती थीं।

इस आश्वासन की अस्पष्टता की शिकायत करने पर डचेस ने अपने पुराने मित्र से कहा, "तुम इसका मतलब नहीं समझते हो। वे राजा पर अपनी मर्जी से थोप नहीं सकते; वे उसे सिर्फ प्रभावित ही कर सकते हैं।"

मोंतकोर्ने ने शादी के अनुबंध में वर्जीनी द त्रुआविल को अपना उत्तराधिकारी बनाया। वह पूरी तरह अपनी पत्नी के काबू में था, जैसाकि ब्लोंदे का पत्र हमें पहले ही बता चुका है। अभी तक उसके बच्चे नहीं थे, लेकिन लुई अठारहवें ने उससे भेंट की थी और उसे सेंट-लुई का तमगा प्रदान किया था और यह आश्वासन भी दिया था कि जैसे ही वह अपनी सेवाओं से अपनी अर्हता सिद्ध कर देगा उसे मार्क्विस की पदवी मिल जायेगी।

इस आश्वासन के कुछ ही दिन बाद ड्यूक द बारी की हत्या कर दी गयी; मार्सां गुट हावी हो गया; विल्ले मंत्रालय सत्ता में आया और त्रुआविलों द्वारा बिछाये गये सारे तार झटके से टूट गये। अब जरूरी हो गया कि इन तारों को मंत्रालय से जोड़ने के नये तरीके ढूँढ़े जायें।

"हमें मौके का इंतजार करना होगा," त्रुआविलों ने मोंतकोर्ने से कहा जो सैं-जर्मेन उपनगर* में हमेशा विनम्रता से ओत-प्रोत रहता था।

---

* यहाँ ज्यादातर कुलीनों के आवास थे--अनु.

यही वजह थी कि जनरल मई, 1820 तक लेस ऐग्यू वापस नहीं लौटा।

एक युवा, सुन्दर, बुद्धिमती और मधुर स्वभाव की और त्रुआविल खानदान की पत्नी पाकर सैं-आंत्वां उपनगर के दुकानदार के बेटे की खुशी का ठिकाना न था; इसने उसे सैं-जर्मेन उपनगर के सभी कुलीन बैठककक्षों में प्रवेश दे दिया था और वह अपनी पत्नी को पेरिस के रंगीन जीवन का आनन्द उठाने का मौका देने में इतनी खुशी महसूस करता था कि लेस ऐग्यू जाना तो दूर वह गोबर्तें का नाम तक भूल गया। 1820 में वह काउण्टेस को जागीर दिखाने के लिए बर्गण्डी ले गया और उसने सिबिले के हिसाब-किताब और पट्टों की बारीकी से जाँच किये बिना उन्हें स्वीकार कर लिया; खुशी में व्यक्ति कभी नुक्ताचीनी नहीं करता। काउण्टेस गुमाश्ते की सुन्दर युवा स्त्री से मिलकर बहुत खुश हुई और उसने उसे तथा बच्चों को तोहफे भी दिये और अकसर वह बच्चों के साथ खेलती थी। उसने पेरिस से आर्किटेक्ट बुलवाकर लेस ऐग्यू में कुछ तब्दीलियाँ करवायीं और हर साल के छह महीने इस शानदार जागीर पर गुजारने की इच्छा व्यक्त की जिसे सुनकर जनरल की खुशी का पारावार न रहा। मोंतकोर्ने की बचत जल्दी ही आर्किटेक्ट के काम और पेरिस से मँगाये गये नये खूबसूरत फर्नीचर पर स्वाहा हो गयी।

अगले वर्ष सिबिले बार-बार जनरल से अनुरोध करता रहा कि वह मई के पहले लेस ऐग्यू आ जाये। कुछ महत्त्वपूर्ण मामलों पर फैसला लिया जाना था। गोबर्तें ने 1812 में लकड़ी के एक व्यापारी को तीस हजार फ्रैंक पर नौ साल के लिए जंगल का पट्टा दिया था जो इस साल पन्द्रह मई को खत्म हो रहा था। अपनी ईमानदारी और शराफत साबित करने के लिए बेचैन सिबिले इस पट्टे को आगे बढ़ाने की जिम्मेदारी अपने पर लेना नहीं चाहता था। "आप जानते ही हैं, मोस्यू ल कोम्त," उसने लिखा, "कि मैं ऐसे मामलों में मुनाफा नहीं कमाना चाहता हूँ।" लकड़ी के व्यापारी ने हर्जाने का दावा ठोंक दिया था। मुकदमेबाजी से मदाम लागुएर की चिढ़ का फायदा उठाकर उसने गोबर्तें की मदद से पट्टे में इसका प्रावधान करवा लिया था। हर्जाने का यह दावा किसानों द्वारा जंगल को पहुँचाये गये नुकसान पर आधारित था, जो लेस ऐग्यू के जंगल से लकड़ी काटना अपना अधिकार समझते थे। पेरिस के लकड़ी व्यापारी मेसर्स ग्रावेलो ब्रदर्स ने आखिरी तिमाही की रकम चुकाने से यह कहकर इंकार कर दिया कि मदाम लागुएर द्वारा स्थापित नुकसानदेह नजीर के चलते जंगल की कीमत में एक बटा पाँच की कमी आई है। उन्होंने इस बात की विशेषज्ञ से पुष्टि कराने का भी प्रस्ताव किया था।

"मैंने इस पट्टे के आधार पर इन लोगों पर विल-ओ-फाये की अदालत में अपने पुराने नियोक्ता मैत्र कोर्बिने के माध्यम से मुकदमा दायर कर दिया है," सिबिले ने लिखा था, "क्योंकि उन्होंने कानूनी तौर पर वहीं का पता दर्ज कराया है। मुझे डर है कि हम मुकदमा हार जायेंगे।"

"यह आमदनी का मामला है, मेरी प्यारी," जनरल ने पत्र अपनी पत्नी को दिखाते हुए कहा। "क्या तुम इस साल थोड़ा पहले लेस ऐग्यू चलोगी?"

"तुम चले जाओ, मौसम थोड़ा गर्म होते ही मैं आ जाऊँगी," काउण्टेस ने कहा, जिसे पेरिस में अकेले समय बिताने में कोई उज्र नहीं था।

जनरल अब तक जान चुका था कि उसकी आमदनी को कौन सा नासूर खाये जा रहा है और वह सख्त कदम उठाने के लिए कमर कसकर अपनी पत्नी के बिना ही रवाना हो गया। लेकिन ऐसा करते हुए उसने गोबर्तें का ध्यान नहीं रखा, जैसाकि हम जल्दी ही देखेंगे।

अध्याय आठ

छोटी सी घाटी की बड़ी क्रान्तियाँ

"तो, मैत्र सिबिले," जनरल ने लेस ऐग्यू पहुँचने के अगली सुबह अपने गुमाश्ते से कहा; इस अन्तरंग सम्बोधन से पता चलता था कि वह उसकी सेवाओं से कितना खुश था, "तो हमारे सामने संकटपूर्ण स्थिति है, जैसाकि सरकारी जुबान में कहते हैं?"

"हाँ, मोस्यू ल कोम्त," सिबिले ने जनरल के पीछे-पीछे चलते कहा।

लेस ऐग्यू का खुशकिस्मत मालिक गुमाश्ते के घर के सामने की फुलवारी में चहलकदमी कर रहा था। यहाँ से कुछ दूरी पर लेस ऐग्यू की गढ़ी दिखायी देती थी।

"लेकिन," जनरल ने फिर बोलना शुरू किया, "परेशानी क्या है? अगर मैं ग्रावेलों से मुकदमा हार भी जाता हूँ तो पैसे का नुकसान कोई जानलेवा नहीं होगा, और फिर मैं अपने जंगल के पट्टे का इतनी अच्छी तरह प्रचार कराऊँगा कि इसके लिए होड़ मच जायेगी और मैं लकड़ी को उसकी असली कीमत पर बेच सकूँगा।"

"कारोबार इस तरह नहीं होता, मोस्यू ल कोम्त ," सिबिले ने कहा। "मान लीजिए आपको कोई पट्टेदार नहीं मिला, फिर आप क्या करेंगे?"

"मैं खुद लकड़ी कटवाकर बिकवाऊँगा—"

"आप, लकड़ी के व्यापारी?" सिबिले ने कहा। "यहाँ की मुश्किलों की बात छोड़ भी दें, पर जरा सोचिये कि पेरिस में यह सब कैसे होगा? आपको लकड़ी की बहुत बड़ी टाल भाड़े पर लेनी पड़ेगी, लाइसेंस शुल्क और टैक्स भरने पड़ेंगे, नदी से लकड़ियाँ ले जाने का शुल्क और सीमा शुल्क भरना होगा और इसके अलावा ढुलाई का खर्च होगा और एक भरोसेमन्द एजेण्ट की तनख्वाह देनी पड़ेगी—"

"हाँ, यह अव्यावहारिक है," जनरल ने घबराकर कहा। "लेकिन मुझे पहले की तरह लकड़ी कटाई का पट्टा लेने वाले लोग क्यों नहीं मिल सकते?"

"मोस्यू ल कोम्त के यहाँ कई दुश्मन हैं।"

"कौन हैं वे?"

"इनमें सबसे ऊपर हैं, मोस्यू गोबर्तें।"

"तुम्हारा मतलब उस बदमाश से है जिसकी जगह तुम आये हो?"

"इतनी ऊँची आवाज में नहीं, मोस्यू ल कोम्त," सिबिले ने डर दिखाते हुए कहा; "मैं आपसे विनती करता हूँ, इतनी ऊँची आवाज में मत बोलिए, मेरा रसोइया सुन सकता है।"

"तुम मुझे यह बताना चाहते हो कि मैं खुद अपनी जागीर पर एक ऐसे दुष्ट का नाम न लूँ जिसने सरेआम मुझे लूटा है?" जनरल चीखा।

"खुद अपनी शान्ति और सुकून के लिए, थोड़ी दूर चले आइये, मोस्यू ल कोम्ते। मोस्यू गोबर्तें विल-ओ-फाये के मेयर हैं।"

"बहुत खूब! मैं विल-ओ-फाये को मुबारकबाद देता हूँ। क्या कहने! कैसा सुयोग्य प्रशासक मिला है!–"

"कृपाकर मेरी बात सुनिए, मोस्यू ल कोम्त, और विश्वास कीजिए कि मैं गम्भीर मामलों की चर्चा कर रहा हूँ जो इस जगह पर आपके भावी जीवन को प्रभावित कर सकते हैं।"

"मैं सुन रहा हूँ; आओ इस बेंच पर बैठकर बातें करते हैं।"

"मोस्यू ल कोम्त," जब आपने गोबर्तें को बर्खास्त किया तो उसे कोई रोजगार तो चाहिए था क्योंकि वह अमीर नहीं था–"

"अमीर नहीं था! इस जागीर से हर साल बीस हजार फ्रैंक चुराने के बावजूद?"

"मोस्यू ल कोम्त, मैं उसे बचाने की कोशिश नहीं कर रहा," सिबिले ने जवाब दिया। "मैं लेस ऐग्यू को समृद्ध देखना चाहता हूँ, चाहे यह गोबर्तें को बेईमान साबित करने के लिए ही क्यों न हो; लेकिन हमें उसे खुलेआम गाली नहीं देनी चाहिए क्योंकि वह पूरे बर्गण्डी के सबसे खतरनाक दुष्टों में से एक है, और इस वक्त वह आपको नुकसान पहुँचाने की स्थिति में है।"

"वह कैसे?" शान्त होते हुए जनरल ने पूछा।

"पेरिस को लकड़ी की कुल सप्लाई के एक तिहाई पर गोबर्तें का नियंत्रण है। इमारती लकड़ी के कारोबार के जनरल एजेण्ट के बतौर जंगल का सारा काम–पेड़ों की कटाई, ढुलाई, लट्ठों को नदी में बहाना और बाजार पहुँचाना–उसी के आदेश से होता है। कामगारों के सीधे सम्पर्क में रहने के चलते इन सारे कामों के दाम वही तय कराता है। अपनी यह स्थिति बनाने में उसे तीन साल का समय लगा है लेकिन अब वह एक किले की तरह इसकी हिफाजत करता है। किसी भी डीलर का काम उसके बिना नहीं चल सकता। वह किसी के साथ पक्षपात नहीं करता और सारे कारोबार को उनके हित में संचालित करता है और उसके जरिये उनका काम पुराने समय की तुलना में बेहतर और कम खर्चे पर होता है जब हर फर्म के अलग-अलग एजेण्ट होते थे। उदाहरण के लिए, उसने होड़ पूरी तरह खत्म कर दी

है और नीलामी के जरिए होने वाली बिक्री पर अब उसका एकछत्र नियंत्रण है; शाही और प्रान्तीय सरकारें भी उस पर निर्भर हैं। उनकी लकड़ी की नीलामी होती है और निरपवाद रूप से उसका ठेका गोबर्ते के डीलरों को मिलता है; सच तो यह है कि अब कोई भी उनके खिलाफ बोली लगाता ही नहीं है। पिछले साल सरकारी सम्पति के कमिश्नर के प्रोत्साहन से औग्ज़ेयर के मोस्यू मारियोत ने गोबर्ते से होड़ करने की कोशिश की थी। पहले तो, गोबर्ते ने उसे जंगल में खड़ी लकड़ी सामान्य दामों पर खरीदने दी, लेकिन जब कटाई का समय आया तो एवोन के कामगारों ने इतने ज्यादा पैसे माँगे कि मोस्यू मारियोत को मजबूरन औग्ज़ेयर से मजदूर लाने पड़े जिन्हें विल-ओ-फाये के कामगारों ने मारपीट कर भगा दिया। खरीदार और हंगामा करने वालों के सरदार दोनों को पुलिस अदालत के सामने पेश किया गया और मुकदमों में मोस्यू मारियोत को खासी चपत लगी। गरीब आदमियों पर मुकदमा चलाकर सजा दिलाने के लांछन के अलावा उसे मुकदमे का सारा खर्चा भी चुकाना पड़ा क्योंकि हारने वाले पक्ष के पास इसके लिए एक कौड़ी भी नहीं थी। कामगारों के खिलाफ मुकदमे का नतीजा उनसे काम लेने वालों के खिलाफ नफरत पैदा करने के सिवा और कुछ नहीं हो सकता। मैं आपको भी इस मामले में सावधान करना चाहता हूँ, क्योंकि आप जिस रास्ते पर चलने की बात कर रहे हैं, उसमें आपको कम से कम इस जिले के गरीबों के खिलाफ तो लड़ना ही पड़ेगा। लेकिन इतना ही नहीं हुआ। हिसाब लगाने पर मोस्यू मारियोत को पता चला कि मूल पट्टे के हिसाब से भी उसे घाटा ही हुआ। उसे तो हर भुगतान नगद करना पड़ा लेकिन उसकी सारी बिक्री उधार ही हो पायी। गोबर्ते ने अपने प्रतिस्पर्धी को बर्बाद करने के लिए अपनी लकड़ी काफी समय की उधारी पर बेची। साथ ही उसने मारियोत से कम से कम पाँच प्रतिशत कम दाम लगाये और कुल मिलाकर नतीजा यह हुआ कि बेचारे मारियोत की साख बुरी तरह चौपट हो गयी है। अब गोबर्ते उस बेचारे के पीछे पड़ा है और उसे परेशान कर रहा है ताकि वह न केवल औग्ज़ेयर बल्कि बर्गण्डी ही छोड़कर भाग जाये। और ऐसा करके वह ठीक ही करेगा। इस तरीके से भूस्वामियों के हित बहुत पहले ही डीलरों के चंगुल में आ गये हैं जो अब बाजार में जिन्सों के दाम तय करते हैं, ठीक वैसे ही जैसे पेरिस के फर्नीचर व्यापारी मूल्य निर्धारकों को बताते हैं कि किस चीज का क्या दाम रखा जाये। लेकिन गोबर्ते मालिकान को इतनी परेशानियों और चिन्ताओं से बचाता है कि अन्त में उन्हें फायदा ही होता है।"

"वह कैसे?" जनरल ने पूछा।

"सबसे पहली बात तो यह है कि कोई कारोबार जितना ही कम जटिल होगा, मालिकान को उतना ही ज्यादा मुनाफा होगा," सिबिले ने जवाब दिया। "इसके अलावा उनकी आमदनी ज्यादा सुरक्षित रहती है; और ग्रामीण सुधार तथा विकास के सभी मामलों में यही असल चीज है, जैसाकि आप खुद ही देख लेंगे। और फिर मोस्यू गोबर्ते कामगारों का दोस्त और संरक्षक है। वह उन्हें अच्छी मजदूरी देता है और उनके लिए उसके पास हर समय काम रहता है। इसलिए हालाँकि उनके परिवार जागीरों में ही रहते हैं, लेकिन जो भूस्वामी अपनी

सम्पति की देखरेख गोबर्तें को सौंपते हैं (जैसेकि मोस्यू द सुलांश और मोस्यू द रोंकेरोल) उनके जंगलों की बर्बादी नहीं होती है। वहाँ बस सूखी टहनियाँ बटोरी जाती हैं–"

"उस पाजी गोबर्तें ने जरा भी समय नहीं गँवाया है!" जनरल ने गुस्से से कहा।

"वह हिम्मती आदमी है," सिबिले ने कहा, "वह कहता है कि अब वह महज लेस ऐग्यू का गुमाश्ता रहने के बजाय डिपार्टमेण्ट के सबसे अच्छे आधे हिस्से का गुमाश्ता है। और वह वाकई है! वह हर एक से कुछ न कुछ पैसे बनाता है और करीब बीस लाख फ्रैंक के कारोबार पर इस कुछ न कुछ से उसे साल में करीब चालीस-पचास हजार फ्रैंक की कमाई होती है। वह खुद कहता है, 'जब तक पेरिस के चूल्हों में आग है तब तक हमारा भी दाना-पानी चलता रहेगा।' वह आपका दुश्मन है, मोस्यू ल कोम्ते। मेरी सलाह मानिये और थोड़ा झुककर उससे समझौता कर लीजिए। आप जानते ही हैं कि सुलांश में सशस्त्र पुलिस के प्रमुख सूद्री से उसकी गहरी छनती है और ब्लांगी में हमारे मेयर मोस्यू रिगू से भी उसका दोस्ताना है। गश्ती पुलिसवाले उसके प्रभाव में हैं। इसलिए अपनी जागीर में हो रही चोरी-चकारी को दबाना आपके बस की बात नहीं होगी। पिछले दो साल के दौरान आपके जंगल तबाह कर दिये गये हैं। नतीजतन इस बात की सम्भावना और बढ़ गयी है कि ग्रावेलो ब्रदर्स अपना मुकदमा जीत जायेंगे। वे कहते हैं, और ठीक ही कहते हैं : 'पट्टे की शर्तों के मुताबिक, जंगल की देखरेख का जिम्मा मालिक का है; वह उनकी हिफाजत नहीं करता है, और हमें नुकसान पहुँचा है; इसलिए मालिक को हमें हर्जाना देना ही पड़ेगा।' यह बात तो ठीक है, लेकिन इसका यह मतलब नहीं कि उन्हें मुकदमा जीतना ही चाहिए।"

"हमें हर कीमत पर मुकदमे में अपने बचाव की तैयारी करनी चाहिए," जनरल ने कहा, "और इसके बाद हम उनसे कोई लेना-देना नहीं रखेंगे।"

"ऐसा करके आप गोबर्तें को ही खुश करेंगे," सिबिले ने टिप्पणी की।

"कैसे?"

"ग्रावेलों से मुकदमा लड़ना सीधे गोबर्तें से ही भिड़ना है, जो उनका एजेण्ट है," सिबिले ने जवाब दिया। "वह तो मुकदमेबाजी की ताक में रहता है। मैंने सुना है कि वह कहता फिरता है कि अगर जरूरी हुआ तो वह आपको बड़ी अदालत के सामने भी खींचकर ले जायेगा।"

"पाजी कहीं का! उसे तो–"

"अगर आपने अपने जंगल में खुद काम कराने की कोशिश की," जले पर नमक रगड़ते हुए सिबिले ने कहा, "तो आप पायेंगे कि आप पूरी तरह मजदूरों की दया पर हैं जो बाजार दर के बजाय आपको अमीरों की दर पर मजदूरी देने के लिए मजबूर कर देंगे। कुल मिलाकर वे आपको मारियोत की तरह ऐसी हालत में कर देंगे कि आपको घाटा उठाकर बेचना पड़ेगा। उसके बाद अगर आप जंगल को पट्टे पर देना चाहेंगे तो आपको कोई आसामी नहीं मिलेगा क्योंकि आप यह उम्मीद नहीं कर सकते कि कोई भी आदमी अपने लिए वह जोखिम उठायेगा जो मारियोत ने सरकार के लिए उठाया था। मान लीजिए कोई

आदमी अपने घाटे के बारे में सरकार से बात करता है। सरकार का मतलब है घिसा हुआ ओवरकोट पहने एक भलामानस जो दफ्तर की मेज पर बैठा अखबार पढ़ता रहता है, आपके इस आज्ञाकारी सेवक की तरह जब वह सरकारी नौकरी में था। चाहे उसकी तनख्वाह बारह सौ फ्रैंक हो या बारह हजार, उसका मिजाज एक ही जैसा होता है, रत्तीभर भी नर्म नहीं होता। आप उससे रियायतों और सार्वजनिक कोष, जिसका वह प्रतिनिधित्व करता है, से मुआवजे की बात करते हैं! वह अपनी कलम की नोक ठीक करते हुए आपकी बात हवा में उड़ा देगा। नहीं, कानून का रास्ता आपके लिए ठीक नहीं है, मोस्यू ल कोम्ते।''

''फिर किया क्या जाये?'' जनरल जोर से चीखा। उसका खून खौल रहा था और वह पैर पटकते हुए बेंच के सामने चहलकदमी कर रहा था।

''मोस्यू ल कोम्त,'' सिबिले ने एकदम से कहा, ''जो मैं आपसे कह रहा हूँ वह निश्चित ही मेरे हित में नहीं है, लेकिन मैं आपको यही सलाह दूँगा कि आप लेस ऐग्यू को बेच दीजिए और यहाँ से निकल जाइये।''

यह शब्द सुनते ही जनरल ऐसे कूदकर पीछे हटा मानो कोई तोप का गोला उसे आ लगा हो; फिर उसने चालाकीभरी कूटनीतिक दृष्टि से सिबिले की ओर देखा।

''इम्पीरियल गार्ड का एक जनरल पाजियों से डरकर भाग जाये, वह भी तब जब कि मदाम ल कोम्तेस को लेस ऐग्यू इतना पसन्द है!'' उसने कहा। ''नहीं, उससे पहले मैं विल-ओ-फाये के बाजार में गोबर्तें के कान पकड़कर उसे मुझसे द्वन्द्वयुद्ध के लिए मजबूर करूँगा और उसे कुत्ते की तरह गोली मार दूँगा।''

''मोस्यू ल कोम्त, गोबर्तें ऐसा बेवकूफ नहीं है कि आपसे सीधी भिड़न्त मोल ले। और फिर, आप विल-ओ-फाये जैसी महत्त्वपूर्ण जगह के मेयर को सरेआम अपमानित नहीं कर सकते।''

''मैं उसे वहाँ से निकलवा दूँगा। त्रुआविल खानदान के लोग मेरे लिए इतना कर सकते हैं; आखिर यह आमदनी का सवाल है।''

''आप कामयाब नहीं होंगे, मोस्यू ल कोम्ते। गोबर्तें के हाथ बहुत लम्बे हैं। आप खुद को ऐसी मुश्किलों में उलझा लेंगे जिनसे आप निकल नहीं सकेंगे।''

''फिलहाल हम अभी के बारे में सोचें,'' जनरल ने उसकी बात काटते हुए कहा। ''उस मुकदमे के बारे में।''

''उसमें तो आपको जिताने का इन्तजाम मैं कर सकता हूँ, मोस्यू ल कोम्त,'' सिबिले ने अर्थपूर्ण नजर से जनरल की ओर देखते हुए जवाब दिया।

''शाबास सिबिले!'' जनरल ने अपने गुमाश्ते का हाथ पकड़कर गर्मजोशी से हिलाते हुए कहा; ''तुम यह काम करोगे कैसे?''

''आपको इसके लिए एक याचिका दायर करनी होगी,'' सिबिले ने जवाब दिया। ''मेरी राय में ग्रावेलों का दावा सही है। लेकिन सही होना ही काफी नहीं है, उन्हें कानूनी तौर-तरीकों के हिसाब से भी सही होना चाहिए लेकिन उन्होंने इस ओर ध्यान नहीं दिया। ग्रावेलों को

पहले आपको नोटिस भेजकर जंगल की देखरेख बढ़ाने के लिए कहना चाहिए था। वे पट्टे की अवधि खत्म होने के समय ऐसे नुकसान के लिए हर्जाने की माँग नहीं कर सकते जो उनकी जानकारी में पिछले नौ साल से हो रहा था। पट्टे में इस बाबत प्रावधान है, जिसकी बिना पर हम याचिका दायर कर सकते हैं। आप विल-ओ-फाये में मुकदमा हार जायेंगे, शायद ऊपरी अदालत में भी हार जायें, लेकिन हम इस मामले को पेरिस ले जायेंगे और अपीली अदालत में आप जीत जायेंगे। कानूनी शुल्क बहुत भारी होंगे और तमाम दूसरे बेहिसाब खर्चे करने पड़ेंगे। आपको सिर्फ मुकदमा जीतने के लिए बारह से पन्द्रह हजार फ्रैंक खर्च करने पड़ेंगे–लेकिन अगर आप जीतना चाहेंगे तो जरूर जीतेंगे। इस मुकदमे से ग्रावेलों की दुश्मनी और बढ़ेगी क्योंकि उनके खर्चे और भी ज्यादा होंगे। आप उनके लिए एक हौव्वा बन जायेंगे। आपको मुकदमेबाज कहा जायेगा और तरह-तरह से बदनाम किया जायेगा; फिर भी आप जीत सकते हैं–''

''फिर किया क्या जाये?'' जनरल ने दोहराया। सिबिले की दलीलें अब उस पर एक घातक जहर की तरह असर करने लगी थीं।

तभी उसे याद हो आया कि उसने गोबर्ते को कैसे अपनी छड़ी से पीटा था और वह सोचने लगा कि काश उसने वह छड़ी अपनी पीठ पर बरसायी होती। उसका तमतमाया चेहरा देखकर सिबिले समझ गया कि उसका तीर निशाने पर बैठा है।

''आप मुझसे पूछते हैं कि क्या किया जाये, मोस्यू ल कोम्त? सिर्फ एक चीज, समझौता; लेकिन जाहिर है आप खुद इसके लिए सौदेबाजी नहीं कर सकते। मेरे बारे में तो यही माना जायेगा कि मैं आपको धोखा दूँगा! हम बेचारे, जिनकी एकमात्र दौलत और सुकून हमारी नेकनामी है, हमारे लिए तो ऐसा कोई भी सन्देह वाला काम करना ही मुश्किल है। हमारे बारे में लोग बस ऊपरी बातों से राय बना लेते हैं। गोबर्ते ने क्रान्ति के दौरान मदमोज़ाल लागुएर की जान बचायी, लेकिन औरों को लगा कि वह उन्हें लूट रहा है। उन्होंने इनाम के बतौर अपनी वसीयत में उसके लिए दस हजार फ्रैंक का एक हीरा छोड़ा था जिसे मदाम गोबर्ते अब अपनी टोपी में लगाती हैं।''

जनरल ने सिबिले को पहले से भी ज्यादा कूटनीतिक दृष्टि से देखा; लेकिन लगा कि गुमाश्ते ने इसमें निहित चुनौती की ओर बिल्कुल ध्यान नहीं दिया।

''अगर मैं बेईमान दिखूँगा तो मोस्यू गोबर्ते इतना खुश होगा कि मैं उसकी मदद पाने में फौरन कामयाब हो जाऊँगा,'' सिबिले बोलता रहा। ''अगर मैं उससे ये कहूँ तो वह खुशी-खुशी तैयार हो जायेगा : 'मैं मोस्यू ल कोम्त से मेसर्स ग्रावेलों के लिए बीस हजार फ्रैंक ऐंठ सकता हूँ, इस शर्त पर कि वे आधा हिस्सा मुझे दें।' अगर आपके प्रतिद्वन्द्वी इस बात पर राजी हो जायें, मोस्यू ल कोम्त, तो मैं आपको आपके दस हजार फ्रैंक लौटा दूँगा; आपको सिर्फ बाकी दस हजार का नुकसान होगा लेकिन आप पेशियों से बच जायेंगे और मुकदमा वापस ले लिया जायेगा।''

''तुम बढ़िया आदमी हो, सिबिले,'' जनरल ने उसका हाथ थामकर हिलाते हुए कहा।

"अगर तुम तुमने भविष्य में भी ऐसी ही कुशलता से काम किया तो मैं तुम्हें गुमाश्तों का राजकुमार कहूँगा।"

"जहाँ तक भविष्य की बात है," सिबिले ने कहा, "अगर दो या तीन साल तक इमारती लकड़ी न काटी जाये तो आप भूखों नहीं मर जायेंगे। सबसे पहले तो हमें जंगल में ढंग के पहरेदार तैनात करने चाहिए। इस बीच समय ऐसे गुजर जायेगा जैसे एवोन में पानी बहता है। हो सकता है गोबर्ते मर जाये, या फिर इतने पैसे कमा ले कि कारोबार से रिटायर हो जाये; किसी भी सूरत में उसके सामने खड़ा होने के लिए कोई प्रतिस्पर्धी ढूँढ़ने लायक समय तो आपको मिल ही जायेगा। केक इतना स्वादिष्ट है कि उसमें हिस्सा बँटाने वाला कोई तो मिल ही जायेगा। हमें उसका विरोध करने के लिए एक और गोबर्ते की तलाश करनी होगी।"

"सिबिले," इतने सारे विविध समाधानों की बात से प्रसन्न बूढ़े सिपाही ने चहककर कहा। "अगर तुम इस मामले को अपने बताये ढंग से सुलझा दो तो मैं तुम्हें तीन हजार फ्रैंक दूँगा। बाकी बातों के बारे में हम सोचेंगे।"

"मोस्यू ल कोम्त," सिबिले ने कहा, "सबसे पहले जंगल की निगरानी का उचित बन्दोबस्त करिए। आप खुद देख लीजिए कि दो साल में आपकी गैरमौजूदगी के दौरान किसानों ने इसकी क्या हालत कर दी है। मैं क्या कर सकता हूँ? मैं एक गुमाश्ता हूँ, मैं कोई कारिन्दा तो नहीं हूँ। लेस ऐग्यू की ठीक से निगरानी करने के लिए आपको कम से कम तीन रक्षक और घुड़सवार गश्ती दल की जरूरत है।"

"निश्चित तौर पर मैं जागीर की ढंग से निगरानी का इंतजाम करूँगा। तो अब जंग होगी, क्यों? ठीक है, तो हम जंग लड़ेंगे। मैं इससे नहीं डरता," अपने हाथ रगड़ते हुए मोंतकोर्ने ने कहा।

"फ्रैंकों की जंग," सिबिले ने कहा; "और आप पायेंगे कि यह दूसरी वाली जंग से ज्यादा कठिन है। इंसानों को तो मारा जा सकता है, पर स्वार्थों को नहीं मारा जा सकता। आपको अपने दुश्मन से ऐसी रणभूमि में लड़ना होगा जहाँ सभी भूस्वामियों को लड़ने के लिए बाध्य होना पड़ता है--मेरा मतलब नकद परिणाम से है। सिर्फ पैदा करना ही काफी नहीं होता, आपको बेचना भी पड़ेगा; और बेचने के लिए आपको हरेक से अच्छे सम्बन्ध रखने होंगे।"

"मैं देहात की जनता को अपने पक्ष में कर लूँगा।"

"किन तरीकों से?"

"उनके बीच भलाई के काम करके।"

"घाटी के किसानों की भलाई करके! सुलांश के छोटे दुकानदारों की भलाई करके!" सिबिले ने जोर से कहा। उसका व्यंग्य का भाव एक आँख के बजाय दूसरी में ज्यादा चमक से उभरा जिससे उसका भेंगापन भयानक दिखने लगा। "मोस्यू ल कोम्त जानते नहीं कि वह क्या करने वाले हैं। हमारे प्रभु ईसामसीह भी इस घाटी में आ जायें तो उन्हें दुबारा सूली

पर चढ़ा दिया जायेगा! अगर आप सुकून की जिन्दगी जीना चाहते हैं तो स्वर्गीय मदमोज़ाल लागुएर के नक्शेकदम पर चलिए। खुद को लुटने दीजिए, या फिर ऐसा करिए कि लोग आपसे डरें। औरतें, बच्चे और जनसाधारण, इन सब पर भय से ही शासन किया जा सकता है। कन्वेंशन की कामयाबी का यही राज था और सम्राट की भी।''

"हे भगवान! क्या यह बोंडी का जंगल है?'' जनरल चीख उठा।

"प्रिय,'' इसी समय घर से बाहर निकलते हुए सिबिले की पत्नी ने कहा, "तुम्हारा नाश्ता तैयार है। कृपया इन्हें जाने दें, मोस्यू ल कोम्त; इन्होंने सुबह से कुछ नहीं खाया है क्योंकि उन्हें जौ पहुँचाने रोंकेरोलों के यहाँ जाना था।''

"जाओ, जाओ, सिबिले,'' जनरल ने कहा।

अगली सुबह काउण्ट दिन निकलने से पहले ही उठ गया और एवोन के फाटक पर गया ताकि अपने एकमात्र वनरक्षक से बात करके पता लगा सके कि वह क्या सोचता है।

लेस ऐग्यू के जंगल का करीब सात-आठ सौ एकड़ हिस्सा एवोन के किनारे-किनारे फैला है और नदी के सौन्दर्य को बनाये रखने के लिए इसके दोनों तटों पर तीन लीग की दूरी में किनारे वाले पेड़ ज्यों के त्यों छोड़ दिये गये हैं। हेनरी चतुर्थ की मिस्ट्रेस, जो पहले लेस ऐग्यू की मालकिन थी, को शिकार का उतना ही शौक था जितना खुद राजा को। 1593 में उसने नदी पर एक खूबसूरत पुल बनवाया जो जंगल के निचले हिस्से को नदी के दूसरी तरफ पहाड़ियों के ढलान पर फैले जंगल के बाकी हिस्से से जोड़ता था। एवोन का फाटक शिकारियों के मिलने की एक जगह के तौर पर बनवाया गया था; और हम जानते ही हैं कि उस समय के आर्किटेक्ट राजा और सामन्तों की खुशी के लिए बनने वाली किसी भी इमारत को कैसा भव्य स्वरूप देते थे। इस जगह से छह वीथिकाएँ फूटती थीं और वे जहाँ मिलती थीं वह एक अर्द्धचन्द्राकार जगह थी जिसके बीच में एक स्तम्भचिह्न खड़ा था। इस स्तम्भ के ऊपर एक गोल फलक लगा था जिसके एक ओर नवारे और दूसरी ओर काउण्टेस द मोरे के कुलचिह्न बने थे। इस अर्द्धचन्द्राकार स्थल से एक सीधी वीथिका नदी की ओर जाती थी जिसके दूसरे सिरे पर वेनिस की शैली में निर्मित पुल की मेहराब दिखाई देती थी। फाटक के पास लोहे की खूबसूरत बाड़ से घिरा हुआ लाल ईंटों का एक मण्डप था जिसमें उसी आकार में कटे पत्थरों की पट्टियाँ बनी हुई थीं जैसेकि गढ़ी में थे। इसकी ढलावदार छत काफी नुकीली थी और खिड़कियों के चौखटे भी गढ़ी की तरह के पत्थरों से बने थे। यह पुरानी शैली शहरों में इस्तेमाल किये जाने पर सिर्फ जेल की इमारतों में शोभा देती है, लेकिन यहाँ जंगल के बीच में यह बड़ी भव्य दिखती थी। पेड़ों के एक झुरमुट के पीछे शिकारी कुत्तों के रहने की कोठरियाँ, शिकारी बाजों के लिए बना बड़ा सा पिंजरा, वनमुर्गियों को रखने का बाड़ा और शिकारियों के रहने के कमरे बने थे जो अब टूटी-फूटी हालत में थे। हालाँकि अपने जमाने में वे सारे बर्गण्डी में सराहे जाते थे।

जिस समय जनरल की नजर इन शानदार ध्वंसावशेषों पर पड़ीं उस समय छत के चारों फलकों पर कई शताब्दियों की काई जमी हुई थी, समय के निर्दय हाथों की मारी कटावदार

पत्थर की पट्टियाँ जगह-जगह से मुँह बाये मानो इस अवमानना पर विलाप कर रही थीं, और खिड़कियों के शीशे टूट जाने से वे अंधी सी नजर आ रही थीं। दीवारों के हर जोड़ पर पीले फूल उगे हुए थे और हर दरार में आइवी की सफेद जड़ें पसरी हुईं थीं।

हर चीज शर्मनाक लापरवाही की कहानी बयान कर रही थी। पहली मंजिल की दो खिड़कियों से वहाँ भरा हुआ पुआल बाहर झाँक रहा था। नीचे की एक और खिड़की से औजारों और लकड़ी के कुन्दों से भरा एक कमरा दिख रहा था जबकि चौथी खिड़की से एक गाय का थूथन बाहर निकला हुआ था। इससे साफ था कि मण्डप से पीछे के बाड़ों तक चलने की जहमत से बचने के लिए कुर्तेक्विस ने मुख्य इमारत के बड़े से हाल को ही तबेले में बदल दिया था।

मण्डप के रास्ते में काले और गन्दे पटरों से सुअरों, बत्तखों और मुर्गियों के लिए चौकोर बाड़े बने हुए थे जिनकी छह महीने में एक बार सफाई की जाती थी। जहाँ-तहाँ मनमर्जी से उगी कँटीली झाड़ियों पर कुछ चिथड़ेनुमा कपड़े सूखने के लिए डाले हुए थे। जिस समय जनरल पुल की ओर से आने वाले रास्ते से आया, उस समय मदाम कुर्तेक्विस एक सॉसपैन को माँज रही थी जिसमें अभी-अभी उसने कॉफी बनायी थी। धूप में कुर्सी पर बैठा हुआ वनरक्षक अपनी पत्नी को इस तरह देख रहा था जैसे कोई जंगली अपनी औरत को देखता है। घोड़े की टापों की आवाज सुनकर वह पलटा, और काउण्ट को देखकर हक्का-बक्का रह गया।

"अच्छा, तो यह बात है कुर्तेक्विस," जनरल ने कहा, "मुझे हैरानी नहीं है कि मेसर्स ग्रावेलो के पहले ही किसान मेरे जंगल की लकड़ी काट ले जाते हैं। तो तुमने इस जगह को आरामगाह समझ रखा है?"

"दरअसल बात यह है, मोस्यू ल कोम्त, कि मैं रात-रात भर जंगल की निगरानी करने से बीमार पड़ गया हूँ। मुझे ठण्ड लग गयी है, और आज सुबह मुझे इतना दर्द था कि मेरी पत्नी ने अभी-अभी उस सॉसपैन में पुल्टिस बनाकर दिया है।"

"भले आदमी," काउण्ट ने कहा, "कॉफी की पुल्टिस भूख के सिवा कौन-सा दर्द ठीक करती है मुझे नहीं पता। सुनो, पाजी कहीं के! कल मैंने अपने जंगल का दौरा किया और फिर मोस्यू द सुलांश और मोस्यू द रोंकेरोल के जंगलों से होकर गुजरा। उनके जंगलों की ध्यान से निगरानी और हिफाजत की जाती है जबकि मेरा जंगल शर्मनाक हालत में है।"

"ओह, मोस्यू! लेकिन वे इस इलाके के पुराने सामन्त हैं; हर कोई उनकी सम्पति का मान रखता है। आप कैसे उम्मीद कर सकते हैं कि मैं एक साथ छह जिलों से लड़ूँ? मुझे आपके जंगल से ज्यादा अपनी जान की फिक्र है। जो आदमी आपके जंगल की उस तरह निगरानी करने की कोशिश करेगा जैसे की जानी चाहिए उसे इनाम के बतौर जंगल के किसी अँधेरे कोने में अपनी खोपड़ी में एक गोली खानी पड़ेगी–"

"कायर!" जनरल चीख पड़ा। वह इस आदमी के गुस्ताख जवाब से भड़के गुस्से को काबू में करने की पूरी कोशिश कर रहा था।" कल की रात आसमान साफ था और दिन

जैसा उजाला था, फिर भी मुझसे कम से कम तीन सौ फ्रैंक का नुकसान सीधी डकैती से हुआ है और हजार से ज्यादा का मुझे भविष्य में हर्जाना देना पड़ेगा। अगर तुम ढंग से काम नहीं कर सकते तो तुम्हें मेरी नौकरी छोड़नी होगी। हर गलत काम करने वाले को एक बार मौका देना चाहिए, इसलिए ये रही मेरी शर्तें : तुम जो भी जुर्माना वसूलो, उसे रख सकते हो और जितने लुटेरों को तुम पकड़ोगे उनमें से हरेक के लिए मैं तुम्हें तीन फ्रैंक दूँगा। अगर मुझे वह नहीं मिला जिसकी मैं उम्मीद करता हूँ, तो तुम जानते हो कि तुम्हें क्या पाने की उम्मीद करनी चाहिए; और पेंशन भी नहीं मिलेगी। जबकि अगर तुम वफादारी से मेरी सेवा करो और इस लूटपाट को रोकने के उपाय निकालो तो मैं तुम्हें जीवनभर तीन सौ फ्रैंक का सालाना भत्ता दूँगा। तुम इस बारे में सोच लो। ये छह रास्ते हैं," काउण्ट ने सामने से फूटती छह राहों की ओर इशारा करते हुए कहा, "तुम्हारे लिए इनमें से एक ही राह है—और मेरे लिए भी, गोलियों से मैं नहीं डरता। इसलिए सही राह चुनने की कोशिश करो।"

कुर्तेक्विस चाँद से गोल चेहरेवाला छियालीस बरस का एक छोटे कद का व्यक्ति था, जिसके सबसे अधिक खुशी कुछ न करने में मिलती थी। उसे उम्मीद थी कि वह उसी मण्डप में मरते दम तक रहेगा, जिसे अब वह **अपना** मण्डप मानने लगा था। उसकी दो गायें जंगल में चरती थीं, जहाँ से वह अपने लिए लकड़ियाँ काटकर लाता था; और वह अपना समय अपराधियों के पीछे जाने के बजाय अपने बगीचे की देखरेख में खर्च करता था। अपने काम की ऐसी उपेक्षा गोबर्ते के मनमाफिक थी और कुर्तेक्विस इस बात को जानता था। वनरक्षक सिर्फ उन्हीं लकड़ीचोरों को खदेड़ता था जिन्हें वह निजी तौर पर नापसन्द करता था—वे युवतियाँ जो उसकी इच्छा पूरी नहीं करती थीं, या फिर ऐसे लोग जिनसे उसे कोई खुन्दक होती थी; हालाँकि पिछले कुछ समय से उसने किसी को भी नापसन्द नहीं किया था क्योंकि उसकी सुस्ती और नरमी के चलते हर कोई उसकी इच्छा पूरी कर देता था।

ग्रां-इवेर में उसके लिए हमेशा मेज पर जगह सुरक्षित रहती थी; लकड़ी बटोरने वाले अब उससे बिल्कुल नहीं डरते थे; बल्कि उसकी पत्नी और उसे उन लोगों से काफी तोहफे मिलते रहते थे; वे उसके लिए लकड़ी बटोरकर ले आते थे, उसकी अंगूर की बगिया में खुदाई कर देते थे; संक्षेप में जिन अपराधियों की ओर से वह अपनी आँखें मूँद लेता था वे सब उसका कोई न कोई काम करते थे।

वह भविष्य के लिए गोबर्ते पर उम्मीद टिकाये था और निश्चिन्त था कि जब भी लेस ऐग्यू की नीलामी होगी तो उसे दो एकड़ मिल जायेंगे, लेकिन जनरल की तुर्श बातों ने उसे झिंझोड़कर दिवास्वप्न से जगा दिया था। चार साल शान्ति से गुजर जाने के बाद अब जनरल अपना असली चरित्र दिखा रहा था—वह एक ऐसा धनी बूर्ज्वा था जो अब और धोखा न खाने का दृढ़ निश्चय कर चुका था। कुर्तेक्विस ने अपनी टोपी लगायी, कारतूसों का थैला और बन्दूक कंधे पर टाँगी, गेलिस चढ़ायी, मोंतकोर्ने के कुलचिह्न वाली बेल्ट कसी और उस बेफिक्र अन्दाज में विल-ओ-फाये की ओर चल पड़ा जिसके पीछे देहाती लोग प्रायः गहरे सोच-विचार को छुपाये रहते हैं। वह रास्ते के पेड़ों को निहारते और कुत्तों को पीछे आने

के लिए सीटी बजाते हुए जा रहा था।

"क्या! तुम उस बनिये की शिकायत लेकर आये हो जबकि वह तुम्हें अमीर बनाना चाहता है?" गोबर्ते ने कहा। "उस बेवकूफ ने हर गिरफ्तारी के लिए तुम्हें तीन फ्रैंक देने को कहा है न, और ऊपर से सारे जुर्माने भी तुम्हें ही रखने हैं? अपने दोस्तों से बात कर लो और फिर तुम जितनी चाहे उतनी गिरफ्तारियाँ कर सकते हो–चाहो तो सैकड़ों! एक हजार फ्रैंक से तुम रिगू से ला बशेलरी खरीद सकते हो, सम्पति के मालिक बन सकते हो, अपने खुद के मकान में रह सकते हो, और अपने लिए काम कर सकते हो, बल्कि दूसरों से काम कराकर खुद मजे में जी सकते हो। बस मेरी यह बात ध्यान से सुनो, तुम सिर्फ ऐसे ही लोगों को गिरफ्तार करोगे जिनके पास कौड़ी-छदाम भी नहीं है। भेड़ की पीठ पर ऊन ही न हो तो उसे छीला नहीं जा सकता। बनिये का प्रस्ताव मान लो और जुर्माना उसे ही वसूलने दो–अगर वह ऐसा ही चाहता है तो। अपनी-अपनी पसन्द होती है। क्या उस मारियोत ने मेरी सलाह के बावजूद मुनाफे के बजाय घाटा उठाना पसन्द नहीं किया था?"

इन बुद्धिमत्तापूर्ण शब्दों पर मुग्ध कुर्तेक्विस दूसरों की तरह भूस्वामी और बूर्ज्वा बनने की इच्छा से लबरेज घर लौटा।

लेस ऐग्यू पहुँचकर जनरल ने सुबह के अपने अभियान के बारे में सिबिले को बताया।

"मोस्यू ल कोम्त ने बिल्कुल ठीक किया," खुशी से हाथ रगड़ते हुए गुमाश्ते ने कहा; "लेकिन आपको आधे रास्ते में नहीं रुकना चाहिए। जिले का फील्डकीपर (खेतों का रखवाला–अनु.) बदला जाना चाहिए जो देहात के लोगों को चरागाहों और फसलों की चोरी करने की छूट देता है। मोस्यू ल कोम्त को खुद मेयर बनना चाहिए और अपने पुराने सिपाहियों में से किसी को वोदोये की जगह तैनात करना चाहिए जिसमें आदेशों का पालन कराने की हिम्मत हो। एक बड़े भूस्वामी को अपने जिले में सर्वशक्तिमान होना ही चाहिए। जरा देखिए हमें इस मेयर की वजह से कितनी मुश्किलें उठानी पड़ रही हैं!"

ब्लांगी जिले का मेयर रिगू था। वह पहले बेनेडिक्ट मठ का भिक्षु रह चुका था और गणतंत्र के पहले वर्ष में उसने ब्लांगी के दिवंगत पादरी की नौकरानी से शादी कर ली थी। शादीशुदा भिक्षु को लेकर प्रीफेक्चर में चाहे जितनी भी नफरत पैदा हुई पर 1815 के बाद भी वह मेयर इसलिए बना रहा क्योंकि ब्लांगी में और कोई भी ऐसा नहीं था जो उस पद को सँभाल सके। लेकिन 1817 में जब बिशप ने एबे ब्रोसेत को ब्लांगी की धर्मपल्ली में भेजा (जो पिछले पच्चीस वर्ष से खाली पड़ी थी) तो बूढ़े धर्मत्यागी और युवा धर्मोपदेशक के बीच उग्र विरोध भड़क उठना स्वाभाविक ही था। युवा पादरी के पहुँचने के साथ ही मेयर के कार्यालय और पुरोहिताश्रम के बीच जो जंग छिड़ी उसने मेयर की लोकप्रियता कई गुनी बढ़ा दी जिससे अब तक लोग नफरत ही करते थे। सूदखोरी के कारण किसान रिगू को नापसन्द करते थे लेकिन अब अचानक वह उनके राजनीतिक और वित्तीय हितों का प्रतिनिधि बन गया जिन पर राजतंत्र की पुनर्स्थापना से और खासकर पुरोहित वर्ग से खतरा मँडरा रहा था।

उदारतावाद के उस प्रसिद्ध मुखपत्र "कॉन्स्टीट्यूशनेल" की एक प्रति कफे द ला पाइ में हाथोंहाथ घूमने के बाद सातवें दिन वापस रिगू के पास आ जाती थी। रिगू उस अखबार को चक्कीवाले लांगल्यूम को देता था जो तब तक चिथड़ा हो चुके अखबार को ऐसे किसी भी व्यक्ति को दे देता था जिसे पढ़ना आता हो। पेरिस के जीवन के बारे में चटखारेदार खबरों और अखबार के धर्मविरोधी चुटकुलों की ऐग्यू घाटी के जनमत-निर्माण में विशेष भूमिका होती थी। **परमश्रद्धेय** एबे ग्रेगुआर की तरह रिगू एक नायक बन गया था। उसकी शर्मनाक बेईमानी पर राजनीति ने लोकप्रियता का आवरण डाल दिया था, जैसाकि पेरिस के कुछ बैंकरों के साथ भी हुआ है।

इस खास समय में उस व्रतभंगी भिक्षु को जनता के अधिकारों के रक्षक के रूप में देखा जाता था—जबकि कुछ ही समय पहले वह अँधेरा होने के बाद खेतों की ओर अकेले जाने की हिम्मत नहीं कर सकता था क्योंकि उसे डर था कि कहीं वह ऐसे गड्ढों में न गिर जाये जहाँ उसे दुर्घटनावश मरा हुआ मान लिया जाता। किसी व्यक्ति को राजनीतिक रूप से प्रताड़ित कीजिए और आप पायेंगे कि न केवल उसका कद बढ़ जायेगा बल्कि उसके अतीत का कलंक भी धुल जायेगा। लिबरल पार्टी तो इस मामले में चमत्कारी कारनामे करती थी।

रिगू यह सोचकर खुश हुआ था कि एक दरकिनार कर दिये गये बोनापार्टिस्ट जनरल, क्रान्ति के दौरान नीचे से उठकर ऊपर आये जनता के एक बेटे के रूप में उसे बूर्बों वंश और पुरोहितों का एक पक्का शत्रु मिलेगा। लेकिन जनरल ने पहली बार लेस ऐग्यू आने पर अपनी निजी महत्वांकाक्षाओं को ध्यान में रखते हुए कुछ ऐसा किया कि उससे मिलने आये मोस्यू और मदाम रिगू को जनरल से बिना मिले ही लौटना पड़ा।

जब आप ऐग्यू घाटी के बघेरे, रिगू के दुष्टतापूर्ण चरित्र से अच्छी तरह परिचित हो जायेंगे, तो आपको अहसास होगा कि कुलीन बनने की जनरल की महत्वांकाक्षा के चलते उससे हुई इस दूसरी भयंकर भूल के क्या दुष्परिणाम हो सकते हैं। काउण्टेस ने अपनी एक गलती से इस भूल को और भी घातक बना दिया जिसके बारे में हम आगे बतायेंगे।

यदि मोंतकोर्ने ने मेयर से सौहार्दपूर्ण सम्बन्ध बनाये होते, यदि उसने उससे दोस्ती की होती तो शायद उस धर्मत्यागी भगोड़े का प्रभाव गोबर्ते के प्रभाव को नाकाम कर देता। ऐसा होना तो दूर अब विल-ओ-फाये की अदालत में जनरल और भूतपूर्व भिक्षु के बीच तीन मुकदमे लम्बित थे। अभी तक तो जनरल अपने निजी मामलों और अपनी शादी में इतना डूबा हुआ था कि उसे रिगू की याद भी नहीं थी, लेकिन जब सिबिले ने उसे रिगू को हटवाकर खुद मेयर बनने की सलाह दी तो उसने फौरन बग्घी जुतवायी और प्रीफेक्ट से मिलने चला गया।

डिपार्टमेण्ट का प्रीफेक्ट, कोम्त मार्शल द ला रोश-ह्यूगों 1804 से ही जनरल का दोस्त था और पेरिस में एक बातचीत के दौरान मोंतकोर्ने से कही गयी उसकी एक बात पर ही लेस ऐग्यू को खरीदने का फैसला हुआ था। नेपोलियन के शासन में प्रीफेक्ट रह चुका कोम्त

मार्शल बूर्बों की वापसी के बाद भी प्रीफेक्ट बना रहा और बिशप को खुश करके उसने अपना पद सुरक्षित कर लिया था। महामहिम बिशप कई बार उससे रिगू को हटाने का अनुरोध कर चुके थे। मार्शल जिले की स्थिति से भलीभाँति परिचित था और जनरल का अनुरोध सुनते ही वह खुश हो गया। इसलिए महीने भर से भी कम समय में कोम्त द मोंतकोर्ने ब्लांगी का मेयर बन गया।

इत्तफाक से जनरल को प्रीफेक्चर में रहने के दौरान ही भूतपूर्व इम्पीरियल गार्ड का एक नान-कमीशन्ड अफसर मिल गया जिसे धोखे से पेंशन से वंचित कर दिया गया था। जनरल ने पहले भी कभी ग्रुआसों नाम के इस बहादुर घुड़सवार सैनिक की मदद की थी। उसे यह बात याद थी और उसने जनरल को अपनी परेशानी बतायी और कहा कि इस वक्त उसके पास एक पैसा भी नहीं है। जनरल ने उसे पेंशन दिलवाने का वादा किया और साथ ही प्रस्ताव किया कि वह ब्लांगी जिले के फील्डकीपर का पद सँभाल ले, और नये मेयर के हितों के प्रति समर्पित रहकर उसके एहसान का कर्ज उतारे। दोनों की नियुक्ति साथ-साथ ही हुई और जैसाकि समझा जा सकता है, जनरल ने अपने अधीनस्थ को काफी सख्त निर्देश दिये।

पद से हटाया गया फील्डकीपर वोदोये, जो रोंकेरोल जागीर पर बसा एक किसान था, ज्यादातर फील्डकीपरों की तरह बस इधर-उधर मटरगश्ती करने, गप्प लड़ाने और जिले के गरीबों का दुलरुवा बनने के सिवा और कुछ नहीं कर सकता था, जो निचले कर्मचारियों, यानी भूस्वामियों के अग्रिम दस्तों को भ्रष्ट करने का कोई मौका गँवाते नहीं थे। वह सुलांश के ब्रिगेडियर सूद्री को जानता था क्योंकि सशस्त्र पुलिस के अफसरों को आपराधिक अभियोजनों के दौरान ग्रामीण रक्षकों की काफी जरूरत पड़ती है जो उनके मुखबिर का भी काम करते हैं। सूद्री ने वोदोये को गोबर्तें के पास भेज दिया जिसने अपने पुराने परिचित का तपाक से स्वागत किया, उसे बढ़िया वाइन का एक गिलास पेश किया और फिर धीरज से उसका दुखड़ा सुना।

"मेरे प्यारे दोस्त," विल-ओ-फाये के मेयर ने कहा, जो हर व्यक्ति से उसकी अपनी जुबान में बात कर सकता था, "जो तुम्हारे साथ हुआ है वह हम सबके साथ हो सकता है। सामन्त फिर हमारे ऊपर सवारी करने लौट आये हैं। जिन लोगों को सम्राट ने पदवियाँ दी थीं वे पुराने सामन्तों से मिल गये हैं। वे सब जनता को कुचलकर अपने पुराने अधिकारों की पुनर्स्थापना करना चाहते हैं और हमसे हमारी सम्पति छीन लेना चाहते हैं। लेकिन हम बर्गण्डी वाले हैं, हमें इनका प्रतिरोध करना होगा और उन अर्मिनाकों को वापस पेरिस खदेड़ देना होगा। ब्लांगी लौट जाओ; तुम लकड़ी के व्यापारी मोस्यू पोलिसार के एजेण्ट होगे जिसके पास रोंकेरोल के जंगल का ठेका है। परेशान मत हो, मेरे बच्चे; मैं अगले पूरे साल भर तुम्हारे लिए काम का जुगाड़ कर दूँगा। लेकिन एक बात याद रहे; यह जंगल हमारा अपना है! एक भी चोरी नहीं होनी चाहिए वरना तुम्हारा पत्ता गोल हो जायेगा। सारे लकड़ीचोरों को लेस ऐग्यू भेज दो। अगर सूखी झाड़ियाँ और छिपटियाँ भी बिक रही हों तो ऐसा करो कि लोग

हमारी ही खरीदें, उन्हें लेस ऐग्यू से कुछ न खरीदने दो। जल्दी ही तुम वापस फील्डकीपर का अपना पद पा जाओगे। यह सब बहुत दिनों तक नहीं चलेगा। जनरल चोरों के बीच रहते-रहते तंग आ जायेगा। जानते हो तुम, उस बनिये ने मुझे चोर कहा, मुझे! सबसे दृढ़ और सबसे ईमानदार रिपब्लिकन के बेटे को, मुझे! जनता के उस प्रसिद्ध प्रतिनिधि मूशों के दामाद को, जो अपने कफन-दफन के लायक भी पैसे नहीं छोड़ गया था। मुझे उसने चोर कहा!''

जनरल ने नये फील्डकीपर की तनख्वाह बढ़ाकर तीन सौ फ्रैंक कर दी। उसने ब्लांगी में एक टाउनहाल बनवाया जिसमें उसे रहने की जगह दे दी गयी। फिर जनरल ने अपने एक काश्तकार की बेटी से उसकी शादी करा दी जो उसके पास तीन एकड़ अंगूर के बाग छोड़कर मर गया था। ग्रुआसों जनरल के साथ इस तरह जुड़ गया जैसे कोई कुत्ता अपने मालिक के साथ जुड़ा रहता है। इलाके के सारे लोग उसकी वफादारी को स्वीकार करते थे। लोग उससे डरते और उसका सम्मान करते थे लेकिन किसान उससे इस तरह दूर रहते थे जैसे वह कोई कोढ़ी हो। वे उससे मिलने पर या तो चुप रहते थे या फिर खुशमिजाजी के आवरण में उस पर फब्तियाँ कसते थे। नया फील्डकीपर एक ऐसा प्रहरी था जिस पर दर्जनों और प्रहरियों की निगरानी रहती थी। इस बहुसंख्या के विरुद्ध वह कुछ नहीं कर सकता था। अपराधी इस तरह से चोरी करने की नयी-नयी योजनाएँ बनाते रहते थे जिसे साबित करना उसके लिए नामुमकिन था और पुराना सिपाही अपनी असहायता पर गुस्से से पागल हो उठता था। ग्रुआसों को अपने काम में प्रतिद्वन्द्वी गुटों के बीच लड़ाई जैसी उत्तेजना महसूस होती थी और उसे पीछा करने में मजा आता था—लेकिन यहाँ उसे मैदान से भागते सैनिकों का नहीं बल्कि टुच्चे चोरों और छिछोरों का पीछा करना था। उसे वास्तविक युद्ध में लड़ने का प्रशिक्षण मिला था जिसमें वफादारी और नियमों का पालन महत्त्वपूर्ण था, लेकिन यहाँ ये लोग इतनी सफाई से साजिशें रचते थे और इतने घाघपने के साथ चोरी करते थे कि उसके आत्मसम्मान को ठेस पहुँचती थी। जल्दी ही उसका इस ओर ध्यान गया कि सारी चोरियाँ सिर्फ लेस ऐग्यू में होती थीं, बाकी सभी जागीरों का सम्मान किया जाता था। शुरू में वह इन किसानों को हिकारत की नजर से देखता था जो इतने अहसानफरामोश थे कि सम्राट के जनरल की सम्पति पर चोरी करते थे जो एक उदार और भला आदमी था। लेकिन अब तो उसकी हिकारत में नफरत भी जुड़ गयी थी। लेकिन लाख कोशिश करके भी वह हर जगह नहीं पहुँच सकता था, और दुश्मन ऐसी हर जगह चोरी करता था जहाँ वह नहीं होता था। ग्रुआसों ने जनरल को समझाया कि सुरक्षा के काम को युद्धस्तर पर संगठित करना होगा। उसने उसे विश्वास दिलाया कि घाटी के निवासियों की दुष्ट प्रवृत्ति के आगे उसके पूरी निष्ठा से किये गये प्रयास भी नाकाफी हैं।

''इस सबके पीछे कुछ है जरूर, जनरल,'' उसने कहा; ''ये लोग इतने निडर हैं कि वे किसी से भी नहीं डरते; लगता है जैसे उन्हें ईश्वर के अपने पक्ष में होने का भरोसा है।''

''हम देखेंगे,'' जनरल ने जवाब दिया।

यह घातक शब्द है! "देखेंगे"—इस क्रिया का राजनीतिज्ञों के लिए कोई भविष्यकाल नहीं होता।

इस समय मोंतकोर्ने एक और समस्या पर विचार कर रहा था जो उसे ज्यादा तात्कालिक लग रही थी। उसे अपने एक ऐसे विश्वासपात्र की जरूरत थी जो उन महीनों के दौरान मेयर के कार्यालय का उसका कामकाज निपटा सके जब वह पेरिस में रहता था। सहायक मेयर के इस पद के लिए उसे एक ऐसा आदमी चाहिए था जो लिखना और पढ़ना जानता हो और जिले भर में अपनी ही आटाचक्की के पट्टेदार लांगल्यूम के अलावा ऐसा कोई आदमी उसकी नजर में नहीं आया। यह एक विनाशकारी चुनाव था। न केवल मेयर और चक्कीवाले के हित एक-दूसरे के ठीक विपरीत थे बल्कि लांगल्यूम लम्बे समय से रिगू के साथ मिलकर ठगी की योजनाएँ बनाता रहा था जो उसे अपना धंधा चलाने या फिर सम्पति खरीदने के लिए पैसे उधार देता था। चक्कीवाले ने अपने घोड़ों के लिए कुछ खेतों की भूसी का अधिकार खरीद रखा था और सिबिले इसे किसी और को नहीं बेच सकता था। जिले के सभी दूसरे खेतों की भूसी लेस ऐग्यू से बेहतर दामों पर बिकती थी, हालाँकि लेस ऐग्यू की उपज सबसे ज्यादा होती थी।

इस तरह लांगल्यूम अस्थायी मेयर बन गया; लेकिन फ्रांस में अस्थायी शाश्वत होता है—हालाँकि फ्रांसीसियों पर बदलावपसन्द होने का सन्देह किया जाता है। रिगू की सलाह पर काम करते हुए वह जनरल के प्रति पूरी तरह निष्ठावान होने का नाटक करता रहा और उस समय भी वही मेयर था जब यह कहानी शुरू हुई।

मेयर की अनुपस्थिति में जिला परिषद का सदस्य होने के चलते रिगू का ही राज चलता था और वह ऐसे प्रस्ताव लाता रहता था जिनसे जनरल का किसी न किसी तरह नुकसान होता था। एक बार उसने ऐसे कामों के लिए पैसे खर्च कराये जिनसे केवल किसानों का ही लाभ था लेकिन खर्च का भारी हिस्सा लेस ऐग्यू के जिम्मे आया जो अपने बड़े आकार के कारण जिले के दो तिहाई टैक्स चुकाता था। एक अन्य अवसर पर परिषद ने उसके प्रभाव से पादरी के वेतन में वृद्धि, पुरोहिताश्रम की मरम्मत या स्कूल मास्टर को "पारिश्रमिक" देने जैसे उपयोगी और जरूरी भत्तों से भी इंकार कर दिया।

"अगर किसान पढ़ना और लिखना सीख गये तो फिर हमारा क्या होगा?" इस फैसले के बारे में जनरल को सफाई देते हुए लांगल्यूम ने बड़ी मासूमियत से कहा।

ग्रुआसों के काम से खुश जनरल पेरिस लौटकर भूतपूर्व इम्पीरियल गार्ड के अन्य पुराने सिपाहियों की तलाश करने लगा ताकि उन्हें लेकर लेस ऐग्यू की सुरक्षा का मजबूत बन्दोबस्त किया जा सके। अपने दोस्तों और पेंशनशुदा अफसरों से पूछताछ और अपनी खोजबीन से उसने मिशॉ को ढूँढ़ निकाला। वह इम्पीरियल गार्ड की बख्तरधारी टुकड़ी के हेडक्वार्टर में क्वार्टरमास्टर रह चुका था। वह एक ऐसा आदमी था जिसके बारे में सिपाहियों का कहना था कि उसके सामने किसी की दाल आसानी से नहीं गल सकती। मिशॉ ने अपने मित्रों और परिचितों के बीच से तीन और ऐसे आदमी छाँटे जो उसके सहायक के तौर पर बिना

डरे और बिना भ्रष्ट हुए जागीर की हिफाजत कर सकते थे।

इनमें पहले का नाम स्टेंजेल था। वह एक असली अलसेशियन था। स्टेंजेल इसी नाम के एक जनरल की अवैध सन्तान था जो इटली में बोनापार्ट के शुरुआती विजय अभियानों में से एक में मारा गया। यह लम्बा-तगड़ा व्यक्ति सैनिकों की उस श्रेणी का था जो रूसियों की तरह बिना कुछ पूछे हर आदेश का पूरी तरह पालन करने के आदी होते हैं। अपने कर्तव्य का निर्वाह करने से उसे कोई भी बाधा रोक नहीं सकती थी; अगर उसे हुक्म दिया जाता तो वह किसी सम्राट या पोप को भी गर्दन से पकड़कर ला सकता था। वह खतरों की रत्तीभर भी परवाह नहीं करता था। वह बिल्कुल निडर था, पर सोलह वर्ष तक सैन्य अभियानों में हिस्सा लेने के बाद भी उसके शरीर पर खरोंच नहीं आयी थी। खुले आसमान में सोना हो या आरामदेह बिस्तर पर, उसे कोई फर्क नहीं पड़ता था। काम में या परेशानी में कोई भी बढ़ोत्तरी होने पर वह बस इतना कहता था, "लगता है आज का यही चलन है।"

वातेल नाम का दूसरा व्यक्ति बचपन से ही रेजीमेण्ट के साथ पला-बढ़ा था। वह लग्गी के सहारे खाइयाँ या दीवारें फाँदने वाले सैनिकों की टुकड़ी का कारपोरल था। वह खुशमिजाज, औरतों के साथ बेहद बेतकल्लुफ और दुस्साहस की हद तक निडर था; अगर उसे अपने किसी साथी को मृत्युदण्ड देने का आदेश होता तो वह हँसते हुए उसे गोली मार सकता था। उसके सामने न कोई भविष्य था और न ही वह कोई दूसरा काम कर सकता था, इसलिए वनरक्षक के काम के तहत दिलचस्प छोटी-मोटी लड़ाइयों की उम्मीद ने उसे आकर्षित किया; और जिस तरह पहले सम्राट और उसकी सेना उसके लिए धर्म के समान थे, उसी तरह अब उसने शपथ ली कि वह हर हाल में वीर जनरल मोंतकोर्ने की सेवा और हिफाजत करेगा। उसका स्वभाव उन तकरारपसन्द लोगों की तरह था जिन्हें दुश्मनों से रहित जीवन बेजान और लक्ष्यविहीन मालूम पड़ता है--दूसरे शब्दों में एक मुकदमेबाज या पुलिसवाले का स्वभाव। अगर ग्रां-इवेर में शेरिफ का अफसर मौजूद नहीं होता तो उसने किसी व्यक्ति के निवास की अनुल्लंघनीयता के कानून को ठेंगा दिखाते हुए तोंसार को लकड़ी के गट्ठर के साथ गिरफ्तार कर लिया होता।

तीसरा व्यक्ति गेलार भी पुराना सैनिक था। वह तरक्की करते-करते सब-लेफ्टिनेण्ट की रैंक तक पहुँचा था और उसका शरीर घावों के निशानों से भरा हुआ था। वह यांत्रिक सैनिकों की श्रेणी का था। सम्राट के हश्र को वह कभी अपने दिमाग से निकाल नहीं पाया और बाकी हर चीज के प्रति उदासीन हो गया। उस पर एक बेटी की देखरेख की जिम्मेदारी थी इसलिए उसने वनरक्षक के पद को आजीविका के एक साधन के रूप में स्वीकार कर लिया, ठीक वैसे ही जैसे उसने रेजीमेण्ट की नौकरी स्वीकारी थी।

अपने सैनिकों के पहुँचने के पहले ही कुर्तेक्विस को चलता करने के इरादे से जब जनरल लेस ऐग्यू पहुँचा तो यह देखकर दंग रह गया कि वनरक्षक ने कैसे उद्धत दुस्साहस के साथ उसके आदेशों का पालन किया है। आज्ञापालन का एक ऐसा भी ढंग होता है जिससे

नौकर की आज्ञाकारिता मालिक के आदेश का मखौल बनाकर रख देती है। लेकिन दुनिया में किसी भी चीज को हास्यास्पद बनाया जा सकता है और कुर्तेक्विस ने इस मामले में सारी सीमाएँ पार कर दी थीं।

कुल एक सौ छब्बीस चोरों (जिनमें से ज्यादातर कुर्तेक्विस से मिले हुए थे) को पकड़कर सुलांश की दीवानी अदालत के सामने पेश किया गया था जिनमें से उन्हत्तर के खिलाफ मुकदमा चलाने का आदेश हुआ था। फीस के रूप में ऐसे छप्परफाड़ मुनाफे से खुश शेरिफ के अफसर ब्रूने ने वारण्टों को पुरजोर तरीके से लागू कराया और करीब-करीब सभी ने एक हलफनामा दे दिया जिसे कानूनी भाषा में दिवालिया होने की घोषणा कहा जाता है--दरिद्रता की ऐसी स्थिति जिसके आगे कानून बेबस हो जाता है। इस शपथपत्र से शेरिफ सिद्ध करता है कि प्रतिवादी के पास किसी किस्म की कोई सम्पति नहीं है और इसलिए वह कंगाल है। कुर्तेक्विस ने इन कंगालों का चुनाव बड़ी होशियारी से किया था और वे आसपास के पाँच जिलों में फैले थे और ब्रूने ने अपने पिछलग्गुओं वेर्मिशेल और फूर्शों की मदद से उन्हें सम्मन तामील कराने का काम बड़ी मुस्तैदी से किया। फिर उसने पाँच हजार फ्रैंक के खर्चे के बिल के साथ सारे कागजात सिबिले को सौंप दिये और उससे अनुरोध किया कि अगली कार्रवाई के लिए मोस्यू ल कोम्त द मोंतकोर्ने के अगले आदेशों के बारे में सूचित किया जाये।

जिस समय इन कागजात से लैस सिबिले बड़ी शान्ति से काउण्ट को उसके अविवेकपूर्ण आदेशों का परिणाम समझा रहा था और फ्रांसीसी घुड़सवार सेना के जनरल के उग्रतम क्रोध के विस्फोट को उतनी ही शान्ति के साथ के साथ देख रहा था, ठीक उसी समय कुर्तेक्विस वहाँ हाजिर हुआ। वह अपने मालिक को सलाम बजाने और ग्यारह सौ फ्रैंक का अपना हिसाब पेश करने आया था। गिरफ्तारियों और जुर्मानों के बदले उसे जो ईनाम देने का वादा किया गया था यह वही रकम थी। लेकिन जमीनी आदमी ने अपनी पतलून सम्भाली और जनरल के आगे-आगे भागा जो अपनी उपाधि और पदवी को पूरी तरह भूल चुका था; वह एक बार फिर सिपाही बन गया था और ऐसी गालियाँ बकते हुए अपने मुलाजिम के पीछे दौड़ रहा था जिन्हें याद करके शायद बाद में उसे बड़ी शर्म आई होगी।

"ग्यारह सौ फ्रैंक!" वह चिल्लाया, "तुझे मैं ग्यारह सौ झापड़ दूँगा! ग्यारह सौ लातें!--तू क्या सोचता है मैं तेरा झूठ समझ नहीं सकता? दूर हो जा मेरी नजरों से, वरना मैं यहीं तुझे ढेर कर दूँगा!"

जनरल का लाल-पीला हुआ चेहरा देखते ही कुर्तेक्विस उस योद्धा के मुँह से अन्तिम शब्द बाहर निकलने के पहले ही वहाँ से गौरेया की तरह फुर्र हो गया।

"मोस्यू ल कोम्त," सिबिले ने नर्मी से कहा, "आप गलती कर रहे हैं।"

"गलत! मैं गलत?"

"हाँ, मोस्यू ल कोम्त, सावधान रहियेगा, उस पाजी से आपको परेशानी हो सकती है; वह आप पर मुकदमा कर देगा।"

"मुझे उसकी जरा भी परवाह नहीं है। उस बदमाश से कह दो कि फौरन यह जगह छोड़कर चला जाये! देखना कि वह मेरी कोई भी चीज ले न जा पाये और हिसाब कर दो।"

चार घण्टे बाद पूरा देहात चटखारे ले-लेकर इस दृश्य की बातें कर रहा था। लोग कह रहे थे कि जनरल ने बेचारे कुर्तेक्विस को मारा-पीटा था और उसे उसकी तनख्वाह के अलावा दो हजार फ्रैंक भी देने से मना कर दिया था—जो उस पर बकाया थे। जितने मुँह उतनी बातें थीं और लेस ऐग्यू के मालिक को पागल घोषित कर दिया गया था। अगले दिन ब्रूने, जिसने जनरल की तरफ से सारे वारण्ट तामील किये थे, अब कुर्तेक्विस की ओर से उसके पास पुलिस अदालत के सामने हाजिर होने का सम्मन लेकर आया। मच्छरों ने शेर को डंक मारा था; लेकिन उसके दुखों की तो यह बस शुरुआत ही थी।

वनरक्षक की तैनाती कुछ औपचारिकताओं को पूरी किये बिना नहीं हो सकती। उदाहरण के लिए उसे दीवानी अदालत में शपथपत्र भरना पड़ता है। इसलिए तीनों वनरक्षकों के अपना काम शुरू कर पाने के पहले कई दिन बीत गये। हालाँकि जनरल ने मिशॉ को लिखा था कि वह एवोन के फाटक पर बना लॉज उनके लिए तैयार होने का इंतजार न करे और अपनी पत्नी को लेकर आ जाये लेकिन भावी मुख्य रक्षक या कारिन्दा अपनी शादी और फिर अपनी पत्नी के घर वालों के आग्रह के चलते पेरिस में रुका रहा और एक पखवारे के बाद ही लेस ऐग्यू पहुँच सका। इसके बाद कुछ औपचारिकताओं को पूरा करने में कुछ और समय खर्च हुआ जो विल-ओ-फाये के अधिकारियों ने बेहद अनिच्छापूर्वक पूरी करायीं। इस पूरे समय के दौरान लेस ऐग्यू के जंगल को किसानों ने जमकर लूटा जिन्होंने इस बात का पूरा फायदा उठाया कि उस वक्त वहाँ नाम के लिए निगरानी करने वाला भी कोई नहीं था।

चुस्त हरी वर्दी पहने, चेहरे पर दृढ़ता लिए, लम्बे-तगड़े, फुर्तीले और रातें जंगल में गुजारने में सक्षम तीन वनरक्षकों का आगमन कोंशे से लेकर विल-ओ-फाये तक पूरी घाटी के लिए एक बहुत बड़ी घटना थी।

पूरे जिले में ग्रुआसों एकमात्र ऐसा व्यक्ति था जिसने इन अनुभवी सैनिकों का स्वागत किया। इस कुमुक के आने से उत्साहित होकर उसने चोरों को चेतावनियाँ भी दे डालीं और कह दिया कि जल्दी ही उन पर इतनी कड़ी निगाह रखी जायेगी कि वे कोई नुकसान नहीं कर पायेंगे। इस तरह इस युद्ध में भी तमाम बड़े कमाण्डरों की तरह घोषणाओं और फरमानों की कमी नहीं थी; फर्क यह था कि यहाँ एक पक्ष ऊँची आवाज में उद्घोषणा कर रहा था और दूसरे पक्ष की घोषणाएँ गुपचुप फुसफुसाहटों के जरिए फैल रही थीं।

सिबिले ने जनरल का ध्यान इस ओर दिलाया कि सुलांश की सशस्त्र पुलिस और खासकर उसका ब्रिगेडियर सूद्री लेस ऐग्यू के प्रति कपटपूर्ण और शत्रुतापूर्ण रुख रखते थे। उसने इसकी जगह दूसरी ब्रिगेड रखवाने की सलाह दी जिसका रुख शायद इससे बेहतर होगा।

"एक अच्छे ब्रिगेडियर और आपके हितों के प्रति निष्ठावान सशस्त्र पुलिस की टुकड़ी के साथ आप आसानी से देहातियों को सँभाल लेंगे," सिबिले ने जनरल से कहा।

जनरल फिर प्रीफेक्चर में गया और डिवीजन के कमांडर जनरल से कहकर सूद्री को हटवाकर उसकी जगह वियाले नाम के एक आदमी की तैनाती करवा दी जिसकी उसके जनरल और प्रीफेक्ट ने एक सख्त पुलिसवाले के तौर पर काफी तारीफ की थी। सुलांश में तैनात टुकड़ी के पुलिसवालों को मोंतकोर्ने के पुराने दोस्त और सशस्त्र पुलिस के कर्नल ने डिपार्टमेण्ट की अलग-अलग जगहों पर बिखरा दिया और उनकी जगह चुने हुए लोग तैनात किये गये जिन्हें यह गुप्त आदेश थे कि कोम्त द मोंतकोर्ने की जागीर पर कड़ी निगाह रखें और उसे नुकसान पहुँचाने की सारी कोशिशों को नाकाम करें। उन्हें खासतौर पर ये निर्देश भी दिये गये कि वे सुलांश के निवासियों के प्रलोभनों में बिल्कुल न आयें।

यह आखिरी क्रान्तिकारी कदम इतनी तेजी के साथ उठाया गया कि इसे रोके जाने की कोई सम्भावना नहीं थी और इसने सुलांश तथा विल-ओ-फाये में काफी लोगों को भौचक्का कर दिया। सूद्री जिसे ऐसा महसूस हुआ मानो उसे बर्खास्त कर दिया गया हो, बहुत नाराज हुआ और गोबर्ते ने दौड़धूप करके उसे सुलांश का मेयर बनवा दिया जिससे सशस्त्र पुलिस उसके अधीन हो गयी। इलाके में निरंकुशता के बारे में काफी हो-हल्ला मचा। मोंतकोर्ने सबकी नफरत का निशाना बन गया। उसने न केवल पाँच या छह लोगों के जीवन को उलट-पलट कर दिया था बल्कि कई लोगों के अहम को भी ठेस पहुँचायी थी। विल-ओ-फाये और सुलांश के छोटे व्यापारियों और रिगू, लांगल्यूम, गुएर्बे और कोंशे के पोस्टमास्टर की बातें सुन-सुनकर किसानों ने सोचा कि वे क्रान्ति से मिले अपने सारे "अधिकारों" को खोने की कगार पर हैं।

जनरल ने कुर्तेक्विस के मुकदमे से पिण्ड छुड़ाने के लिए उसकी माँगी गयी सारी रकम उसे चुका दी। बर्खास्त वनरक्षक ने दो हजार फ्रैंक की कीमत पर एक छोटी-सी जमीन खरीदी जो तीन तरफ से लेस ऐग्यू की जागीर से घिरी हुई थी—यह एक तरह का आश्रय था जिसमें रक्षकों से भागकर छुपा जा सकता था। इसका मालिक रिगू ला बशेलरी को कतई छोड़ना नहीं चाहता था लेकिन अब उसने पचास प्रतिशत रियायत देकर इसे कुर्तेक्विस को बेच दिया। इस बात ने भूतपूर्व रक्षक को रिगू के तमाम चाकरों में से एक बना दिया, क्योंकि दरअसल उसे इस सम्पत्ति के लिए एक हजार फ्रैंक ही चुकाने पड़े।

इसके बाद से तीनों वनरक्षकों, मुख्य रक्षक मिशॉ और ब्लांगी के फील्डकीपर ग्रुआसों का जीवन छापामारों की तरह हो गया। दिन-रात जंगल में रहते हुए उन्होंने जल्दी ही जंगल की उन तमाम चीजों की गहरी जानकारी हासिल कर ली जो जंगल में काम करने वालों के लिए विज्ञान जैसी होती हैं और उनका खासा समय बचाती हैं। उन्होंने जानवरों के पंजों के निशानों का अध्ययन करना और पेड़ों की प्रजातियों और उनकी उम्र का पता लगाने का तरीका सीखा। उन्होंने जंगल की हर आवाज और हर फुसफुसाहट पहचानने के लिए अपने कानों को साध लिया। इसके अलावा वे लोगों के चेहरों को पढ़ना सीख गये और जिले के विभिन्न गाँवों के अलग-अलग परिवारों, हर परिवार के सदस्यों, उनकी आदतों, चरित्रों और आजीविका के साधनों की जानकारी हासिल कर ली। यह काम उससे कहीं

ज्यादा कठिन है जितना सुनने में लगता है। लेस ऐग्यू के सहारे जीने वाले किसानों ने सुरक्षा के इन सुनियोजित उपायों का जवाब मूक प्रतिरोध से या फिर उपहासपूर्ण अधीनता से दिया।

मिशॉ और सिबिले पहली नजर से ही एक-दूसरे को नापसन्द करने लगे। नेपोलियन के युवा "गार्ड" के मातहत रहा स्वाभिमानी, बेबाक और वफादार सैनिक गुमाश्ते के पशुवत दासभाव और चिर असन्तुष्ट भावना से नफरत करता था। जल्दी ही उसका ध्यान इस ओर गया कि सिबिले सभी उचित कदमों का विरोध करता था और ऐसे उपायों को सही ठहराता था जो संदिग्ध थे। जैसाकि पाठक पहले ही देख चुका है, जनरल को शान्त करने के बजाय सिबिले उसे लगातार उकसाता था और कड़े कदम उठाने की दिशा में धकेलता रहता था। वह हर समय अनगिनत खीझ पैदा करने वाली हरकतों, छोटी-मोटी गड़बड़ियों और बार-बार उभरनेवाली और असमाधेय परेशानियों की ओर उसका ध्यान दिलाकर उसे डराने की कोशिश में लगा रहता था। मिशॉ को जासूस और उकसावेबाज की सिबिले की भूमिका पर अभी शक नहीं था (जो मन में यह इरादा छुपाये हुए था कि वक्त आने पर वह अपना हित देखकर गोबर्तें और जनरल के बीच चुनाव करेगा) पर उसे लगता था कि गुमाश्ता स्वभाव से बुरा और लालची है, और वह उसकी ऊपरी तौर पर प्रकट होने वाली ईमानदारी को समझ नहीं पाता था। जनरल अपने इन दोनों कारकुनों के बीच दुश्मनाना रिश्ते से सन्तुष्ट था। मिशॉ अपनी नफरत के चलते गुमाश्ते पर नजर रखता था, हालाँकि अगर जनरल की इच्छा नहीं होती तो वह इस तरह जासूस का काम करने के पक्ष में नहीं था। सिबिले कारिन्दे की खुशामद और लल्लो-चप्पो में लगा रहता लेकिन वह उससे कुछ भी निकलवा पाने में सफल नहीं हो पाता। वफादार सैनिक उसके प्रति अतिशय विनम्रता को दोनों के बीच एक दीवार की तरह इस्तेमाल करता था।

अब जबकि पृष्ठभूमि के सभी ब्योरे बताये जा चुके हैं तो पाठक जनरल के दुश्मनों के बर्ताव को समझ सकेगा और मदाम द मोंतकोर्ने, पादरी और ब्लोंदे के नाश्ते की मेज से चले जाने के बाद जनरल और उसके दोनों तथाकथित मंत्रियों के बीच हुई बातचीत का मतलब भी वह समझ जायेगा।

अध्याय नौ

मध्यतंत्र के बारे में

"हाँ, मिशॉ, क्या खबर है?" अपनी पत्नी के कमरे से बाहर जाते ही जनरल ने पूछा।

"जनरल, अगर आपकी इजाजत हो मैं कहना चाहूँगा कि बेहतर यही होगा कि हम

इस कमरे में ये बातें न करें। दीवारों के भी कान होते हैं, और मैं यह नहीं चाहता हूँ कि हमें जो कहना है वह हमारे कानों के अलावा किसी और तक पहुँचे।"

"अच्छी बात है," जनरल ने कहा, "फिर हम खेतों के बीच वाले रास्ते से गुमाश्ते के मकान की ओर चलते हैं; वहाँ हमारी बातें कोई नहीं सुन सकता।"

कुछ ही पल बाद मिशॉ और सिबिले के साथ जनरल चरागाह को पार कर रहा था जबकि मदाम द मोंतकोर्ने पादरी और ब्लोंदे को लेकर एवोन के फाटक की ओर जा रही थी।

मिशॉ ने कुछ ही देर पहले ग्रां-इवेर में घटी घटना के बारे में बताया।

"वातेल ने गलत किया," सिबिले ने कहा।

"यह बात उन्होंने उसी समय स्पष्ट कर दी थी," मिशॉ ने जवाब दिया, "उसे अन्धा बनाकर; लेकिन यह तो कुछ नहीं है। जनरल, आपको वह योजना याद है न जो हमने मिलकर बनाई थी—कि उन चोरों के मवेशी जब्त कर लिये जायें जिनके खिलाफ अदालत ने फैसला सुनाया है? मुझे अफसोस है, हम ऐसा नहीं कर सकते। प्लिसू की तरह ब्रूने के समर्थन पर भी भरोसा नहीं किया जा सकता। दोनों ही कोई भी जब्ती करने से पहले बदमाशों को चेता देते हैं। ब्रूने का सहायक वेर्मिशेल आज सुबह पेर फूर्शों को ढूँढ़ने के बहाने ग्रां-इवेर गया था, और मारी तोंसार, जो बोनबाल से प्रेम करती है, फौरन लोगों को खबरदार करने के लिए दौड़ती हुई कोंशे पहुँच गयी! चोरियाँ फिर शुरू हो गयी हैं।"

"प्रशासन की कड़ाई दिखाना दिन-ब-दिन ज्यादा से ज्यादा जरूरी होता जा रहा है," सिबिले ने कहा।

"मैंने तुमसे क्या कहा था?" जनरल चीखा। "हमें अदालत के फैसले को लागू करने की मांग करनी चाहिए जिसमें गिरफ्तारी का भी आदेश है। हमें उन सबको गिरफ्तार कर लेना चाहिए जिन्हाँने जुर्माना और मुकदमों का खर्च अदा नहीं किया है।"

"ये लोग सोचते हैं कि कानून बेबस है और एक-दूसरे से कहते हैं कि आप उन्हें गिरफ्तार करने की हिम्मत नहीं कर सकते," सिबिले ने कहा। "वे सोचते हैं कि आप उनसे डर गये हैं! विल-ओ-फाये में उनके मददगार बैठे हैं क्योंकि लगता है सरकारी वकील ने भी उनके खिलाफ फैसलों की अनदेखी कर दी है।"

"मैं सोचता हूँ," जनरल को सोच में डूबा देखकर मिशॉ ने कहा, "कि अगर आप अच्छी-खासी रकम खर्च करने को तैयार हों तो तो आप अब भी अपनी सम्पत्ति को बचा सकते हैं।"

"कुछ और खर्च उठा लेना सख्ती से काम लेने से बेहतर ही होगा," सिबिले ने टिप्पणी की।

"तुम्हारी योजना क्या है?" जनरल ने अपने कारिन्दे से पूछा।

"बिल्कुल सीधी-सादी," मिशॉ ने कहा। "बाग की तरह पूरे जंगल को दीवारों से घेर दीजिये, और आप बिल्कुल सुरक्षित रहेंगे। तब मामूली सी चोरी भी आपराधिक कृत्य बन

जायेगी और मामला फौजदारी अदालत में जायेगा।"

"सिर्फ सामग्री के लिए डेढ़ फ्रैंक वर्गफुट की दर से मोस्यू ल कोम्त को उनकी दीवार लेस ऐग्यू की पूरी कीमत की एक तिहाई से भी ज्यादा की पड़ जायेगी," सिबिले ने हँसते हुए कहा।

"ठीक है, ठीक है," मोंतकोर्ने ने कहा, "मैं अभी जाकर एटार्नी-जनरल से मिलूँगा।"

"एटार्नी-जनरल," सिबिले ने धीरे से कहा, "की राय भी शायद अपने मातहत से अलग नहीं होगी, क्योंकि सरकारी वकील की लापरवाही शायद दोनों की सहमति का ही नतीजा है।"

"तो मैं इसे चाहूँगा!" मोंतकोर्ने चीखा। "अगर मुझे उन सबको बाहर करना पड़ा–जजों, प्रशासनिक अधिकारियों और उस एटार्नी-जनरल को भी–तो मैं ऐसा करूँगा। मैं कानून मंत्री के पास जाऊँगा, या खुद राजा से जाकर मिलूँगा।"

मिशॉ के जोर से किये गये इशारे को देखकर जनरल एकदम से रुक गया और वापस मुड़ते हुए उसने सिबिले से कहा, "अच्छा, अब चलते हैं,"–गुमाश्ता उसका मतलब समझ गया।

"क्या मोस्यू ल कोम्त सीला बटोरने के समय होने वाली गड़बड़ को रोकने के लिए मेयर की हैसियत से जरूरी कदम उठाने का इरादा रखते हैं?" उसने सम्मानपूर्वक कहा। "कटाई का मौसम आ रहा है, और अगर हमें कंगाली का प्रमाणपत्र देने के बारे में आदेश जारी करना हो और दूसरे जिलों के कंगालों को अपनी जमीन पर सीला बटोरने से रोकना हो तो अब समय नहीं गँवाना चाहिए।"

"इसे फौरन कर डालो, और ग्रुआसों से तालमेल कर लो," काउण्ट ने कहा। "इस तबके के लोगों के साथ हमें कानून के मुताबिक ही चलना चाहिए," उसने इतना और जोड़ दिया।

इस तरह, एक पल भी सोचे बिना मोंतकोर्ने ने एक ऐसे कदम के लिए रजामन्दी दे दी जिसे सिबिले एक पखवारे से प्रस्तावित कर रहा था और जिससे अब तक वह इंकार करता रहा था। लेकिन अब, वातेल के साथ हुई दुर्घटना के कारण भड़के गुस्से के आवेश में उसने इसे फौरन मंजूर कर लिया।

जब सिबिले कुछ दूर निकल गया तो जनरल ने नीची आवाज में अपने कारिन्दे से कहा–

"हाँ, मेरे प्रिय मिशॉ, क्या बात है, तुमने मेरी ओर वह इशारा क्यों किया?"

"आप आस्तीन में साँप पाल रहे हैं जनरल, फिर भी उसके सामने आप उसे ऐसी योजनाओं की बात कर रहे हैं जिनके बारे में आपको खुफिया पुलिस को भी नहीं बताना चाहिए।"

"शक तो मुझे भी है, प्रिय दोस्त," मोंतकोर्ने ने जवाब दिया, "लेकिन मैं वही गलती दोबारा नहीं करना चाहता। जब तक मुझे बेहतर गुमाश्ता नहीं मिल जाता तब तक मैं फिर

से गुमाश्ते को हटाने वाला नहीं हूँ। मैं सिबिले की छुट्टी करने के लिए उस दिन का इन्तजार कर रहा हूँ जब तुम उसकी जगह लेने लायक गुमाश्ते का काम समझ जाओ और वातेल तुम्हारी जगह लेने के लिए तैयार हो जाये। लेकिन फिर भी, मुझे अब तक सिबिले के विरुद्ध शिकायत की कोई वजह नजर नहीं आती। वह ईमानदार और समय का पाबन्द है और उसने इन पाँच वर्षों में सौ फ्रैंक का भी घपला नहीं किया है। हाँ उसका स्वभाव बहुत चिढ़ पैदा करने वाला है, उसके खिलाफ बस यही कहा जा सकता है। अगर और कोई बात हो, तो इस ढंग से काम करने के पीछे उसकी योजना क्या हो सकती है?"

"जनरल," मिशॉ ने गम्भीर स्वर में कहा, "मैं पता लगाऊँगा, क्योंकि निस्सन्देह उसके पास कोई योजना है। अगर आप इजाजत दें तो उस बूढ़े बदमाश फूर्शो को अच्छी सी रिश्वत देकर मैं सच्चाई तक पहुँच सकता हूँ, हालाँकि अभी-अभी उसने जो कुछ कहा है उससे मुझे शक हो रहा है कि बूढ़े की गठरी में कई रहस्य छुपे हैं। वह ठगड़ा रस्सीसाज मुझे खुद बता चुका है कि वे आपको लेस ऐग्यू से भगा देना चाहते हैं। और मैं आपको बता दूँ, क्योंकि आपको यह बात जाननी चाहिए, कि कोंशे से विल-ओ-फाये तक ऐसा एक भी किसान, एक भी छोटा दुकानदार, फार्मर या शराबखाने का मालिक नहीं है जो जागीर का एक टुकड़ा खरीदने के लिए पैसे न बचा रहा हो। फूर्शो मुझे बता चुका है कि तोंसार तो पहले ही अपना दावा ठोंक चुका है। आपको लेस ऐग्यू बेचने के लिए मजबूर किया जा सकता है, यह विचार हवा में फैले संक्रमण की तरह घाटी के एक सिरे से दूसरे सिरे तक पहुँच चुका है। हो सकता है कि सिबिले की जासूसी का मोल गुमाश्ते के मौजूदा मकान और साथ की कुछ जमीन से चुकाया जाने वाला हो। हमारे बीच ऐसी कोई बातचीत नहीं होती जिसकी जानकारी फौरन ही विल-ओ-फाये में पहुँच जाती हो। सिबिले आपके दुश्मन गोबर्तें का रिश्तेदार है। आपने अभी एटार्नी जनरल और दूसरे लोगों के बारे में जो कुछ कहा है वह शायद आपके प्रीफेक्चर पहुँचने से पहले उन्हें बता दिया जायेगा। आप जानते नहीं इस जिले में रहने वाले किस तरह के लोग हैं।"

"मैं क्या उन्हें जानता नहीं? मैं जानता हूँ कि वे इस धरती के कचरे हैं! क्या तुम्हें लगता है कि मैं ऐसे कमीनों के आगे झुकने वाला हूँ?" जनरल ने चीखकर कहा। "कसम से, ऐसा करने के बजाय मैं खुद लेस ऐग्यू को आग लगा दूँगा!"

"इसे आग लगाने की कोई जरूरत नहीं है; लेकिन हमें ऐसे तरीके अपनाने होंगे जिससे इन पिद्दियों की सारी योजनाएँ गड़बड़ा जायें। जनरल, उनकी धमकियों से लगता है कि वे आपके खिलाफ इस लड़ाई में किसी भी हद तक जा सकते हैं, और चूँकि आपने अभी आगजनी की बात की है, इसलिए मैं आपसे गुजारिश करता हूँ कि अपनी सारी इमारतों और अपने सारे फार्महाउसों का बीमा करा लीजिए।"

"मिशॉ, क्या तुम जानते हो वे 'बनिया' किसे कहते हैं? कल जब मैं थ्यून के किनारे घोड़े पर जा रहा था तो मैंने कुछ पाजियों को चिल्लाते सुना, 'बनिया! आ गया बनिया!' और फिर वे वहाँ से भाग गये।"

"सिबिले से पूछिए; इसका जवाब वही दे सकता है, उसे आपको नाराज करने में मजा आता है," मिशॉ ने दुखी भाव से कहा। "लेकिन–अगर आप जवाब चाहते ही हैं–तो सुनिए, इन डाकुओं ने आपको यह नाम दे रखा है, जनरल।"

"इसका क्या मतलब हुआ?"

"इसका मतलब हुआ, जनरल–अँअँअँ...यह आपके पिता के बारे में है।"

"कुत्ते कहीं के!' गुस्से से लाल पड़ते हुए जनरल चिग्घाड़ा। "हाँ, मिशॉ, मेरा बाप एक दुकानदार था, फर्नीचर बनानेवाला। काउण्टेस को यह पता नहीं है। ओह! मैं उन्हें कभी भी–ठीक है! आखिर मैं रानियों और सम्राज्ञियों के साथ नाचा हूँ। मैं आज रात ही उन्हें यह बता दूँगा," पल भर चुप रहने के बाद वह चीखा।

"वे आपको कायर भी कहते हैं," मिशॉ ने आगे कहा।

"अच्छा!"

"वे कहते हैं कि आपने एसलिंग की लड़ाई में खुद को बचा कैसे लिया जबकि आपके करीब-करीब सारे साथी खेत रहे।"

इस आरोप ने जनरल के होंठों पर एक मुस्कान ला दी। "मिशॉ, मैं अभी इसी वक्त प्रीफेक्चर जाऊँगा!" चोट खाये साँप की तरह फुफकारते हुए उसने कहा, "चाहे यह तुम्हारे कहे मुताबिक बीमा की पालिसी लेने के लिए ही क्यों न हो। मदाम द कोम्तेस को खबर कर देना कि मैं चला गया हूँ। हा, हा! वे लड़ना चाहते हैं, क्यों? ठीक है, फिर उन्हें युद्ध मिलेगा! मुझे भी उन्हें हराने में मजा आयेगा–एक-एक से निपटूँगा, सुलांश के उन बुर्जुआओं और उनके किसानों से! हम दुश्मन के इलाके में हैं, इसलिए दूरदर्शिता से काम लेना होगा! वनरक्षकों को बता दो कि कानून के दायरे में ही रहें। बेचारा वातेल, उसका ख्याल रखना। काउण्टेस जल्दी डर जाती हैं; उन्हें इस सबका पता नहीं चलना चाहिए, वरना मैं उन्हें वापस यहाँ आने के लिए कभी राजी नहीं कर पाऊँगा।"

अपने ऊपर मँडराते असली खतरे को न जनरल समझ रहा था और न ही मिशोद। मिशॉ बर्गण्डी की इस घाटी में इतने कम समय तक रहा था कि उसे दुश्मन की ताकत का एहसास नहीं था, हालाँकि उसने इसे काम करते हुए देखा था। और जनरल को कानून की सर्वोच्चता पर विश्वास था।

आजकल की विधायिका जैसा कानून बनाती है उसमें सदाकत की वह ताकत नहीं होती जो मानी जाती रही है। यह असमान ढंग से काम करता है। लागू होने के दौरान इसे अकसर इतना तोड़मरोड़ दिया जाता है कि यह खुद अपने ही सिद्धान्तों के उलट चला जाता है। इस तथ्य को कमोबेश हर युग में देखा जा सकता है। क्या कोई भी इतिहासकार इतना अज्ञानी हो सकता है जो इस बात से इंकार करे कि सर्वाधिक चौकस शक्तियों के फरमान भी पूरे फ्रांस में एक बार भी लागू नहीं हो सके? उदाहरण के लिए आदमियों, सामग्रियों और धन की कन्वेंशन की माँगों का क्या प्रान्तों में भी, नार्मण्डी के भीतरी भागों में, ब्रिटैनी की सीमाओं पर भी वैसे ही पालन किया गया जैसे बड़े शहरों में हुआ? कौन सा दार्शनिक

इस बात को नकारेगा कि आज अमुक डिपार्टमेण्ट में किसी का सिर काट दिया जाता है, जबकि ठीक वैसे ही, या प्रायः उससे भी अधिक जघन्य अपराध के दोषी व्यक्ति का सिर उसके कंधों पर बना रहता है। हम जीवन में समानता की बात करते हैं, लेकिन कानून में और मृत्युदण्ड में असमानता का राज है!

जब किसी शहर की आबादी एक निश्चित संख्या से कम रहती है तो प्रशासकीय व्यवस्था वही नहीं रह जाती। फ्रांस में शायद सौ ऐसे शहर हैं जहाँ कानून सख्ती से लागू किये जाते हैं और वहाँ के नागरिक इस बात को समझते हैं कि कानूनों का पालन जनकल्याण और सुरक्षित भविष्य के प्रश्न से जुड़ा है; लेकिन बाकी फ्रांस में तात्कालिक लाभ के सिवा और किसी चीज का ध्यान नहीं रखा जाता; उसमें कटौती करने वाली हर चीज के खिलाफ लोग बगावत कर देते हैं। इसलिए करीब आधे फ्रांस में हम जड़ता की एक ऐसी शक्ति को विद्यमान पाते हैं जो हर तरह की कानूनी कार्रवाई को नाकाम कर देती है, चाहे वह स्थानीय प्रशासन की ओर से हो या सरकार की ओर से। लेकिन ध्यान रहे कि इस प्रतिरोध का असर सार्वजनिक प्रशासन की बुनियादी चीजों पर नहीं पड़ता। करों की वसूली, कर्मचारियों की भर्ती, और बड़े अपराधों पर दण्ड दिया जाना साधारण चीजों के बतौर सुव्यवस्थित ढंग से चलते रहते हैं, लेकिन ऐसी मान्य आवश्यकताओं के दायरे के बाहर के वे सारे विधायी आदेश जो प्रथाओं, नैतिकताओं, निजी स्वार्थों और पुरानी रूढ़ियों को प्रभावित करते हैं, लोगों के खिन्नतापूर्ण विरोध के चलते कागज पर ही रह जाते हैं। जिस वक्त यह पुस्तक प्रेस में जा रही है, उस वक्त भी इस मूक प्रतिरोध को देखा और महसूस किया जा सकता है जिसका सामना लुई चौदहवें को ब्रिटैनी में करना पड़ा था। शिकार के कानूनों के दुर्भाग्यपूर्ण परिणामों को ही ले लीजिए जिनके चलते हम कुछ जानवरों को बचाने के लिए हर वर्ष बीस-तीस लोगों की बलि चढ़ा रहे हैं।

फ्रांस में, कम से कम दो करोड़ निवासियों के लिए, कानून गिरजाघर और टाउनहाल के दरवाजों पर चिपके सफेद कागज के टुकड़े से ज्यादा कुछ नहीं है। कानून के लिए "कागजात" शब्द का इस्तेमाल शायद इसी से निकला है। कैण्टनों के कई मेयरों (जिलों के मेयरों की तो बात ही क्या) के दफ्तर में छपे हुए कानूनों के गट्ठरों को बीजों और मसालों के बण्डलों के साथ ही लटकते देखा जा सकता है। जहाँ तक जिलों के मेयरों का सवाल है, लिखना और पढ़ना न जानने वालों की संख्या चिन्ताजनक है, और जिस ढंग से प्रशासनिक रिकार्ड रखे जाते हैं वह तो और भी चिन्ताजनक है। इस स्थिति से सरकार वाकिफ है और इसका खतरा निस्सन्देह कम हो रहा है; लेकिन जिस चीज को केन्द्रीकरण छू नहीं सकता, वह शक्ति जिसके खिलाफ यह सिर पटककर रह जायेगा, वह है वह गठबन्धन जिस पर अब जनरल हमला करने वाला था, और जिसे हम मध्यतंत्र कहेंगे।

सामन्तों के निरंकुशतंत्र के खिलाफ काफी आवाज उठायी गयी थी; और इन दिनों पूँजीपतियों और सत्ता की जकड़बन्दी के विरुद्ध आवाज उठ रही है, जबकि फ्रांस में गैरबराबरी पर पाटा चलाने की जो प्रक्रिया 1789 में शुरू हुई और 1830 में भी जारी रही,

उसने मध्यवर्गों के छलछद्मपूर्ण और प्रपंची आधिपत्य के लिए ही रास्ता साफ किया है और राष्ट्र को उनकी गिरफ्त में इस तरह दे दिया है जिससे बचकर निकलना मुश्किल है। सिर्फ एक तथ्य का वर्णन, यानी एक कैण्टन, एक छोटे शहर, एक सब-प्रीफेक्चर का एक पारिवारिक गुट के चंगुल में आ जाना–संक्षेप में, गोबर्ते द्वारा हासिल की गयी ताकत–तमाम सैद्धान्तिक बातों के मुकाबले बेहतर ढंग से इस सामाजिक खतरे को दर्शाता है। दुर्भाग्य से यह तथ्य फ्रांस में आम होता जा रहा है। अनेक उत्पीड़ित समुदाय इस तस्वीर की सच्चाई को पहचान लेंगे; बिना दिखायी दिये और बिना शोर-शराबे के इस निरंकुशतंत्र द्वारा कुचले गये अनेक व्यक्ति इन शब्दों से अनकही व्यथा से कुछ राहत महसूस करेंगे।

जिस वक्त जनरल यह कल्पना कर रहा था कि वह एक ऐसे युद्ध को नये सिरे से शुरू करने जा रहा है जिसमें दरअसल कभी युद्धविराम हुआ ही नहीं था, ठीक उसी समय उसके भूतपूर्व गुमाश्ते ने उस जाल की आखिरी गाँठें लगायी थीं जिसमें अब उसने विल-ओ-फाये के पूरे प्रशासनिक इलाके को जकड़ लिया था। बार-बार व्याख्या करने से बचने के लिए एक बार संक्षेप में उन वंशानुगत शाखा-प्रशाखाओं को बता देना जरूरी है जिनके जरिए गोबर्ते ने देहात के पूरे इलाके को वैसे ही अपनी लपेट में ले रखा था, जैसे कोई अजगर किसी पेड़ के तने से इस खूबी से लिपटता है कि कोई राहगीर उसे जंगल का प्राकृतिक चमत्कार मान बैठता है।

वर्ष 1793 में एवोन की घाटी में मूशों नाम के तीन भाई थे। 1793 के बाद उन्होंने पुरानी सामन्तशाही से नफरत के कारण घाटी का नाम बदलकर ऐग्यू की घाटी कर दिया।

सबसे बड़ा भाई, रोंकेरोल परिवार की सम्पति का गुमाश्ता, कन्वेंशन में इस डिपार्टमेण्ट का प्रतिनिधि चुना गया। अपने मित्र, गोबर्ते के पिता जिन्होंने उन दिनों सरकारी वकील के पद पर रहते हुए सुलांश परिवार को बचाया था, की तरह उसने रोंकेरोलों की सम्पति और प्राणों की रक्षा की। उसके दो बेटियाँ थीं जिनमें से एक की शादी वकील ज़ांद्रें से और दूसरी की गोबर्ते से हुई। 1804 में उसकी मृत्यु हो गयी।

दूसरा भाई अपने बड़े भाई के प्रभाव से कोंशे का पोस्टमास्टर बन गया। उसकी एकमात्र सन्तान एक बेटी थी जिसका विवाह गुएर्बे नाम के एक धनी फार्मर से हुआ। उसकी मृत्यु 1817 में हुई।

मूशों का तीसरा भाई क्रान्ति के पहले पादरी और विल-ओ-फाये का पल्ली-पुरोहित था और कैथोलिक धर्म की पुनर्स्थापना के बाद वह फिर से पादरी और फिर से उसी छोटे कस्बे का पल्ली-पुरोहित बन गया। वह सम्राट के प्रति शपथ नहीं लेना चाहता था और काफी समय तक गोबर्ते के संरक्षण में लेस ऐग्यू के पुराने आश्रम में छुपा रहा। अब वह करीब सड़सठ वर्ष का था और बाकी निवासियों के साथ अपने स्वभाव की समरूपता के चलते उसे सबका आदर और स्नेह प्राप्त था। वह लालची होने की हद तक कंजूस था और काफी पैसेवाला माना जाता था जिसके चलते उसे मिलने वाला आदर और बढ़ जाता था। महामहिम बिशप एबे मूशों का बहुत ख्याल रखते थे और उसका नाम हमेशा ही विल-ओ-फाये के

श्रद्धेय पुरोहित के रूप में लिया जाता था। उसने कई बार महामहिम की इच्छा के बावजूद प्रीफेक्चर के साथ लगे शानदार पुरोहिताश्रम में जाकर रहने से इंकार कर दिया था, इस वजह से स्थानीय लोग उसे और भी चाहते थे।

गोबर्तें को, जो अब विल-ओ-फाये का मेयर था, अपने साढ़ू ज़ांद्रे से भरपूर मदद मिलती थी जो अब म्युनिस्पल अदालत का जज हो गया था। गोबर्तें का बेटा इसी अदालत में वकालत करता था और इलाके में उसने खासा नाम कमा लिया था। वह अभी से वकालत के पाँच वर्ष पूरे करने के बाद इसे छोड़ने का मन बना चुका था। वह अपने मौसा ज़ांद्रें के रिटायर होने के बाद उनकी जगह लेना चाहता था। ज़ांद्रें का एकमात्र बेटा रेहन सम्पत्तियों का कमिश्नर था।

सूद्री का बेटा जो पिछले दो वर्ष से प्रीफेक्चर में सरकारी वकील था, गोबर्तें के गुट के खास लोगों में था। चतुर मदाम सूद्री ने अपने पति के बेटे की शादी रिगू की एकमात्र बेटी से कराकर उसका भविष्य सुरक्षित कर दिया था। सूद्री और भूतपूर्व भिक्षु की सम्मिलित सम्पत्ति ने, जो अन्ततः वकील को ही मिलनी थी, उस युवक को डिपार्टमेण्ट के सबसे महत्त्वपूर्ण व्यक्तियों में से एक बना दिया था।

विल-ओ-फाये का सब-प्रीफेक्ट मोस्यू दे ल्यूपोल पेरिस के सबसे महत्त्वपूर्ण मंत्रालयों में से एक के महासचिव का भतीजा था और मेयर की सबसे छोटी बेटी मदमोज़ाल एलिज़े गोबर्तें से उसकी शादी होने वाली थी जिसे अपनी बड़ी बहन की तरह दहेज में दो लाख फ्रैंक और ढेरों तोहफे मिलने थे। इस पदाधिकारी ने 1819 में पहली बार विल-ओ-फाये पहुँचने पर मदमोज़ाल एलिजे से प्रेम कर, अनजाने में ही सही, अक्लमन्दी का काम किया था। अगर उसकी सामाजिक हैसियत ने उसे इस कदर "विवाह-योग्य" न बनाया होता तो उसे बहुत पहले ही यहाँ से अपना तबादला कराना पड़ जाता। लेकिन गोबर्तें ने उससे अपनी बेटी ब्याहते वक्त भतीजे से ज्यादा उसके चाचा, मंत्रालय के महासचिव, को ध्यान में रखा; और बदले में चाचा ने अपने भतीजे की खातिर अपने प्रभाव का सारा लाभ गोबर्तें को दिया।

इस तरह सत्ता के चारों पैर—चर्च, मजिस्ट्रेट वर्ग, म्युनिस्पालिटी और प्रीफेक्चर—मेयर की मर्जी से चलते थे। आइये, अब देखते हैं कि जिन दायरों में वह काम करता था उनके ऊपर और नीचे के दायरों में वह खुद को कैसे मजबूत करता था।

जिस डिपार्टमेण्ट के तहत विल-ओ-फाये आता है वह उनमें से है जिन्हें अपनी जनसंख्या के आधार पर छह प्रतिनिधियों को चुनने का अधिकार होता है। सदन में जब से वाम-मध्य पक्ष अस्तित्व में आया तभी से विल-ओ-फाये के क्षेत्र से लक्लर्क नाम का एक प्रतिनिधि चुना जाता रहा था। गोबर्तें का यह दामाद पहले चुंगी कार्यालय के वाइन विभाग का बैंकिंग एजेण्ट था और अब बैंक आफ फ्रांस का एक गवर्नर बन चुका था। यह धनी घाटी निर्वाचक मण्डल में जितने निर्वाचकों को भेजती थी उनकी संख्या यह सुनिश्चित करने के लिए काफी थी (निजी सौदेबाजियों के द्वारा) कि मूशों परिवार के संरक्षक मोस्यू द रोंकेरोल हर बार नियुक्त होते रहें। विल-ओ-फाये के मतदाता प्रीफेक्ट को इसी शर्त पर समर्थन देते

थे कि मार्क्विस द रोंकेरोल को निर्वाचक मण्डल में बनाये रखा जायेगा। इसलिए गोबर्तें के, जिसने सबसे पहले इस गठबन्धन का सुझाव दिया था, प्रीफेक्चर में अच्छे रिश्ते थे जिसे वह बदले में, छोटी-मोटी उलझनों से बचाता था। प्रीफेक्ट हमेशा शासन के समर्थक तीन प्रतिनिधियों और वाम-मध्य के दो प्रतिनिधियों का चयन करता था। इन दो में से एक कोम्त द सेरिसी का बहनोई मार्क्विस द रोंकेरोल होता था और दूसरा बैंक आफ फ्रांस का एक गर्वनर लक्लर्क। दोनों ही मंत्रिमण्डल को बहुत कम या जरा भी तकलीफ नहीं देते थे और आन्तरिक मामलों का मंत्रालय इस डिपार्टमेण्ट के चुनाव को बहुत बढ़िया मानता था।

कोम्त द सुलांज फ्रांस का राजदरबारी था, अगला मार्शल बनाने के लिए चुना गया था और बूर्बों वंश के प्रति वफादार था। वह जानता था कि उसके जंगलों और अन्य सम्पत्ति की नोटरी ल्यूपें अच्छी तरह देखभाल करता था और सूद्री उसकी अच्छी तरह निगरानी करता था। वह ज़ांद्रें का संरक्षक था और मोस्यू द रोंकेरोल की मदद से उसी ने उसे जज नियुक्त करवाया था।

मोस्यू लक्लर्क और मोस्यू द रोंकेरोल पार्लियामेण्ट में वाम-मध्य में बैठते थे लेकिन मध्य के बजाय वाम के ज्यादा करीब रहते थे—यह राजनीतिक अवस्थिति उन लोगों के लिए काफी फायदेमन्द होती है जो अपने राजनीतिक जमीर को जरूरत के मुताबिक बदली जा सकने वाली पोशाक समझते हैं।

गोबर्तें के दामाद लक्लर्क का भाई विल-ओ-फाये में टैक्सकलेक्टर बन गया था, और खुद मोस्यू लक्लर्क ने हाल में एवोन घाटी के आगे एक बढ़िया जागीर खरीदी थी जिससे उसको सालाना तीस हजार फ्रैंक की आमदनी होती थी और उस कैण्टन में भी उसका दबदबा बन गया था।

इस तरह, राज्य की ऊपरी पायदानों पर, दोनों चैम्बरों और मंत्रालयों में गोबर्तें एक ऐसे प्रभाव पर भरोसा कर सकता था जो शक्तिशाली और साथ ही सक्रिय भी था और जिसे गैर-महत्त्वपूर्ण अनुरोधों से न थकाने का वह पूरा ध्यान रखता था।

काउंसलर ज़ांद्रें, जिसे चैम्बर ने जज नियुक्त किया था, डिपार्टमेण्ट के सुप्रीम कोर्ट में खासा प्रभाव रखता था और शासन पक्ष के तीन जनप्रतिनिधियों में से एक, प्रधान न्यायाधीश साल में आधा समय इसकी जिम्मेदारी ज़ांदें को सौंप देता था। प्रीफेक्चर का काउंसल, जिसे "रईस सार्कस" कहा जाता था, प्रीफेक्ट का दाहिना हाथ था। वह सार्कस का रिश्ते का भाई था। काउंसलर की पत्नी मदाम सार्कस सुलांश के वालत परिवार की थीं जिसका गोबर्तें परिवार से भी नाता था और कहा जाता था कि अपनी जवानी में वह नोटरी ल्यूपें पर काफी मेहरबार थी। हालाँकि अब वह पैंतालिस वर्ष की थी और उसका एक बेटा इंजीनियरों के स्कूल में था, पर ल्यूपें प्रीफेक्चर जाने पर उससे मिलने और उसके साथ खाना खाने का मौका नहीं चूकता था। वह विल-ओ-फाये के सबप्रीफेक्ट के ल्यूपोल की बहन थी।

गुएर्बे का भतीजा, सुलांश का पोस्टमास्टर, जिसका पिता वहाँ का टैक्सकलेक्टर था,

विल-ओ-फाये की म्युनिसिपल अदालत में परीक्षण जज के महत्त्वपूर्ण पद पर था। तीसरा जज, नोटरी कोर्बिने का बेटा; तन-मन से सर्वशक्तिमान मेयर के साथ था; और अन्त में, सशस्त्र पुलिस के लेफ्टीनेण्ट का बेटा विगो स्थानापन्न जज था।

अदालत के शेरिफ यानी सिबिले के पिता ने अपनी बहन की शादी लेफ्टीनेण्ट मोस्यू विगो से की थी और छह बच्चों का वह पिता अपनी पत्नी की तरफ से गोबर्ते का रिश्तेदार लगता था। अठारह माह पहले दोनों प्रतिनिधियों, मोस्यू द सुलांश और गोबर्ते के संयुक्त प्रयासों ने शेरिफ के दूसरे बेटे को पुलिस कमिसरी में जगह दिलवा दी थी।

मोस्यू सिबिले की बड़ी बेटी ने मोस्यू हर्व नाम के स्कूल मास्टर से शादी की थी, जिसका स्कूल इस शादी के परिणामस्वरूप कालेज में तब्दील हो गया था और पिछले एक साल से सुलांश को अपने बीच एक प्रोफेसर की उपस्थिति का सौभाग्य प्राप्त था।

शेरिफ का सबसे छोटा बेटा सरकारी नौकरी में था और उसे वादा किया गया था कि पंजीकरण क्लर्क के पेंशन सहित रिटायर होने लायक सेवा पूरी करते ही वह पद उसे मिल जायेगा।

सिबिले परिवार की सबसे छोटी बेटी, जो अब सोलह वर्ष की थी, की सगाई नोटरी के भाई कोर्बिने से हुई थी। और शेरिफ की पत्नी मदाम सिबिले की बहन बूढ़ी मदमोज़ाल गोबर्ते-वालत के पास स्टाम्प पेपर की बिक्री का ठेका था।

इस तरह विल-ओ-फाये में हम जिधर भी जायें उस अदृश्य गठबन्धन के किसी न किसी सदस्य से हमारी मुलाकात होगी जिसका अघोषित मुखिया, जिसे छोटा-बड़ा हर कोई स्वीकार करता था, शहर का मेयर और लकड़ी के समूचे कारोबार का जनरल एजेण्ट गोबर्ते था!

अगर हम एवोन की घाटी के दूसरे सिरे की ओर जायें तो हम देखेंगे कि गोबर्ते सूद्री दम्पति के जरिए, सहायक मेयर और सुलांश की जागीर के गुमाश्ते ल्यूपें के जरिए, मजिस्ट्रेट सार्कस के जरिए, टैक्स कलेक्टर गुएर्बे के जरिए और ज़ार्द्रे-वातेब्ले परिवार की एक स्त्री से विवाहित चिकित्सक गूर्दो के जरिए सुलांश पर भी राज करता था। रिगू के जरिए वह ब्लांगी को और पोस्टमास्टर के जरिए कोंशे को अपने नियंत्रण में रखता था और खुद अपने जिले का तो वह निरंकुश शासक था।

गोबर्ते का प्रभाव इतना विस्तृत और शक्तिशाली था कि रिगू, सूद्री, ज़ार्दे, गुएर्बे, ल्यूपें और यहाँ तक कि खुद रईस सार्कस भी उसी की सलाह पर अपनी बचत और निवेश का प्रबन्धन करते थे। विल-ओ-फाये शहर निर्विवाद रूप से अपने मेयर पर भरोसा करता था। गोबर्ते की क्षमताओं का भी उसकी ईमानदारी और उदारहृदयता से कम गुणगान नहीं होता था। वह अपने सम्बन्धियों और मतदाताओं का सेवक था (ऐसा करते हुए वह एक आँख हमेशा बदले में होने वाले फायदे पर रखता था) और पूरी म्युनिस्पालिटी उसकी पूजा करती थी। शहर वाले अब तक आग्ज़ेयर के मोस्यू मारियोत को कोसते थे जिसने उनके माननीय मोस्यू गोबर्ते का विरोध करने की गुस्ताखी की थी।

विल-ओ-फाये के बुर्जुआओं को अपनी ताकत का एहसास नहीं था क्योंकि इसके प्रदर्शन का कोई मौका ही नहीं आया था, इसलिए वे इसी बात की डींग हाँककर खुद को सन्तुष्ट रखते थे कि कोई भी अजनबी उनके मामलों में टाँग नहीं अड़ा सकता और वे खुद को श्रेष्ठ नागरिक और निष्ठावान जनसेवक मानते थे। पर उनके निरंकुश शासन से कोई भी चीज बची नहीं थी, हालाँकि यह निरंकुश तंत्र ऊपर से दिखाई नहीं पड़ता था।

इस पारिवारिक समुदाय में एकमात्र अजनबी राजमार्ग विभाग का सरकारी इंजीनियर था और उसे बर्खास्त कर उसकी जगह रईस सार्कस के बेटे को देने के लिए दबाव डाला जा रहा था; और इस बात की पर्याप्त सम्भावना थी कि जाल का यह एकमात्र कमजोर धागा ही जल्द ही बदल दिया जायेगा।

लेकिन फिर भी यह शक्तिशाली गँठजोड़, जिसने सभी सार्वजनिक और निजी कामों पर एकाधिकार कर रखा था, इलाके के संसाधनों को चूस रहा था और जोंक की तरह सत्ता से चिपका हुआ था, इस कदर नजर से ओझल रहता था कि जनरल मोंतकोर्ने को इसके अस्तित्व का सन्देह भी नहीं था। प्रीफेक्ट विल-ओ-फाये और इसके एरोंदिसेमेण्ट की समृद्धि का बखान करता था; यहाँ तक कि आन्तरिक मामलों के मंत्री ने भी किसी से कहा था : "वह एक आदर्श सब-प्रीफेक्चर है जो मानो पहियों पर दौड़ता है। अगर बाकी भी इसी के जैसे हो जायें तो यह हमारी खुशकिस्मती होगी।" पारिवारिक मंसूबे स्थानीय हितों के साथ इस कदर घुले मिले थे कि यहाँ के लिए अजनबी किसी भी पदाधिकारी को एक साल के भीतर इस्तीफा देने के लिए मजबूर कर दिया जाता जैसाकि कई अन्य छोटे शहरों या यहाँ तक कि प्रीफेक्चरों में होता है।

जब यह आततायी मध्यवर्गीय भाई-भतीजावाद किसी शिकार को अपने चंगुल में लेता है तो उसके हाथ-पाँव और मुँह इतनी सफाई से जकड़ दिये जाते हैं कि उसके लिए शिकायत करना भी नामुमकिन हो जाता है; मधुमक्खियों के डिब्बे में घुस गये घोंघे की तरह वह कीच और मोम में सन जाता है। यह अदृश्य, अगोचर निरंकुशतंत्र अपने परिवार के लोगों से घिरे रहने की इच्छा, सम्पति को अपने हाथों में बनाये रखने के स्वार्थ और एक-दूसरे से मिलने वाली मदद जैसे सशक्त कारणों से एकजुट रहता है। साथ ही प्रशासन को भी यह गारण्टी होती है कि उसका कारकुन अपने पड़ोसियों और सह-नागरिकों की निगरानी में है। इस सबका परिणाम क्या होता है? स्थानीय हित सार्वजनिक हित के सभी मामलों पर हावी हो जाते हैं; पेरिस की केन्द्रीकृत इच्छा का प्रान्तों में अकसर उल्लंघन किया जाता है, सच्चाई पर पर्दे डाले जाते हैं और ग्रामीण समुदाय सरकार को ठेंगा दिखा देते हैं। जो कोई भी फ्रांस के दक्षिणी या पश्चिमी भाग में, या अल्सास में घूमा है और सिर्फ इमारतें और भूदृश्य ही नहीं देखे हैं, वह निश्चय ही इन टिप्पणियों की सच्चाई को स्वीकार करेगा। हो सकता है, मध्यवर्गीय कुनबापरस्ती के परिणाम फिलहाल महज कुछेक जगहों पर मौजूद बुराइयाँ हों, लेकिन मौजूदा कानूनों की प्रवृत्ति उन्हें बढ़ाने की ही है। निचले स्तर की यह निरंकुशता बड़ी आपदाओं को ही जन्म दे सकती है और लेस ऐग्यू की घाटी में खेले जाने वाले ड्रामे की

घटनाएँ इसे साबित करेंगी।

मोंतकोर्ने का मित्र, भूतपूर्व प्रीफेक्ट कोम्त द रोश-ह्यूगों जनरल के आखिरी बार लेस ऐग्यू पहुँचने के ठीक पहले अपना पद गँवा बैठा था। इस बर्खास्तगी ने उसे उदारवादी विपक्षियों के पक्ष में धकेल दिया जहाँ वह वामपक्षियों की ओर से शोर मचाने वालों में शामिल हो गया; हालाँकि जल्दी ही उसने इसे छोड़कर एक दूतावास की राह पकड़ ली। मोंतकोर्ने की खुशकिस्मती से उसका उत्तराधिकारी काउण्टेस के चाचा मार्क्विस द त्रुआविल का दामाद कोम्त द कास्तेरां था। उसने मोंतकोर्ने का एक रिश्तेदार के रूप में स्वागत किया और अनुरोध किया कि वह प्रीफेक्चर में पहले की तरह अंतरंग सम्बन्ध बनाये रखे। जनरल की शिकायतें सुनने के बाद कोम्त द कास्तेरां ने बिशप, एटार्नी जनरल, सशस्त्र पुलिस के कर्नल, काउंसलर सार्कस और डिवीजन के कमाण्डर जनरल को अगले दिन नाश्ते पर आमंत्रित किया।

एटार्नी जनरल बैरन बूर्लाक (जिसे शांतेरी और रिफाएल के मुकदमों में खासी मशहूरी मिली थी), उन लोगों में से एक था जो सत्ता से जुड़े रहते हैं चाहे वह जिसके भी हाथों में हो, और जो ऐसे समर्पणभाव की वजह से सभी सरकारों के लिए अनमोल होते हैं। शुरू में सम्राट के प्रति उन्मत्त समर्पण के नाते उसकी तरक्की हुई थी, और अब अपने अनम्य चरित्र और कर्तव्यनिष्ठा के नाते उसने अपना ओहदा बचा रखा था। उसने कभी बचे-खुचे शुआनों* पर कठोरता से मुकदमा चलाया था, और अब उतनी ही कठोरता के साथ बोनापार्तवादियों पर मुकदमा चलाता था। लेकिन लम्बे और उथल-पुथल भरे कार्यकाल ने उसे कुछ नर्म बना दिया था और अब तमाम बुढ़ा चुके कड़ियल अधिकारियों की तरह वह भी हँसमुख और मिलनसार हो गया था।

जनरल ने अपनी स्थिति और अपने कारिन्दे की आशंकाओं के बारे में बताया और एक नजीर पेश करने तथा सम्पत्ति अधिकारों को बलपूर्वक लागू करने की आवश्यकता पर जोर दिया।

उच्चाधिकारियों ने गम्भीरता से उसकी बात सुनी और इस तरह की सामान्योक्तियों के अलावा और कोई जवाब नहीं दिया : "निस्सन्देह, कानून का पालन होना ही चाहिए"; "आपकी समस्या सभी भूस्वामियों की समस्या है"; "हम इस पर विचार करेंगे, लेकिन हम जिस स्थिति में है, उसमें दूरदर्शिता अत्यन्त आवश्यक है"; "राजतंत्र निश्चित रूप से जनता का उससे अधिक भला कर सकता है, जितना जनता खुद अपना कर सकती है, चाहे वह सम्प्रभु जनता ही क्यों न हो, जैसीकि वह 1793 में थी"; "जनसाधारण कष्ट झेल रहे हैं, और हमें अपने साथ-साथ उनका भी ख्याल रखना होगा।"

निष्ठुर एर्टानी जनरल ने निम्न वर्गों की स्थिति के बारे में ऐसे परोपकारपूर्ण विचार प्रकट किये कि अगर हमारे भावी यूटोपियन उसे सुन लेते तो शायद वे सोचते कि सरकारी

---

* शुआन—फ्रांसीसी क्रान्ति के बाद स्थापित सरकार के विरुद्ध नमक के अवैध व्यापारियों और राजतंत्रवादी किसानों के असफल विद्रोह में भाग लेने वाले।—अनु.

अधिकारियों की ऊपरी श्रेणी उन समस्या की कठिनाइओं से वाकिफ हो चुकी है जिसे आधुनिक समाज को हल करना ही होगा।

यहाँ यह बता देना उचित होगा कि इस पुनर्स्थापना काल में देश के सुदूरवर्ती भागों में जंगलों की अवैध कटाई और जागीरों की सम्पत्ति की लूट-खसोट को लेकर अनेक खूनी झगड़े हो चुके थे; किसान हर जगह इन अधिकारों का दावा कर रहे थे। सरकार और अदालतें दोनों ही न तो ऐसे उपद्रव पसन्द करती थीं और न ही दमन के परिणामस्वरूप होने वाले खून-खराबे को। हालाँकि वे कड़े उपायों की जरूरत महसूस करती थीं, लेकिन उनका इस्तेमाल करने वाले अधिकारियों को वे दोषी ठहराती थीं और मौका पाते ही उन्हें बर्खास्त कर देती थीं। इसलिए प्रीफेक्ट जब भी सम्भव होता, ऐसी मुश्किल स्थितियों से बच निकलने के लिए बेचैन रहते थे।

बातचीत की शुरुआत में ही सार्कस (रईस) ने प्रीफेक्ट और एटार्नी जनरल को इशारा कर दिया था जिसे मोंतकोर्ने देख नहीं सका लेकिन जिसने बातचीत का रुख तय कर दिया। एटार्नी जनरल अपने मातहत युवा एटार्नी सूद्री के जरिए ऐग्यू की घाटी के निवासियों की सोच से अच्छी तरह वाकिफ था।

"मुझे लगता है कि एक जबर्दस्त झगड़ा फूट पड़ने वाला है," सूद्री ने उससे कहा था। "मेरे जासूसों ने बताया है कि वे पुलिसवालों को मार डालना चाहते हैं। इसके लिए उन्हें सजा दिलाना भी बहुत मुश्किल होगा। जैसे ही जूरी को लगेगा कि वे बीस या तीस कैदियों के दोस्तों-रिश्तेदारों की नफरत मोल ले रहे हैं, वे हमारा साथ नहीं देंगे—उन्हें सजाए-मौत दिलवाना तो दूर हम कैद बामशक्कत भी नहीं दिलवा पायेंगे। हो सकता है, अगर आप खुद अदालत में हाजिर होकर मुकदमा लड़ें तो शायद असली हत्यारों को कुछ सालों की जेल करवा सकें। अपनी आँखें बन्द रखना ही बेहतर है, अगर उन्हें खोलने से एक ऐसा टकराव शुरू हो जाये जिससे खून-खराबा होगा और राज्य पर कई हजार फ्रैंक का बोझ पड़ेगा—दोषियों को जेल में रखने पर होने वाला खर्च तो अलग ही है। यह एक ऐसी जीत के लिए कुछ ज्यादा ही कीमत है जो हमारी न्यायिक कमजोरी को सबके सामने उजागर कर देगी।"

मोंतकोर्ने ने, जिसे अपनी खुशहाल घाटी में मध्यतंत्र की ताकत और प्रभाव का गुमान भी नहीं था, एक बार भी गोबर्ते का नाम तक नहीं लिया जिसके हाथ ही विरोध के इन अंगारों को हमेशा सुलगाये रखते थे। नाश्ते के बाद एटार्नी जनरल मोंतकोर्ने का हाथ थामकर उसे प्रीफेक्ट के अध्ययन कक्ष में ले गया। वहाँ हुए सलाह-मशविरे के बाद जब मोंतकोर्ने उस कमरे से निकला तो उसने अपनी पत्नी को लिखा कि वह पेरिस के लिए रवाना हो रहा है और एक हफ्ते तक अनुपस्थित रहेगा। एटार्नी जनरल बैरन बूर्लाक द्वारा सुझाये गये कुछ उपायों के लागू किये जाने के बाद हम देखेंगे कि क्या मोंतकोर्ने को दी गयी उसकी गोपनीय सलाह बुद्धिमत्तापूर्ण थी, और क्या उसे मानकर काउण्ट और लेस ऐग्यू "शैतानी रंजिश" से बच सके।

सिर्फ मनोरंजन के लिए उत्सुक कुछ पाठक शिकायत करेंगे कि ये तमाम व्याख्याएँ कुछ ज्यादा ही लम्बी हैं; लेकिन हम एक बार फिर इस तथ्य की ओर ध्यान खींचना चाहेंगे कि अपने समय के रीति-रिवाजों, प्रथाओं और नैतिकताओं के इतिहासकार को महज तथ्यों के इतिहासकार के मुकाबले कहीं ज्यादा कड़े नियम का पालन करना पड़ता है। उसे हर चीज की, यहाँ तक कि सच की भी सम्भाव्यता दिखानी होती है; जबकि इतिहास के क्षेत्र में असम्भव को भी महज इस कारण स्वीकार कर लिया जाता है कि वह वास्तव में घटित हुआ था। सामाजिक या निजी जीवन में होने वाले बदलाव एक हजार स्थितियों से उपजे ढेरों छोटे-छोटे कारणों का परिणाम होते हैं। वैज्ञानिक पूरे के पूरे गाँवों को ढँके हुए भूस्खलन को साफ कर आपको शिखर से गिरे वे पत्थर के टुकड़े दिखाता है जिनसे पहाड़ की संरचना का पता चलता है। अगर मानव जीवन के इतिहासकार को आपको महज एक आत्महत्या के बारे में बताना हो, जैसी पाँच सौ आत्महत्याएँ हर वर्ष पेरिस में होती हैं, तो इसके पीछे का मेलोड्रामा इतना आमफहम है कि महज संक्षिप्त कारणों और व्याख्याओं की जरूरत पड़ेगी; लेकिन वह आपको इस बात का यकीन कैसे दिलाये कि आज के इस समय में भी एक जागीर को अपने हाथों से नष्ट किया जा सकता है जबकि सम्पत्ति जीवन से अधिक मूल्यवान समझी जाती है? यह कहानी उन सभी के मामलों और हितों से जुड़ी है, चाहे वे जो भी हों, जिनके पास किसी भी तरह की सम्पत्ति है।

याद रखिए कि अपने दुस्साहस के बावजूद वास्तविक युद्ध के खतरों से बेदाग बच निकले एक जनरल के विरुद्ध एक पूरे कैण्टन और एक छोटे शहर का यह गठबन्धन दूसरे जिलों में भी अपना काम कर रहा है। यह एक ऐसा गठबन्धन है जो आज हर प्रतिभावान मनुष्य, हर राजनीति विशारद, हर आधुनिक खेतिहर–संक्षेप में, कुछ नया करने वाले हर इंसान के लिए खतरा है।

अध्याय दस

एक सुखी स्त्री की उदासी

जिस समय जनरल प्रीफेक्चर जाने के लिए अपनी बग्घी में सवार हो रहा था, उसी समय काउण्टेस और दोनों भद्र पुरुष एवोन के फाटक पर पहुँचे जहाँ पिछले अठारह महीनों से मिशॉ और उसकी पत्नी ओलिम्पे रह रहे थे।

जिसे भी मण्डप की उस दशा की याद होगी जिसका हमने पहले वर्णन किया है, वह अब इसे देखकर सोचता कि इसे फिर से बनाया गया है। गिरी या समय की मार से टूटी

ईंटों को बदल दिया गया था, स्लेट की छत साफ कर दी गयी थी, और मकान की नीली पृष्ठभूमि में चमकते जंगले के सफेद रंग ने इमारत को फिर से पहले जैसा खुशनुमा बना दिया था। इमारत की ओर जाने वाले जो रास्ते पहले बालू और कचरे से ढँके रहते थे, उन्हें अब पार्क के रास्तों का ध्यान रखने वाला आदमी साफ-सुथरा रखता था। मुर्गीबाड़ा, अस्तबल और गायों का तबेला अब वापस पेड़ों के झुरमुट के पीछे छिपी इमारतों में चले गये थे और अब अपनी गन्दगी से आँखों में चुभने के बजाय वहाँ उठनेवाली धीमी मर्मर ध्वनियाँ, गायों का घुरघुराना और पंखों की फड़फड़ाहट जंगल की सरसराहट से मिलकर प्रकृति का मोहक संगीत रचती थीं। यह पूरा दृश्य एक प्राकृतिक अनछुए जंगल और एक रमणीक इंग्लिश पार्क का दोहरा आकर्षण लिये हुए था। मण्डप के बाहरी रूप से मेल खाता हुआ इसके आसपास का दृश्य एक प्रभावशाली, गरिमामय और मैत्रीपूर्ण प्रभाव छोड़ता था, जबकि एक युवा और सुखी स्त्री के हाथों ने इसे भीतर से इस तरह सँवारा था कि कुर्तेक्विस की असभ्यतापूर्ण उपेक्षा के समय इसे देख चुका व्यक्ति अब इसे पहचान नहीं सकता था।

इस समय साल का सबसे बढ़िया मौसम अपना प्राकृतिक खजाना लुटा रहा था। फूलों की क्यारियों की खुशबू जंगल की बनैली सुगन्ध में घुल रही थी और पास के चरागाहों से ताजी काटी गयी घास की महक हर ओर फैल रही थी।

जब काउण्टेस और उसके मेहमान घुमावदार रास्ते से होते हुए मण्डप के पास पहुँचे तो उन्होंने देखा कि मदाम मिशॉ दरवाजे के सामने खुली जगह में बैठी एक बच्चे की पोशाक सी रही थी। इस तरह बैठी और अपने काम में मगन स्त्री को देखकर ऐसा लगता था मानो इस खूबसूरत पेण्टिंग जैसे दृश्य को पूर्ण बनाने के लिए ही वह वहाँ मौजूद थी।

यहाँ हम संक्षेप में, इस घर के रोमांस के बारे में आपको कुछ बता दें। जब बख्तरधारी टुकड़ी के प्रख्यात जनरल ने पहलेपहल लेस ऐग्यू के कारिन्दे के पद का प्रस्ताव किया था तो जुस्तें मिशॉ ने उसे हाँ नहीं कहा था। उस समय वह दुबारा फौज में जाने के बारे में सोच रहा था लेकिन बातचीत के दौरान जब वह मोंतकोर्ने के पेरिस के मकान पर गया तो उसकी मुलाकात काउण्टेस की खास नौकरानी से हो गयी। इस युवती को उसके माता-पिता ने, जो अलांकों के पास के किसान थे, मदाम द मोंतकोर्ने को सौंपा था। कुछ समय बाद, जब बाकी वारिस भी बालिग हो जाते तो उसे अपने एक सम्बन्धी की सम्पत्ति से बीस या तीस हजार फ्रैंक मिलने की आशा थी। कम उम्र में शादी करने वाले उन सभी किसानों की तरह, जिनके अपने माँ-बाप अभी जीवित हों, तंगी का सामना कर रहे इस लड़की के माता-पिता ने उसे युवा काउण्टेस के पास भेज दिया था। मदाम द मोंतक्रोर्ने ने उसे सिलना और सुन्दर पोशाकें बनाना सिखा दिया था, उसके खाने की व्यवस्था नौकरों से अलग कर दी थी और ओलिम्पे शारेल की इस देखभाल के बदले उसे अपने प्रति उस लड़की का ऐसा लगाव हासिल हुआ था जो पेरिसवालों को अत्यन्त प्रिय होता है।

ओलिम्पे शारेल दोहरे बदन की एक सुन्दर नार्मन लड़की थी। हल्के सुनहले बालों, बुद्धिमत्तापूर्ण आँखों से रोशन भावप्रवण चेहरे, सुघड़ नाक, और स्पेनियों की तरह बलखाती

चाल के बावजूद कुमारी सुलभ हावभाव वाली ओलिम्पे में वे सारे गुण थे जो जनसाधारण से ठीक ऊपर के तबके में जन्मी एक युवती अपनी मालकिन के सम्पर्क में रहने से सीख सकती है। वह हमेशा ढंग से कपड़े पहनती थी और अपनी बात सलीके से कहना जानती थी। मिशॉ को जल्दी ही उससे प्रेम हो गया--जो तब और गहरा गया जब उसे पता चला कि एक दिन उसकी महबूबा को अच्छी-खासी रकम दहेज में मिलेगी। बाधा थी केवल काउण्टेस की ओर से, जो इतनी मूल्यवान नौकरानी को छोड़ना नहीं चाहती थी; लेकिन जब मोंतकोर्ने ने उसे लेस ऐग्यू की हालत के बारे में समझाया, तो वह राजी हो गयी और शादी में देर नहीं हुई। लड़की के माता-पिता खुशी-खुशी तैयार हो गये।

अपने जनरल की तरह मिशॉ भी अपनी पत्नी को अपने से श्रेष्ठतर प्राणी मानता था और उसके प्रति सैनिक की तरह आज्ञाकारी रहता था। अपने घर की शान्ति और बाहर के व्यस्त जीवन में उसे वह सुख मिल गया था जिसके लिए नौकरी छोड़ने के बाद ज्यादातर सैनिक तरसते रहते हैं--यानी इतना काम कि उसका शरीर स्वस्थ रहे, और इतनी थकान कि वह आराम का सुख अनुभव कर सके। अपनी निर्भीकता के बावजूद मिशॉ कभी भी बुरी तरह जख्मी नहीं हुआ था और उसे ऐसा कोई भी शारीरिक कष्ट नहीं था जो प्रायः पुराने सैनिकों को बदमिजाज बना देता है। सभी वाकई मजबूत आदमियों की तरह उसका मिजाज शान्त रहता था। इसलिए उसकी पत्नी उससे बेहद प्यार करती थी। इस सुखी घर में एक लम्बे हनीमून की तरह उनके जीवन का प्रकृति और चारों ओर फैली सुन्दरता से पूर्ण सामंजस्य था--जो एक वाकई दुर्लभ स्थिति है! हमारे इर्दगिर्द की चीजें बहुत कम ही हमारे दिलों की हालत के मुताबिक होती हैं!

यह तस्वीर इतनी सुन्दर थी कि काउण्टेस ठिठककर रुक गयी और ब्लोंदे तथा एबे को इशारे से उधर देखने को कहा। वे जहाँ खड़े थे वहाँ से मदाम मिशॉ को देख सकते थे पर वह उन्हें नहीं देख सकती थी।

"जब भी मैं बाग में घूमने निकलती हूँ तो इस ओर जरूर आती हूँ," काउण्टेस ने धीरे से कहा। "मण्डप और यहाँ रहने वाले दो फाख्ताओं को देखने में मुझे वही आनन्द मिलता है जो एक सुन्दर दृश्य को देखकर मिलता है।"

वह हल्के से ब्लोंदे की बाँह पर झुक गयी जैसे उसे अपनी उन कोमल भावनाओं का अहसास दिलाना चाहती हो जिन्हें शब्द व्यक्त नहीं कर सकते।

"काश मैं लेस ऐग्यू में गेटकीपर होता," ब्लोंदे ने मुस्कुराते हुए कहा। "क्या हुआ? आप परेशान क्यों हैं?" काउण्टेस के चेहरे पर उदासी का भाव देखकर उसने पूछा।

"कुछ नहीं," उसने जवाब दिया।

स्त्रियाँ जब भी यह कहती हैं, "कोई बात नहीं है," तो जरूर वे कोई खास बात छुपा रही होती हैं।

"एक स्त्री ऐसे विचारों से पीड़ित हो सकती है जो तुम्हें शायद तुच्छ मालूम पड़ें लेकिन जो हमारे लिए बहुत पीड़ादायी होते हैं," काउण्टेस ने कहा। "जहाँ तक मेरी बात है, मैं

ओलिम्पे की किस्मत से ईर्ष्या करती हूँ।''

''ईश्वर आपकी बात सुन रहा है,'' पादरी ने कहा, और मानो अपनी सख्त टिप्पणी को नर्म करने के लिए मुस्कुराया।

लेकिन ओलिम्पे के चेहरे पर डर और बेचैनी के भाव देखकर मदाम द मोंतकोर्ने काफी परेशान हो गयी। कोई स्त्री जिस ढंग से अपनी सुई उठाती है या टाँके लगाती है उससे दूसरी स्त्री उसके भावों को समझ सकती है। हालाँकि कारिन्दे की पत्नी गुलाब के रंग की पोशाक पहने थी और अपने बालों को सिर के ऊपर चोटी में गूँथे हुए थी, पर उसका मन ऐसे मामलों में उलझा था जो उसकी प्यारी पोशाक, लुभावने दिन और उसके हाथों के काम से बिल्कुल मेल नहीं खाते थे। उसकी सुन्दर भौंहों से और जिस ढंग से वह खाली-खाली नजरों से कभी अपने पैरों के पास के जमीन को और कभी इर्दगिर्द के पौधों को देख रही थी, उससे किसी गहरी बेचैनी का पता चलता था। वह अनजाने में ही ऐसा कर रही थी क्योंकि वह समझ रही थी कि वह वहाँ अकेली है।

''देखो, अभी-अभी मैं उससे ईर्ष्या कर रही थी! वह किस बात से उदास हो सकती है?'' काउण्टेस ने पादरी से फुसफुसाकर कहा।

''मदाम,'' उसने उसी स्वर में उत्तर दिया, ''मुझे बताइये कि अकसर ऐसा क्यों होता है कि एकदम खुशी के बीच अचानक अनिष्ट का धुँधला और अबूझ पूर्वाभास इंसान को घेर लेता है?''

''एबे!'' ब्लोंदे ने मुस्कुराते हुए कहा, ''आप बिशप की तरह बात करते हैं। नेपोलियन ने कहा है, 'कोई भी चीज चुरायी नहीं जाती, हर चीज मोल ली जाती है!'''

''उन शाही होठों से उच्चरित ऐसी सूक्ति पूरे समाज पर लागू होती है,'' पादरी ने जवाब दिया।

''ओलिम्पे, मेरी प्यारी बच्ची, बात क्या है?'' काउण्टेस ने अपनी भूतपूर्व नौकरानी के पास जाते हुए कहा। ''तुम उदास और सोच में डूबी लग रही हो; क्या प्रेमियों के बीच झगड़ा हो गया है?''

उठकर खड़े होते हुए मदाम मिशों का चेहरा एकदम से बदल गया।

''मेरी प्यारी,'' एमिल ब्लोंदे ने पितृवत भाव से कहा, ''मैं जानना चाहूँगा कि ऐसे सुन्दर मण्डप में रहते हुए तुम्हारी भौंहों पर बल क्यों पड़े हैं। यह तो किसी बगिया में बुलबुल के घोंसले सी जगह है! और क्या पति मिला है! नेशनल गार्ड का सबसे बहादुर आदमी, खूबसूरत और बेतरह प्यार करने वाला! अगर मुझे मालूम होता कि मोंतकोर्ने ने तुम्हें यहाँ क्या-क्या सुविधाएँ दी हैं तो मैं निन्दारस बेचने का अपना पेशा छोड़ यहाँ कारिन्दा बन गया होता।''

''यह आप जैसे हुनरमन्द इंसान के लायक जगह नहीं है, मोस्यू,'' ओलिम्पे ने पुराने परिचित की तरह ब्लोंदे को देखकर मुस्कुराते हुए कहा।

''लेकिन तुम किस बात से परेशान हो, मेरी प्यारी?'' काउण्टेस ने कहा।

"मदाम, मुझे डर है–"

"डर! किससे?" काउण्टेस ने उत्कण्ठापूर्वक पूछा, क्योंकि इस शब्द ने उसे मूश और फूर्शो की याद दिला दी।

"भेड़ियों से डर लगता है, यही बात है न?" एमिल ने मदाम मिशॉ की ओर इशारा किया जिसे वह समझ नहीं पायी।

"नहीं, मोस्यू–किसानों का डर। मैं ल पर्श में पैदा हुई थी; निश्चित ही वहाँ भी कुछ बुरे लोग हैं, लेकिन यहाँ आने से पहले मुझे बिल्कुल पता नहीं था कि कैसे-कैसे दुष्ट लोग हो सकते हैं। मैं मिशॉ के मामलों में दखल देने की कोशिश नहीं करती, लेकिन मैं जानती हूँ कि वह किसानों पर इतना अविश्वास करता है कि दिन के उजाले में भी जंगल में घुसते समय हथियारबन्द होकर जाता है। वह अपने आदमियों को हर समय चौकन्ना रहने के लिए चेतावनी देता रहता है। यहाँ बीच-बीच में ऐसी चीजें होती रहती हैं जिनका कोई अच्छा मतलब नहीं निकलता। अभी उसी दिन मैं दीवार के किनारे उस छोटे-से सोते के पास चहलकदमी कर रही थी जो जंगल से निकलकर यहाँ से करीब पाँच सौ फीट दूर एक पुलिया के नीचे से पार्क में प्रवेश करता है–आप जानती हैं इसे, मदाम? इसका नाम सिल्वर-स्प्रिंग है, शायद उन चमकीले फूलों की वजह से, जो कहते हैं, बूरे ने वहाँ लगवाये थे। वहीं दो औरतों की बातें मेरे कानों में पड़ीं जो उस जगह पर कपड़े धो रही थीं जहाँ कोंशे जाने वाला रास्ता सोते को पार करता है; उन्हें नहीं पता था कि मैं वहाँ थी। उस जगह से हमारा घर दिखाई देता है, और एक बूढ़ी औरत ने दूसरी को उंगली से उस ओर दिखाते हुए कहा : 'देखो उन्होंने कुर्तेक्विस को नौकरी से निकलवानेवाले आदमी पर कितना पैसा खर्च किया है।' 'जब वे किसी आदमी को गरीबों को सताने के लिए लगायेंगे तो उसे अच्छे पैसे देने ही पड़ेंगे,' दूसरी ने जवाब दिया। 'लेकिन ये बहुत दिनों तक नहीं चलेगा,' पहलेवाली ने कहा; 'ये चीज जल्दी ही खत्म होने वाली है। जंगल से लकड़ी लेना हमारा हक है। पुरानी मदाम ने हमें इसकी इजाजत दी थी। यह तीस साल से चल रहा है, इसलिए अब यह हमारा हक है।' 'हम भी देखते हैं कि अगली सर्दियों में यहाँ क्या होगा,' दूसरी ने जवाब दिया। 'मेरे आदमी ने कसम खायी है कि सारी दुनिया के पुलिसवाले भी मिलकर हमें हमारी लकड़ी लेने से नहीं रोक सकते; वह कहता है कि वह खुद लकड़ी काटेगा, और अगर कुछ गड़बड़ हो ही गयी तो उन्हें ही भारी पड़ेगा!' 'हे भगवान!' दूसरी औरत ने चीखकर कहा; 'हम ठण्ड से मर तो नहीं सकते, और हमें खाने के लिए रोटी भी पकानी ही पड़ेगी। और वे? वे बिना कुछ किये सबकुछ चाहते हैं! उस कमीने मिशॉ की औरत को भी देख लिया जायेगा, मैं तुम्हें बताये देती हूँ!' और इसके बाद मदाम, उन्होंने मेरे और आपके और मोस्यू ल कोम्त के बारे में ऐसी-ऐसी भयानक बातें कहीं; और फिर उन्होंने कहा कि सारे खेत जला दिये जायेंगे और फिर गढ़ी भी फूँक दी जायेगी।"

"ऐंह!" एमिल ने कहा, "फालतू बकवास है! वे जनरल को लूटते रहे हैं और अब उन्हें और लूटने नहीं दिया जायेगा। इसीलिए ये लोग बौखलाये हुए हैं, बस इतनी सी बात

है। तुम्हें याद रखना चाहिए कि कानून और सरकार हमेशा और हर कहीं सबसे ताकतवर होते हैं, बर्गण्डी में भी। कोई भी गड़बड़ हुई तो जनरल जरूरत पड़ने पर यहाँ घुड़सवार सेना की पूरी रेजीमेण्ट बुला सकते हैं।''

पादरी ने काउण्टेस के पीछे से मदाम मिशॉ को इशारे से कहा कि अपनी आशंकाओं के बारे में और कुछ न कहे।

''आओ, मेरी प्यारी, मोस्यू एमिल को अपना घर दिखाओ,'' काउण्टेस ने कहा, जिसका दिमाग किसी और बात में इतना उलझा था कि वह ला पेचिना के बारे में भूल ही गयी जिसे देखने के लिए ही वह आयी थी।

जीर्णोद्धार किये जाने के बाद मण्डप भीतर से भी बाहर जैसा ही सुन्दर और भव्य हो गया था। निचले तल पर भीतर की पुरानी दीवारें हटा दी गयी थीं और पेरिस से खुद अपने कारीगरों के साथ आये (जो लेस ऐग्यू के मालिक के खिलाफ इलाके के लोगों की नाराजगी की एक और वजह थी) आर्किटेक्ट ने वहाँ चार कमरे बनाये थे। प्रवेश करते ही ड्योढ़ी का कमरा आता था जिसके दूसरे सिरे पर एक घुमावदार लकड़ी की सीढ़ी थी और उसके पीछे रसोईघर था। ड्योढ़ी के एक तरफ डाइनिंग रूम और दूसरी तरफ बैठककक्ष था जिसकी दीवारें ओक की अब लगभग काली पड़ चुकी लकड़ी से मढ़ी हुई थीं। लेस ऐग्यू के पुनर्निर्माण के लिए मदाम द मोंतकोर्ने द्वारा चुने गये आर्किटेक्ट ने इस कमरे के फर्नीचर को इसकी मूल सजावट जैसा ही बनाने का ध्यान रखा था।

जिस समय हम यह लिख रहे हैं, उस समय तक फैशन ने गुजरे युगों की निशानियों की कीमतों को आसमान पर नहीं चढ़ाया था। ऑग्ज़ेएर और विल-ओ-फाये की पुराने सामानों की दुकानों में पड़ी नक्काशीदार सेटी, टेपेस्ट्री से मढ़ी हुई ऊँची पीठ वाली कुर्सियाँ, दीवारगीर, पुरानी दीवार घड़ियाँ, कसीदाकारी के खूबसूरत नमूने, मेजें, और झाड़फानूस उपनगर सैं-आंत्वां के आधुनिक रेडीमेड फर्नीचर के मुकाबले पचास प्रतिशत सस्ते थे। इसलिए आर्किटेक्ट ने दो-तीन गाड़ियाँ भरकर ऐसी चुनिन्दा पुरानी चीजें खरीद ली थीं जिन्होंने गढ़ी में बेकार पड़ी कुछ चीजों के साथ मिलकर एवोन के फाटक पर इस छोटे से बैठककक्ष को एक कलात्मक रूप दे दिया था। डाइनिंग रूम को उसने बादामी रंग में रँगा था और स्कॉच पेपर से सजाया था; और मदाम मिशॉ ने खिड़कियों पर हरी किनारी वाले सफेद कैम्ब्रिक के पर्दे टाँगे थे और हरे कपड़े से ढँकी महोगनी की कुर्सियाँ, दो बड़े स्टूल और एक महोगनी की मेज यहाँ रखवायी थी। सैन्य दृश्यों के रेखांकनों से सजा यह कमरा पोर्सलेन की अँगीठी से गर्म रखा जाता था जिसके दोनों तरफ दीवार पर शिकार की बन्दूकें टँगी हुई थीं। सजावट के इन सामानों पर हालाँकि ज्यादा खर्च नहीं आया था लेकिन पूरी घाटी में ऐयाशी की इन्तहा के तौर पर इनकी चर्चा थी। इसने गोबर्तें की ईर्ष्या को और बढ़ा दिया था, और जब भी वह लेस ऐग्यू को नीलाम करवा कर इसके टुकड़े करवाने

के अपने पक्के इरादे को याद करता तो इस खूबसूरत मण्डप को मन ही मन अपने लिए आरक्षित कर लेता।

अगले तल पर गृहस्थी के काम आने वाले तीन कक्ष थे। खिड़कियों पर खास बूर्ज्वा पसन्द और अभिरुचि की याद दिलाने वाले मलमल के पर्दे थे। इन कमरों की सजावट मदाम मिशॉ ने खुद की थी । उसने दीवारों पर साटिन पेपर लगवाया था और बेडरूम की फर्निशिंग महोगनी और वेल्वेट की उस फूहड़ शैली में की थी जो आज लगभग हर बूर्ज्वा घर में दिखाई देती है। इसके बीच में इन दिनों हर जगह प्रचलित ऊँची पीठ और कढ़ाईदार मलमल के पर्दोंवाला पलंग था और मेण्टल-शेल्फ पर दो शमादानों के बीच अलाबास्टर की घड़ी और नकली फूलों से भरे दो गुलदान रखे थे जिनपर कांच का सुन्दर शेड लगा था। यह अन्तिम सजावटी चीज घुड़सवार सेना के भूतपूर्व सार्जण्ट का अपनी बीवी को शादी का तोहफा था। सबसे ऊपर की मंजिल पर, कहने को रसोइया पर हर काम करने वाले नौकर और ला पेचिना के कमरे भी आर्किटेक्ट के हुनर से लाभान्वित हुए थे।

"ओलिम्पे, मेरी प्यारी, तुमने मुझे पूरी बात नहीं बतायी," काउण्टेस ने एमिल और पादरी को सीढ़ियों पर छोड़कर मदाम मिशॉ के बेडरूम में दाखिल होते हुए कहा। उसे कमरे का दरवाजा बन्द करते हुए सुनकर वे दोनों नीचे उतर गये।

पादरी ने बीच में मौका पाकर मदाम मिशॉ के कान में कुछ कह दिया था और अब वह बेचैन थी कि अपने डर के बारे में कहीं उसके मुँह से कुछ और न निकल जाये क्योंकि उसने जितना बताया था उससे कहीं ज्यादा वह डरी हुई थी। इसलिए उसने एक ऐसे मामले पर बात शुरू कर दी जिसने काउण्टेस को उसके आने के मकसद का ध्यान दिला दिया।

"मदाम, आप जानती ही हैं कि मैं मिशॉ को कितना प्यार करती हूँ। लेकिन अगर आपके घर में, हर समय आपके साथ आपका प्रतिद्वन्द्वी मौजूद हो तो आपको कैसा लगेगा?"

"प्रतिद्वन्द्वी?"

"हाँ, मदाम; वह साँवली लड़की जिसे आपने मेरी देखरेख में दिया है, अनजाने ही मिशॉ को प्यार करने लगी है। बेचारी! मैं काफी समय से इस बच्ची के बर्ताव का मतलब समझ नहीं पाती थी लेकिन पिछले कुछ दिनों से सारी बातें मेरे दिमाग में साफ हो गई हैं।"

"अरे, लेकिन वह तो अभी सिर्फ तेरह साल की है!"

"मैं जानती हूँ, मदाम। लेकिन आप भी यह मानेंगी कि जिस औरत को तीन महीने का गर्भ हो और जिसे खुद ही अपने होनेवाले बच्चे का ध्यान रखना हो उसका डरना स्वाभाविक है; लेकिन चूँकि मैं उन लोगों के सामने इस बारे में बात नहीं करना चाहती थी, इसलिए जब आपने मुझसे पूछा तो मैंने इधर-उधर की हाँकना शुरू कर दिया," भली युवती ने चतुराई से कहा।

मदाम मिशॉ दरअसल जेनवीव निसेरों से भयभीत नहीं थी बल्कि पिछले तीन दिनों से उसे डर लग रहा था कि किसानों की ओर से कोई भयानक हादसा होने वाला है।

"तुम्हें इसका पता कैसे चला?" काउण्टेस ने पूछा।

"उसकी हर बात से," ओलिम्पे ने जवाब दिया। "बेचारी छोटी सी बच्ची को जब मेरा कोई काम करना पड़ता है तो वह कछुए की चाल से चलती है लेकिन जब जुस्तें उससे कुछ कहता है तो वह गिलहरी की तरह भागती है। उसकी आवाज सुनते ही वह पत्ते की तरह काँपने लगती है और जब वह उसकी ओर देखती है तो उसके चेहरे पर स्वर्गारोहण कर रहे किसी सन्त जैसे भाव होते हैं। लेकिन उसे प्रेम के बारे में कुछ नहीं मालूम; वह जानती भी नहीं कि वह मेरे पति से प्रेम करती है।"

"बेचारी बच्ची!" काउण्टेस ने एक ऐसी मुस्कान के साथ और ऐसे स्वर में कहा जिससे अनाड़ीपन झलकता था।

"और इसलिए," मदाम मिशॉ ने अपनी भूतपूर्व काउण्टेस की मुस्कान के जवाब में मुस्कुराते हुए आगे कहा, "जब जुस्तें घर से बाहर होता है तो जेनवीव उदास रहती है। जब मैं उससे पूछती हूँ कि वह क्या सोच रही है तो वह कहती है कि उसे मोस्यू रिगू से डर लगता है, या ऐसी ही कोई बेसिरपैर की बात करती है। वह सोचती है कि लोग उससे ईर्ष्या करते हैं, हालाँकि वह चिमनी के भीतरी हिस्से जैसी काली है। जब जुस्तें रात को जंगल में गश्त पर जाता है तो वह लड़की उतनी ही बेचैन हो जाती है जितनी मैं। अगर मैं उसके घोड़े की टाप सुनने के लिए अपनी खिड़की खोलती हूँ तो मुझे उसके कमरे में भी रोशनी दिखाई देती है, और मैं समझ जाती हूँ कि ला पेचिना (जैसाकि वे उसे यहाँ कहते हैं) भी इंतजार कर रही है। उसके आने के पहले मेरी तरह वह भी कभी सोती नहीं है।"

"तेरह साल!" काउण्टेस ने हैरानी से कहा, "अभागी बच्ची!"

"अभागी? बिल्कुल नहीं। प्यार का यह पागलपन उसे बचा लेगा।"

"किस चीज से?" मदाम द मोंतकोर्ने ने पूछा।

"उस हश्र से, जिससे इन इलाकों में उसकी उम्र की बहुत कम लड़कियाँ बच पाती हैं। जब से मैंने उसे साफ-सुथरा रहना सिखाया है तब से वह पहले से काफी कम कुरूप दिखती है। बल्कि उसमें कुछ ऐसी अजीब सी बात, ऐसी उच्छृंखलता है जो मर्दों को आकर्षित करती है। वह इतनी बदल चुकी है कि आप उसे शायद ही पहचान पायें। ग्रां-इवेर के उस बदनाम भटियारे का बेटा निकोलस, पूरे जिले का सबसे घटिया लड़का, उसे पाना चाहता है; वह शिकारी की तरह उसकी घात में रहता है। मुझे नहीं लगता कि हर एक या दो साल पर अपनी कमउम्र नौकरानियों को बदल देने वाले मोस्यू रिगू अभी उसके मन में डर पैदा कर रहे हैं, लेकिन निकोलस तोंसार का डर जरूर उसे सता रहा है। जुस्तें ने मुझे यह बात बतायी थी। यह एक भयानक हश्र होगा क्योंकि इस घाटी के लोग वाकई जानवरों की तरह

रहते हैं; लेकिन जुस्तें और हमारे दो नौकर और मैं खुद उसका पूरा ध्यान रखती हूँ। इसलिए परेशान न हों मदाम, दिन के उजाले के अलावा वह अकेली कभी बाहर नहीं जाती, और वह भी बस कोंशे के फाटक तक। फिर भी अगर इत्तफाक से वह किसी मुश्किल में पड़ गयी तो जुस्तें के लिए उसकी भावना उसे बच निकलने की हिम्मत और सूझबूझ देगी, क्योंकि जो भी स्त्री अपने दिल में किसी को चाहती है वह ऐसे आदमी का मुकाबला कर सकती है जिससे वह नफरत करती है।"

"मैं उसी के बारे में यहाँ आयी थी," काउण्टेस ने कहा, "और मुझे बिल्कुल गुमान नहीं था कि मेरा यहाँ आना तुम्हारे लिए इतना उपयोगी होगा। तुम जानती ही हो कि वह बच्ची तेरह साल की ही नहीं रहेगी; और शायद वह देखने में और भी अच्छी निकले।"

"ओह, मदाम," ओलिम्पे ने मुस्कुराते हुए कहा, "मुझे जुस्तें पर पूरा भरोसा है। क्या आदमी है! कितना बड़ा दिल है उसका! काश आपको पता होता कि वह अपने जनरल का कितना कृतज्ञ है; वह कहता है कि उन्हीं की वजह से उसे यह खुशी मिली है। वह पूरी तरह समर्पित है; वह उनके लिए यहाँ उसी तरह अपनी जान दे सकता है जैसे उसने लड़ाई के मैदान में किया होता, और कभी-कभी वह भूल जाता है कि एक दिन वह एक बच्चे का बाप बनने वाला है।"

"आह! पहले मुझे तुम्हें खोने का दुख हुआ था," काउण्टेस ने ऐसी नजर से ओलिम्पे को देखकर कहा कि वह झेंप गयी; "लेकिन अब मुझे कोई दुख नहीं है, क्योंकि मैं देख रही हूँ कि तुम खुश हो। वैवाहिक प्रेम कितना उदात्त और गरिमापूर्ण होता है!" उसके मन का वह विचार जुबान पर आ गया जिसे वह पादरी के सामने नहीं बोल सकी थी।

वर्जीनी द त्रुआविल किसी दिवास्वप्न में खो गयी और मदाम मिशॉ खामोश रही।

"लेकिन कम से कम वह लड़की ईमानदार है, क्यों?" काउण्टेस ने जैसे स्वप्न से जागते हुए कहा।

"उतनी ही ईमानदार जितनी मैं खुद हूँ, मदाम।"

"इधर की बातें उधर तो नहीं करती?"

"कभी नहीं।"

"कृतज्ञ है?"

"आह! मदाम, कभी-कभी वह मुझसे ऐसी विनम्रता और प्यार से पेश आती है जिससे उसके फरिश्तों जैसे स्वभाव का पता चलता है। वह मेरे हाथ चूमती है और बड़ी अजीब-अजीब बातें करती है। कल वह मुझसे पूछने लगी, 'क्या हम प्यार में मर सकते हैं?' 'तुम मुझसे यह क्यों पूछ रही हो?' मैंने कहा। 'मैं जानना चाहती हूँ कि क्या प्यार कोई रोग है।'"

"क्या उसने वाकई यह कहा?"

"अगर मुझे उसके शब्द ठीक-ठीक याद होते तो मैं आपको और भी बहुत कुछ

बताती," ओलिम्पे ने जवाब दिया; "उसकी बातों से लगता है कि वह मुझसे कहीं ज्यादा जानती है।"

"मेरी प्यारी, क्या तुम्हें लगता है कि वह मेरे यहाँ तुम्हारी जगह ले सकती है? मैं किसी ओलिम्पे के बिना नहीं रह सकती," काउण्टेस ने थोड़ी उदासी के साथ मुस्कुराते हुए कहा।

"अभी नहीं, मदाम–वह बहुत छोटी है; लेकिन दो साल बाद तो जरूर ही। अगर उसका यहाँ से जाना जरूरी हो जाता है तो मैं आपको बता दूँगी। उसे शिक्षित किये जाने की जरूरत है, और वह दुनिया के बारे में कुछ नहीं जानती। उसके दादा, पेर निसेरों, एक ऐसे आदमी हैं जो कभी झूठ नहीं बोलेंगे चाहे उनकी गर्दन ही क्यों न कट जाये; वह किसी बेकरीवाले की दुकान में भूखों मर सकते हैं; वह अपने विचारों की ताकत में यकीन रखते हैं, और यह बच्ची इन्हीं उसूलों के साथ बड़ी हुई है। ला पेचिना खुद को आपके बराबर ही मानेगी क्योंकि उस बूढ़े ने, जैसाकि वह कहता है, उसे रिपब्लिकन बनाया है–वैसे ही जैसे पेर फूर्शो ने मूश को बोहेमियन बनाया है। मैं तो ऐसे विचारों को हँसकर टाल देती हूँ, लेकिन आपको बुरा लग सकता है। वह अपने संरक्षक के रूप में आपका आदर करेगी, लेकिन आपको कभी अपने से श्रेष्ठ नहीं मानेगी। वह इसके सिवा और किसी तरह नहीं हो सकती; वह चिड़ियों की तरह उच्छृंखल और उन्मुक्त है–उसकी माँ का खून उसे ऐसा बनाता है।"

"उसकी माँ कौन थी?"

"क्या मदाम को यह कहानी मालूम नहीं है?" ओलिम्पे ने कहा। "ब्लांगी के गिरजे के बूढ़े कर्मचारी का बेटा–यहाँ लोग कहते हैं कि वह बड़ा खूबसूरत था–फौज में भरती कर लिया गया था। 1809 में युवा निसेरों इलीरिया और डलमेतिया में तैनात फौज में तोपची था और उसकी डिवीजन को अचानक आदेश मिला कि हंगरी से होते हुए आगे बढ़े और अगर सम्राट वागराम की लड़ाई जीत लेते हैं तो आस्ट्रियाई सेना के पीछे हटने का रास्ता काट दे। मिशॉ ने मुझे डलमेतिया के बारे में सबकुछ बताया है क्योंकि वह भी वहाँ था। निसेरों बेहद खूबसूरत नौजवान था और पहाड़ों में ज़हरा की एक मोंतेनेग्रियाई युवती को उससे प्रेम हो गया। इस बात ने उसके देशवासियों को इस कदर नाराज कर दिया कि फ्रांसीसियों के रवाना होने के बाद उसका खुद अपने शहर में रहना दूभर हो गया। ज़ेना क्रोपोली, जिसे हिकारत से फ्रांसीसी औरत कहा जाता था, तोपखाने के पीछे चल पड़ी और लड़ाई खत्म होने के बाद फ्रांस आ गई। ओग्यूस्त निसेरों ने उससे शादी की इजाजत माँगी लेकिन बेचारी औरत एक बच्ची, हमारी जेनवीव, को जन्म देने के बाद जनवरी, 1830 में विनसेनेस में मर गई। शादी को कानूनी ठहरानेवाले कागजात कुछ दिन बाद पहुँचे। ओग्यूस्त निसेरों ने अपने पिता को लिखा कि आकर बच्ची को, और माँ के देश की एक दाई को अपने साथ लेता जाये। यह उसकी खुशकिस्मती थी कि उसने यह पत्र भेज दिया क्योंकि कुछ ही समय बाद मोंतेरो में एक गोला फटने से उसकी मौत हो गयी। नन्ही बच्ची का

नाम जेनवीव रखा गया और सुलांश में उसका बपतिस्मा हुआ। उसकी कहानी मदमोज़ाल लागुएर के दिल को छू गई और उन्होंने उसे अपने संरक्षण में ले लिया। ऐसा लगता है कि बच्ची की नियति में लिखा था कि लेस ऐग्यू के मालिक उसकी देखरेख करेंगे! पेर निसेरों को मदमोज़ाल से उसके लिए कपड़े-लत्ते और बीच-बीच में पैसे मिलते रहे।"

काउण्टेस और ओलिम्पे उस समय एक खिड़की के सामने खड़े थे जहाँ से वे मिशॉ को पादरी और ब्लोंदे की ओर जाते हुए देख सकते थे जो मण्डप के सामने की चौड़ी अर्द्धचन्द्राकार लाल बजरी से ढँकी जगह में चहलकदमी कर रहे थे। वे आपस में बड़ी गम्भीर चर्चा में मशगूल थे।

"वह है कहाँ?" काउण्टेस ने कहा; "तुमने मुझे उसे देखने के लिए बेचैन कर दिया है।"

"वह कोंशे के फाटक पर मदमोज़ाल गेलार को दूध पहुँचाने गयी है। वह बस आती ही होगी क्योंकि उसे गये एक घण्टे से ज्यादा हो चुका है।"

"ठीक है, फिर मैं इन दोनों सज्जनों के साथ जाकर उससे मिलती हूँ," मदाम मोंतकोर्ने ने सीढ़ियों से नीचे उतरते हुए कहा।

काउण्टेस ने अभी अपनी छतरी खोली ही थी कि मिशॉ ने पास आकर बताया कि जनरल शायद दो दिनों के लिए उसे विरहिणी बना गये हैं।

"मोस्यू मिशॉ," काउण्टेस ने व्यग्रतापूर्वक कहा, "मुझे बहलाने की कोशिश मत कीजिए, कोई गम्भीर गड़बड़ चल रही है। आपकी पत्नी डरी हुई है, और अगर यहाँ पेर फूर्शो जैसे बहुत से लोग हों तब तो देहात का यह भाग कतई रहने लायक नहीं है—"

"अगर ऐसा होता, मदाम," मिशॉ ने हँसते हुए कहा, "तो हम जिन्दा ही नहीं होते। बातें करना आसान है। किसान भुनभुनाते रहते हैं, बस इतनी सी बात है। लेकिन जहाँ तक बातों से लातों तक आने और उठाईगीरी से संगीन जुर्मों तक आने की बात है, तो उन्हें अपनी जान और खेतों की खुली हवा बहुत प्यारी है। ओलिम्पे ने कुछ ऐसा कहा होगा जिससे आप डर गई हैं, लेकिन आप जानती हैं कि आजकल वह बेवजह डर जाने की हालत में है," उसने इतना और जोड़ दिया और अपनी पत्नी का हाथ धीरे से दबाकर उसे चेताया कि और कुछ न कहे।

"कोर्नेवें! जूलिएत!" मदाम मिशॉ ने आवाज लगायी और अपनी बूढ़ी बावर्चिन का चेहरा खिड़की पर देखकर कहा, "मैं कुछ दूर टहलने जा रही हूँ; घर का ख्याल रखना।"

दो भारी-भरकम कुत्तों ने भौंककर यह जता दिया कि एवोन के फाटक की रक्षापंक्ति को कम करके नहीं आँका जा सकता। कुत्तों की आवाज सुनकर कोर्नेवें, एक बूढ़ा पर्शवासी और ओलिम्पे का धर्मपिता पेड़ों के पीछे से निकलकर आया। उसे देखकर ही लगता था कि 1794 और 1799 में वह जरूर शुआनों के साथ रहा होगा।

काउण्टेस के साथ पूरी मण्डली उन छह जंगली वीथिकाओं में से एक पर आगे बढ़ी जो सिल्वर-स्प्रिंग सोते को पारकर सीधे कोंशे के फाटक तक जाती थी। मदाम द मोंतकोर्ने

ब्लोंदे के साथ आगे चल रही थी। पादरी और मिशॉ और उसकी पत्नी धीमी आवाज में बातें कर रहे थे कि देहात की असली हालत का काउण्टेस को पता चल जाने से क्या हो सकता है।

"शायद यह अच्छा ही हुआ," पादरी ने कहा; "क्योंकि अगर मदाम चाहें, तो हो सकता है कि हम इन लोगों को फायदे पहुँचाकर और लगातार उनकी जरूरतों का ख्याल रखकर उनका हृदय-परिवर्तन कर सकें।"

मण्डप से करीब छह सौ फीट दूर सोते के पास काउण्टेस को एक टूटा लाल जग और जमीन पर बिखरा दूध दिखायी दिया।

"बेचारी लड़की को कुछ हो गया है!" उसने मिशॉ और उसकी पत्नी को आवाज लगायी जो मण्डप वापस लौट रहे थे।

"पेरेती के जैसी कोई दुर्घटना," ब्लोंदे ने हँसते हुए कहा।

"नहीं; उस बच्ची को अचानक रोका और उसका पीछा किया गया है, क्योंकि जग रास्ते से किनारे फेंका हुआ है," पादरी ने जमीन को ध्यान से देखते हुए कहा।

"हाँ, निश्चित ही ये ला पेचिना के कदमों के निशान हैं," मिशॉ ने कहा। "आप देख रहे हैं न, उसके पाँव जल्दी से घूमे हैं, इससे साफ पता चलता है कि वह अचानक डर गयी थी। लड़की जरूर मण्डप की ओर भागी होगी।"

कारिन्दा पैरों के निशान देखते हुए चल रहा था और सब उसके पीछे थे। टूटे जग से करीब सौ फीट की दूरी पर वह रास्ते के बीचोबीच रुक गया जहाँ आकर लड़की के पैरों के निशान खत्म हो गये थे।

"यहाँ," उसने कहा, "वह एवोन की ओर मुड़ गयी; शायद मण्डप की ओर से भी उसका रास्ता रोक लिया गया था।"

"लेकिन उसे गये एक घण्टे से ज्यादा हो गया," मदाम मिशॉ ने घबरायी आवाज में कहा।

सभी के चेहरों पर घबराहट साफ देखी जा सकती थी। पादरी रास्ते को ध्यान से देखते हुए मण्डप की ओर दौड़ा जबकि मिशॉ कोंशे की ओर गया।

"हे भगवान! वह यहाँ गिर पड़ी थी," सोते के पास से उस जगह लौटते हुए, जहाँ पैरों के निशान अचानक मुड़े थे, मिशॉ ने कहा। जमीन की ओर उँगली से इशारा करते हुए वह बोला, "देखिए!"

रेतीले रास्ते पर किसी के पूरे शरीर के निशान साफ देखे जा सकते थे।

"जंगल में दाखिल होने वाले पैरों के निशान किसी ऐसे व्यक्ति के हैं जिसने बुनाईदार तल्ले वाले जूते पहन रखे थे," पादरी ने कहा।

"यानी, कोई औरत," काउण्टेस ने कहा।

"उधर, टूटे जग के पास किसी आदमी के पैरों के निशान हैं," मिशॉ ने बताया।

"मुझे और किसी के पैरों के निशान नहीं दिखाई देते," पादरी ने कहा जो औरत के

पाँवों के निशानों के पीछे-पीछे जंगल में तलाश कर रहा था।

"उसे उठाकर जंगल में ले जाया गया होगा," मिशॉ एकदम से चीखा।

"अगर ये निशान वाकई किसी औरत के पाँवों के हैं, तब तो ऐसा नहीं हो सकता," ब्लोंदे ने कहा।

"जरूर यह उस लफंगे निकोलस की चाल होगी," मिशॉ ने कहा। "वह पिछले कुछ समय से ला पेचिना पर नजर रखे हुए है। आज सुबह ही मैं दो घण्टे तक एवोन के पुल के पास खड़ा होकर यह देख रहा था कि वह किस चक्कर में है। किसी औरत ने उसकी मदद की होगी।"

"यह भयानक है!" काउण्टेस ने कहा।

"वे इसे अपना मनोरंजन कहते हैं," पादरी ने उदास और दुखी स्वर में कहा।

"ओह! ला पेचिना को वे अपने चंगुल में रख नहीं पायेंगे," कारिन्दे ने कहा। "वह आसानी से तैरकर नदी पार कर सकती है। मुझे जाकर किनारे के पास देखना चाहिए। घर जाओ, मेरी प्यारी ओलिम्पे; और मदाम, आप लोग कृपया इसी वीथिका से कोंशे की ओर जाइये।"

"क्या इलाका है!" काउण्टेस ने कहा।

"लुच्चे तो हर जगह मिलते हैं," ब्लोंदे ने जवाब दिया।

"क्या यह सच है पादरी महोदय," मदाम द मोंतकोर्ने ने पूछा, "कि मैंने उस बच्ची को रिगू के चंगुल से बचाया है?"

"पन्द्रह साल से ऊपर की किसी भी लड़की को अगर आप गढ़ी में अपने संरक्षण में लें तो समझिए कि वह उस राक्षस से बच गयी है," पादरी ने कहा। "वह धर्मत्यागी ला पेचिना को बचपन से ही अपने कब्जे में लेने की कोशिश कर रहा था। ऐसा करके उसका मकसद सिर्फ अपनी हवस को शान्त करना ही नहीं बल्कि बदला लेना भी है। जब मैंने पेर निसेरों को गिरजे का कर्मचारी नियुक्त किया तभी मैंने उसे रिगू के इरादों के बारे में बता दिया था। भूतपूर्व मेयर के मुझसे बैर के कारणों में एक यह भी है; मुझसे उसकी नफरत की शुरुआत इसी से हुई। पेर निसेरों ने उसे संजीदगी से समझा दिया कि अगर जेनवीव को जरा भी नुकसान पहुँचा तो वह उसे मार डालेगा और उस बच्ची की इज्जत पर होने वाले किसी भी हमले के लिए उसे जिम्मेदार ठहरायेगा। मुझे डर है कि निकोलस की यह हरकत रिगू के साथ घृणित साँठ-गाँठ का ही नतीजा है। वह सोचता है कि वह इन लोगों के साथ जो जी में आये कर सकता है।"

"क्या वह कानून से नहीं डरता?"

"एक तो वह सरकारी वकील का ससुर है," पादरी ने कहा। वह कुछ देर ठहरकर सुनने की कोशिश करता रहा, और फिर बोला, "और इसके अलावा आपको इस बात का जरा भी अनुमान नहीं है कि देहात की पुलिस अपने आसपास चल रही कारस्तानियों के प्रति किस कदर उदासीन रहती है। जब तक किसान फार्महाउसों और इमारतों को जला नहीं

डालते, हत्याएँ नहीं करते, किसी को जहर नहीं देते और अपने टैक्स चुकाते रहते हैं, तब तक वे उन्हें कुछ भी करने की छूट देते रहते हैं; और चूँकि इन लोगों पर किसी धार्मिक सिद्धान्त का अंकुश नहीं है इसलिए रोज भयानक चीजें घटित होती हैं। एवोन के दूसरे किनारे पर असहाय बूढ़े लोग अपने ही घरों में रहने से डरते हैं क्योंकि उन्हें खाने को कुछ नहीं दिया जाता; वे लड़खड़ाते कदमों से जब तक चल सकते हैं, खेतों में भटकते रहते हैं क्योंकि वे अच्छी तरह जानते है कि अगर बिस्तर पर पड़े रहे तो भूख से मर जायेंगे। मजिस्ट्रेट मोस्यू सार्कस ने मुझसे कहा कि अगर उन्होंने सारे अपराधियों को गिरफ्तार कर मुकदमा चलाया तो इसके खर्च से म्युनिस्पालिटी बर्बाद हो जायेगी।"

"तो कम से कम उन्हें यह पता है कि हालात क्या हैं?" ब्लोंदे ने कहा।

"महामहिम बिशप घाटी और खासकर इस जिले की हालत को अच्छी तरह समझते हैं," पादरी ने अपनी बात जारी रखी। "सिर्फ धर्म ही इन बुराइयों को दूर कर सकता है; कानून तो मुझे शक्तिहीन लगता है, खासकर इसका आज का बदला हुआ रूप—"

जंगल से आती जोर-जोर से चीखने की आवाजों ने उसे बीच में ही रोक दिया और काउण्टेस बहादुरी से झाड़ियों के बीच से लपकती हुई आवाजों की दिशा में भागी; एमिल और पादरी उसके पीछे थे।

अध्याय ग्यारह

थियोक्रिटस का अठारहवाँ ग्राम्यगीत; जिसे पुलिस कैलेण्डर में सराहा नहीं जाता

तोंसार का दूसरा बेटा निकोलस हाल में हुई फौजी भरती के समय बदकिस्मत रहा था। दो साल पहले उसके बड़े भाई जां-लुई को सूद्री, गोबर्ते और रईस सार्कस के प्रभाव के चलते सैनिक सेवा के लिए अयोग्य करार दिया गया था। उसने दाहिनी बाँह की मांसपेशियाँ कमजोर होने का बहाना किया था; लेकिन चूँकि उसके बाद से जां-लुई पशुपालन के औजारों का अच्छी-खासी ताकत और कुशलता के साथ इस्तेमाल करता रहा था, इसलिए इस मामले को लेकर जिले भर में चर्चाओं का बाजार गर्म रहा। सूद्री, रिगू और गोबर्ते ने जो इस परिवार के खास संरक्षक थे, तोंसार को चेतावनी दी थी कि अगर लम्बे-तगड़े निकोलस का नम्बर आ गया तो वे उसे भरती किये जाने से नहीं बचा पायेंगे। लेकिन गोबर्ते और रिगू ऐसे हिम्मती और हिकमती लोगों को पटाकर रखने का महत्व समझते थे जो उचित मार्गदर्शन पाने पर लेस ऐग्यू के खिलाफ किसी भी तरह की शरारत करने के लिए इच्छुक और सक्षम

हों। इसलिए रिगू ने तोंसार और उसके बेटे को बचाने की हल्की-सी उम्मीद दिलायी थी। भूतपूर्व भिक्षु के पास कभी-कभी कैथेरीन तोंसार आती थी जिसका अपने भाई निकोलस से बड़ा लगाव था। ऐसे एक मौके पर रिगू ने उसे जनरल और काउण्टेस से अपील करने की सलाह दी।

''हो सकता है वे तुम्हें फुसलाने के लिए यह काम खुशी-खुशी कर दें। ऐसा हुआ तो समझ लो हमने दुश्मन से भी कुछ फायदा उठा लिया,'' उसने कहा; ''और अगर वह बनिया इन्कार कर देता है तो फिर हम देखेंगे कि क्या किया जा सकता है।''

रिगू समझ रहा था कि जनरल का इन्कार किसानों के विरुद्ध भूस्वामी की एक और ज्यादती के तौर पर लिया जायेगा, और अगर तोंसार का शातिर दिमाग रिगू को निकोलस को बचाने का कोई युक्तिसंगत उपाय सुझा सका तो यह कृतज्ञता तोंसार को गठबन्धन से और नजदीकी से जोड़ देगी।

निकोलस को जल्दी ही परीक्षण बोर्ड के सामने हाजिर होना था और उसे जनरल के हस्तक्षेप की बहुत कम उम्मीद थी क्योंकि तोंसार परिवार के सभी सदस्य लेस ऐग्यू को नुकसान पहुँचाने में आगे रहते थे। अपनी रवानगी का दिन नजदीक आया जानकर ला पेचिना को पाने की उसकी कामुक इच्छा इतनी बढ़ गयी थी कि उसे पटाने का धीरज उसमें नहीं रहा और उसने जबर्दस्ती करने की ठान ली थी। वह लड़की उसके लिए अपनी हिकारत का जिस तरह खुला इजहार करती थी उससे ग्रां-इवेर के इस लम्पट के दिल में हवस के साथ प्रतिशोध की आग भी जल रही थी। पिछले तीन दिनों से वह ला पेचिना पर नजर रखे हुए था और बेचारी बच्ची जानती थी कि उस पर नजर रखी जा रही है। निकोलस और उसके शिकार के बीच वैसी ही समझदारी थी जो शिकारी और शिकार के बीच होती है। मण्डप से कुछ दूर जाते ही निकोलस उसे बाग की दीवार के समानान्तर गुजरने वाले रास्ते पर दिखाई देता। अगर उसने अपने दादा को यह बात बतायी होती तो वह आसानी से उससे बच सकती थी; लेकिन सभी कमसिन लड़कियाँ, बिल्कुल भोली-भाली लड़कियाँ भी, ऐसी स्थितियों में भी अपने स्वाभाविक रक्षकों को भरोसे में लेने से न जाने क्यों डरती हैं।

जेनवीव ने पेर निसेरों को यह कसम खाते सुना था कि जो कोई भी उसकी पोती को छूने की हिम्मत करेगा उसे वह मार डालेगा, चाहे वह कोई भी हो। बूढ़ा सोचता था कि उसक सफेद बालों और सत्तर वर्ष के बेदाग जीवन से अर्जित सम्मान की छाया में उसकी बच्ची सुरक्षित है। लेकिन खून-खराबे के दृश्यों का आतंक कमसिन लड़कियों के दिमाग पर इस कदर छा जाता है कि उन्हें अपने होंठ बन्द रखने के लिए किसी और कारण की जरूरत नहीं होती।

ला पेचिना को मदाम मिशॉ ने कोंशे के फाटक के रक्षक गेलार की बेटी के लिए दूध लेकर भेजा था जिसकी गाय अभी-अभी ब्यायी थी। वह सड़क पर निकली किसी बिल्ली की तरह चौकन्नी निगाहों से चारों ओर देखते हुए जा रही थी। उसने किसी कवि की तरह खामोशी को सुनने की कोशिश की और जब कुछ नहीं सुनायी दिया तो उसने नतीजा निकाल

लिया कि वह बदमाश काम पर चला गया है। किसानों ने जई की कटाई शुरू कर दी थी क्योंकि वे अपने खेतों की फसल सबसे पहले काटते थे ताकि कटनी करने वालों के थकने के पहले उनसे अपना काम करवा लिया जाये। लेकिन निकोलस ऐसा आदमी नहीं था जिसे एक दिन का काम गँवाने की कोई फिक्र हो—खासकर अब जबकि उसे सुलांश के मेले के बाद देहात छोड़ देना था, और, जैसाकि देहात के लोग कहते हैं, सिपाही की नई जिन्दगी शुरू करनी थी।

ला पेचिना सिर पर जग रखे हुए आधे रास्ते ही गयी थी कि एक एल्म वृक्ष की पत्तियों के बीच छुपा निकोलस जंगली बिल्ली की तरह इसके तने से सरकता हुआ नीचे उतरा और आसमान से गिरी बिजली की तरह लड़की के सामने आ गया। उसने जग एक ओर फेंका और मण्डप की ओर भागी। वह करीब सौ फीट ही गयी थी कि उसकी घात में छुपी कैथेरीन तोंसार झपटकर जंगल से बाहर निकली और भागती हुई लड़की से इतनी जोर से टकरायी कि वह उछलकर पीछे जा गिरी और बेहोश हो गयी। कैथेरीन उसे उठाकर जंगल में एक छोटे से घास के मैदान में ले गयी जहाँ से सिल्वर-स्प्रिंग सोता निकलता था।

कैथेरीन तोंसार लम्बी और मजबूत बदन की थी। वह हर तरह से उस ढंग की स्त्री थी जैसी कि पेण्टर और मूर्तिकार स्वतंत्रता की देवी को दिखाते हैं। उसकी बड़ी-बड़ी छातियाँ, उसकी मांसल टाँगें, मोटी मगर लचीली कमर, गदरायी बाँहें, चमकती आँखें, उसकी बाँकी अदा, सिर पर लिपटी मोटी-मोटी चोंटियों में गुँथे घने लम्बे बाल, और क्रूर मुस्कान लिये लाल होंठ एवोन की घाटी के नौजवानों का दिल लूटने के लिए काफी थे। उसने अपने पिता से ऐसा उग्र स्वभाव विरासत में पाया था कि तोंसार के सिवा बाकी सभी घर वाले और शराबखाने में आने वाले सारे लोग उससे घबराते थे।

"क्यों, अब कैसी हो तुम?" जैसे ही ला पेचिना होश में आयी उसने पूछा।

कैथेरीन ने अपने शिकार को सोते के पास उभरी हुई जमीन पर लिटा दिया था और ठण्डे पानी के छींटें मारकर उसे होश में ला रही थी। "मैं कहाँ हूँ?" बच्ची ने अपनी सुन्दर काली आँखें खोलते हुए पूछा।

"ओह!" कैथेरीन ने कहा, "अगर मैं न होती तो तुम मर ही गयी होती।"

"शुक्रिया," अब भी बुरी तरह बौखलायी हुई लड़की ने कहा; "मुझे हुआ क्या था?"

"तुम एक जड़ से टकराकर उधर सड़क पर चारों खाने चित्त गिर पड़ी थी, जैसे किसी ने गोली मार दी हो। बाप रे! कैसे दौड़ रही थी!"

"तुम्हारे भाई की वजह से," ला पेचिना ने कहा; उसे निकोलस का ध्यान आ गया।

"मेरा भाई? मैंने तो उसे देखा नहीं," कैथेरीन ने कहा। "उस बेचारे ने तुम्हारे साथ ऐसा क्या किया कि तुम इस कदर भाग रही थी जैसे वह कोई भेड़िया हो? क्या वह तुम्हारे मोस्यू मिशॉ से ज्यादा सुन्दर नहीं है?"

"ओह!" लड़की ने हिकारत से कहा।

"देख छुटकी, तू उन लोगों से प्यार कर अपने लिए मुसीबत मोल ले रही है जो हमें

सताते हैं। तू हमारी तरफ क्यों नहीं रहती?"

"तुम लोग गिरजाघर क्यों नहीं आते, और तुम लोग दिन-रात चोरी क्यों करते हो?" बच्ची ने पूछा।

"तो तू भी इन लोगों की बातों में आ गई!" कैथेरीन ने व्यंग्य से कहा। "वे हमें प्यार करते हैं, क्यों? वैसे ही जैसे वे अपने खाने को प्यार करते हैं जो वे हमें निचोड़कर हासिल करते हैं; और उन्हें रोज नये-नये व्यंजन चाहिए होते हैं। तू उनमें से ऐसे एक को भी जानती है जिसने किसी किसान की बेटी से शादी की हो? कभी नहीं! क्या रईस सार्कस ने अपने बेटे को उस सुन्दर गातिएन जिबूलार से शादी करने की इजाजत दी? नहीं, हालाँकि वह एक पैसेवाले गद्दीसाज की बेटी है। तू कभी सुलांश में होने वाली तिवोली की नाच पार्टी में नहीं गयी है न, तुझे जाना चाहिए। तू वहाँ इन सबको, इन बूर्ज्वा लोगों को देख सकती है, और तुझे पता चलेगा कि अपने पास जमाकर रखे धन के आधे के बराबर भी उनकी कीमत नहीं है। इस बार मेले में जरूर आना!"

"वे कहते हैं कि सुलांश का यह मेला बहुत बढ़िया होता है!" सरलहृदय ला पेचिना खुश होकर चीखी।

"मैं दो लफ्जों में तुम्हें बताती हूँ कि वह क्या है," कैथेरीन ने कहा। "अगर तुम सुन्दर हो तो लोग तुम्हें अच्छी तरह निहारते हैं। तुम्हारी तरह सुन्दर होने का फायदा ही क्या अगर लोग तुम्हें सराहें नहीं? जब मैंने उनमें से एक को पहली बार यह कहते सुना, 'क्या हसीन छोकरी है!' तो मेरे तन-बदन में आग लग गई थी। यह सोकार के यहाँ की बात है, नाच चल रहा था और मेरा दादा फूर्शों क्लैरिनेट बजा रहा था; उसने भी ये बात सुनी और हँस दिया। तिवोली तो मुझे स्वर्ग की तरह भव्य और सुन्दर लगता है। मेरी प्यारी, वहाँ ढेर सारे काँच के लैम्पों की रोशनी होती है और तुझे लगेगा कि तू स्वर्ग में है। सुलांश और ऑग्ज़ेएर और विल-ओ-फाये के तमाम भद्रजन वहाँ होते हैं। उस पहली रात से ही मैं उस जगह की दीवानी हो गयी हूँ जहाँ वे शब्द मेरे कानों में फौजी संगीत की तरह गूँजे थे। तुम जिस आदमी को चाहती हो उससे ऐसे शब्द सुनने के लिए अपना सब कुछ कुर्बान किया जा सकता है।"

"हाँ, शायद," सोच में डूबी ला पेचिना ने कहा।

"तो फिर आओ, और मर्दों से अपनी तारीफ सुनो, तुम्हें यह जरूर मिलेगी!" कैथेरीन ने चहककर कहा। "अरे, तुम इतनी सुन्दर हो, तुम्हारी तो किस्मत खुल सकती है। मोस्यू ल्यूपें का वह बेटा, एमोरी, तुमसे शादी कर सकता है। लेकिन इतना ही नहीं है; काश तुम्हें पता होता कि वहाँ सारी चिन्ताओं और परेशानियों से कैसे राहत मिलती है। अरे, सोकार की उबली हुई वाइन तुम्हारी सारी मुश्किलें भुला देंगी। जरा कल्पना करो! तुम सपनों में खो जाओगी और चिड़िया की तरह हल्की महसूस करोगी। क्या तुमने कभी उबली वाइन नहीं पी? फिर तुम्हें पता ही नहीं कि जीना क्या होता है।"

उबली वाइन से गला तर करने का बड़े लोगों को मिला विशेषाधिकार बारह साल से

ऊपर के उम्र के किसानों के बच्चों में ऐसी उत्सुकता जगाता है कि जेनवीव ने एक बार अपने दादा के बीमार पड़ने पर उन्हें दी गयी उबली वाइन को हल्का सा चख लिया था। उस स्वाद ने बच्ची के दिमाग में जादुई असर छोड़ा था और शायद इसीलिए वह इतनी दिलचस्पी से यह बात सुन रही थी जिसके सहारे चालाक कैथेरीन अपनी योजना पूरी करना चाहती थी। उसे आधी कामयाबी मिल चुकी थी। गिरने से अभी तक चकरायी हुई लड़की के मन में पहले वह अपनी बातों से नशा पैदा कर रही थी और फिर उसे पूरी तरह मदहोश बनाने के लिए उसने उबली वाइन छुपाकर रखी थी।

"वे इसमें डालते क्या हैं?" ला पेचिना ने पूछा।

"तमाम तरह की चीजें," कैथेरीन ने कनखी से यह देखते हुए जवाब दिया कि उसका भाई आ रहा है या नहीं; "सबसे पहले तो, वह चीज जो हिन्दुस्तान से आती है, क्या नाम है उसका—हाँ, दालचीनी, और फिर कई ऐसी जड़ी-बूटियाँ जो तुम पर जादू कर देती हैं—तुम्हें लगता है कि तुम्हें वह सब कुछ मिल गया जो तुम्हें चाहिए! उबली वाइन तुम्हें खुश कर देती है! तुम अपनी सारी परेशानियों को ठेंगा दिखा सकती हो!"

"नाच पार्टी में उबली वाइन पीने में तो मुझे डर लगेगा," ला पेचिना ने कहा।

"किस बात का डर?" कैथेरीन ने पूछा। "वहाँ जरा भी खतरा नहीं होता। जरा सोचो वहाँ कितने सारे लोग होंगे। सारे बूर्ज्वा हमारी ओर देख रहे होंगे! आह! ऐसा एक दिन हमारे जीवन की सारी तकलीफों की भरपायी कर देता है। इसे एक बार देख लो तो मरने का गम नहीं होगा—जीवन की सारी मुरादें पूरी हो जाती हैं।"

"मोस्यू और मदाम मिशॉ मुझे वहाँ ले जायेंगे तब न!" ला पेचिना ने दुखी स्वर में कहा, उसकी आँखों में लालसा की चमक थी।

"अपने दादा निसेरों से कहो; तुमने उन्हें छोड़ तो नहीं दिया है न? वे तुम्हें एक छोटी-सी रानी के रूप में सराहा जाते देखकर खुश होंगे। तुम अपने दादा और बर्गण्डीवालों के मुकाबले मिशॉ जैसे अर्मिनाकों को क्यों पसन्द करती हो। अपने लोगों की उपेक्षा करना बुरी बात है। और इसके अलावा, अगर तुम्हारे दादा तुम्हें मेले में ले जाते हैं तो मिशॉ और उसकी बीवी को क्यों एतराज होगा? ओह! काश तुम्हें मालूम होता कि किसी मर्द पर अपना जादू चलाने और उसे अपना दीवाना बना देने का क्या मतलब होता है। जैसे मैं गोदाएं से कहती हूँ, 'वहाँ जाओ!' और वह जाता है, 'ऐसा करो!' और वह वैसा करता है! तुममें वह बात है, मेरी छुटकी, कि तुम मोस्यू ल्यूपें के उस बेटे जैसों के बूर्ज्वा दिलों को पागल बना सकती हो। मोस्यू एमोरी मेरी बहन मारी पर रीझा हुआ था क्योंकि वह गोरी-चिट्टी है और इसलिए भी कि वह मुझसे घबराता है; लेकिन तुम्हें तो वह पूजेगा क्योंकि जब से मण्डपवाले इन लोगों ने तुम्हें सजा-सँवार दिया है, तब से तुममें किसी रानी जैसी अदायें आ गयी हैं।"

"नहीं, कैथेरीन," ला पेचिना ने जवाब दिया, "मैं कुरूप और ठिगनी हूँ; मेरी किस्मत में बस एक कोने में पड़े रहना लिखा है; मेरी कभी शादी नहीं हो सकती; मुझे इस दुनिया

में अकेले ही रहना होगा।"

"मर्द कमजोर औरतों को पसन्द करते हैं," कैथेरीन ने कहा। "तुम मुझे देख रही हो न?" उसने अपनी सुघड़ मजबूत बाँहें दिखाते हुए कहा। "मैं उस मरियल, छड़ी जैसे, गोदाएं को पसन्द आती हूँ; काउण्ट के सईस, उस छोटे से चार्ल्स को पसन्द आती हूँ; लेकिन ल्यूपें का बेटा मुझसे घबराता है। मैं सच कहती हूँ, छोटे और कमजोर लोग ही मुझे चाहते हैं और वही विल-ओ-फाये और सुलांश में मुझे देखकर कहते हैं, 'वाह! क्या हसीन लड़की है!' लेकिन तुम, तुम्हारी तो बात ही अलग है; तुम तो अच्छे मर्दों को पसन्द आओगी।"

"आह! कैथेरीन, काश यह सच होता–" सम्मोहित बच्ची ने आह भरते हुए कहा।

"यह सच है। यह इतना सच है कि इस कैण्टन का सबसे सुन्दर जवान, निकोलस तुम्हारे लिए पागल है; वह तुम्हारे सपने देखता रहता है, उसका दिमाग काम नहीं करता; और वह भी तब जबकि सारी लड़कियाँ उसकी दीवानी हैं। वह बहुत बढ़िया लड़का है! अगर तुम सफेद ड्रेस पहनकर और बालों में पीले रिबन लगाकर सोकार के यहाँ नाच पार्टी में आओ तो तुम वहाँ की सबसे खूबसूरत लड़की होगी और विल-ओ-फाये के सारे अच्छे लोग तुम्हें देखेंगे। तुम आओगी न? अच्छा ये देखो, मैं गायों के लिए घास काटने निकली थी और मैं अपनी तुम्बी में थोड़ी सी उबली वाइन लायी हूँ; सोकार ने आज सुबह मुझे यह दी थी," ला पेचिना की आँखों में एक अजीब उन्मत्त सा भाव देखकर उसने फौरन कहा, "हम इसे मिलकर पियेंगे और तुम अपनी कल्पना में उन आदमियों को देख सकोगी जो तुमसे प्यार करते हैं।"

इस बातचीत के दौरान निकोलस घनी घासवाली जगहों पर कदम रखते हुए चुपचाप एक पुराने ओक के तने के पीछे आकर छुप गया था। यह पेड़ उस जगह के बिल्कुल पास था जहाँ कैथेरीन ने ला पेचिना को बिठाया था। बीच-बीच में इधर-उधर देख रही कैथेरीन जैसे ही उबली वाइन निकालने के लिए मुड़ी उसने अपने भाई को देख लिया।

"ये लो, थोड़ी पी लो," उसने तुम्बी बढ़ाते हुए कहा।

"इससे मेरा गला जलता है! जेनवीव दो-तीन घूँट लेने के बाद तुम्बी वापस करते हुए चीखकर बोली।

"बुद्धू लड़की!" कैथेरीन ने जवाब दिया; इधर देखो! उसने एक साँस में तुम्बी खाली कर दी। "देखो कैसे नीचे जाती है; ये तो पेट में ऐसे उतरती है जैसे सूरज की किरण।"

"लेकिन मुझे तो मदमोज़ाल गेलार को दूध पहुँचाना था," जेनवीव परेशान हो उठी; "पर सारा दूध गिर गया! निकोलस ने मुझे इतना डरा दिया था!"

"निकोलस तुम्हें पसन्द नहीं है?"

"नहीं," जेनवीव ने जवाब दिया। "वह इस तरह मेरे पीछे क्यों पड़ा रहता है? उसे बहुत सी दूसरी लड़कियाँ मिल सकती हैं, जो उसे चाहती हैं।"

"लेकिन वह घाटी की दूसरी तमाम लड़कियों से ज्यादा तुम्हें चाहता है–"

"यह उसकी बदकिस्मती है।"

"मैं देख रही हूँ कि तुम अभी उसे ठीक से जानती नहीं हो," कैथेरीन ने जवाब दिया और झपटकर लड़की को कमर से पकड़कर घास पर गिरा दिया, और अपनी मजबूत बाँहों से उसे नीचे दबोचे रखा। इसी समय निकोलस सामने आ गया। अपने कुत्सित उत्पीड़क को देखते ही बच्ची पूरी ताकत से चीखी और उसके पेट में इतनी जोर से लात मारी कि वह पाँच फीट पीछे चला गया। फिर उसने इतनी फुर्ती के साथ किसी नट के समान अपने शरीर को मोड़ा जिसके लिए कैथेरीन बिल्कुल तैयार नहीं थी और भागने के लिए उठी। जमीन पर पड़े-पड़े ही कैथेरीन ने उसकी एक टाँग पकड़कर खींची और वह मुँह के बल गिर पड़ी। इतने जोर से गिरने से बच्ची की चीखें एक पल के लिए बन्द हो गयीं। निकोलस ने गुस्से से झपटकर अपने शिकार को पकड़ने की कोशिश की लेकिन जेनवीव ने पूरी ताकत से उसकी गर्दन पकड़ ली, हालाँकि वाइन और गिरने के असर से उसका सिर अब भी घूम रहा था।

"बचाओ! ये मेरा गला घोंट रही है, कैथेरीन," निकोलस घुटी-घुटी आवाज में चीखा।

ला पेचिना तीखी आवाज में चिल्ला रही थी। कैथेरीन ने अपने हाथों से उसका मुँह बन्द करने की कोशिश की लेकिन बच्ची ने इतने जोर से उसमें अपने दाँत गड़ा दिये कि खून निकल आया। इसी वक्त ब्लोंदे, काउण्टेस और पादरी जंगल के सिरे पर नजर आये।

"लो, ऐग्यू वाले पहुँच गये!" कैथेरीन ने जेनवीव को खड़े होने में मदद करते हुए कहा।

"तू जीना चाहती है या नहीं?" निकोलस ने बच्ची के कान में फुफकारते हुए कहा।

"तो क्या?" उसने पूछा।

"उन्हें बता कि हम सब खेल रहे थे, तो मैं तुझे माफ कर दूँगा," निकोलस ने धमकीभरे अन्दाज में कहा।

"कमबख्त, इसके सिवा कुछ कहा तो ठीक नहीं!" कैथेरीन ने ऐसी नजर से उसे देखते हुए दोहराया जो उसके भाई की धमकी से भी ज्यादा डरावनी थी।

"हाँ, मैं कह दूँगी, अगर तुम लोग आगे से मुझे अकेला छोड़ दोगे," बच्ची ने जवाब दिया। "लेकिन जो भी हो, अब मैं अपनी कैंची लिए बिना कभी बाहर नहीं निकलूँगी।"

"अगर तूने जुबान बन्द नहीं रखी तो मैं तुझे एवोन में डुबो दूँगी," कैथेरीन ने खूँखार लहजे में कहा।

"तुम लोग राक्षस हो," दौड़कर पास आते हुए पादरी ने चिल्लाकर कहा। "तुम्हें तो गिरफ्तार कर जेल भेज देना चाहिए।"

"अच्छा! और आप लोग अपने बैठकखानों में क्या करते हैं?" निकोलस ने सीधे काउण्टेस और ब्लोंदे की ओर देखते हुए कहा। "आप लोग आपस में खेलते और दिल बहलाते हैं, क्यों? हम भी खुले मैदान में यही करते हैं, क्योंकि हमारे पास यही जगह है। हम हमेशा काम नहीं कर सकते, हमें भी कभी-कभी खेलने की इच्छा होती है—मेरी बहन और ला पेचिना से पूछ लीजिए।"

"अगर तुम इसे खेलना कहते हो तो भला लड़ते कैसे होगे?" ब्लोंदे चीखा।

निकोलस ने उसे खा जाने वाली नजरों से घूरा।

"बोलो!" कैथेरीन ने कहा। उसने ला पेचिना की कलाई इतनी कसकर पकड़ रखी थी कि वहाँ नीला दाग पड़ गया था। "क्या हम आपस में दिल्लगी नहीं कर रहे थे?"

"हाँ मदाम, हम आपस में दिल्लगी कर रहे थे," बच्ची ने कहा। वह अब बुरी तरह थक चुकी थी और लग रहा था कि गश खाकर गिर जायेगी।

"आपने सुना ये क्या कहती है, मदाम," कैथेरीन ने जोर से कहा और काउण्टेस पर ऐसी नजर डाली जो स्त्रियाँ खंजर के वार की तरह एक-दूसरे पर फेंकती हैं।

उसने अपने भाई की बाँह पकड़ी और दोनों वहाँ से चल दिये। उन्हें जरा भी भ्रम नहीं था कि उन्होंने अचानक आ पहुँचे तीनों व्यक्तियों के दिमाग पर क्या छाप छोड़ी है। निकोलस ने दो बार पीछे मुड़कर देखा और दोनों बार ब्लोंदे की नजर से उसका सामना हुआ। पत्रकार उस लम्बे-तगड़े बदमाश को देखता रहा। उसके कन्धे चौड़े थे और घुँघराले काले बालों के नीचे नाजुक से चेहरे पर होंठों के आसपास की रेखाओं से वह क्रूरता साफ झलकती थी जो काहिलों और कामुक व्यक्तियों की खासियत होती है। कैथेरीन नीली और सफेद धारियोंवाला अपना पेटीकोट कुछ ज्यादा ही लहराते हुए चल रही थी।

"केन और उसकी बीवी!" ब्लोंदे ने पादरी से कहा।

"आपको पता नहीं कि आप सच्चाई के कितने करीब हैं," पादरी ने जवाब दिया।

"आह! पादरी महोदय, वे मेरे साथ क्या करेंगे?" भाई-बहन के आँख से ओझल होने पर ला पेचिना ने पूछा।

काउण्टेस अपने रूमाल की तरह सफेद पड़ गयी थी और इतनी घबरायी हुई थी कि उसे न तो ब्लोंदे और पादरी की बात सुनायी दी, और न ही ला पेचिना की।

"ये सब धरती के इस स्वर्ग को छोड़कर भाग जाने के लिए काफी है," आखिर उसने कहा। "लेकिन सबसे पहले तो हमें इस बच्ची को उनके पंजों से बचाना होगा।"

"आप ठीक कहती हैं," ब्लोंदे ने नीची आवाज में कहा। "यह बच्ची तो एक कविता है, एक जीती-जागती कविता।"

इस समय मोंतेनेग्रियाई लड़की का तन-मन जैसे दमक रहा था, उस गुस्से के विस्फोट से जिसने उसकी सभी भौतिक और आत्मिक शक्तियों को चरम तनाव की स्थिति में पहुँचा दिया था। यह अवर्णनीय और अद्भुत सौन्दर्य प्रतिरोध या विजय, प्रेम या शहादत जैसे किसी आवेश के दबाव में ही सामने आता है। घर से निकलते समय उसने भूरी और पीली धारियोंवाली पोशाक पहनी थी और कॉलर लगाया था जिसमें उसने भोर होने से पहले ही उठकर कलफ डाला था; लेकिन घास पर गिरने और हाथापाई से गन्दी हुई अपनी पोशाक और कैथेरीन के पकड़ने से फट गये कॉलर की ओर अभी उसका ध्यान नहीं गया था। अपने बालों को बिखरा महसूस कर वह अपनी जेब में कंघी तलाश रही थी। इसी समय चीखने की आवाज़ें सुनकर मिशॉ भी भागता हुआ वहाँ पहुँचा। अपने देवता को देखकर

ला पेचिना की ताकत लौट आयी। "मोस्यू मिशॉ," वह एकदम से चीख पड़ी, "वह मुझे छू भी नहीं सका!"

लड़की की चीख, उसकी नजर और हावभाव ने ब्लोंदे और पादरी को कारिन्दे के लिए उसकी अजीब सी दीवानगी के बारे में उससे ज्यादा बता दिया जितना मदाम मिशॉ ने काउण्टेस को बताया था। पर मिशॉ को इसका जरा भी भान नहीं था।

"लुच्चा कहीं का!" वह चिल्लाया।

फिर उसने अनजाने ही उस दिशा में अपना मुक्का हिलाया जिधर उसने निकोलस और उसकी बहन को जाते देखा था।

"तो तुम खेल नहीं रही थीं?" पादरी ने तीखी नजर से ला पेचिना को देखते हुए पूछा।

"उसे तंग मत कीजिए," काउण्टेस ने टोका। "हमें मण्डप लौटना चाहिए।"

हालाँकि जेनवीव थककर चूर थी लेकिन मिशॉ के सामने उसमें चलने की ताकत आ गयी थी। काउण्टेस कारिन्दे के पीछे उन छोटे रास्तों में से एक से होकर चल पड़ी जिनका पता सिर्फ वनरक्षकों और अवैध शिकारियों को होता है। इस सँकरे रास्ते पर दो ही लोग अगल-बगल चल सकते थे और ये सीधा एवोन के फाटक पर निकलता था।

"मिशॉ," जंगल की गहराई में पहुँच जाने पर काउण्टेस ने कहा, "हमें ऐसे नीच लोगों को इस इलाके से बाहर करना होगा; उस बच्ची की जान वाकई खतरे में है।"

"पहली बात तो यह कि जेनवीव अब अकेली मण्डप से बाहर नहीं जायेगी," मिशॉ ने जवाब दिया। "मेरी पत्नी वातेल के भतीजे गूनो को घर में रखने के लिए खुशी-खुशी तैयार हो जायेगी जो बाग के रास्तों की देखरेख करता है। गूनो और मेरी पत्नी के धर्मपिता कोर्नेवें के रहते हुए ला पेचिना को किसी संरक्षक के बिना बाहर जाने की जरूरत नहीं होगी।"

"मैं मोस्यू से कह दूँगी कि तुम पर इस अतिरिक्त खर्च की भरपायी कर दें," काउण्टेस ने कहा। "लेकिन इससे निकोलस से हमारा पिण्ड नहीं छूटेगा। इसका क्या किया जाये?"

"इसका तरीका बहुत आसान है," मिशॉ ने जवाब दिया। "निकोलस को बहुत जल्दी ही फौजी भरती के लिए अपीली अदालत के सामने हाजिर होना है। जनरल को बस यह करना होगा कि उसे छूट देने के लिए न कहें, जैसाकि तोंसार उम्मीद कर रहा है, बल्कि उसे फौज में भेज देने की सलाह दें–"

"अगर जरूरी हुआ तो मैं खुद जाऊँगी और अपने भाई द कास्तेरां, प्रीफेक्ट से मिलूँगी," काउण्टेस ने कहा। "लेकिन तब तक उस बच्ची के बारे में सोचकर मुझे डर लगता है–"

ये शब्द उस जगह कहे गये थे जहाँ वह रास्ता पुल के पास की खुली जगह में पहुँचकर खत्म होता था। जैसे ही वे वहाँ पहुँचे काउण्टेस के मुँह से हल्की सी चीख निकल गयी। मिशॉ यह सोचकर उसकी मदद के लिए आगे बढ़ा कि शायद उसके पाँव में किसी पत्थर से ठेस लग गयी, लेकिन उसने जो देखा उससे वह सिहर गया।

मारी तोंसार और बोनबाल तट के नीचे बैठे हुए थे; लगता था कि वे बातें कर रहे हैं लेकिन बिला शक वे वहाँ उनकी बातें सुनने के लिए छुपे हुए थे। जाहिर था कि इस मण्डली को अपनी ओर आते देख वे जंगल से अभी-अभी बाहर निकले थे।

लम्बा और दुबला-पतला बोनबाल घुड़सवार सेना में छह साल रहने के बाद हाल में ही कोंशे लौटा था। उसकी बुरी आदतों के चलते उसे बर्खास्त कर दिया गया था। वह नुकीली मूँछें और ठुड्डी पर छोटी-सी दाढ़ी रखता था जिसने उसकी सैनिक चाल-ढाल के साथ मिलकर उसे घाटी की तमाम लड़कियों के दिल का राजकुमार बना दिया था। सिपाहियों की तरह उसके बाल छोटे-छोटे थे लेकिन वह इन्हें छैलों की तरह उठाकर कंघी करता था और ऊपर से पैदल सैनिकोंवाली टोपी पहनता था जो एक ओर झुकी रहती थी। किसानों की तुलना में, जो मूश और फूर्शों की तरह ज्यादातर चिथड़े ही पहनते थे, वह मोटे कपड़े की पतलून, बूट और छोटी वास्कट पहने हुए शानदार दिखता था। फौज से छूटते समय खरीदे गये ये कपड़े खेतों में काम करने के लिए निश्चित ही उपयुक्त नहीं थे, लेकिन गाँव के इस छैले के पास नाच पार्टियों और त्योहारों के लिए और भी कपड़े थे। वह अपनी महिला मित्रों से मिले तोहफों के सहारे जीता था हालाँकि उनकी तमाम उदारता के बावजूद ये तोहफे उसकी दारूबाजी, भोगविलास और हर किस्म की फिजूलखर्ची के लिए पूरे नहीं पड़ते थे।

कायरता भी साहस के समान होती है; दोनों कई किस्म के होते हैं। बोनबाल मैदान में बहादुर सैनिक की तरह लड़ा था लेकिन अपनी आदतों और इच्छाओं के आगे वह कमजोर पड़ जाता था। वह छिपकली की तरह आलसी था यानी वह तभी सक्रिय होता था जब वह चाहता था। वह जरा भी शिष्टता से रहित, उद्दण्ड और मुँहफट था, उसमें बहुत से कामों की क्षमता थी लेकिन वह बेहद लापरवाह था और उसे बस किसी को नुकसान पहुँचाने या परेशान करने में ही मजा आता था। तोंसार और फूर्शों की तरह बोनबाल बिना कुछ किये मजे में जीना चाहता था और उसने अपनी योजना तैयार कर रखी थी। अपने प्रभावशाली रूपरंग का भरपूर फायदा उठाने में उसे लगातार पहले से ज्यादा सफलता मिल रही थी और वह यह सोचकर खुश होता था कि एक दिन कफे द ला पाइ के मालिक की इकलौती बेटी मदमोज़ाल एग्ला सोकार से उसकी शादी हो जायेगी। ऐसा जीवन, ऐसा स्वभाव और नैतिकता का यह अभाव इस नीच लम्पट के चेहरे पर इतने साफ झलकते थे कि उस जोड़ी को देखते ही काउण्टेस चीख पड़ने से खुद को रोक नहीं पायी; उसे ऐसा लगा कि जैसे साँपों का जोड़ा देख लिया हो।

मारी बुरी तरह बोनबाल से प्यार करती थी और उसके लिए डाका तक डाल सकती थी। उसकी मूँछों, उसकी सैनिकों जैसी अकड़भरी चाल और चुस्त-दुरुस्त कपड़ों ने वैसे ही उसका दिल जीत लिया था जैसे किसी काउण्ट के हाव-भाव और अदाएँ पेरिस की किसी सुन्दर स्त्री के दिल में जगह बनाते हैं। हर सामाजिक दायरे में पसन्दगी-नापसन्दगी के अपने-अपने मानक होते हैं। ईर्ष्यालु मारी ने कस्बे के दूसरे छैले, एमोरी ल्यूपें को ठुकरा

दिया था क्योंकि उसने मदाम बोनबाल बनने का पूरा मन बना लिया था।

''ऐ! सुनो, तुम दोनों! आ जाओ!'' निकोलस और कैथेरीन ने दूर से ही मारी और बोनबाल को देखकर आवाज लगाई।

उनकी तीखी पुकार जंगल में गूँज गई।

अपने ठीक पीछे वाली जगह पर उस जोड़ी को देखकर मिशॉ सिहर उठा और उसे अभी कही अपनी बातों पर पछतावा होने लगा। अगर बोनबाल और मारी तोंसार ने उनकी बातचीत सुन ली होगी तो इससे नुकसान के सिवा और कुछ नहीं होगा। लेस ऐग्यू और किसानों के बीच जैसी शत्रुता बनी हुई थी, उसमें यह छोटी सी लगने वाली घटना सभी के भविष्य पर निर्णायक प्रभाव छोड़ने वाली थी—वैसे ही जैसे किसी लड़ाई में हार या जीत कई बार एक ऐसे सोते पर निर्भर करती है जिसे गड़रिये फाँद जाते हैं लेकिन तोपें पार नहीं कर पातीं।

बोनबाल ने काउण्टेस को अदा के साथ झुककर सलाम बजाया और फिर विजयी भाव से मारी का हाथ अपने हाथ में लिया और अकड़ता हुआ वहाँ से चल दिया।

''घाटी के दिलों का राजा,'' मिशॉ ने बुदबुदाकर काउण्टेस से कहा। ''खतरनाक आदमी है। अगर वह बिलियर्ड्स में बीस फ्रैंक हार जाये तो उन्हें वापस लेने के लिए रिगू की हत्या कर सकता है। उसे जुर्म करने में मजा आता है।''

''आज के लिए इतना बहुत है; मुझे घर ले चलो,'' काउण्टेस ने एमिल का हाथ थामते हुए कहा।

ला पेचिना को मण्डप तक पहुँचाकर उसने उदासी से मदाम मिशॉ की ओर सिर झुकाया। ओलिम्पे का अवसाद उसकी मालकिन को हस्तान्तरित हो गया था।

''आह, मदाम,'' रास्ते में पादरी ने कहा, ''क्या आप भलाई करने में आने वाली कठिनाई से हार मान जायेंगी? पिछले पाँच वर्ष से मैं पुरोहिताश्रम में एक चटाई पर सो रहा हूँ क्योंकि वहाँ कोई फर्नीचर नहीं है; मैं एक ऐसे गिरजे में प्रार्थना कराता हूँ जहाँ कोई श्रद्धालु नहीं होते; मैं ऐसे लोगों को उपदेश देता हूँ जो मेरी बात सुनते ही नहीं; मैं कानूनन मुझे मिलने वाले छह सौ फ्रैंक पर गुजारा करता हूँ, अपने बिशप से कुछ नहीं माँगता और उसका भी एक तिहाई दान में दे देता हूँ। फिर भी मैं हताश नहीं हूँ। अगर आपको मालूम होता कि इस जगह पर मेरी सर्दियाँ कैसे बीतती हैं तब आप इन शब्दों का पूरा मतलब समझ पातीं—मैं हताश नहीं हूँ। मैं खुद को इस विश्वास के सहारे गर्म रखता हूँ कि हम इस घाटी को बचा सकते हैं और इसे वापस परमेश्वर की शरण में ला सकते हैं। सिर्फ हमारे बारे में नहीं, मदाम, भविष्य के बारे में सोचिए! अगर गरीबों से यह कहना हमारा कर्तव्य है, 'गरीब के रूप में रहना सीखो, यानी काम करना, सहना और प्रयास करते रहना सीखो,' तो अमीरों से यह कहना भी हमारा उतना ही जरूरी कर्तव्य बनता है, 'समृद्ध व्यक्तियों के रूप में अपने कर्तव्य को जानो'—यानी, 'समझदारी और बुद्धिमत्ता के साथ परोपकार करो; धर्मनिष्ठ और सदाचारी रहो।' आह! मदाम, आप लोग तो बस उसकी दी हुई सम्पत्ति के

रखवाले हैं; अगर आप उसकी आज्ञाओं का पालन नहीं करेंगे तो आप उसकी दी हुई समृद्धि अपने बच्चों को नहीं सौंप सकेंगे। आप अपनी सन्तति को इससे वंचित कर देंगे। अगर आप भी उस बेचारी गायिका की तरह स्वार्थ से काम लेंगी जिसकी बदौलत ही ये बुराइयाँ पनपी हैं, तो आप उन फाँसी के तख्तों को वापस लाने का काम करेंगी जिन पर आपके पिता की पीढ़ी अपने पिताओं की गलतियों के कारण मारी गयी। विनम्रतापूर्वक, चुपचाप, देहात के एकान्त में भलाई करना, जैसेकि रिगू बुराई करता है–दरअसल यही असली भक्ति है और यह ईश्वर को प्रिय है। अगर हर जिले में भलाई का काम करने वाले तीन व्यक्ति हों तो हमारा देश फ्रांस मुँह बाये खड़ी उस गहरी खाई से बच सकता है जिसकी ओर हम तेजी से चले जा रहे हैं। बदलिये! अपनी नैतिकताएँ बदलिये इससे अपनी जीवन-चर्या बदलिये और आपके कानूनों में भी बदलाव आयेगा।''

हालाँकि कैथोलिक परोपकार के इस दिव्य उच्चार से काउण्टेस गहरे प्रभावित हुई लेकिन उसने इन घातक शब्दों में जवाब दिया, ''हम इस पर सोचेंगे''–ये अमीरों के ऐसे शब्द हैं जो उनके कानों को आश्वस्त करते हुए उनके बटुओं को बचाकर रखते हैं और जिनके चलते वे चारों ओर से घिर रही आपदा के बीच हाथ बाँधे खड़े रहते हैं, यह सोचते हुए कि वे तो कुछ कर ही नहीं सकते।

इन शब्दों को सुनकर पादरी ने मदाम द मोंतकोर्ने के आगे सिर झुकाया और सीधे ब्लांगी के फाटक की ओर जाने वाले रास्ते पर मुड़ गया।

''बेलशाजार की दावत एक जाति, एक अल्पतंत्र, एक सत्ता के अन्तिम दिनों का ऐसा प्रतीक है जो कभी पुराना नहीं पड़ सकता!'' वह सोच रहा था। ''हे ईश्वर! क्या यह तेरी इच्छा है कि समाज को सुधारने के लिए गरीबों को तूफानी धारा की तरह उस पर छोड़ दिया जाये? मैं जानता हूँ, मैं समझ रहा हूँ कि इसीलिए आपने सम्पत्तिवानों को दृष्टिहीन बना दिया है!''

अध्याय बारह

जो यह दिखाता है कि शराबखाना जनता की संसद कैसे है

तोंसार की बूढ़ी माँ की चीखें सुनकर ब्लांगी के कई लोग यह जानने चले आये कि ग्रां-इवेर में क्या हो रहा है क्योंकि गाँव से शराबखाने की दूरी उतनी ही थी जितनी ब्लांगी के फाटक से। इन लोगों में से एक ला पेचिना का दादा बूढ़ा निसेरों भी था जो गिरजे में दूसरी घण्टी बजाने के बाद अपनी थोड़ी सी बची हुई जमीन में अंगूर की बेलों के लिए खुदाई करने

जा रहा था।

कड़ी मेहनत से झुकी कमर, पीले चेहरे और चाँदी से चमकते बालों वाला बूढ़ा क्रान्ति के दौरान विल-ओ-फाये में जैकोबें क्लब का अध्यक्ष था और जिले के क्रान्तिकारी ट्रिब्यूनल का एक सदस्य था। जां-फ्रांस्वा निसेरों उसी मिट्टी से बना था जिससे सन्त बने होते हैं। चित्रकारों और मूर्तिकारों द्वारा दर्शाये गये सन्त पीटर के रूप की तरह आम लोगों जैसी उसकी सीधी घनी भौंहें थीं, मजदूर के जैसे घने, प्राकृतिक घुँघराले बाल थे, कड़ी मेहनत करने वाले आदमी जैसी माँसपेशियाँ थीं, मछुआरे की तरह तपा हुआ रंग था और उस मजबूत आदमी की तरह चौड़े कंधे थे जो खाना पकाने के लिए खुद लकड़ी काटता है जबकि उसे अपने विचार देने वाले सिद्धान्तवादी बहसें करते रहते हैं।

क्रान्ति फूट पड़ने के समय चालीस वर्ष का यह व्यक्ति ऐसा ही था, लोहे की तरह मजबूत, सोने की तरह शुद्ध। वह जनता का प्रवक्ता था और गणतंत्र में पूरी शक्ति से विश्वास करता था। वह जां-जाक रूसो के रिपब्लिक में, भाईचारे में, श्रेष्ठ भावनाओं के आदान-प्रदान में, नैतिक गुणों की उद्घोषणा में और किसी भी तिकड़म के बिना योग्यता के चयन पर विश्वास करता था--संक्षेप में, हर उस चीज पर जो स्पार्टा जैसे एक छोटे से एरोंदिसेमेण्ट में सम्भव थी लेकिन जिसे साम्राज्य की व्यापक सीमाओं ने कपोलकल्पना बना दिया। उसने अपने विश्वासों की कीमत खून देकर चुकायी थी। उसका एकमात्र बेटा युद्ध में मारा गया। इतना ही नहीं, उसने अपने जीवन की समृद्धि गँवाकर भी इसकी कीमत चुकायी। वह ब्लांगी के पल्ली-पुरोहित का भतीजा और एकमात्र उत्तराधिकारी था, और तत्कालीन सर्वशक्तिमान ट्रिब्यूनल उसके अधिकारों को बलपूर्वक लागू कराकर पादरी द्वारा अपनी सुन्दर नौकरानी आर्सीन के नाम छोड़ी गयी सम्पत्ति उसे दिला सकता था; लेकिन उसने अपने चाचा की इच्छा का सम्मान किया और गरीबी को स्वीकार किया, जो उस पर उतनी ही तेजी से नाजिल हुई, जितनी तेजी से उसका प्रिय रिपब्लिक धराशायी हुआ।

इस विलक्षण रिपब्लिकन ने कभी ऐसे एक छदाम, पेड़ की एक शाख तक को हाथ नहीं लगाया जिस पर उसका हक नहीं बनता था। वह उन लोगों में से था जिन्होंने रिपब्लिक को दुनिया के लिए स्वीकार्य बना दिया होता अगर वे इसका निर्देशन करते। उसने राष्ट्रीय भूमि को खरीदने से इन्कार कर दिया और उसने सम्पत्ति जब्त करने के रिपब्लिक के अधिकार को नकार दिया। सार्वजनिक सुरक्षा की कमेटी की सभी माँगों के जवाब में वह बस इतना कहता कि जो काम पैसे के लिए घटिया राजनीतिक साजिशों से नहीं हो सकता वह काम नागरिकों के सद्गुण अपने पवित्र देश के लिए करेंगे। पुराने जमाने के इस देशभक्त ने गोबर्ते के पिता को उसकी गुप्त चालबाजियों, बेईमानीभरे सौदों और भ्रष्टाचार के लिए सार्वजनिक रूप से फटकार लगायी थी। वह जन प्रतिनिधि सद्गुणसम्पन्न मूर्शों को धिक्कारता था जिसका सद्गुण कुछ भी करने की अक्षमता से न कम था न ज्यादा। नतीजतन नागरिक निसेरों अपने इर्दगिर्द के लोगों के लिए एक चलता-फिरता उलाहना बनकर रह गया था। वे इस टिप्पणी के साथ उसे अपनी नजर और मन से ओझल करने की कोशिश करते,

"यह आदमी कभी सन्तुष्ट नहीं हो सकता।"

देशभक्त किसान वापस ब्लांगी में अपनी चारपायी पर लौट आया और एक-एक कर अपने सभी भ्रमों को टूटते देखता रहा। उसने अपने रिपब्लिक को एक सम्राट की एड़ियों तले कुचले जाते देखा, जबकि वह खुद गरीबी में डूब गया। उसे और दरिद्र बनाये रखने के लिए रिगू लगातार अपनी चालें चलता रहता था। और क्यों? क्योंकि निसेरों उससे कभी कुछ भी लेने को तैयार नहीं हुआ। बार-बार के इस इंकार ने भूतपूर्व भिक्षु को जता दिया कि यह बूढ़ा रिपब्लिकन उससे कितनी हिकारत से देखता है; और अब उस ठण्डे तिरस्कार का बदला उसकी नन्ही पोती पर रिगू की ओर से मँडराते खतरे से लिया जा रहा था, जिसके बारे में ब्रोसेत ने काउण्टेस को बताया था।

बूढ़े ने अपने मन में फ्रांसीसी रिपब्लिक का अपना ही एक इतिहास रचा हुआ था जिसमें उस दौर के सिर्फ वे गौरवशाली पक्ष शामिल थे जिन्होंने उस ऐतिहासिक दौर को अमर बना दिया। उस समय की कुख्यात घटनाओं, हत्याकाण्डों और लूटमार को उसकी नेक आत्मा ने अनदेखा कर दिया; वह उस दौर में जनता की निष्ठा, समर्पण, राष्ट्रीय जीवन में जन्मी नई चीजों और अपनी सीमाओं की रक्षा के लिए देश में आये जनउभार को सराहता था और वह अब भी यह स्वप्न पाले हुए था कि एक दिन वह शान्ति से सो सकेगा।

क्रान्ति ने बूढ़े निसेरों जैसे बहुत से कवि पैदा किये जो देहात के एकान्त में या सेना में, खुलकर या छुपकर अपने कामों के रूप में अपनी कविताएँ रचते रहे जो उस तूफान में कहीं दबे रह गये, वैसे ही जैसे साम्राज्य के बड़े युद्धों में मरने के लिए छोड़ दिये गये घायल चीखते थे, "सम्राट अमर रहें!" एबे ब्रोसेत इस बूढ़े के विश्वासों का सम्मान करता था जो पादरी के मुँह से यह सुनकर उससे नजदीकी महसूस करने लगा था कि "सच्चा रिपब्लिक बाइबिल में है।" कट्टर रिपब्लिकन कर्तव्यभाव से सलीब उठाता था, सेक्सटन का आधा लाल, आधा काला चोगा पहनता था और गिरजाघर में गम्भीर और संजीदा बना रहता था। पादरी द्वारा सौंपे गये तिहरे काम के जरिये वह अपना खर्च चला लेता था। पादरी उसे इतना तो नहीं देता था कि वह ढंग से जी सके लेकिन यह इतना जरूर होता था कि वह भूखों नहीं मरता।

निसेरों सभी सन्तोषी जीवों की तरह बहुत कम बोलता था लेकिन वह बुराई के विरुद्ध कभी खामोश नहीं रहता था, और किसान उससे ऐसे डरते थे जैसे चोर पुलिस से डरते हैं। वह साल में छह बार से ज्यादा ग्रां-इवेर नहीं आता था हालाँकि वहाँ उसका हमेशा ही गर्मजोशी से स्वागत होता था। बूढ़ा गरीबों का ख्याल न रखने के लिए अमीरों को कोसता था, उनकी स्वार्थपरता से वह नफरत करता था; और अपनी इस सोच के चलते किसानों को वह अपने बीच का लगता था। वे कहते थे, "पेर निसेरों अमीरों को पसन्द नहीं करता, वह हममें से एक है।"

उसके बारे में पूरी घाटी में कहा जाता था : "अपने बूढ़े निसेरों से बढ़कर ईमानदार आदमी कोई नहीं है।" अकसर उसे झगड़ों का निपटारा करने के लिए बुलाया जाता था।

गाँव का सयाना—इस पुराने पड़ चुके शब्द की वह जीती-जागती प्रतिमूर्ति था। उसके कपड़े खस्ताहाल थे लेकिन वह हमेशा बिल्कुल साफ-सुथरा रहता था। वह पुरानी घिसी हुई बिरजिस, मामूली ऊन की जुराबें, घुण्डीदार कीलों वाले जूते और बड़े बटनों वाला खास फ्रांसीसी कोट पहनता था और चौड़ी किनारी वाला नमदे का टोप लगाये रहता था जिससे सभी बूढ़े किसान चिपके रहते हैं। लेकिन उसका रोजमर्रा का पहनावा एक नीली जैकट थी जिस पर इतने पैबन्द लगे थे कि दूर से वह कसीदाकारी का नमूना नजर आती थी। उसमें एक ऐसे आदमी का स्वाभिमान कूट-कूटकर भरा था जो स्वतंत्र महसूस करता हो और जानता हो कि वह स्वतंत्र होने के योग्य है; यह चीज उसके हावभाव और पूरे व्यक्तित्व में कुछ ऐसी बात पैदा करती थी जो अवर्णनीय ढंग से गौरवपूर्ण थी; उसे देखकर आपको लगता कि वह चिथड़े नहीं बल्कि शानदार लबादा पहने हुए है।

"अरे भाई! क्या गड़बड़ हो रही है?" उसने कहा। "यहाँ मचा शोर मुझे घण्टाघर से सुनाई दे रहा था।"

देहाती लोगों की तरह एक साथ सबने बोलते हुए उसे बुढ़िया पर वातेल के हमले के बारे में बताया।

"अगर उसने पेड़ नहीं काटा तो वातेल गलत था, लेकिन अगर उसने काटा था तो तुम लोगों ने दो गलत काम किये हैं," पेर निसेरों ने कहा।

"थोड़ी वाइन लीजिए," तोंसार ने गिलास भरकर बूढ़े की तरफ बढ़ाते हुए कहा।

"हम चलें?" वेर्मिशेल ने शेरिफ के अफसर से कहा।

"हाँ," ब्रूने ने उत्तर दिया, "हमें पेर फूर्शो के बिना काम चलाना होगा और मुझे कोंशे से सहायक को साथ लेना होगा। तुम चलो, मुझे एक कागज गढ़ी में देना है। रिगू ने अपना दूसरा मुकदमा जीत लिया है और मुझे फैसला उन तक पहुँचाना है।"

दो गिलास ब्राण्डी चढ़ाने के बाद और जीवन्त हो उठा मोस्यू ब्रूने यह कहकर अपनी घोड़ी पर सवार हो गया; लेकिन वह पेर निसेरों को सलाम करना नहीं भूला क्योंकि सारी घाटी के लोग दिल ही दिल में उस भले आदमी का सम्मान पाने की इच्छा रखते थे।

कोई भी विज्ञान, यहाँ तक कि आँकड़ों का शास्त्र भी यह नहीं बता सकता कि देहात में खबरें इतनी तेजी से कैसे उड़ती हैं, और न यह बता सकता है कि फ्रांस के उन अज्ञानी और अशिक्षित क्षेत्रों में भी ये कैसे फैलती हैं जो सरकार और पूँजीपतियों के मुँह पर एक तमाचे की तरह हैं। समकालीन इतिहासकार यह बता सकते हैं कि एक प्रसिद्ध बैंकर वाटरलू से पेरिस के बीच पागलों की तरह घोड़े दौड़ाने (हर कोई जानता है क्यों—सम्राट ने जो खोया था वह उसने पा लिया, यानी कमीशन!) के बाद भी वह घातक खबर लेकर अफवाहों से तीन घण्टे देर से ही पहुँच पाया था। इसलिए, बुढ़िया तोंसार और वातेल के बीच की मुठभेड़ को एक घण्टा भी नहीं बीता था कि ग्रां-इवेर के बहुत से ग्राहक किस्सा सुनने के लिए वहाँ इकट्ठा हो चुके थे।

सबसे पहले आने वालों में था कुर्तेक्विस। कभी हँसमुख और गोलमटोल रहे वनरक्षक

को आप मुश्किल से पहचान पाते। वह बूढ़ा, मरियल और मनहूस लग रहा था और सबके लिए एक ऐसे सबक के समान था जो कोई नहीं सीखना चाहता। जब लोग उस पर दया करते और रिगू को कोसते तो उसके पड़ोसी कहते, "वह अपनी चादर से बाहर पैर फैलाने की कोशिश कर रहा था। वह खुद बूर्ज्वा बनना चाहता था।"

सच तो यह था कि कुर्तेक्विस वाकई सोचता था कि ला बशेलरी को खरीदकर वह बूर्ज्वा मान लिया जायेगा, और वह इसकी डींग भी हाँकता था; हालाँकि उसकी पत्नी अब भी सड़क से घोड़े की लीद बटोरकर लाया करती थी। वह और कुर्तेक्विस दिन निकलने से पहले ही उठ जाते, अपनी जमीन की खुदाई करते जिसमें खूब खाद पड़ती थी और उससे साल में कई फसलें लेते थे फिर भी रिगू पर बकाया रकम का ब्याज ही मुश्किल से चुका पाते। ऑग्ज़ेयर में किसी के घर काम कर रही उनकी बेटी अपनी पूरी मजदूरी उन्हें भेज देती थी; लेकिन अपनी सारी कोशिशों के बावजूद, इस मदद के भी बावजूद, मूलधन चुकाने का अन्तिम दिन करीब आता जा रहा था और उनके हाथ में एक कौड़ी भी नहीं थी। मदाम कुर्तेक्विस पुराने दिनों में कभी-कभार उबली वाइन की एकाध बोतल या फिर थोड़ा भुना हुआ गोश्त ले लेती थी, पर अब वह पानी के सिवा कुछ नहीं पीती थी। कुर्तेक्विस ग्रां-इवेर जाने से डरता था कि उसे तीन सू वहाँ छोड़कर आने पड़ेंगे। सत्ताच्युत होने के बाद मुफ्त पीने का विशेषाधिकार उससे छिन गया था और तमाम मूर्खों की तरह वह भी मनुष्य के कृतघ्न होने की शिकायत करता था। कुल मिलाकर, उसका अनुभव उन सभी किसानों से अलग नहीं था जिन्हें मालिक बनने के कीड़े ने काट खाया था—उसकी मेहनत बढ़ गयी थी और खाना कम हो गया था।

"कुर्तेक्विस ने इस जमीन पर कुछ ज्यादा ही मेहनत लगा डाली है," लोग भीतर ही भीतर उससे जलते हुए कहते थे। "फलदार पेड़ों के इर्दगिर्द बाड़ लगाने से पहले उसे पूरे पैसे चुका देने और मालिक बन जाने तक इन्तजार करना चाहिए था।'

अपनी पत्नी की मदद से उसने रिगू से खरीदी तीन एकड़ जमीन और मकान से लगे हुए बगीचे को बड़ी मेहनत से खाद-पानी देकर तैयार किया था और अब जबकि वह उपजाऊ होने लगी थी तो कुर्तेक्विस पर बेदखली का खतरा मँडरा रहा था। कुछ ही दिन पहले शिकारियों के बूट और गेटर पहननेवाला कुर्तेक्विस अब फूर्शो की तरह चिथड़े पहनता था और लकड़ी के जूतों में पाँव डालते हुए अपनी कंगाली के लिए लेस ऐग्यू के अमीरों को दोषी ठहराता था। इन दुश्चिन्ताओं के कारण इस छोटे से गोल-मटोल आदमी के कभी हँसमुख और गुलाबी रहे चेहरे पर अब एक ऐसा मनहूस और चकराया हुआ-सा भाव रहता मानो वह किसी जहर के असर या लम्बी बीमारी से पीड़ित है।

"तुम्हें हुआ क्या है, मोस्यू कुर्तेक्विस, क्या तुम्हारी जुबान बन्द हो गयी है?" अभी-अभी वहाँ हुए झगड़े के बारे में बताये जाने के बाद भी जब वह चुप रहा तो तोंसार ने पूछा।

"नहीं, नहीं!" मदाम तोंसार ने चिल्लाकर कहा, "उसे अपनी नार काटनेवाली दाई

की शिकायत करने की जरूरत नहीं—उसने अपना काम अच्छे से किया है।"

"सुबह से रात तक रिगू से बचने का तरीका सोचना पड़े तो अच्छा-भला आदमी गूँगा हो जाये," समय से पहले बुढ़ा गये भूतपूर्व वनरक्षक ने मुँह लटकाये हुए जवाब दिया।

"अरे छोड़ो!" बुढ़िया तोंसार ने कहा, "तुम्हारी सत्रह साल की सुन्दर बेटी है। अगर वह चाहे तो तुम उस बूढ़े शैतान से आसानी से छुटकारा पा सकते हो—"

"हमने उसे किसी भी नुकसान से बचाने के लिए दो साल पहले मदाम मारियोत के पास ऑग्ज़ेयर भेज दिया। मैं मर जाऊँगा मगर—"

"कैसे बेवकूफ हो तुम!" तोंसार बोला, "मेरी लड़कियों को देखो—क्या वे किसी से बुरी हैं? कोई यह कहने की जुर्रत भी करे कि वे संगमरमर की मूरतों की तरह पाकदामन नहीं हैं तो उसे मेरी बन्दूक का सामना करना पड़ेगा।"

"इस हद तक गिरना मेरे लिए बड़ा मुश्किल है," कुर्तेक्विस ने सिर हिलाते हुए कहा। "इसके बजाय मैं उन अर्मिनाकों में से एक को गोली मारकर पैसे कमाना पसन्द करूँगा।"

"कोई लड़की अपनी शराफत का अचार डाले, उससे अच्छा है कि वह अपने बाप को बचाये," भटियारे ने पलटकर जवाब दिया।

तोंसार को अपने कंधे पर पेर निसेरों के हड़ीले हाथ से जोर से पड़ी चपत महसूस हुई।

"ऐसा कहना ठीक नहीं है!" बूढ़े ने चीखकर कहा। "बाप अपने परिवार की आबरू का रखवाला होता है। तुम जैसों के बर्ताव से ही हमें हिकारत और नफरत से देखा जाता है; ऐसे ही आचरण के चलते कहा जाता है कि जनता स्वतंत्रता पाने के लायक नहीं है। जनता को अमीरों के सामने नागरिक सदाचार और सम्मान का उदाहरण पेश करना चाहिए। तुम सब अपने को पैसे के लिए रिगू के हाथों बेचते हो; भले ही तुम उसे अपनी बेटियाँ नहीं बेचते लेकिन तुम अपनी आबरू तो उसे बेचते ही हो—और यह बड़ी गलत बात है।"

"जरा देखो, कुर्तेक्विस किस हालत में है," तोंसार ने कहा।

"मुझे देखो, मैं किस हाल में हूँ," पेर निसेरों ने जवाब दिया; "लेकिन मैं चैन से सोता हूँ, मेरी तकिया में कोई काँटे नहीं हैं।"

"उसे बोलने दो, तोंसार," उसकी बीवी ने फुसफुसाकर कहा, "तुम जानते हो ये इस बेचारे के अपने विचार हैं।"

इसी समय बोनबाल और मारी और कैथेरीन और उसका भाई भीतर आये। वे बुरी तरह उत्तेजित थे। एक तो निकोलस की असफलता और ऊपर से बोनबाल के बारे में काउण्टेस को मिशॉ की सलाह से वे भड़के हुए थे। निकोलस शराबखाने में घुसते हुए भी मिशॉ परिवार और लेस ऐग्यू को धमकियाँ दे रहा था।

"कटाई का मौसम आ रहा है। कसम से, उनके गेहूँ के खलिहान फूँके बिना मैं यहाँ से नहीं जाऊँगा," मेज पर जोर से मुक्का पटकते हुए वह चिल्लाया।

"लोगों के सामने इस तरह शेखी नहीं बघारनी चाहिए," पेर निसेरों की ओर कनखी

से इशारा करते हुए गोदें ने कहा।

"अगर उस बुढ़ऊ ने किसी से कहा तो मैं उसकी गर्दन मरोड़ दूँगी," कैथेरीन बोली। "वह सठिया गया है; बेवकूफीभरी बातें रटनेवाला बुड्ढा खूसट! लोग उसे सदाचारी कहते हैं; अरे, वह बस अपने मिजाज के चलते ऐसा है, और कोई बात नहीं है।"

यह एक विचित्र और देखने लायक दृश्य था! बुढ़िया तोंसार उस गन्धाते सायबान के दरवाजे पर पहरा दे रही थी और भीतर तरह-तरह के चेहरों का जमावड़ा था।

इन सभी चेहरों में कैथेरीन के प्रेमी गोदाएं का चेहरा सबसे ज्यादा चौकन्ना कर देने वाला था। वह बिना पैसे का कंजूस, यानी कंजूसों की सबसे घटिया बिरादरी का आदमी था।

गोदाएं एक जर्नीमैन था जो कद छोटा होने के चलते फौजी भर्ती से बच गया था। एक तो वह पहले से ही दुबला-पतला था और कड़ी मेहनत तथा कंजूसी ने उसे और दुबला बना दिया था। उसका चेहरा मुश्किल से एक आदमी की मुट्ठी के बराबर था जिस पर एक जोड़ी पीली-सी आँखों में सम्पत्ति की लालसा और एक ऐसी भोगैषणा झलकती थी जिसमें कोई गर्मी नहीं थी—क्योंकि एक समय बुरी तरह जोर मारने के बाद अब उसकी कामनाएँ लावे की तरह जमकर सख्त हो गयी थीं। किसी ममी की तरह भूरी उसकी चमड़ी उसकी हड्डियों से चिपकी हुई थी। उसके गालों की झुर्रियों में उगी छिदरी दाढ़ी हल की लीक में उगी खूँटियों जैसी दिखती थी। चील के पंजों जैसे उसके बालोंभरे हाथ ऐसे दिखते थे जैसे पुरानी गाँठदार लकड़ी से बने हों। वे कभी स्थिर नहीं रहते थे। हालाँकि वह मुश्किल से सत्ताईस साल का था, पर उसके सूखे काले बालों में सफेद रेखाएँ दिखने लगी थीं। वह पुरानी शैली का ब्लाउज पहने रहता था जिसके खुले गले में से उसकी गाढ़े की कमीज झलकती थी जो इतनी काली पड़ चुकी थी कि लगता था वह इसे महीने में एक बार नाले में धोता था। उसके सैबोट जंग खाये लोहे की पट्टियों से जोड़े हुए थे। उसकी पतलून पर इतनी जगह रफू किया हुआ था और अनगिनत पैबन्द लगे थे कि उसके मूल कपड़े का पता लगाना असम्भव था। उसके सिर पर एक अजीब तुड़ी-मुड़ी टोपी थी जो निश्चित ही विल-ओ-फाये के किसी बूर्ज्वा घर के बाहर से उठायी गयी थी।

उसने हिसाब लगा लिया था कि कैथेरीन तोंसार उसकी किस्मत का ताला खोल सकती है और वह ग्रां-इवेर में उसके बाप की जगह लेने की महत्वाकांक्षा दिल में पाले हुए था। उसे पटाने के लिए वह अपनी तमाम चालाकी और अपनी समस्त क्षमताओं का इस्तेमाल करता था। वह उसे समृद्ध बनाने के सपने दिखाता और वैसी ही छूट देने का भी वादा करता जो कैथेरीन की माँ को मिली हुयी थी। इसके अलावा उसने अपने भावी ससुर को वादा किया हुआ था कि जब तक वह उसका शराबखाना खरीद नहीं लेता तब तक इसे पाँच सौ फ्रैंक सालाना किराये पर लेकर चलायेगा। पेशे से दस्तकार, यह ठिगना काम के मौसम में गाड़ी बनानेवालों के लिए काम करता था लेकिन अच्छी मजदूरी मिलने पर कोई भी काम करने चला जाता था। सारे इलाके से छुपाकर उसने अठारह सौ फ्रैंक गोबर्तें के

पास जमा कर रखे थे, पर वह भिखारी की तरह रहता था, किसी के भुसौरे में सो रहता और कटाई के समय सीला बटोरता था। अपने पैसे के लिए गोबर्ते की रसीद वह अपने पतलून की टेंट में सिये रहता था और हर साल का ब्याज और अपनी बचत जुड़वाकर नई रसीद बनवा लेता था।

"ऐंह! मुझे कोई परवाह नहीं," निसेरों के सामने बात नहीं करने की गोदाएं की सलाह के जवाब में निकोलस चीखा। "अगर मेरी किस्मत में सिपाही बनना ही बदा है तो मैं लड़ाई में तड़प-तड़पकर मरने के बजाय गिलोतीन से एक झटके में मर जाना पसन्द करूँगा। मैं इस इलाके को उन अर्मिनाकों में से कम से कम एक से छुटकारा दिला दूँगा जो शैतान ने हमारे खिलाफ भेजे हैं।"

फिर उसने अपने खिलाफ मिशॉ के "षड्यंत्र" के बारे में बताया जिसे मारी और बोनबाल ने सुन लिया था।

"तुम्हारे ख्याल से फ्रांस को अपने लिए सिपाही कहाँ मिलेंगे?" इस धमकी के बाद छायी खामोशी के बीच उठकर निकोलस के सामने खड़े होते हुए सफेद बालों वाले बूढ़े ने पूछा।

"हम अपना समय पूरा कर फिर घर लौट आते हैं," बोनबाल ने अपने मूँछों पर ताव देते हुए टिप्पणी की।

आस-पड़ोस के सभी घटिया लोगों को इकट्ठा होते देख पेर निसेरों ने सिर हिलाया और अपनी एक गिलास वाइन के लिए मदाम तोंसार को एक सिक्का थमाने के बाद चला गया। उस भलेमानस के सीढ़ियों से उतरते ही वहाँ जुटे पियक्कड़ों के बीच राहत और तसल्ली की ऐसी लहर दौड़ गयी कि उन्हें देखने वाला कोई भी बता सकता था कि उस मण्डली के हर व्यक्ति को लग रहा था जैसे उसे अपनी अन्तरात्मा की जीती-जागती छवि से छुटकारा मिल गया है।

"कहो, तुम इस मामले में क्या कहते हो, कुर्तेक्विस?" वोदोये ने पूछा। वह अभी भीतर आया था और तोंसार ने उसे वातेल की कोशिश के बारे में बताया था।

कुर्तेक्विस ने जुबान चटखायी और अपना गिलास मेज पर रख दिया।

"वातेल ने खुद को फँसा लिया है," उसने कहा। "अगर मैं तोंसार की अम्मा की जगह होता तो अपने ऊपर दो-चार घाव लगाकर बिस्तर पकड़ लेता और उस बनिये और उसके वनरक्षक को अदालत के सामने घसीटकर कम से कम बीस क्राउन मुआवजा वसूलता। मोस्यू सार्कस उन्हें छोड़ते नहीं।"

"इस बात पर हल्ला मचने से रोकने के लिए वह बनिया खुद ही इसे दे देता," गोदाएं ने कहा।

भूतपूर्व फील्डकीपर वोदोये कुछ कहते-कहते हिचकिचाकर चुप हो गया। वह साढ़े पाँच फीट का दुबला-पतला आदमी था जिसके चेहरे पर चेचक के गड्ढे और नटक्रैकर पक्षी जैसी रेखाएँ थीं।

"सुना तुमने, भोलूमल, कुछ पल्ले पड़ा?" तोंसार ने वोदोये से कहा। मुआवजे के ख्याल ने उसे ललचा दिया था। "अगर उन्होंने बीस क्राउन भर की मेरी माँ की हड्डियाँ तोड़ी होतीं तो हम इसे अच्छी रकम में तब्दील कर सकते थे। हम खूब हंगामा करते और तीन सौ फ्रैंक माँगते। मोस्यू गूर्दों लेस ऐग्यू जाकर उन्हें बताता कि माँ की कमर की हड्डी टूट गयी है–"

"और इसे तोड़ भी देते," मदाम तोंसार ने बीच में बात काटकर कहा; "वे पेरिस में ऐसा करते हैं।"

"इसमें बहुत खर्च आता," गोदाएं ने टिप्पणी की।

"हम पर शासन करने वाले लोगों के बीच मैं इतने लम्बे समय तक रहा हूँ कि मुझे नहीं लगता कि सब कुछ वैसा होगा जैसा तुम चाहते हो," आखिरकार वोदोये बोला। अदालतों और पुलिस के साथ अपने पिछले सरकारी रिश्तों को याद करते हुए उसने कहा, "अगर यह सुलांश में होता तो शायद ऐसा किया जा सकता था; वहाँ सरकार का मतलब है मोस्यू सूद्री, और वह उस बनिये का भला नहीं चाहते; लेकिन अगर तुम बनिये और वातेल पर हमला करोगे तो वे अपने बचाव में पूरी ताकत लगा देंगे। वे कहेंगे, 'दोष उस औरत का था। उसने पेड़ काटा था वरना वह सड़क पर ही अपने गट्ठर की जाँच करने देती और वहाँ से भागी न होती। अगर कोई दुर्घटना हुई तो उसकी अपनी गलती से हुई है।' नहीं, तुम इस योजना पर भरोसा नहीं कर सकते।"

"जब मैंने उस बनिये पर मुकदमा किया तो उसने कोई विरोध नहीं किया," कुर्तेक्विस ने कहा, "उसने तुरन्त मेरे पैसे चुका दिये।"

"अगर तुम चाहो तो मैं सुलांश चला जाता हूँ और अदालत के क्लर्क मोस्यू गूर्दों से बात करके आज रात तुम्हें बताता हूँ कि इससे पैसे बनाये जा सकते हैं या नहीं," बोनबाल ने कहा।

"तुम बस सोकार की उस मुटल्ली लड़की के चक्कर में वहाँ जाने का बहाना ढूँढ़ रहे हो," मारी तोंसार ने यह कहते हुए बोनबाल के कंधे पर इतने जोर से हाथ मारा कि उसके फेफड़ों से हवा निकल गई।

तभी बर्गण्डी के एक पुराने क्रिसमस कैरोल की धुन सुनायी पड़ी :

"जीवन की कैसी अनमोल घड़ी थी
शादी की दावत थी और मैंने जमकर पी थी
शादी पानी की तरह बहती थी
हर हाथ में अंगूर की बेटी रहती थी–"

सबने बूढ़े फूर्चों की नशे से भारी आवाज पहचान ली; मूश भी पंचम स्वर में उसका साथ दे रहा था।

"अरे! वे बिल्कुल टुन्न हैं!" बुढ़िया तोंसार ने चिल्लाकर अपनी बहू से कहा, "तुम्हारा बाप अँगीठी की छड़ की तरह लाल है और वह छोकरा अंगूर की कोंपल की तरह गुलाबी

हो रहा है।"

"जीते रहो!" बूढ़ा चिल्लाया, "क्या खूब पाजियों की मण्डली जुटी है! सबको सलाम!" अपनी नातिन को कोने में बोनबाल को चूमते हुए देखकर उसने कहा, "जुग-जुग जियो मारी, बुराई की देवी! शैतान तेरे साथ है; तू औरतों पर कलंक है, वगैरा-वगैरा। पूरी मण्डली को सलाम! तुम्हारे दिन लद गये, तुम सबके! तुम लोग अपने औजारों को अलविदा कह सकते हो। मैं खबर लाया हूँ। मैं तुमसे हमेशा कहता था कि अमीर हमें कुचल डालेंगे; अब देखो, वह बनिया अब कानून से तुम्हें ठिकाने लगाने जा रहा है! देखा! इन बूर्ज्वा लोगों के खिलाफ लड़ने का क्या मतलब है–जब से वे सत्ता में आये हैं उन्होंने इतने सारे कानून बना डाले हैं कि उनके पास अपनी हर चाल को लागू कराने के लिए एक कानून है–"

उसे जोर की हिचकी आयी और अचानक सम्मानित वक्ता के विचार एक दूसरी दिशा में मुड़ गये।

"अगर वेर्मिशेल यहाँ होता तो मैं उसके हलक में फूँक मारता और उसे पता चल जाता कि शेरी वाइन क्या चीज होती है। वाह! क्या वाइन है ये! अगर मैं बर्गण्डी में न जन्मा होता तो स्पेन में ही जन्म लेता! यह ईश्वर की अपनी वाइन है! पोप यही पीकर प्रार्थना कराता है।–हे, हे! मैं फिर जवान हो गया! कहो, कुर्तेक्विस! अगर तुम्हारी बीवी यहाँ होती तो हम दोनों साथ-साथ जवान हो जाते। मुझे न बनाओ! स्पेनी वाइन दर्जनभर उबली वाइन से बढ़कर है। चलो एक बार फिर क्रान्ति करें, बस वाइन के गोदाम खाली करने के लिए!"

"लेकिन तुम खबर क्या लाये हो, पापा?" तोंसार ने कहा।

"इस बार कटाई में तुम्हें कुछ नहीं मिलेगा; बनिये ने सीला बटोरने पर रोक लगाने का हुक्म दिया है।"

"सीला बटोरने पर रोक!" पूरे शराबखाना एक आवाज में चिल्लाया जिसमें चारों औरतों के तीखे स्वर सब पर हावी थे।

"हाँ," मूश ने कहा, "वह हुक्म जारी करने वाला है और ग्रुआसों उसे ले जाकर पूरे कैण्टन में चिपकायेगा। जिनके पास कंगाल होने का प्रमाणपत्र है उनके सिवा कोई भी सीला नहीं बटोर पायेगा।"

"और इतना ही नहीं," फूर्चों ने कहा, "दूसरे जिलों के लोगों को तो बिल्कुल इजाजत नहीं मिलेगी।"

"इसका क्या मतलब हुआ?" बोनबाल चिल्लाया, "तुम मुझे बताना चाहते हो कि मैं और मेरी दादी, और गोदाएं की माँ यहाँ आकर सीला नहीं बटोर सकते? यह सरासर छिछोरापन है; ताकत दिखाने का टुच्चा तरीका! अरे, वह आदमी नर्क से छोड़ा हुआ शैतान है–साला मेयर, बदमाश कहीं का!"

"जो भी हो, तुम सीला बटोरेगे या नहीं, गोदाएं?" तोंसार ने जर्नीमैन से पूछा जो कैथेरीन से कुछ गुटरगूँ करने में मशगूल था।

"मैं? मेरे पास कोई सम्पत्ति नहीं है; मैं कंगाल हूँ," उसने जवाब दिया; "मैं प्रमाणपत्र

के लिए दरख्वास्त करूँगा।''

''उन्होंने मेरे बाप को उसके ऊदबिलाव के बदले में क्या दिया, मेरे बच्चे?'' मदाम तोंसार ने मूश से पूछा।

हालाँकि ठसाठस भरे पेट और दो बोतल वाइन के असर से उसकी आँखें मुँदी जा रही थीं, लेकिन मदाम तोंसार की गोद में बैठे मूश ने अपनी मौसी के कंधे पर सिर टिकाकर काइयाँपन से उसके कान में कहा :

''मुझे पता नहीं, लेकिन उसे सोना मिला है। अगर तुम मुझे एक महीने तक अच्छी तरह खिलाओ तो शायद मैं उस जगह का पता लगा लूँ जहाँ उसने इसे छिपाया है। उसके पास ऐसी एक जगह है, ये मैं जानता हूँ।''

''बापू के पास सोना है!'' ला तोंसार ने अपने पति से कहा जिसकी आवाज उस उत्तेजित बहस में सबसे ऊँची सुनायी दे रही थी जिसमें वहाँ मौजूद सब एक साथ कूद पड़े थे।

''श्श्श्श! ग्रुआसों आ रहा है,'' बूढ़ी संतरी चिल्लायी।

शराबखाने में एकदम खामोशी छा गयी। जब ग्रुआसों सुरक्षित दूरी तक निकल गया तो बुढ़िया ने इशारा किया और इस बात पर बहस दुबारा शुरू हो गयी कि क्या उन्हें पहले की तरह बिना प्रमाणपत्र के सीला बटोरने पर जोर देना चाहिए।

''तुम्हें हार माननी पड़ेगी,'' पेर फूर्शों ने कहा; ''क्योंकि वह बनिया प्रीफेक्ट से मिलने और अपना हुक्म लागू कराने के वास्ते सैनिकों को तैनात करवाने के लिए गया है। वे तुम्हें कुत्तों की तरह गोली मार देंगे—और हम यही तो हैं!'' अपनी आवाज को लड़बड़ाने से रोकने की पूरी कोशिश करते हुए बूढ़ा चिल्लाया।

इस नई घोषणा ने, जो भले ही बेतुकी थी, सभी पीने वालों को सोच में डाल दिया। उन्हें वाकई यकीन था कि सरकार बिना किसी दया-माया के उन्हें पशुओं की तरह मार सकती है।

''मुझे याद है कि जब मैं तूलूस के पास तैनात था तो वहाँ ऐसी ही गड़बड़ हुई थी,'' बोनबाल ने कहा। ''हमें वहाँ भेजा गया और हमने किसानों को काट और रेत डाला और गिरफ्तार कर लिया। उन्हें घुड़सवार फौज का मुकाबला करते देख सब हँस कैद बामशक्कत रहे थे। दस को मौत की सजा हुई और ग्यारह को जेल में डाल दिया गया; सारा मामला कुचल दिया गया। अरे! समझते क्या हो? सिपाही तो सिपाही होते हैं, और तुम लोग सिविलियन भिखमंगों के सिवा कुछ नहीं हो; वे सोचते हैं कि उन्हें किसानों पर तलवारें भाँजने का अधिकार है, शैतान कहीं के!''

''ठीक है, ठीक है,'' तोंसार ने कहा, ''इसमें ऐसा क्या है कि तुम सब बच्चों की तरह डर गये? वे मेरी माँ और बेटियों से क्या पा जायेंगे? उन्हें जेल में डाल देंगे? ठीक है, तो उन्हें उनका पेट भी भरना पड़ेगा; और वह बनिया सारे देहात को जेल में नहीं डाल सकता। इसके अलावा कैदी अपने घर के मुकाबले राजा के खर्चे पर ज्यादा अच्छी तरह खाते-पीते

हैं, और ज्यादा गर्म भी रहते हैं।''

''तुम सब मूर्खों की जमात हो!'' फूर्शों चिग्घाड़ा। ''बूर्ज्वा पर सामने से हमला करने के बजाय उसे धीरे-धीरे कुतरो, वरना तुम्हारी कमर तोड़कर रख दी जायेगी। अगर तुम्हें कैद बामशक्कत पसन्द हो तो यही सही–तब तो बात ही अलग है! सच है, वहाँ तुम्हें उतनी कड़ी मेहनत नहीं करनी पड़ती जितनी तुम खेतों में करते हो; लेकिन तुम्हें आजादी गँवानी पड़ती है।''

''शायद यह बेहतर होता कि हममें से कुछ अपनी जान जोखिम में डालकर इस इलाके को लांगदाक के उस हरामी से छुटकारा दिलाते जो एवोन के फाटक पर जमा हुआ है,'' वोदोये ने कहा, जो सलाह देने में ज्यादा बहादुरी दिखाता था।

''मिशॉ को ठिकाने लगाना है?'' निकोलस ने कहा; ''इसके लिए तो मैं ही काफी हूँ।''

''अभी हालात इसके लिए तैयार नहीं हैं,'' बूढ़े फूर्शों ने कहा। ''मेरे बच्चो, हमें बेवजह जोखिम नहीं लेना चाहिए। सबसे अच्छा तरीका यह है कि बिल्कुल दयनीय बन जाओ और अकाल-अकाल चिल्लाओ; तब वह बनिया और उसकी बीवी हमारी मदद करना चाहेंगे और इस तरीके से तुम उनसे इतना निकलवा लोगे जितना सीला बटोरने से नहीं पाते।''

''तुम सब अंधे छछूँदर हो,'' तोंसार चिल्लाया, ''उन्हें अपने कानून और अपने सिपाहियों के साथ आकर लड़ने तो दो। वे पूरे देहात को हथकड़ी नहीं लगा सकते, और विल-ओ-फाये और पुराने जागीरदारों में हमारे बहुत से दोस्त हैं जो हमारी मदद करेंगे।''

''यह सच है,'' कुर्तेक्विस ने कहा; ''बाकी कोई जमींदार शिकायत नहीं करता, बस बनिये को ही दिक्कत है। मोस्यू द सुलांश और मोस्यू द रोंकेरोल और बाकी सब, वे सन्तुष्ट हैं। अगर उस बख्तरधारी जनरल में इतनी हिम्मत होती कि बाकियों की तरह वह भी लड़ाई में खुद को मरने देता तो मैं आज भी एवोन के फाटक पर खुशी-खुशी रह रहा होता; उसी की वजह से मेरी सारी जिन्दगी उलट-पलट गयी। इसके बारे में सोचकर ही मैं आपे से बाहर हो जाता हूँ।''

''वे एक ऐसे बनिये के लिए सिपाही नहीं बुलायेंगे जिसने जिले में हर किसी को अपने खिलाफ कर लिया है,'' गोदाएं ने कहा। गलती खुद उसकी है; उसने यहाँ हरेक को दबाने की कोशिश की और सब उलट-पलट डाला। सरकार उससे बस यही कहेगी, 'चुप रहो।'''

''सरकार कभी और कुछ नहीं कहती; वह कह ही नहीं सकती, बेचारी सरकार!'' फूर्शों ने कहा, जिस पर अचानक सरकार के लिए दयालुता हावी हो गयी थी। ''हाँ, मुझे उस पर दया आती है, बेचारी अच्छी सरकार; वह बड़ी बदकिस्मत है–उसके पास भी एक छदाम नहीं है, हमारी तरह; लेकिन जो सरकार खुद सिक्के बनाती है उसके लिए तो यह बड़ी बेवकूफी की बात है, बड़ी बेवकूफी है! आह! अगर मैं सरकार होता–''

''लेकिन विल-ओ-फाये में वे मुझे बताते हैं कि मोस्यू द रोंकेरोल असेम्बली में हमारे अधिकारों की बात करते हैं,'' कुर्तेक्विस चीखा।

''यह मोस्यू रिगू के अखबार में लिखा है,'' वोदोये ने कहा, जो भूतपूर्व फील्डकीपर

की हैसियत से पढ़ना-लिखना जानता था। "मैंने भी यह पढ़ा है–"

निचले तबकों के उन बहुत से लोगों की तरह, जिनकी क्षमताएँ पीने से जाग जाती हैं, फूर्शों भी नशे से उपजी दयालुता से ओतप्रोत होने के बावजूद इस दिलचस्प बहस को बड़े ध्यान से देख और सुन रहा था, जिसे विभिन्न स्वगतभाषण और भी दिलचस्प बना रहे थे। अचानक वह कमरे के बीचोबीच खड़ा हो गया।

"बुढऊ की बात सुनो, वह नशे में है!" तोंसार ने कहा, "और जब वह नशे में होता है तो उसमें दुगुनी शैतानियत समा जाती है; एक तो अपनी और दूसरी दारू की–"

"और स्पेन की वाइन, वह इसे तिगुना कर देती है!" घुड़मानव की तरह हँसते हुए फूर्शों चिल्लाया। "मेरे बेटो, इस चीज से सीधे मत जा भिड़ो–तुम बहुत कमजोर हो; इस पर बाजू से वार करो। अभी चुपाई मारो, कुछ मत करो। वह औरत डरी हुई है। मैं तुम्हें बता रहा हूँ, जल्दी ही सब खत्म हो जायेगा; वह इस जगह को छोड़ जायेगी, और अगर वह गई तो बनिया उसके पीछे जायेगा क्योंकि उसके बिना वह रह नहीं सकता। इसी योजना पर चलो। बस, उनकी रवानगी तेज करने के लिए, मेरी सलाह यह है कि उनके सलाहकार, उनके मददगार, हमारी जासूसी करने वाले उस बन्दर की छुट्टी कर दो–"

"वह कौन है?"

"वही नासपीटा पादरी, और कौन," तोंसार ने कहा; "वही पापों का शिकारी जो सोचता है कि भजनों से हमारा पेट भर जायेगा।"

"सच्ची बात है," वोदोये ने चीखकर कहा; "जब तक वह नहीं आया था हम खुश थे! हमें उससे पिण्ड छुड़ा लेना चाहिए–वही असली दुश्मन है।"

"उस छैल-छबीले," पादरी के टीप-टाप और नजाकतभरे हुलिए पर टिप्पणी करते हुए फूर्शों ने कहा, "को कोई भी चालाक लड़की ललचाकर वश में कर सकती है, क्योंकि वह कुछ ज्यादा ही व्रत-उपवास करता है। फिर अगर हम उसे रँगे हाथों पकड़ लें और खूब गुल-गपाड़ा करते हुए उसकी ठुँकाई करें तो बिशप को मजबूरन उसे कहीं और भेजना पड़ेगा। इससे रिगू तो खुशी से पागल हो जायेगा। कुर्तेक्विस, अगर तुम्हारी बेटी औग्ज़ेयर छोड़ दे–वह एक सुन्दर लड़की है, और अगर वह धार्मिक हो जाये तो हम सबको बचा सकती है। अरे वाह! क्या योजना है!"

"तुम यह काम क्यों नहीं करती?" गोदाएं ने नीची आवाज में कैथेरीन से कहा; "इस शोर को दबाने के लिए खाँची भर के पैसे दिये जायेंगे, और तब तक तुम यहाँ मालकिन की तरह रहोगी–"

"हम सीला बटोरेंगे, या नहीं बटोरेंगे? मुद्दा यही है," बोनबाल ने कहा। "मैं तुम्हारे पादरी की ठेंगे भर परवाह नहीं करता, जरा भी नहीं; मैं कोंशे का हूँ जहाँ हमारी अन्तरात्मा में खोदा-खादी करने के लिए कोई काले कोट वाला नहीं है।"

"सुनो," वोदाये ने कहा, "बेहतर हो हम जाकर रिगू से पूछें कि क्या वह बनिया सीला बटोरने पर रोक लगा सकता है या नहीं। वह कानून जानता है और हमें बता सकता है

कि क्या इस पर हमारा हक बनता है। अगर कानून बनिये के साथ है तो ठीक है, फिर हम वैसे ही करेंगे जैसे बुढ़ऊ कहता है—देखेंगे कि बाजू से कैसे वार किया जा सकता है।''

''खून बहकर रहेगा,'' निकोलस ने खतरनाक अंदाज में कहा। उसने अभी-अभी वाइन की एक पूरी बोतल खत्म की थी जो कैथेरीन उसे खामोश रखने के लिए ले आयी थी। ''मेरी बात मानो तो मिशॉ को किनारे लगा दो; लेकिन तुम लोग अभागे, दब्बू इंसान हो—बिल्कुल निकम्मे!''

''मैं नहीं हूँ!'' बोनबाल ने कहा। ''अगर तुम सब भरोसे के दोस्त हो और अपनी जुबान न खोलो तो मैं उस बनिये का निशाना साध सकता हूँ—कसम से! उसकी खोपड़ी में छेद करने के लिए मैं बेताब हूँ; एक ही बार में मैं उन सब कमीने अफसरों से बदला ले लूँगा!''

''धत्! धत्!'' जां-लुई तोंसार चिल्लाया, जिसे कमोबेश गोबर्तें की सन्तान माना जाता था और जो अभी-अभी शराबखाने में दाखिल हुआ था। वह रिगू की सुन्दर नौकरानी से प्रेम की पींगें बढ़ाने में लगा था और उसने झाड़ियों और पेड़ों की कटाई-छँटाई करने और अन्य तोंसारीय पेशों में अपने नाम के पिता का स्थान ग्रहण कर लिया था। खाते-पीते घरों में आने-जाने के दौरान मालिकों और नौकरों से बतियाने पर उसे तमाम ऐसी जानकारियाँ और विचार मिलते थे जिन्होंने उसे परिवार का सबसे दुनियादार और चतुर आदमी बना दिया था। अभी हम देखेंगे कि रिगू की नौकरानी से प्रेम करके जां-लुई ने चतुराई के बारे में अपनी प्रतिष्ठा को सही सिद्ध किया था।

''अच्छा, तो आपको क्या कहना है, पैगम्बर?'' भटियारे ने अपने बेटे से कहा।

''मेरा कहना है कि तुम लोग अमीरों के हाथों में खेल रहे हो,'' जां-लुई ने जवाब दिया। ''अगर तुम चाहो तो अपने हक कायम रखने के लिए ऐग्यूवालों के दिल में डर बैठा दो, लेकिन अगर तुमने उन्हें यहाँ से भगा दिया और जागीर बेचने पर मजबूर कर दिया तो तुम वही करोगे जो घाटी के बूर्ज्वा चाहते हैं। और यह तुम्हारे अपने हित के खिलाफ होगा। अगर तुम बड़ी जागीरों को आपस में बाँट लेने में बुर्जुआओं की मदद करोगे तो अगली क्रान्ति के समय कौड़ियों के मोल खरीदने के लिए राष्ट्रीय भूमि कहाँ बचेगी? तब तक इन्तजार करो, और तुम्हें बिना कुछ चुकाये जमीन मिल जायेगी, जैसे रिगू को उसकी जमीन मिली है। लेकिन अगर तुमने जाकर इस जागीर को घाटी के अमीरों के मुँह में डाल दिया तो ये अमीर तुम्हें कंगाल कर डालेंगे और तुमसे इसकी दोगुनी कीमत वसूल करेंगे। तुम लोग उनके फायदे के लिए काम कर रहे हो, मैं बताये देता हूँ; रिगू के लिए काम करने वाला हर कोई यही कर रहा है—जरा कुर्तेक्विस का हाल देखो।''

इस सम्भाषण में निहित नीति वहाँ मौजूद लोगों के नशे से भारी सिरों के ऊपर से निकल गयी जो सबके सब, कुर्तेक्विस को छोड़कर, लेस ऐग्यू का एक टुकड़ा खरीदने के लिए पैसे बचा रहे थे। इसलिए जां-लुई के भाषण को अनसुना कर वे वापस में कानाफूसी करते रहे, जैसा चैम्बर आफ डेप्यूटीज़ में होता है।

"हाँ, ऐसा ही है; तुम रिगू के मोहरे बनकर रह जाओगे!" फूर्शों चिल्लाया; वही अकेला अपने नाती की बात समझ रहा था।

तभी लेस ऐग्यू का चक्कीवाला, लांगल्यूम शराबखाने के सामने से गुजरा। मदाम तोंसार ने उसे आवाज लगायी।

"क्या यह सच है कि सीला बटोरने की मनाही होने वाली है?"

लांगल्यूम एक हँसमुख व्यक्ति था। वह हमेशा सफेद नजर आता था; एक तो वह आटे से ढँका रहता था और ऊपर से हमेशा मटमैले सफेद कपड़े पहने रहता। वह सीढ़ियों से ऊपर आया और भीतर झाँका। सारे किसान तुरन्त जजों की तरह शान्त और धीर-गम्भीर हो गये।

"क्या करूँ, मेरे बच्चो, मेरा जवाब हाँ भी है और नहीं भी। सिर्फ गरीब ही सीला बटोर पायेंगे, लेकिन वे जो कदम उठा रहे हैं उनसे तुम्हें फायदा ही होगा।"

"वह कैसे?" गोदाएं ने पूछा।

"क्यों, वे यहाँ कंगालों के सिवा बाकी सबके सीला बटोरने पर पाबन्दी लगा सकते हैं," चक्कीवाले ने खालिस नार्मन अंदाज में आँख मारते हुए कहा, "लेकिन यह तुम्हें बाकी जगहों पर सीला बटोरने से नहीं रोक सकता—बशर्ते सारे मेयर वही करें जो ब्लांगी का मेयर कर रहा है।"

"यानी यह सच है," तोंसार ने धमकीभरे अंदाज में कहा।

"जहाँ तक मेरी बात है," बोनबाल ने अपनी टोपी एक कान पर चढ़ाते हुए कहा जिससे उसके झाड़ू जैसे बाल हवा में खड़े हो गये; "मैं तो दोस्तों को चेताने के लिए कोंशे जा रहा हूँ।"

और वह इस गीत की धुन गुनगुनाते हुए चल दिया—

"गार्ड के हुस्सारों को तू जानती है
रेजिमेण्ट के ढोलची के बारे में तेरा क्या ख्याल है—"

"मैं कहती हूँ, मारी! तुम्हारे इस दोस्त ने कोंशे के लिए बड़ा अजीब रास्ता पकड़ा है," बुढ़िया तोंसार ने अपनी पोती से चिल्लाकर कहा।

"वह एग्ला के पीछे पड़ा है!" एक छलाँग में दरवाजे पर पहुँची मारी ने कहा। "मुझे उस आलू की बोरी की ऐसी धुलाई करनी पड़ेगी कि हमेशा के लिए ठीक हो जाये!"

"तुम चलो, वोदोये," तोंसार ने कहा, "जाकर रिगू से मिलो, तब हमें पता चलेगा कि क्या करना है। वह हमारा भविष्यवक्ता है, और वह जो भी उगले उसमें हमारा क्या जाता है!"

"एक और बेवकूफी!" जां-लुई ने नीची आवाज में कहा, "रिगू सबको धोखा देता है; ऐनेत ने मुझे बताया है। वह कहती है कि जब वह खामोशी से तुम्हारी बात सुनता है तब भी उन लोगों से ज्यादा खतरनाक होता है जो गुस्से से लाल-पीले हो जाते हैं।"

"मेरी सलाह है कि तुम लोग सावधान रहो," लांगल्यूम ने कहा। जनरल तुम्हारी

हरकतों की शिकायत करने प्रीफेक्चर गया है, और सिबिले ने मुझे बताया है कि उसने कसम खायी है कि अगर जरूरत पड़ी तो अपने किसानों से निपटने के लिए वह पेरिस जाकर फ्रांस के चांसलर से, खुद राजा से और उनकी पूरी जमात से मिलेगा।''

''उसके किसान!'' सब एक साथ चिल्ला पड़े।

''हा, हा! तो अब हम अपने मालिक नहीं रहे?''

तोंसार का यह सवाल सुने बगैर वोदोये रिगू से मिलने निकल गया।

लांगल्यूम, जो पहले ही बाहर चला गया था, निचली सीढ़ी पर पीछे घूमकर बोला, ''अरे निकम्मो! क्या तुम इतने रईस हो कि सोचते हो तुम खुद अपने मालिक हो?''

हालाँकि यह बात हँसकर कही गयी थी लेकिन इन शब्दों में छिपा अर्थ वहाँ मौजूद हर कोई समझ गया, जैसे घोड़े चाबुक की फटकार समझ जाते हैं।

''क्या खूब योजना है! बेशक हम मालिक हैं!'' फूर्शों चिल्लाया। ''मैं कहता हूँ, मेरे जवान,'' उसने निकोलस से कहा, ''आज सुबह के तुम्हारे कारनामे के बाद तुम अपने अँगूठे और चार उँगलियों के बीच लोहा ही थामोगे, मेरा क्लैरिनेट नहीं थाम पाओगे!''

''उसे तंग मत करो वरना वह तुम्हारे पेट में ऐसा घूँसा मारेगा कि सारी वाइन बाहर आ जायेगी,'' कैथेरीन ने उजड्ड ढंग से कहा।

अध्याय तेरह

देहाती सूदखोर की एक किस्म

रणनीतिक दृष्टि से, ब्लांगी में रिगू की स्थिति एक संतरी की थी। वह लेस ऐग्यू पर नजर रखता था, और बड़ी पैनी नजर रखता था। नफरत की सेवा में लगे जासूसों से बढ़कर जासूस पुलिस के पास भी नहीं होते।

जब जनरल पहली बार लेस ऐग्यू आया तो साफ था कि रिगू ने उसके बारे में कुछ मंसूबे बाँध रखे हैं लेकिन त्रुआविल खानदान में मोंतकोर्ने की शादी से वे धरे के धरे रह गये। शायद वह नये भूस्वामी को अपने संरक्षण में लेना चाहता था। उसके इरादे इतने जाहिर थे कि गोबर्ते ने सोच-समझकर उसे लेस ऐग्यू के खिलाफ अपने गुप्त गठबन्धन में शामिल कर लिया। रिगू ने ठान लिया था कि इस मामले में कोई भी भूमिका लेने से पहले वह जनरल की ऐसी हालत कर देगा कि वह न इधर का रहेगा न उधर का।

काउण्टेस के लेस ऐग्यू आगमन के कुछ समय बाद एक दिन हरे रंग से रँगी बेंत की एक गाड़ी गढ़ी के शानदार अहाते में दाखिल हुई। मेयर अपनी पत्नी के साथ बाहर निकला

और बगीचे की ओर से पोर्टिको में आया। उधर जाते हुए रिगू को एक खिड़की में मदाम ल कोम्तेस नजर आ गयी। लेकिन बिशप और धर्म और एबे ब्रोसेत के प्रति समर्पित काउण्टेस ने फ्रांस्वा से खबर भिजवा दी कि "मदाम बाहर गयी हैं।"

इस अशिष्ट हरकत से भूतपूर्व भिक्षु का चेहरा गुस्से से पीला पड़ गया। अगर काउण्टेस ने उस व्यक्ति को देखा होता जिसके बारे में पादरी ने उससे कहा था कि "वह नर्क की एक आत्मा है जो दुष्टता में वैसे ही डुबकी लगाता है जैसे कोई ठण्डा होने के लिए पानी में डुबकी मारता है"—अगर उसने उसका चेहरा देखा होता तो शायद वह उस ठण्डी, सायास नफरत को जगाने से बची होती। ऐसी नफरत जो देहातों में कदम-कदम पर फैली ईर्ष्या के कारण बढ़ती रहती है, जो चोट खाये अहम के घाव को हमेशा हरा रखती है।

इस आदमी और उसकी नैतिकताओं के बारे में कुछ ब्यौरे न केवल साजिश में उसकी भूमिका पर प्रकाश डालेंगे बल्कि इनसे एक अत्यन्त अनोखे किस्म के आदमी की तस्वीर भी सामने आयेगी—उन ग्रामीण व्यक्तित्वों में से एक, जो सिर्फ फ्रांस में पाये जाते हैं और जिन्हें अभी तक किसी लेखक ने चित्रित नहीं किया है। इस व्यक्ति से जुड़ी किसी भी चीज का ब्यौरा बेमतलब नहीं है—चाहे वह उसका घर हो, या आग में फूँक मारने का ढंग, या उसके खाने के तौर-तरीके। उसकी आदतें, नैतिकताएँ और उसके विचार घाटी के इतिहास का सजीव चित्र उपस्थित करते हैं। धर्म का यह भगोड़ा लोकतंत्र की उपयोगिता का एक नमूना है; वह इसका सिद्धान्त और व्यवहार, इसकी प्रस्तावना और उपसंहार दोनों है। संक्षेप में, वह इसका "सार" है।

शायद आपको मानवीय जीवन की इस कामदी के पिछले दृश्यों में दर्शाये गये धनलोलुपता के कुछ महारथियों की याद होगी : सबसे पहले तो वह प्रान्तीय मंत्री, सोमुर का पेर ग्रांदे, जिसकी कंजूसी बाघ की क्रूरता से बढ़कर थी; फिर वह सूदखोर गोब्सेक, सोने का वह पुजारी जिसे सिर्फ इसकी ताकत देखने में ही आनन्द आता था और जो बदबख्तों के आँसुओं पर खुश होता था क्योंकि उनका कारण सोना था; और फिर बैरन नुसेंजां, जिसने पैसे के घटिया और जालसाजीभरे लेन-देन को राजकीय नीति के स्तर तक पहुँचा दिया था। इसके अलावा आपको घरेलू कृपणता की उस प्रतिमूर्ति, इसूदयूं के बूढ़े होशों, और पारिवारिक हितों के नाम पर कंजूसी करनेवाली सांसेयर की ला बोद्राये की याद होगी। लेकिन मानवीय भावनाएँ—और सबसे बढ़कर धनलोलुपता की भावनाएँ—सामाजिक जीवन के विविध केन्द्रों में इतने सारे विविध रूपों में प्रकट होती हैं कि अध्ययन के लिए हमारी कामदी के मंच पर अब भी एक कंजूस बचा हुआ है, यानी रिगू—कंजूस-अहंकारी रिगू; अपनी लालसाओं की तुष्टि के लिए अत्यन्त उदार और दूसरों के प्रति कठोर और ठण्डा; पुरोहिती कंजूस, जो अच्छे खान-पान और रहन-सहन का रस निचोड़ने के लिए भिक्षु जैसी सादगी को पर्दे के बतौर इस्तेमाल करता था और लोगों के धन पर पंजा मारने के लिए सांसारिक बन जाता था। सबसे पहले, हम उस आनन्द के बारे में बताते हैं जो वह अपने घर में रहते हुए उठाता था।

ब्लांगी—यानी वे साठ घर जिनका वर्णन ब्लाँन्दे ने नथान को लिखे अपने पत्र में किया है—थ्यून के बायीं ओर उठी हुई जमीन पर बसा है। सभी घर बगीचों से घिरे हुए हैं, इसलिए गाँव बहुत सुन्दर लगता है। कुछ घर धारा के तट पर स्थित है। लम्बी चढ़ाई के ऊपरी सिरे पर चर्च है जिसके बगल में ही पहले पुरोहिताश्रम था और पीछे की ओर, बहुत से अन्य गाँवों की तरह, कब्रिस्तान था। पुराने पापी रिगू ने मदमोज़ाल श्वां द्वारा बनवाये गये पुरोहिताश्रम को खरीद लिया था। भूतपूर्व पुरोहिताश्रम और चर्च को एक सीढ़ीदार बगीचा अलग करता था जहाँ से दो जागीरों के विशाल बागों के बीच बसे ब्लांगी, सेर्नो और सुलांश दिखायी देते थे। इसकी दूसरी तरफ एक खुला मैदान था जिसे पिछले पुरोहित ने अपनी मृत्यु से कुछ ही दिन पहले खरीदा था। अविश्वासी रिगू ने अब उसे दीवार से घिरवा दिया था।

चूँकि भूतपूर्व भिक्षु और मेयर ने पुरोहिताश्रम को इसके मूल उद्देश्य के वास्ते वापस बेचने से इन्कार कर दिया था इसलिए चर्च को मजबूरन गिरजाघर से लगा हुआ एक किसान का घर खरीदना पड़ा। उसकी मरम्मत करने और उसके साथ एक छोटा-सा बगीचा लगवाने पर उसे पाँच हजार फ्रैंक खर्च करने पड़े।

गिरजाघर के दोनों ओर एक सीधी रेखा में बने इन दो मकानों के सामने पेड़ों से घिरी एक खुली जगह थी जिसे ब्लाँगी का चौक कहा जा सकता है। हाल ही में काउण्ट ने वहाँ नये पुरोहिताश्रम के ठीक सामने एक सामुदायिक भवन बनवाया था जिसमें मेयर का दफ्तर और फील्डकीपर का आवास था और ब्रदर्स आफ दि क्रिश्चियन डाक्ट्रिन का स्कूल खुलना था। इस तरह, न केवल भूतपूर्व भिक्षु और युवा पादरी के मकान गिरजाघर से जुड़े हुए या उसके द्वारा अलगाये हुए थे, बल्कि वे एक-दूसरे पर नजर रखने की स्थिति में भी थे। दरअसल पूरा गाँव पादरी की जासूसी करता था। थ्यून के तट से शुरू होने वाली मुख्य सड़क पहाड़ी पर बल खाते हुए गिरजाघर तक जाती थी। सबसे ऊपर थे अंगूर के बाग, किसानों की झोपड़ियाँ और फलदार पेड़ों का एक छोटा-सा बगीचा।

गाँव का सबसे बढ़िया घर रिगू का था। वह बर्गण्डी के खास बड़े-बड़े अनगढ़ पत्थरों से बना था जिन्हें करनी से बराबर किये गये पीले गारे से जोड़ा गया था। सभी खिड़कियों के चारों ओर फ्रेम की तरह सीमेण्ट की एक पट्टी थी। खिड़कियों पर चटख हरे रंग की झिलमिली पड़ी हुई थी। स्लेट पत्थर से बनी ढलवाँ छत पर जगह-जगह काई उगी हुई थी। ऐसे मकान बर्गण्डी में आम हैं। यात्री को फ्रांस के इस इलाके में घूमते समय ऐसे हजारों घर दिखायी देंगे।

दोहरे पल्लों वाला दरवाजा गलियारे में खुलता था जिसमें कुछ दूर जाकर ऊपर जाने की सीढ़ियाँ थीं। प्रवेशद्वार के पास ही एक बड़े कमरे का दरवाजा था जिसकी तीन खिड़कियाँ बाहर चौक की ओर खुलती थीं। सीढ़ियों के पीछे की ओर बने रसोईघर की खिड़की अहाते में खुलती थी जिसमें बटिया पत्थर सफाई से बिछे हुए थे और भीतर आने के लिए लकड़ी का फाटक लगा हुआ था। यह निचला तल था। पहली मंजिल पर तीन शयनकक्ष थे, और

उनके ऊपर एक छोटी-सी दुछत्ती बनी थी।

अहाते के दो किनारों पर लकड़ी रखने का शेड, बग्घी का कमरा और एक अस्तबल था। इन कमजोर-सी इमारतों के ऊपर पुआल और अनाज रखने की दुछत्तियाँ, फल रखने का कमरा और एक नौकर का कमरा था।

अहाते के दूर वाले सिरे पर मुर्गीबाड़ा, गायों का तबेला और सुअरबाड़ा था।

ऊँची दीवारों से घिरा करीब एक एकड़ का बगीचा सही मायने में एक पुजारी का बगीचा था; यानी वह मेवों और फलों के पेड़ों, अंगूर की लताओं के कुंजों, बजरी के रास्तों और सब्जी की चौकोर क्यारियों से भरा था जिन्हें तबेले से निकलने वाली खाद ने खूब उपजाऊ बना दिया था।

भीतर बढ़िया बलूत की लकड़ी से मढ़ी हुई बड़े कमरे की दीवारों पर पुरानी कसीदाकारी के नमूने टँगे हुए थे। अखरोट की लकड़ी का पुराना मजबूत फर्नीचर बारीक कढ़ाई से सजे कपड़ों से ढँका था। छत पर भी लकड़ी मढ़ी हुई थी। अखरोट की लकड़ी के ही बने मेण्टल पर एक भोंडे से फ्रेम में जड़ा आईना लगा हुआ था जिसके सामने संगमरमर की एक पट्टी पर लगे पीतल के दो अण्डे रखे हुए थे। ये बीच से खुल जाते थे और उनमें मोमबत्ती खड़ी की जा सकती थी। महीन जंजीरों से सजे ये शमादान (लुई पन्द्रहवें के शासनकाल का एक आविष्कार) अब दुर्लभ हो चले थे। खिड़की के सामने वाली दीवार पर एक हरे और सुनहरे ब्रैकेट में कसी हुई एक आम मगर बहुत बढ़िया घड़ी टँगी थी। खिड़कियों पर टँगे भारी पर्दे कम से कम पचास साल पुराने थे। वे इण्डीज से आये गुलाबी और सफेद चारखाने के सूती कपड़े से बने थे। हमेशा साफ-सुथरे रहने वाले इस कमरे में एक साइड बोर्ड और भारी सी खाने की मेज भी रखी थी।

आतिशदान वाले कोने में एक बड़ा सा सोफा रखा था। यह रिगू की खास सीट थी। दूसरे कोने में रखी उसकी काम करने की मेज के ऊपर एक कील से एक धौंकनी लटक रही थी। रिगू के अमीर बनने की शुरुआत इसी से हुई थी।

नीलामी के समय दिये जाने वाले ब्यौरे की शैली में इस संक्षिप्त वर्णन से यह अनुमान लगाना आसान होगा कि मोस्यू और मदाम रिगू के शयनकक्षों में महज जरूरी चीजें थीं; लेकिन यह सोचना गलत होगा कि ऐसी किफायतशारी से इन जरूरी चीजों की उत्कृष्टता भी प्रभावित हुई थी। उदाहरण के लिए सबसे नफासतपसन्द स्त्री भी रिगू के बिस्तर में आराम से सो सकती थी जिस पर मुलायम सूती चादरों के नीचे परों से भरे गद्दे थे (निस्सन्देह इसे एक श्रद्धालु महिला ने किसी पादरी के लिए खरीदा था)। ठण्डी हवा से बचाने के लिए इसके चारों ओर मोटे पर्दे टँगे थे। रिगू के बाकी सारे सामान भी उसके लिए काफी आरामदेह बनाये गये थे, जैसाकि अभी हम देखेंगे।

सबसे पहले तो उसने अपनी बीवी को, जिसे न लिखना-पढ़ना आता था और न हिसाब जोड़ना, पूरी तरह अपना आज्ञाकारी बना डाला था। अपने दिवंगत मालिक पर राज करने वाली यह बेचारी अब अपने पति की नौकरानी बन गयी थी। वह खाना पकाने और

साफ-सफाई का सारा काम करती थी जिसमें उसे ऐनेत नाम की लड़की से बहुत कम ही मदद मिलती थी। उन्नीस बरस की यह सुन्दर लड़की अपनी मालकिन की तरह ही रिगू की गुलाम थी और उसकी मजदूरी साल में कुल तीस फ्रैंक थी।

मदाम रिगू लम्बी, दुबली और मुरझायी हुई स्त्री थी जिसका पीला चेहरा गालों की हड्डियों के पास लाली लिये था। सिर को रंगीन रूमाल से ढँके और साल भर एक ही पोशाक पहने यह स्त्री महीने भर में दो घण्टे के लिए भी घर से नहीं निकलती थी, लेकिन एक समर्पित सेविका की तरह कड़ी मेहनत करने से उसके शरीर के लिए जरूरी वर्जिश होती रहती थी। बहुत ध्यान से देखने पर भी अब उस सुघड़ देहयष्टि, रूबेन्स के चित्रों जैसी रंगत, तीखे नाक-नक्श, मोतियों से दाँतों और निष्कलंक चमकती आँखों की कोई झलक उसमें नहीं मिलती जिसने उस युवती की ओर पादरी निसेरों का ध्यान खींचा था। उसकी एकमात्र बेटी, जो सूद्री के बेटे से ब्याही थी, के जन्म के बाद से ही उसका रंग बिगड़ गया था, दाँत खराब हो गये थे, आँखें धुँधला गई थीं, और यहाँ तक कि बरौनियाँ भी झड़ गयी थीं। लगता था मानो ईश्वर की उँगली उस पर पड़ गयी हो। देहात के सभी खाते-पीते घरों की गृहणियों की तरह अपनी आलमारी रेशमी गाउनों, जेवरों और तरह-तरह की लेसों से भरी देखकर ही वह खुश होती थी जो अब उसके किसी काम की नहीं थी और केवल रिगू की तमाम युवा नौकरानियों के मन में ईर्ष्या और अपनी मालकिन की मौत की इच्छा जगाने का काम करती थीं। वह आधी औरत और आधी पशु जैसे उन प्राणियों में से थी जो सिर्फ मूलवृत्तियों के सहारे जीने के लिए पैदा होते हैं। कभी सुन्दर रही आर्सीन की अब किसी भी चीज में रुचि नहीं थी। स्वर्गीय पादरी निसेरों ने जिन दिलचस्प हालात में अपनी सम्पत्ति उसके नाम कर दी थी उन्हें यहाँ बताना जरूरी है।

बूढ़े रिपब्लिकन की पत्नी मदाम निसेरों अपने पति के चाचा, ब्लांगी के पादरी का बहुत ख्याल रखती थी। सत्तर वर्ष के बूढ़े पादरी की वसीयत के मुताबिक जल्दी ही उन्हें मिलने वाले चालीस-पचास हजार फ्रैंक उसके एकमात्र भतीजे के परिवार को समृद्ध बना देते। मदाम निसेरों को इस दिन का बेसब्री से इन्तजार था क्योंकि अपने इकलौते बेटे (ला पेचिना का गिता) के अलावा उसकी एक प्यारी सी बिटिया थी, बेहद जिन्दादिल और मासूम—उन बच्चों में से एक जो शायद इसीलिए इतने पूर्ण बनाये जाते हैं क्योंकि उन्हें कम ही दिन जीना होता है। चौदह साल की उम्र में यह बच्ची "पीली पड़ने" से मर गयी जो क्लोरोसिस का किसानों के बीच प्रचलित नाम है। लेकिन उससे पहले वह बच्ची अपने दादा की दुलारी थी और आधा समय पुरोहिताश्रम में ही खेलती रहती थी। उसे उस सुन्दर नौकरानी मदमोज़ाल आर्सीन से गहरा लगाव हो गया जिसे बूढ़े पादरी ने 1789 में अपने यहाँ रखा था। आर्सीन उसकी पुरानी नौकरानी की भाँजी थी।

1791 में, लगभग उसी समय जब पादरी निसेरों ने फादर रिगू और उसके ब्रदर जां को अपने घर में शरण दी हुई थी, छोटी बच्ची ने रोज की तरह एक खिलवाड़ किया। वह आर्सीन और कुछ दूसरे बच्चों के साथ एक खेल खेल रही थी जिसमें कोई चीज छुपा दी

जाती है और बाकी सब उसे ढूँढ़ते हैं। नन्ही जेनवीव को पता नहीं क्या सूझा कि उसने धौंकनी को आर्सीन के बिस्तर में छुपा दिया। आखिर तक धौंकनी नहीं मिली और खेल खत्म हो गया। जेनवीव को उसकी माँ घर ले गयी और वह धौंकनी वापस खूँटी पर टाँगना भूल गयी। आर्सीन और उसकी मौसी एक हफ्ते तक उसे तलाशते रहे और फिर उन्होंने तलाशना छोड़कर उसके बिना काम चला लिया। बूढ़ा पादरी अपनी पुरानी फुँकनी से आग जला लेता था। आखिरकार अपनी मौत से करीब एक महीना पहले रात के खाने के बाद आर्सीन की मौसी ने धौंकनी गायब होने का दुखड़ा फिर छेड़ा। उस समय वहाँ पादरी मूशों, निसेरों परिवार और सुलांश के पुरोहित भी मौजूद थे।

"अरे! वह तो पिछले दो हफ्ते से आर्सीन के बिस्तर में पड़ी है!" खिलखिलाकर हँसते हुए बच्ची चिल्लायी। "बड़ी आलसी है! अगर उसने अपना बिस्तर ठीक करने की जहमत उठायी होती तो उसे वह मिल जाती।"

यह 1791 का वर्ष था इसलिए हर कोई पादरी की ओर देखकर खूब हँसा, लेकिन हँसी के बाद एकदम सन्नाटा छा गया।

"इसमें हँसने वाली कोई बात नहीं है," नौकरानी ने कहा; "मैं बीमार हूँ इसलिए आर्सीन मेरे कमरे में सोती है।"

इस सफाई के बावजूद पादरी निसेरों ने अपने भतीजे और मदाम निसेरों को खा जाने वाली नजरों से घूरा; उसे लगा कि वे उसके खिलाफ कुछ गड़बड़ करने की फिराक में हैं। पुरानी नौकरानी मर गयी। रिगू ने पादरी के कान भर-भरकर उसकी नाराजगी इतनी बढ़ायी कि उसने अपनी वसीयत में जां-फ्रांस्या निसेरों को वंचित कर सारी सम्पत्ति आर्सीन पिचार के नाम लिख दी।

रिगू अब भी, शायद कृतज्ञतावश, फुँकनी से ही आग लहकाता था और धौंकनी को अपने कमरे की खास जगह पर टाँगे रखता था।

अपनी बेटी को बेहद चाहने वाली मदाम निसेरों भी उसके बाद ज्यादा दिन तक जीवित नहीं रही। माँ और बेटी दोनों की मौत 1794 में हुई। तब तक बूढ़ा पादरी भी मर चुका था और रिगू ने आर्सीन से शादी कर ली। बेनेडिक्टियन मठ के जमाने का उसका पुराना भक्त जां, जो रिगू से वैसे ही लगाव रखता था जैसे कोई कुत्ता अपने मालिक से रखता है, अब इस विलासी धर्मत्यागी का सईस, माली, चरवाहा और घरेलू नौकर बन गया। उसकी बेटी आर्सीन रिगू की 1821 में सूद्री के बेटे सरकारी वकील के साथ बिना दहेज के शादी हो गयी। उसे अपनी माँ से गँवई सौन्दर्य और बाप से शातिर दिमाग विरासत में मिला था।

रिगू अब करीब सड़सठ वर्ष का था। वह जीवन में कभी बीमार नहीं रहा था और लगता था कोई भी चीज उसकी उम्दा सेहत पर असर नहीं कर सकती है। वह लम्बा और छरहरा था। उसकी आँखों के गिर्द स्याह घेरे थे और उसकी पलकें लगभग काली थीं। अगर कोई उसे सुबह कपड़े बदलते हुए देखता तो उसकी गर्दन की झुर्रीदार, ललछौंह दानेदार चमड़ी को देखकर उसे फौरन गिद्ध की याद आती—उसकी लम्बी, आगे से नुकीली और कत्थई

रंग की नाक के कारण ये साम्यता और बढ़ जाती थी। उसके गंजे हो रहे सिर को देखकर कपाल-वैज्ञानिक डर जाते। उसकी खोपड़ी का गधे की रीढ़ की हड्डी जैसा आकार निरंकुश इच्छा का लक्षण था। उसकी अधमुँदी भूरी आँखें जैसे उसके पाखण्ड में मदद करने के लिए ही बनायी गयी थीं। उसके बड़े-बड़े कानों के ऊपर अजीब से रंग के बालों के गुच्छे थे। पतले होठों वाला उसका चौड़ा मुँह जमकर खाने-पीने की उसकी आदत का पता देता था। मुँह के दोनों किनारे विरामचिह्न की तरह नीचे मुड़े हुए थे जिनसे खाते समय शोरबा और बोलते समय लार बहती थी। हेलियोगेबलस* ऐसा ही रहा होगा।

वह हर समय सैनिक ढंग के कालरवाला लम्बा-नीला लबादा, काला गुलूबन्द, वास्कट और काली पतलून पहनता था। काफी मोटे तल्ले के उसके जूतों में बाहर लोहे की कीलें लगी थीं और भीतर उसकी पत्नी द्वारा बुना गया ऊनी अस्तर था। ऐनेत और उसकी मालकिन उसके लिए मुलायम ऊन की जुराबें भी बुनती थीं। रिगू का नाम ग्रिगुआर था।

हालाँकि इस तस्वीर से उस व्यक्ति के चरित्र का कुछ अनुमान लगाया जा सकता है, लेकिन अपने निजी और निर्बाध जीवन में भूतपूर्व भिक्षु ने स्वार्थपन, अच्छे खान-पान और विलासप्रियता की कला को जिस हद तक पहुँचा दिया था उसकी कल्पना नहीं की जा सकती थी। वह अकेले खाना खाता था और उसकी पत्नी और ऐनेत उसे परोसने के लिए खड़ी रहती थीं। उसे खिलाने के बाद वे दोनों जां के साथ रसोई में बैठकर खाती थीं जबकि गृहस्वामी आराम से बैठकर खाना पचाते और वाइन की चुस्कियाँ लेते हुए ''समाचार'' पढ़ता था।

देहात में अलग-अलग अखबारों का नाम नहीं लिया जाता; उन सबको ''समाचार'' के नाम से जाना जाता है।

रिगू के नाश्ते, खाने और ब्यालू में हमेशा चुनिन्दा व्यंजन होते थे जिन्हें उसी खूबी से पकाया जाता था जो एक पुजारी की नौकरानी को बाकी तमाम रसोइयों से अलग करती है। मदाम रिगू हफ्ते में दो बार खुद मक्खन निकालती थी। ताजी क्रीम का भरपूर इस्तेमाल होता था। सब्जियाँ मानो क्यारी से उछलकर सीधे कड़ाही में आती थीं। पेरिसवाले तो धरती के फलों को तभी खाने के आदी हैं जब वे शहर की धूप में दुबारा पक चुके होते हैं, सड़कों की गन्दी हवा से दूषित हो चुकते हैं, बन्द दुकानों में पड़े-पड़े आधे सड़ चुके होते हैं और ताजा दिखने के लिए सब्जीवाली द्वारा बार-बार पानी से तर किये जा चुके होते हैं। उन्हें बिल्कुल ताजा सब्जियों की स्वादिष्ट सुगन्ध का भला क्या पता!

सुलांश का बूचड़ रिगू की ग्राहकी गँवा बैठने के डर से अपनी दूकान का सबसे बढ़िया मांस उसके लिए लाता था। घर में ही पाली गयी मुर्गियों का मांस और अण्डे सबसे उम्दा किस्म के होते थे।

रिगू के निजी इस्तेमाल की हर चीज में उसके आराम का ऐसा ही इंतजाम था जो ऊपर से दिखाई नहीं देता था। हालाँकि उसकी चप्पलें मोटे चमड़े की थीं पर उनके भीतर

* एक क्रूर और चरमविलासी रोमन सम्राट (218-222 ई.)

मेमने के मुलायम ऊन का अस्तर लगा था। उसका कोट मामूली कपड़े का था पर वह उसकी चमड़ी को नहीं छूता था क्योंकि भीतर उसकी कमीज सबसे बढ़िया फ्राइजियन सूती कपड़े की होती थी जिसे घर पर ही धोया और इस्तरी किया जाता था। उसकी पत्नी, ऐनेत और जां देहात की आम वाइन, उसके अपने अंगूर के खेतों से निकली वाइन पीते थे, लेकिन उसके खास तहखाने में बर्गण्डी की सबसे उम्दा पुरानी वाइनों, बोर्दो, शैम्पेन और रुसियों की वाइनों के साथ-साथ स्पेन और राइन की चुनिन्दा वाइनें भरी हुई थीं जिन्हें ब्रदर जां ने इस्तेमाल के दस साल पहले खरीदकर बोतलबन्द करके रखा था। इसके अलावा रिगू ने बर्गण्डी की एक गढ़ी की नीलामी में इतनी सारी बढ़िया शराब खरीदकर रख ली थी जो उसके बाकी दिनों के लिए काफी थी।

भूतपूर्व भिक्षु लुई चौदहवें (खाने और पीने के अब तक के सबसे बड़े शौकीनों में से एक) की तरह खाता-पीता था। अपनी गुप्त शाहखर्चियों का इंतजाम वह बड़ी सावधानी और चतुराई से करता था। वह इस कदर मोलभाव के बाद ही कुछ भी खरीदता था जो सिर्फ चर्चवाले ही कर सकते हैं। ठगे जाने से बचने के लिए तमाम तरह के एहतियात बरतने के बजाय घाघ भिक्षु हर चीज के नमूने लेता था, लिखित करार करता था और जिन व्यापारियों से वाइन या रसद मँगवाता था उन्हें पहले ही चेतावनी दे देता था कि अगर उनके सामान में रत्तीभर भी खोट रहा तो वह उनका माल स्वीकार नहीं करेगा।

जां को इलाके में होने वाले सबसे बढ़िया फलों को इस तरह ताजा रखना सिखाया गया था कि रिगू ईस्टर के मौके पर नाशपाती और सेब और कभी-कभी तो अंगूर खाता था।

किसी पैगम्बर की बातों का भी उस तरह आँख मूँदकर पालन नहीं किया गया होगा जिस तरह घर में रिगू की आज्ञा का पालन किया जाता था। उसकी काली बरौनियों के हिलने भर से उसकी पत्नी, ऐनेत और जां व्याकुल हो उठते थे। वह अपने तीन गुलामों को उनके तरह-तरह के कामों से इस तरह बाँधे रखता था मानो वे उसके हाथों में किसी जंजीर से बँधे हों। वे बेचारे हमेशा कोई हुक्म पूरा करने में लगे रहते थे और उसकी एक आँख हमेशा उन्हीं पर रहती थी, लेकिन उन्हें इन कामों को पूरा करने में एक तरह का आनन्द आने लगा था और कोई कष्ट नहीं होता था। उस एक आदमी के आराम और हर जरूरत का ख्याल रखना उन तीनों के समस्त सोच-विचार का एकमात्र लक्ष्य और उद्देश्य बन गया था।

ऐनेत (1795 के बाद से) रिगू की सेवा में आयी दसवीं सुन्दर लड़की थी और वह चाहता था कि मरते समय तक उसके लिए ऐसी ही सेविकाओं का ताँता लगा रहे। वह सोलह साल की उम्र में उसके पास लायी गयी थी और उन्नीस की हो जाने पर उसे वापस भेज दिया जाना था। इन सारी लड़कियों को, जिन्हें ऑग्ज़ेयर, क्लेमेसी या मोर्वन में सावधानी से चुना जाता था, समृद्ध भविष्य का सपना दिखाया जाता था, लेकिन उनकी आशाओं पर तुषारापात करते हुए मदाम रिगू दुनिया छोड़ने का नाम नहीं लेती थी। इसलिए तीन साल

बीतते-बीतते उनकी छुट्टी कर दी जाती थी। प्रायः इसके लिए बेचारी मालकिन के साथ नौकरानी की किसी गुस्ताख हरकत को बहाना बनाया जाता था।

ऐनेत नाजुक, सुन्दर, निष्कपट और जिन्दादिल थी; वह किसी ड्यूक की पत्नी बनने के योग्य थी। रिगू को उसके और जां-लुई तोंसार के बीच के प्रेम-प्रसंग की कोई जानकारी नहीं थी, जिससे साफ था कि वह लड़की के झाँसे में आ गया था—उसकी तमाम नौकरानियों में से वह पहली थी जिसकी महत्वाकांक्षा ने उसे सिखा दिया था कि इस बघेरे को अंधा करने का एकमात्र तरीका उसकी चापलूसी करना है।

यह बेताज लुई पन्द्रहवाँ बस अपनी सुन्दर ऐनेत से ही सन्तुष्ट नहीं होता था। जमीनें खरीदने के बाद उनकी कीमत चुकाने में नाकाम रहे बहुत से किसानों की सम्पत्ति उसके पास गिरवी रखी थी और सुलांश से लेकर कोंशे से ला ब्री जाने वाली सड़क पर पाँच मील तक उसका हरम फैला हुआ था। जो क्षणिक आनन्द बहुत से बुड्ढों की दौलत निगल जाते हैं, उनके लिए उसे बस इतना खर्च करना पड़ता था कि भुगतान की तारीख बढ़ा दे।

इस ऐयाशीभरे जीवन, बूरे की तरह के जीवन, पर रिगू का खर्च नहीं के बराबर था। घाटी भर में फैले उसके श्वेत गुलाम उसके लिए लकड़ियाँ काटकर लाते थे, फसल काटते थे और चारा लाते थे। किसान को शारीरिक श्रम बिल्कुल भारी नहीं लगता, खासकर अगर इससे ब्याज का भुगतान टाला जा सकता हो। इसलिए रिगू अपने कर्जदारों से खूब काम कराता था जबकि ब्याज के भुगतान में देरी पर उसे मामूली सा प्रीमियम ही मिलता। किसान यह सोचकर उसके लिए काम करते थे कि इसमें उनका कुछ जाता नहीं है और रिगू इस तरीके से कई बार मूलधन से कई गुना ज्यादा वसूल लेता था।

भिक्षु की तरह गम्भीर, इतिहास लिखने में संलग्न बेनेडिक्टाइन की तरह खामोश, पुजारी की तरह घाघ, सभी कंजूसों की तरह मक्कार और सावधानी से कानून के दायरे में रहने वाला यह व्यक्ति रोम में तिबेरियस, लुई तेरहवें के शासन में रिशल्यू या अगर उसमें कन्वेंशन में जाने की महत्वाकांक्षा जगी होती तो फूश हो सकता था, लेकिन इस सबके बजाय रिगू ने चतुराई से बिना दिखावे के लुकुलस, या एक विलासी सन्त का जीवन चुना था। गहरी नफरत उसके पेंचदार दिमाग को व्यस्त रखती थी। वह कोम्त द मोंतकोर्ने को तंग करने का कोई मौका नहीं छोड़ता था। वह किसानों को छुपे हुए धागों से कठपुतलियों की तरह चलाता था। इसमें उसे ऐसा मजा आता था मानो यह जिन्दा मोहरों से खेली जा रही शतरंज की बाजी हो, जिसमें घोड़े पिछले पैरों पर खड़े होकर हिनहिनाते हों, हाथी तोंसार की तरह चिग्घाड़ते हों, किश्तियाँ धीरे-धीरे डोलती हों और कपटी वजीर अपने ही बादशाह को शह और मात देता हो। हर दिन जब वह बिस्तर से उठकर अपनी खिड़की से लेस ऐग्यू की ऊँची मीनारों, मण्डपों की चिमनियों और भव्य फाटकों को देखता था, तो वह खुद से कहता था : "वे गिरकर रहेंगे! मैं सोतों को सुखा डालूँगा, मैं जंगलों को काट डालूँगा!" लेकिन उसके मन में दो शिकार थे, एक बड़ा और एक छोटा। हालाँकि उसका लक्ष्य जागीर के टुकड़े करवाना था लेकिन यह धर्मत्यागी पादरी ब्रोसेत को भी तंग कर-करके खदेड़ देने

का इरादा रखता था। आम तौर पर चर्च से जुड़े, या उससे निकले सभी व्यक्तियों में कीड़ों के समान धैर्य होता है। इसकी वजह होती है मर्यादा बनाये रखने की वह धार्मिक बाध्यता जिसे उन्हें निभाना ही होता है। क्रान्ति ने जिन भिक्षुओं को उनके मठों से बाहर निकाला और निजी या सार्वजनिक कार्यों में झोंक दिया, उन्होंने अपने संयम और ठण्डेपन से यह दिखा दिया है कि धार्मिक अनुशासन कितने काम की चीज है,—उन लोगों के लिए भी जो इसे छोड़ जाते हैं।

भूतपूर्व पुजारी की तस्वीर को पूरा करने के लिए यह जोड़ना काफी होगा कि वह रविवारी प्रार्थनासभा में इस बात पर दुखी होते हुए जाता था कि उसकी पत्नी अभी जीवित थी और विधुर होते ही मठ में वापस लिये जाने की इच्छा प्रकट करता था। वह जब भी एबे ब्रोसेत से मिलता, आदर से झुककर उसका अभिवादन करता और उससे बड़ी शिष्टता से बात करता था।

गोबर्तें उन्हीं दिनों से रिगू को समझ गया था जब पादरी निसेरों ने अपनी वसीयत की थी और भूतपूर्व भिक्षु ने उसकी वारिस से शादी की थी। उसने उस घुटे हुए पाखण्डी के पीले चेहरे के पीछे छिपी धूर्तता को पहचान लिया था और स्वर्णदेव के इस पुजारी का सहभागी बन गया था। जब पहलेपहल लक्लर्क ने अपना बैंक शुरू किया तो गोबर्तें ने रिगू को इसमें पचास हजार फ्रैंक डालने की सलाह दी और खुद उसकी गारण्टी ली। निवेशक या सुषुप्त भागीदार के रूप में रिगू अत्यन्त वांछनीय था क्योंकि वह ब्याज निकालता नहीं था बल्कि अपनी पूँजी को बढ़ने देता था। जिस समय हम यह लिख रहे हैं उस समय उसकी पूँजी एक लाख फ्रैंक से ज्यादा हो चुकी थी, हालाँकि 1816 में उसने पब्लिक फण्ड में निवेश करने के लिए एक लाख अस्सी हजार निकाले थे जिससे उसे सत्रह हजार फ्रैंक की सालाना आमदनी होती थी। नोटरी ल्यूपें को कम से कम ऐसे एक लाख फ्रैंक की जानकारी थी जो उसने अच्छी जमीनों को गिरवी रखकर उधार दिया हुआ था। प्रकटतः रिगू अपने स्वामित्व वाली भूसम्पत्ति से करीब चौदह हजार फ्रैंक सालाना पाता था। लेकिन जहाँ तक उसकी जमा करके रखी हुई दौलत का सवाल था उसका पता गणित के किसी भी समीकरण से नहीं लगाया जा सकता था, वैसे ही, जैसे उन गुप्त साजिशों के बारे में बस शैतान ही जानता था जो वह लांगल्यूम के साथ मिलकर रचता था।

इस खतरनाक सूदखोर ने, जो अभी कम से कम बीस साल और जीना चाहता था, काम करने के बिल्कुल दृढ़ नियम बना रखे थे। वह ऐसे किसान को कुछ भी उधार नहीं देता था जो सात एकड़ से कम खरीदता था, और जो आधी रकम तुरन्त नहीं चुका सकता था। रिगू छोटी जोतों पर बेदखली के कानून लागू करने की कमियों को अच्छी तरह समझता था और जमीन के बहुत छोटे-छोटे टुकड़े होते जाने के खतरे को भी।

रिगू जिस तरह की कार्रवाइयों में लगा था वह उस तरह की व्यापक साँठ-गाँठ के बिना सम्भव नहीं थीं जैसी हम इस एरोंदिसमेण्ट में देख चुके हैं। नोटरी ल्यूपें, जिससे रिगू हर साल अपने दफ्तर में बनने वाले करारों का एक तिहाई लिखवाता था, उसके प्रति पूरी

तरह समर्पित था। इस तरह यह सूदखोर रेहन रखने के करारनामे (जिस पर हमेशा कर्जदार की पत्नी की मौजूदगी में दस्तखत होते थे) में गैरकानूनी ब्याज की रकम भी जुड़वा लेता था। किसान यह सोचकर खुश होता था कि उसे हर महीने सिर्फ अपना पाँच प्रतिशत ब्याज चुकाना है और हमेशा ही यह कल्पना करता था कि वह दुगुनी मेहनत करके या जमीन को सुधार कर उससे दुगुनी कमाई करके उधार चुकता कर देगा।

ऐसी ही छलपूर्ण आशाएँ जगायी हैं उस चीज ने जिसे मूढ़मति अर्थशास्त्री "लघु कृषि" कहते हैं--एक ऐसी राजनीतिक भूल जिसका एक नतीजा यह है कि घोड़े खरीदने के लिए फ्रांस का पैसा जर्मनी भेजा जाता है क्योंकि हमारे यहाँ उनका प्रजनन और पालन अब बन्द हो चुका है।

इस तरह कोंशे से विल-ओ-फाये तक बहुत से लोगों का पसीना रिगू के मुनाफे में तब्दील होता था, जो अपनी मर्जी से इसे बहाते थे; जबकि जनरल अपने काम के बदले अच्छी मजदूरी चुकाने के बावजूद सिर्फ गालियाँ और नफरत ही पाता था जो उस पर सिर्फ इसलिए बरसायी जाती थीं क्योंकि वह अमीर था। अगर हमने पहले ही मध्यतंत्र पर जल्दी से एक नजर न डाली होती तो हम इन तथ्यों को भला कैसे समझ पाते। फूर्शो सही कह रहा था; मध्यवर्गों ने अब पुराने सामन्तों की जगह ले ली थी। छोटे भूस्वामी, जिनका कुर्तेक्विस एक नमूना था, अब एवोन की घाटी में एक तिबेरियस के लौह कानून से बँधे असामी थे, ठीक वैसे ही जैसे पेरिस में छोटे व्यापारी बैंकिंग प्रणाली के किसान हैं।

सुलांश से विल-ओ-फाये के पन्द्रह मील आगे तक के इलाके में सूद्री रिगू के पदचिह्नों पर चलता था। इन दो सूदखोरों ने पूरे जिले को आपस में बाँट रखा था।

गोबर्तें, जिसकी लोलुपता जरा ऊँचे दायरे में चलती थी, न केवल अपने इन साथियों से होड़ नहीं करता था बल्कि वह विल-ओ-फाये की बाकी समस्त पूँजी को ऐसे ही लाभप्रद ढंग से निवेश होने से रोकता भी था। यह अनुमान लगाना आसान है कि रिगू, सूद्री और गोबर्तें की यह तिकड़ी चुनाव के समय उन निर्वाचकों पर कितना जबर्दस्त असर रखती थी जिनकी किस्मत इन तीनों की सदाशयता पर निर्भर करती थी।

नफरत, चतुराई और साधन, ये उस घातक त्रिकोण की तीन भुजाएँ थीं जिसमें जनरल के सबसे करीबी दुश्मन, लेस ऐग्यू पर हमेशा नजर रखने वाले जासूस ने उसे जकड़ रखा था--यह दुश्मन था एक सूदखोर जो सत्तर-अस्सी ऐसे छोटे भूस्वामियों के निरन्तर सम्पर्क में रहता था जो किसानों के रिश्तेदार या परिचित थे और जो उससे इस तरह डरते थे जैसे ऐसे लोग हमेशा ही अपने लेनदार से डरते हैं।

रिगू अपने तरीके से एक और तोंसार था। एक कुदरत से चुरायी गयी चीजों पर पलता था तो दूसरा कानूनी लूट पर ऐश करता था। दोनों ठाठ से जीना पसन्द करते थे। यह एक ही स्वभाव की दो अलग-अलग प्रजातियाँ थीं--एक कुदरती था, और दूसरे की भूख को मठ के बन्द माहौल में मिले प्रशिक्षण ने उभाड़ दिया था।

जब वोदोये भूतपूर्व मेयर से मशविरा करने ग्रां-इवेर के शराबखाने से निकला तो चार

बज रहे थे। रिगू खाना खा रहा था। सामने का दरवाजा बन्द पाकर वोदोये ने आवाज लगायी :

"मोस्यू रिगू, मैं हूँ—वोदोये।"

जां अहाते के फाटक से निकलकर आया और वोदोये से कहा :

"बगीचे में आ जाइये; मोस्यू के साथ कोई है।"

यह कोई था सिबिले, जो ब्रूने द्वारा कुछ ही देर पहले लेस ऐग्यू पहुँचाये गये फैसले पर चर्चा करने के बहाने यहाँ आकर रिगू से बिल्कुल दूसरे ही मामलों पर बात कर रहा था। जब वह पहुँचा तो सूदखोर खाने के बाद मीठा खा रहा था। गुमाश्ते ने देखा कि खाने की चौकोर मेज चमकते सफेद कपड़े से ढँकी थी—कपड़े धोने में अपनी पत्नी और ऐनेत की मेहनत की परवाह किये बिना रिगू रोज मेज पर साफ कपड़ा बिछवाता था—और उस पर स्ट्राबेरी, आडू, खूबानी, अंजीर और बादाम, यानी मौसम के सारे फल सफेद पोर्सलेन की तश्तरियों में अंगूर के पत्तों पर रखे हुए थे, उतनी ही नफासत से जैसे लेस ऐग्यू में परोसे जाते थे।

सिबिले को देखकर रिगू ने उससे अन्दर के दोहरे दरवाजों को बन्द करने के लिए कहा और फिर उससे पूछा कि ऐसा कौन सा काम आ पड़ा कि वह दिन के उजाले में वहाँ आ गया जबकि रात में मिलकर बात करना ज्यादा सुरक्षित था।

"बनिया कानून मंत्री से मिलने के लिए पेरिस जाने की बात कर रहा है; वह तुम्हें काफी नुकसान पहुँचा सकता है। वह तुम्हारे दामाद को बर्खास्त करने और विल-ओ-फाये के सारे जजों को हटाने की माँग कर सकता है, खासकर अभी-अभी तुम्हारे पक्ष में दिया गया फैसला पाने के बाद। वह पलटकर मुकाबला करने के लिए तैयार हो गया है। वह चालाक है और उसके पास उस पादरी के रूप में एक ऐसा सलाहकार है जो तुम्हारे और गोबर्ते के हर दाँव का जवाब दे सकता है। पादरियों के पास काफी ताकत है। महामहिम बिशप एबे ब्रोसेत को काफी मानते हैं। मदाम ला कोम्तेस निकोलस के बारे में खुद जाकर अपने रिश्ते के भाई प्रीफेक्ट कोम्त द कास्तेरां से मिलने की बात कर रही है। मिशॉ को हमारा खेल समझ में आने लगा है।"

"तुम डर गये हो," रिगू ने नर्मी से कहा और सिबिले पर नजर डाली जो किंचित संदेह के चलते हमेशा से कम ठण्डी थी और इसलिए डर पैदा करती थी। "तुम मन ही मन सोच रहे हो कि क्या पूरी तरह कोम्त द मोंतकोर्ने के साथ हो जाना बेहतर नहीं होगा।"

"मैं सोच नहीं पा रहा हूँ कि जब तुम लोग लेस ऐग्यू के टुकड़े कर बेच दोगे तो मुझे वे चार हजार फ्रैंक कहाँ से मिलेंगे जो मैं हर साल ईमानदारी से बचाकर निवेश करता हूँ," कुछ देर ठहरकर सिबिले ने कहा। "मोस्यू गोबर्ते ने मुझसे वादे तो बड़े लुभावने किये हैं, लेकिन संकट का समय आ रहा है; लड़ाई-झगड़े होंगे, यह तय है। जीत के पहले वादा करना और इसे बाद में भी निभाना, ये दो बिल्कुल अलग-अलग चीजें हैं।"

"मैं उससे इस बारे में बात करूँगा," रिगू ने अविचलित ढंग से जवाब दिया। "लेकिन

अगर उसकी जगह मैं होता तो मैं तुमसे यह कहता : 'पिछले पाँच साल से तुम मोस्यू रिगू के पास हर साल चार हजार फ्रैंक जमा करा रहे हो और वह भलामानस तुम्हें साढ़े सात प्रतिशत ब्याज देता है, जिससे इस वक्त उसके पास जमा तुम्हारी सम्पत्ति सत्ताईस हजार फ्रैंक से ज्यादा हो चुकी है क्योंकि तुमने ब्याज निकाला नहीं है। लेकिन तुम्हारे और रिगू के बीच एक निजी करार पर दस्तखत हुए हैं और जब भी पादरी ब्रोसेत उस दस्तावेज को बनिये के सामने रखेगा वह अपने गुमाश्ते को बर्खास्त कर देगा। पादरी तुम्हारी दुरंगी चाल के बारे में बतानेवाला एक गुमनाम खत मिलने के बाद ऐसा जरूर करेगा। इसलिए बेहतर होगा कि तुम अपने हिस्से के अग्रिम भुगतान के लिए शोर मचाने के बजाय हमारे साथ रहो—खासकर इसलिए क्योंकि मोस्यू रिगू, जिसे तुमको साढ़े सात प्रतिशत ब्याज और तुम्हारे ब्याज पर ब्याज देने की कोई कानूनी बाध्यता नहीं है, तुम्हारे बीस हजार फ्रैंक का अदालत के जरिए भुगतान करेगा, और तुम उस पैसे को तब तक हाथ नहीं लगा सकोगे जब तक कानूनी दाँव-पेंच से लम्बे खिंचे तुम्हारे मामले का विल-ओ-फाये की अदालत में निपटारा नहीं हो जाता। लेकिन अगर तुम अक्लमंदी से काम लोगे तो तुम पाओगे कि जब लेस ऐग्यू में तुम्हारा मण्डप मोस्यू रिगू के हाथ में आयेगा तो उसके पास जमा तुम्हारी रकम तीस हजार फ्रैंक हो चुकेगी और वह रिगू शायद तुम्हें तीस हजार और दे दे। उस समय तुम इसका और भी ज्यादा फायदा उठा सकोगे क्योंकि तब तक किसान लेस ऐग्यू की जागीर पर टूट पड़े होंगे और इसके छोटे-छोटे टुकड़े कर चुके होंगे।' यह तो तुमसे मोस्यू गोबर्ते कहेंगे। जहाँ तक मेरी बात है, मुझे कुछ नहीं कहना है, क्योंकि इससे मेरा कोई लेना-देना नहीं है। गोबर्ते और मेरा उस बनिये से अपना अलग झगड़ा है जिसे अपने बाप के पेशे से शर्म आती है; और हम अपने अलग रास्ते पर चल रहे हैं। मेरे दोस्त गोबर्ते को तुम्हारा इस्तेमाल करने की जरूरत महसूस होती होगी, पर मुझे नहीं है। मुझे किसी की जरूरत नहीं है क्योंकि हर कोई मेरे इशारों पर चलता है। जहाँ तक कानून मंत्री की बात है, वह पदाधिकारी अकसर बदल जाता है, जबकि हम—हम हमेशा यहीं रहते हैं और मौके का इन्तजार कर सकते हैं।"

"जो भी हो, मैंने तुम्हें चेता दिया है," सिबिले बोला; उसे लग रहा था कि वह कोई गधा है जिस पर भारी लादी लाद दी गयी हो।

"किस चीज से चेताया है?" रिगू ने चालाकी से कहा।

"उस चीज से जो वह बनिया करने जा रहा है," गुमाश्ते ने झेंपते हुए कहा। "वह बड़े गुस्से में प्रीफेक्चर के लिए रवाना हुआ है।"

"उसे जाने दो! अगर मोंतकोर्ने जैसे लोग गाड़ी का इस्तेमाल नहीं करेंगे तो पहिये बनानेवालों का क्या होगा?"

"मैं आज रात तुम्हारे पास तीन हजार फ्रैंक ले आऊँगा," सिबिले ने कहा, "लेकिन तुम्हें अपने पास रेहन पड़ी कुछ सम्पत्तियाँ मेरे नाम करनी होंगी—बस एक या दो, जिनसे मुझे कोई अच्छी जमीन मिल जाये।"

"ठीक है, कुर्तेक्विस वाली ले लो। मैं खुद उसके साथ नरमी बरतना चाहता हूँ क्योंकि

वह पूरे कैण्टन का सबसे अच्छा निशानेबाज है, लेकिन अगर मैं उसका रेहन तुम्हारे नाम कर दूँ तो ऐसा लगेगा कि तुम बनिये की तरफ से उसे तंग कर रहे हो। इससे एक तीर से दो शिकार हो जायेंगे। जब कुर्तेक्विस पायेगा कि वह फूर्शो की तरह एक भिखारी बन चुका है तो वह कुछ भी कर सकता है। कुर्तेक्विस ने बशेलरी के पीछे खुद को बर्बाद कर डाला है; उसने सारी जमीन को उपजाऊ बना दिया है और अच्छे फलदार पेड़ लगाये हैं। उस सम्पत्ति का मोल अब चार हजार फ्रैंक है और काउण्ट अपनी जागीर में घुसे हुए तीन एकड़ हिस्से को पाने के लिए यह रकम खुशी-खुशी तुम्हें चुका देगा। अगर कुर्तेक्विस आलसी नहीं होता तो सिर्फ जागीर में घुसे हुए हिस्से पर शिकार करके ब्याज चुका सकता था।''

''ठीक है, उसे मेरे नाम कर दो और मैं इससे अपनी मलाई निकाल लूँगा। काउण्ट अपने तीन एकड़ खरीद लेगा और मकान और बगीचा मुझे मुफ्त मिल जायेंगे।''

''इसमें से तुम मुझे क्या देने वाले हो?''

''हे भगवान! तुम तो साँड़ को भी दुह लोगे!'' सिबिले ने आजिज होकर कहा--''वह भी तब जब मैंने अभी-अभी तुम्हारा इतना काम किया है। आखिरकार मैंने बनिये को सीला बटोरने का कानून लागू कराने के लिए राजी कर लिया है--''

''अच्छा, तुमने ऐसा कर दिया, मेरे प्यारे?'' रिगू ने कहा, जिसने कुछ दिन पहले किसानों को भड़काने का यह उपाय सिबिले को सुझाया था और कहा था कि जनरल को इसे लागू करने की सलाह दे। ''तब तो वह हमारे चंगुल में आ गया, अब वह गया काम से! लेकिन उसे बस एक धागे से बाँधकर रखना काफी नहीं है; हमें इसे तम्बाकू की गड्डी की तरह उसके चारों ओर अच्छी तरह लपेट देना होगा। दरवाजा खोल दो और मेरी पत्नी से कहो कि कॉफी और लिकर ले आये, और जां को बग्घी तैयार करने को कहो। मैं सुलांश के लिए निकल रहा हूँ; तुमसे रात में मुलाकात होगी!--ओह! वोदोये, कहो कैसे हो,'' भूतपूर्व मेयर ने अपने भूतपूर्व फील्डकीपर को भीतर आता देखकर कहा। ''क्या खबर है?''

वोदोये ने अभी-अभी शराबखाने में हुई बातचीत के बारे में बताया और रिगू से पूछा कि जनरल जिन कानूनों को लागू कराने की बात कर रहा है क्या वे वैध हैं।

''कानून उसके साथ है,'' रिगू ने तुर्श लहजे में कहा। ''हमें एक सख्त जमींदार मिला है। और पादरी ब्रोसेत एक विद्वेषी पुरोहित है; वह ऐसे कदम उठाने की सलाह देता है क्योंकि तुम लोग गिरजाघर की प्रार्थना में नहीं जाते, कमबख्त नास्तिको! मैं जाता हूँ; ईश्वर है, मैं तुम्हें बताये देता हूँ। तुम किसानों को सब कुछ बर्दाश्त करना पड़ेगा क्योंकि बनिया हमेशा तुम पर भारी पड़ेगा--''

''हम सीला बटोरेंगे,'' वोदोये ने उस हठी स्वर में कहा जो बर्गण्डीवालों की खासियत है।

''कंगाल होने के प्रमाणपत्र के बिना?'' सूदखोर ने पूछा। ''बताते हैं कि बनिया तुमसे जबरन कानून लागू करवाने के वास्ते सिपाहियों की तैनाती के लिए प्रीफेक्चर गया है।''

''हम सीला बटोरेंगे जैसे हमेशा से बटोरते आये हैं,'' वोदोये ने दोहराया।

"ठीक है, फिर बटोरो! मोस्यू सार्कस तय करेंगे कि तुम्हें ऐसा करने का हक है या नहीं," रिगू ने यह कहकर इस बात का आभास दिया कि वह मजिस्ट्रेट से इस मामले में मदद दिलाने का वादा कर रहा है।

"हम सीला बटोरेंगे, और जबरन बटोरेंगे वरना बर्गण्डी बर्गण्डी नहीं रह जायेगा," वोदोये ने कहा। "अगर पुलिसवालों के पास तलवारें हैं तो हमारे पास भी दराँतियाँ हैं, और हम देखेंगे कि क्या नतीजा होता है!"

साढ़े चार बजे भूतपूर्व पुरोहिताश्रम का बड़ा सा हरा फाटक चूँ-चूँ करता हुआ खुला और जां कुम्मैत घोड़े को सामने के दरवाजे पर लाया। मदाम रिगू और ऐनेत बाहर सीढ़ियों पर निकलकर आयीं और हरे रंग से रँगी छोटी सी बेंत की गाड़ी को देखा जहाँ उनका प्रभु और स्वामी चमड़े के हुड के नीचे आरामदेह गद्दियों पर बैठा था।

"घर लौटने में देर मत कीजियेगा, मोस्यू," ऐनेत ने हल्के से आँख मटकाकर कहा।

गाँव के लोग, जिन्हें अब तक पता चल चुका था कि जनरल क्या कदम उठाने जा रहा है, अपने दरवाजों पर या मुख्य सड़क पर खड़े होकर रिगू को जाता देख रहे थे; उन्हें यकीन था कि वह उनका बचाव करने के लिए सुलांश जा रहा है।

"क्यों, मदाम कुर्तेक्विस, तो हमारा मेयर हमारी हिफाजत के लिए निकल पड़ा है," बुनाई करते हुए एक बूढ़ी औरत ने कहा। जंगल में गैरकानूनी कटाई का सवाल उसके लिए काफी मायने रखता था क्योंकि उसका पति चोरी की लकड़ी सुलांश में बेचता था।'

"आह! भला आदमी, हमारे साथ होने वाले बर्ताव को देखकर उसका दिल रोता है; वह भी उतना ही परेशान है जितना कि हम," बेचारी औरत ने जवाब दिया जो अपने पति के लेनदार के नाम से ही काँपती थी और डर के मारे उसकी तारीफ कर रही थी।

"और वह खुद भी परेशान है—उन्होंने उसके साथ शर्मनाक ढंग से बदसलूकी की है! सलाम, मोस्यू रिगू," बुनाई करनेवाली बुढ़िया ने सूदखोर से कहा जिसने उसका और अपने कर्जदार की पत्नी का सिर झुकाकर अभिवादन किया।

जैसे ही रिगू ने थ्यून को पार किया, तोंसार शराबखाने से निकलकर आया और सड़क पर उससे मिला।

"तो, पेर रिगू, बनिया हमें कुत्तों की तरह सिपाहियों से मरवाना चाहता है?" उसने कहा।

"उसे भी हम देखेंगे," सूदखोर ने अपने घोड़े को चाबुक लगाते हुए कहा।

"वह हमें बचा लेगा," तोंसार ने अपने पास खड़ी कुछ औरतों और बच्चों की ओर मुड़कर कहा।

"रिगू तुम्हारे बारे में उतना ही सोच रहा है जितना कोई बावर्ची अपने कड़ाह में भुन रही मछलियों के बारे में सोचता है," फूर्शो चिल्लाया।

"जब तू नशे में टुन्न हो तो अपने गले से भोंपू निकाल दिया कर," मूश ने कहा और अपने नाना की कमीज खींचकर उसे पोपलर के एक पेड़ के नीचे गिरा दिया। "अगर

उस मेयर के शिकारी कुत्ते जैसे कानों में यह बात पड़ गयी तो वह कभी तुम्हारे किसी किस्से पर यकीन नहीं करेगा।"

सच यह था कि रिगू लेस ऐग्यू के गुमाश्ते द्वारा उसे दी गयी चेतावनी के परिणामस्वरूप भागा हुआ सुलांश जा रहा था। दिल ही दिल में उसे लग रहा था कि इससे घाटी के गुप्त गठबन्धन को खतरा पैदा हो सकता है।

भाग दो

अध्याय एक

सुलांश के भद्रजनों का समाज

ब्लांगी और विल-ओ-फाये दोनों से करीब छह किलोमीटर की दूरी पर लम्बाई में फैली पहाड़ियों की तलहटी में बह रही एवोन के तट से शुरू हुई ऊँची भूमि पर सुलांश का छोटा सा कस्बा बसा है।

पहाड़ी की तलहटी में एवोन से मिलने से पहले थ्यून करीब सत्तर एकड़ के इलाके में फैल जाती है जिसके सिरे पर ढेर सारे छोटे-छोटे टापुओं पर सुलांश की पनचक्कियाँ बनी हुई हैं। सुलांश के बाग से होती हुई थ्यून एक चौड़ी नहर से गुजरकर एवोन में मिल जाती है।

सुलांश की गढ़ी, जिसका लुई चौदहवें के शासनकाल में जूल मांसार के डिजाइनों के आधार पर पुनर्निर्माण किया गया था, का रुख कस्बे की ओर है; जिससे सुलांश और उसकी गढ़ी दोनों एक दूसरे के सामने एक मोहक और सुन्दर दृश्य उपस्थित करते हैं। मुख्य सड़क कस्बे और तालाब के बीच से घूमती हुई जाती है, जिसे देहाती लोग किंचित घमण्ड के साथ सुलांश की झील कहते हैं।

इस छोटे से कस्बे में ऐसा स्वाभाविक सुन्दर संयोजन दिखता है जो फ्रांस में दुर्लभ है। यहाँ वाकई आपको स्विट्ज़रलैण्ड की मनमोहकता और नेफ-शातेल के इर्दगिर्द फैली खूबसूरती का मेल नजर आयेगा जैसाकि ब्लोंदे ने अपने पत्र में लिखा था। सुलांश के चारों ओर फैले हरे-भरे अंगूर के खेतों के चलते यह साम्यता और बढ़ जाती है, सिर्फ आल्प्स और जूरा के पहाड़ों की कमी रह जाती है। पहाड़ी की ढलान पर एक के ऊपर एक दिखती सड़कों पर बहुत कम मकान दिखते हैं क्योंकि हर मकान अपने खुद के बगीचे के बीच बना है जिसकी वजह से इतनी हरियाली है जो किसी शहर में कम ही दिखाई पड़ती है। फुलवारियों, घने पेड़ों और सीढ़ीदार बगीचों के बीच-बीच में दिखती लाल या नीले रंग की छतें पूरे दृश्य की प्राकृतिक सुन्दरता को और विविधतापूर्ण बनाती हैं।

मध्ययुगीन गिरजाघर पत्थर की एक भव्य इमारत है जिसमें एक बहुत ऊँचे तोरणद्वार से होकर प्रवेश किया जाता है। इस प्रवेशद्वार के दोनों तरफ लम्बी फूलों की क्यारियाँ हैं जिनके बीच सुन्दर मूर्तियाँ लगी हुई हैं। तोरणद्वार के ऊपर एक त्रिधारी बनी है जिसके ऊपर शिशु ईसा को लिये हुए मरियम की मूर्ति है। गिरजाघर बहुत दूर से दिखाई देता है क्योंकि

यह कस्बे के मुख्य चौक के सबसे ऊपरी सिरे पर बना है। चौक के निचले सिरे से शहर की मुख्य सड़क गुजरती है।

कस्बे के आकार की तुलना में बहुत बड़ा चौक काफी पुरानी इमारतों से घिरा हुआ है। इनमें से बहुत सी, जो आधी लकड़ी और आधी ईंटों से बनी हैं, मध्ययुग की हैं। पत्थर की बनी छज्जेवाली कई इमारतें बारहवीं शताब्दी की हैं जो हमारे पुरखों के प्रिय तिकोने पत्थर के इस्तेमाल का नमूना पेश करती हैं। और बाद में बने मकानों में से सबसे बढ़िया पुराने दिनों के चीफ मजिस्ट्रेट का मकान था। राष्ट्रीय सम्पत्ति के रूप में बेचे जाने पर स्थानीय समुदाय ने इसे खरीदकर टाउनहाल और अदालत में तब्दील कर दिया जहाँ म्युनिस्पल जजों की व्यवस्था कायम होने के समय से ही मोस्यू सार्कस का दफ्तर है।

इस चौक के बीच में एक खूबसूरत फव्वारा लगा था जिसे मार्शल द सुलांश 1520 में इटली से लाये थे। ऊपर पहाड़ी के एक सोते से बहकर आने वाली पानी की धार सफेद संगमरमर के बने चार क्यूपिडों के हाथों में थामे शंखों से होकर गिरती थी।

चौक से निकलनेवाली दो मुख्य सड़कों में से एक, जिसे र्‍यू द ला फोंतेन कहा जाता था, के नुक्कड़ पर नोटरी ल्यूपें की चिह्नपट्टिका लगी थी। मोस्यू सार्कस, टैक्स कलेक्टर गुएर्बे, ब्रूने, कचहरी के क्लर्क गूर्दो और उसके भाई चिकित्सक गूर्दो, और जंगलात तथा जलधाराओं के हाकिम मोस्यू जांद्रां-वातेब्ले के मकान चौक के आसपास स्थित थे। यह सुलांश के नये कुलीनों का इलाका था।

मदाम सूद्री का मकान–मदमोज़ाल लागुएर की भूतपूर्व नौकरानी का व्यक्तित्व इस समुदाय में अपने पति पर हावी रहता था–आधुनिक शैली का था जिसे सुलांश में जन्मे एक धनी शराब व्यापारी ने बनवाया था। पेरिस में पैसे कमाने के बाद वह 1793 में यहाँ लौटा था। स्थानीय जनता ने उस पर राजतंत्रवादी और जमाखोर होने का आरोप लगाकर उसे मार डाला। उन्हें एक मिस्त्री, गोदाएं के चाचा ने भड़काया था जिसका शराब व्यापारी के आलीशान मकान के निर्माण के दौरान उससे झगड़ा हो गया था। उसकी सम्पत्ति के बँटवारे को लेकर उसके सगोत्रीय वारिसों के बीच काफी समय तक मुकदमेबाजी चलती रही और आखिर 1798 में सुलांश वापस लौटे सूद्री ने तीन हजार फ्रैंक नकद देकर वह हवेली खरीद ली। शुरू में उसने उसे सशस्त्र पुलिस का हेडक्वार्टर बनाने के लिए सरकार को किराये पर दे दिया। 1811 में मदमोज़ाल कोशे ने जिससे सूद्री अपने हर मामले पर राय लेता था, लीज की अवधि बढ़ाने पर कड़ी आपत्ति की और कहा कि बैरकों के चलते वह घर रहने लायक नहीं रह जायेगा। इसके बाद सुलांश कस्बे ने डिपार्टमेण्ट की मदद से पुलिस के लिए टाउनहाल के करीब की एक सड़क पर नयी इमारत बनवा दी। सूद्री ने अपने घर की सफाई कराई और उसकी पुरानी चमक-दमक बहाल कर दी जिसे पुलिसवालों और घोड़ों ने खासा गन्दा कर दिया था।

इस एकमंजिला मकान के एक ओर चौक था, दूसरी ओर झील थी और तीसरी ओर एक बगीचा था। चौथी ओर एक अहाता था जो सूद्री की हवेली को बगल के मकान से

अलग करता था। यह मकान वाताब्ले नाम के एक दुकानदार का था। सुलांश के दूसरे दर्जे के समाज का यह व्यक्ति सुन्दरी मदाम प्लिसू का पिता था जिसके बारे में हम जल्दी ही चर्चा करेंगे।

सभी छोटे कस्बों में कोई प्रसिद्ध सुन्दरी होती ही है, जैसे वहाँ कोई न कोई सोकार और कफे द ला पाइ होता है।

सूद्री के मकान के सामने, चौक के एक और कोने पर मशहूर कफे द ला पाइ स्थित था जिसकी खासियतों के बारे में हम थोड़ा बाद में बतायेंगे।

रिगू खुद सुलांश बहुत कम आता था; हर कोई उससे मिलने जाता था। ल्यूपें और गोबर्तें, सूद्री और जाद्रें—ये सब उससे डरते थे। लेकिन जब हम सुलांश के खास व्यक्तित्वों, जिन्हें इस इलाके में "सुलांश के भद्रजनों का समाज" कहा जाता था, के बारे में जान लेंगे तो हम आसानी से समझ जायेंगे कि कोई भी समझदार व्यक्ति वैसा ही करता जैसा रिगू करता था।

इस "समाज" की केन्द्रीय शख्सियत, जैसाकि आपने अनुमान लगाया ही होगा, मदाम सूद्री थी, जिसकी तस्वीर जरा बारीक कूची से और सावधानी से उकेरने की दरकार है।

मदमोज़ाल लागुएर की नकल पर मदाम सूद्री शुरू में बस हल्का सा रूज लगाती थीं, लेकिन उम्र बढ़ने के साथ-साथ इस हल्की-सी लाली का स्थान फूले हुए गालों पर "गाड़ी के पहियों" जैसे लाल गोलों ने ले लिया था। गहरी होती झुर्रियों को ऑपेरा-गायिका की भूतपूर्व परिचारिका ने रंग-रोगन से भरना शुरू कर दिया था। पीले माथे को वह सफेदी से ढँकती थी और यौवन की उभरी नसें दिखाने के लिए कूची से हल्की नीली रेखाएँ बनाती थी। इस रंगबिरंगी सजावट से उसकी कपटपूर्ण आँखें असामान्य रूप से चमकदार दिखती थीं। उसके चेहरे का यह मुखौटा किसी अजनबी को अद्भुत और अवास्तविक लग सकता था लेकिन उसके मित्र और मिलने-जुलने वाले, जिन्हें इस छद्म चमक-दमक की आदत थी, उसे वाकई खूबसूरत बताते थे।

यह भद्दी औरत हमेशा खुले गले की पोशाक पहनती थी जिससे उसका वक्ष और कंधे दिखते थे जिन्हें उसी प्रक्रिया से चमकाया जाता था जो उसके चेहरे को गोरा-चिट्टा बनाने के लिए अपनायी जाती थी। खुशकिस्मती यह थी कि अपनी बेशकीमती लेसों को दिखाने के लिए वह इन रासायनिक उत्पादों की शोभा को जालीदार नकाब से अंशतः ढँके रहती थी। उसके लहँगों में इतना रेशम और गोटे और झालरें लगी होती थीं कि उसके चलने पर चरमराने की आवाज आती थी।

मदमोज़ाल लागुएर की असंख्य पोशाकों में से मदाम सूद्री ने सौ से ज्यादा चुपचाप दबा ली थीं जो सब एक से बढ़कर एक थीं। उसके मरने के कुछ समय बाद उसने इन्हें अपनी नाप का बनवा लिया था और सबमें और भी ज्यादा जरी-गोटे लगवा दिये थे। जिस शाम की बात हम कर रहे हैं उस शाम मदाम सूद्री ने महँगे जरी के काम वाला परिधान पहन रखा था। सुनहले घुँघराले बालोंवाली उसकी विग पर एक बेहतरीन टोपी टिकी हुई

थी जिसमें उसकी पोशाक से मेल खाते चेरी के रंग की साटन की गाँठें बनी हुई थीं। अब आप इस टोपी के नीचे एक अत्यन्त कुरूप बन्दरिया के चेहरे की कल्पना कीजिए जिस पर एक मांसविहीन चपटी नाक चिपकी है। इस नाक को एक बालदार रेखा नकली दाँतों से भरे मुँह से अलग करती है जिसमें से निकलनेवाली ध्वनियाँ शिकारियों के सिंघों की गों-गों की याद दिलाती हैं। अगर आपके लिए यह समझ पाना कठिन हो कि सुलांश के भद्रजनों का समाज (बल्कि पूरा कस्बा ही) इस अर्द्ध-रानी को सुन्दरी क्यों मानता था तो आपको हमारे समय की सबसे चतुर स्त्रियों में से एक की यह बात याद करनी चाहिए कि किसी स्त्री को घेरी हुई 'एक्सेसरीज़' ही उसे सुन्दर या असुन्दर बनाती हैं।

जहाँ तक 'एक्सेसरीज़' की बात थी, एक तो मदाम सूद्री उन शानदार उपहारों से घिरी हुई थी जिन्हें उसकी स्वर्गीय मालकिन ने इकट्ठा किया था। इसके अलावा उसने पेरिस की स्त्रियों से वे हाव-भाव और अदाएँ सीख ली थीं जिनका वर्णन नहीं किया जा सकता और जिनका रहस्य पेरिस की सबसे फूहड़ स्त्रियाँ भी जानती हैं। वह महँगी लेसें और हीरे के बुन्दे पहनती थी और उसकी उँगलियाँ अँगूठियों से ढँकी रहती थीं। उसके सीने पर पाउडर से ढँके मांस के दो लोदों के बीच हीरे और पुखराज का एक बड़ा सा लाकेट चमकता था—प्यारी मालकिन की इस भेंट की पूरे इलाके में चर्चा थी। प्यारी मालकिन की ही तरह उसकी मोटी मांसल बाँहें नंगी रहती थीं और वह हाथीदाँत का एक पंखा लिये रहती थी।

बाहर जाने पर मदाम सूद्री अठारहवीं शताब्दी की शैली की एक छतरी लेकर चलती थी जिसकी लम्बी डण्डी के सिरे पर हरी झालर वाला हरा छत्र लगा हुआ था। जब वह अपने बगीचे में टहलती थी तो दूर से उसे देखकर कोई अजनबी उसे वातो* की पेण्टिंग में दर्शायी कोई गजगामिनी समझ सकता था।

दमिश्क के लाल मखमल और रेशम के पर्दों, नक्काशीदार लकड़ी के पुराने फर्नीचर और लुई पन्द्रहवें के जमाने की तमाम खूबसूरत चीजों से भरे उसके बैठककक्ष में उसे देखकर यह समझना कठिन नहीं था कि सुलांश के लोग गृहस्वामिनी को ''हमारी सुन्दर मदाम सुलांश'' क्यों कहते थे।

सात साल बीतते-बीतते मदमोज़ाल कोशे मेयर की पत्नी मदाम सूद्री के नीचे इस कदर दब चुकी थी कि न केवल उसे अपने अतीत की कोई याद नहीं थी बल्कि वह वाकई विश्वास करने लगी थी कि वह एक खानदानी स्त्री है। उसने अपनी मालकिन के हाव-भाव और अदाओं, सुरीली आवाज में बोलने, चाल-ढाल और तौर-तरीकों का इतने लम्बे समय तक अध्ययन किया था कि अब जबकि वह खुद धनाढ्य हो गयी थी तो इस छोटे कस्बे में उसे इनकी नकल करने में कोई दिक्कत नहीं होती थी। उसे अठारहवीं शताब्दी और उसके तमाम सामन्तों और उनकी सम्पत्तियों के किस्से मुँहजबानी याद थे।

इस समाज में उसे वैसे ही सराहा जाता था और उसी तरह उसका दरबार लगता था

---

* वातो —18वीं शताब्दी फ्रांसीसी चित्रकार। हास्यअभिनेताओं की अपनी पेण्टिंगों के लिए प्रसिद्ध।—अनु.

जैसे उसकी मालकिन को पुराने दिनों में सराहा जाता था। वह हर सप्ताह दावत देती थी। सर्दियों में गर्म बैठककक्ष, जिसमें दर्जनों मोमबत्तियों की रोशनी होती थी, सुलांश के सबसे पैसेवाले लोगों से भरा रहता था जो बढ़िया खाने और उम्दा वाइनों के बदले अपनी मेजबान की चाटुकारिता करने में एक-दूसरे से होड़ करते थे। इन मेहमानों और उनकी बीवियों की इस विलासिता में दिलचस्पी की एक खास वजह यह भी होती थी कि सर्दियों के मौसम में उनके ईंधन और रोशनी का खर्च बच जाता था। इस तरह पन्द्रह मील के घेरे में यह कहा जाने लगा : "मदाम सूद्री लोगों का स्वागत करना जानती हैं। उनके दरवाजे सबके लिए खुले हैं, हर कोई उनकी बैठक में मजा ले सकता है। उन्हें जीने का सलीका आता है। वह कितनी दिलचस्प बातें करती हैं, लोगों को कितना हँसाती हैं। और कितने शानदार चाँदी के बर्तन हैं! यहाँ से पेरिस तक ऐसा कोई घर नहीं है—"

यह चाँदी मदमोज़ाल लागुएर को बूरे ने दी थी, और मदाम सूद्री ने सीधे इसे चुरा लिया था। मदमोज़ाल लागुएर के मरने पर वह चुपचाप इसे अपने कमरे में उठा ले गयी और मदमोज़ाल के उत्तराधिकारियों ने कभी इसे वापस नहीं माँगा क्योंकि उन्हें वसीयत में मिली हुई अपनी सम्पत्ति की कीमत का अन्दाजा ही नहीं था।

पिछले कुछ समय से सुलांश के इन बारह-पन्द्रह भद्रजनों के बीच मदाम सूद्री की चर्चा मदमोज़ाल लागुएर की "अन्तरंग मित्र" के रूप में होने लगी थी जिसने उस गायिका की मित्र और संगिनी के रूप में खुद को कुर्बान कर दिया था। विचित्र किन्तु सत्य! ये तमाम भ्रम धीरे-धीरे सच्चाई बन गये और खुद मदाम सूद्री इस पर यकीन करने लगी थी।

मदाम सूद्री अपने पति पर शासन करती थी। अपने से उम्र में दस साल बड़ी और अपनी सम्पत्ति का प्रबन्धन अपने ही हाथों में रखने वाली स्त्री के प्रति प्रेम भाव रखने को बाध्य पुलिसवाला उसके साथ इस तरह पेश आता था मानो वह वाकई सुन्दरी हो। लेकिन कभी-कभी, जब लोग उससे ईर्ष्या करते थे या उससे उसकी खुशी के बारे में बातें करते थे तो वह सोचता था कि काश वे उसकी जगह होते, क्योंकि अपने छोटे-मोटे पापों को छुपाने के लिए उसे भी उतनी ही सावधानियाँ बरतनी पड़ती थी जितनी किसी युवा और सुन्दर पत्नी के पति को करनी पड़ती हैं। अभी हाल ही में जाकर वह अपने घर में एक सुन्दर नौकरानी रखवा पाया था।

सुलांश की रानी की यह तस्वीर जरा भयानक लग सकती है लेकिन इस किस्म के बहुत से नमूने उस समय प्रान्तों में पाये जा सकते थे—इनमें से कुछ खानदानी थे, तो कुछ व्यापारियों और बैंकरों के घरों में मिलते थे, जैसे तूरेन के एक महा-करसंग्राहक की वह विधवा जो अब भी अपने गालों पर बछड़े के मांस के कतले चिपकाती है। वास्तविक जीवन से ली गयी यह तस्वीर तब तक अधूरी रहेगी जब तक रानी को घेरे दरबारियों को न दर्शाया जाये। इनका एक रेखाचित्र उपस्थित करना यह बताने के लिए जरूरी है कि ऐसे लिलिपुटियन कितने ताकतवर हैं और दूर-दराज के छोटे शहरों में जनमत कैसे लोग बनाते हैं। सुलांश जैसी बहुत सी जगहें हैं जो न तो गाँव हैं और न छोटे कस्बे लेकिन जिनमें इसकी सभी

विशिष्टताएँ मौजूद हैं। इनके निवासी बड़े और व्यस्त और बुराइयों से भरे बड़े प्रान्तीय शहरों के लोगों से काफी अलग होते हैं। देहात का जीवन छोटी जगहों के तौर-तरीकों और नैतिकताओं को प्रभावित करता है और रंगों के इस मेल से कई एकदम मौलिक चरित्र सामने आते हैं।

मदाम सूद्री के बाद सबसे महत्त्वपूर्ण शख्सियत था नोटरी ल्यूपें। हालाँकि ल्यूपें पैंतालिस बसन्त देख चुका था पर वह अब भी ताजा और चिकना था, और वह अब भी बैलेड गाता था। ध्यान से चमकाये गये बूटों, हल्की पीली वास्कट, चुस्त कोट, आकर्षक रेशमी गुलूबन्द और फैशनेबल पतलून में वह लगभग पेरिसवाला दिखता था। वह सुलांश के हज्जाम से अपने बालों में घूँघर डलवाता था और अपना खासा समय रईस सार्कस की पत्नी, मदाम सार्कस से गुपचुप प्रेम करने में खर्च करता था। उसके जीवन में चोरी-छिपे होने वाली इन मुलाकातों का शायद वही महत्व था जो नेपोलियन के लिए इटली के अभियानों का था। सुलांश के भद्रजनों के समाज में से अकेला वही था जो पेरिस जाता था जहाँ वह सुलांश परिवार के यहाँ ठहरता था। वह हर चीज पर इन तीन तरीकों से अपनी राय देता था : "पिछड़ा हुआ," "पुराना पड़ चुका," "किसी काम का नहीं रह गया।"* कोई पुरुष, स्त्री या फर्नीचर "पिछड़ा हुआ" हो सकता था; अपूर्णता की अगली मंजिल थी "पुराना पड़ चुका" और अन्तिम पद से तो चरम तिरस्कार व्यक्त होता था। पहलेवाले में सुधार की गुंजाइश थी, दूसरे से कोई उम्मीद नहीं रखी जा सकती थी, लेकिन जिसके बारे में तीसरी राय व्यक्त कर दी जाती थी—ओह, अच्छा होता वह कभी जन्मा ही न होता! प्रशंसा करने के लिए उसके पास एक ही शब्द था जिसे वह आवश्यकतानुसार दो या तीन बार इस्तेमाल करता था : "मोहक!" उसकी सराहना का सामान्य ढंग था। "मोहक, मोहक!" से लगता था कि आप सही-सलामत हैं; लेकिन "मोहक, मोहक, मोहक!" के बाद तो लगता था कि पूर्णता की पराकाष्ठा प्राप्त हो गयी।

इस मेज के कीड़े—वह खुद को "मेज का कीड़ा," क्षुद्र नोटरी और कलमघसीट कहता था (अपने पेशे का मजाक उड़ाकर उसे लगता था कि वह इससे ऊपर उठ गया है)—इस मेज के कीड़े की मदाम सूद्री के साथ जुबानी यारी थी जो ल्यूपें की ओर झुकाव रखती थी हालाँकि उसके बाल भूरे थे और वह चश्मा पहनता था। अब तक भूतपूर्व कोशे सिर्फ मूँछों और बालदार हाथोंवाले तपे रंग के मर्दों को चाहती थी। लेकिन ल्यूपें के बाँकपन की वजह से और इससे भी बढ़कर इस वजह से उसने इस मामले में एक अपवाद किया था क्योंकि वह सोचती थी कि किसी चाहनेवाले के बगैर सुलांश में उसकी शान अधूरी है। लेकिन मोस्यू सूद्री की बदकिस्मती से रानी के चाहनेवाले अपनी चाहत को कभी इतनी दूर तक नहीं ले जाते थे कि पति के रूप में उसके अधिकारों पर कोई खतरा आये।

* फ्रेंच भाषा में ये तीन शब्द हैं "क्रूत," "क्रूतों," और "क्रूत-ओ-पोत" जिनका अनुवाद नहीं किया जा सकता। "क्रूत" अपने वक्त से पीछे रह गये व्यक्ति के लिए बोलचाल की जुबान का एक शब्द है।—अनु.

ल्यूपें ने क्रान्ति के दौरान नमक की तस्करी से बेहिसाब पैसे बनानेवाले एक व्यापारी की इकलौती बेटी से शादी की थी। समझदारी से काम लेते हुए वह अपनी पत्नी को घर पर ही छोड़ जाता था जहाँ वह उसकी अनुपस्थिति में एक खूबसूरत क्लर्क के प्रति निष्काम प्रेम के सहारे वक्त गुजारती थी—बोनाक नाम का यह नौजवान दूसरे दर्जे के समाज का था जहाँ वह वही भूमिका निभाता था जो उसका मालिक, नोटरी, भद्रजनों के समाज में निभाता था।

मदाम ल्यूपें, जो एक बेपढ़ी-लिखी औरत थी, विशिष्ट अवसरों पर ही प्रकट होती थी। वह मखमल में लिपटे एक ऐसे विशाल पीपे जैसे दिखती थी जिस पर कद्दू जैसा सिर रखा हो। कोई भी कोशिश उसकी कमरपट्टी को उसके स्वाभाविक स्थान पर टिकाये नहीं रख सकती थी। किसी कवि की कल्पना भी उसकी पीठ पर उस मोहक लहरियापन को नहीं तराश सकती थी जो प्रायः सभी स्त्रियों का मेरुदण्ड इनमें लाता है। कछुए की तरह गोल बेबेल (बेबी—अनु.) मेरुदण्डविहीन स्त्रियों की प्रजाति की थी। अपनी मोटी पत्नी के विराट आकार-प्रकार के चलते ल्यूपें उसके निष्काम प्रेम के मामले में चिन्तामुक्त रहता था।

"तुम्हारी पत्नी, वह आखिर है क्या?" रईस सार्कस एक दिन उससे पूछ बैठा, उसने कुछ ही समय पहले कुछ फर्नीचर खरीदा था और उसके बारे में ल्यूपें की राय "किसी काम का नहीं रह गया है" सुनकर वह अपने को रोक नहीं पाया।

"मेरी पत्नी तुम्हारी पत्नी जैसी नहीं है," ल्यूपें ने जवाब दिया; "उसे परिभाषित नहीं किया जा सकता।"

ऊपर से प्रफुल्ल और मस्तमौला दिखनेवाले नोटरी के पास एक चतुर मस्तिष्क था और वह इतना समझदार था कि अपनी सम्पत्ति के बारे में कभी चर्चा नहीं करता था जो रिगू से कम नहीं थी।

मोस्यू ल्यूपें का इकलौता बेटा एमोरी अपने बाप के लिए नई-नई परेशानियाँ खड़ी करता रहता था। वह घाटी के डॉन जुआनों में से एक था और अपने पैतृक पेशे को अपनाने के सख्त खिलाफ था। इकलौते बेटे की अपनी हैसियत का फायदा उठाकर वह तिजोरी को हल्का करने में लगा रहता लेकिन उसका पिता धीरज नहीं खोता था। अपने पुत्र के हर कारनामे के बाद वह बस इतना कहता था, "ठीक है, अपनी जवानी में मैं भी ऐसा ही था।" एमोरी कभी मदाम सूद्री के यहाँ नहीं जाता था। उसे कफे द ला पाइ की मस्तियाँ और बिलियर्ड्स ज्यादा पसन्द थे। वह सुलांश के सबसे घटिया लोगों के संग उठता-बैठता था, यहाँ तक कि बोनबाल भी उसका संगी था। अपने पिता की तमाम झिड़कियों का जवाब वह बस इसी अनुरोध से देता था : "मुझे वापस पेरिस भेज दीजिए क्योंकि यहाँ मैं ऊब से मरा जा रहा हूँ।"

सभी रसिकों की तरह ल्यूपें आखिर एक ऐसे प्रेम में पड़ गया था जो अर्द्ध-दाम्पतिक था। मदाम सार्कस के साथ अपने पुराने मेल-मिलाप के बावजूद इन दिनों वह म्युनिस्पल अदालत के अण्डर-शेरिफ की पत्नी और दुकानदार वाताब्ले की बेटी—मदाम यूफेमी प्लिसू

का दीवाना था जो दूसरे दर्जे के समाज में वैसे ही राज करती थी जैसे मदाम सूद्री अपने समाज में करती थी। ब्रूने का प्रतिस्पर्द्धी मोस्यू प्लिसू अपनी पत्नी के आचरण के चलते सुलांश के सभ्य समाज से एक हद तक बहिष्कृत था। कहा जाता था कि उसकी पत्नी यह सब उसकी मंजूरी से करती थी, और इस वजह से भद्रजनों का समाज उसे हिकारत की निगाह से देखता था।

यदि ल्यूपें भद्र समाज का संगीतकार था तो मोस्यू गूर्दों, कस्बे का डाक्टर, उनका वैज्ञानिक था। कस्बे के लोग उसके बारे में कहते थे : "यहाँ हमारे बीच आला दर्जे का एक वैज्ञानिक मौजूद है।" मदाम सूद्री ने (जो सोचती थी कि पिचिनी और ग्लुक का दरवाजे पर स्वागत करने और आपेरा के लिए मदाम लागुएर को सजाने के नाते उसे संगीत की समझ थी) अपने समाज को और खुद ल्यूपें को यकीन दिला दिया था कि वह चाहता तो अपनी आवाज के सहारे अमीर हो सकता था; और इसी तरह वह इस बात पर भी अफसोस जाहिर करती रहती थी कि डाक्टर अपने वैज्ञानिक विचारों को प्रकाशित नहीं कराता।

मोस्यू गूर्दों महज कुविए और बूफों* के विचारों को दोहराता भर था। सिर्फ इतने से शायद वह सुलांश की दुनिया के सामने खुद को वैज्ञानिक के रूप में पेश नहीं कर सकता था, लेकिन इसके अलावा वह शंखों-घोंघों का एक संग्रह बना रहा था, और उसके पास वनस्पतियों का एक संग्रह था, और उसे चिड़ियों में भुस भरना आता था। वह प्राकृतिक इतिहास का अपना संग्रह सुलांश शहर के नाम कर देने से मिली ख्याति के सहारे जीता था। इस तथ्य के प्रकाश में आने के बाद वह पूरे इलाके में महान प्रकृतिविद और बूफों के उत्तराधिकारी के रूप में प्रसिद्ध हो गया था। मोस्यू गूर्दों अत्यन्त सन्तुष्ट भाव से अपना विख्यात संग्रह लोगों को दिखाता था जिसमें एक भालू और बन्दर (जो दोनों ही सुलांश के रास्ते में मर गये थे), इलाके के तमाम किस्म के चूहे, छछूँदर, डॉरमाउस, मस्करैट आदि, बर्गण्डी में मारी गयी हर किस्म की चिड़ियाँ और जूरा के पहाड़ों में पकड़ा गया एक पहाड़ी बाज शामिल था। गूर्दों के पास लेपीडोप्टेरा का भी एक संग्रह था—इस शब्द को सुनकर सोसायटीवालों को उम्मीद जगी थी कि उन्हें कुछ खतरनाक जीव देखने को मिलेंगे लेकिन देखने पर उनके मुँह से निकला, "अरे, ये तो तितलियाँ हैं!"

काँच के दरवाजों वाले शेल्फों पर बिछा यह खजाना डाक्टर के मकान की पूरी पहली मंजिल पर बिखरा था। पर्चियों पर लिखे विचित्र नामों और तरह-तरह के रंगों से एक जादुई असर पैदा होता था। यहाँ वे सारी चीजें इकट्ठा थीं जिन पर प्राकृतिक रूप में कोई रत्तीभर भी ध्यान नहीं देता है लेकिन जो काँच के केस में खूब सराही जाती हैं। सोसायटी के लोग अकसर पूरे दिन का समय निकालकर मोस्यू गूर्दों का संग्रह देखने जाते थे।

"मेरे पास पाँच सौ पक्षिविज्ञानी नमूने, दो सौ स्तनपायी, पाँच हजार कीट, तीन सौर शंख व घोंघे और खनिजों के सात हजार नमूने हैं," वह सभी पूछने वालों को गर्व से बताता था।

---

* कुविए और बूफों—क्रमशः प्रसिद्ध फ्रांसीसी प्राणिशास्त्री और वनस्पतिशास्त्री।—अनु.

"कितना धीरज है आपके पास!" महिलाएँ कह उठती थीं।

"आदमी को अपने देश के लिए कुछ तो करना ही चाहिए," संग्रहकर्ता विनम्रता से उत्तर देता।

सिर्फ ये शब्द दोहराने से उसे अकूत लाभ होता था : "मैंने अपनी वसीयत में सब कुछ शहर के नाम कर दिया है।" आगन्तुक उसके परोपकार की प्रशंसा करते; और अधिकारी कहते थे कि संग्रहकर्ता के निधन के बाद टाउनहाल की दूसरी मंजिल को "गूर्दो संग्रहालय" के लिए दे दिया जायेगा।

"मुझे अपने नागरिक बन्धुओं की कृतज्ञता पर विश्वास है कि वे इस उपहार के साथ मेरा नाम जोड़ेंगे," वह कहता; "क्योंकि मुझे यह आशा तो नहीं करनी चाहिए कि वे मेरी संगमरमर की प्रतिमा लगवायेंगे—"

"इतना तो हम तुम्हारे लिए जरूर ही कर सकते हैं," लोग जवाब देते; "आखिर तुम हमारे शहर की शान हो।"

डाक्टर का भाई, कचहरी का क्लर्क गूर्दो एक दयनीय प्राणी था जिसके चेहरे का पूरा साँचा उसकी नाक पर इस तरह केन्द्रित था कि जैसे लगता था कि नाक ही माथे, गालों और मुँह का प्रस्थान-बिन्दु है और इन सबको नाक ने ही जोड़ रखा है। इस चुचके हुए-से छोटे कद के आदमी को सुलांश में बर्गण्डी के महानतम कवियों में से एक माना जाता था। इन दो भाइयों की दोहरी योग्यताओं के चलते कस्बे वाले कहते थे : "हमारे सुलांश में गूर्दो बन्धु रहते हैं—दोनों ऐसे गुणी व्यक्ति हैं जो पेरिस में भी किसी का भी मुकाबला कर सकते हैं।"

कप-और-गेंद के खेल के प्रेमी कचहरी के क्लर्क पर एक और भूत सवार था—वह इस खेल की शान में एक प्रशस्तिगान लिखना चाहता था जिसके पीछे अठारहवीं शताब्दी में लोग दीवाने थे। गूर्दो जूनियर ने नेपोलियन के शासनकाल के दौरान अपनी कविता को जन्म दिया। इसी तथ्य से पता चलता है कि वह काव्यविनोद की किस धारा का कवि था। ल्यूस द लांसीवाल, पार्नी, सैं-लाम्बेर, रूश, विगी, आन्द्रिओं और वेर्सू उसके आदर्श थे। देली उसका खुदा था लेकिन तभी तक जब तक एक दिन सुलांश के भद्रजनों के समाज ने यह प्रश्न उठा दिया कि क्या गूर्दो देली से बढ़कर नहीं है।

1780 से 1814 के बीच उत्पादित तमाम कविताएँ एक ही ढर्रे की थीं और कप-और-गेंद के बारे में गूर्दो द्वारा रची कविता से उनका अनुमान लगाया जा सकता है। इन सभी में चार सर्ग होते थे और कुछ (जैसेकि गूर्दो की कविता) वंदना से शुरू होती थीं।

कप और गेंद के खेल की प्रशस्ति गानेवाली ये महान पंक्तियाँ विल-ओ-फाये के एकमात्र छापेखाने के मालिक बूर्निए द्वारा पहली और आखिरी बार प्रकाशित हुईं। सौ ग्राहकों ने तीन-तीन फ्रैंक देकर इसे खरीदा, हालाँकि इन सौ व्यक्तियों ने उस कविता को शुरू से आखिर तक कम से कम सौ बार सुन रखा था। जहाँ तक इसके लेखक का प्रश्न है, जो अपने दिमाग में और भी कविताओं के होने का दावा करता था, उसके बारे में और जानने

के लिए बस यह उल्लेख करना काफी होगा कि उसने साहित्य जगत के अपने एक प्रतिद्वन्द्वी के बारे में सुलांश के भद्रजनों को किन शब्दों में बताया।

"आप लोगों ने यह दिलचस्प खबर सुनी है?" दो साल पहले उसने कहा था। "बर्गण्डी में एक और कवि है!" सबके चेहरों पर हैरत के भाव देखकर उसने आगे कहा, "हाँ, वह मेकों का रहने वाला है। लेकिन जो विषय वह उठाता है उसकी आप कल्पना भी नहीं कर सकते हैं—विचित्र घालमेल है, जिसका कुछ पल्ले नहीं पड़ता—बस झीलें, सितारे, लहरें और हवाएँ! एक भी दार्शनिक छवि नहीं, कोई शिक्षाप्रद भाव नहीं! उसे कविता का अर्थ भी नहीं मालूम। वह सीधे आकाश का नाम लेता है। वह चाँद को 'रात का मुसाफिर' कहने के बजाय उसे सीधे-सीधे 'चाँद' लिखता है। मौलिक बनने की ख्वाहिश लोगों का यही हश्र करती है," गूर्दो ने मुँह बिचकाकर कहा। "बेचारा नौजवान! बर्गण्डी का होकर ऐसी चीजें लिखता है! कितने दुख की बात है! अरे उसने मुझसे पूछा होता तो मैं उसे श्रेष्ठतम विषय सुझाता—बश्शीद की वाइन पर कविता लिखो; मैं तो अब इसके लिए जरा बूढ़ा हो चुका हूँ।"

इस महाकवि की सबसे बड़ी उपलब्धि यही थी कि वह सुलांश शहर में रहता था जो अपने आप में इतना मगन और ऐसा कूपमण्डूक था कि उसे आधुनिक कवियों के नाम तक नहीं मालूम थे।

सार्कस भूरे चितकबरे बालों वाला एक आकर्षक व्यक्ति था जिसकी दो ही चीजों में रुचि थी—एक तो कानून में और दूसरी बागवानी में। पिछले बारह साल से वह दीवानी अदालतों की संस्था के इतिहास पर एक पुस्तक लिखने पर विचार कर रहा था। उसका कहना था कि "इस संस्था की राजनीतिक और न्यायिक भूमिका प्राचीन काल से चली आ रही थी और राष्ट्र के लिए अत्यन्त महत्त्वपूर्ण इस संस्था की शक्ति अब कम हो गयी थी क्योंकि इसके कार्यों के महत्व की तुलना में वेतन अत्यल्प थे।" उसे समुदाय में एक योग्य व्यक्ति माना जाता था और वह मदाम सूद्री के बैठककक्ष का राजनीति विशारद था; इससे आप फौरन ही समझ गये होंगे कि वह वहाँ का सबसे उबाऊ मेहमान था। लोग कहते थे कि वह पुस्तक की तरह बातें करता है। गोबर्ते की भविष्यवाणी थी कि उसे एक दिन लीज़न आफ ऑनर मिलेगा, लेकिन तब तक नहीं जब तक कि लक्लर्क के उत्तराधिकारी के रूप में वह चैम्बर में वाम-मध्य की बेंचों पर स्थान नहीं पा जायेगा।

टैक्स कलेक्टर गुएर्बे तैलयुक्त चेहरे वाला एक मोटा, भारी-भरकम व्यक्ति था जिसकी गंजी चाँद के बीच में बालों का एक गुच्छा था और जो सोने की बालियाँ पहनता था जो उसके कॉलर में उलझती रहती थीं। उसे फल उगाने का शौक था। वह बड़े फख्र से कहता था कि उसके पास पूरे इलाके में सबसे बढ़िया फलों का बगीचा है। उसके बगीचे में पेरिस के बगीचों से एक महीने बाद फल आते थे और वह उस समय बड़ी शान से मदाम सूद्री के पास स्ट्राबेरी के गुच्छे लेकर जाता था जबकि पेरिस में यह फल दस सू फी टोकरी की दर से कहीं भी खरीदा जा सकता था।

सुलांश में वेर्मू नाम का एक केमिस्ट भी था। सार्कस जितना राजनीति विशारद था, या ल्यूपें जितना गायक था, या गूर्दो जितना वैज्ञानिक था या उसका भाई जितना कवि था, उससे बढ़कर वह केमिस्ट था। फिर भी सुलांश के भद्रजनों का समाज वेर्मू पर ज्यादा ध्यान नहीं देता था और दूसरे दर्जे का समाज तो बिल्कुल ही ध्यान नहीं देता था। यह व्यक्ति बोलता कम था मगर उनकी बेहूदगियों पर इतने व्यंग्य से मुस्कुराता था कि शुरू में उन्होंने उसकी क्षमताओं पर सन्देह व्यक्त किया और फिर उसके खिलाफ तरह-तरह की कानाफूसियाँ शुरू कर दीं।

वेर्मू मदाम सूद्री के बैठककक्ष में सबके निशाने पर रहता था। कोई भी सोसायटी किसी शिकार के बिना, किसी ऐसे व्यक्ति के बिना अधूरी होती है जिस पर दया की जाये, जिसका मजाक उड़ाया जाये, जिसका तिरस्कार किया जाये और जिसे संरक्षण दिया जाये। अपनी वैज्ञानिक समस्याओं में डूबा वेर्मू अकसर अस्त-व्यस्त हालत में वहाँ पहुँच जाता था; उसका गुलूबन्द खुला रहता, वास्कट के बटन बन्द नहीं होते और उसके हरे कोट पर धब्बे होते थे।

किसी भी केमिस्ट की तरह धैर्यवान यह छोटा-सा व्यक्ति भी मदाम वेर्मू के संग का आनन्द नहीं उठा सकता था। वह एक आकर्षक स्त्री, एक जिन्दादिल स्त्री, और एक महँगी संगिनी थी (क्योंकि वह ताश के खेल में बिना परेशान हुए चालीस सू हार सकती थी) जो अपने पति को कोसती रहती थी, अपने सुभाषितों से उसकी एकाग्रता भंग करती थी और उसे एक ऐसा निकम्मा घोषित कर चुकी थी जो अपनी कीमियागिरी से ऊब के सिवा और कुछ नहीं पैदा कर सकता था। मदाम वेर्मू उन स्त्रियों में से थी जो किसी छोटे कस्बे की सोसायटी में मनोरंजन की गाड़ी को ईंधन देती हैं। वह इस छोटी-सी दुनिया की विदूषक थी। उसके चुटकुले प्रायः फूहड़ होते थे लेकिन सोसायटी इसका बुरा नहीं मानती थी, हालाँकि वह सफेद बालों वाले सत्तर बरस के पुरोहित तोपें से भी बेझिझक यह कह सकती थी, "अपना मुँह बन्द रखो, बेटे।"

सुलांश के चक्कीवाले की एक ही बेटी थी जिसे ल्यूपें अपने बेटे एमोरी के लिए चाहता था क्योंकि गोबर्तें की बेटी से उसकी शादी करा पाने की उम्मीद वह खो चुका था। सार्कस-तोपें नाम का यह चक्कीवाला उस छोटे कस्बे का नुसेंजां था। माना जाता था कि उसके पास लाखों की सम्पत्ति है लेकिन वह कभी दूसरों के साथ कारोबार नहीं करता था। उसका सारा ध्यान बस गेहूँ पीसने और उस पर अपना एकाधिकार कायम रखने पर रहता था। उसके व्यक्तित्व की सबसे उल्लेखनीय बात थी शिष्टता और सलीके का पूर्ण अभाव।

कोंशे के पोस्टमास्टर के बड़े भाई गुएर्बे के पास टैक्स कलेक्टर के रूप में अपने वेतन के अलावा दस हजार फ्रैंक सालाना की अतिरिक्त आमदनी थी। गूर्दो बन्धु भी अमीर थे। डाक्टर ने जंगलात और जलधाराओं के हाकिम बूढ़े मोस्यू जांद्रां-वातेब्ले की इकलौती बेटी से शादी की थी और परिवारवाले बूढ़े के जल्दी ही मर जाने की आशा लगाये थे। कवि गूर्दो सुलांश के पुरोहित एबे तोपें की भतीजी और उसकी एकमात्र वारिस का पति था।

यह चतुर पुरोहित भद्रजनों की सोसायटी के प्रति समर्पित था, दूसरे दर्जे की सोसायटी के प्रति उदारता और दयालुता प्रदर्शित करता था और गरीबों तथा अभागों के लिए अपने उपदेशों के साथ हमेशा तैयार रहता था, इसलिए वह पूरे शहर का प्यारा था। वह चक्कीवाले और सार्कस बन्धुओं का रिश्तेदार था और इसलिए मध्यतंत्र का एक हिस्सा था। वह हमेशा बाहर खाना खाकर पैसे बचाता था। वह शादियों में जाता था लेकिन नाच शुरू होने से पहले लौट आता था लेकिन प्रार्थनासभा का खर्च वह खुद उठाता था, यह कहते हुए कि, "यह मेरा धंधा है।" उसके जजमान उसे यह करने देते थे और एक स्वर से कहते थे, "हमें बहुत बढ़िया पुरोहित मिला है।" बिशप सुलांश के लोगों को जानता था और पादरी के महत्व से अच्छी तरह परिचित था; इसलिए वह इस कस्बे में एक ऐसे आदमी को रखकर खुश था जिसने धर्म को स्वीकार्य बना दिया था और जो यह जानता था कि अपना चर्च लोगों से कैसे भरा जाये और ऊँघते लोगों को प्रवचन कैसे दिया जाये।

यह बताने की जरूरत नहीं है कि न केवल इन सम्मानित बर्गरों में से हरेक के पास ऐसी कोई न कोई खासियत थी जो प्रान्तों में जीने के लिए आवश्यक होती है, बल्कि हरेक अपने आपको अपने-अपने क्षेत्र में बेजोड़ मानता था। पेर गुएर्बे वित्त की समझ रखता था, सूद्री चाहता तो युद्ध मंत्री हो सकता था और अगर कुविए उस रास्ते से गुजरा होता तो सुलांश के भद्रजन यह साबित कर देते कि मोस्यू गूर्दों की तुलना में उसे कुछ भी नहीं आता। "एडोल्फ नूरित अपनी पतली-सी आवाज लेकर सुलांश के बुलबुल का क्या मुकाबला करेगा," नोटरी कहता था। जहाँ तक "कप-और-गेंद" के लेखक का प्रश्न था, सोसायटी को पूरा विश्वास था कि अब जबकि देली नहीं रहा तो उसकी टक्कर का कवि पेरिस में भी नहीं मिलेगा।

जो कोई भी किसी छोटे शहर में थोड़े समय तक रहा हो वह इन लोगों के चेहरे पर असीम तुष्टि के भाव की कल्पना कर सकता है, जो मानते थे कि वे ही फ्रांस के केन्द्र हैं। इनमें से हरेक में शरारत करने की अद्‌भुत निपुणता और चतुराई थी और हरेक कहता था कि एसलिंग का हीरो कायर था, मदाम द मोंतकोर्ने एक तिकड़मी पेरिसवाली छिनाल थी और एबे ब्रोसेत एक महत्वाकांक्षी क्षुद्र पादरी था।

अगर रिगू, सूद्री और गोबर्तें विल-ओ-फाये में ही रहते तो उनमें झगड़ा हो गया होता; उनके तमाम आडम्बर एक-दूसरे से टकरा जाते। लेकिन विधि का विधान था कि ब्लांगी के लुकुलस को एकांत प्रिय था ताकि वह सूदखोरी और विलासिता में बेखटक लोटपोट हो सके और इसके लिए उसे ब्लांगी ही सर्वाधिक उपर्युक्त लगता था; मदाम सूद्री इतनी होशियार थी कि समझ सके कि उसका राज सुलांश के अलावा और कहीं नहीं चल सकता; और विल-ओ-फाये गोबर्तें के कारोबार का अड्डा था। जिन्हें सामाजिक प्रवृत्तियों का अध्ययन करने में मजा आता है, वे यह मानेंगे कि जनरल मोंतकोर्ने के खतरनाक दुश्मनों का इस तरह अलग-अलग रहना उसके लिए अत्यन्त दुर्भाग्यपूर्ण था। एक-दूसरे से दूरी पर रहते हुए वे अपनी-अपनी शक्ति और अहंकार को इस तरह बढ़ा सकते थे कि किसी नक्षत्र

की कक्षा दूसरे की कक्षा से उलझती नहीं थी—और इसका अंजाम यह था कि नुकसान पहुँचाने की उनकी ताकत दोगुनी और तिगुनी हो जाती थी।

बहरहाल, हालाँकि अपनी उपलब्धियों पर गर्व से फूले ये तमाम बूर्ज्वा अपनी सोसायटी को विल-ओ-फाये के मुकाबले अत्यन्त श्रेष्ठ मानते थे और हास्यास्पद घमण्ड के साथ यह स्थानीय कहावत दोहराते थे, "सुलांश सोसायटी और आमोद-प्रमोद का शहर है," लेकिन इससे यह नहीं मान लेना चाहिए कि विल-ओ-फाये इस श्रेष्ठता को स्वीकार करता था। गोबर्ते की बैठकों में (अप्रकट ढंग से) सूद्री की बैठकों की खिल्ली उड़ायी जाती थी। जिस अंदाज में गोबर्ते कहता था, "हम वास्तविक कारोबार में लगे वित्तीय लोग हैं; हमें दौलत बनाने में खुद को थका डालने की लत लगी है," उससे धरती और चाँद के बीच एक छुपी हुई शत्रुता का अनुमान आसानी से लगाया जा सकता था। चाँद खुद को धरती के लिए उपयोगी मानता था और धरती चाँद को अपने ढंग से चलाती थी। लेकिन धरती और चाँद के बीच अत्यन्त घनिष्ठ अंतरंगता थी। कार्निवाल के दौरान सुलांश के भद्रजन गोबर्ते, जाद्रें, लक्लर्क और सूद्री के बेटे (जो विल-ओ-फाये का सरकारी वकील था) द्वारा दी जाने वाली चार नाच पार्टियों में एक साथ जाते थे। हर इतवार को सूद्री जूनियर, उसकी पत्नी, मोस्यू, मदाम और मदमोज़ाल एलिज़े गोबर्ते सुलांश में सूद्री दम्पति के साथ खाना खाते थे। कभी-कभी वहाँ सब-प्रीफेक्ट भी आमंत्रित होता था और कोंशे का पोस्टमास्टर भी रोटी-पानी के लिए पहुँच जाता था और तब सूद्री की हवेली के दरवाजे पर चार-चार सरकारी गाड़ियों का दृश्य देखने लायक होता था।

अध्याय दो

रानी की बैठक के षडयंत्रकारी

करीब साढ़े पाँच बजे सुलांश पहुँचे रिगू को यकीन था कि सूद्री के यहाँ आमतौर पर इकट्ठा मण्डली से उसकी मुलाकात होगी। पिछली शताब्दी के रिवाज के मुताबिक शहर के ज्यादातर घरों की तरह वहाँ भी खाने का नियत समय तीन बजे था। पाँच से नौ बजे तक सुलांश के गणमान्य व्यक्ति मदाम सूद्री की बैठक में जुटते थे जहाँ वे खबरों का आदान-प्रदान करते थे, अपने राजनीतिक भाषण दागते थे, घाटी के हर व्यक्ति के निजी जीवन पर टिप्पणियाँ करते थे और लेस ऐग्यू के बारे में बातें करते थे। यह अन्तिम विषय रोज कम से कम एक घण्टे तक बातचीत को गर्माये रहता था। कहाँ क्या-कुछ चल रहा है, इसकी जानकारी लेने और साथ ही गृहस्वामिनी को सलाम बजाने के लिए हर कोई वहाँ आता था।

इस आरम्भिक बातचीत के बाद वे बोस्टन खेलते थे, क्योंकि रानी को एकमात्र यही खेल समझ में आता था। जब मोटा गुएर्बे गोबर्ते की पत्नी मदाम इसोर की सुस्त अदाओं, पतली आवाज, चुचके हुए मुँह और बचकाने तौर-तरीकों की नकल उतार चुकता; जब पादरी तोपें अपने घिसे हुए किस्सों में से कोई एक दोहरा चुका होता; जब ल्यूपें विल-ओ-फाये की किसी घटना का वर्णन कर चुका होता और मदाम सूद्री की घृणास्पद सीमा तक प्रशंसा की जा चुकी होती, तो मण्डली सन्तुष्ट भाव से कहती थी : "आज बोस्टन खेलने में बड़ा मजा आया।"

बुद्धिमत्ता और शिक्षा में इस क्षुद्र सोसायटी से काफी ऊपर रिगू महज मेजबानों की बेमतलब और नीरस बातें सुनने और एक बूढ़ी तितली के भेस में पेरिस की एक बन्दरिया को देखने के लिए सूद्री के घर जाने की जहमत कभी नहीं उठाता था, बशर्ते काम-काज के सिलसिले में उसे ल्यूपें से मिलने न आना पड़े।

लम्बा और कड़ियल सूदखोर हमेशा ही मदाम सूद्री की मण्डली पर एक जबर्दस्त असर छोड़ता था। उन्हें उसके स्वभाव में फौलाद के पंजोंवाले बाघ की क्रूरता, एक जंगली की चालाकी, और ऐसे व्यक्ति का काइयाँपन दिखाई देता था जो एक मठ में जन्मा था और स्वर्ण-सूर्य की किरणों से परिपक्व हुआ था। एक ऐसा आदमी जिस पर गोबर्ते अब तक पूरी तरह भरोसा नहीं कर पाया था।

जैसे ही छोटी-सी हरे रंग की गाड़ी और कुम्मैत घोड़ा कफे द ला पाइ के बगल से गुजरे, डाइनिंग रूम की खिड़की के बाहर बेंच पर बैठकर कफे के मालिक से बातें कर रहे सूद्री के नौकर उर्बाएं ने आँखों पर हथेली से ओट करके देखने की कोशिश की कि कौन आ रहा है।

"यह तो पेर रिगू हैं," उसने कहा। "मैं जाकर फाटक खोलता हूँ। उनके घोड़े को सँभालो, सोकार।" वह मकान के पीछे से घूमकर अहाते का फाटक खोलने चला गया। भूतपूर्व सैनिक उर्बाएं सशस्त्र पुलिस में भर्ती नहीं हो पाया था और इसलिए सूद्री के घर पर काम करता था।

सोकार घाटी की एक प्रसिद्ध शख्सियत था लेकिन, जैसाकि अभी आपने देखा, नौकर भी उससे बिना कोई खास आदर दिखाये बात करते थे। पर ऐसा बहुत से ख्यातिप्राप्त लोगों के साथ होता है जो इतने भले होते हैं कि बिल्कुल साधारण मनुष्यों की तरह ही चलते और छींकते और सोते और खाते हैं।

हरक्युलिस की तरह ताकतवर सोकार ग्यारह सौ पौण्ड का वजन उठा सकता था, किसी आदमी की पीठ पर उसके मुक्के का एक प्रहार रीढ़ की हड्डी के दो टुकड़े कर सकता था, वह हाथों से लोहे की छड़ मोड़ सकता था या एक घोड़े की बग्घी को पीछे से पकड़कर रोक सकता था। क्रोटोना के माइलो की तरह उसकी ख्याति पूरी घाटी में फैल गयी थी और उसके बारे में तमाम तरह के मूर्खतापूर्ण किस्से प्रचलन में थे, जैसाकि सभी प्रसिद्ध व्यक्तियों के साथ होता है। कहा जाता था कि एक बार वह एक बूढ़ी औरत को

उसके गधे और टोकरी सहित पीठ पर लादकर बाजार ले गया था, या एक बार वह पूरा साँड़ अकेले खा गया था या वह एक दिन में चौथाई पीपा वाइन पी जाता था। किसी विवाह योग्य कन्या की तरह विनम्र सोकार के चेहरे पर हमेशा शान्ति विराजमान रहती थी। वह ठिगने कद और दोहरे बदन का व्यक्ति था; उसके कंधे काफी चौड़े थे और सीना बहुत गहरा था जहाँ उसके फेफड़े भट्ठी की धौंकनी की तरह चलते थे, लेकिन उसकी आवाज बाँसुरी जैसी थी और उसके नाजुक स्वर को पहली बार सुननेवाला चकित रह जाता था।

तोंसार की तरह, जिसकी ख्याति उसे अपने आक्रामक तेवर का प्रमाण देने की आवश्यकता से बरी कर देती थी, सोकार भी अपने दोस्तों की फरमाइश के अलावा कभी अपने असाधारण बाहुबल का प्रदर्शन नहीं करता था।

''घर पर सब लोग ठीक-ठाक हैं, मोस्यू रिगू?'' विख्यात भटियारे ने पूछा।

''बिल्कुल ठीक हैं, दोस्त,'' रिगू ने जवाब दिया। ''क्या प्लिसू और बोनबाल और विओले और एमोरी अब भी तुम्हारे अच्छे ग्राहक हैं?''

खुशमिजाजी और सरोकार के लहजे में पूछा गया यह प्रश्न यूँही औपचारिकतावश नहीं पूछा गया था। फुरसत के समय रिगू लेस ऐग्यू ''काण्ड'' के छोटे से छोटे ब्यौरे के बारे में सोचता रहता था और फूर्शो उसे चेता चुका था कि प्लिसू, बोनबाल और सशस्त्र पुलिस के बिग्रेडियर विओले के बीच बढ़ती अन्तरंगता के पीछे दाल में कुछ काला जरूर है।

बोनबाल, जुए में हारे कुछ फ्रैंक के भुगतान के बदले तोंसार के यहाँ सुनी गयी गोपनीय बातें विओले को बता सकता था, या दारू चढ़ाने के बाद वह अनजाने ही यह सब बक सकता था। इस बात की पूरी आशंका थी कि ऊदबिलावों के बूढ़े शिकारी की सूचनाएँ गले की खुश्की से प्रेरित हों, इसलिए रिगू उन पर प्रायः ध्यान नहीं देता था, लेकिन प्लिसू को लेकर उसके मन में खटका था क्योंकि उसकी मौजूदा हैसियत उसे लेस ऐग्यू के विरुद्ध बने गठबन्धन के खिलाफ काम करने के लिए प्रेरित कर सकती थी, चाहे दोनों में से किसी एक पक्ष से कुछ ऐंठने के लिए ही सही।

प्लिसू अण्डर-शेरिफ के अपने कर्तव्यों के साथ-साथ कुछ और धंधे भी करता था जिनसे उसकी मामूली सी ही कमाई हो पाती थी। वह बीमा एजेण्ट (एक नये किस्म का उद्यम जो अभी-अभी फ्रांस में शुरू हो रहा था) के काम के अलावा एक ऐसी सोसायटी के एजेण्ट का भी काम करता था जो फौजी भर्ती से बचने के उपाय सुझाती थी। उसका अपर्याप्त वेतन और बिलियर्ड्स तथा उबली वाइन के प्रति उसके प्रेम के चलते उसका भविष्य अनिश्चित था। फूर्शो की तरह, वह कुछ न करने की कला का अभ्यास करता था और इस उम्मीद में जीता था कि कभी न कभी उसके भाग्य से दौलत का छींका टूटेगा। वह भद्रजनों की सोसायटी से नफरत करता था लेकिन उसने इसकी ताकत आँक ली थी। सिर्फ वही गोबर्तें द्वारा संगठित मध्यवर्गों के गठबन्धन की गहरी जानकारी रखता था, और वह सुलांश और विल-ओ-फाये के धनी लोगों की खिल्ली उड़ाता रहता था, मानो वह अकेले ही प्रतिपक्ष का प्रतिनिधित्व करता हो। उसके पास न पैसे थे और न सम्मान, इसलिए वह

ऐसा व्यक्ति नहीं लगता था जिससे पेशेवर तौर पर डरा जाये, और ब्रूने ऐसा प्रतिस्पर्धी पाकर खुश था जिससे सभी चिढ़ते थे। वह जानबूझकर उसे संरक्षण और मदद देता था ताकि कहीं वह अपना धंधा बोनाक जैसे किसी उत्साही नौजवान को न सौंप दे।

"इन लोगों की बदौलत गाड़ी चलती रहती है," सोकार ने कहा। "लेकिन लोग मेरी उबली वाइन की नकल करने की कोशिश कर रहे हैं।"

"उन पर मुकदमा कर दो," रिगू ने अर्थपूर्ण ढंग से कहा।

"यह तो बहुत लम्बा खिंचेगा," भटियारे ने जवाब दिया।

"क्या तुम्हारे ग्राहकों में आपस में अच्छी छनती है?"

"हाँ, सन्तोषजनक ढंग से; कभी-कभी वे झगड़ पड़ते हैं लेकिन जुआड़ियों के लिए तो यह स्वाभाविक ही है।"

अब तक वे सूद्री के बैठककक्ष की चौक की ओर खुलनेवाली खिड़की के सामने पहुँच चुके थे। अपनी पुत्रवधू के पिता को पहचानकर सूद्री उसका स्वागत करने बाहर पोर्टिको में निकल आया।

"आओ बन्धु, क्या ऐनेत बीमार है जो तुम आज की शाम हमारा साथ देने आ गये हो?"

सशस्त्र पुलिस में रहने के दौरान पड़ी पुरानी आदत के चलते सूद्री हमेशा सीधे असल मुद्दे पर आ जाता था।

"नहीं, कुछ गड़बड़ होने वाली है," रिगू ने अपनी ओर बढ़े सूद्री के हाथ को अपनी दाहिनी तर्जनी से छूते हुए जवाब दिया। "मैं इसी के बारे में बात करने आया हूँ क्योंकि यह मामला हमारे बच्चों से जुड़ा है—"

सूद्री एक आकर्षक पुरुष था जो अब भी काले कॉलरवाली नीली पोशाक पहनता था और जूतों में स्पर लगाता था मानो वह अब भी पुलिसवाला हो। उसने रिगू की बाँह थामी और उसे अपनी जबर्दस्त अर्द्धांगिनी से मिलवाने ले गया। बारजे का काँच का दरवाजा खुला हुआ था और मेहमान उस खूबसूरत शाम का आनन्द लेते हुए इधर-उधर टहल रहे थे।

"आपको देखे हुए अरसा हो गया, प्रिय रिगू," मदाम सूद्री ने कहा और भूतपूर्व बेनेडिक्टाइन भिक्षु का हाथ थामकर उसे बाहर बारजे पर ले गयी।

"मेरा हाजमा काफी परेशान कर रहा है!" उसने जवाब दिया, "देखिये! मेरा रंग आप ही की तरह पीला हो गया है।"

बारजे पर रिगू के प्रकट होते ही वहाँ जुटी मण्डली में जैसे उल्लासपूर्ण अभिवादनों का विस्फोट हो गया।

"अहा, ब्लांगी के हमारे महाप्रभु कैसे हैं?" मजिस्ट्रेट सार्कस ने कहा।

"महाप्रभु!" रिगू ने कड़वाहटभरे लहजे में जवाब दिया, "मैं तो अब अपने गाँव का मुर्गा भी नहीं रहा।"

"लेकिन मुर्गियाँ ऐसा नहीं मानतीं!" मदाम सूद्री ने अपने पंखे से उसकी बाँह पर

हल्के से थपकी देते हुए कहा।

"सब ठीक है, मेरे मालिक?" नोटरी ने अपने मुख्य ग्राहक के सामने झुककर कहा।

"बिल्कुल ठीक," रिगू ने एक बार फिर अपने अन्तर्वादी के हाथ में अपनी तर्जनी रखते हुए जवाब दिया।

हाथ मिलाने का रिगू का यह ठण्डा और शुष्क अंदाज किसी नये व्यक्ति को भी उसके व्यक्तित्व के बारे में बहुत कुछ बता देता था।

"किसी ऐसी जगह चलें जहाँ हम अकेले में बातें कर सकें," ल्यूपें और मदाम सूद्री की ओर देखते हुए सूदखोर ने कहा।

"हम बैठक में वापस चलते हैं," रानी ने जवाब दिया।

"अब उस बनिये ने क्या किया?" सूद्री ने अपनी पत्नी के बगल में बैठते और उसकी चौड़ी कमर में हाथ डालते हुए पूछा।

तमाम बूढ़ी औरतों की तरह मदाम सूद्री स्नेह के ऐसे सार्वजनिक प्रदर्शन के बदले बहुत कुछ माफ कर देती थी।

"तुम्हें पता नहीं," सतर्कता बरतने का संकेत देते हुए रिगू ने धीमी आवाज में कहा, "कानून को सख्ती से लागू कराने की माँग करने के लिए वह प्रीफेक्चर गया है। वह अधिकारियों की मदद चाहता है।"

"फिर वह गया काम से," ल्यूपें ने खुशी से हाथ मलते हुए कहा; "किसान लड़ाई करेंगे।"

"लड़ाई!" सूद्री ने चिन्तित स्वर में कहा, "यह हालात पर निर्भर करता है। अगर प्रीफेक्ट, जो जनरल का दोस्त है, घुड़सवार फौज की एक टुकड़ी भेज देता है तो किसान लड़ नहीं सकते। संकट में पड़ जाने पर हो सकता है वे सशस्त्र पुलिस को खदेड़ भी दें लेकिन जहाँ तक घुड़सवार फौज के हमले के सामने टिकने का सवाल है–"

"सिबिले ने उसे इससे भी ज्यादा खतरनाक बात करते हुए सुना है," रिगू ने कहा; "और इसी वजह से मैं यहाँ आया हूँ।"

"ओह, बेचारी सोफी!" मदाम सूद्री अपनी "मित्र" मदमोज़ाल लागुएर को याद करके भावुक स्वर में बोल उठी, "लेस ऐग्यू कैसे हाथों में पड़ गया है! क्रान्ति से हमें यही मिला है!–शेखीबाज फौजी अफसरों की जमात! हमें पहले ही यह देख लेना चाहिए था कि जब भी बोतल को पलटा जायेगा तो तलछट वाइन को खराब कर देगी!"

"वह यहाँ के सारे अदालती अफसरों को बदलवाने के लिए पेरिस जाकर कानून मंत्री और दूसरे लोगों के कान भरना चाहता है," रिगू ने कहा।

"ओहो!" ल्यूपें ने चिंहुककर कहा, "तो उसे अपने खतरे का अन्दाजा है।"

"अगर वे मेरे दामाद को एटार्नी-जनरल नियुक्त कर दें तो भी हमारा कुछ भला नहीं होने वाला; जनरल उसे हटवाकर अपने हितों के प्रति समर्पित किसी पेरिसवाले को रखवा देगा," रिगू बोलता रहा। अगर उसने जाद्रें को पेरिस भिजवा दिया और गुएर्बे को औग्ज़ेयर

की अदालत का मुख्य न्यायाधीश बनवा दिया तो समझो हमारा खेल खत्म! पुलिस अब उसकी ओर है, और अगर उसने अदालत को भी अपनी ओर कर लिया, और पादरी और मिशॉ जैसे उसके सलाहकार रहे तो हमारे चैन से सोने के दिन गये; वह हमारे साथ कोई न कोई कमीनी चाल जरूर चलेगा।"

"पिछले पाँच वर्षों में तुम उस पादरी की छुट्टी कैसे नहीं कर पाये?" ल्यूपें ने कहा।

"तुम उसे जानते नहीं हो, वह कौवे की तरह शंकालु है," रिगू ने जवाब दिया। "अरे वह पादरी, वह तो मर्द ही नहीं है; वह औरतों की जरा भी फिक्र नहीं करता; मैं यह भी नहीं पता लगा सका कि उसका और कोई शौक है; वह ऐसी कोई कमजोरी प्रदर्शित ही नहीं करता जिस पर हमला किया जा सके। जनरल तो अपने गर्म मिजाज के चलते हमें हमला करने के मौके तश्तरी में रखकर देता है। जिस इंसान की कोई कमजोरी होती है वह अपने दुश्मनों के हाथ का खिलौना होता है, बशर्ते उन्हें उसका लाभ उठाना आता हो। मजबूत आदमी बस वही होते हैं जो अपने व्यसनों के गुलाम न हों। किसान बिल्कुल ठीक हैं; पादरी के खिलाफ उनकी नफरत भड़की हुई है, लेकिन अभी हम कुछ नहीं कर सकते। अपने ढंग से वह भी मिशॉ की तरह है; ऐसे लोग इस दुनिया के लिए कुछ ज्यादा ही अच्छे हैं—ईश्वर को उन्हें अपने पास बुला लेना चाहिए।'

"अगर हम उसकी सीढ़ियाँ साफ करने के लिए कोई सुन्दर नौकरानी लगवा सकें तो यह एक कारगर योजना साबित हो सकती है," मदाम सूद्री ने टिप्पणी की। इन शब्दों पर रिगू चौंक पड़ा जैसे एक धूर्त दूसरे की धूर्तता को पहचानकर चौंकता है।

"बनिये की एक और कमजोरी है," उसने कहा; "वह अपनी पत्नी को प्यार करता है। हम उधर से भी उसे पकड़ सकते हैं।"

"हमें पता लगाना चाहिए कि उसका जनरल पर कितना असर है," मदाम सूद्री बोली।

"यही तो मुश्किल है!" ल्यूपें ने कहा।

"और तुम, ल्यूपें," रिगू ने अधिकारपूर्ण लहजे में कहा, "फौरन प्रीफेक्चर के लिए रवाना हो जाओ और जाकर सुन्दरी मदाम सार्कस से मिलो। तुम्हें उसके जरिये यह सब पता लगाना होगा कि बनिये ने प्रीफेक्चर में क्या कहा और क्या किया।"

"फिर तो मुझे सारी रात रुकना पड़ेगा," ल्यूपें ने जवाब दिया।

"रईस सार्कस के लिए अच्छा ही होगा; वह फायदे में रहेगा," रिगू ने कहा। "वह अब भी पुरानी नहीं पड़ी है, मदाम सार्कस—"

"ओह! मोस्यू रिगू," मदाम सूद्री ने ठुमककर कहा, "क्या स्त्रियाँ भी कभी पुरानी पड़ती हैं?"

"मदाम सार्कस के बारे में आपकी बात सही हो सकती है; वह आईने के सामने बैठकर रंग-रोगन नहीं पोतती," रिगू ने पलटकर जवाब दिया। वह कोशे के प्राचीन सौन्दर्य के प्रदर्शन से हमेशा भन्नाया रहता था।

मदाम सूद्री, जो सोचती थी कि वह तो बस रूज का हल्का-सा पुट इस्तेमाल करती

है, इस कटाक्ष को समझी नहीं और पूछ बैठी :

"क्या वाकई औरतें रंग-रोगन इस्तेमाल करती हैं?"

इस मूर्खतापूर्ण प्रश्न का उत्तर दिये बिना रिगू ने कहा, "ल्यूपें, कल सुबह ही गोबर्ते के घर जाना। उसे बताओ कि मेरे साथी मेयर और मैं (सूद्री की जाँघ पर हाथ मारते हुए) कल उसके साथ नाश्ता करेंगे। उसे सब कुछ बता देना ताकि मिलने से पहले हम सब इसके बारे में अच्छी तरह सोच लें। उस बदजात बनिये को ठिकाने लगाने का समय आ गया है। यहाँ आते समय मैं अच्छी तरह सोच-समझकर इस नतीजे पर पहुँचा हूँ कि सबसे अच्छा यह होगा कि अदालतों और उसके बीच झगड़ा करा दिया जाये ताकि कानून मंत्री उसके कहने पर जजों को बदलने के बारे में दस बार सोचे।"

"शाबास, चर्च के बेटे!" रिगू के कंधे पर हाथ मारकर ल्यूपें खुशी से चहक उठा।

यहीं मदाम सूद्री के दिमाग में एक विचार कौंधा जो सिर्फ ऑपेरा गायिका की भूतपूर्व परिचारिका को ही सूझ सकता था।

उसने कहा, "अगर बनिये को सुलांश के मेले में लाया जा सके और उसके सामने कोई ऐसी जोरदार लड़की लायी जाये जिसे देखकर उसका दिमाग घूम जाये तो हम आसानी से उसकी बीवी को उसके खिलाफ भड़का सकते हैं। हम उसके कान भरेंगे कि फर्नीचरसाज के उस बेटे ने फिर से पहले की तरह इश्कबाजी शुरू कर दी है।"

"वाह, मेरी सुन्दरी!" सूद्री ने कहा, "तुम्हारी खोपड़ी में पेरिस के पुलिस चीफ से भी ज्यादा दिमाग है।"

"इस बात से साबित होता है कि मदाम अपनी खूबसूरती के साथ-साथ अपने दिमाग से भी राज करती हैं।" ल्यूपें ने कहा।

"अगर हम इसे एक अच्छे-खासे लफड़े में बदल दें तो हमें और भी फायदा हो सकता है," कुछ देर सोचकर रिगू ने कहा।

"शिकायत और दोषारोपण! पुलिस अदालत में मुकदमा!" ल्यूपें ने चीखकर कहा। "वाह! यह तो शानदार होगा!"

"अद्‌भुत!" सूद्री बेबाक लहजे में बोला। "कितना अच्छा लगेगा कि जब हम देखेंगे कि कोम्त द मोंतकोर्ने, लीज़न आफ ऑनर के ग्रैण्ड क्रासधारी, आर्डर आफ सेण्ट लुई के कमाण्डर और लेफ्टीनेण्ट-जनरल पर इल्जाम लगाया जायेगा कि उसने, एक सार्वजनिक स्थल पर, एक युवती के साथ–जरा सोचो तो!"

"वह अपनी पत्नी को कुछ ज्यादा ही चाहता है," ल्यूपें ने सोचते हुए कहा। "उसे इस हद तक नहीं लाया जा सकता।"

"वह तो कोई बाधा नहीं है," रिगू ने टिप्पणी की; "लेकिन मैं इस पूरे इलाके में ऐसी एक भी लड़की को नहीं जानता हूँ जो एक संत को पापी बना सकती हो। मैं खुद पादरी के लिए ऐसी लड़की तलाश रहा हूँ।"

"ऑग्ज़ेयर की उस खूबसूरत गातिएन जिबूलार के बारे में आपका क्या ख्याल है

जिसके पीछे सार्कस का बेटा पागल है?" ल्यूपें ने पूछा।

"बस वही एक है," रिगू ने जवाब दिया, "लेकिन वह उपयुक्त नहीं है। वह सोचती है कि कोई भी बस उसे देखकर ही उस पर लट्टू हो जायेगा; वह हमारे कहे मुताबिक नहीं चलेगी। हमें एक मक्कार और घुटी हुई लड़की चाहिए। फिक्र मत करो, देर-सबेर सही लड़की मिल जायेगी।"

"हाँ," ल्यूपें ने कहा, "वह जितनी सुन्दर लड़कियों को देखेगा, हमारी कामयाबी की गुंजाइश उतनी ही ज्यादा होगी।"

"लेकिन शायद तुम बनिये को मेले में ला नहीं पाओगे," भूतपूर्व पुलिसवाले ने कहा। "और अगर वह आ भी गया तो क्या वह तिवोली के नाच में जायेगा?"

"जिस वजह से वह हमेशा मेले से दूर रहा है वह इस साल होगी ही नहीं, मेरे प्यारे," मदाम सूद्री ने कहा।

"कौन सी वजह, प्रियतमा?" सूद्री ने पूछा।

"बनिया मदमोज़ाल द सुलांश से शादी करना चाहता था," नोटरी ने कहा। "सुलांश परिवार ने जवाब दिया कि वह उसके लिए बहुत कम उम्र की है जिसे उसने अपनी बड़ी बेइज्जती समझा। तभी से, इम्पीरियल गार्ड के समय से दोस्त रहे मोस्यू द सुलांश और मोस्यू द मोंतकोर्ने के रिश्तों में ऐसी खटास आ गयी कि वे एक-दूसरे से बोलते भी नहीं हैं। बनिया नहीं चाहता कि मेले में सुलांश परिवार का कोई व्यक्ति उससे टकरा जाये, लेकिन इस वर्ष परिवार वाले नहीं आ रहे हैं।"

आमतौर पर सुलांश परिवार जुलाई से अक्टूबर तक गढ़ी में रहता था, लेकिन उन दिनों जनरल स्पेन में तोपखाने के कमाण्डर के बतौर तैनात था और काउण्टेस उसके साथ गयी थी।

"बहुत खूब," ल्यूपें ने चहककर कहा। फिर रिगू की ओर मुखातिब होकर उसने कहा, "बस, अब यह आपका काम है; कुछ ऐसी जुगत भिड़ाइये कि हम उसे मेले में ला सकें। एक बार वह यहाँ आ गया तो हम उसे जाल में फँसा सकते हैं।"

हर साल पन्द्रह अगस्त को शुरू होने वाला सुलांश का मेला शहर की एक खासियत थी और साठ मील के घेरे में होने वाले सारे मेलों से बढ़कर होता था। डिपार्टमेण्ट की राजधानी विल-ओ-फाये में कोई मेला नहीं होता था क्योंकि इसके पर्व का दिन, सन्त सिल्वेस्टर का दिन, सर्दियों में पड़ता है।

अगस्त में 12 से 15 तारीख तक हर तरह के व्यापारियों की सुलांश में भीड़ हो जाती थी जो सड़क के दोनों तरफ कनात से बनी छोटी-छोटी दुकानों में अपने सामानों की नुमाइश करते थे जिससे आम तौर पर निर्जन रहने वाली सड़कों पर रौनक आ जाती थी। दो हफ्तों तक चलने वाले इस मेले का उस छोटे कस्बे के लिए वही महत्व था जो देहात में फसल कटाई के मौसम का होता है। जैसाकि फूर्शों ने कहा था, किसान उन तमाम जिलों से झुण्ड के झुण्ड यहाँ आते थे जहाँ पूरे वर्ष उनका काम उन्हें बाँधकर रखता था। इन दुकानों में

सजी तरह-तरह की चीजें धरती के इन बेटों, खासकर औरतों और बच्चों के मन को लुभाती थीं जिन्हें मनोरंजन के लिए और कोई तमाशा या नुमाइश देखने का मौका नहीं मिलता था। इसलिए पहली अगस्त के बाद प्रशासन सूद्री के दस्तखत से जारी विज्ञापन पूरे इलाके में लगवा देता था जिनमें व्यापारियों, बाजीगरों, मसखरों और हर तरह के विलक्षण व्यक्तियों को मेले में आने का आमंत्रण, मेले की अवधि और इसकी खास खूबियों का जिक्र होता था।

इन पोस्टरों पर, जिनके बारे में मदाम तोंसार ने वेर्मिशेल से पूछा था, आखिरी पंक्ति में यह घोषणा होती थी :

"तिवोली में रंगीन काँच के लैम्पों से रोशनी की जायेगी।"

नाच पार्टी सोकार द्वारा एक पथरीली जमीन पर बनाये गये नृत्य-स्थल पर होती थी जिसे उसने तिवोली नाम दिया था।

पूरे इलाके पर सोकार की नाच पार्टी का इतना गहरा असर होता था कि वहाँ के लोग अपने तिवोली पर बड़ा फख्र करते थे। जो लोग पेरिस तक हो आये थे उनका कहना था कि पेरिस का तिवोली सिर्फ आकार में सुलांश के तिवोली से बढ़कर था। गोबर्तें खुलेआम यह कहता था क्योंकि अपनी वजहों से वह पेरिस की नाच पार्टी के मुकाबले सोकार की पार्टी को ज्यादा पसन्द करता था।

"ठीक है, हम इसके बारे में अच्छी तरह सोच लेंगे," रिगू ने आगे कहा। "वह पेरिसवाला बन्दा, किसी अखबार का वह सम्पादक, जल्दी ही ऊब जायेगा और बदलाव का मौका मिलने पर खुश ही होगा। शायद हम नौकरों के जरिये उसके दिमाग में मेले में आने का ख्याल डाल सकें, और वह अपने साथ औरों को भी ले आयेगा। मैं इस पर सोचूँगा। सिबिले भी ऐसा कर सकता है—हालाँकि, पिछले कुछ समय में उसका प्रभाव बहुत घट गया है—लेकिन शायद वह जनरल को यह समझा सके कि यहाँ आने से उसकी लोकप्रियता बढ़ेगी।"

"पता लगाओ कि क्या सुन्दर काउण्टेस जनरल को हर समय चिपकाये रहती है या उससे दो हाथ की दूरी बनाये रखती है," ल्यूपें ने कहा। "अगर हम उसे तिवोली में किसी नाटक में फँसाना चाहते हैं तो यह जानना जरूरी है।"

"वह औरत असली पेरिसवाली है; वह अच्छी तरह जानती है कि एक साथ दो नावों में कैसे सफर किया जाता है," मदाम सूद्री ने चीखकर कहा।

"फूर्शों ने मुझे बताया है कि उसकी नातिन कैथेरीन के बनिये के सईस चार्ल्स के साथ अच्छे रिश्ते हैं। इससे लेस ऐग्यू में हमारा एक और कान हो गया है," रिगू ने कहा। तभी पादरी को कमरे में प्रवेश करते देख उसने पूछा, "क्या तुम्हें एबे तोपें पर भरोसा है?"

"हम उसे और एबे मूशों को भी, वैसे ही अपने हाथ में रखते हैं जैसे सूद्री मेरे हाथ में है," रानी ने अपने पति की ठुड्डी पकड़कर कहा; "तुम्हें बुरा नहीं लगा न, प्रियतम?" उसने सूद्री से कहा।

"अगर मैं उस ब्रोसेत की फजीहत करने वाले किसी लफड़े की योजना बना सकूँ तो समझो हमारी जीत पक्की," रिगू ने नीची आवाज में कहा। "लेकिन मैं पक्के तौर पर नहीं कह सकता कि क्या स्थानीय उत्साह चर्च के उत्साह को मात दे सकता है। तुम्हें इस बात का एहसास नहीं है कि वह क्या चीज है। मैं कोई बेवकूफ नहीं हूँ, लेकिन मैं भी नहीं कह सकता कि बूढ़ा और बीमार हो जाने पर मैं क्या करूँगा। मेरा ख्याल है कि मैं चर्च में वापस ले लिये जाने की कोशिश करूँगा।"

"मुझे भी यही आशा है," एबे तोपें ने कहा, जिसके लाभार्थ रिगू ने अन्तिम शब्द ऊँची आवाज में कहे थे।

"क्या करूँ! शादी करके मैंने जो गलती की थी, वह मेरी राह में बाधा है," रिगू ने जवाब दिया। "मैं मदाम रिगू को मार तो नहीं सकता।"

"खैर, तब तक हम लेस ऐग्यू के बारे में सोचें," मदाम सूद्री ने कहा।

"हाँ," भूतपूर्व भिक्षु ने कहा। "जानते हैं, मुझे लगने लगा है कि विल-ओ-फाये में बैठा हमारा साथी शायद हम सबसे ज्यादा होशियार है। मुझे शक है कि गोबर्तें लेस ऐग्यू को अपने लिए चाहता है और वह ऐन समय पर हमें धोखा दे सकता है।"

"लेकिन लेस ऐग्यू हममें से किसी को नहीं मिलेगा; छत से लेकर तहखानों तक उसे ध्वस्त करना होगा," सूद्री ने कहा।

"मुझे हैरानी नहीं होगी अगर उन तहखानों में खजाना छुपा हुआ हो," रिगू ने चतुराई से टिप्पणी की।

"बकवास!"

"नहीं, नहीं, पुराने समय की लड़ाइयों में घिर जाने पर बड़े सामन्त अकसर अपना सोना कहीं गाड़ देते थे; और तुम जानते ही हो कि मार्क्विस द सुलांश-होतेमर (जो छोटे भाई के वंश का आखिरी चिराग था) बिरों की साजिश का शिकार हुआ था। जब्त कर लिये जाने के बाद यह सम्पत्ति हेनरी चतुर्थ से कोम्तेस द मोरे को मिली थी।"

"देखो फ्रांस का इतिहास जानने का क्या फायदा होता है!" सूद्री ने कहा। "तुम ठीक कहते हो। गोबर्तें से साफ-साफ बात कर लेने का समय आ गया है।"

"अगर वह दायें-बायें करता है तो हमें उसे किनारे कर देना चाहिए," रिगू ने कहा।

"वह अब इतना अमीर हो चुका है कि ईमानदार रह सके," ल्यूपें बोला।

"उस पर मुझे उतना ही भरोसा है जितना अपने आप पर," मदाम सूद्री ने कहा; "वह पूरे राज्य में सबसे वफादार आदमी है।"

"हम सबको उसकी वफादारी पर यकीन है," रिगू ने कहा, "लेकिन फिर भी किसी भी चीज की अनदेखी नहीं की जानी चाहिए--चाहे दोस्तों के बीच ही क्यों न हो। वैसे, मेरे ख्याल से सुलांश में कोई है जो अड़चनें पैदा कर रहा है।"

"कौन है वह?" सूद्री ने पूछा।

"प्लिसू," रिगू ने उत्तर दिया।

"प्लिसू!" सूद्री ने चौंककर कहा। "ब्रूने उसे गिरेबान से पकड़कर रखता है और उसकी बीवी हलक से; ल्यूपें से पूछ लो।"

"वह क्या कर सकता है?" ल्यूपें ने कहा।

रिगू ने उत्तर दिया, "उसका इरादा मोंतकोर्ने को चेतावनी देकर उसकी मदद से कोई पद हासिल करने का है–"

"इससे उसे जितना मिलेगा उससे ज्यादा उसकी बीवी उसके लिए सुलांश में कमाती है," मदाम सूद्री ने कहा।

"नशे में होने पर वह अपनी बीवी को सब कुछ बता देता है," ल्यूपें ने टिप्पणी की। "जल्दी ही हमें सब पता चल जायेगा।"

"सुन्दर मदाम प्लिसू की कोई बात तुमसे छिपी नहीं है," रिगू ने कहा; "हम इस मामले में निसाखातिर रह सकते हैं।"

"इसके अलावा, वह जितनी सुन्दर है उतनी ही मूर्ख भी है," मदाम सूद्री बोली। "मैं तो कभी उसकी जगह न लूँ, क्योंकि अगर मैं मर्द होती तो कुछ दिमाग रखने वाली एक कुरूप औरत को पसन्द करती, बनिस्पत एक ऐसी सुन्दरी के जो दो लफ्ज न बोल सकती हो।"

"आह!" नोटरी ने अपने होंठ चबाते हुए कहा, "लेकिन वह दूसरों से बहुत कुछ बोलवा सकती है।"

"शाबास रंगीले!" दरवाजे की ओर बढ़ते हुए रिगू ने जोर से कहा।

"फिर ठीक है," उसके पीछे पोर्टिको तक आये सूद्री ने कहा, "कल सुबह मिलते हैं।"

"मैं आकर तुम्हें ले लूँगा–सुनो, ल्यूपें," उसने नोटरी से कहा जो अपनी बग्घी बुलवाने के लिए बाहर आया था। "यह सुनिश्चित करने की कोशिश करो कि मदाम सार्कस वह सब सुने जो बनिया प्रीफेक्चर में हमारे खिलाफ कहता या करता है।"

"अगर वह नहीं सुनेगी, तो कौन सुनेगा?" ल्यूपें ने जवाब दिया।

सूद्री भीतर चला गया। रिगू ने व्यंग्य से मुस्कुराकर कहा, "माफ करना, अन्दर भोंदुओं की ऐसी जमात है कि मैं भूल ही गया कि यहाँ एक अक्लमन्द इंसान भी है।"

"ताज्जुब तो यह है कि मुझे उनके बीच पड़े-पड़े जंग नहीं लग जाती," ल्यूपें ने जवाब दिया।

"क्या यह सच है कि सूद्री ने एक सुन्दर नौकरानी रखी है?"

"हाँ," ल्यूपें ने कहा; "पिछले एक सप्ताह से हमारा सम्मानित मेयर अपनी पत्नी और एक साँड़ जैसी किसान लड़की के आकर्षणों का सापेक्षिक अध्ययन कर रहा है। पर मैं यह कल्पना नहीं कर पाता कि वह मदाम सूद्री के साथ क्या करता होगा, क्योंकि, तुम्हें यकीन नहीं होगा, वह अब भी बिस्तर में जल्दी जाने का दुस्साहस करता है।"

"मैं कल पता लगा लूँगा," रिगू ने मुस्कुराने की कोशिश करते हुए कहा।

दोनों षड्यंत्रकारियों ने हाथ मिलाया और विदा ली।

रिगू अँधेरा होने के बाद सड़क पर नहीं रहना चाहता था क्योंकि अपनी मौजूदा लोकप्रियता के बावजूद वह चौकन्ना रहता था। उसने अपने घोड़े को आवाज दी, "उठ जाओ, सिटीजन"–1793 की इस सन्तान ने क्रान्ति का मजाक उड़ाने के लिए अपने घोड़े का नाम 'सिटीजन' रख छोड़ा था। जन क्रान्तियों के सबसे बड़े दुश्मन वे होते हैं जो खुद उनके बीच से पैदा होते हैं।

"पेर रिगू की मुलाकातें बड़ी छोटी होती हैं," कवि गूर्दो ने मदाम सूद्री से कहा।

"वे छोटी रहती हैं, तभी सुखद होती हैं," उसने जवाब दिया।

"उसकी अपनी जिन्दगी की तरह," डाक्टर ने कहा; "वह जिस कदर रंगीनियाँ लूट रहा है, वह भी छोटी ही रह जायेगी।"

"जितनी जल्दी हो उतना अच्छा," सूद्री ने टिप्पणी की, "उसकी जायदाद मेरे बेटे की हो जायेगी।"

"क्या वह लेस ऐग्यू की कोई खबर लाया था?" एबे तोपें ने पूछा।

"हाँ, प्रिय एबे," मदाम सूद्री ने कहा। "इन लोगों ने तो पूरे इलाके को तंग कर रखा है। मैं यह नहीं समझ पाती कि मदाम द मोंतकोर्ने, जो निश्चित ही एक खानदानी औरत है, वह भी अपने हितों को बेहतर ढंग से क्यों नहीं समझ पा रही है।"

"जबकि उसकी आँखों के सामने एक आदर्श भी है," पादरी ने कहा।

"वह कौन है?" खींसे निपोरते हुए मदाम सूद्री ने पूछा।

"सुलांश खानदान।"

"ओह, हाँ!" एक पल की खामोशी के बाद रानी ने जवाब दिया।

"वह कमीना रिगू वहाँ भला क्या कर रहा है?" अपनी खिड़की से हरी बग्घी को तिवोली के फाटक पर रुकते देखकर सूद्री ने गुएर्बे से कहा। "वह उन चालाक बघेरों में से है जिसके हर कदम का कोई मतलब होता है।"

"कमीना–यह तुमने ठीक कहा," गोलमटोल टैक्स कलेक्टर ने जवाब दिया।

"वह कफे द ला पाइ के भीतर गया है," डाक्टर गूर्दो ने टिप्पणी की।

"और वहाँ कुछ गड़बड़ है," कवि गूर्दो ने कहा; "मुझे यहाँ से उनकी चिल्ल-पों सुनाई दे रही है।"

"वह कफे जानुस के मन्दिर की तरह है," पादरी ने कहा, "साम्राज्य के दिनों में इसे कफे द ला गुएर कहा जाता था और तब वहाँ बड़ी शान्ति रहती थी। सबसे सम्मानित बूर्ज्वा लोग वहाँ बैठकर चर्चा करते थे–"

"चर्चा!" मजिस्ट्रेट ने बीच में बात काटते हुए कहा। "किस किस्म की चर्चा थी वह जिससे बूर्निए के यहाँ छपनेवाली तमाम घटिया किताबें निकलती थीं?"

"–लेकिन जब से, बूर्बों के सम्मान में, इसका नाम कफे द ला पाइ हो गया है तब से वहाँ रोज झगड़े होते हैं," एबे तोपें ने अपना वाक्य पूरा करते हुए कहा।

"कप-और-गेंद" से उद्धृत पंक्तियों की तरह पादरी का यह विचार प्रायः दोहराया जाता था।

"क्या आप कहना चाहते हैं कि बर्गण्डी हमेशा ही लातों-घूँसों का देश बना रहेगा?" पेर गुएर्बे ने पूछा।

"गलत नहीं कहा," एबे ने टिप्पणी की; "कतई गलत नहीं; बल्कि मैं तो कहूँगा कि इस बात में हमारे देश का बिल्कुल सटीक इतिहास समाया है।"

"मुझे फ्रांस के इतिहास के बारे में कुछ नहीं मालूम," सूद्री ने अक्खड़पन से कहा; "और इसे जानने की कोशिश करने से पहले मेरे लिए यह जानना ज्यादा महत्त्वपूर्ण है कि रिगू सोकार के साथ कफे द ला पाइ में क्यों गया है।"

"ओह!" पादरी ने कहा, "वह जहाँ भी जाये और जहाँ भी रहे, यह पक्का ही जानो कि उसका उद्‌देश्य भला तो नहीं हो सकता।"

"मैं तो जब भी उस आदमी को देखती हूँ मेरे रोंगटे खड़े हो जाते हैं," मदाम वेर्मू ने कहा।

"वह इतना खतरनाक है कि अगर वह मुझसे बैर पाल ले तो मैं तब तक चैन से नहीं रह सकूँगा जब तक उसे कब्र में दफना नहीं दिया जाता; वह ताबूत से निकलकर भी तुम्हें नुकसान पहुँचा सकता है," डाक्टर ने कहा।

"अगर कोई बनिये को मेले में आने के लिए मजबूर कर सकता है और उसे जाल में फँसा सकता है तो वह रिगू ही है," सूद्री ने अपनी पत्नी से धीमी आवाज में कहा।

"खासकर तब, जब गोबर्तें और तुम उसकी मदद करोगे, मेरे प्यारे," उसने ऊँची आवाज में जवाब दिया।

"वह देखो! मैंने कहा था न?" गुएर्बे ने कोहनी से मजिस्ट्रेट को कोंचते हुए कहा। "मैं जानता था कि उसे सोकार के यहाँ कोई सुन्दर लड़की मिल जायेगी—देखो, वह उसे अपनी गाड़ी में बिठा रहा है।"

"आप लोग गलत सोच रहे हैं, सज्जनो," मदाम सूद्री ने कहा। "मोस्यू रिगू आजकल इस बड़े मामले के अलावा और कुछ नहीं सोच रहे हैं, और अगर मुझसे पहचानने में भूल नहीं हो रही है तो वह लड़की और कोई नहीं तोंसार की बेटी है।"

"वह उस केमिस्ट की तरह है जो जहरीले साँप इकट्ठा करके रखता है," गुएर्बे ने कहा।

"तुम्हारी बात सुनकर कोई सोच सकता है कि तुम्हारी मोस्यू वेर्मू से गहरी छन रही है," डाक्टर ने दुबले-पतले दवा-व्यापारी की ओर इशारा करके कहा जो उस समय चौक पार कर रहा था।

"बेचारा!" कवि ने कहा, जिस पर सन्देह था कि वह कभी-कभार मदाम वेर्मू से चोंच लड़ाता है, "जरा उसकी बत्तख जैसी चाल तो देखो! और लोग कहते हैं कि वह विद्वान है!"

मजिस्ट्रेट ने कहा, "उसके बिना हमारे लिए पोस्टमार्टम करवाना मुश्किल होता। उसने

बेचारे पिजेरों के पेट में इतनी होशियारी से जहर का पता लगाया था कि पेरिस के केमिस्टों ने ऑग्ज़ेयर की अदालत में गवाही दी कि वे भी इससे बेहतर नहीं कर सकते थे–"

"उसे कुछ भी नहीं मिला था," सूद्री ने कहा, लेकिन जैसा जज जाद्रें कहता है, "लोगों को यह सोचना अच्छा लगता है कि पोस्टमार्टम में जहर का पता चल गया–"

"मदाम पिजेरों ने ऑग्ज़ेयर छोड़कर अक्लमंदी का काम किया," मदाम वेर्मू बोली। "वह दुष्ट होने के साथ-साथ बेवकूफ भी थी। मानो पति को ठिकाने लगाने के लिए दवाओं का सहारा लेना जरूरी हो! क्या इस अड़चन से छुटकारा पाने के और भी, इतने ही अचूक लेकिन निरापद तरीके नहीं हैं? मैं तो चाहती हूँ कि जरा कोई मेरे आचरण पर सवाल तो उठाये! मोस्यू वेर्मू मेरी राह में कभी बाधा नहीं डालते, और वह अब तक कभी बीमार भी नहीं पड़े हैं। जहाँ तक मदाम द मोंतकोर्ने का सवाल है, जरा देखो कि वह कैसे उस पत्रकार के साथ जंगलों और पुराने आश्रम के खण्डहरों में घूमती फिरती है, जिसे वह खुद अपने खर्चे पर पेरिस से लायी है। जनरल की आँखों के सामने वह उससे लाड़ लड़ाती है!"

"खुद अपने खर्चे पर!" मदाम सूद्री ने चौंककर कहा। "तुम यकीन से कह सकती हो? अगर हमें इस बात का सबूत मिल जाये तो मजा आ जाये; जनरल के नाम गुमनाम खत के लिए कितना बढ़िया विषय रहेगा!"

"जनरल!" मदाम वेर्मू बोली, "वह ऐसे मामलों में दखल नहीं देता; वह अपनी भूमिका निभाता है।"

"कैसी भूमिका, मेरी प्यारी?" मदाम सूद्री ने कहा।

"ओह! पितृसुलभ भूमिका।"

"अगर बेचारे पिजेरों ने अपनी पत्नी को तंग करने के बजाय यह भूमिका निभाने की अक्लमंदी की होती, तो आज वह जिन्दा होता," कवि ने कहा।

मदाम सूद्री अपने बगल में खड़े मोस्यू गुएर्बे की ओर झुकी और बन्दर की तरह खींसें निपोरीं। यह अदा उसने अपनी प्रिय मालकिन से सीखी थी। कई बार इस तरह मुँह बनाकर आखिर वह गुएर्बे का ध्यान मदाम वेर्मू की ओर खींचने में सफल रही जो "कप-और-गेंद" के लेखक के साथ चोंचलेबाजी में मशगूल थी।

"कैसा फूहड़ अन्दाज है उस औरत का! क्या बातें करती है, क्या रंग-ढंग हैं!" उसने कहा। "मुझे वाकई नहीं लगता कि मैं अब उसे अपनी सोसायटी में आने दे सकती हूँ–खासकर तब जब मोस्यू गूर्दों, कवि महोदय, भी मौजूद हों।"

"यही आज की सामाजिक नैतिकता है!" पादरी ने कहा, जो अब तक बिना कुछ कहे सब कुछ देख और सुन रहा था।

यह सुभाषित, बल्कि इस मण्डली पर यह व्यंग्य इतना सच और सटीक था कि यह हरेक को चुभ गया, और इसके बाद रोज की तरह बोस्टन का खेल शुरू करने का प्रस्ताव आ गया।

क्या यह तस्वीर हर उस मण्डली पर लागू नहीं होती जिसे हम 'सोसायटी' कहते हैं?

शैली बदल दीजिए और आप पायेंगे कि पेरिस के नक्काशीदार आलीशान बैठककक्षों में भी न इससे ज्यादा कुछ कहा जाता है, न कम।

अध्याय तीन

कफे द ला पाइ

रिगू जब कफे द ला पाइ के सामने से गुजरा तो करीब सात बज रहे थे। डूबते सूरज की लालिमा छोटे-से कस्बे तक फैली थी और झील के स्वच्छ दर्पण तथा खिड़कियों के शीशों में तरह-तरह के रंग प्रतिबिम्बित हो रहे थे।

अपनी योजनाओं पर उधेड़बुन में डूबा बूढ़ा सूदखोर अपने घोड़े को इतने धीमे-धीमे चलने दे रहा था कि कफे द ला पाइ से गुजरते हुए उसे वहाँ जोर-जोर से हो रहे झगड़े में अपना नाम उछाला जाता हुआ सुनाई दिया।

यहाँ घटित होने वाले दृश्य को ठीक से समझने के लिए मस्तियों और उत्पातों के इस क्षेत्र की भौगोलिक स्थिति को जान लेना जरूरी है जो चौक पर कफे के साथ शुरू होता था और देहात की सड़क पर बने प्रसिद्ध तिवोली तक जाता था जहाँ षड्यंत्रकारी जनरल को फँसाना चाह रहे थे। कफे का निचला तल चौक और सड़क के कोने पर था। इसकी तीन खिड़कियाँ सड़क पर और दो चौक पर खुलती थीं। चौक वाली दोनों खिड़कियों के बीच काँच का दरवाजा था जिससे ग्राहक आते-जाते थे। इसके अलावा कफे का एक दरवाजा बगल की एक गली में खुलता था जिसके पार सुलांश के कपड़ा व्यापारी वालेत का मकान था।

हरे रंग की खिड़कियों वाला यह पीला मकान कस्बे के उन चंद मकानों में से एक था जिनमें दो मंजिलें और एक बरसाती बनी थी। इसकी वजह यह थी : विल-ओ-फाये की समृद्धि में हैरतअंगेज बढ़ोत्तरी के पहले इस मकान की पहली मंजिल के चार कमरे अदालतों या कारोबार के सिलसिले में सुलांश आने वाले अजनबियों को किराये पर दिये जाते थे। लेकिन पिछले पच्चीस वर्षों से इन कमरों में मेले के दौरान आने वाले मसखरों, व्यापारियों और नीमहकीमों के अलावा कभी-कभार आ जाने वाले कारोबारी मुसाफिर ही ठहरते थे। मेले के दौरान ये कमरे चार फ्रैंक प्रतिदिन के किराये पर उठते थे और सोकार को करीब दो सौ पचास फ्रैंक की आमदनी हो जाती थी; मेहमान उसके कफे में जो खाते-पीते थे, उसका मुनाफा अलग था।

मकान के चौक वाले रुख पर दीवारें विज्ञापनों से सजी थी। खिड़कियों और काँच

के दरवाजे के बीच वाली जगह में रिबन से बँधे हुए बिलियर्ड्स के क्यू (बिलियर्ड्स खेलने के डण्डे—अनु.) का चित्र बना था, और उनके ऊपर उबली वाइन के भाप छोड़ते पात्र दर्शाये गये थे। दरवाजे के ऊपर हरी पृष्ठभूमि पर चटख पीले रंग में ''कफे द ला पाइ'' लिखा हुआ था और इसके दोनों सिरों पर बिलियर्ड्स की तिरंगी गेंदों के पिरामिड बने थे। हरे रंग से रँगी खिड़कियों में सबसे सस्ता काँच लगा था जिसे प्रायः बदलना पड़ता था।

ऐसी सभी जगहों की तरह दरवाजे के दोनों तरफ एक दर्जन गमलों में मुरझाये हुए से पौधे लगे थे। बड़े शहरों के दुकानदार जिन छोलदारियों से अपनी खिड़कियों को सूरज की गर्मी से बचाते हैं, उनका अभी तक सुलांश में प्रचलन नहीं था। खिड़कियों के शीशे के ठीक पीछे लगे पटरों पर रखी बोतलों में भरे लाभकारी द्रव रोज थोड़ा-थोड़ा पकते रहते थे। जब काँच के लेंसों से होते हुए सूरज की किरणें भीतर आती थीं तो खिड़कियों में सजावट के लिए रखी मदिरा, कई तरह के सिरप और लिकर, चाशनी में डूबे प्लम और चेरीवाली ब्राण्डी खौलने लगती थी, क्योंकि गर्मी इतनी ज्यादा होती थी कि एग्ला, उसका बाप और वेटर दिन में बाहर मुरझायी हुई झाड़ियों की छाँह में बेंचों पर बैठे रहते थे। अकसर उन्हें दोपहर में वहाँ पालतू जानवरों की तरह बेंचों पर गहरी नींद में सोये देखा जा सकता था।

वर्ष 1804 में, जब ''पॉल और वर्जीनिया'' की धूम थी, तभी कफे के भीतर उस रूमानी कथा के दृश्यों वाला वॉलपेपर लगाया गया था। दीवारों पर कॉफी की फसल बटोरते हब्शी देखे जा सकते थे हालाँकि कफ़े में कॉफी कभी-कभार ही नजर आती थी। महीने में इस पेय के बीस कप भी परोसे नहीं जाते थे। उपनिवेशों से आने वाले उत्पादों का उपभोग इतना कम था कि अगर कोई बाहरी व्यक्ति एक कप चॉकलेट माँग लेता तो सोकार के लिए इसे ढूँढ़ना मुश्किल हो जाता। लेकिन उसे मना करने के बजाय वह उसके सामने एक उबकाई लानेवाला भूरा काढ़ा पेश कर देता जिसे ऐसी टिकियों से बनाया जाता था जिनमें चीनी और कोकोआ के बजाय आटा, बादाम का चूरा और खाँड ज्यादा होती थी। गाँव के परचूनियों के यहाँ दो-दो सू में बिकने वाली इन टिकियों का उत्पादन स्पेन से आनेवाली चॉकलेट के कारोबार को बरबाद करने के लिए होता था। जहाँ तक कॉफी की बात थी, पेर सोकार उसे सीधे एक ऐसे बर्तन में उबालता था जिसका रंग उस पेय जैसा ही हो चुका था।

कफे की दीवारों की सजावट उस दिन से आज तक बदली नहीं थी जब सारा सुलांश इस रोमांटिक वॉलपेपर को देखने उमड़ पड़ा था। महोगनी जैसा दिखने के लिए रँगा हुआ काउण्टर भी उसी जमाने का था जिसके पत्थर के ऊपरी फलक पर चमकीली धातु के बर्तन और दो बत्तियों वाले लैम्प शोभायमान थे। अफवाहों के मुताबिक ये लैम्प खूबसूरत मदाम सोकार को गोबर्ते ने दिये थे। मैल की एक चिपचिपी परत हर चीज को ढँके रहती थी। संगमरमर के पैटर्न में रँगी गयी मेजें, यूट्रेख्ट के लाल मखमल से मढ़ी बेंचें, छत से लटकता हुआ दो बत्तियों वाला काँच का बड़ा सा लैम्प—ये सब तत्कालीन कफे द ला गुएर की शुरुआती शानोशौकत के दिनों के गवाह रह चुके थे।

सुलांश के तमाम बूर्ज्वा वहाँ 1802 से 1804 के बीच डोमिनो और "ब्रेलान" नाम का ताश का खेल खेलते थे, छोटे-छोटे गिलासों में लिकर या उबली वाइन पीते थे और ब्राण्डी में भिगोये फल खाते थे क्योंकि औपनिवेशिक उत्पादों की महँगाई के चलते कॉफी, चीनी और चॉकलेट गायब हो चुके थे।

इस संक्षिप्त विवरण से देश-दुनिया देख चुके लोगों को ऐसे ही तमाम और ब्यौरों की याद हो,आयेगी; और जो लोग कभी पेरिस से बाहर नहीं गये, वे धुएँ से काली पड़ी छत और लाखों महीन धब्बों से ढँके आईनों की कल्पना ही कर सकते हैं जिनसे पता चलता था कि द्विपंखीय कीटों की तमाम प्रजातियाँ कितनी स्वतंत्रतापूर्वक कफे द ला पाइ में निवास करती थीं।

सुन्दर मदाम जूनी सोकार, जिसकी रसिकमिजाजी के किस्से ग्रां-इवेर की मालकिन से कहीं बढ़कर थे, नये से नये फैशन में सजी-धजी वहाँ बैठती थी। वह उन दिनों प्रचलित सुल्ताना की शैली में पगड़ी लगाती थी। पूरी घाटी उस सुन्दरी की पगड़ियों, फर की टोपियों, या चीनी ढंग की टोपियों की नकल करती थी जिसकी जरूरतों का ध्यान सुलांश के तमाम मानिन्द लोग रखते थे। सोकार की सम्पत्ति जूनी के प्रयासों से निर्मित हुई थी। उसके पति को अंगूर का अपना बाग, यह मकान और तिवोली उसी की बदौलत मिला था। कहा जाता था कि मोस्यू ल्यूपें के बाप ने सुन्दरी मदाम सोकार के लिए तमाम बेवकूफियाँ की थीं और उसका स्थान लेने वाले गोबर्ते ने भी कोई कसर नहीं छोड़ी थी।

ये ब्यौरे और सोकार की उबली वाइन के साथ जुड़ा गहरा रहस्य यह बताने के लिए पर्याप्त हैं कि उसका नाम और कफे द ला पाइ क्यों मशहूर थे, लेकिन उनकी लोकप्रियता के कुछ और भी कारण थे। तोंसार के यहाँ और घाटी के दूसरे शराबखानों में स्थानीय वाइन के सिवा और कुछ नहीं मिलता था। कोंशे से विल-ओ-फाये तक बीस मील के दायरे में सोकार का कफे अकेली ऐसी जगह थी जहाँ ग्राहक बिलियर्ड्स खेल सकते थे और सोकार की स्वादिष्ट उबली वाइन पी सकते थे। सिर्फ वहीं कई विदेशी वाइनें, उत्कृष्ट लिकर और ब्राण्डी में पगे फल मिल सकते थे। इसके नाम की चर्चा पूरी घाटी में रोज ही होती थी और ऐसे लोग रस ले-लेकर इसकी बातें किया करते थे जिनके पेट उनके दिलों से ज्यादा संवेदनशील होते हैं। कफे द ला पाइ का जरा उच्चतर धरातल पर शहर के लिए वही महत्व था जो ग्रां-इवेर के शराबखाने का किसानों के लिए था—विषैले साँपों का एक बिल। विल-ओ-फाये और घाटी की तमाम अफवाहें और किस्से यहाँ पहुँचते थे और फिर यहाँ से प्रसारित होते थे। तोंसार की दोनों बेटियाँ ग्रां-इवेर और कफे द ला पाइ के बीच रोजाना सम्पर्क बनाये रखती थीं।

सोकार को सुलांश का चौक अपने कफे का ही अहाता लगता था। यह हर्क्युलिस कभी किसी तो कभी किसी के दरवाजे पर खड़ा लोगों से बतियाते हुए नजर आता था। गर्मियों में वह सिर्फ हल्के कपड़े की एक पतलून और बिना बाँह की आगे से खुली वास्कट पहने रहता था। अगर कोई भी शराबखाने के भीतर जाता था तो जिनसे वह गप्प लड़ा

रहा होता वे उसे सावधान कर देते और वह बेमन से धीरे-धीरे लौट आता था।

रिगू ने अपना घोड़ा रोका और गाड़ी से निकलकर लगाम तिवोली के फाटक के पास एक खम्भे से बाँध दी। फिर वह दो खिड़कियों के बीच खड़ा हो गया जहाँ से वह झाँककर कमरे के भीतर के लोगों और उनके हाव-भाव को देख सकता था और ऊँची आवाज में कही गयी बातों को सुन सकता था।

"अगर मैं बूढ़े रिगू को बता दूँ कि तेरा भाई निकोलस ला पेचिना के पीछे पड़ा है और उसके लिए रास्ते में घात लगाये रहता है," किसी का क्रुद्ध स्वर सुनाई दिया, "तो वह ग्रां-इवेर के तुम सारे पाजियों की आँतें फाड़कर रख देगा।"

"अगर तूने मेरे साथ ऐसी कोई चाल चली, एग्ला," मारी तोंसार की तीखी आवाज ने कहा, "तो तू अपने ताबूत के कीड़ों के अलावा किसी को कुछ भी बताने के लायक नहीं रह जायेगी। मेरे भाई, या मेरे और बोनबाल के मामले में टाँग मत अड़ाना।"

अपनी दादी के उकसाने पर, जैसा कि हम देख चुके हैं, मारी ने बोनबाल का पीछा किया था। वह उसी खिड़की के पास छिपी थी जहाँ इस वक्त रिगू खड़ा था और बोनबाल को मदमोज़ाल की ऐसी तारीफ करते हुए सुना था कि वह उस पर मुस्कुराने के लिए बाध्य हो गयी थी। इसी मुस्कान के चलते वह दृश्य उत्पन्न हुआ था जिसके दौरान रिगू का ध्यान खींचनेवाली बात निकलकर सामने आयी थी।

"अरे, पेर रिगू, आप यहाँ क्या कर रहे हैं?" सोकार ने सूदखोर के कंधे पर चपत लगाते हुए पूछा।

वह बगीचे के पीछे बने सायबान से आ रहा था जहाँ वह वजन करने की मशीन, कई तरह के झूले आदि रखता था जिन्हें मेले के लिए तैयार किया जा रहा था। सोकार के कदमों की आवाज सुनाई नहीं दी क्योंकि वह पीले चमड़े की चप्पलें पहने हुए था जो प्रान्तों में भारी पैमाने पर बिकने के कारण बहुत सस्ती मिलती हैं।

"अगर तुम्हारे पास ताजा नीबू हो तो मैं एक गिलास लेमोनेड पीना चाहूँगा," रिगू ने कहा, "आज बड़ी गर्मी है।"

"यह हंगामा कौन कर रहा है?" सोकार ने खिड़की से भीतर झाँककर अपनी बेटी और मारी तोंसार को देखकर कहा।

"वे बोनबाल के लिए झगड़ रही हैं," रिगू ने व्यंग्य से कहा।

बाप के गुस्से को शराबखाने के मालिक के हित ने फौरन नियंत्रित कर लिया। शराबखाने के मालिक ने रिगू की तरह बाहर खड़े होकर सुनना उचित समझा, हालाँकि बाप भीतर जाकर बता देना चाहता था कि बोनबाल भले ही शराबखाने के मालिक की नजर में अत्यन्त मूल्यवान गुणों का धनी हो, परन्तु सुलांश के गणमान्य व्यक्तियों में से एक का दामाद बनने लायक एक भी गुण उसमें नहीं है। यह अलग बात थी कि पेर सोकार को अभी तक अपनी बेटी के लिए कम ही प्रस्ताव मिले थे। बाईस की उम्र में ही एग्ला आकार और वजन में मदाम वेर्मिशेल को टक्कर देने लगी थी। काउण्टर के पीछे बैठे रहने से अपने पिता से

विरासत में मिली वसामयता बढ़ती ही जाती थी।

"लड़कियों पर यह कौन सा शैतान सवार हो जाता है?" सोकार ने रिगू से कहा।

"ओहो!" भूतपूर्व भिक्षु ने जवाब दिया, "तमाम शैतानों में से इस शैतान से चर्च का सबसे ज्यादा पाला पड़ता है।"

तभी बोनबाल बिलियर्ड्स वाले कमरे से अपने हाथ में एक क्यू लेकर बाहर आया और मारी को कसकर एक डण्डा जमाते हुए कहा :

"तेरी वजह से मेरा निशाना चूक गया, लेकिन तुझ पर मेरा निशाना नहीं चूकेगा; मैं तब तक तेरी ठुँकाई करूँगा जब तक तू अपना यह भोंपू बन्द नहीं कर लेती।"

सोकार और रिगू को लगा कि अब हस्तक्षेप करना बुद्धिमानी होगी। वे सामने का दरवाजा खोलकर भीतर आये जिससे उस पर बैठी मक्खियों का ऐसा हुजूम उठा कि खिड़कियों से आने वाली रोशनी धुँधला गयी और ऐसी आवाज सुनाई दी जैसे दूर कहीं फौज के ड्रमवादक अभ्यास कर रहे हों। खलबली शान्त होते ही नीले पेटों वाली बड़ी मक्खियाँ और काटने वाली छोटी मक्खियाँ वापस खिड़कियों पर अपने ठिकानों पर लौट आयीं, जहाँ मक्खियों के निशानों से काले पड़े पटरों की तीन कतारों पर चिपचिपी बोतलें सिपाहियों की तरह कतारबद्ध खड़ी थीं।

मारी रो रही थी। अपनी प्रतिद्वंद्वी के सामने अपने प्रेमी के हाथों पिटना उन जलालतों में से एक है जिन्हें कोई स्त्री बर्दाश्त नहीं कर सकती, चाहे वह सामाजिक सीढ़ी के किसी भी पायदान पर हो। वह जितनी निचली पायदान पर हो उसके रोष की अभिव्यक्ति उतनी ही उग्र होती है। तोंसार की बेटी ने रिगू या सोकार की ओर जरा भी ध्यान नहीं दिया। वह मुँह फुलाकर चुपचाप एक बेंच पर पड़ गयी। भूतपूर्व भिक्षु उसे गौर से देख रहा था।

"एक ताजा नीबू ले आओ, एग्ला," पेर सोकार ने कहा, "और जाकर वह गिलास खुद धोकर लाओ।"

"तुमने उसे भेजकर ठीक किया वरना वह घायल हो सकती थी," रिगू ने फुसफुसाकर कहा और कनखी से मारी की ओर इशारा किया जिसने एग्ला के सिर पर दे मारने के लिए एक स्टूल की टाँग पकड़ रखी थी।

"देखो, मारी," सोकार ने उसके सामने खड़े होकर कहा, "लोग यहाँ दूसरों पर स्टूल फेंककर मारने के लिए नहीं आते हैं। अगर तुमने मेरा एक भी आईना तोड़ दिया तो तुम्हारी गायों के दूध से उसकी भरपाई नहीं हो सकेगी।"

"पेर सोकार, आपकी बेटी एक रेंगने वाला कीड़ा है। मैं उसके जैसी एक दर्जन के बराबर हूँ, मैं आपको बता देना चाहती हूँ। अगर आप बोनबाल को अपना दामाद बनाना नहीं चाहते हैं तो उससे कह दीजिये कि वह कहीं और जाकर बिलियर्ड्स खेले; वह एक मिनट में सौ सू हार रहा है।"

पूरी ताकत से चीखकर बोले गये इन शब्दों के पूरा होने के पहले ही सोकार ने मारी को कमर से पकड़ा और उसकी चीख-चिल्लाहट और हाथ-पैर मारने की परवाह न करते

हुए उसे दरवाजे के बाहर फेंक दिया। इतने में लाल-लाल आँखें लिये बोनबाल भी बिलियर्ड्स रूम से निकल आया।

"इसका अन्त यहीं नहीं होगा!" मारी चीखी।

"फूट ले!" बोनबाल चिल्लाया। उसे विओले ने पीछे से पकड़ रखा था कि कहीं वह लड़की को चोट न पहुँचा दे। "भाग जा यहाँ से वरना मैं फिर कभी तुझसे न बोलूँगा, न तेरी तरफ देखूँगा!"

"तू!" मारी ने उसे खा जानेवाली नजर से देखते हुए कहा। "मुझे मेरे पैसे वापस दे दे तो मैं तुझे मदमोज़ाल सोकार के लिए छोड़ दूँगी अगर वह इतनी अमीर है कि तेरा खर्च उठा ले।"

इसके बाद मारी ने जब देखा कि उसके पीछे चीते की तरह झपट रहे बोनबाल को सोकार भी मुश्किल से रोक पा रहा है तो वह डर गयी और सड़क पर भाग चली।

रिगू उसके पीछे गया और कहा कि बोनबाल से बचने के लिए उसकी गाड़ी में आ जाये। फिर मारी को चमड़े के परदों के पीछे छुपाने के बाद वह अपना लेमोनेड पीने कफे वापस आ गया जहाँ अब प्लिसू, एमोरी, विओले और वेटर मिलकर बोनबाल को शान्त करने की कोशिश कर रहे थे।

"चलो, हुस्सार, अब खेलने की बारी तुम्हारी है," एमोरी ने कहा। वह एक छोटे कद का गोरा नौजवान था जिसकी एक आँख सूखी हुई थी।

"और वैसे भी, वह तो भाग गई," विओले ने कहा।

प्लिसू ने जब देखा कि ब्लांगी का सूदखोर एक मेज पर बैठा वहाँ चल रहे हंगामे के बजाय उसे गौर से देख रहा है तो वह बुरी तरह अचम्भित रह गया। न चाहते हुए भी अण्डर-शेरिफ के चेहरे पर ऐसी घबराहट के भाव आ गये जैसा किसी ऐसे व्यक्ति से अचानक मिल जाने पर होता है जिससे आप नफरत करते हों और जिसके विरुद्ध आप साजिश रच रहे हों। वह फौरन वापस बिलियर्ड रूम में चला गया।

"विदा, पेर सोकार," रिगू ने कहा।

"मैं आपकी गाड़ी ले आता हूँ," शराबखाने के मालिक ने कहा, "आप इत्मीनान से चलिए।"

"मुझे यह कैसे पता चलेगा कि ये लोग अन्दर क्या खिचड़ी पका रहे थे?" रिगू मन में यह सोच रहा था कि उसे अपने बगल के आईने में वेटर का चेहरा दिखाई पड़ा।

यह वेटर हरफनमौला था। कुल जमा पचास फ्रैंक सालाना तनख्वाह पर वह सोकार की अंगूर की लताओं की देखभाल करता था, कफे और बिलियर्ड रूम की सफाई करता था, बगीचे की कटाई-छँटाई करता था और तिवोली में पानी का छिड़काव करता था। समारोहों के अलावा वह हमेशा बिना जैकेट के रहता था। आमतौर पर उसकी पोशाक नीली पतलून, भारी जूते और धारियोंवाली मखमल की वास्कट होती थी जिसके ऊपर वह कफे या बिलियर्ड रूम में काम करते समय मामूली कपड़े का एक एप्रन डाल लेता था। इस आदमी

को सोकार ने पिछले वार्षिक मेले के समय रखा था, क्योंकि सारे बर्गण्डी की तरह इस घाटी में भी नौकर बाजार में साल भर के लिए किराये पर रखे जाते हैं, ठीक वैसे ही जैसे लोग घोड़े खरीदते हैं।

"तुम्हारा नाम क्या है?" रिगू ने पूछा।

"मिशेल आपकी सेवा में है," वेटर ने जवाब दिया।

"बूढ़ा फूर्शों यहाँ कभी-कभी आता है न?"

"हफ्ते में दो या तीन बार, मोस्यू वेर्मिशेल के साथ, जो मुझे दो-चार सिक्के दे देते हैं ताकि अगर उनकी बीवी ढूँढ़ते हुए आये तो मैं खबरदार कर दूँ।"

"पेर फूर्शों एक बढ़िया इंसान है; बहुत कुछ जानता है और उसमें समझदारी भरी हुई है," रिगू ने कहा और पेर सोकार को अपने घोड़े की रास थामे आता देखकर अपने लेमोनेड के पैसे चुकाने के बाद उस बदबूदार जगह से बाहर आ गया।

वह अपनी गाड़ी में बैठने ही वाला था कि रिगू ने केमिस्ट को चौक पार करते हुए देखा और आवाज लगायी, "अरे सुनिए, मोस्यू वेर्मू!" इस अमीर व्यक्ति को देखकर वेर्मू तेज कदमों से उसकी ओर आया। रिगू आगे बढ़कर उससे मिला और धीमी आवाज में पूछा :

"क्या कोई ऐसी दवा है जिससे चमड़ी गल जाये और वाकई कोई बीमारी हो जाये, जैसे उँगली में कोई बिसहरी?"

"अगर मोस्यू गूर्दों मदद करें तो हो सकता है," केमिस्ट ने जवाब दिया।

"वेर्मू, इस बारे में किसी से एक लफ्ज भी मत कहना वरना हमारे बीच झगड़ा हो जायेगा; बस मोस्यू गूर्दों से बात करो और कहो कि परसों मुझसे आकर मिले। शायद मैं उसे उँगली काटने का एक आपरेशन दिलवा सकूँ।"

उस छोटे से व्यक्ति को बुरी तरह भौचक्का छोड़कर रिगू गाड़ी में चढ़कर मारी तोंसार की बगल में बैठ गया।

"क्यों, नागिन की बच्ची," गाड़ी के पर्दों को बन्द कर और घोड़े को दुलकी चाल से चलाने के बाद उसने लड़की की बाँह पकड़कर कहा, "क्या तुम सोचती हो कि इस तरह मारपीट करने से तुम बोनबाल को अपने पास रख पाओगी? अगर तुम एक समझदार लड़की होती तो तुम मूर्खता से भरे उस पीपे से उसकी शादी होने देती और बाद में अपना बदला लेती।"

मारी जवाब देते हुए अपनी मुस्कुराहट नहीं रोक सकी :

"ओह, कितने बुरे हैं आप! दुष्टता में आप हम सबके उस्ताद हैं।"

"मेरी बात सुनो, मारी; मैं किसानों को पसन्द करता हूँ लेकिन अगर तुममें से कोई भी मेरे मुँह और शिकार के बीच आया तो ठीक नहीं होगा। तुम्हारा भाई निकोलस ला पेचिना के पीछे पड़ा है, जैसाकि एग्ला कह रही थी। यह नहीं होना चाहिए; वह लड़की मेरी हिफाजत में है। उसे मेरी जायदाद में तीस हजार फ्रैंक मिलने हैं और मैं उससे बाकायदा शादी करना चाहता

हूँ। मैं जानता हूँ कि निकोलस ने तुम्हारी बहन कैथेरीन की मदद से उस लड़की को आज सुबह लगभग मार ही डाला। तुम फौरन अपने भाई और बहन से मिलो और उनसे कहा : 'अगर तुम ला पेचिना को अकेला छोड़ दो तो पेर रिगू निकोलस को भर्ती से बचा लेगा।'''

"आप साक्षात शैतान के अवतार हैं!" मारी ने चीखकर कहा। "वे कहते हैं कि आपने उसके साथ करार पर दस्तखत कर रखे हैं। क्या यह सच है?"

"हाँ," रिगू ने गम्भीर स्वर में उत्तर दिया।

"मैंने भी सुना था, पर मुझे यकीन नहीं था।"

"उसने गारण्टी दी है कि मुझ पर होने वाला कोई भी हमला मुझे चोट नहीं पहुँचा सकेगा; कि मुझे कभी लूटा नहीं जा सकेगा; कि मैं सौ साल तक जिऊँगा और जिस काम में भी हाथ लगाऊँगा उसमें कामयाब होऊँगा, और मरने के दिन तक दो साल के मुर्गे की तरह जवान रहूँगा—"

"अच्छा, अगर ऐसा है," मारी ने कहा, "तब तो आपके लिए मेरे भाई को भरती से बचाना बहुत आसान होगा—"

"अगर वह ऐसा चाहेगा तो। उसे बस एक उँगली गँवानी होगी," रिगू ने जवाब दिया। "मैं उसे बताऊँगा कि कैसे करना है।"

"देख के, आप ऊपर वाली सड़क पर जा रहे हैं!" मारी ने चौंककर कहा।

"रात को मैं कभी नीचे वाली से नहीं जाता," भूतपूर्व भिक्षु ने कहा।

"सलीब के डर से?" मारी ने भोलेपन से कहा।

"यही बात है, मेरी कुटनी," उसके शैतानी साथी ने जवाब दिया।

वे एक ऐसी जगह पहुँच गये थे जहाँ मुख्य सड़क जमीन के एक उठे हुए हिस्से को काटती हुई गुजरती थी जिससे इसके दोनों तरफ खड़ी कगार सी थी। करीब सौ फीट लम्बा यह छोटा सा दर्रा जहाँ खत्म होता था वहाँ रोंकेरोल और सेर्नो जाने वाली सड़कें मिलती थीं और उनके बीच की खुली जगह में एक सलीब लगा हुआ था। दर्रे की दोनों ढलानों में से कहीं से भी कोई व्यक्ति अपने शिकार को आसानी से निशाना बना सकता था। टीला घनी लताओं से ढँका हुआ था और कातिल इन लताओं और झाड़ियों में छुपकर आसानी से घात लगा सकता था। यह अनुमान करना कठिन नहीं है कि सूदखोर अँधेरा होने के बाद यह सड़क क्यों नहीं लेता था। थ्यून नाला टीले के किनारे से बहता था और उस जगह को सलीब वाला दर्रा कहते थे। बदला लेने या हत्या के लिए इससे उपयुक्त कोई जगह नहीं थी क्योंकि रोंकेरोल जाने वाली सड़क सीधी एवोन के पुल तक जाती थी जबकि सेर्नो की सड़क आगे जाकर मुख्य डाक सड़क में मिल जाती थी। इस तरह कोई कातिल भागने के लिए लेस ऐग्यू, विल-ओ-फाये, रोंकेरोल और सेर्नो जाने वाली इन चार सड़कों में से किसी को चुन सकता था और अपना पीछा करने वाले को चकरा सकता था।

"मैं तुम्हें गाँव के बाहर छोड़ दूँगा," ब्लांगी के पहले घरों के पास आने पर रिगू ने कहा।

"क्योंकि तुम ऐनेत से डरते हो, बुजदिल बुडढे!" मारी ने चीखकर कहा। "तुम उसे कब भेज रहे हो? उसे तुम्हारे पास तीन साल हो चुके। मुझे तो यह देखकर मजा आता है कि तुम्हारी बुढ़िया अब भी जिन्दा है। भगवान अपना बदला लेना जानता है।"

अध्याय चार

विल-ओ-फाये की त्रिमूर्ति

हमेशा सतर्क रहने वाला सूदखोर अपनी पत्नी और जां को हमेशा जल्दी सो जाने और भोर होते ही उठ जाने के लिए बाध्य करता था। वह उन्हें आश्वस्त करता था कि वह खुद आधी रात तक जगा रहता है इसलिए किसी के लिए घर पर हमला करना आसान नहीं होगा। वह खुद देर से उठता था। इस तरह न केवल उसने रात के सात बजे से अगली सुबह पाँच बजे तक किसी तरह के खलल से खुद को मुक्त कर लिया था बल्कि उसने अपनी पत्नी और जां को यह आदत डाल दी थी कि वे उसकी और उसके कुत्ते हैगर की सुबह की नींद खराब न करें।

इसलिए, अगली सुबह करीब साढ़े छह बजे, मदाम रिगू ने, जो जां की थोड़ी मदद से खुद ही मुर्गियों की देखभाल करती थी, डरते-डरते अपने पति का दरवाजा खटखटाया।

"मोस्यू रिगू," उसने कहा, "आपने मुझे आज जल्दी जगाने को कहा था।"

उसके बोलने के लहजे, खड़े होने के ढंग और डरे हुए हाव-भाव से पता चलता था कि वह बेचारी औरत अपने व्यक्तित्व को किस कदर मिटा चुकी थी, और उस पर राज करने वाले क्षुद्र तानाशाह से उसे अब भी लगाव था।

"अच्छी बात है," रिगू ने जवाब दिया।

"क्या मैं ऐनेत को जगा दूँ?" उसने पूछा।

"नहीं, उसे सोने दो; वह आधी रात तक जागती रही," रिगू ने गम्भीर स्वर में उत्तर दिया।

यह आदमी हमेशा गम्भीर रहता था, तब भी जब वह किसी से मजाक करता था। दरअसल ऐनेत ने चुपचाप सिबिले, फूर्शो और कैथेरीन तोंसार के लिए दरवाजा खोला था, जो रात ग्यारह से दो बजे के बीच अलग-अलग समय पर आये थे।

दस मिनट बाद रिगू सामान्य दिनों से ज्यादा ध्यान से तैयार होकर नीचे आया और "सुप्रभात, मेरी बुढ़िया" कहकर अपनी पत्नी का अभिवादन किया जिससे वह इतनी खुश हो गयी जितनी वह अपने सामने कई काउण्टों को झुका देखकर भी नहीं होती।

"जां," उसने मठ के समय से ही अपनी सेवा कर रहे धर्मसंघी से कहा, "घर से बाहर मत जाना; अगर किसी ने मेरा घर लूटा तो यह मुझसे ज्यादा तुम्हारे लिए बुरा होगा।"

इस तरह कभी नरमी और कभी कठोरता बरत कर, कभी उम्मीद जगाकर तो कभी डाँटकर वह धूर्त अहंकारी अपने तीनों गुलामों को अपने प्रति वफादार बनाये रखता था; वे पालतू कुत्तों की तरह उसके पीछे-पीछे घूमते थे।

सलीब वाले दर्रे से बचने के लिए ऊपर की सड़क से घूमकर रिगू करीब आठ बजे सुलांश के चौक पर पहुँचा।

वह तीन सीढ़ियों वाले छोटे से दरवाजे के पास एक खम्भे से घोड़े की रास बाँध ही रहा था कि एक खिड़की खुली और सूद्री का चेचकरू चेहरा दिखाई दिया जो उसकी काली आँखों के भाव की वजह से कपटपूर्ण लग रहा था।

"रवाना होने से पहले हमें दो निवाले खा लेने चाहिए," उसने कहा; "हमें विल-ओ-फाये में एक बजे से पहले कुछ खाने को नहीं मिलेगा।"

उसने धीमी आवाज में ऐनेत जैसी ही एक कमसिन और सुन्दर नौकरानी को आवाज दी जो पाँव दबाते हुए आयी और उसकी बात सुनकर हैम और रोटी लाने चली गयी। फिर वह खुद जाकर तहखाने से वाइन ले आया।

रिगू ने सौवीं बार उस प्रसिद्ध डाइनिंग रूम को गौर से देखा। उसका फर्श ओक का था, छत और कोर्निस पर गचकारी की हुई थी, शाह बलूत की खूबसूरत आलमारियाँ एक ओर रखी थीं, आतिशदान बढ़िया पोर्सलेन का था और एक भव्य लम्बी सी घड़ी कमरे की शान बढ़ा रही थी--ये सब मदमोज़ाल लागुएर की सम्पत्ति थी। ऊँची नक्काशीदार पीठ वाली कुर्सियों पर चमकदार सफेद वार्निश थी, सीटों पर बढ़िया हरा चमड़ा मढ़ा था। बहुत बड़ी सी महोगनी की मेज हरे किरमिची कपड़े से ढँकी थी। हंगरी की शैली में बने फर्श को उर्बाएं ने अच्छी तरह चमकाया हुआ था और इससे पता चलता था कि भूतपूर्व परिचारिका अपने नौकरों से काम लेना जानती है।

"ऊँह! यह सब बहुत महँगा है," रिगू ने सौवीं बार सोचा। "मैं अपने कमरे में भी इतना ही बढ़िया खाना खा सकता हूँ और इस बेकार के तामझाम पर बरबाद हुआ धन अच्छी आमदनी दिला सकता था।" मेयर को एक बढ़िया वाइन की बोतल लेकर आते देख उसने पूछा, "मदाम सूद्री कहाँ हैं?"

"सो रही हैं।"

"और तुम अब उनकी नींद में खलल नहीं डालते?" रिगू ने कहा।

भूतपूर्व पुलिसवाले ने आँख मारी और हैम की ओर इशारा किया जो सुन्दर नौकरानी जांनेत अभी-अभी लायी थी।

"इसे खाकर तुम्हें मजा आ जायेगा," उसने कहा। "यह घर में ही तैयार किया गया है, हमने कल ही इसे काटा है।"

"तुम्हें यह कहाँ मिली?" भूतपूर्व भिक्षु ने सूद्री के कान में कहा।

"यह भी हैम की तरह ताजी है," भूतपूर्व पुलिसवाले ने फिर से आँख मारकर कहा; "यह बस एक हफ्ते से मेरे पास है।"

अभी तक सोते समय पहनी जाने वाली टोपी लगाये हुए जांनेत एक छोटा-सा पेटीकोट और चोली पहने थी जिसके ऊपर उसने बड़ा सा रूमाल गले में डाल रखा था जो उसके कच्चे यौवन को पूरी तरह ढँक नहीं पा रहा था। वह छोटे कद और गदराये बदन की थी और उसकी नंगी बाँहें लाली लिये थीं। उसका चेहरा खालिस बर्गण्डी की किसान युवतियों जैसा ललछौंह था लेकिन कनपटी, गर्दन और कानों के पास सफेदी थी; उसके बाल भूरे थे; आँखों के कोने हल्के से ऊपर उठे हुए थे; नथुने चौड़े थे और मुँह से कामुकता झलकती थी। उसके हावभाव में बाँकपन था जिसे वह छद्म विनम्रता के आवरण में छिपाने की कोशिश करती थी।

"ईमान की कसम, जांनेत इस हैम से कम नहीं है," रिगू ने कहा। "अगर मेरे पास एक ऐनेत न होती तो मैं भी अपने लिए एक जांनेत चाहता।"

"दोनों एक से बढ़कर एक हैं," भूतपूर्व पुलिसवाले ने कहा, "क्योंकि तुम्हारी ऐनेत गोरी और नाजुक है। मदाम रिगू कैसी हैं–क्या वह सो रही हैं?" सूद्री ने यह बात अक्खड़पन से कही ताकि रिगू जान जाये कि वह उसका मजाक समझ गया था।

"वह मुर्गे की बाँग के साथ उठ जाती हैं, लेकिन वह मुर्गियों के साथ ही सो भी जाती हैं," रिगू ने जवाब दिया। "जहाँ तक मेरी बात है, मैं बैठकर 'कांस्टीट्यूशनेल' पढ़ता हूँ। मेरी पत्नी मुझे रात में सोने देती है, और सुबह भी; वह कतई मेरे कमरे में नहीं आती।"

"यहाँ ठीक उल्टी बात है," जांनेत बोली। "मदाम मण्डली के साथ बैठकर ताश खेलती रहती हैं; कभी-कभी तो बैठक में सोलह लोग होते हैं। मोस्यू आठ बजे बिस्तर पर चले जाते हैं, और हम दिन निकलते ही उठ जाते हैं–"

"तुम्हें लगता है कि यह अलग है," रिगू ने कहा, "लेकिन अन्त में सब एक जैसा ही होता है। मेरी प्यारी, तुम मेरे पास आ जाओ और मैं ऐनेत को यहाँ भेज दूँगा, यह एक ही बात होगी, और कुछ अलग भी।"

"बुड्ढे बदमाश, तुम उसे लजवा दोगे," सूद्री ने कहा।

"ओहो! पुलिसवाले, तुम अपने लिए मैदान साफ रखना चाहते हो! ठीक है, हम सब अपनी-अपनी जगह खुश हैं।"

जांनेत अपने मालिक के आदेश पर उसके कपड़े तैयार करने चली गयी।

"तुमने जरूर उससे वादा किया होगा कि अपनी बीवी के मरने पर उससे शादी कर लोगे," रिगू ने कहा।

"तुम्हारी और मेरी उम्र में और कोई तरीका भी तो नहीं है," सूद्री ने जवाब दिया।

"अगर लड़कियाँ जरा महत्वाकांक्षी हुईं तो यह रँडुआ हो जाने का एक तरीका हो सकता है," रिगू ने जोड़ा; "खासकर अगर मदाम सूद्री सीढ़ियाँ साफ करने के लिए जांनेत को डाँटती-डपटती हैं।"

इस टिप्पणी पर दोनों पति कल्पना में खो गये। जब जांनेत ने लौटकर कहा कि सब कुछ तैयार है तो सूद्री ने उससे कहा, "आओ, तैयार होने में मेरी मदद करो!"—इस एहतियात पर भूतपूर्व भिक्षु मुस्कुरा दिया।

"फर्क तो जरूर है!" उसने कहा। "जहाँ तक मेरी बात है, मैं तुम्हें ऐनेत के साथ अकेला छोड़ देता, मेरे दोस्त।"

पन्द्रह मिनट बाद सूद्री अपने सबसे बढ़िया कपड़े पहने हुए बेंत की गाड़ी में सवार हुआ और दोनों मित्र सुलांश की झील के किनारे होते हुए विल-ओ-फाये की ओर चल दिये।

"जरा देखो इसे!" रिगू ने कहा। वे एक चढ़ाई पर पहुँच गये थे जहाँ से सुलांश की गढ़ी देखी जा सकती थी।

भूतपूर्व क्रान्तिकारी ने ये शब्द उस नफरत के साथ कहे थे जो ग्रामीण मध्यवर्ग बड़ी गढ़ियों और बड़ी जागीरों के प्रति महसूस करते हैं।

"हाँ, लेकिन मैं आशा करता हूँ कि मेरे जीते जी यह नष्ट नहीं होगी," सूद्री ने कहा। "कोम्त द सुलांश मेरे जनरल थे। उन्होंने मेरे साथ भलाई की, मुझे पेंशन दिलाई और उन्होंने ल्यूपें को अपनी जागीर का इंतजाम सौंप रखा है। ल्यूपें के बाद हममें से किसी को यह मौका मिलेगा, और जब तक सुलांश परिवार कायम है उनका और उनकी सम्पत्ति का सम्मान किया जायेगा। ऐसे लोग खुले दिल के हैं; वे हर एक को अपना-अपना मुनाफा कमाने देते हैं, और इससे उन्हें भी फायदा होता है।"

"हाँ, लेकिन कोम्त द सुलांश के तीन सन्तानें हैं, जो शायद उसके मरने के बाद एक न रहें," रिगू ने जवाब दिया। "उसकी बेटी के पति और उसके बेटों के बीच मुकदमेबाजी हो सकती है, और आखिरकार हो सकता है वे सीसे और लोहे की खदानें फैक्टरी वालों को बेच दें जिनसे हम उन्हें वापस खरीद सकते हैं।"

तभी गढ़ी दुबारा और नजदीक से नजर आयी।

"आह! जरा देखो इसे; उन दिनों वे इमारतें बहुत बढ़िया बनाते थे," सूद्री ने कहा। "लेकिन इन दिनों मोस्यू ल कोम्त किफायतशारी बरत रहे हैं; वे सुलांश को अपने खानदान की अहस्तान्तरणीय जागीर बनाना चाहते हैं।"

"मेरे दोस्त, अहस्तान्तरणीय जागीरें बहुत दिनों तक नहीं टिकी रहेंगी," रिगू ने कहा।

जब सार्वजनिक मामलों के विषय पर उनकी बातें चुक गयीं तो भलेमानसों की यह जोड़ी अपनी सुन्दर नौकरानियों के गुणों के बारे में ऐसे खालिस बर्गण्डियाई अन्दाज में चर्चा करने लगी कि उसे यहाँ लिखा नहीं जा सकता। इस असमाप्य विषय पर उनकी बातें इतनी देर तक चलती रहीं कि उन्हें पता ही नहीं चला कि कब उन्हें एरोंदिसमेण्ट की राजधानी दिखाई देने लगी जिस पर गोबर्तें राज करता था, और जिसने हमारे ख्याल से पाठक के मन में इतनी उत्सुकता तो जगा ही दी होगी कि एक संक्षिप्त विषयान्तर अप्रासंगिक नहीं होगा।

विल-ओ-फाये का नाम लैटिन भाषा के शब्दों "विला इन फागो"—यानी जंगल की हवेली—का बिगड़ा हुआ रूप बताया जाता है। इस नाम से संकेत मिलता है कि एक समय

एवोन और योन नदियों के संगम के आसपास का सारा इलाका जंगल से ढँका था। निस्सन्देह किसी प्राचीन फ्रैंक विजेता ने उस पहाड़ी पर अपना दुर्ग बनाया होगा जिसकी ढलान नीचे घाटी तक जाती है। दुर्गपति ने अपने किले को नदी के मुहाने से अलग करने के लिए एक चौड़ी और गहरी खाई खुदवायी थी जिससे उसकी स्थिति अभेद्य हो गयी थी। वह नदी के तमाम पुलों पर चुंगी वसूलता था और सभी मिलों में पीसे जाने वाले अनाज पर मुनाफे में अपना हिस्सा लेता था।

यह विल-ओ-फाये की शुरुआत का इतिहास है। 1549 में जां रूवे द्वारा ईजाद किये गये लकड़ी को बहाने के तरीके ने विल-ओ-फाये की समृद्धि की शुरुआत की क्योंकि इस काम के लिए बीच-बीच में ऐसे स्टेशनों की आवश्यकता थी जहाँ बहते लट्ठों को रोका जा सके। उस समय तक विल-ओ-फाये सुलांश की तुलना में एक गाँव जैसा था। विल-ओ-फाये का एक प्रमुख गोदाम बन गया। दोनों नदियों के तटों पर तीस मील तक यह लकड़ियाँ फैली रहती थीं। लकड़ी को खींचकर पानी से बाहर निकालने, खोये हुए लट्ठों की गिनती करने और योन के जरिये लकड़ी को सेन नदी तक पहुँचाने के लिए उसके बेड़े बनाने का काम यहाँ बहुत से मजदूरों को खींच लाया। इस आबादी ने उपभोग बढ़ाया और व्यापार को प्रोत्साहन दिया। इस तरह सत्रहवीं सदी के अन्त में विल-ओ-फाये की मात्र छह सौ की आबादी 1790 में दो हजार हो गयी और अब गोबर्तें ने निम्नलिखित उपायों से इस संख्या को चार हजार तक पहुँचा दिया था।

जब असेम्बली ने इलाके का नया प्रशासनिक ढाँचा विकसित करने का निर्णय किया तो एरोंदिसमेण्ट के मुख्य शहर या राजधानी के लिए सुलांश के बजाय विल-ओ-फाये को चुना गया, जो अपनी भौगोलिक स्थिति के चलते सब-प्रीफेक्चर के लिए उपयुक्त था। पेरिस की आबादी बढ़ने से ईंधन के रूप में लकड़ी की माँग और कीमत में बढ़ोत्तरी हुई और नतीजतन विल-ओ-फाये का वाणिज्य भी काफी बढ़ गया। गोबर्तें ने गुमाश्ते का पद गँवाने के बाद इस बढ़ते कारोबार के दम पर ही अपनी दौलत खड़ी की थी। पेरिस की आबादी पर शान्ति के प्रभाव का उसका अनुमान सही साबित हुआ। 1815 से 1825 के बीच वाकई इसमें एक तिहाई की बढ़ोत्तरी हुई।

नदी की ओर पड़ने वाले विल-ओ-फाये के किनारों पर एक कतार में गोदियाँ बनी हुई थीं। लकड़ी को आगे बह जाने से रोकने के लिए बना बाँध सुलांश के जंगल से ढँकी एक पहाड़ी के ठीक नीचे था। बाँध और शहर के बीच एक उपनगर था। मुहानेवाले क्षेत्र के बड़े भाग में बसा उपनगर बाँध से बनी एवोन की झील के तट तक फैला था।

निचले शहर के ऊपर पहाड़ियों पर बगीचों से घिरे करीब पाँच सौ घर थे। इन सभी घरों से झील के हीरे की तरह चमकते पानी, इसके तटों पर बनाये जा रहे लकड़ी के बेड़ों और लट्ठों के ऊँचे-ऊँचे ढेर दिखाई देते थे। नदी में बहते लट्ठे, और कई मिलों तथा कुछ कारखानों की पनचक्कियों के लिए बनी नहरों में तेजी से बहता पानी एक जीवन्त दृश्य उपस्थित करता था, जो जंगल की हरियाली से घिरे होने के चलते और भी मनमोहक लगता था।

गोबर्ते ने नीचे डेल्टा के तल पर अपना मकान बनवाया था। उसका इरादा निचले शहर को भी ऊपर वाले जैसा ही विकसित करने का था। यह पत्थर का बना एक आधुनिक मकान था जिसमें लोहे की रेलिंगवाली बालकनी थी, खिड़कियों पर सफाई से रंग किया हुआ था और नये किस्म की झिलमिली टँगी हुई थी। स्लेट की छत वाले इस मकान के सामने एक साफ-सुथरा अहाता था और पीछे एवोन के किनारे तक पसरा हुआ इंग्लिश शैली का एक बगीचा था। इस जगह की खूबसूरती को देखकर डिपार्टमेण्ट ने उसके सामने ही सब प्रीफेक्चर के लिए एक नयी इमारत बनवा दी जो अभी तक कुत्ताघर जैसे एक छोटे से मकान में चल रहा था। टाउनहाल भी पास में ही बन गया था। हाल ही में अदालत भी एक नयी भव्य इमारत में आ गयी थी। इस तरह अपने मौजूदा मेयर की सक्रियता और प्रभाव के चलते विल-ओ-फाये में कई प्रभावशाली सार्वजनिक भवन हो गये थे। सशस्त्र पुलिस ने भी बाजार के चौक के पास अपनी बैरकें बनवा ली थीं।

ये बदलाव, जिन पर शहरवालों को फख्र था, गोबर्ते द्वारा यहाँ की गतिविधियों में लायी तेजी का परिणाम थे। अभी-अभी उसे राजा के आनेवाले जन्मदिन के उपलक्ष्य में लीज़न आफ आनर का क्रास भी मिला था। जाहिर है, इस तरह से विकसित हुए इस आधुनिक शहर में न तो सामन्त थे और न ही कुलीन। इसलिए विल-ओ-फाये के धनी व्यापारी बेधड़क साम्राज्य के एक ऐसे काउण्ट के खिलाफ किसानों को उकसाते थे जो अब राजतंत्र की पुनर्स्थापना के पक्ष में हो गया था। इस वाणिज्यिक शहर के बारे में सरकार भी अच्छी तरह जानती थी इसलिए यहाँ सब-प्रीफेक्ट के पद पर एक ऐसा आदमी भेजा गया था जो सबसे मिलाकर चलनेवाला था।

गोबर्ते का घर भीतर से आधुनिक विलासिता की तमाम प्रचलित चीजों से भरा पड़ा था। सुनहले बार्डर वाले महँगे वॉलपेपर, काँसे के शमादान, नई शैली का महोगनी का फर्नीचर, बिल्लौरी काँच के लैम्प, संगमरमर के टॉपवाली गोल मेजें, सुनहली किनारी वाली सफेद क्राकरी, डाइनिंग रूम में लाल चमड़े से मढ़ी कुर्सियाँ और ताँबे पर उत्कीर्णित चित्र तथा बैठक में नीले कश्मीरी रेशम से मढ़ी कुर्सियाँ--ये सब उन दिनों पेरिस के हर पैसेवाले घर में नजर आते थे, पर विल-ओ-फाये के लोगों को यह ऐश्वर्य की पराकाष्ठा मालूम होती थी। पैंतालिस वर्षीय मदाम गोबर्ते बड़े परिष्कृत ढंग से गृहस्वामिनी की भूमिका निभाती थी। वह ज्यादा अदायें नहीं दिखाती थी और उदासीन-सी रहती थी मानो उसे अपने दरबार की ताकत का पूरा यकीन हो।

फ्रांस को जाननेवाले लोगों से हमारा सवाल है कि ये तीन घर--रिगू, सूद्री और गोबर्ते के घर--क्या गाँव, छोटे कस्बे और एरोंदिसमेण्ट की राजधानी के धनवानों की सटीक तस्वीर पेश नहीं करते?

गोबर्ते न तो बहुत बुद्धिमान था और न ही प्रतिभाशाली, लेकिन देखने में वह ये दोनों ही लगता था। स्थितियों और व्यक्तियों की उसकी सटीक समझ और उनका इस्तेमाल करने की उसकी कला निजी लाभ की उसकी उत्कट इच्छा की देन थी। उसे बस सम्पत्ति की

चाह थी--न अपनी पत्नी के लिए, न अपने बच्चों के लिए, न अपने लिए, न अपने परिवार के लिए, न पैसे से मिलने वाली प्रतिष्ठा के लिए--अपने प्रतिशोध की आग को तुष्ट करने (जिसकी उम्मीद उसे जिन्दा रखती थी) के अलावा उसे तो बस पैसे का स्पर्श प्यारा था, नुसेंजां की तरह, जिसके बारे में कहते हैं कि वह अपनी जेबों में पड़े सोने को छूता रहता था। कारोबार की उत्तेजना गोबर्तें की असल वाइन थी, और हालाँकि उसका पेट इस वाइन से भरा हुआ था पर उसकी प्यास बुझती नहीं थी। साजिशें और तिकड़में रचना, दूसरों को नुकसान पहुँचानेवाली शरारतें कराना, जालसाजियाँ, कारोबारी दाँवपेंच, हिसाब-किताब, निजी हित के विवाद और झगड़े, इन्हीं में उसे मजा आता था और इन्हीं से उसमें प्राणों का संचार होता था। वह पैदल, घोड़े पर, बग्घी में और नाव से लगातार कहीं न कहीं आता-जाता रहता था। वह पेरिस की तमाम नीलामियों और लकड़ी की बिक्री के मौकों पर मौजूद रहता था। वह हर चीज का ध्यान रखता था, उसके हाथों में सैकड़ों सूत्र होते थे लेकिन वे कभी उलझते नहीं थे।

जिस तेजी और निर्णयात्मक ढंग से वह सोचता था उतना ही वह फुर्तीला भी था। वह दोहरे बदन का ठिगना व्यक्ति था और अपनी नुकीली नाक, आग्नेय आँखों और खड़े कानों की वजह से वह शिकारी कुत्ते का एहसास दिलाता था। धूप में झँवाया गोल चेहरा और गोल टोपी के नीचे से निकले कान इस सादृश्यता को और बढ़ा देते थे। उसकी नाक अकड़ से उठी रहती थी और उसके कसकर बन्द होंठ कभी कोई भली बात कहने के लिए नहीं खुलते थे। उसके गुलाबी गालों के नीचे लटके घने गलमुच्छे उसके गुलूबन्द से आधे ढँके रहते थे। उसके खिचड़ी बाल मानो उसकी भूरी खोपड़ी के भीतर जलने वाली आग से जगह-जगह झुलसे हुए से लगते थे। उसके दुबले और फुर्तीले हाथ बालदार, गँठीले और पंजों जैसे थे, मेहनत करने वालों की तरह। जिन लोगों से उसका काम पड़ता था उन्हें वह बहुत मिलनसार लगता था क्योंकि वह अपने व्यक्तित्व को एक छद्म खुशमिजाजी की चादर में लपेटे रहता था। वह घण्टों बात कर सकता था पर उसकी जुबान से ऐसी एक बात भी बाहर नहीं आती जिसे वह अनकहा रखना चाहता था। वह बहुत कम लिखता था ताकि कोई ऐसी चीज उसकी कलम से न निकल जाये जो भविष्य में उसके हितों के खिलाफ जा सकती हो। उसके कागजात और बहीखातों की देखरेख का जिम्मा एक मुनीम के पास था--वह एक ईमानदार आदमी था, उस किस्म का आदमी जिसे गोबर्तें मार्का लोग हमेशा ढूँढ़ते रहते हैं और जिसे अपने स्वार्थवश वे सबसे पहले उल्लू बनाते हैं।

जब करीब बारह बजे रिगू की हरी गाड़ी नदी के समानान्तर चलने वाली चौड़ी सड़क पर दिखाई पड़ी तो टोपी, ऊँचे बूट और जैकेट पहने हुए गोबर्तें नदी की ओर से लौट रहा था। उसने अपने कदम तेज कर दिये—उसे यकीन था कि यहाँ आने का रिगू का मकसद सिर्फ लेस ऐग्यू से ही जुड़ा हो सकता है।

"सुप्रभात, ब्रिगेडियर; सुप्रभात हिम्मत और अक्ल से भरे मेरे तोंदू," उसने दोनों आगन्तुकों के पेट पर हल्की सी चपत मारते हुए कहा। "हमें काम की बात करनी है, और

कसम से! हम हाथों में जाम लेकर बातें करेंगे; काम करने का यही असल तरीका है।"

"अगर तुम इस तरीके से काम करते हो तो तुम्हें और मोटा होना चाहिए," रिगू ने कहा।

"मैं बहुत कड़ी मेहनत करता हूँ; मैं तुम दोनों की तरह नहीं हूँ जो सठियाये हुए जर्जर बूढ़ों की तरह घर में कैद रहते हैं। ठीक है, ठीक है, आखिर वहाँ यही सबसे अच्छा ढंग है; आप लोग मजे से आरामकुर्सी पर बैठे-बैठे, आग की ओर पीठ करके और तोंद सामने मेज पर टिकाकर अपना कारोबार चला सकते हैं। वहाँ व्यापार खुद आपके पास आता है लेकिन यहाँ मुझे उसके पीछे जाना पड़ता है। खैर छोड़िए, अन्दर आइये! जब तक आप यहाँ रहें घर आपका है।"

लाल किनारी वाली नीली वर्दी पहने एक नौकर ने घोड़े की रास थामी और उसे अहाते में ले गया जहाँ गोबर्तें का दफ्तर और अस्तबल था।

गोबर्तें अपने मेहमानों को कुछ देर बगीचे में टहलने के लिए छोड़कर नाश्ते का आर्डर देने चला गया।

"सुना, मेरे भेड़ियो," खुशी से हाथ रगड़ते हुए वापस लौटकर उसने कहा, "सुलांश के सशस्त्र पुलिसवाले आज अलस्सुबह कोंशे की तरफ मार्च करते हुए देखे गये। बिला शक, वे चोरी-चकारी करने वाले किसानों को गिरफ्तार करने के इरादे से गये हैं। हा, हा! हालात गर्मा रहे हैं! इस समय तक तो," उसने अपनी घड़ी देखकर कहा, "वे गिरफ्तार हो भी चुके होंगे।"

"शायद," रिगू ने कहा।

"तो, वहाँ आप सब क्या कहते हैं? क्या कुछ तय हुआ है?"

"तय करने को है क्या?" रिगू ने पूछा। "हमारी इसमें कोई भूमिका नहीं है," उसने सूद्री की ओर देखकर कहा।

"क्या मतलब है आपका? तय करने को कुछ कैसे नहीं है? अगर हमारे गँठजोड़ की बदौलत लेस ऐग्यू बिकता है तो पाँच-छह लाख का मुनाफा किसे मिलने वाला है? क्या आप सोचते हैं कि मैं अकेले ले लूँगा? नहीं, मुझमें इतनी कुव्वत नहीं कि इकट्ठे बीस लाख निकाल दूँ; मुझे तीन बच्चों के भविष्य का इन्तजाम करना है और बीवी ऐसी है जिसे पैसे के मोल का जरा भी ध्यान नहीं। नहीं, मुझे साथी चाहिए। यह ब्रिगेडियर, इसके पास बहुत पैसा तैयार रखा है। मैं जानता हूँ इसके पास तमाम ऐसी सम्पत्तियाँ बन्धक हैं जिनका समय पूरा हो रहा है। अब तो यह बस हुण्डियाँ लिखता है। मैं इस काम में आठ लाख फ्रैंक लगाऊँगा; मेरा बेटा, जज, दो लाख डालेगा; और मैंने ब्रिगेडियर के मद में भी दो लाख जोड़ रखे हैं। आप कितना डालेंगे पादरी महोदय?"

"बाकी सारी रकम," रिगू ने शुष्क लहजे में जवाब दिया।

"क्या बात है! काश मैं तुम्हारे दिल की थाह पा सकता!" गोबर्तें ने कहा। "अब तुम लोग क्या करोगे?"

"जैसा भी तुम चाहो; अपनी योजना बताओ।"

"मेरी योजना यह है," गोबर्ते ने कहा, "कि आधी जमीन दोगुने दाम पर कोंशे, सेर्नो और ब्लांगी के किसानों को बेच दी जाये जो मालिक बनने के लिए लालायित हैं। सूद्री के अपने ग्राहक हैं, तुम्हारे पास तुम्हारे ग्राहक हैं, और मेरे पास अपने हैं। मुश्किल यह नहीं है। सवाल यह है कि हम आपस में कैसे हिसाब करेंगे? बड़ी जमीनों को हम आपस में कैसे बाँटेंगे?"

"इसमें कोई मुश्किल नहीं है," रिगू ने कहा। हम सब अपनी-अपनी चाहत के मुताबिक हिस्सा ले लेंगे। जैसे कि मैं किसी के रास्ते में नहीं आऊँगा; मैं सूद्री और अपने दामाद के साथ मिलकर जंगल ले लूँगा। पेड़ों को इतना नुकसान पहुँचाया जा चुका है कि अब तुम्हें इसकी फिक्र नहीं होगी, और बाकी सब तुम रख सकते हो। कसम से, तुम्हारी एक-एक पाई वसूल हो जायेगी!"

"क्या तुम इस करार पर दस्तखत करोगे?" सूद्री ने कहा।

"लिखित करार का कोई मतलब नहीं होता," गोबर्ते ने जवाब दिया। "और तुम जानते हो, मैं कोई छुपा खेल नहीं खेल रहा हूँ। मुझे रिगू पर पूरा भरोसा है, और हमारी ओर से सब कुछ वही खरीदेगा।"

"मैं तैयार हूँ," रिगू ने कहा।

"मेरी बस एक शर्त होगी," गोबर्ते ने कहा। "मुझे सारे साजो-सामान और चारों ओर की पचास एकड़ जमीन के साथ 'पेवेलियन आफ दि रेंदिवू' अपने लिए चाहिए। मैं इसे अपना देहाती बंगला बनाऊँगा और यह मेरे जंगल के करीब होगा। मदाम गोबर्ते--मदाम इसोर, वह यही कहलाना पसन्द करती हैं--का कहना है कि वह इसे अपना बसेरा बनायेंगी।"

"मुझे कोई एतराज नहीं है," रिगू ने कहा।

"अब, यह हमारे आपस की बात है," गोबर्ते ने चारों तरफ देखा कि कहीं कोई सुन तो नहीं रहा है, फिर आगे कहा, "क्या तुम्हें लगता है कि वे वार कर सकते हैं?"

"कैसा वार?" रिगू ने पूछा, जो जानबूझकर कभी भी इशारों में कही गयी बात नहीं समझता था।

"अगर उस मण्डली का सबसे बिगड़ैल आदमी, और सबसे अच्छा निशानची काउण्ट के कानों के आसपास से एक-दो गोलियाँ निकाल दे, तो कैसा रहे--सिर्फ उसे डराने के लिए?"

"वह ऐसा आदमी है जो हमलावर पर झपटकर उसे पकड़ लेगा।"

"तो, मिशॉ पर।"

"मिशॉ उस समय कुछ नहीं करेगा, लेकिन वह तब तक खोजबीन और जासूसी करता रहेगा जब तक उस आदमी और उसे उकसानेवालों का पता न लगा ले।"

"तुम ठीक कहते हो," गोबर्ते ने कहा; "इन किसानों को जमकर दंगा करना चाहिए

और कुछ को बामशक्कत कैद मिलनी चाहिए। जो भी, हमारे लिए अच्छा ही है। पुलिसवाले सबसे बुरे लोगों को पकड़ेंगे, जिनसे हम वैसे भी अपना काम निकल जाने के बाद पिण्ड छुड़ाना चाहेंगे। जैसे उस तोंसार के कुनबे वाले और बोनबाल जैसे कमीने—"

"तोंसार गड़बड़ करने के लिए तैयार है," सूद्री ने कहा। "मैं यह बात जानता हूँ, और हम वोदोये और कुर्तेक्विस के जरिये उसे चढ़ाये रखेंगे।"

"कुर्तेक्विस का जिम्मा मेरा," रिगू ने कहा।

"और वोदोये मेरी मुट्ठी में है।"

"सतर्क रहो!" रिगू ने कहा; "कुछ भी करने से पहले सतर्क रहो।"

"परमपूज्य पादरी महोदय, क्या आप मुझे यह बताना चाहते हैं कि चीजों की सच्चाई के बारे में बात करने में भी नुकसान है? क्या हम लोगों पर मुकदमे चला रहे हैं और गिरफ्तारी कर रहे हैं, या हम खेतों और जंगलों में चोरी कर रहे हैं? अगर मोस्यू ल कोम्त को पता चल गया कि क्या हो रहा है और उसने जंगल रिसीवर-जनरल को पट्टे पर दे दिया तो हमारे सारे मंसूबे मिट्टी में मिल जायेंगे। ऐसी हालत में मुझसे ज्यादा नुकसान तुम्हारा होगा। हम यहाँ जो कुछ कह रहे हैं वह हमारे बीच की बात है और यहीं रहेगी, क्योंकि निश्चित ही मैं वोदोये से ऐसा एक शब्द भी नहीं कहूँगा जिसे मैं ईश्वर के सामने या किसी के भी सामने दोहरा न सकूँ। लेकिन अगर कुछ घटनाएँ होती हैं तो उनका लाभ उठाने पर, मेरे ख्याल से, कोई रोक नहीं है। इस कैण्टन के किसान गर्ममिजाज और उतावले हैं। जनरल की सख्तियों, उसके अड़ियलपन, मिशॉ और उसके वनरक्षकों की कार्रवाइयों ने उन्हें भड़का दिया है। आज सारी चीजें चरम पर पहुँच गयी हैं और मैं दावे से कह सकता हूँ कि इस समय पुलिस के साथ अच्छा-खासा उपद्रव चल रहा होगा। इसलिए आओ हम नाश्ता करते हैं।"

तभी मदाम गोबर्ते बगीचे में आयी। वह काफी गोरी-चिट्टी स्त्री थी जिसके गालों पर बालों के लम्बे-लम्बे घूँघर झूलते रहते थे जिन्हें इंग्लिश शैली का कहा जाता था। वह एक भावुक पतिव्रता स्त्री होने का दिखावा करती थी, जिसने जीवन में कभी प्रेम नहीं किया था, अपने आसपास के सभी पुरुषों से प्रेम की हवाई-रूमानी बातें किया करती थी और सरकारी वकील को अपनी उँगलियों पर नचाती थी। उसे चौड़े किनारे वाले टोपों का शौक था लेकिन प्रायः वह अपनी जुल्फें खुली रखती थी। वह नर्तकी रही थी और पैंतालिस साल की उम्र में भी किशोरियों की तरह ठुमककर चलती थी। लेकिन उसके पाँव बहुत बड़े थे और हांथ डरावने लगते थे। वह इसोर कहलाना पसन्द करती थी क्योंकि उसकी तमाम सनकों में से एक यह भी थी कि उसे गोबर्ते नाम भद्दा लगता था। उसकी आँखें हल्की भूरी थीं और बाल कुछ अजीब से रंग के, गन्दे मारकीन जैसे थे। फिर भी विल-ओ-फाये की बहुत सी युवा महिलाएँ उसकी नकल उतारा करती थीं।

"महानुभावो," उसने झुककर अभिवादन करते हुए कहा, "मैं आपके लिए एक अजीब खबर लायी हूँ। पुलिस वापस चली गयी है।"

"क्या उन्होंने कुछ लोगों को पकड़ा है?"

"एक भी नहीं; ऐसा लगता है कि जनरल ने चोरी करनेवालों को पहले ही माफी दिलवा दी थी। यह माफी फ्रांस में राजा की बहाली की वर्षगाँठ के इस शुभ अवसर पर दी गयी है।"

तीनों साझेदारों ने एक-दूसरे की ओर देखा।

"मैंने जितना सोचा था, वह मोटा जनरल उससे ज्यादा चालाक है!" गोबर्ते ने कहा। "खैर, आओ नाश्ता करें। आखिर अभी खेल खत्म नहीं हुआ है, बस कुछ दिन टल गया है। अब मामला तुम्हारे हाथ में है रिगू।"

सूद्री और रिगू हताश वापस लौटे। वे अपने मतलब के लिए एक और बखेड़े की योजना बनाने में नाकाम रहे थे और अब उन्हें गोबर्ते की सलाह मानकर मौके का इन्तजार करना था। क्रान्ति के आरम्भ में लुई सोलहवें के समझौतों से नाराज उन जैकोबें सदस्यों की तरह जो दरबार में कड़े कदम उठाये जाने के लिए जोर देते थे ताकि अराजकता फैले और वे सत्ता हासिल कर सकें, जनरल मोंतकोर्ने के ताकतवर दुश्मनों की उम्मीदें भी चोरी करने वालों के खिलाफ मिशॉ और उसके आदमियों की भावी सख्ती पर टिकी हुई थीं। गोबर्ते ने उन्हें मदद का वादा किया था हालाँकि उसने अपने बाकी सहयोगियों के नाम नहीं बताये थे क्योंकि वह नहीं चाहता था कि उन दोनों को सिबिले के साथ उसके सम्बन्ध का पता चले। गोबर्ते जैसे व्यक्ति की दूरदर्शिता का कोई मुकाबला नहीं कर सकता, बशर्ते वह एक भूतपूर्व पुलिसवाला या चर्च से बहिष्कृत पादरी न हो। इस षड्यंत्र को नफरत और स्वार्थ में डूबे ऐसे तीन व्यक्ति ही कामयाबी तक पहुँचा सकते थे।

अध्याय पाँच

बिना लड़े ही जीत

मदाम मिशॉ का डर सच्चे प्रेम से पैदा होनेवाली चिन्ताओं का परिणाम था। जब कोई किसी व्यक्ति को इस तरह चाहता है कि पूरी तरह उसमें डूब जाये, तो वह उस व्यक्ति के इर्दगिर्द की दुनिया को भी समझने लगता है। जब कोई स्त्री प्रेम करती है तो उसे वैसे ही अनिष्ट का पूर्वाभास होने लगता है जो बाद में उसे माँ बनने पर भी विचलित करता है।

जिस वक्त वह स्त्री किसी सुदूर और अज्ञात स्थल से आ रही अस्पष्ट आवाजों को सुनने की कोशिश कर रही थी, उसी समय ग्रां-इवेर के शराबखाने में एक वास्तविक दृश्य घटित हो रहा था जिससे उसके पति के जीवन को खतरा था।

उस सुबह करीब पाँच बजे जल्दी उठनेवालों ने सुलांश की सशस्त्र पुलिस को कोंशे

की ओर जाते देखा था। यह खबर तेजी से फैली और जिन लोगों का इससे सीधा सम्बन्ध था, वे ऊँची जगहों पर रहने वाले लोगों से यह जानकर भौचक्के रह गये कि विल-ओ-फाये के लेफ्टीनेण्ट के नेतृत्व में एक टुकड़ी लेस ऐग्यू के जंगल से होकर मार्च कर रही है। सोमवार होने के नाते किसानों के शराबखाने में मौजूद होने के पर्याप्त कारण थे, लेकिन यह बूर्बो वंश की पुनर्स्थापना की पूर्वसंध्या भी थी, और हालाँकि तोंसार के अड्डे पर जुटनेवालों को ग्रां-इवेर में अपनी मौजूदगी की सफाई देने के लिए इस "पवित्र उद्‌देश्य" (जैसाकि उन दिनों कहा जाता था) की कोई आवश्यकता नहीं थी, लेकिन किसी सरकारी पदाधिकारी के नजर आते ही वे इस बहाने का इस्तेमाल करने में चूकते नहीं थे।

वोदोये, कुर्तेक्विस, तोंसार और उसका कुनबा, गोदाएं और अंगूर के खेतों में काम करने वाला लारोश नाम का एक बूढ़ा मजदूर वहाँ सुबह से ही जुटे थे। लारोश रोज खाने और रोज कमानेवाला एक गरीब मजदूर था। वह उन लोगों में से एक था जिन्हें सिबिले और कुर्तेक्विस ने जनरल को तंग करने के लिए मुलजिम बनाया था। ब्लांगी ने अपराधियों की इस जमात में तीन पुरुष और बारह स्त्रियों के अलावा आठ लड़कियों और पाँच लड़कों का योगदान किया था जिनके अभिभावक उनके लिए जिम्मेदार बनाये गये थे। ये सब कंगाली की स्थिति में थे, इतने ही लोग इस स्थिति में पाये जा सके थे। 1823 का साल किसानों के लिए बहुत फायदेमन्द रहा था, और 1826 भी ऐसा ही लग रहा था क्योंकि इस साल अंगूर की फसल बहुत बढ़िया हुई थी और उन्हें अच्छे पैसे मिलने वाले थे। इसके अलावा जनरल द्वारा लेस ऐग्यू में कराये जा रहे कामों के चलते जागीर की सीमा पर स्थित तीन जिलों में काफी पैसा लोगों के पास पहुँच रहा था। इसलिए ब्लांगी, कोंशे और सेर्नो में ऐसे एक सौ बीस अकिंचन व्यक्ति ढूँढ़ना काफी कठिन था जिनके विरुद्ध मुकदमा दायर किये जा सके; और इसलिए उन्होंने माओं और दादियों को भी शामिल कर लिया था जिनके पास अपने नाम पर कोई सम्पत्ति नहीं थी, जैसे तोंसार की माँ। लारोश के पास तो वाकई कुछ भी नहीं था। वह तोंसार की तरह गुस्सेवर और विद्वेषी नहीं था–उसकी प्रेरक शक्ति एक ठण्डी, मन्द घृणा थी। वह खिन्न भाव से चुपचाप श्रम में जुटा रहता था। काम करना उसे सख्त नापसन्द था लेकिन जीने के लिए उसे काम करना ही था। उसका चेहरा कठोर और उसके भाव नफरत पैदा करनेवाले थे। साठ बरस की उम्र में भी वह ताकतवर था, बस उसकी पीठ झुक गयी थी। उसके सामने कोई भविष्य नहीं था, अपना कहने के लिए जमीन का एक कतरा भी नहीं था, और वह उनसे ईर्ष्या करता था जो जमीन के मालिक थे। इसलिए वह लेस ऐग्यू के जंगल पर जरा भी दया नहीं करता था और वहाँ के पेड़ों को बेवजह नुकसान पहुँचाने में उसे मजा आता था।

"क्या वे हमें जेल में डाल सकते हैं?" वह कह रहा था। "कोंशे के बाद वे ब्लांगी आयेंगे। मैं पुराना मुजरिम हूँ, मुझे तो तीन महीने के लिए अन्दर कर देंगे।"

"हथियारबन्द पुलिस के खिलाफ हम क्या कर सकते हैं, बूढ़े पियक्कड़?" वोदोये ने कहा।

"क्यों! अपनी दराँतियों से उनके घोड़ों के पैर काट देंगे। वे नीचे आ गिरेंगे। उनकी मस्कटें खाली हैं और जब वे पायेंगे कि हम एक के मुकाबले दस हैं तो वे मैदान छोड़ भागेंगे। अगर तीनों गाँव एक साथ उठ जायें और दो-तीन पुलिसवालों को मार दें तो वे हम सबको तो गिलोतीन से काट नहीं सकते। उन्हें पीछे हटना पड़ेगा, जैसा बर्गण्डी के दूसरी ओर हुआ; वहाँ उन्हें रेजीमेण्ट भेजनी पड़ी थी। ऐंह! वह रेजीमेण्ट वापस आ गयी, और किसान फिर वैसे ही जंगल काटने लगे जैसे पहले काटते थे।"

"अगर हमें मारना ही है," वोदोये ने कहा, "तो बेहतर होगा कि एक आदमी को मारा जाये। सवाल यह है कि यह काम बिना खतरे के कैसे किया जाये और उन अर्मिनाकों को कैसे इतना डराया जाये कि वे यहाँ से भाग जायें।"

"मारना किसे चाहिए?" लारोश ने पूछा।

"मिशॉ," कुर्तेक्विस ने कहा। "वोदोये सही कह रहा है, वह सोलह आने सही है। तुम देखना कि जब एक वनरक्षक ऊपर भेज दिया जायेगा तो उनमें से एक भी ऐसा नहीं होगा जो दिन के उजाले में भी हम पर नजर रखने की हिम्मत कर सके। अब तो वे दिनो-रात लगे रहते हैं—राक्षस कहीं के!"

"जहाँ भी जाओ, वे मौजूद रहते हैं! वे हमें रोकते हैं, हमारे गट्ठर खोल डालते हैं, और अगर एक मामूली सी झाड़ी की एक टहनी भी मिल जाये तो पूरा गट्ठर छीन लेते हैं और गिरफ्तार करने की धमकी देते हैं। उन नासपीटों को धोखा नहीं दिया जा सकता; अगर उन्हें तुम पर शक हो गया तो तुम्हें गट्ठर खोलना ही पड़ेगा।" बुढ़िया तोंसार ने कहा, जो अठहत्तर साल की थी और जिसके चेचक के दागों से भरे पपड़ियाये चेहरे पर हरी आँखें बिल्ली जैसी चमकती थीं और गन्दे-सफेद बाल लाल रूमाल के नीचे से बिखरे रहते थे। "कुत्ते कहीं के! उन तीनों का मोल कौड़ी भर भी नहीं है! हाँ, उन्हें मार डालो; इससे फ्रांस बरबाद नहीं हो जायेगा।"

"वातेल इतना बुरा नहीं है," मदाम तोंसार ने कहा।

"वह!" लारोश ने कहा, "वह भी बाकियों की तरह अपना काम करता है। अगर कोई हँसी-मजाक चल रहा हो तो वह भी तुम्हारे साथ मजाक कर लेगा, लेकिन इससे तुम्हें कोई छूट नहीं मिलने वाली है। वह दूसरों से भी बदतर है—गरीबों के साथ एकदम निर्दयी, जैसा खुद मिशॉ है।"

"लेकिन मिशॉ की बीवी बहुत सुन्दर है," निकोलस तोंसार बोला।

"वह पेट से है," बुढ़िया ने कहा; "और अगर ये सब चलता रहा तो जब वह ब्यायेगी तो उस बच्चे का बपतिस्मा कुछ अजीब किस्म से होगा।"

"ओह! ये अर्मिनाक!" मारी तोंसार ने चीखकर कहा। "उनके साथ कोई दिल्लगी नहीं चल सकती, और अगर तुमने कोशिश की तो वे तुम्हें गिरफ्तार करने की धमकी देते हैं।"

"तुम उन्हें लुभाने की कोशिश कर चुकी हो, क्यों?" कुर्तेक्विस ने कहा।

"तुम इस बात पर बाजी लगा सकते हो।"

"जो भी हो," तोंसार ने हठी लहजे में कहा, "वे भी दूसरे इंसानों की तरह इंसान हैं, और उनसे छुटकारा पाया जा सकता है।"

"लेकिन मैं तुम्हें बताये दे रही हूँ," मारी ने अपनी बात जारी रखी, "उन्हें लुभाया नहीं जा सकता। मुझे समझ नहीं आता कि उनके साथ मामला क्या है। वह मण्डपवाला गुण्डा तो शादीशुदा है, लेकिन वातेल, गेलार और स्टेंजेल तो नहीं हैं; उनके पास तो कोई औरत नहीं है। अरे, पूरे इलाके में एक भी औरत नहीं है जो उनसे शादी करेगी।"

"ठीक है, हम भी देखेंगे कि फसल कटाई और अंगूर उतारने के समय क्या होता है," तोंसार ने कहा।

"वे सीला बटोरना रोक नहीं सकते," बुढ़िया ने कहा।

"मैं कह नहीं सकती," मदाम तोंसार ने टिप्पणी की। "ग्रुआसों कह रहा था कि मेयर एक नोटिस निकालने वाला है कि कंगाल होने के प्रमाणपत्र के बिना कोई सीला नहीं बटोर सकेगा; और वह प्रमाणपत्र देगा कौन? जाहिर है, वह खुद। और वह ज्यादा लोगों को नहीं देगा, मैं बताये देती हूँ! और बताते हैं कि वह यह हुक्म भी जारी करने वाला है कि सारी गाड़ियाँ लद जाने के पहले कोई खेतों में नहीं घुसेगा।"

"अरे उसके कीड़े पड़ें!" गुस्से में आपा खोकर तोंसार चिल्लाया।

"मैंने कल ही यह बात सुनी," मदाम तोंसार ने कहा। "मैंने ग्रुआसों को एक गिलास ब्राण्डी पिलाकर उससे कुछ बातें निकलवायीं।"

"ग्रुआसों! वह एक और खुशकिस्मत बंदा है!" वोदोये ने कहा, "उन्होंने उसके लिए एक घर बना दिया है और उसे एक अच्छी बीवी भी दे दी है, और उसकी अच्छी आमदनी भी है और वह राजा जैसे कपड़े पहनकर घूमता है। और एक मैं था, बीस साल तक फील्डकीपर रहा, और गठिये के सिवा मुझे कुछ नहीं मिला।"

"हाँ, वह बड़ा किस्मत वाला है," गोदाएं ने कहा, "उसके पास जायदाद है–"

"और हमारे पास कुछ नहीं है। हम मूर्ख जो ठहरे," वोदोये ने कहा। "आओ, चलकर पता लगाते हैं कि कोंशे में क्या हो रहा है; वहाँ वे हमारी तरह धीरज वाले नहीं हैं।"

"चलो, चलें," लारोश ने कहा, जो अपने पैरों पर सीधा खड़ा नहीं हो पा रहा था। "अगर मैंने उनमें से एक-दो को खत्म नहीं कर दिया तो मेरा नाम नहीं।"

"तुम!" तोंसार ने कहा, "तुम तो उन्हें गाँव भर को जेल में ठूँस देने दोगे; लेकिन मैं–अगर उन्होंने मेरी बूढ़ी माँ को छूने की जुर्रत की तो वह रही मेरी बन्दूक और इसका निशाना कभी नहीं चूकता।"

"ठीक है," लारोश ने वोदोये से कहा, "मैं तुमसे कह देता हूँ कि अगर उन्होंने कोंशे में एक भी कैदी बनाया तो एक पुलिसवाला जरूर गिरेगा।"

"उसने कह दिया है, जिओ मेरे लारोश!" कुर्तेक्विस चिल्लाया।

"उसने कह दिया है," वोदोये ने टिप्पणी की, "लेकिन उसने किया नहीं है, और वह करेगा भी नहीं। किसी पुलिसवाले के लिए अपनी गर्दन कटवाने से तुम्हें क्या मिलेगा? नहीं, मैं कहता हूँ, अगर तुम्हें मारना है तो मिशॉ को मारो।"

इस दौरान कैथेरीन तोंसार दरवाजे पर पहरा दे रही थी ताकि अगर कोई गुजरे तो पीनेवालों को होशियार कर दे। अपने लड़खड़ाते कदमों के बावजूद वे चलने के बजाय कूदकर शराबखाने से बाहर निकले और उनके लड़ाकू तेवर उन्हें कोंशे जानेवाली सड़क पर तेज रफ्तार से ले चले, जो करीब एक मील तक लेस ऐग्यू के बाग की दीवार की बगल से गुजरती थी।

कोंशे एक असली बर्गण्डियाई गाँव था जिसमें एक ही सड़क थी जिसे मुख्य सड़क गाँव के चौक पर बीच से काटते हुए गुजरती थी। मकान या तो ईंटों के या फिर पटिया-पत्थर के बने थे और बाहर से ही गन्दे लगते थे। विल-ओ-फाये की ओर से मुख्य सड़क से आने पर गाँव का पिछवाड़ा दिखायी देता था जो काफी सुन्दर दृश्य उपस्थित करता था। सड़क और रोंकेरोल के जंगल के बीच एक छोटी-सी नदी बहती थी और पास-पास बने कई मकान दृश्य को जीवन्त बना देते थे। गिरजाघर और पुरोहिताश्रम एक किनारे थे और लेस ऐग्यू के बाग से दिखाई देते थे, जो लगभग उनके पास तक आता था। गिरजाघर के सामने पेड़ों से घिरा एक चौक था जहाँ ग्रां-इवेर के षड्यंत्रकारियों ने सशस्त्र पुलिस को देखा और अपने तेज कदमों की रफ्तार और बढ़ा दी। तभी तीन घुड़सवार तेजी से लेस ऐग्यू के बाग से निकले और किसानों ने जनरल, उसके सईस और कारिन्दे मिशॉ को फौरन पहचान लिया। वे सरपट चाल से चौक में पहुँचे। तोंसार और उसकी मण्डली उनके एक-दो मिनट बाद पहुँच गयी। मुजरिमों ने कोई प्रतिरोध नहीं किया था और सुलांश के पाँच और विल-ओ-फाये के पन्द्रह पुलिसवालों के बीच खड़े हुए थे। उनमें मर्द और औरत दोनों थे। पूरा गाँव वहाँ जुटा हुआ था। कैदियों के माँ-बाप और बच्चे आ-जा रहे थे और उनके लिए वे चीजें ला रहे थे जिनकी उन्हें जेल में जरूरत पड़ सकती थी। यह एक दिलचस्प दृश्य था। पूरी आबादी बुरी तरह उत्तेजित थी लेकिन करीब-करीब वे सब खामोश थे, मानो उन्होंने पहले ही तय कर लिया हो कि क्या करना है। सिर्फ बूढ़ी औरतें और बच्चे बोल रहे थे। गाँव के बच्चे ये नजारा ठीक से देखने के लिए लकड़ी की टालों और पत्थर के ढेरों पर चढ़कर बैठे हुए थे।

"ये मौका ताड़कर आये हैं, बड़े बहादुर बनते हैं," एक बूढ़ी औरत ने कहा; "मेला-ठेला बना रखा है।"

"क्या तुम उन्हें अपने आदमी को ऐसे ही उठा ले जाने दोगी? तुम तीन महीने तक जिओगी कैसे? वह भी साल के सबसे अच्छे समय में, जब वह इतना कमा सकता था।"

"अरे, यही लोग हमें लूटते हैं," बुढ़िया ने धमकीभरी नजरों से पुलिसवालों को घूरते हुए जवाब दिया।

"तू कहना क्या चाहती है बुढ़िया?" सार्जेण्ट ने कहा। "अगर तू हमें गाली देगी तो

तुझे भी ठीक करते हमें देर नहीं लगेगी।"

"मैं तो यूँ ही कह रही थी," बुढ़िया ने विनम्र और दयनीय स्वर में कहा।

"मैंने अभी तुझे कुछ कहते सुना जिस पर तुझे पछताना पड़ सकता है।"

"चलो, चलो, सब शान्त हो जाओ," कोंशे के मेयर ने कहा, जो पोस्टमास्टर भी था। "बात करने से भला क्या फायदा? आप लोग अच्छी तरह जानते हैं इन लोगों को हुक्म मिला है और उन्हें उसे पूरा करना है।"

"यह सच है; हमें सतानेवाला तो लेस ऐग्यू का मालिक है–लेकिन खामोश!"

तभी जनरल घोड़े पर चौक में पहुँचा। उसके आगमन पर गुस्से से हुँकारने और कोसने की कुछ आवाजें सुनाई दीं जिन पर उसने जरा भी ध्यान नहीं दिया। वह सीधा टुकड़ी का नेतृत्व कर रहे लेफ्टीनेण्ट के पास पहुँचा और उससे कुछ कहने के बाद उसे एक कागज दिया। अफसर अपने सिपाहियों की ओर मुड़ा और कहा : "अपने कैदियों को छोड़ दो; जनरल ने उन्हें माफी दिलवा दी है।"

जनरल मोंतकोर्ने उस समय मेयर से बात कर रहा था। नीची आवाज में कुछ देर की बातचीत के बाद मेयर मुजरिमों की ओर मुड़ा, जो जेल में सोने का मन बना चुके थे और खुद को आजाद पाकर काफी चकित थे, और उनसे कहा :

"दोस्तो, मोस्यू ल कोम्त का शुक्रिया अदा करो। उन्हीं की बदौलत तुम छूटे हो। उन्होंने पेरिस जाकर राजा की बहाली की वर्षगाँठ की खुशी में तुम्हें माफी दिलवा दी है। मुझे उम्मीद है कि आगे से तुम लोग ऐसे आदमी के साथ अच्छे से पेश आओगे जिसने तुम्हारे साथ इतना भला बर्ताव किया है, और आगे से तुम उसकी सम्पत्ति का सम्मान करोगे। राजा अमर रहें!"

किसान पूरे जोश से चिल्लाये "राजा अमर रहें!" ताकि यह न चिल्लाना पड़े, "हुर्रा, कोम्त द मोंतकोर्ने!"

यह दृश्य जनरल, प्रीफेक्ट और एटार्नी जनरल के बीच पहले से तयशुदा नीति का परिणाम था। वे सब चाहते थे कि स्थानीय प्रशासन को उसके फर्ज के प्रति चौकस करने और देहात के लोगों के दिल में डर बैठाने लायक सख्ती करने के साथ ही अधिकतम सम्भव नरमी बरती जाये, क्योंकि वे इस मसले की पेचीदगियों से बखूबी वाकिफ थे। वाकई, अगर किसानों ने प्रतिरोध किया होता तो सरकार मुश्किल में फँस सकती थी। लारोश ने ठीक ही कहा था, वे पूरे समुदाय को गिलोतीन पर चढ़ाना तो दूर उसे दोषी भी नहीं सिद्ध कर सकते थे।

जनरल ने कोंशे के मेयर, लेफ्टीनेण्ट और सार्जेण्ट को नाश्ते के लिए आमंत्रित किया। ग्रां-इवेर के षड्यंत्रकारी कोंशे के शराबखाने में पहुँच गये जहाँ रिहा हुए मुजरिमों ने उस पैसे को पीने-पिलाने में खर्च कर दिया जो उनके रिश्तेदारों ने उन्हें जेल ले जाने के लिए दिया था। ब्लांगी के लोग भी स्वाभाविक रूप से इस शादी में शामिल थे–"शादी" शब्द बर्गण्डी में इस तरह के जश्न के सभी मौकों के लिए इस्तेमाल किया जाता है। पीना, झगड़ना, लड़ना,

खाना और नशे में धुत्त और बीमार होकर घर चले जाना—इन किसानों के लिए यही शादी है।

जनरल बाग से होकर आया था लेकिन अब वह अपने मेहमानों को जंगल के रास्ते ले चला ताकि वे खुद लकड़ी को पहुँचाये गये नुकसान को देख सकें और मामले की गम्भीरता का अंदाज लगा सकें।

जिस वक्त रिगू और सूद्री वापस ब्लांगी लौट रहे थे, उसी समय काउण्ट और काउण्टेस, एमिल ब्लोंदे, सशस्त्र पुलिस का लेफ्टीनेण्ट, सार्जेण्ट और कोंशे का मेयर उस भव्य डाइनिंग रूम में अपना नाश्ता खत्म कर रहे थे जिसका वर्णन ब्लोंदे ने नथान के नाम अपने पत्र में किया है।

"ऐसे खूबसूरत घर को छोड़ देना बड़े अफसोस की बात होगी," लेफ्टीनेण्ट ने कहा, जो पहले कभी लेस ऐग्यू नहीं आया था, और जो शेम्पेन का जाम थामे हुए छत पर बनी अप्सराओं को कनखी से देख रहा था।

"हम मरते दम तक इसकी हिफाजत करने का इरादा रखते हैं," ब्लोंदे ने कहा।

"मैं ऐसा इसलिए कह रहा हूँ," लेफ्टीनेण्ट ने सार्जेण्ट की ओर इस तरह देखते हुए कहा मानो उसे चुप रहने का आदेश दे रहा हो, "क्योंकि जनरल के दुश्मन सिर्फ किसानों में ही नहीं हैं—"

वह भलामानस बढ़िया नाश्ते, चाँदी के शानदार बर्तनों, और चारों ओर पसरे ऐश्वर्य से काफी प्रभावित हो गया था और ब्लोंदे की चतुराईभरी बातों ने भी उसे उतना ही उत्तेजित कर दिया था जितना उसके पेट में भरी शैम्पेन ने।

"दुश्मन! क्या मेरे दुश्मन भी हैं?" जनरल ने हैरानी से कहा।

"कितने भले हो तुम!" काउण्टेस ने कहा।

"लेकिन हमारे मेयर, मोस्यू गोबर्ते से आपके रिश्ते खराब हैं," लेफ्टीनेण्ट ने कहा। "भविष्य के लिहाज से यह अक्लमंदी होगी कि उनसे मेल कर लिया जाये।"

"उससे!" काउण्ट चीखा। "फिर तुम जानते नहीं कि वह पहले मेरा गुमाश्ता था, और पक्का ठग!"

"अब वह ठग नहीं है," लेफ्टीनेण्ट ने कहा, "क्योंकि वह विल-ओ-फाये का मेयर है।"

"हा, हा!" ब्लोंदे हँसा, "लेफ्टीनेण्ट बारीक मार करते हैं; जाहिर है, मेयर अनिवार्यतः एक ईमानदार आदमी होता है।"

काउण्ट के शब्दों से लेफ्टीनेण्ट को समझ में आ गया कि उसका ज्ञानवर्द्धन करने का प्रयास व्यर्थ है; उसने इस विषय पर और कुछ नहीं कहा और बातचीत ने कोई और रुख ले लिया।

अध्याय छह

जंगल और फसल

कोंशे में हुए दृश्य ने, प्रकटतः, किसानों पर अच्छा असर छोड़ा था। दूसरी ओर काउण्ट के वफादार वनरक्षक अब पहले से भी ज्यादा चौकन्ने हो गये थे कि लेस ऐग्यू के जंगल में सिर्फ सूखी लकड़ियाँ ही बटोरी जा सकें। लेकिन पिछले बीस सालों में जंगल को इस तरह साफ किया गया था कि हरे पेड़ों के सिवा वहाँ और कुछ बचा ही नहीं था, और किसानों ने सर्दियों की तैयारी के लिए इन्हें सुखाना शुरू कर दिया। यह एक बड़ी आसान प्रक्रिया थी जिसके नतीजों का कुछ समय बीतने के बाद ही पता चल सकता था। तोंसार की माँ रोज जंगल में जाती थी। वनरक्षक उसे भीतर जाते हुए देखते थे, जानते थे कि वह कहाँ से बाहर आयेगी; उस पर नजर रखते थे और उसका गट्ठर खुलवाकर देखते थे जिसमें सिर्फ गिरी हुई शाखाएँ, सूखी छिपटियाँ और टूटी, मुरझायी हुई टहनियाँ होती थीं। बुढ़िया बड़बड़ाती और शिकायत करती थी कि इस उम्र में उसे ऐसे घटिया ईंधन के लिए कितनी दूर जाना पड़ता है। लेकिन वह यह नहीं बताती थी कि वह जंगल के सबसे घने हिस्से में गयी थी और उसने कुछ कमउम्र पेड़ों की जड़ के पास की मिट्टी हटाकर गोलाई में छाल काटने के बाद मिट्टी, काई और सूखे पत्तों को वैसे ही रख दिया था जैसे वह पहले थे। इस छल्लेदार चीरे का पता लगाना किसी के लिए नामुमकिन था जो देखने में ऐसा नहीं लगता था कि उसे किसी औजार से काटा गया है, बल्कि जानवरों के पंजों या दाँतों से नुचा हुआ दिखता था या फिर उन घातक कीटों की करामात मालूम पड़ती थी जिन्हें अलग-अलग इलाकों में बोरर, या तुर्क या श्वेतकृमि कहते हैं। ये भृंगकीट की पहली अवस्था होते हैं। इन विनाशकारी कीटों को पेड़ों की छाल बहुत भाती है। वे छाल और तने के बीच घुस जाते हैं और उसे भीतर ही भीतर खाते रहते हैं। अगर पेड़ इतना बड़ा है कि तने की पूरी गोलाई में छाल को खा चुकने के पहले ही कीट अपनी दूसरी अवस्था में चला जाये (लार्वा की अवस्था, जिसमें यह अपने दूसरे कायान्तरण के समय तक सुषुप्त पड़ा रहता है), तब तो पेड़ जिन्दा रहता है क्योंकि जब तक हरे तने का थोड़ा भी हिस्सा छाल से ढँका रहेगा पेड़ बढ़ता रहेगा।

कीटविज्ञान कृषि, बागवानी और धरती के सभी उत्पादों को किस हद तक प्रभावित करता है यह समझने के लिए हमें यह मालूम होना चाहिए कि लात्रेई, कोम्त देजां, बर्लिन के क्लुग, तूरिन के जेने आदि प्रकृतिविदों ने पता लगाया है कि सभी ज्ञात कीटों की बहुतायत वनस्पतियों की कीमत पर जीती है और वर्मपंखीगण की सत्ताईस हजार प्रजातियाँ हैं, और यह कि सभी देशों के कीटविज्ञानियों के अत्यन्त लगन से किये गये अनुसन्धानों के बावजूद अभी ऐसी प्रजातियों की बहुत बड़ी संख्या है जिनमें तीन बार होनेवाले रूपान्तरणों का पता नहीं लगाया जा सका है; कि न केवल हर पौधे का अपना

एक विशिष्ट कीट है, बल्कि धरती के तमाम उत्पाद, चाहे वे मानवीय प्रयासों से कितने भी परिवर्तित किये जायें, उनका अपना एक विशिष्ट परजीवी कीट होता ही है। मनुष्य के शरीर को ढँकने और मृत्युदण्ड देने में काम आने तथा सैनिकों की पीठ पर दुनियाभर घूम लेने के बाद पटसन कागज में तब्दील हो जाता है और जो लोग लिखते या पढ़ते हैं वे "कागज के दीमक" नामक एक कीड़े की आदतों और जीवनचर्या से अच्छी तरह परिचित होते हैं।

बोरर भूस्वामी की जान का दुश्मन होता है। वह भूमिगत ढंग से काम करता है; भृंगकीट बन जाने तक वह जरा भी आराम नहीं करता। अगर लोगों को यह अहसास होता कि यदि भृंगकीट और इल्ली हावी हो गये तो उन्हें कैसी आपदाओं का सामना करना पड़ेगा, तो वे म्युनिस्पल कानूनों पर जरा ज्यादा ध्यान देते।

इस तरह, फसल कटाई और सीला बटोरने का इंतजार करते हुए, पचास बूढ़ी औरतों ने पाँच-छह सौ पेड़ों की जड़ में बोरर की नकल उतारी। इन पेड़ों को जल्दी ही ठूँठ बन जाना था और बसन्त में उन पर पत्तियाँ नहीं आनी थीं। ये पेड़ सावधानी से ऐसी जगहों पर चुने गये थे जहाँ आना-जाना बहुत कम था ताकि इर्दगिर्द की शाखाओं से वे ढँके रहें।

इस प्रक्रिया की खुफिया जानकारी किसने दी? किसी ने नहीं। कुर्तेक्विस एक बार तोंसार के शराबखाने में दुखड़ा रो रहा था कि उसके बगीचे का एक पेड़ सूख रहा है। उसने कहा कि लगता है उसे कोई बीमारी है और उसे शक है कि यह बोरर का काम है। कुर्तेक्विस ने कहा कि वह अच्छी तरह जानता है कि बोरर क्या होते हैं और अगर उन्होंने मिट्टी के नीचे एक बार पेड़ की छाल को पूरी गोलाई में खा लिया तो पेड़ सूख जायेगा। फिर उसने पूरी प्रक्रिया समझायी। बूढ़ी औरतें तुरन्त जंगल के बौनों जैसी रहस्यमयता और चालाकी के साथ इस काम में जुट गयीं। अब ब्लांगी के मेयर द्वारा लागू कराये गये नियमों के चलते उन्होंने अपनी कोशिशें दोगुनी तेज कर दी थी। आसपास के जिलों के मेयरों को भी मजबूरन इन नियमों को लागू करना पड़ा था।

डिपार्टमेण्ट के बड़े भूस्वामियों ने जनरल द मोंतकोर्ने द्वारा अपनाये रास्ते की सराहना की और प्रीफेक्ट ने अपने निजी बैठककक्ष में कहा कि अगर पेरिस में रहने की बजाय दूसरे भूस्वामी भी आकर अपनी जागीरों पर रहें और इसी राह पर मिलकर चलें तो इस मुश्किल का हल निकाला जा सकता है। प्रीफेक्ट ने कहा कि कुछ कदम तो उठाने ही होंगे, और मिलकर उठाने होंगे और उनके साथ-साथ भलाई और सोचे-समझे परोपकार के कार्य भी करने होंगे, जैसाकि जनरल मोंतकोर्ने कर रहा था।

जनरल और उसकी पत्नी ने पादरी की मदद से ऐसे परोपकार का प्रयास किया। उन्होंने अपनी रियाया का अध्ययन किया और जागीर को लूटनेवालों को निर्विवाद परिणामों के माध्यम से यह दिखाने का प्रयास किया कि वैध श्रम के द्वारा वे ज्यादा पैसे कमा सकते हैं। उन्होंने पटसन उपलब्ध कराया और कताई के लिए पैसे दिये; काउण्टेस ने इस धागे से तौलिए, एप्रन और रसोई में काम आने वाले मोटे नैपकिनों के अलावा बेहद गरीब लोगों के लिए कपड़े बनवाये। जनरल ने जागीर पर मरम्मत और सुधार के काम शुरू करवाये

जिनमें बहुत से मजदूरों की जरूरत थी और सिर्फ जागीर से लगे हुए गाँव के लोग ही काम पर रखे जाते थे। सिबिले इन कामों का प्रभारी था और एबे ब्रोसेत काउण्टेस को सबसे जरूरतमंद लोगों की सूचियाँ देता था और कई बार उन्हें खुद उसके पास ले जाता था। मदाम द मोंतकोर्ने पोर्टिको पर खुलने वाले बड़े से उपकक्ष में खुद इन लोगों से मिलती थी। यह एक सुन्दर प्रतीक्षा कक्ष था जिसका फर्श लाल और सफेद संगमरमर के चारखानों से बना था और लाल मखमल वाली बेंचों से सजा था।

फसल कटाई के ठीक पहले, एक सुबह बुढ़िया तोंसार अपनी पोती कैथेरीन को लेकर इसी जगह पहुँची। उसने कहा कि कैथेरीन को अपना एक पाप स्वीकार करना है, जो एक गरीब लेकिन ईमानदार परिवार की इज्जत पर बट्टा लगा सकता है। जब बुढ़िया काउण्टेस से बातें कर रही थी उस दौरान कैथेरीन अपराधबोध से ग्रस्त मुद्रा में चुपचाप खड़ी थी। फिर उसने खुद बताया कि वह कैसी दुर्भाग्यपूर्ण स्थिति में पड़ गयी थी जिसके बारे में उसने अपनी दादी के सिवा और किसी को कुछ नहीं बताया था, क्योंकि वह जानती है कि उसकी माँ उसे घर से निकाल देगी और उसका बाप परिवार की इज्जत के लिए शायद उसे मार ही डालेगा। अगर उसके पास बस एक हजार फ्रैंक होते तो गोदाएं नाम के एक गरीब कामगार से उसकी शादी हो सकती थी, जो सब कुछ जानते हुए उससे प्रेम करता था। अगर उसके पास इतने पैसे होते तो वह जमीन का छोटा सा टुकड़ा खरीदकर उस पर एक कुटिया बना सकता था। यह सब अत्यन्त मर्मस्पर्शी था। काउण्टेस ने पैसे देने का वादा किया और मन ही मन तय किया कि वह इस शादी को अच्छे ढंग से करायेगी। मिशॉ और ग्रुआसों का सुखद वैवाहिक जीवन उसे प्रोत्साहित कर रहा था। इसके अलावा ऐसी शादी इलाके के लोगों के लिए अच्छा उदाहरण होगी और उन्हें सदाचारपूर्ण जीवन के लिए प्रेरित करेगी। इस तरह काउण्टेस के हजार फ्रैंक की मदद से कैथेरीन तोंसार और गोदाएं की शादी होना तय हो गया।

एक और मौके पर कोंशे के फाटक और गाँव के बीच एक झोपड़ी में रहनेवाली बुढ़िया बोनबाल लिनेन की लच्छियों का बड़ा सा बण्डल लेकर आयी।

"मदाम ला कोम्तेस ने जादू कर दिया है," अपने वहशियों की नैतिक प्रगति के बारे में आशा से भरपूर पादरी ने कहा। "यह बुढ़िया आपके जंगलों को भारी नुकसान पहुँचाती थी, लेकिन अब उसके पास इसके लिए समय ही नहीं रहता। वह घर पर रहती है और सुबह से रात तक कताई करती है। उसके समय का अच्छा इस्तेमाल हो जाता है और उसे अच्छे पैसे मिल जाते हैं।"

सर्वत्र शान्ति स्थापित थी। ग्रुआसों की रिपोर्टें अत्यन्त सन्तोषजनक थीं। लगता था चोरियाँ रुक गयी हैं, और हो सकता है कि इलाके की दशा और वहाँ के निवासियों की मनोदशा वाकई बदल जाती लेकिन गोबर्तें की प्रतिशोधी आतुरता, सुलांश के भद्रजनों की सोसायटी के षड्यंत्रों और रिगू की साजिशाना चालों को यह कतई मंजूर नहीं था जो मिलकर ऐग्यू घाटी के किसानों के दिलों में नफरत और जुर्म के अंगारों को हवा देने में लगे थे।

वनरक्षक अभी भी शिकायत करते थे कि जंगल के भीतरी भागों में उन्हें तमाम ऐसी शाखाएँ मिलती हैं जिन्हें हँसिए से रेतकर सूखने के लिए छोड़ दिया जाता है; जाहिर है सर्दियों की तैयारियाँ चालू थीं। वे मुजरिमों की ताक में लगे रहते लेकिन किसी को पकड़ नहीं पाते। ग्रुआसों की मदद से काउण्ट ने जिले के सिर्फ तीस-चालीस वाकई गरीब लोगों को कंगाल होने का प्रमाणपत्र दिया था, लेकिन बाकी दो मेयरों ने इतनी सख्ती नहीं बरती थी। कोंशे के मामले में जनरल ने जितनी दयाशीलता दिखायी थी, सीला बटोरने के कानून लागू कराने के लिए वह उतना ही दृढ़प्रतिज्ञ था। वह अपने उन तीन फार्मों के इंतजाम में दखल नहीं देता था जो उसने काश्तकारों को पट्टे पर दे रखे थे, और न ही उन खेतों में जिनके काश्तकार उसे मुनाफा पहुँचाते थे। लेकिन दो-दो सौ एकड़ के छह फार्मों पर वह खुद खेती कराता था और उसने नोटिस निकलवायी कि फसल खलिहान में पहुँचाये जाने से पहले इन खेतों में घुसने पर पाबन्दी लगा दी गयी है और जो कोई भी इसका उल्लंघन करेगा उसे गिरफ्तार किया जा सकता है और उससे जुर्माना वसूला जा सकता है। रिगू देहात को अच्छी तरह जानता था और उसने अपनी जमीनें छोटे टुकड़ों और कम समय के पट्टों पर ऐसे लोगों को दी थी जो अच्छी फसल लेना जानते थे और अनाज के रूप में उसे भुगतान करते थे; इसलिए सीला बटोरने को लेकर उसे कोई फिक्र नहीं थी। इलाके की बाकी जमीन के मालिक खुद किसान थे और उनके खेत में कोई दूसरा सीला नहीं बटोर सकता था।

कटाई शुरू होने पर काउण्ट खुद मिशॉ के पास गया था कि देख सके कि सब कुछ कैसा चल रहा है। ग्रुआसों ने उसे ऐसा करने की सलाह दी थी और वह खुद हर फार्म में सीला बटोरने के समय मौजूद रहनेवाला था। शहर में रहने वालों को इस बात का जरा भी अनुमान नहीं हो सकता कि देहात के लोगों के लिए सीला बटोरना क्या मायने रखता है। धरती के इन बेटों के लिए यह एक ऐसी दीवानगी है जिसे समझना आसान नहीं है; कई स्त्रियाँ तो अच्छा-खासा काम छोड़कर सीला बटोरने पहुँच जाती हैं। इस तरह बटोरा गया गेहूँ शायद उन्हें बाकी गेहूँ से ज्यादा मीठा लगता है। माँएँ दूध पीते बच्चों और छोटे लड़के-लड़कियों को ले जाती हैं, जर्जर बुड्ढे भी घिसटकर खेतों में पहुँच जाते हैं, और यहाँ तक कि जिनके पास जमीन होती है वे भी कंगाल बन जाते हैं। सारे सीला बटोरने वाले चिथड़ों में लिपटे हुए प्रकट होते हैं।

जब फटेहालों का पहला जत्था उन खेतों में घुसा जहाँ से गेहूँ की पूलियाँ ले जायी जा चुकी थीं तो घोड़ों पर सवार काउण्ट और मिशॉ वहाँ मौजूद थे। सुबह के दस बजे थे। इस बार अगस्त का महीना बहुत गर्म था, आसमान में बादल का एक कतरा भी नहीं था, मिट्टी पककर सख्त हो गयी थी और गेहूँ के पके खेतों से जैसे लपटें फूट रही थीं। सूरज की तेज किरणें कटाई करनेवालों के चेहरे झुलसा रही थीं। सब खामोश थे, उनकी कमीजें पसीने से तर थीं और बीच-बीच में वे मिट्टी के गोल घड़ों में रखे पानी से प्यास बुझा रहे थे।

खूँटियों से भरे खेत के दूसरे सिरे पर गाड़ियाँ खड़ी थीं जिनमें अनाज की पूलियाँ लादी

जा रही थीं, और उनके पास कम से कम सौ इंसानों का एक समूह खड़ा था। उनके कपड़ों और चेहरे से झलकती दरिद्रता को देखकर यह साफ था कि ऐसे दृश्यों को साहस के साथ अपनी पेण्टिंगों में दर्शाने वाले मुरीलो और तेनियर या कैलो जैसी अमर प्रतिभाएँ भी यथार्थ से बहुत पीछे रह गयी थीं। वहाँ बत्तखों की तरह गर्दन निकाले और लाल सूजी हुई पलकों वाली बूढ़ी औरतें थीं; वहाँ कतारबद्ध सिपाहियों की तरह खामोश खड़े बच्चे थे, छोटी लड़कियाँ थीं जो चारे के लिए उतावले हो रहे जानवरों की तरह पैर पटक रही थीं; बचपन और बुढ़ापे की स्वाभाविक प्रवृत्तियाँ उग्र लालच के नीचे दब गयी थीं। सबकी आँखों में एक वहशी चमक थी। उनके हाव-भाव घुड़कीभरे थे, लेकिन काउण्ट, फील्डकीपर और कारिन्दे की मौजूदगी में सब खामोश थे। इस समय वहाँ सभी सामाजिक वर्गों का प्रतिनिधित्व हो रहा था—बड़े भूस्वामी, फार्मर, कामगार और कंगाल सब वहाँ मौजूद थे। मुख्य सामाजिक प्रश्न आँखों के सामने साफ-साफ उपस्थित था। भूख ने इस दृश्य के अभिनेताओं को यहाँ एकत्र किया था। तेज धूप ने उनके सख्त और धँसे हुए चेहरों को और उभार दिया था, वह उनके धूल में सने नंगे पाँवों को झुलसा रही थी। बच्चे सिर्फ फटी हुई कमीजें पहने थे; उनके सूखे हुए भूरे बालों में भूसी उलझी हुई थी। कुछ औरतें बिल्कुल छोटे बच्चों को लेकर आयी थीं जो मिट्टी में लोट लगा रहे थे।

यह विषादपूर्ण दृश्य बूढ़े सैनिक के दिल को कचोट रहा था और उसने मिशॉ से कहा : "इसे देखकर मुझे तकलीफ होती है। इन उपायों का महत्व मालूम न हो तो इन्हें लागू करने पर जोर नहीं दिया जा सकता।"

"अगर हर भूस्वामी आपके नक्शेकदम पर चले, अपनी जागीर पर रहे और वैसी ही भलाई करे जैसी आप दोनों कर रहे हैं तो जनरल, मैं यह तो नहीं कहता कि गरीब नहीं रहेंगे, क्योंकि उनके बिना तो अमीर रह नहीं सकते, लेकिन कोई ऐसा गरीब इंसान नहीं रहेगा जो मेहनत करके न जी सके।"

"कोंशे, सेर्नो और सुलांश के मेयरों ने अपने यहाँ के सारे कंगाल भेज दिये हैं," ग्रुआसों ने कहा, जो अब तक प्रमाणपत्रों को देख चुका था; "उन्हें ऐसा करने का कोई अधिकार नहीं था।"

"बिल्कुल नहीं, लेकिन हमारे यहाँ के लोग उनके जिलों में जायेंगे," जनरल ने कहा। "फिलहाल यही बहुत है कि हमने पूलियाँ ले जाये जाने के पहले सीला बटोरने पर रोक लगा दी है। एक-एक कदम करके चलना बेहतर होगा," वापस मुड़ते हुए उसने कहा।

"सुना तुमने?" बुढ़िया तोंसार ने बोनबाल की बूढ़ी दादी से कहा, क्योंकि जनरल के आखिरी शब्द जरा ऊँची आवाज में कहे गये थे और खेत के बगल से गुजरती सड़क पर तैनात इन बूढ़ी औरतों के कानों तक पहुँच गये थे।

"हाँ, हाँ! अभी यह अन्त थोड़े ही है—आज एक दाँत उखाड़ेंगे और कल एक कान काटेंगे; अगर उन्हें अच्छी चटनी मिल जाये तो वे हमारे कलेजे निकालकर खा जायें!" बुढ़िया बोनबाल ने कहा जिसका क्रुद्ध चेहरा बगल से गुजरते जनरल की ओर मुड़ा था लेकिन पलक

झपकते उस पर नरमी और अधीनता के भाव आ गये और उसने लपककर जनरल को सलाम बजाया।

"तो तुम भी सीला बटोर रही हो, क्यों, जबकि मेरी पत्नी की मदद से तुम इतने पैसे कमा रही हो?"

"अरे! अन्नदाता, भगवान आपको हमेशा स्वस्थ रखे! लेकिन आपको दिखता नहीं कि मैं जो कुछ कमाती हूँ उसे मेरा पोता फूँक डालता है और मुझे जाड़े में रोटी के जुगाड़ के लिए मजबूरन थोड़ा गेहूँ बटोरना पड़ रहा है--हाँ, हाँ, मैं बस थोड़ा सा ही बटोरती हूँ; किसी तरह काम चल जाता है।"

सीला बटोरनेवालों को कुछ खास नहीं मिल पाया। काश्तकारों और असामी-काश्तकारों ने काउण्ट की मदद पाकर इस बार पूरा ध्यान रखा कि उनका गेहूँ अच्छी तरह काटा जाये, और उन्होंने पूलियाँ बाँधने और गाड़ियों में लदवाने का काम अपनी देखरेख में कराया जिससे किसानों के हाथ बहुत कम लगा।

सीला बटोरने में गेहूँ का खासा हिस्सा पाने के आदी असली और नकली दोनों गरीब कोंशे में काउण्ट की माफी को भूल चुके थे और उनके दिलों में उसके खिलाफ गहरी मगर खामोश नफरत सुलग रही थी, जिसे तोंसार, कुर्तेक्विस, बोनबाल, लारोश, वोदाये और गोदाएं जैसे लोग और भड़का रहे थे। अंगूर तोड़े जाने के बाद मामला और बिगड़ गया क्योंकि खराब अंगूरों को बटोरने की इजाजत तब तक नहीं दी गयी जब तक सिबिले ने लताओं की अच्छी तरह जाँच नहीं कर ली। इस आखिरी पाबन्दी ने धरती के इन बेटों को बुरी तरह भड़का दिया, लेकिन जब क्रोधित वर्ग और उसका निशाना बननेवाले वर्ग के बीच सामाजिक दूरी इतनी ज्यादा हो तो शब्द और चेतावनियाँ सुनाई नहीं देते; सिर्फ तथ्य ही सतह पर आते हैं या देखे जा सकते हैं।

सुलांश का मेला हमेशा की तरह शान्तिपूर्वक सम्पन्न हो गया; बस रानी की निरंकुशता के चलते सुलांश के भद्रजनों की सोसायटी और दूसरे दर्जे की सोसायटी के बीच कुछ छोटे-मोटे मनमुटाव हुए। मेधावी ल्यूपें के दिल पर सुन्दर यूफेमी प्लिसू द्वारा स्थापित साम्राज्य रानी से सहन नहीं किया जा रहा था।

काउण्ट और काउण्टेस मेले में या तिवोली के नाच में नहीं आये, और इसे भी सूद्री, गोबर्तें और उनके अनुयायियों ने जनरल के अपराधों की सूची में शामिल कर लिया। इस दौरान काउण्टेस एमिल के पेरिस लौट जाने से पैदा हुए खालीपन को भरने के लिए ऐसे कामों में दिलचस्पी और आनन्द लेने में जुट गयी जो उसकी समझ से भलाई के काम थे। काउण्ट भी उतने ही उत्साह के साथ अपनी जागीर के प्रबन्धन में बदलाव और सुधार लाने में जुट गया जिनसे उसे आशा और विश्वास था कि लोगों की स्थिति में और फिर उनके चरित्र में सुधार आयेगा। एबे ब्रोसेत की सलाह और अनुभव की मदद से मदाम द मोंतकोर्ने को धीरे-धीरे जिले के सभी गरीब परिवारों की स्थिति, उनकी जरूरतों और उनकी आजीविका के साधनों की जानकारी हो गयी और उसे यह भी पता चल गया कि हरेक को किस तरह

की मदद चाहिए।

काउण्टेस ने जेनवीव निसेरों, ला पेचिना, को ऑग्ज़ेयर के एक कान्वेण्ट में रखवा दिया था। कहने को तो वह वहाँ सिलाई सीखने भेजी गयी थी ताकि काउण्टेस उसे अपने यहाँ काम पर रख सकें, लेकिन इसका असली मकसद उसे निकोलस तोंसार से बचाना था जिसे रिगू ने फौजी भर्ती से बचा लिया था। काउण्टेस को यह भी विश्वास था कि धार्मिक शिक्षा और मठ का माहौल उस अकालपुष्पित लड़की के उग्र भावावेगों को शान्त कर सकेगा क्योंकि उसे डर था कि कहीं ला पेचिना के मोंतेनेग्रियाई खून में दबी चिंगारी उसकी वफादार ओलिम्पे के दाम्पत्य सुख में आग न लगा दे।

इस तरह ऐग्यू की गढ़ी में पूरी शान्ति थी। सिबिले की गुमराह करनेवाली बातों और मिशॉ के आश्वासनों से सन्तुष्ट काउण्ट अपनी दृढ़ता पर मुग्ध था और अपनी पत्नी का शुक्रिया अदा करता था कि उसने अपने परोपकार के जरिए उनकी सुख-शान्ति में असीम योगदान किया है। अपने जंगल की लकड़ी की बिक्री का मामला उसने पेरिस जाकर डीलरों से तय करने तक फिलहाल टाल दिया था। उसे कारोबार के बारे में कुछ भी मालूम नहीं था और पेरिस के बाजार तक लकड़ी पहुँचाने के लिए परिवहन के मुख्य मार्ग--योन की धार--पर गोबर्तें के नियंत्रण का गुमान भी नहीं था।

अध्याय सात

मिशॉ का कुत्ता

एमिल ब्लोंदे, जो एक किताब छपवाने पेरिस गया था, फिर से ताजादम होने और सर्दियों में छपनेवाली अपनी किताब पर सोचने-विचारने के लिए सितम्बर के मध्य में लेस ऐग्यू लौट आया। लेस ऐग्यू ने उस चुके हुए पत्रकार में वे स्नेहिल और सच्चे गुण फिर से जगा दिये जो किशोरावस्था के बाद हर नौजवान दिल में आते हैं।

"कितना बढ़िया इंसान है!" काउण्ट और काउण्टेस उसके बारे में कहते थे।

"वह इतना अच्छा नौजवान है कि जब वह यहाँ नहीं होता है तो मुझे उसकी कमी बहुत खलती है," जनरल ने कहा। "मैं वाकई चाहता हूँ कि वह कुछ दौलत कमा सके और वैसी जिन्दगी न जिये जैसी वह पेरिस में जीता है।"

लेस ऐग्यू की भव्य दृश्यावली और बाग इन दिनों बेहद खूबसूरत और हरे-भरे थे। पतझड़ के दिन शुरू हो रहे थे जब सृजन से थकी हुई धरती अपने फलों को दे देने के बाद वनस्पतियों की सुगंधभरी साँस छोड़ती है। इस समय वन विशेष रूप से सुन्दर हो उठते

हैं। उन पर धरती की गेरुआ रंगत और हरित-कांस्य वर्ण छाने लगता है और वे सर्दियों में बर्फ की सफेद चादर ओढ़ने की तैयारी करने लगते हैं।

वसन्त और ग्रीष्म में आशा से भरपूर उत्फुल्ल व प्रसन्नवदन किशोरी के रूप में निखरी प्रकृति पतझड़ में उदास स्मृतियों में डूबी स्त्री जैसी हो जाती है। घास पीली पड़ जाती है, अन्तिम पुष्प भी अपनी पंखुड़ियाँ बन्द कर लेते हैं, सफेद डेजी भी घास में बहुत कम दिखते हैं। पीले रंग के तमाम शेड छा जाते हैं। पत्तों की कमी के चलते छायादार जगहें कम रह जाती हैं; सूरज अपनी तिरछी पीली किरणें बादलों के बीच से जब-तब सरकाता है जो तेजी से अदृश्य हो जाती हैं, जैसे विदा लेती हुई स्त्री का दामन।

अपने आगमन के दूसरे दिन सुबह-सुबह एमिल अपने शयनकक्ष की खिड़की पर खड़ा था जो एक छज्जे पर खुलती थी। यह बालकनी काउण्टेस के कमरों के सामने से गुजरती हुई गढ़ी के उस ओर तक जाती थी जो जंगल और ब्लांगी की ओर पड़ती थी। वहाँ से तालाब का एक हिस्सा और लम्बी नहर नजर आ रही थी और 'पेवेलियन आफ दि रेंदिवू' के पार से बहकर आ रही सिल्वर-स्प्रिंग की पतली धार धूप में चमक रही थी।

बाग के उस पार, गाँव और चारदीवारी के बीच ब्लांगी के खेत, चरागाह, और झाड़ियों की बाड़ से घिरे फलदार पेड़ों के छोटे-छोटे बगीचे दिख रहे थे। काउण्टेस चप्पलें पहने हुए अपनी बालकनी के फूलों को देखने बाहर आयी थी जिनसे सुबह की भीनी खुशबू उठ रही थी। उसने कैम्ब्रिक का ड्रेसिंग गाउन पहन रखा था जिसके नीचे से उसके गोरे कंधों की गुलाबी रंगत झलक रही थी। एक छोटी सी टोपी बड़े मोहक अन्दाज में उसके सिर टिकी हुई थी जिसके नीचे से निकलकर उसके बाल चेहरे पर लहरा रहे थे। पारदर्शी जुराबों से उसके छोटे-छोटे पाँवों का खिलता रंग दिख रहा था। कमर पर खुला हुआ उसका गाउन हवा से उड़ रहा था और उसका कढ़ाईदार पेटीकोट दिखाई दे रहा था।

"ओह! तुम उठ गये?" उसने कहा।

"हाँ।"

"क्या देख रहे हो?"

"कितना प्यारा सवाल है! आपने मेरे प्रकृति-चिन्तन को भंग कर दिया है। अच्छा काउण्टेस, क्या आज सुबह नाश्ते के पहले आप जंगल में घूमने चलेंगी?"

"क्या कह रहे हो! तुम जानते हो मुझे अब पैदल चलने में डर लगता है।"

"हम थोड़ी दूर ही पैदल चलेंगे; मैं आपको टिलबरी (दोपहिया घोड़ागाड़ी–अनु.) में लेकर चलूँगा और जोसेफ को घोड़ों का ध्यान रखने के लिए कह दूँगा। आपने एक बार भी अपने जंगल में कदम नहीं रखा है, और मैंने अभी-अभी एक बड़ी अजीब चीज देखी है; जंगल में कुछ ऐसी जगहें हैं जहाँ पेड़ों के शिखर फ्लोरेंस के काँसे के रंग के हैं, पत्तियाँ सूखी हुई है--"

"ठीक है, मैं तैयार हो जाती हूँ।"

"ओह, अगर आप ऐसा करेंगी तो हम दो घण्टे तक निकल नहीं सकेंगे। शाल ले

लीजिए, बोनट लगा लीजिए और जूते पहन लीजिए, बस इतना ही चाहिए। मैं उन्हें घोड़े जोतने के लिए कहता हूँ।"

"तुम हमेशा मुझसे वही करा लेते हो जो तुम चाहते हो; मैं एक मिनट में तैयार होती हूँ।"

"जनरल," ब्लोंदे ने काउण्ट को जगाते हुए कहा जो बड़बड़ाकर करवट बदलकर फिर सो गया। "हम सैर पर जा रहे हैं, आप नहीं चलेंगे?"

पन्द्रह मिनट बाद टिलबरी बाग की वीथिका पर धीमी रफ्तार से चली जा रही थी और उसके पीछे सफेद वर्दी में एक सईस घोड़े पर चल रहा था।

सुबह सितम्बर की तमाम सुबहों जैसी थी। भूरे बादलों के बीच से यहाँ-वहाँ आसमान का गहरा नीला रंग चमक रहा था; ऐसा लग रहा था जैसे आसमान का रंग भूरा हो और उसमें नीले बादल छिटके हुए हों। क्षितिज पर समुद्री नीले रंग की लम्बी रेखाएँ पसरी थीं जो जंगल के करीब हरी दिखाई दे रही थीं। इस रंगीन पर्दे के नीचे धरती सुबह-सुबह जागी स्त्री की तरह नम और गर्म थी; उसकी साँसों से मधुर सुगन्ध उठ रही थी। ब्लांगी के गिरजाघर में सुबह की प्रार्थना की घण्टियाँ बज रही थीं और जंगल के उन्मुक्त संगीत के साथ घुल-मिलकर वहाँ व्याप्त शान्ति में एक मंत्रमुग्ध कर देने वाली हार्मोनी पैदा कर रही थीं। जगह-जगह सफेद पारदर्शी भाप उठ रही थी।

प्रकृति की इन प्यारी कृतियों को देखकर ओलिम्पे मिशॉ का भी दिल कर आया कि वह कुछ दूरी पर रहनेवाले एक वनरक्षक के यहाँ जा रहे अपने पति के साथ हो ले। सुलांश के डाक्टर ने उसे सलाह दी थी कि वह बिना थके जितनी दूर तक चल सकती हो, चला करे। वह दोपहर की गर्मी से घबराती थी और बिल्कुल सुबह या शाम को ही बाहर निकलती थी। मिशॉ ने उसे अपने साथ ले लिया और उनके पीछे उसका प्रिय कुत्ता चल रहा था। वह सफेद धब्बों वाला भूरे रंग का एक सुन्दर ग्रेहाउण्ड था—सभी ग्रेहाउण्डों की तरह लालची और ऐसे ज्यादातर जानवरों की तरह बिगड़ैल जिन्हें ज्यादा ही लाड़-प्यार से रखा जाता है।

इसलिए जब टिलबरी पेवेलियन आफ दि रैंदिवू पर पहुँची तो मदाम मिशॉ का हाल जानने के लिए रुकी काउण्टेस को बताया गया कि वह अपने पति के साथ जंगल में गयी है।

"ऐसा मौसम सबको उत्साहित कर देता है," ब्लोंदे ने कहा और अपने घोड़े को जंगल की छह वीथिकाओं में से एक पर घुमा दिया। उसने पूछा, "जोसेफ, तुम्हें जंगल के रास्ते मालूम हैं न?"

"हाँ, मोस्यू।"

और वे चल पड़े। उन्होंने जो वीथिका पकड़ी थी वे जंगल के सबसे खूबसूरत रास्तों में से एक थी। जल्दी ही वह मुड़ गयी और पतली होती गयी और फिर एक बल खाते संकरे रास्ते में बदल गयी जिस पर छतनार पेड़ों की दरारों से छनकर धूप की किरणें चमक रही थीं और हवा के झोंके अपने साथ लैवेण्डर, अजवाइन और जंगली पुदीने की, और गिरते

पत्तों की खुशबू लेकर आ रहे थे जो गिरते हुए जैसे आह भरते थे। झाड़ियों और घास पर जमा ओस की बूँदें हल्की गाड़ी के गुजरने से बीजों की तरह छिटक रही थीं, और गाड़ी के सवारों को जंगल के रहस्यपूर्ण दृश्यों की झलक दिखायी दे रही थी। काई के कालीन से ढँके फिसलनभरे रास्ते के चढ़ाव-उतार से होते हुए एक स्त्री को लेकर जाने में एक अद्भुत आनन्द मिलता है, जहाँ वह डरने का दिखावा करती है, या वाकई डर जाती है, और आपको महसूस होता है कि वह करीब आ रही है, जाने-अनजाने उसकी ठण्डी, नम बाँह आपसे छू जाती है, उसके स्निग्ध, गोरे कंधे का वजन आपके कंधे पर महसूस होता है, और जब आप कहते हैं कि वह गाड़ी चलाने में बाधा डाल रही है तो वह बस मुस्कुरा देती है। घोड़ा भी शायद ऐसी बाधाओं के रहस्य जानता है और वह दायें-बायें देखता रहता है।

काउण्टेस के लिए यह दृश्य बिल्कुल नया था। प्रकृति के इस भव्य रूप को देखकर वह एक दिवास्वप्न में खो गयी। उसने टिलबरी में पीछे टेक लगा ली और खुद को एमिल के साथ वहाँ होने के सुख में डूबने दिया। उसकी आँखें मंत्रमुग्ध सी थीं, उसका दिल बोल रहा था और वह अपने भीतर की किसी आवाज से बातें कर रही थी। वह भी बीच-बीच में कनखियों से उसे देख रहा था। उसे स्वप्न में डूबी काउण्टेस और भी आकर्षक लग रही थी, जिसके बॉनेट के फीते उसकी सुनहली रेशमी जुल्फों के साथ सुबह की हवा में अठखेलियाँ कर रहे थे। अज्ञात रास्ते पर बढ़ते हुए आखिर वे एक बन्द फाटक पर पहुँचे जिसके ताले की चाभी उनके पास नहीं थी। जोसेफ को बुलाया गया, लेकिन उसके पास भी चाभी नहीं थी।

''कोई बात नहीं, हम पैदल चलते हैं। जोसेफ टिलबरी का ध्यान रखेगा; हम इसे आसानी से ढूँढ़ लेंगे।''

एमिल और काउण्टेस जंगल में उतर गये और जल्दी ही पेड़ों के बीच एक खुली जगह पर पहुँचे जैसी जगहें अकसर जंगल में मिल जाती हैं। बीस साल पहले लकड़ी का कोयला बनाने वालों ने यहाँ अपना भट्ठा लगाया था और एक बड़े दायरे में आग जलने के चलते वह जगह अब भी पेड़ों से खाली थी। लेकिन इन बीस वर्षों में प्रकृति ने अपने लिए फूलों का एक सुन्दर बगीचा वहाँ बना लिया था, जैसे कोई कलाकार कभी-कभी खुद अपनी खुशी के लिए कोई तस्वीर बनाता है। यह जादुई स्थल ऊँचे पेड़ों से घिरा था जिनकी शाखाएँ बड़ी-बड़ी झालरों की तरह ऊपर से लटकी थी और फूलों से ढँकी वनदेवी की इस सेज पर चंदोवा ताने थीं। कोयला बनानेवालों ने पास ही एक छोटी सी पोखर तक रास्ता बनाया था। वह रास्ता अब भी मौजूद था। वह आपको आमंत्रित करता है और फिर बल खाते हुए कुछ दूर जाकर अचानक रुक जाता है और आप एक खड़ी कगार पर पहुँचते हैं जहाँ हजारों पतली-पतली जड़ें हवा में लहराते पर्दे की तरह पानी में लटकी हुई हैं। इस छुपी हुई पोखर के किनारे घास की एक संकरी पट्टी है जहाँ कुछ विलो और पोपलर अपनी हल्की छाँह डालने की कोशिश करते हैं। मेंढक कूदते फिर रहे हैं, मुर्गाबियाँ पोखर में नहा रही हैं,

बत्तखें शान्ति से तैर रही हैं, एक खरगोश अचानक चौंककर भागता है; आइरिस और नरकुल से सजा यह खूबसूरत हम्माम पूरी तरह आपका है। आपके सिर के ऊपर पेड़ तरह-तरह के रूप धरते हैं; कहीं उनके तनों पर मोटी लताएँ अजगरों की तरह लिपटी हुई हैं, तो कहीं बीच वृक्ष ग्रीक स्तम्भों की तरह सीधे खड़े हैं। घोंघे और शम्बुक बड़े आराम से आ-जा रहे हैं। पानी से एक टेंच उछलती है, कोई गिलहरी ठिठककर आपको देखती है; और आखिर जब एमिल और चलने से थकी काउण्टेस बैठ जाते हैं तो एक अनजान पक्षी अपना गीत सुनाता है—एक ऐसा गीत जो प्रेमियों को भाता है और जिसे शरीर का हर अंग सुनता है।

"कैसी खामोशी है!" काउण्टेस ने भावुक होकर फुसफुसाते हुए कहा, जैसे इस गहरी शान्ति को भंग न करना चाहती हो।

वे बैठे पानी पर हरे-हरे धब्बों को देखते रहे जहाँ असंख्य जीवन जन्म ले रहे थे; उन्होंने धूप सेंक रहे एक गिरगिट को डराकर भगा दिया। वे मेंढकों से बातें करते रहे जो वाटर क्रेस के पत्तों पर बैठकर अपनी चमकीली आँखों से उन्हें टुकुर-टुकुर ताक रहे थे। प्रकृति की सीधी-सरल और मधुर कविता जीवन के ढर्रे से ऊबी हुई इन दो आत्माओं में व्याप्त हो गयी थी और उन्हें भावुक विचारों से भर दिया था। अचानक ब्लोंदे सिहर उठा। काउण्टेस की ओर मुड़कर उसने कहा--

"आपने सुना?"

"क्या?" उसने पूछा।

"एक अजीब सी आवाज।"

"ओह, तुम्हारे जैसे साहित्यिक लोग बस अपने अध्ययन कक्षों में रहते हैं और देहात के बारे में कुछ नहीं जानते! यह तो बस एक कठफोड़वे की आवाज है। मेरे ख्याल से तुम्हें इस चिड़िया के बारे में सबसे अजीब बात का भी पता नहीं होगा। पेड़ को अपनी चोंच से ठोंकने के बाद वह उड़कर पेड़ के पीछे यह देखने जाता है कि वह अभी आर-पार पहुँचा या नहीं। वह एक पेड़ पर हजारों बार ठोंकता है और बार-बार अपने काम का नतीजा देखने जाता है।"

"प्राकृतिक इतिहास की शिक्षिका जी, मैंने अभी जो आवाज सुनी वह किसी जानवर की आवाज नहीं थी; उसमें दिमाग के इस्तेमाल का संकेत था, और इसका मतलब कि यहाँ कोई आदमी है।"

काउण्टेस अचानक बुरी तरह घबरा गयी और जंगल से बाहर जाने का रास्ता ढूँढ़ते हुए जंगली फूलों के बगीचे से होकर भागी।

"क्या हुआ?" उसके पीछे लपकते हुए ब्लोंदे चिल्लाया।

"मुझे लगा मैंने किसी की आँखें देखी हैं," जब वे उस रास्ते पर पहुँच गये जहाँ से वे कोयले वालों की जगह पर गये थे तो काउण्टेस ने कहा।

तभी उन्हें किसी जानवर की घुटी हुई चीख सुनाई दी जिसका गला अचानक रेत दिया

गया हो, और काउण्टेस एकदम से डरकर इतना तेज दौड़ी कि ब्लोंदे मुश्किल से उसका पीछा कर सका। वह किसी छलावे की तरह भाग रही थी और ब्लोंदे की बात नहीं सुन रही थी जो उसके पीछे दौड़ता हुआ कह रहा था, "आपको गलतफहमी हुई है।" वह भागती रही और एमिल उसके पीछे था कि अचानक वे मिशॉ और उसकी पत्नी के सामने पहुँच गये जो बाँह में बाँह डाले चले आ रहे थे। एमिल हाँफ रहा था और काउण्टेस की साँस उखड़ गयी थी और दोनों थोड़ी देर तक बोल ही नहीं सके। फिर उन्होंने पूरी बात बतायी। मिशॉ भी ब्लोंदे के साथ काउण्टेस के डर पर हँसा और फिर उसने दोनों को टिलबरी तक पहुँचने की राह बतायी। जब वे फाटक तक पहुँचे थे तो मदाम मिशॉ ने पुकारा, "प्रिंस!"

"प्रिंस! प्रिंस!" कारिन्दे ने आवाज लगायी; फिर उसने सीटी बजायी—लेकिन ग्रेहाउण्ड नहीं आया।

एमिल ने उस अजीब सी आवाज के बारे में बताया जिससे काउण्टेस डरकर भागी थी।

"मेरी बीवी ने भी वह आवाज सुनी थी और मैं उस पर हँसा था," मिशॉ ने कहा।

"उन्होंने प्रिंस को मार डाला है!" काउण्टेस ने चीखकर कहा। "मुझे पक्का विश्वास है; उन्होंने एक झटके में उसका गला काट दिया। मैंने जो आवाज सुनी थी वह एक मरते जानवर की कराह थी।"

"शैतान के बच्चे!" मिशॉ चीखा, "इसका अभी पता लगाना होगा।"

एमिल और कारिन्दे ने दोनों महिलाओं को घोड़ों के पास इन्तजार कर रहे जोसेफ के पास छोड़ा और खुली जगह के जंगली बगीचे में लौट आये। वे पोखर के किनारे तक गये; ढाल के किनारे हर जगह देखा लेकिन कोई सुराग नहीं मिला। ब्लोंदे कूदकर वापस आया और ऐसा करते हुए उसने कुछ उभरी हुई जमीन पर एक झुरमुट में सूखी फुनगी वाला वैसा ही एक पेड़ देखा जिसकी ओर सुबह उसका ध्यान गया था। उसने मिशॉ को वह पेड़ दिखाया और कहा कि चलकर देखना चाहिए। दोनों पेड़ों के तनों और कँटीली झाड़ियों से बचते हुए नाक की सीध में उस ओर लपके और थोड़ी देर इधर-उधर देखने पर वह पेड़ मिल गया।

"यह एल्म का एक बढ़िया पेड़ है," मिशॉ ने कहा, "लेकिन इसमें कीड़ा लग गया है—एक ऐसा कीड़ा जो जड़ों के पास की छाल को खा जाता है।"

उसने झुककर छाल का एक टुकड़ा उठाया और कहा, "देखो वे कैसे काम करते हैं।"

"इस जंगल में बहुत से कीड़े लगे हुए हैं," ब्लोंदे ने कहा।

तभी मिशॉ को एक लाल धब्बा नजर आया; वह उस ओर बढ़ा और उसे अपने ग्रेहाउण्ड का सिर दिखाई पड़ा। उसने आह भरी।

"लुच्चे कहीं के!" उसने कहा। "मदाम सही कह रही थीं।"

"मिशॉ और ब्लोंदे ने लाश को ध्यान से देखा और पाया कि किसी ने कुत्ते की गर्दन रेत दी थी, जैसाकि काउण्टेस ने कहा था। भौंकने से रोकने के लिए उसे गोश्त के एक

टुकड़े से ललचाया गया था जो अब भी उसकी जुबान और तालू के बीच फँसा था।

"बेचारा जानवर, वह अपने असंयम का शिकार हो गया।"

"सभी प्रिंसों की तरह," ब्लोंदे ने कहा।

"अभी-अभी कोई यहाँ से भागा है ताकि हम उसे पकड़ न लें," मिशॉ ने कहा। "एक संगीन जुर्म हुआ है। लेकिन मुझे कोई टूटी टहनी या दबी हुई झाड़ी दिखायी नहीं दे रही।'

ब्लोंदे और कारिन्दे ने सावधानी से ढूँढ़ना शुरू किया; वे एक-एक जगह को ध्यान से देखकर कदम रख रहे थे। कुछ देर बाद ब्लोंदे ने एक पेड़ के नीचे इशारा किया जहाँ घास दबी हुई थी और दो छोटे गड्ढे बने नजर आ रहे थे।

"यहाँ कोई घुटनों के बल बैठा था, और वह जरूर कोई औरत होगी क्योंकि किसी मर्द के घुटनों के निशान के इर्दगिर्द इतनी घास नहीं दब सकती थी। हाँ, हाँ! देखो ये किसी के लहँगे के घेर के निशान हैं।"

कारिन्दे को पेड़ की जड़ के पास ध्यान से देखने पर छाल के नीचे एक छेद तो दिखा लेकिन उसे भूरे धब्बों से ढँकी सख्त खाल वाला वह कीड़ा नजर नहीं आया जिसकी पूँछ भृंगकीट जैसी होती है और उसी के जैसे सिर के आगे नुकीली सुण्डियाँ होती हैं जिनसे वह लकड़ी को छेदता है।

"मेरे प्यारे मिशॉ," ब्लोंदे ने कहा, "इतने सारे सूखे पेड़ों का कारण अब मेरी समझ में आया। आज सुबह मैंने गढ़ी के छज्जे से उन्हें देखा था और मैं इसी का पता लगाने यहाँ आया था। कीड़े अपना काम कर रहे हैं, लेकिन वे और कोई नहीं बल्कि तुम्हारे किसान हैं।"

कारिन्दे ने जोर से गाली बकी और ब्लोंदे के आगे-आगे लपकता हुआ काउण्टेस के पास पहुँचा। उसने अनुरोध किया कि वह उसकी पत्नी को अपने साथ घर ले जाये। फिर वह कूदकर जोसेफ के घोड़े पर सवार हुआ और बड़ी तेज रफ्तार से उस औरत का रास्ता रोकने के लिए रवाना हो गया जिसने उसके कुत्ते को मारा था। उसे उम्मीद थी कि वह उसे खून से सने गँडासे और पेड़ की छाल में चीरा लगाने के लिए इस्तेमाल किये गये औजार के साथ रँगे हाथों पकड़ लेगा।

"हमें चलकर जनरल को फौरन यह बात बतानी चाहिए," काउण्टेस ने चीखकर कहा; "वह तो गुस्से से पागल ही हो जायेंगे।"

"मैं उन्हें पहले इसके लिए तैयार कर लूँगा," ब्लोंदे ने कहा।

"उन्होंने कुत्ते को मार डाला है," ओलिम्पे ने रोते हुए कहा।

"तुम उस बेचारे ग्रेहाउण्ड को इतना चाहती थी कि उसके लिए रो रही हो?" काउण्टेस ने पूछा।

"मुझे लगता है कि प्रिंस की हत्या एक चेतावनी है; मुझे डर लगता है कि मेरे पति को कोई खतरा है।"

"उन्होंने हमारी इस खूबसूरत सुबह को कैसे तबाह कर दिया है," काउण्टेस ने अदा

से होंठ बिचकाते हुए कहा।

"उन्होंने जंगल को कैसे तबाह कर दिया है," ओलिम्पे ने गम्भीर स्वर में कहा।

जनरल से उनकी मुलाकात गढ़ी के पास हुई।

"आप लोग कहाँ से होकर आ रहे हैं?" उसने पूछा।

"आपको अभी पता चल जायेगा," ब्लोंदे ने काउण्टेस और मदाम मिशॉ को उतरने में मदद करते हुए रहस्यपूर्ण ढंग से कहा। कुछ ही देर बाद वे दोनों जनरल के कमरे के सामने छज्जे पर अकेले खड़े थे।

"आपमें बहुत नैतिक शक्ति है जनरल; आप भावावेश में तो नहीं आयेंगे?"

"नहीं," जनरल ने कहा, "लेकिन सीधे मुद्दे पर आओ, वरना मुझे लगेगा कि तुम मेरा मजाक उड़ा रहे हो।"

"आपको सूखे पत्तों वाले वे पेड़ दिखाई दे रहे हैं?"

"हाँ।"

"आपको वे दूसरे पेड़ भी दिख रहे हैं जिन्होंने मुरझाना शुरू कर दिया है?"

"हाँ।"

"जानते हैं, इन सारे पेड़ों को किसानों ने मारा है जिनके बारे में आपको लगता है कि अपने परोपकार से आपने उन्हें जीत लिया है।"

फिर ब्लोंदे ने सुबह की घटनाओं के बारे में बताया।

जनरल इस कदर पीला पड़ गया कि ब्लोंदे घबरा गया।

"अरे! आप गालियाँ दीजिए, कोसिए, आगबबूला हो जाइए! इस तरह जब्त करना आपके गुस्से से भी ज्यादा नुकसानदेह हो सकता है!"

"मैं पाइप पीने जा रहा हूँ," बाहर बनी गुमटी की ओर जाते हुए जनरल ने कहा।

नाश्ते के दौरान मिशॉ वहाँ आया; उसे कोई नहीं मिला था। सिबिले भी आया, जिसे काउण्ट ने बुलवा भेजा था।

"मोस्यू सिबिले और मोस्यू मिशॉ, आप दोनों को सावधानी से यह बात फैला देनी है कि जो कोई भी मेरे पेड़ों को मार रहे व्यक्ति या व्यक्तियों को रंगे हाथ गिरफ्तार करायेगा उसे मैं एक हजार फ्रैंक दूँगा। उसे इस काम में इस्तेमाल होने वाले औजार का भी पता लगाना है और उस जगह का भी जहाँ से इसे खरीदा गया। मैंने एक योजना बनायी है।"

"ये लोग कभी एक-दूसरे के साथ गद्दारी नहीं करते," सिबिले ने कहा, "खासकर, अगर जुर्म उनके फायदे के लिए और सोच-समझकर किया गया है। इस बात में कोई शक नहीं कि यह शैतानीभरा काम बड़े योजनाबद्ध ढंग से किया गया है।"

"हाँ, लेकिन एक हजार फ्रैंक का मतलब होता है दो एकड़ जमीन।"

"हम कोशिश कर सकते हैं," सिबिले ने कहा; "हो सकता है पन्द्रह सौ फ्रैंक में आपको कोई भेदिया मिल जाये, खासकर अगर आप उसका नाम गुप्त रखने का वादा करें।"

"अच्छी बात है, लेकिन हमें इस तरह दिखाना चाहिए जैसे हमें जरा भी शक नहीं है, खासकर मुझे। अगर ऐसा नहीं हुआ तो हम किसी साँठगाँठ का शिकार हो सकते हैं। इन डाकुओं के साथ हमें वैसे ही चौकन्ना रहना चाहिए जैसे लड़ाई में दुश्मन के साथ।"

"लेकिन दुश्मन तो यहीं है," ब्लोंदे ने कहा।

सिबिले ने उसे कनखी से ऐसी नजर से देखा जिससे साफ था कि वह इन शब्दों का मतलब समझ गया है, और फिर वह जनरल से इजाजत लेकर चला गया।

"मुझे आपका सिबिले पसन्द नहीं है," गुमाश्ते के मकान से चले जाने के बाद ब्लोंदे ने कहा। "यह आदमी नाटक कर रहा है।"

"अभी तक उसने ऐसा कुछ नहीं किया है कि मैं शिकायत करूँ," जनरल ने कहा।

ब्लोंदे चिट्ठियाँ लिखने के लिए अपने कमरे में चला गया। पिछली यात्रा के समय की उसकी बेफिक्र जिन्दादिली गुम हो गयी थी और अब वह बेचैन था और उसका मन उलझा हुआ था। लेकिन मदाम मिशॉ की तरह उसे अपशकुन का धुँधला-सा पूर्वाभास नहीं हो रहा था; उसे पूरा यकीन था कि कुछ अनिष्ट होने वाला है। उसने खुद से कहा, "इस मामले का अंजाम बुरा होगा, और अगर जनरल फैसलाकुन कार्रवाई करते हुए इस रणक्षेत्र से पीछे नहीं हटता जहाँ दुश्मन की तादाद उस पर भारी है तो कोई भी हादसा हो सकता है; और कौन जानता है कि इससे कौन सही-सलामत बचकर निकलेगा—शायद न तो वह और न ही उसकी पत्नी। हे भगवान! वह कितनी प्यारी है! कितनी समर्पित, कितनी पूर्ण! वह उसे इस तरह खतरे में कैसे डाल सकता है! और वह सोचता है कि वह उससे प्रेम करता है! जो भी हो, मैं इस खतरे में उनके साथ रहूँगा, और अगर मैं उन्हें बचा नहीं सका तो मैं भी उनके साथ तकलीफ सहूँगा।"

अध्याय आठ

ग्रामीण नैतिकता

उस रात मारी तोंसार सुलांश जानेवाली सड़क पर एक पुलिया पर बैठी बोनबाल का इन्तजार कर रही थी जिसने हमेशा की तरह दिन कफे द ला पाइ में गुजारा था। उसने कुछ दूर से उसे आते हुए सुना, और उसके कदमों की आहट से वह जान गयी कि वह नशे में था; उसे यह भी पता चल गया कि वह पैसे गँवाकर आया है क्योंकि जीतकर आने पर वह हमेशा गाता रहता था।

"ये तुम हो बोनबाल?"

"हाँ, मेरी जान।"

"क्या बात है?"

"मुझ पर पच्चीस फ्रैंक उधार हो गये हैं, और अगर मैंने नहीं चुकाये तो वे पच्चीस बार मेरी गर्दन मरोड़ देंगे।"

"मैं एक तरीका जानती हूँ जिससे तुम पाँच सौ फ्रैंक पा सकते हो," उसने अपने प्रेमी के कान में कहा।

"ओह! किसी आदमी को मारकर; लेकिन मैं जीना चाहता हूँ।"

"जरा चुप रहो। अगर तुम अपनी माँ को किसी पेड़ के पास वोदोये के हाथों पकड़वा दो तो वह हमें पाँच सौ फ्रैंक देगा।"

"मैं अपनी माँ को बेचने के बजाय किसी आदमी को मारना पसन्द करूँगा। तुम्हारी बुढ़िया दादी भी तो है; तुम उसे क्यों नहीं बेच देती?"

"अगर मैंने ऐसी कोशिश की तो मेरा बाप नाराज हो जायेगा और खेल बिगाड़ देगा।"

"यह तो सच है। लेकिन जो भी हो, मेरी माँ जेल नहीं जानी चाहिए, बेचारी! वह मेरे लिए खाना पकाती है और मेरे कपड़ों का ध्यान रखती है, और वह यह सब कैसे करती है, मुझे पता नहीं। वह जेल चली जाये—और वह भी मेरे जरिए! कभी नहीं! मैं इतना निकम्मा नहीं हूँ। और कहीं कोई दूसरा उसे बेच न डाले, इसलिए मैं आज रात ही उसे बता दूँगा कि वह अब और कोई पेड़ न सुखाये।"

"ठीक है, मेरा बाप जो जी में आये कहे या करे, लेकिन मैं उसे बता दूँगी कि पाँच सौ फ्रैंक मिलने वाले हैं, और हो सकता है वह मेरी दादी से पूछे कि क्या वह ये पैसे कमाना चाहेगी। वे कभी अठहत्तर साल की बूढ़ी औरत को जेल में नहीं डालेंगे—वैसे, सच तो यह है कि वह अपनी दुछत्ती के बजाय वहाँ ज्यादा अच्छे से रहेगी।"

"पाँच सौ फ्रैंक! हूँ, अच्छा, ठीक है; मैं अपनी माँ से बात करूँगा," बोनबाल ने कहा, "और अगर वह ये पैसे मुझे देना चाहती है तो मैं उसे जेल जाने दूँगा। वह वहाँ बुनाई कर सकती है और उसका समय मजे में कट जायेगा; और फिर उसके रहने-खाने का अच्छा इन्तजाम होगा और उसे कोंशे के मुकाबले कम मुश्किलें उठानी पड़ेंगी। ठीक है, मेरी जान, मैं कल तुमसे इस बारे में बात करूँगा; अभी मैं रुक नहीं सकता।"

अगली सुबह दिन निकलते ही बोनबाल और उसकी बुढ़िया माँ ने ग्रां-इवेर के दरवाजे पर दस्तक दी। सिर्फ बुढ़िया तोंसार जगी हुई थी।

"मारी!" बोनबाल ने आवाज लगायी, "वह मामला तय हो गया।"

"तुम्हारा मतलब पेड़ों का मामला?" बुढ़िया तोंसार ने कहा; "हाँ, सब तय हो गया; मैं राजी हूँ।"

"बकवास!" बोनबाल की माँ चिल्लायी, "मेरे बेटे को मोस्यू रिगू ने एक एकड़ जमीन देने का वादा किया है—"

दोनों बूढ़ी औरतें इस बात पर झगड़ने लगीं कि उनमें से कौन अपने बच्चों के हाथों

बेची जाये। झगड़े के शोर से सारा घर जाग गया। तोंसार और बोनबाल ने अपनी-अपनी माँओं की ओर से मोर्चा सँभाल लिया।

"सींक खींचकर फैसला करते हैं," तोंसार की पत्नी ने सुझाव दिया।

छोटी सींक से शराबखाने के पक्ष में फैसला हो गया।

तीन दिन बाद विल-ओ-फाये के जंगल में तड़के सशस्त्र पुलिस ने बुढ़िया तोंसार को गिरफ्तार कर लिया जिसे कारिन्दे, उसके सहयोगियों और फील्डकीपर ने रँगे हाथों पकड़ा था। उसके पास से पेड़ को चीरने के काम आने वाली जंग लगी रेती और ठीक कीड़े की तरह छाल को कुतर डालने के लिए इस्तेमाल होने वाली छेनी बरामद की गयी। आरोप पत्र के मुताबिक पाँच सौ फीट के घेरे में इस तरह से नष्ट किये गये साठ पेड़ मिले। बुढ़िया को ऑग्ज़ेयर भेज दिया गया क्योंकि यह मामला फौजदारी अदालत के न्यायक्षेत्र में आता था।

बुढ़िया तोंसार को पेड़ के पास बरामद करने पर मिशॉ खुद को यह कहने से रोक नहीं सका : "ये वे लोग हैं जिन पर जनरल और मदाम ला कोम्तेस ने कितने एहसान किये हैं! कसम से, अगर मदाम मेरी बात मानें तो वह उस तोंसार लड़की को कभी उसके दहेज के पैसे न दें, जो अपनी दादी से भी गई-गुजरी है।"

बुढ़िया ने अपनी भूरी आँखें उठाईं और मिशॉ पर एक जहरबुझी निगाह डाली। जब काउण्ट को पता चला कि दोषी कौन है तो उसने अपनी पत्नी को कैथेरीन तोंसार को पैसे देने से मना कर दिया।

"मोस्यू ल कोम्त बिल्कुल ठीक कह रहे हैं," सिबिले ने कहा। "मैं जानता हूँ कि जब कैथेरीन मदाम से बात करने आयी थी उसके तीन दिन पहले गोदाएं वह जमीन खरीद चुका था। पैसे लेने के लिए वह लड़की गर्भवती होने का नाटक कर सकती है। बहुत सम्भव है कि गोदाएं का इससे कोई लेना-देना न हो।"

"क्या लोग हैं!" ब्लोंदे ने कहा; "इनकी तुलना में पेरिस के लुच्चे तो सन्त हैं।"

"ओह, मोस्यू," सिबिले ने कहा, "स्वार्थ लोगों को हर जगह भयानक अपराधों का दोषी बना देता है। आपको पता है कि बुढ़िया के साथ गद्दारी किसने की?"

"नहीं।"

"उसकी पोती मारी ने; उसे अपनी बहन की शादी से जलन हो रही थी, और खुद अपनी शादी के लिए पैसे पाने के वास्ते--"

"ये तो भयावह है!" काउण्ट ने कहा। "अरे! वे तो किसी की जान भी ले सकते हैं!"

"हाँ, क्यों नहीं," सिबिले ने कहा, "बहुत थोड़ी रकम के लिए। ये लोग अपनी जान की इतनी कम परवाह करते हैं; वे सारी जिन्दगी खटते रहने से नफरत करते हैं। ओह मोस्यू, देहात में विचित्र चीजें घटित होती हैं, उतनी ही विचित्र जितनी पेरिस में--लेकिन आपको कभी यकीन नहीं होगा।"

"हमें भला और उदार होना चाहिए," काउण्टेस ने कहा।

उस शाम गिरफ्तारी के बाद बोनबाल ग्रां-इवेर के शराबखाने में आया जहाँ पूरा तोंसार परिवार खुशी मना रहा था। "ठीक है, ठीक है!" उसने कहा, "खूब खुशियाँ मनाओ, लेकिन मैंने अभी वोदोये से सुना है कि काउण्टेस ने तुम्हें सजा देने के लिए गोदाएं को एक हजार फ्रैंक देने का इरादा बदल दिया है; उसके पति ने उसे मना कर दिया है।"

"ये बात उसे उस हरामी मिशॉ ने समझायी है," तोंसार ने कहा। "मेरी माँ ने उसे कहते सुना था कि वह ऐसा करेगा; जब मैं उसे कुछ पैसे और कपड़े देने विल-ओ-फाये गया था तो उसने मुझे बताया था। खैर, उस काउण्टेस को अपने पैसे अपने पास ही रखने दो! हमारे पाँच सौ फ्रैंक से गोदाएं जमीन खरीद लेगा, और इस चीज का हम बदला लेंगे। अच्छा! तो मिशॉ हमारे निजी मामलों में दखल देता है? इससे उसे फायदे से ज्यादा नुकसान ही होगा। इस बात से उसका क्या लेना-देना है, जरा कोई मुझे बताये? वह अपने जंगलों का ध्यान रखे! इस सारी गड़बड़ की जड़ में वही है—जिस दिन मेरी माँ ने उसके कुत्ते का गला रेता था तभी उसे सुराग मिल गया था। मान लो अगर मैं गढ़ी के मामलों में दखल देने लगूँ तो कैसा रहे? मान लो मैं जनरल को जाकर बताऊँ कि उसकी बीवी उसके उठने से पहले एक नौजवान के साथ जंगल में घूमती है तो कैसा लगेगा?"

"जनरल, जनरल!" कुर्तेक्विस चिढ़कर बोला, "वे उससे जो भी चाहें करा सकते हैं। लेकिन मिशॉ ही है जो उसे भड़काता है, सब उसी की शरारत है! उसे अपना काम तो आता नहीं! मेरे जमाने में हालात कुछ और थे।"

"आह!" तोंसार ने कहा, "वे हम सबके लिए अच्छे दिन थे—क्यों वोदोये?"

"हाँ," भूतपूर्व फील्डकीपर ने कहा, "यह सच है कि अगर मिशॉ को ठिकाने लगा दिया जाये तो हम सब चैन से जी सकेंगे।"

"बस और कुछ मत कहो," तोंसार ने जवाब दिया। "हम इस बारे में बाद में बात करेंगे—चाँदनी रात में—खुले मैदान में।"

अक्टूबर के आखिरी दिनों में काउण्टेस जनरल को लेस ऐग्यू में छोड़कर पेरिस लौट गयी। वह और कई दिनों तक उसके पास नहीं जा सकता था लेकिन वह इटली के ऑपेरा की पहली रात पर वहाँ होने का मौका नहीं छोड़ना चाहती थी, और इसके अलावा वह अकेलापन और ऊब महसूस कर रही थी। उसे अपने कामकाज की वजह से लौट गये एमिल की कमी खटक रही थी क्योंकि जब जनरल देहात की खाक छानता-फिरता था या काम में उलझा होता था तो उसी के सहारे काउण्टेस का समय बीतता था।

नवम्बर ठेठ जाड़े के महीने जैसा था, सारा दिन बदली और मनहूसी छायी रहती, कभी बर्फ गिरती, कभी बारिश; कभी पाला पड़ता तो कभी बर्फ पिघलने से कीचड़ हो जाता। ऑग्ज़ेयर में बुढ़िया तोंसार के मुकदमे में गवाहों की जरूरत थी और मिशॉ ने अपना बयान दिया था। मोस्यू रिगू ने बुढ़िया की तरफ से एक वकील खड़ा किया था जिसने उसके बचाव के लिए निष्पक्ष गवाहों की गैरमौजूदगी का तर्क दिया, लेकिन मिशॉ और उसके सहयोगियों

और फील्डकीपर की गवाही इस दलील पर भारी पड़ी। तोंसार की माँ को पाँच साल की जेल हुई और वकील ने उसके बेटे से कहा :

"मिशॉ की गवाही पर ही उसे सजा हुई है।"

अध्याय नौ

हादसा

शनिवार की एक शाम कुर्तेक्विस, बोनबाल, गोदाएं, तोंसार, उसकी बेटियाँ, पत्नी और पेर फूर्शो, वोदोये, लांगल्यूम और कई कारीगर शराबखाने में दावत खा रहे थे। आधा चाँद आसमान में था, बर्फ गिरकर पिघल चुकी थी और पाले ने जमीन को इतना सख्त कर दिया था कि आदमी के कदमों के निशान नहीं पड़ते थे। वे एक फन्दे में पकड़े गये खरगोश का सालन खा रहे थे; सब पी रहे थे और हँसी-मजाक कर रहे थे। यह कैथेरीन और गोदाएं की शादी का अगला दिन था और विवाहित जोड़े को उनके नये घर पहुँचाया जाना था जो कुर्तेक्विस के घर से ज्यादा दूर नहीं था। जब रिगू जमीन का कोई टुकड़ा बेचता था तो उसका अलग-थलग और जंगल के करीब होना तय ही होता था। कुर्तेक्विस और वोदोये दुल्हन के साथ जाने के लिए अपनी बन्दूकें ले आये थे। बाकी सारा इलाका गहरी नींद में था; कहीं कोई रोशनी दिखाई नहीं दे रही थी; सिर्फ शादीवाली मण्डली ही जगी हुई थी, लेकिन वे पर्याप्त शोर मचा रहे थे। इसी बीच बुढ़िया बोनबाल वहाँ दाखिल हुई और सब उसकी ओर देखने लगे।

"मेरे ख्याल से उसे बच्चा होने वाला है," उसने तोंसार के कान में फुसफुसाकर कहा। "उसने अपना घोड़ा कस लिया है और सुलांश से डाक्टर बुलाने जा रहा है।"

"बैठ जाओ," तोंसार ने कहा। उसने बुढ़िया को मेज पर अपनी जगह बैठा दिया और खुद जाकर एक बेंच पर पसर गया।

तभी सड़क से सरपट चाल से गुजरते एक घोड़े की टापों की आवाज सुनायी दी। तोंसार, कुर्तेक्विस और वोदोये जल्दी से बाहर निकले और मिशॉ को गाँव की ओर जाते हुए देखा।

"उसे सब मालूम है, वह बगीचे की ओर से आया है और ब्लांगी और बड़ी सड़क से होकर जाना चाहता है—यह सबसे सुरक्षित रास्ता है।"

"हाँ," तोंसार ने कहा, "लेकिन वह अपने साथ डाक्टर को लेकर आयेगा।"

"वह उसे नहीं मिलेगा," कुर्तेक्विस ने कहा, "डाक्टर को पोस्टमास्टर की बीवी के

लिए कोंशे बुलाया गया है।"

"फिर वह सुलांश से कोंशे डाक सड़क से होकर जायेगा; वही सबसे छोटा रास्ता है।"

"और हमारे लिए सबसे सुरक्षित भी," कुर्तेक्विस ने कहा, "अच्छी चाँदनी है, और सड़कों पर जंगल की तरह पहरेदार नहीं होते और वहाँ ज्यादा दूर से आवाज सुनी जा सकती है। वहाँ, मण्डपों के पास जहाँ झाड़ियों की बाड़ छोटे-से जंगल से जाकर मिलती है, वहाँ पाँच सौ फीट दूर से किसी आदमी पर पीछे से निशाना साधा जा सकता है।"

"उस जगह से वह साढ़े ग्यारह से पहले नहीं गुजरेगा," तोंसार ने कहा, "उसे सुलांश जाने में आधा घण्टा लगेगा और उतना ही समय वापस आने में—लेकिन एक चक्कर है! अगर मोस्यू गूर्दों रास्ते से गुजर रहे हों तो?"

"उसकी चिन्ता मत करो," कुर्तेक्विस ने कहा, "मैं तुमसे दस मिनट की दूरी पर तुम्हारी दायीं ओर ब्लांगी जाने वाली सड़क पर खड़ा रहूँगा और वोदाये दस मिनट की दूरी पर तुम्हारी बायीं ओर कोंशे की तरफ रहेगा। अगर कोई भी आता है, डाकगाड़ी, या पुलिसवाले या जो कोई भी हो तो हम जमीन में एक गोली दागेंगे—दबी हुई आवाज होगी, तुम्हें पता चल जायेगा।"

"लेकिन मान लो, मेरा निशाना चूक गया तो?" तोंसार ने कहा।

"वह सही कह रहा है," कुर्तेक्विस ने कहा, "मेरा निशाना सबसे अच्छा है। वोदोये, तुम्हारे साथ मैं चलूँगा। बोनबाल मेरी जगह पहरा देगा; वह चीख मारकर चेता सकता है; वह आसानी से सुनायी दे जायेगी और शक भी कम होगा।"

तीनों शराबखाने में अन्दर लौट आये और शादी की दावत और मस्तियाँ चलती रहीं। लेकिन करीब ग्यारह बजे वोदोये, कुर्तेक्विस, तोंसार और बोनबाल अपनी बन्दूकों के साथ बाहर चले गये, हालाँकि किसी भी औरत ने उनकी ओर ध्यान नहीं दिया। वे करीब पौन घण्टे बाद वापस लौटे और एक बजे के बाद तक बैठे पीते रहे। तोंसार की बेटियों और उनकी माँ और बुढ़िया बोनबाल ने पहले ही चक्कीवाले, कारीगरों, और दो किसानों के साथ ही फूर्शों को इतना पिला दिया था कि जब चारों आदमी शराबखाने से निकले तो वे सब जमीन पर लुढ़के खर्राटे भर रहे थे। उनके वापस आने पर सोनेवालों को झिंझोड़कर जगाया गया और उन्हें लगा कि हर कोई पहले की तरह अपनी जगह पर है।

इधर यह दावत चल रही थी और उधर मिशॉ के घर में बदहवासी का आलम था। ओलिम्पे को दर्द उठा था और उसके पति ने सोचा कि उसे प्रसवपीड़ा हो रही है और वह तुरन्त डाक्टर को लाने चल पड़ा था। लेकिन जैसे ही बेचारी औरत को पता चला कि मिशॉ चला गया है उसका दर्द बन्द हो गया क्योंकि दुश्मनों से भरे उस अराजक इलाके में रात के उस समय उसके पति पर मँडराते खतरे को लेकर उसका दिमाग इतना उलझा हुआ था, उसके मन की पीड़ा इतनी गहरी थी कि शरीर की पीड़ा उसके आगे दब गयी थी। उसकी नौकरानी उसे समझाने की असफल कोशिश करती रही कि उसका डर काल्पनिक है। लगता था कि उसे कहा जा रहा एक भी शब्द सुनायी नहीं दे रहा था और वह अपने कमरे में

आग के पास बैठी हर आवाज पर कान लगाये हुए थी। पल-पल बढ़ती घबराहट में उसने दूसरे नौकर को भी जगा दिया था, और उसे कोई हुक्म देने वाली थी जो उसने अब तक नहीं दिया था। फिर वह उठकर चहलकदमी करने लगी; वह सारी खिड़कियों से जा-जाकर झाँक रही थी और ठण्ड के बावजूद उन्हें खोल दिया था। फिर वह नीचे चली गयी और अहाते में खुलनेवाला दरवाजा खोलकर बाहर देखने और सुनने की कोशिश करने लगी। "कुछ नहीं है! कहीं कुछ नहीं है!" उसने कहा। फिर वह हताश होकर वापस ऊपर चली गयी। करीब सवा बारह बजे, वह चीख उठी : "वह आ रहा है! मुझे घोड़े की आवाज सुनाई दे रही है!" वह फिर नीचे गयी और उसके पीछे-पीछे आ रहा नौकर अहाते का लोहे का फाटक खोलने चला गया। "अजीब बात है," उसने कहा, "वह कोंशे के जंगल की तरफ से क्यों लौट रहा है!"

इतना कहते ही वह अचानक ठिठककर खड़ी रह गयी; वह बिना हिले-डुले खड़ी थी, उसके मुँह से कोई आवाज नहीं निकली। नौकर भी उसी की तरह डर गया, क्योंकि पागलों की तरह भागते घोड़े की टापों की आवाज, आपस में टकराती खाली रकाबों की टंकार और डरे हुए जानवर की हिनहिनाहट में ऐसा कुछ था जो उन्हें बता रहा था कि कुछ अघट घट गया है। जल्दी ही, दुर्भाग्यशाली पत्नी के लिए बेहद जल्दी, हाँफता और पसीने से तर घोड़ा फाटक पर पहुँच गया। वह अकेला था। उसकी लगाम किसी चीज में उलझकर टूटी हुई थी। ओलिम्पे ने फटी-फटी आँखों से फाटक खोलते हुए नौकर को देखा; उसने घोड़े को देखा, और फिर बिना कुछ बोले वह पागल औरत की तरह दौड़ती हुई गढ़ी तक चली गयी। वहाँ पहुँचकर वह जनरल की खिड़कियों के सामने जमीन पर गिर पड़ी और चीखने लगी : "मोस्यू, उन्होंने उसे मार डाला है!"

उसकी चीख इतनी भयानक थी कि जनरल जाग गया; उसने ज़ोर से घण्टी बजायी और सारा घर दौड़ा आया। जमीन पर पड़ी मदाम मिशॉ ने एक बच्चे को जन्म दिया जो पैदा होते ही मर गया। जनरल और नौकरों ने मरती हुई औरत को उठाया जो जनरल से इतना कहकर मर गयी : "उन्होंने उसे मार डाला!"

"जोसेफ!" काउण्ट ने अपने नौकर से चिल्लाकर कहा, "डाक्टर को बुलाकर लाओ, शायद अब भी इसे बचाया जा सके। नहीं, बेहतर हो कि पादरी को ले आओ; बेचारी औरत मर चुकी है, और उसका बच्चा भी। हे भगवान! हे भगवान! मैं तुम्हारा शुक्रगुजार हूँ कि मेरी बीवी यहाँ नहीं है। और तुम," उसने माली से कहा, "जाओ और पता लगाओ कि क्या हुआ है।"

"मैं आपको बता सकता हूँ," अभी-अभी वहाँ पहुँचे मण्डप के नौकर ने कहा, "मोस्यू मिशॉ का घोड़ा अकेला वापस आया है, रास टूटी हुई है, उसके पैरों में खून लगा है और काठी पर खून का एक धब्बा है।"

"रात के इस समय क्या किया जा सकता है?" काउण्ट चीखा। "ग्रुआसों को बुलाओ, पहरेदारों को खबर करो, घोड़ों पर जीन चढ़ाओ; हम पूरे इलाके को छान डालेंगे।"

पौ फटते ही आठ व्यक्तियों—काउण्ट, ग्रुआसों, तीन पहरेदारों और सुलांश से एक सार्जेण्ट के साथ आये दो पुलिसवालों—ने इलाके में तलाशी शुरू कर दी। आधी सुबह बीत जाने के बाद ही जाकर उन्हें डाकसड़क और विल-ओ-फाये की ओर जानेवाली छोटी सड़क के बीच झाड़ियों के एक झुरमुट में कारिन्दे की लाश मिली। यह जगह कोंशे से ज्यादा दूर नहीं थी, जहाँ लेस ऐग्यू का बाग खत्म होता था। एक पुलिसवाला सरकारी वकील को बुलाने विल-ओ-फाये की ओर, और दूसरा मजिस्ट्रेट को लाने सुलांश की ओर रवाना हो गया। इस बीच सार्जेण्ट की मदद से जनरल सारे तथ्य नोट कर रहा था। उन्हें दोनों मण्डपों के थोड़ा ही आगे सड़क पर घोड़े के खुरों के ऐसे निशान मिले जिनसे साफ था कि यहाँ वह घबराहट में पिछले पैरों पर खड़ा हो गया था और पैर पटक रहा था। उस जगह से जंगल तक घबराहट में घोड़े के भागने के निशान भी मिले थे। अपनेआप भाग रहा घोड़ा जंगल के रास्ते पर मुड़ गया था। मिशॉ की टोपी वहाँ मिली थी। साफ था कि जानवर ने अस्तबल तक पहुँचने के लिए सबसे छोटा रास्ता चुना था। कारिन्दे की पीठ में गोली लगी थी जिससे उसकी रीढ़ की हड्डी टूट गयी थी।

ग्रुआसों और सार्जेण्ट ने बड़ी होशियारी और बारीकी से उस जगह के आसपास जाँच की, जहाँ घोड़ा दोनों टाँगों पर खड़ा हो गया था, लेकिन उन्हें कोई सुराग नहीं मिला। जमीन जमकर इतनी सख्त हो चुकी थी कि हत्यारे के कदमों के निशान मिलना मुश्किल था, और वे बस कारतूस का खोल ही ढूँढ़ सके। जब वकील और मजिस्ट्रेट और मोस्यू गूर्दो, डाक्टर वहाँ पहुँचे और लाश का पंचनामा किया गया तो पता चला कि गोली किसी सैनिक मस्कट से दागी गयी थी, और ऐसी कोई मस्कट ब्लांगी जिले में नहीं थी। शाम को गढ़ी में आये, मजिस्ट्रेट और वकील, मोस्यू सूद्री का ख्याल था कि तथ्य इकट्ठा करके इंतजार करना चाहिए कि आगे क्या होता है। पुलिस के सार्जेण्ट और लेफ्टीनेण्ट का भी यही ख्याल था।

"यह किसानों के सुनियोजित हमले के सिवा और कुछ हो ही नहीं सकता," सार्जेण्ट ने कहा, "लेकिन यहाँ दो जिले हैं, कोंशे और ब्लांगी, और दोनों में पाँच या छह लोग ऐसे हैं जो कत्ल में शामिल हो सकते हैं। जिस पर मुझे सबसे ज्यादा शक है, यानी तोंसार, वह उस रात ग्रां-इवेर में पीकर हंगामा करने में मशगूल था। जनरल, आपका सहायक, चक्कीवाला लांगल्यूम, वहाँ मौजूद था और उसका कहना है कि तोंसार शराबखाने से बाहर नहीं गया। वे नशे में इतना धुत्त थे कि ठीक से खड़े नहीं हो सकते थे। वे करीब डेढ़ बजे दुल्हन को घर ले गये, और घोड़े की वापसी से साफ है कि मिशॉ की हत्या ग्यारह बजे से आधी रात के बीच में हुई है। सवा दस बजे ग्रुआसों ने पूरी मण्डली को मेज के इर्दगिर्द जमा देखा था, और मोस्यू मिशॉ सुलांश जाते हुए उधर से गुजरे थे जहाँ वह ग्यारह बजे पहुँच गये थे। उनका घोड़ा डाकसड़क पर दोनों मण्डपों के बीच घबराकर दोनों टाँगों पर खड़ा हुआ था, लेकिन हो सकता है उन्हें ब्लांगी पहुँचने से पहले गोली मारी गयी हो और वह कुछ समय तक काठी पर टिके रहे हों। हमें कम से कम बीस लोगों के खिलाफ वारण्ट जारी करने होंगे और उन्हें गिरफ्तार करना होगा, लेकिन मैं इन किसानों को जानता हूँ, और यहाँ

बैठे ये भलेमानस भी जानते हैं; आप उन्हें एक साल तक जेल में रख सकते हैं और आपको उनसे इंकार के सिवा और कुछ सुनने को नहीं मिलेगा। जो लोग भी तोंसार के यहाँ इकट्ठा थे उनसे आप क्या उम्मीद कर सकते हैं?''

उन्होंने चक्कीवाले और मेयर के रूप में जनरल मोंतकोर्ने के सहायक लांगल्यूम को बुला भेजा। उसने बताया कि शराबखाने में क्या हुआ था और वहाँ मौजूद सब लोगों के नाम बताये। कोई भी एक-दो मिनट के लिए अहाते में जाने के सिवा बाहर नहीं गया था। वह खुद करीब ग्यारह बजे तोंसार के साथ कमरे से बाहर निकला था; उन्होंने चाँद और मौसम के बारे में बातें की थीं और उन्हें कोई आवाज नहीं सुनाई दी थी। करीब दो बजे पूरी मण्डली दुल्हा-दुल्हन को उनके अपने घर तक पहुँचाने गयी थी।

जनरल ने सार्जेण्ट, लेफ्टीनेण्ट और नागरिक प्रशासन से बात करके तय किया कि पेरिस से पुलिस का सबसे चतुर जासूस बुलवाया जायेगा, जो गढ़ी में मजदूर की तरह आकर काम करेगा और फिर इतनी बदतमीजी करेगा कि उसे निकाल दिया जाये। फिर वह पीना और ग्रां-इवेर में आना-जाना शुरू कर देगा और इस इलाके में जनरल का बुरा चाहनेवाले एक गरीब आदमी के भेष में रहेगा। वे बस यही कर सकते थे कि हर चीज पर नजर रखें और किसी मामूली से सुराग का इंतजार करें और फिर उसका पूरा फायदा उठाने की कोशिश करें।

''अगर मुझे बीस हजार फ्रैंक खर्च करने पड़े तो भी मैं बेचारे मिशॉ के कातिल को ढूँढ़कर रहूँगा,'' जनरल यह कहते हुए कभी नहीं थकता था।

इस ख्याल को लिये हुए वह पेरिस चला गया और जनवरी में वहाँ से खुफिया पुलिस के प्रमुख के खास जासूस को लेकर लौटा, जिसे प्रकटतः गढ़ी की सजावट का कुछ काम कराने के लिए लाया गया था। वह आदमी जंगल में अवैध शिकार करते हुए पाया गया। उसे गिरफ्तार कर लिया गया और काम से हटा दिया गया, और कुछ ही समय बाद—फरवरी के शुरू में—जनरल वापस पेरिस में अपनी पत्नी के पास लौट गया।

अध्याय दस

पराजितों की जीत

मई महीने की एक शाम, जब मौसम अच्छा हो गया था और पेरिस वाले लेस ऐग्यू लौट आये थे, मोस्यू द त्रुआविल—जिन्हें अपनी बेटी के साथ आने के लिए राजी कर लिया गया था, ब्लोंदे, एबे ब्रोसेत, जनरल और विल-ओ-फाये का सब प्रीफेक्ट बैठे व्हिस्ट या शतरंज

खेल रहे थे। करीब साढ़े ग्यारह बजे थे जब जोसेफ भीतर आया और अपने मालिक को बताया कि वह बदमाश कारीगर जिसे बर्खास्त कर दिया गया था, उनसे मिलना चाहता है—वह कहता है कि जनरल पर उसके कुछ पैसे बकाया हैं। "वह बुरी तरह नशे में है," जोसेफ ने बताया।

"अच्छी बात है, मैं जाकर उससे बात करता हूँ।"

जनरल बाहर लॉन में मकान से कुछ दूर तक चला गया।

"मोस्यू ल कोम्त," जासूस ने कहा, "इन लोगों से कभी कुछ नहीं निकलवाया जा सकेगा। इतने दिनों में मैं बस यही पता लगा सका हूँ कि अगर आप इस जगह पर टिके रहे और किसानों से चोरी की उनकी आदत छुड़वाने की कोशिश करते रहे तो वे आपके कारिन्दे की तरह आपको भी गोली मार देंगे। मेरे यहाँ रहने का कोई फायदा नहीं है, क्योंकि वे मुझ पर पहरेदारों से भी ज्यादा अविश्वास करते हैं।"

काउण्ट ने अपने जासूस को उसकी फीस चुका दी जो अगले दिन वह जगह छोड़कर चला गया। उसकी रवानगी ने उसके बारे में मिशॉ की मौत में शामिल लोगों के शक को सही साबित कर दिया।

जब जनरल बैठक में लौटा तो उसके चेहरे पर ऐसे भाव थे कि उसकी पत्नी ने बेचैनी से पूछा कि उसने अभी कौन-सी खबर सुनी है।

"प्रिय काउण्टेस," उसने कहा, "मैं आपको डराना नहीं चाहता, लेकिन फिर भी आपको जानना चाहिए कि मिशॉ की मौत हमारे लिए एक चेतावनी थी कि हम यह जगह छोड़कर चले जायें।"

"अगर तुम्हारी जगह मैं होता तो मैं इसे नहीं छोड़ता," मोस्यू द त्रुआविल ने कहा। "मुझे खुद नार्मण्डी में ऐसी ही मुश्किलों का सामना करना पड़ा था, बस वे दूसरे रूप में थीं। मैं अपने रास्ते पर अड़ा रहा और अब सब कुछ ठीक चलता है।"

"मोस्यू ल मार्क्विस," सब-प्रीफेक्ट ने कहा, "नार्मण्डी और बर्गण्डी दो बिल्कुल अलग-अलग इलाके हैं। अंगूर खून में सेब के मुकाबले ज्यादा गर्मी पैदा करता है। हमें कानून और कानूनी प्रक्रियाओं की जानकारी काफी कम है। हम जंगलों के बीच रहते हैं। बड़े उद्योगों से अभी हम अनजान हैं। हम अब भी वहशियों की तरह हैं। अगर मोस्यू ल कोम्त मुझसे मेरी सलाह पूछें तो मैं यहीं कहूँगा कि वह इस जागीर को बेचकर उस पैसे को सरकारी फण्ड में लगा दें। उनकी आमदनी दोगुनी हो जायेगी और उन्हें कोई चिन्ता नहीं रहेगी। अगर वह देहात में रहना पसन्द करते हैं तो वे पेरिस के करीब कोई गढ़ी खरीद सकते हैं जिसके साथ लेस ऐग्यू जैसा ही सुन्दर और दीवारों से घिरा हुआ बाग होगा, जहाँ उन्हें कोई तंग नहीं कर सकेगा, और जहाँ वह अपने सारे फार्म किराये पर देकर करारे नोटों के रूप में पैसे पा सकते हैं। और उन्हें कभी किसी मुकदमे की फिक्र भी नहीं करनी होगी। वह तीन-चार घण्टे में पेरिस से आ-जा सकते हैं, और मोस्यू ब्लोंदे और मोस्यू ल मार्क्विस आपसे अकसर दूर नहीं रहेंगे, मदाम ल कोम्तेस।"

"मैं किसानों से डरकर पीछे हट जाऊँ जबकि मैं डेन्यूब के तट पर भी पीछे नहीं हटा था!" जनरल चीखा।

"हाँ, लेकिन आपके बख्तरधारी सिपाहियों का क्या हुआ था?" ब्लोंदे ने पूछा।

"इतनी बढ़िया जागीर!"

"आज यह बीस लाख से ज्यादा में बिकेगी।"

"इतना खर्च तो सिर्फ गढ़ी पर ही आया होगा," मोस्यू द त्रुआविल ने टिप्पणी की।

"साठ मील के घेरे में यह सबसे अच्छी जायदादों में से एक है," सब-प्रीफेक्ट ने कहा, "लेकिन आपको पेरिस के नजदीक इससे बेहतर मिल सकती है।"

"बीस लाख फ्रैंक से सालाना कितनी आमदनी हो सकती है?" काउण्टेस ने पूछा।

"इन दिनों, करीब अस्सी हजार फ्रैंक," ब्लोंदे ने जवाब दिया।

"लेस ऐग्यू से सब मिलाकर तीस हजार से ज्यादा नहीं मिलते," काउण्टेस ने कहा, "और हाल में आपने इतने जबर्दस्त खर्चे किये हैं–आपने इस साल जंगल के चारों ओर खाइयाँ खुदवायी हैं।"

ब्लोंदे ने कहा, "आपको पेरिस के नजदीक चार लाख फ्रैंक में एक शाही गढ़ी मिल सकती है। इन दिनों लोग दूसरों की बेवकूफियों को खरीदते हैं।"

"मैं सोचता था कि आपको लेस ऐग्यू की फिक्र है!" काउण्ट ने अपनी पत्नी से कहा।

"क्या आपको यह नहीं लगता कि मुझे आपकी जिन्दगी की फिक्र इससे हजार गुना ज्यादा है?" उसने जवाब दिया। "इसके अलावा, बेचारी ओलिम्पे की मौत और मिशॉ की हत्या के बाद से देहात का इलाका मुझे घिनौना लगने लगा है; मुझे जो भी चेहरे दिखाई देते हैं उन पर धोखे या धमकी का भाव नजर आता है।"

अगली शाम सब-प्रीफेक्ट गढ़ी के लोगों से मुलाकात खत्म कर लौट गया और विल-ओ-फाये में मोस्यू गोबर्ते की बैठक में उसका स्वागत इन शब्दों से हुआ :

"आइये, मोस्यू दे ल्यूपोल, तो आप लेस ऐग्यू से लौट आये हैं?"

"हाँ," सब-प्रीफेक्ट ने विजयी भाव से और मदमोज़ाल एलीज़े पर प्रेमपूर्ण दृष्टि के साथ कहा, "और मुझे यह कहते हुए बड़ा अफसोस हो रहा है कि जनरल हमसे दूर जा सकता है; वह जागीर बेचने की बात कर रहा है–"

"मोस्यू गोबर्ते, मैं अपने मण्डप की याद दिला रही हूँ। मैं अब विल-ओ-फाये के शोर और धूल-गर्द को बर्दाश्त नहीं कर सकती। पिंजरे में बन्द पक्षी की तरह खेतों की खुली हवा और जंगल की मन्द समीर के लिए मैं तड़प रही हूँ," मदाम इसोर ने अपनी उदासीन आवाज में कहा, उसकी आँखें आधी मुँदी थी और उसका सिर उसके बायें कंधे की ओर झुका हुआ था और वह अपने बालों के लम्बे घूँघरों से खेल रही थी।

"जरा सोच-समझकर बोलिए, मदाम!" उसके पति ने नीची आवाज में कहा; "आपकी नासमझियाँ मण्डप खरीदने में मेरी मदद नहीं करेंगी।" फिर सब प्रीफेक्ट की ओर मुड़कर उसने कहा, "क्या वे अब तक कारिन्दे के कत्ल में शामिल लोगों का पता नहीं लगा पाये?"

"लगता तो नहीं है," सब प्रीफेक्ट ने जवाब दिया।

"इससे लेस ऐग्यू की बिक्री पर असर पड़ेगा," गोबर्तें ने मण्डली से कहा, "मैं अच्छी तरह जानता हूँ कि मैं उस जगह को नहीं खरीदूँगा। वहाँ के किसान इतने घटिया किस्म के लोग हैं; मदमोज़ाल लागुएर के दिनों में भी मुझे उनसे परेशानी होती थी, जबकि ईश्वर जानता है कि वह उन्हें अपनी मर्जी से कुछ भी करने देती थीं।"

मई का महीना खत्म होने वाला था, पर जनरल ने अब भी ऐसा कोई संकेत नहीं दिया था कि वह लेस ऐग्यू को बेचने का इरादा रखता है; दरअसल वह अभी तक कुछ तय नहीं कर पाया था। एक रात, करीब दस बजे वह उन छह रास्तों में से एक से होकर जंगल से लौट रहा था जो 'पेवेलियन ऑफ दि रेंदिवू' तक जाते थे। उसने अपने साथ आ रहे पहरेदार को छुट्टी दे दी क्योंकि अब वह गढ़ी के बिल्कुल नजदीक पहुँच गया था। रास्ते के एक मोड़ पर हाथों में बन्दूक लिये हुए एक आदमी एक झाड़ी के पीछे से निकलकर आया।

"जनरल," उसने कहा, "यह तीसरा मौका है जब आप मेरी बन्दूक के निशाने पर थे, और तीसरी बार मैं आपकी जान बख्श रहा हूँ।"

"तुम मुझे क्यों मारना चाहते हो, बोनबाल?" जनरल ने जरा भी घबराये या नाराज हुए बिना कहा।

"कसम से, अगर मैं नहीं मारूँगा, तो कोई और करेगा; लेकिन आप जानते हैं, मैं उन लोगों को पसन्द करता हूँ जिन्होंने सम्राट की सेवा की थी, और मैं आपको बनमुर्गी की तरह गोली मार देने का मन नहीं बना पा रहा हूँ। मुझसे सवाल मत कीजिए, क्योंकि मैं आपको कुछ नहीं बताऊँगा; लेकिन यहाँ आपके दुश्मन हैं, बेहद ताकतवर दुश्मन है, जो आपसे ज्यादा चालाक हैं और आखिरकार वे आपको कुचल डालेंगे। अगर मैंने आपको मार दिया तो मुझे एक हजार क्राउन मिलने वाले हैं और तब मैं मारी तोंसार से शादी कर सकता हूँ। आप मुझे कुछ एकड़ जमीन और एक कुटिया खरीदने लायक पैसे दे दीजिए और मैं यह कहता रहूँगा, जैसाकि अभी तक मैंने किया है, कि मुझे मौका नहीं मिला। इससे आपको अपनी जायदाद बेचकर निकल जाने का मौका मिल जायेगा, लेकिन जल्दी कीजिए। मैं आवारा जरूर हूँ, पर अब भी ईमानदार हूँ, लेकिन कोई दूसरा आदमी आपको नहीं छोड़ेगा।"

"अगर मैं तुम्हें वह सब दे दूँ जो तुम चाहते हो तो क्या तुम मुझे बताओगे कि किसने तुम्हें तीन हजार फ्रैंक देने की पेशकश की है?" जनरल ने कहा।

"मैं खुद नहीं जानता, और जो व्यक्ति मुझे ऐसा करने के लिए उकसा रहा है उसे मैं इतना प्यार करता हूँ कि उसका नाम नहीं लूँगा। वैसे, अगर आप जानते भी हों कि वह मारी तोंसार है तो भी इससे आपको कोई मदद नहीं मिलेगी; मारी तोंसार उस दीवार की तरह चुप रहेगी, और मैं यहाँ कहे गये एक-एक शब्द से इंकार कर दूँगा।"

"कल आकर मुझसे मिलो," जनरल ने कहा।

"बस, ठीक है," बोनबाल ने जवाब दिया, "और अगर उन्होंने यह कहना शुरू कर दिया कि मैं बहुत देर लगा रहा हूँ तो मैं आपको समय रहते बता दूँगा।"

इस विलक्षण संवाद के एक सप्ताह बाद पूरे इलाके में ऐसे पोस्टर चिपका दिये गये जिनमें लिखा था कि सुलांश के नोटरी मैत्र कोर्बिनू के दफ्तर में लेस ऐग्यू की नीलामी होगी। सारी बोलियाँ रिगू के पक्ष में गयीं और कुल भुगतान की रकम हुई पच्चीस लाख फ्रैंक। अगले दिन रिगू ने नाम बदलवा दिये; मोस्यू गोबर्तें ने जंगल ले लिया और रिगू और सूद्री ने अंगूर के बाग और फार्म। गढ़ी और बाग को फिर छोटे-छोटे टुकड़ों में धरती के बेटों, किसानों को बेच दिया गया—सिर्फ मण्डप, उसके साथ की छोटी इमारतों और आसपास की पचास एकड़ जमीन को छोड़कर, जिसे मोस्यू गोबर्तें ने अपनी कविहृदय और भावुक जीवनसंगिनी के लिए एक उपहार के रूप में रख लिया।

इन घटनाओं के कई साल बाद, वर्ष 1837 के दौरान, उन दिनों के प्रसिद्धतम राजनीतिक लेखकों में से एक, एमिल ब्लोंदे गरीबी की आखिरी अवस्था में पहुँच गया जिसे उसने अब तक बेफिक्री और सुरुचि के आवरण में छुपा रखा था। उसे एहसास हो रहा था कि उसके लेखन, उसके दिमाग, उसके ज्ञान और मामलों को निर्देशित करने की उसकी क्षमता एक मामूली पदाधिकारी के सिवा उसे और कुछ नहीं बना पायी है, और वह कोई बदहवासी भरा कदम उठाने की सोच रहा था। वह यांत्रिक ढंग से दूसरों के हितों की पूर्ति कर रहा था, उसे दिख रहा था कि उसके लिए सारे रास्ते बन्द हो चुके हैं और सारी जगहें हथियाई जा चुकी है; उसे महसूस हो रहा था कि वह प्रसिद्धि या सम्पत्ति हासिल किये बिना जीवन का अर्द्धांश पार कर चुका है; कि मूर्खों और कुछ न जाननेवाले मध्यवर्गीय लोगों ने पुनर्स्थापनाकाल के दरबारियों और निकम्मों की जगह ले ली है, और सरकार फिर वैसी ही बन गयी है जैसे वह 1830 के पहले थी। एक सुबह, जब वह आत्महत्या करने के फैसले के करीब पहुँच चुका था (एक ऐसी मूर्खता जिसका वह अकसर मजाक उड़ाते आया था), तभी उसे काली मोहर से बन्द किया हुआ कोम्तेस द मोंतकोर्ने का भेजा एक लिफाफा मिला। उसने ब्लोंदे को अपने पति की मौत की खबर दी थी, जो दुबारा फौज में शामिल हो गया था और एक डिवीजन का कमाण्डर था। काउण्ट अपनी सारी सम्पत्ति उसके नाम कर गया था, और उसके बच्चे नहीं थे। हालाँकि पत्र गरिमापूर्ण ढंग से लिखा था, लेकिन उसने ब्लोंदे को साफ-साफ बता दिया कि चालीस साल की यह महिला, जिससे वह अपनी जवानी में प्रेम करता था, अपनी सारी दौलत के साथ उसकी ओर दोस्ती का हाथ बढ़ा रही है।

कुछ ही दिन पहले कोम्तेस द मोंतकोर्ने और एक डिपार्टमेण्ट के प्रीफेक्ट नियुक्त किये गये मोस्यू ब्लोंदे की शादी पेरिस में सम्पन्न हुई। प्रीफेक्चर में कार्यभार सँभालने के लिए जाते हुए वे उस सड़क से गुजरे जो वहाँ से जाती थी जहाँ पहले कभी लेस ऐग्यू था। उन्होंने उस जगह के पास बग्घी रोकी जहाँ एक समय दो मण्डप हुआ करते थे। वे उन जगहों को देखना चाहते थे जिनसे उन दोनों को प्रिय अनेक कोमल स्मृतियाँ जुड़ी थीं। उस इलाके

को अब पहचाना नहीं जा सकता था। वे रहस्यमय जंगल, बाग की वे वीथिकाएँ, सब साफ किये जा चुके थे। दृश्यावली किसी दर्जी के पैटर्न-कार्ड जैसी दिख रही थी। धरती के बेटों ने विजेताओं के रूप में जमीन पर कब्जा कर लिया था। इसे हजारों छोटे-छोटे टुकड़ों में बाँट दिया गया था। कोंशे तथा ब्लांगी के बीच आबादी तीन गुना हो गयी थी। भव्य बाग को साफकर खेत बना देने से 'पेवेलियन ऑफ दि रेंदिवू' अलग से दिखाई दे रहा था, वह अब मदाम इसोर गोबर्ते की आरामगाह था। वह अकेली इमारत थी जो सही-सलामत बची थी, और लगता था कि वह पूरी दृश्यावली पर राज करती है। उसके आसपास बने किसानों के छोटे-छोटे मकान इतने दयनीय थे कि वह इमारत किसी गढ़ी जैसी लग रही थी।

"यह प्रगति है!" एमिल ने चीखकर कहा। "यह जां-जाक के 'सामाजिक संविदा' का एक पृष्ठ है और मैं—उस सामाजिक तंत्र में जुता हूँ जो इसे चलाता है! हे भगवान! जल्दी ही राजाओं का क्या होगा? इससे भी बढ़कर, अगर यही हाल रहा तो पचास साल बाद राष्ट्रों का क्या होगा?"

"लेकिन तुन मुझे प्रेम करते हो, तुम मेरे साथ हो। मुझे वर्तमान खुशियों से भरा लगता है। मैं ऐसे सुदूर भविष्य की चिन्ता क्यों करूँ?" उसकी पत्नी ने कहा।

"अरे हाँ! मैं तुम्हारे साथ हूँ, वर्तमान जिन्दाबाद!" प्रेमी ने चहककर कहा, "और भविष्य भाड़ में जाये।"

फिर उसने कोचवान को इशारा किया, और घोड़े सड़क पर दौड़ने लगे। विवाहित जोड़ा अपने हनीमून की खुशियों में डूब गया।

ह्यूमन कामेडी

ओनोरे द बाल्ज़ाक की 'ह्यूमन कामेडी' एक-दूसरे से जुड़े करीब 100 उपन्यासों और कहानियों की शृंखला है जिन्हें विषय और पृष्ठभूमि के अनुसार सात भागों में बाँटा गया है। इनके अनेक पात्र बहुत से कथानकों में बार-बार आते हैं।

'ह्यूमन कामेडी' में निम्नलिखित कृतियाँ शामिल हैं। मूल फ्रेंच नामों के आगे कोष्ठकों में अंग्रेजी अनुवाद के शीर्षक दिये गये हैं।

SCENES DE LA VIE PRIVEE

SCENES FROM PRIVATE LIFE

- La Maison du Chat-qui Pelote (At the Sign of the Cat and Racket)
- Le Bal de Sceaux (The Ball at Sceaux)
- La Bourse (The Purse)
- La Vendetta (The Vendetta)
- Mme. Firmiani (Madame Firmiani)
- Une Double Famille (A Second Home)
- La Paix du Menage (Domestic Peace)
- La Fausse Maitresse (The Imaginary Mistress / Paz)
- Etude de femme (A Study of Woman)
- Autre etude de femme (Another Study of Woman)
- La Grande Breteche
- Albert Savarus
- Memoires de deux Jeunes Mariees (Letters of Two Brides)
- Une Fille d'Eve (A Daughter of Eve)
- La Femme de Trente Ans (A Woman of Thirty)
- La Femme abandonnee (The Deserted Woman)
- La Grenadiere
- Le Message (The Message)
- Gobseck
- Le Contrat de Mariage (A Marriage Settlement / A Marriage Contract)
- Un Debut dans la vie (A Start in Life)
- Modeste Mignon
- Beatrix
- Honorine
- Le Colonel Chabert (Colonel Chabert)

• La Messe de l'Athee (The Atheist's Mass)
• L'Interdiction (The Commission in Lunacy)
• Pierre Grassou

SCENES DE LA VIE PROVINCE
SCENES FROM PROVINCIAL LIFE
• Ursule Mirouet (Ursula)
• Eugenie Grandet
• Les Celibataires (The Celibates):
• Pierrette
• Le Cure de Tours (The Vicar of Tours)
• Un Menage de Garcon (A Bachelor's Establishment / The Two Brothers / The Black Sheep)
• Les Parisiens en Province (Parisians in the Country):
• L'illustre Gaudissart (Gaudissart the Great / The Illustrious Gaudissart)
• La Muse du departement (The Muse of the Department)
• Les Rivalites (The Jealousies of a Country Town):
• La Vieille Fille (The Old Maid)
• Le Cabinet des antiques (The Collection of Antiquities)
• Le Lys dans la Vallee (The Lily of the Valley)
• Illusions Perdues:—I. (Lost Illusions:—I.):
• Les Deux Poetes (The Two Poets)
• Un Grand homme de province a Paris, 1re partie (A Distinguished Provincial at Paris, Part 1)
• Illusions Perdues:—II. (Lost Illusions:—II.):
• Un Grand homme de province, 2e p. (A Distinguished Provincial at Paris, Part 2)
• Eve et David (Eve and David)

SCENES DE LA VIE PARISIENNE
SCENES FROM PARISIAN LIFE
• Splendeurs et Miseres des Courtisanes (Scenes from a Courtesan's Life):
• Esther heureuse (Esther Happy)
• A combien l'amour revient aux vieillards (What Love Costs an Old Man)

- Ou menent les mauvais Chemins (The End of Evil Ways)
- La derniere Incarnation de Vautrin (Vautrin's Last Avatar)
- Un Prince de la Boheme (A Prince of Bohemia)
- Un Homme d'affaires (A Man of Business)
- Gaudissart II
- Les Comediens sans le savoir (The Unconscious Humorists / The Unconscious Comedians)
- Histoire des Treize (The Thirteen):
- Ferragus
- La Duchesse de Langeais (The Duchesse de Langeais)
- La Fille aux yeux d'or (The Girl with the Golden Eyes)
- Le Pere Goriot (Father Goriot)
- Grandeur et Decadence de Cesar Birotteau (The Rise and Fall of Cesar Birotteau)
- La Maison Nucingen (The Firm of Nucingen)
- Les Secrets de la princesse de Cadignan (The Secrets of a Princess / The Secrets of the Princess Cadignan)
- Les Employes (The Government Clerks / Bureaucracy)
- Sarrasine
- Facino Cane
- Les Parents Pauvres (Poor Relations):
- La Cousine Bette (Cousin Betty)
- Le Cousin Pons (Cousin Pons)
- Les Petits Bourgeois (The Middle Classes / The Lesser Bourgeoise)

SCENES DE LA VIE POLITIQUE

SCENES FROM POLITICAL LIFE

- Une Tenebreuse Affaire (The Gondreville Mystery / An Historical Mystery)
- Un Episode sous la Terreur (An Episode Under the Terror)
- L'Envers de l'Histoire Contemporaine (The Seamy Side of History / The Brotherhood of Consolation):
- Mme. de la Chanterie (Madame de la Chanterie)
- L'Initie (Initiated / The Initiate)
- Z. Marcas
- Le Depute d'Arcis (The Member for Arcis / The Deputy for Arcis)

SCENES DE LA VIE MILITAIRE

SCENES FROM MILITARY LIFE

- Les Chouans (The Chouans)
- Une Passion dans le desert (A Passion in the Desert)

SCENES DE LA VIE DE CAMPAGNE

SCENES FROM COUNTRY LIFE

- Le Medecin de Campagne (The Country Doctor)
- Le Cure de Village (The Country Parson / The Village Rector)
- Les Paysans (The Peasantry / Sons of the Soil)

ETUDES PHILOSOPHIQUES

PHILOSOPHICAL STUDIES

- La Peau de Chagrin (The Magic Skin)
- La Recherche de l'Absolu (The Quest of the Absolute / The Alkahest)
- Jesus-Christ en Flandre (Christ in Flanders)
- Melmoth reconcilie (Melmoth Reconciled)
- Le Chef-d'oeuvre inconnu (The Unknown Masterpiece / The Hidden Masterpiece)
- L'Enfant Maudit (The Hated Son)
- Gambara
- Massimilla Doni
- Les Marana (The Maranas/ Juana)
- Adieu
- Le Requisitionnaire (The Conscript / The Recruit)
- El Verdugo
- Un Drame au bord de la mer (A Seaside Tragedy / A Drama on the Seashore)
- L'Auberge rouge (The Red Inn)
- L'Elixir de longue vie (The Elixir of Life)
- Maitre Cornelius
- Sur Catherine de Medicis (About Catherine de' Medici):
- Le Martyr calviniste (The Calvinist Martyr)
- La Confidence des Ruggieri (The Ruggieri's Secret)
- Les Deux Reves (The Two Dreams)
- Louis Lambert
- Les Proscrits (The Exiles)
- Seraphita